Albert Soboul
Die Große Französische Revolution

Albert Soboul, geboren 1914 in Ammi-Moussa (Oran), war von 1960 bis 1967 Professor für Neuere Geschichte an der Universität Clermont-Ferrand; seit 1967 lehrt er an der Sorbonne und ist Direktor des Institut d'Histoire de la Révolution française in Paris. Soboul, Schüler von Georges Lefèbvre, gilt als einer der gründlichsten Kenner der Geschichte der Französischen Revolution und hat mit zahlreichen Schriften – Büchern und Einzelstudien – zur Aufhellung dieses Gegenstandes beigetragen.

Sobouls Monographie *Die Große Französische Revolution* gehört zu den ganz wenigen neueren Werken der Historiographie, die bereits wenige Jahre nach ihrer Veröffentlichung sich den Ruf eines »Klassikers« erworben und diesen Rang auch behauptet haben. Es handelt sich hierbei in der Tat um die erste *Sozialgeschichte* der Französischen Revolution von 1789, die dem Verständnis der Entwicklung der bürgerlichen Gesellschaft bis in die Gegenwart in ebenso genauer wie inspirierender Weise vorgearbeitet hat.

# Albert Soboul
# Die Große
# Französische Revolution

Ein Abriß ihrer Geschichte (1789–1799)

Europäische Verlagsanstalt

Herausgegeben und übersetzt von Joachim Heilmann und Dietfried Krause-Vilmar

Titel der Originalausgabe: »*Précis de l'histoire de la revolution française.*« Paris 1962, ²1965, ³1971.

CIP-Kurztitelaufnahme der Deutschen Bibliothek

**Soboul, Albert:**
Die grosse Französische Revolution : e. Abriss
ihrer Geschichte ; (1789–1799) / Albert Soboul.
[Hrsg. u. übers. von Joachim Heilmann u. Dietfried
Krause-Vilmar]. – 4. Aufl. d. durchges. dt. Ausg.
– Frankfurt am Main : Europäische Verlagsanstalt,
1983.
    Einheitssacht.: Précis de l'histoire de la
    révolution française <dt.>
    ISBN 3-434-00271-5

4. Auflage der durchgesehenen deutschen Ausgabe 1983
© 1973 by Europäische Verlagsanstalt, Frankfurt am Main
Umschlaggestaltung nach Entwürfen von Rambow, Lienemeyer und
van de Sand
Produktion: Klaus Langhoff, Friedrichsdorf
Gesamtherstellung: Georg Wagner KG, Nördlingen

Printed in Germany 1983
ISBN 3-434-00271-5

# Inhalt

# Die Große Französische Revolution

# Vorwort

*Die Französische Revolution bildet zusammen mit den holländischen und englischen Revolutionen des 17. Jahrhunderts die Krönung einer langen ökonomischen und sozialen Entwicklung, die schließlich die Bourgeoisie zur Herrin der Welt machte.*

*Diese Tatsache, die heute als allgemein bekannt gelten kann, wurde schon seit dem 19. Jahrhundert von den bewußtesten bürgerlichen Denkern verkündet.*

*In dem Wunsch, die Charta von 1614 historisch zu rechtfertigen, zeigte Guizot, daß die Eigenart der französischen wie auch der englischen Gesellschaft wesentlich in der Existenz einer starken bürgerlichen Klasse zwischen Volk und Aristokratie bestand, die allmählich die Ideologie einer neuen Gesellschaftsordnung präzisiert und deren Rahmen abgesteckt hatte; dieser Entwicklung habe das Jahr 1789 die Weihe gegeben. Nach Guizot vertraten Tocqueville und später Taine dieselbe Auffassung. Tocqueville hat mit »einer Art religiösen Schrecken« »von dieser unaufhaltsamen Revolution« gesprochen, »die seit soviel Jahrhunderten über alle Hindernisse hinweggeht und die man noch heute zwischen ihren selbstgeschaffenen Ruinen fortschreiten sieht«. Taine hat den langsamen Aufstieg des Bürgertums in der sozialen Hierarchie skizziert, an deren Ende ihr die Ungleichheit unerträglich wurde. Doch so sicher diese Historiker auch waren, daß das Auftreten und die Entwicklung des beweglichen Vermögens, der Handels- und dann der Industrieunternehmen der Hauptgrund für das Entstehen und Fortschreiten des Bürgertums waren, um eine genaue Erforschung der ökonomischen Ursprünge der Revolution oder der sozialen Klassen, die sie gemacht hatten, kümmerten sie sich nicht.*

*Vor allem konnten diese Historiker der Bourgeoisie trotz ihres Scharfblicks das Wesentliche nicht aufhellen: daß sich die Revolution in letzter Konsequenz durch den Widerspruch zwischen* den Produktionsverhältnissen und dem Entwicklungsstand der Produktivkräfte erklärt. Als erste unterstrichen Marx und Engels mit Nachdruck im Manifest der Kommunistischen Partei, daß die Produktionsmittel, auf deren Basis sich die Macht der Bourgeoisie aufbaute, schon im Schoße der »Feudalgesellschaft« geschaffen wurden und sich entwickelten. Ende des 18. Jahrhunderts entsprachen die Eigentumsordnung und der Aufbau von Landwirtschaft und Gewerbe nicht mehr den im vollen Aufschwung begriffenen Produktivkräften und legten der Produktion selbst entsprechende Fesseln an. »Diese Ketten mußten gesprengt werden«, schreiben die Verfasser des Manifests; »sie wurden gesprengt.«

Bis zu einem gewissen Grade nur vom historischen Materialismus beeinflußt (denn schrieb er nicht in seiner Allgemeinen Einleitung, daß seine Geschichtsinterpretation »zugleich materialistisch nach Marx und mystisch nach Michelet« sein werde?), unterlegte Jaurès in seiner Histoire Socialiste der Revolution wieder ihren ökonomischen und sozialen Unterbau in einem weiten und von Beredsamkeit getragenen Geschichtsbild, das auch heute ein gültiges Monument bleibt. »Wir wissen«, schrieb er, »daß die ökonomischen Bedingungen, die Produktionsweise und die Eigentumsordnung die eigentliche Geschichtsgrundlage sind.« Wenn Jaurès die Geschichtsschreibung der Revolution vorantreiben konnte, so verdankt er dies zweifellos auch dem Aufschwung der Arbeiterbewegung zu Beginn des 20. Jahrhunderts. Albert Mathiez hat dies 1922 in seinem Vorwort zur Neuausgabe der Histoire Socialiste wohl geahnt, als er schrieb, daß Jaurès für das Studium der Dokumente der Vergangenheit »denselben geschärften Geist und dasselbe Gespür« mitbrachte, die ihn in die politischen Kämpfe begleiteten: »Verflochten mit dem fieberhaften Leben der Versammlungen und Parteien war er fähiger als ein Professor oder Stubengelehrter, die Gefühle, die klaren und die verborgenen Gedanken der Revolutionäre wiederaufleben zu lassen.« Vielleicht leidet das Werk von Jaurès indessen an Schematismus. Die Revolution läuft bei ihm völlig gleichförmig ab; ihre Ursache liegt in der ökonomischen und geistigen Macht der zur Reife gelangten Bourgeoisie; ihr Ergebnis war die Bestätigung dieser Macht im Gesetz.

Sagnac und Mathiez gingen weiter und haben die aristokratische Reaktion im 18. Jahrhundert genau beschrieben, die 1787–1788 ihren Höhepunkt erreichte, den Mathiez mit dem mehrdeutigen

*Ausdruck »révolte nobiliaire« belegte: diese wütende Opposition des Adels gegen jeden Reformversuch, mehr noch: dieses Ansichreißen aller Staatsämter durch die privilegierte Minderheit und diese hartnäckige Ablehnung, die Vorrangstellung mit der Großbourgeoisie zu teilen. Damit war der gewalttätige Charakter der Französischen Revolution erklärt und auch die Tatsache, daß die Machtübernahme der Bourgeoisie nicht das Ergebnis einer fortschreitenden Entwicklung war, sondern eines plötzlichen qualitativen Umschwungs.*

*Aber die Revolution war nicht das Werk der Bourgeoisie allein. Im Anschluß an Jaurès hob Mathiez den raschen Zerfall des Dritten Standes und die Antagonismen, die sich alsbald zwischen den verschiedenen Gruppen des Bürgertums und den Volksklassen zeigten, hervor und trug der Vielschichtigkeit der revolutionären Geschichte und dem Fortschreiten der aufeinander folgenden Etappen Rechnung. Georges Lefebvre wandte seine Aufmerksamkeit von der Pariser Szenerie und den großen Städten ab, die bis dahin die Historiker gebannt hatten und widmete sich der Erforschung der Lage der Bauern (denn immerhin war das Frankreich des ausgehenden 18. Jahrhunderts im wesentlichen noch ein Agrarstaat). Bis zu Lefebvre war die ländliche Bewegung als Auswirkung der Aktionen in den Städten betrachtet worden, die sich im Einklang mit dem Bürgertum hauptsächlich gegen das Feudalsystem und die königliche Macht richtete: auf diese Weise war die einheitliche Sicht der Revolution und die Größe ihres Verlaufs gewahrt. Georges Lefebvre zeigte anhand genauer sozialer Analysen, daß sich im Rahmen der bürgerlichen Revolution eine ländliche Strömung entwickelte, die hinsichtlich ihres Ursprungs, ihres Ablaufs, ihrer Krisen und Tendenzen eine autonome Bewegung war. Gleichwohl muß deutlich unterstrichen werden, daß die grundlegende Stoßrichtung der ländlichen Bewegung mit den Zielen der bürgerlichen Revolution zusammenfiel: die Zerstörung der feudalen Produktionsverhältnisse. Die Revolution zerschlug die alte Eigentumsordnung auf dem Lande; sie beschleunigte den Zerfall der traditionellen Agrarverfassung.*

*Das Werk von Georges Lefebvre hat richtungsweisenden und beispielhaften Wert. Nimmt man einmal das von ihm erschlossene Teilgebiet aus, so bleibt die Sozialgeschichte der Revolution noch zu schreiben. Sie allein gibt die Möglichkeit, die Kenntnisse zu erweitern. Nur anhand minutiöser Analysen des Grund-*

eigentums und des beweglichen Vermögens, der ökonomischen Macht der verschiedenen sozialen Klassen und der sie bestimmenden Gruppen wird man das Spiel der Gegensätze und den Klassenkampf deutlich machen, die Fehlschläge und Fortschritte der Revolutionsbewegung präzisieren und schließlich eine exakte Bilanz der Revolution erstellen können.

Es ist eine bezeichnende Tatsache, daß wir heute, da nun die Bourgeoisie unbestritten seit mehr als anderthalb Jahrhunderten herrscht, keine Geschichte der französischen Bourgeoisie der Revolutionszeit besitzen. Abgesehen von einigen Versuchen, die sich mehr der Erforschung der Mentalität als der der wirtschaftlichen Macht zuwenden, einigen Monographien, die sich einer Gegend oder einer Stadt, bestimmten Schichten oder Klassen widmen und insoweit wertvoll sind, als sie sich an dokumentarische Forschung halten und den Weg zeigen, auf dem fortgeschritten werden muß, ist nachdrücklich auf den Rückstand der Revolutionsforschung in diesem Bereich hinzuweisen. Zweifellos fehlt es nicht an Beschreibungen der Gesellschaft, richtig verstanden: der »guten« Gesellschaft, also der herrschenden Klassen; aber sie halten anhand der Memoiren oder Briefwechsel kaum mehr fest als ein Sittengemälde oder eine skizzenhafte Aufzeichnung der Ideen, wobei es doch einer genauen Angabe von Produktions-, Einkommens- und Bestandsverhältnissen bedürfte. Eine Geschichte des Adels während der Revolution existiert genauso wenig wie die der Bourgeoisie, während die der städtischen Volksklassen gerade Gestalt anzunehmen beginnt. Das erste Ziel einer ernsthaften historischen Forschung wäre die Erstellung von lokalen oder regionalen Untersuchungen, die in dem Umfang der vorhandenen Quellen auf die statistischen Angaben zu gründen wären, die die wirtschaftlichen und fiskalischen Zeugnisse liefern könnten. Sodann wären zusammenfassende Arbeiten über die verschiedenen sozialen Klassen und Schichtungen möglich. Allein diese würden es gestatten, die Antagonismen aufzuhellen und den Kampf der Klassen in der Komplexität seiner dialektischen Bewegung zu verfolgen. So sind zum Beispiel die Ausbeutung der Zuckerinseln und der damit zusammenhängende starke Seehandel oft beschrieben worden, aber wir verfügen nicht über eine gründliche Untersuchung der Bourgeoisie von Bordeaux: alle Betrachtungen über die Gironde bleiben nutzlos, solange nicht das Vermögen und die Macht der sie repräsentierenden Gruppe ermittelt und deren Schranken aufge-

*zeigt worden sind. Es wäre leicht, mehr Beispiele zu nennen: wir würden feststellen, daß ein weites Feld noch brach liegt und daß viele Vorgänge während der Revolution noch nicht aufgehellt sind. Das liegt an dem Mangel einer genauen Kenntnis der vorhandenen sozialen Kräfte.*

# Einleitung
## Die Krise des Ancien Régime

1789 lebte Frankreich in einem Rahmen, den man seitdem das *Ancien Régime* genannt hat.

Die Gesellschaft war ihrem Wesen nach aristokratisch; Geburtsprivileg und Grundeigentum bildeten ihre Grundlagen. Diese traditionelle Struktur aber fand sich durch die Wirtschaftsentwicklung ausgehöhlt, die den Einfluß des beweglichen Vermögens und die Macht der Bourgeoisie verstärkte. Gleichzeitig untergruben die Fortschritte des positiven Wissens und der erobernde Elan der Aufklärungsphilosophie die ideologischen Fundamente der etablierten Ordnung. Wenn Frankreich auch noch am Ende des 18. Jahrhunderts im wesentlichen ländlich und handwerklich strukturiert blieb, so veränderte sich doch die traditionelle Wirtschaft durch den Aufschwung des Großhandels und das Aufkommen der großen Industrie. Die Fortschritte des Kapitalismus und der Anspruch auf wirtschaftliche Freiheit ließen zweifellos einen heftigen Widerstand derjenigen sozialen Schichten entstehen, die der herkömmlichen Wirtschaftsordnung verbunden waren: der Bourgeoisie erschienen sie nicht minder notwendig; ihre Philosophen und Ökonomen hatten ein System ausgearbeitet, das ihren sozialen und politischen Interessen entsprach. Der Adel konnte ruhig den ersten Rang in der offiziellen Hierarchie behalten; das änderte nichts am Verfall seiner wirtschaftlichen Macht und seiner sozialen Bedeutung.

Auf den Volksklassen, besonders auf der Landbevölkerung, lastete der ganze Druck des Ancien Régime und der Überreste der Feudalherrschaft. Das Volk war noch nicht fähig, seine Rechte und seine Macht zu begreifen, und so sah es natürlicherweise allein in der Bourgeoisie mit ihrem starken wirtschaftlichen Potential und ihrer geistigen Ausstrahlung seinen Vorkämpfer. Das französische Bürgertum des 18. Jahrhunderts hatte eine Philosophie entwickelt, die seiner Geschichte, seiner gesellschaftlichen Rolle und seinen Interessen entsprach: allerdings mit soviel Weitblick und Rationalität, daß diese Philosophie, die das Ancien Régime kritisierte und zu seiner Zerstörung beitrug, sich an alle Franzosen und an alle Menschen richtete, indem sie die Gestalt einer universellen Wertordnung annahm.

Die Philosophie der Aufklärung ersetzte die traditionelle Auffassung vom Leben und von der Gesellschaft durch ein Ideal des sozialen Glücks, das sich auf den Glauben an den unbegrenzten Fortschritt des menschlichen Geistes und der wissenschaftlichen Erkenntnis gründete. Der Mensch fand seine Würde wieder. Die umfassende Freiheit auf allen Gebieten, auf dem wirtschaftlichen ebenso wie auf dem politischen, sollte seine Aktivität anregen: die Philosophen gaben ihm als Ziel die Erkenntnis der Natur, um sie besser zu beherrschen, und die Vermehrung des allgemeinen Reichtums. Auf diese Weise sollten sich die menschlichen Gesellschaften voll entfalten können.

Diesem neuen Ideal gegenüber wurde das Ancien Régime in die Defensive gedrängt. Die Monarchie beharrte noch immer auf dem Recht von Gottes Gnaden; der König von Frankreich wurde als Repräsentant Gottes auf Erden angesehen; aufgrund dieser Tatsache besaß er absolute Machtbefugnisse. Doch fehlte diesem absoluten Regime ein einheitlicher Wille. Hatte doch Ludwig XVI. seine absolute Macht aufgegeben und in die Hände der Aristokratie verteilt. Der bürgerlichen Revolution von 1789 ist schon 1787 die sogenannte *aristokratische Revolution* vorausgegangen, (die allerdings eher eine Reaktion des Adels oder besser noch eine aristokratische Reaktion darstellt, die vor Gewalt und Aufruhr nicht zurückschreckte). Trotz eines oft sehr fähigen Verwaltungspersonals scheiterten die strukturellen Reformversuche von Machault, Maupeou und Turgot an dem hartnäckigen Widerstand der *parlements* und der Provinzialstände, in denen die Aristokratie ihre Hochburgen hatte. So verbesserte sich die Verwaltungsorganisation kaum, und das Ancien Régime blieb gleichsam unvollendet.

Die monarchischen Institutionen hatten ihre endgültige Form in der Hauptsache unter Ludwig XIV. erhalten; Ludwig XVI. regierte mit denselben Ministerien und Räten wie sein Großvater. Obwohl Ludwig XIV. das monarchische System zu einem niemals erreichten Autoritätsgrad gebracht hatte, hatte er es doch nicht zu einem logischen und zusammenhängenden Aufbau entwickelt. Die nationale Einigung war im 18. Jahrhundert stark vorangeschritten: dieser Fortschritt wurde begünstigt durch die Entwicklung der Handelsverbindungen und -beziehungen, durch die Verbreitung der klassischen Kultur dank der Erziehung in den Gymnasien und durch die neuen philosophischen Ideen, die bei der Lektüre, in den vornehmen Gesellschaften und den »Sociétés de pensée« (literarische Clubs) Aufnahme fanden. Die nationale Einheit blieb dennoch unvollendet. Städte und Provinzen behielten ihre Vorrechte; der Norden blieb beim Gewohnheitsrecht, während der Süden dem römischen Recht folgte. Die Vielfalt der Maße und Gewichte und die zahlreichen Brücken- und Wegegelder und Binnenzölle verhinderten die wirtschaftliche Einigung der Nation und ließen zuweilen die Franzosen in ihrem eigenen Lande zu Ausländern werden. Unordnung und Verwirrung blieben das charakteristische Merkmal der Verwaltungsorganisation: die Gerichts- und Finanzverwaltungsbezirke sowie die militärischen und kirchlichen Gebietseinheiten überschnitten sich gegenseitig, wobei jeweils in Rechte anderer eingegriffen wurde.

Während sich die Strukturen der alten Ordnung in Gesellschaft und Staat noch hielten, verschärfte eine »wahrhafte Revolution der Wirtschaftsverhältnisse« (um einen Ausdruck von Ernest Labrousse wieder aufzugreifen) die sozialen Spannungen: das Zusammenwirken der Bevölkerungszunahme und der Preissteigerung vertiefte die Krise.

Das Bevölkerungswachstum Frankreichs im 18. Jahrhundert, ganz besonders nach 1740, erscheint deswegen um so bemerkenswerter, als es einer Phase des Stillstands folgte. In der tatsächlichen Höhe war es bescheiden. Die Bevölkerung des Königreiches kann für das Ende des 17. Jahrhunderts auf 19 Millionen Einwohner und am Vorabend der Revolution auf 25 Millionen Einwohner geschätzt werden. Necker behauptet in seiner *Finanzverwaltung Frankreichs* (1784) die Zahl von 24,7 Millionen, die etwas gering erscheint. Läßt man die Zahl von 25 Millionen gelten, würde das Wachstum 6 Millionen betragen haben, was unter Berücksichtigung regionaler Unterschiede 30 bis 40% entspräche. England zählte um die gleiche Zeit kaum mehr als 9 Millionen Einwohner (Wachstum von 80% im Verlauf des Jahrhunderts), Spanien 10,5 Millionen. Das Verhältnis der Geburten zur Bevölkerungszahl blieb in Frankreich positiv, es erreichte 40⁰/₀₀; eine gewisse rückläufige Tendenz der Geburten zeichnete sich indessen besonders bei den Familien der Aristokratie ab. Die Sterbequote, die von Jahr zu Jahr stark schwankte, reduzierte sich auf 33⁰/₀₀ im Jahre 1778. Die mittlere Lebenserwartung stieg bis kurz vor der Revolution auf etwa 29 Jahre. Diese rasche Bevölkerungsentwicklung kennzeichnet wesentlich die zweite Hälfte des 18. Jahrhunderts; sie beruht hauptsächlich auf dem Ausbleiben der großen Krisenzeiten, die das 17. Jahrhundert noch gekannt hatte und die von Unterernährung, Hungersnot und Epidemien herrührten (wie zur Zeit des »strengen Winters« von 1709). Nach 1741–1742 werden diese Katastrophen von der Art »Hungersnot« immer seltener; die gleichbleibende Geburtenrate übersteigt die Sterblichkeitsziffer und vermehrt die Menschen, insbesondere unter den Volksklassen und in den Städten. Der Bevölkerungsanstieg scheint tatsächlich mehr in den Städten als auf dem Land stattgefunden zu haben. 1789 gab es ca. 60 Städte mit mehr als 10 000 Einwohnern. Wenn man zu den Städten auch die Ortschaften mit mehr als 2000 Einwohnern rechnet, kann der Anteil der Stadtbevölkerung auf etwa 16% geschätzt werden. Dieses Anwachsen der Bevölkerung erhöht die Nachfrage nach landwirtschaftlichen Produkten und trägt zur Preissteigerung bei.

Die Bewegung der Preise und Einkommen in Frankreich im 18. Jahrhundert ist durch einen hundertjährigen Anstieg gekennzeichnet, der von 1733 bis 1817 dauert: nach der Terminologie von Simiand ist dies die Phase A, die einer Phase B der Depression folgte, die sich vom 17. Jahrhundert bis gegen 1730 erstreckte. Die langfristige Entwicklung begann um 1733 (der Livre ist im Jahre 1726 stabilisiert worden; bis zur Revolution erfolgte keine Geldumwertung). Der Anstieg verlief zunächst allmählich bis um 1758 und nahm von 1758 bis 1770 außerordentlich schnell zu (»l'age d'or« unter Ludwig XV.); anschließend beruhigte sich die Hausse, um kurz vor der Revolution erneut einzusetzen. Nach den Berechnungen von Ernest Labrousse, die sich auf 24 Lebensmittel oder Handelsgüter stützen und den Index 100 für den Basiszyklus von 1726 bis 1741 ausweisen, liegt der Durchschnitt des langfristigen Anstiegs bei 45% für die Periode 1771–1789; er erhöht sich auf 65% für die Jahre 1785–1789. Das Ansteigen ist je nach Produkt sehr unterschiedlich, stärker für Nahrungsmittel als für Fabrikerzeugnisse, spürbarer bei Getreide als bei Fleisch: diese Merkmale charakterisieren die Wirtschaft als eine im wesentlichen noch landwirtschaftlich orientierte; das Getreide spielte damals eine entscheidende Rolle in den Volkshaushalten, seine Produktion stieg langsam, während die Bevölkerung rasch wuchs und die Konkurrenz ausländischer Getreidelieferungen nicht eingreifen konnte. In der Periode von 1785 bis 1789 beträgt der Preisanstieg für Weizen 66%, für Roggen 71%, für Fleisch 67%; Brennholz schlägt alle Rekorde: 91%. Für Wein gilt etwas besonderes: 14%; der Rückgang der Weinbauprofite ist um so schwerwiegender, als viele Winzer kein Getreide anbauten und ihr Brot kaufen mußten. Textilien (29% für Wollstoffe) und Eisen (30%) halten sich unter dem Durchschnitt.

Die zyklischen Wechsel (Zyklen von 1726 bis 1741, 1742 bis 1757, 1758 bis 1770, 1771 bis 1789) und die saisonalen Schwankungen überschneiden sich mit der langfristigen Entwicklung und betonen die allgemeine Hausse. Im Jahre 1789 bringt der zyklische Höhepunkt die Preissteigerung für Weizen auf 127% und für Roggen auf 136%. Hinsichtlich des Getreides vergrößern sich die saisonalen Unterschiede in schlechten Erntejahren, während sie in Zeiten des Überflusses unmerklich oder fast nicht spürbar sind; vom Herbst bis zum Sommer können dann die Preise um 50 bis 100% und mehr steigen. 1789 fiel der saisonale Höchstpreis in die erste Julihälfte: er trieb die Steigerung für Weizen auf 150% und für Roggen auf 165%. Die Wirtschaftslage spiegelt sich also hauptsächlich in den Lebenshaltungskosten wider: daran kann man leicht die sozialen Konsequenzen ablesen.

Die Ursachen für diese wirtschaftlichen Schwankungen sind verschieden. Was die zyklischen und saisonalen Schwankungen angeht und damit auch die Krisen, so sind die Gründe in den allgemeinen Produktionsbedingungen und dem Zustand der Verkehrsverbindungen zu suchen. Jede Region lebt aus sich selbst heraus, der Ernteertrag bestimmt die Lebenshaltungskosten. Die im wesentlichen handwerklich strukturierte und wenig exportierende Industrie ist dem einheimischen Konsum untergeordnet und hängt mit den landwirtschaftlichen Schwankungen zusammen. Die langfristige Hausse könnte außerdem von der Vermehrung der Zahlungsmittel herrühren: im 18. Jahrhundert stieg die Edelmetallproduktion erheblich an, besonders bei brasilianischem Gold und mexikanischem Silber; so hat man sagen können, die Revolution hätte sich auf dem Umweg über die Geldinflation und die Preissteigerung in gewisser Weise in den Stollen der mexikanischen Silberminen vorbereitet. Auch das Bevölkerungswachstum trug seinerseits durch eine Verstärkung der Nachfrage zur Preissteigerung bei.

So machte sich die Krise des Ancien Régime durch vielfältige ökonomische, soziale und politische Erscheinungen bemerkbar. Ihr Studium läßt noch einmal ein Bild der tieferen und der den Anlaß gebenden Ursachen der Revolution entwerfen und gleichsam im voraus darstellen, was ihre eigentümliche Bedeutung für die Geschichte des zeitgenössischen Frankreichs ausmacht.

# 1. Kapitel

# Die Krise der Gesellschaft

*In der aristokratischen Gesellschaft unterschied das alte Recht
ursprünglich drei Ordnungen oder Stände, den Klerus und den
Adel als die privilegierten Stände und den Dritten Stand, der
die erdrückende Mehrheit des Volkes umfaßte.*

*Der Ursprung der Stände reichte in das Mittelalter zurück, als
sich der Unterschied zwischen denen, die beteten, denen, die
kämpften, und denjenigen, die arbeiteten, um die anderen zu ernähren, herausgebildet hatte. Der Klerus war der älteste Stand;
von Anfang an lebte er unter besonderen Bedingungen, deren
Regeln das kanonische Recht bestimmte. Später formte sich unter den Laien die gesellschaftliche Gruppe des Adels. Diejenigen,
die weder Geistliche noch Adlige waren, bildeten die Kategorie
der »laboratores«, aus der der Tiers[1] hervorging. Die Entstehung dieses dritten Standes ging jedoch langsam vor sich. Zuerst gehörten ihm allein die Bürger an, das heißt die freien
Stadtbewohner, die einen Freibrief besaßen. Die Nichtadligen
des Landes kamen in den Dritten Stand, seit sie an der Wahl der
Abgeordneten dieses Standes teilnahmen, zum ersten Male im
Jahr 1484. Die Stände verfestigten sich nach und nach und breiteten sich über die Monarchie aus, so daß die Ständetrennung zu
einem gewohnheitsrechtlich anerkannten Grundgesetz des Königreiches wurde. Voltaire bezeichnet die Stände in seinem Essai sur les moeurs et l'esprit des nations (1756) als gesetzmäßig
und definiert sie als »Völker innerhalb des Volkes«.*

*Die Stände stellten keine sozialen Klassen dar; jeder von ihnen
war in mehr oder minder antagonistische Gruppen geteilt. Vor
allen Dingen befand sich die alte Sozialstruktur, die sich auf das
Feudalsystem und die Verachtung von manuellen Tätigkeiten
und Beschäftigungen mit der Produktion gründete, nicht mehr*

---

1 Tiers und Dritter Stand werden synonym verwandt.

im Einklang mit der Wirklichkeit. Die Sozialstruktur des alten Frankreich hatte ihren ursprünglichen Charakter beibehalten, den sie in der Epoche um das 10.–11. Jahrhundert erhalten hatte, als Frankreich Gestalt anzunehmen begonnen hatte. Der Erdboden bildete damals die einzige Quelle des Reichtums; diejenigen, die ihn besaßen, waren zugleich auch die Herren derer, die ihn bearbeiteten, der Leibeigenen. Seitdem hatten zahlreiche Änderungen diese primitive Ordnung erschüttert; der König hatte den Lehnsherren die Regalien genommen, aber er hatte ihnen ihre sozialen und wirtschaftlichen Privilegien belassen: in der sozialen Hierarchie hatten sie den ersten Platz behalten. Das Wiederaufleben des Handels seit dem 11. Jahrhundert und die Entwicklung der handwerklichen Produktion hatten unterdes eine neue Form des Reichtums, das bewegliche Vermögen, und gleichzeitig eine neue soziale Klasse, das Bürgertum, geschaffen.

Am Ende des 18. Jahrhunderts stand das Bürgertum an der Spitze der Produktion; es stellte den Hauptbestandteil der königlichen Verwaltung und das für die Staatsgeschäfte notwendige Kapital. Der Adel spielte nur noch eine Parasitenrolle. Die formale Struktur der Gesellschaft stimmte nicht mit den sozialen und ökonomischen Realitäten überein.


## I. DEKADENZ DER FEUDALARISTOKRATIE

Die Aristokratie bildete die privilegierte Klasse der Gesellschaft in der überkommenen Ordnung; zu ihr gehörte der Adel und der gesamte hohe Klerus.

Wenn auch der Adel 1789 noch als *Stand* existierte, so hatte er doch seit langem die öffentliche Gewalt verloren, die er im Mittelalter innehatte. Nach langen Anstrengungen hatte das Haus der Kapetinger die Ausübung der Regalien wieder zurückgewonnen: Steuererhebung, Aushebung von Soldaten, Münzprägung und Gerichtsbarkeit. Nach der Fronde[1] wurde der besiegte und teilweise ruinierte Adel gezähmt. Die Adligen behaupteten trotzdem bis 1789 den ersten Platz in der gesellschaftlichen Hierarchie; nach dem Klerus war der Adel der zweite *Stand* des Staates.

---

1 Aufstand des Hochadels und des Pariser *parlement* (1648–1653) gegen die sich verschärfende absolutistische Politik unter Ludwig XVI, vgl. S. 65.

Die Aristokratie deckte sich nicht genau mit den Privilegierten: die Pfarrer und Mönche nichtadliger Herkunft gehörten nicht zu den letzteren. Die Aristokratie bestand im wesentlichen aus dem Adel. Der Klerus bildete einen privilegierten Stand, der durch die soziale Schranke zweigeteilt war; nach Sieyes war er übrigens weniger ein Stand als ein Beruf. Der hohe Klerus gehörte allerdings zur Aristokratie: Bischöfe, Äbte und die meisten Domherren, während der niedere Klerus, das heißt die Pfarrer und Vikare, fast ausschließlich nichtadlig war und sozial dem Dritten Stand entstammte.

## 1. Der Adel: Abstieg und Reaktion

Die Angehörigen des Adels können auf etwa 350 000 Personen geschätzt werden: dies entspricht 1,5% der Gesamtbevölkerung. Allerdings müssen regionale Unterschiede berücksichtigt werden. Nach bestimmten Kopfsteuerregistern oder der Zahl adliger Wähler, die an den Wahlen von 1789 teilnahmen, schwankte der Bevölkerungsanteil der Adligen in den Städten zwischen etwas über 2% und etwas unter 1%: Évreux: etwas mehr als 2%; Albi: etwas unter 1,5%; Grenoble: etwas unter 1%; Marseille: etwas weniger als 1%.

Der Adel bildete den zweiten Stand der Monarchie, aber die herrschende Klasse der Gesellschaft. Diese Einstufung verdeckte im übrigen am Ende des 18. Jahrhunderts stark gegensätzliche Elemente und echte Kasten, die sich oft feindlich gegenüberstanden. Alle Adligen besaßen ehrenamtliche, wirtschaftliche und fiskalische Privilegien: das Recht zum Degentragen, reservierte Kirchenbank, im Falle der Verurteilung zum Tode Enthaupten statt Henken; und insbesondere Befreiung von der taille, vom Frondienst am Wegebau und von der Soldateneinquartierung; sie hatten das Jagdrecht und das Monopol auf die höchsten Ränge in der Armee, die Ehrenämter in der Kirche und die hohen Verwaltungsposten. Außerdem zogen die Adligen, die im Besitze eines Lehens waren, die Feudalabgaben von den Bauern ein (man konnte übrigens Adliger sein, ohne ein Lehen zu besitzen, oder Nichtadliger im Besitze eines adligen Lehens: jede Verknüpfung von Adel und Feudalsystem war verschwunden). Der adlige Grundbesitz war je nach Region unterschiedlich. Er war besonders groß in den Landstrichen des Nordens (22%), in der Picardie, im Artois (32%), in denen des Westens (60% in den Mauges), in Burgund (35%), weniger bedeutsam im Centre, im Süden (15% in der Diözese Montpellier) und im Südosten. Insgesamt verfügte der Adel über etwa ein Fünftel der Ländereien des Königreiches.

Der lediglich durch seine Privilegien zusammengehaltene Adel umschloß verschiedene Gruppen mit oft entgegengesetzten Interessen.

Der Hofadel, etwa 4000 Personen, bestand aus den am Hofe eingeführten Adligen, die in Versailles in der Umgebung des Königs lebten. Der große Aufwand wurde unterhalten von den Pensionen, die ihm die königliche Verschwendung einbrachte, von den Militärsolden, den Einkünften aus den Amtsstellen am königlichen Hofe und den *Kommendatar*-Abteien, das heißt solchen Abteien, bei denen ein Weltgeistlicher oder ein vom König ernannter Laie ein Drittel der Erträge ohne jede Verpflichtung einnahm; ganz zu schweigen von dem Geld, das die großen Domänen abwarfen. Nichtsdestoweniger war der hohe Adel zum Teil ruiniert; der größte Teil seiner Einkünfte diente ihm dazu, seinen gesellschaftlichen Rang zu halten; die zahlreiche Dienerschaft, mit der er sich umgab, der Kleiderluxus, das Spiel, Empfänge, Feste, Schauspiele und Jagden erforderten immer mehr Geld. Der Hochadel geriet in Schulden, wobei auch die Ehen mit reichen nichtadligen Erbinnen nicht mehr ausreichten, ihm aus den Schwierigkeiten zu helfen. Durch das mondäne Leben kam eine Gruppe dieses Adels mit der Hochfinanz in Kontakt, die den philosophischen Ideen verbunden war; so zum Beispiel in dem Salon der Madame d'Épinay. Ein Teil des Hochadels begann, sich durch seine Lebensgewohnheiten und seine liberalen Vorstellungen von seiner Klasse zu entfernen, und das zu einer Zeit, in der die soziale Hierarchie starrer denn je schien. Diese Gruppe des liberalen Adels hielt zwar uneingeschränkt fest an ihren gesellschaftlichen Vorrechten, näherte sich aber dem Großbürgertum, mit dem es bestimmte ökonomische Interessen teilte.

Der ländliche Adel hatte ein weniger glanzvolles Schicksal. Die Junker lebten zusammen mit ihren Bauern; oft war es ein fast gleich schwieriges Leben. Da den Adligen unter Androhung des Standesverlustes jede Form der Ausübung von Handarbeit verboten war, selbst die Bestellung ihres eigenen Landes über eine bestimmte Anzahl von arpents[1] hinaus, bestand ihre wichtigste Einnahmequelle in der Eintreibung der Feudalabgaben, denen die Bauern unterworfen waren. Wenn diese Steuern, deren Höhe seit mehreren Jahrhunderten festgesetzt war, in Geld erhoben wurden, bedeuteten sie angesichts des ständigen Kaufkraftschwundes des Geldes und des fortgesetzten Ansteigens der Lebenshaltungskosten nur ein mageres Einkommen. So vegetierten viele Provinzadlige in ihren zerfallenen Herrenhäusern; den Bauern um so verhaßter, je größer ihre Gier nach Entrichtung der Feudalabgaben wurde. Es hatte sich, um einen Ausdruck von Albert Mathiez aufzunehmen, eine *wahre Adelsplebs* gebildet; sie lebte eingeschnürt von der eigenen Not, gehaßt von den Bauern und von den Grandseigneurs verachtet, und verwünschte ihrerseits die Adligen am Hofe wegen ihrer zahlreichen Einkünfte, die sie dem königlichen Tresor entzogen, und die Bourgeoisie in den Städten wegen der Reichtümer, die diese mit ihren produktionsfreudigen Unternehmungen ansammeln konnten.

Der Amtsadel hatte sich gebildet, seit die Monarchie einen Verwaltungs- und Justizapparat entwickelt hatte. Dieser Amtsadel war im 16. Jahrhundert aus dem Großbürgertum hervorgegangen und nahm noch im 17. Jahrhundert eine Zwischenstellung zwischen der Bourgeoisie und dem alten Schwertadel ein; im 18. Jahrhundert vermischte er sich fast ganz mit dem letzteren. An seiner Spitze vermochten es die großen Familien der *parlements,* die königliche Regierung zu kontrollieren und an der Staatsverwaltung teilzuhaben. Die *parlementaires* waren unabsetzbar (sie hatten ihre Posten gekauft) und übertrugen ihre Ämter vom Vater auf den Sohn; so repräsentierten sie eine starke Macht, die oft mit dem Königtum in Konflikt geriet, aber den Vorrechten ihrer Kaste zutiefst verhaftet blieb und jeder Reform, die diese zu beeinträchtigen drohte, feindselig gegenüberstand. Sie wurden daher von den Philosophen besonders heftig angegriffen.

Die Feudalaristokratie war am Ende des 18. Jahrhunderts in offenem Verfall begriffen. Ihre Verarmung schritt voran; der Hofadel ruinierte sich in Versailles, der Provinzadel vegetierte auf seinen Ländereien. Und je näher der Ruin rückte, um so unnachgiebiger forderte sie die Durchsetzung ihrer alten Rechte. Die letzten Jahre des Ancien Régime waren durch eine heftige

---

[1] Altes französisches Ackermaß, ca 40 ar.

*aristokratische Reaktion* gekennzeichnet. Auf politischem Gebiet trachtete die Aristokratie nach dem Monopol für alle hohen Stellungen in Staat, Kirche und Heer; eine königliche Verordnung von 1781 reservierte alle Armee-Dienstgrade ausschließlich für diejenigen, die ihre Herkunft durch vier adlige Ahnen urkundlich nachweisen konnten. Im wirtschaftlichen Bereich verschärfte die Aristokratie das grundherrschaftliche System. Durch die *édits de triage* ließen sich die Grundherren ein Drittel der den Dorfgemeinden gehörenden Güter zuteilen. Durch Wiedereinführung der *terriers*, das waren Verzeichnisse, in denen all ihre Rechte aufgeführt waren, setzten sie alte Rechte wieder in Kraft, die außer Gebrauch gekommen waren, und verlangten die genaue Erfüllung aller Forderungen. Andererseits begannen einige Adlige, sich für die Unternehmungen der Bourgeoisie zu interessieren und ihr Kapital in die neuen Industrien zu investieren, besonders in die Metallfabriken. Manche wandten auf ihren Ländereien die neuen landwirtschaftlichen Methoden an. Bei diesem Wettlauf nach dem Geld näherte sich ein Teil des Hochadels der Bourgeoisie, mit der er in gewissem Ausmaß auch die politischen Erwartungen teilte. Aber die Mehrheit des provinziellen und des Hofadels sah nur in der immer deutlicheren Bekräftigung ihrer Privilegien eine Rettung. In ihrer Feindschaft gegen alle neuen Ideen rief sie die Generalstände nur an, damit diese ihre politische Vorherrschaft wieder einsetzten und ihre Privilegien sanktionierten.

Tatsächlich bildete der Adel keine einheitliche soziale Klasse, die sich ihrer gemeinsamen Interessen wirklich bewußt gewesen wäre. Die Monarchie war der Opposition der frondierenden *parlementaires* ebenso ausgesetzt wie der Kritik der liberalen Grandseigneurs und den Angriffen der von den führenden Stellungen in Politik und Verwaltung ausgeschlossenen Landjunker, die von einer Rückkehr zur alten Verfassung des Königreiches träumten, von der sie nicht einmal eine genaue Vorstellung hätten entwickeln können. Der offen reaktionäre Provinzadel stellte sich gegen den Absolutismus; der aufgeklärte Hofadel profitierte von den Mißbräuchen des Regimes, dessen Umgestaltung er forderte, ohne einzusehen, daß dessen Abschaffung auch ihm den Gnadenstoß versetzen würde. Die herrschende Klasse des Ancien Régime war sich nicht mehr einig in der Verteidigung des Systems, das ihre Vorherrschaft garantierte. Ihr gegenüber stand der gesamte Tiers: die über das Feudalregime verbitterten

Bauern, die über die fiskalischen und Ehrenprivilegien empörten Bürger – der durch seine gemeinsame Feindschaft gegen das aristokratische Privileg geeinte Tiers.

## 2. Der gespaltene Klerus

Die etwa 120 000 Personen zählende Geistlichkeit bezeichnete sich selbst als »die erste Körperschaft des Königreiches«. Als erster Stand des Staates besaß sie wichtige politische, juristische und fiskalische Privilegien. Ihre wirtschaftliche Macht beruhte auf der Erhebung des Zehnten und auf dem Grundbesitz.

Der Grundbesitz des Klerus befand sich sowohl in der Stadt als auch auf dem Land. In den Städten besaß er zahlreiche Hausgrundstücke, von denen er Mieten einzog, deren Wert sich im Laufe des Jahrhunderts verdoppelte. Für die Ordensgeistlichkeit war der städtische Grundbesitz anscheinend bedeutender als der ländliche; in Städten wie Rennes oder Rouen besaßen die Klöster sehr viele Grundstücke und Häuser. Das kirchliche Grundeigentum auf dem Lande war noch wichtiger. Eine Schätzung des Bestandes im ganzen Land ist schwierig. Voltaire veranschlagte die Einkünfte des Klerus aus den Ländereien auf 90 Millionen Livres, Necker berechnete 130 Millionen, eine zweifellos der Wirklichkeit näherkommende Schätzung; aber mit Sicherheit neigte man zu jener Zeit dazu, die Grund- und Bodeneinkünfte des Klerus zu überschätzen. Die kirchlichen Besitztümer waren in der Regel zerstückelt und bestanden aus vereinzelten Gehöften mit mäßigen Erträgen, die oft auf eine schlechte Verwaltung und die weit entfernt liegende Kontrolle der Pfründeninhaber zurückzuführen waren. Bei dem Versuch, aufgrund von lokalen und regionalen Nachforschungen den kirchlichen Grundbesitz genauer zu bestimmen, stellt man Schwankungen von einem Gebiet zum anderen fest, wobei sich die Zahlen nach Westen (5% in den Mauges) und Süden hin (6% in der Diözese Montpellier) verringern. Der Prozentsatz erreichte manchmal 20% (Norden, Artois, Brie), fiel aber auch auf weniger als 1% ab; im Durchschnitt kann man ihn auf 10% schätzen: ein bedeutender Anteil, wenn man die zahlenmäßige Schwäche dieses Standes berücksichtigt.

Der Zehnt bestand aus dem Anteil der Ernte- und Vieherträge, den die Landbesitzer nach den Kapitularien von 779 und 794 an die Zehntherren abgeben mußten. Er galt allgemein und lastete gleichermaßen auf den Ländereien des Adels, auf den persönlichen Besitztümern der Geistlichen und auf dem Land der Nichtadligen. Er war je nach Gebiet und Ernteprodukt verschieden. Der *Große Zehnt* lag auf den 4 Hauptgetreidearten (Weizen, Roggen, Gerste, Hafer), der *Kleine Zehnt* auf den anderen Ernten. Der Zehntsatz lag anscheinend immer unter 10%; der durchschnittliche Satz für Getreide scheint sich im ganzen Land bei einem Dreizehntel eingependelt zu haben. Es ist schwierig, die Gesamteinkünfte abzuschätzen, die der Klerus aus dem Zehnten bezog. Man kann von einer Schätzung von 100 bis 120 Millionen Livres ausgehen; hierzu kam noch das Einkommen aus dem Grundbesitz mit etwa derselben Summe.

Durch den Zehnten und seine Ländereien verfügte der Klerus also über einen beträchtlichen Teil der Ernte, den er wiederverkaufte. Auf diese Weise profitierte er von der Preissteigerung, wie er auch von der Erhöhung der Pachtsummen profitierte; der Wert des Zehnt scheint sich im Verlauf des 18. Jahrhunderts mehr als verdoppelt zu haben. Für die Bauern bedeutete dies eine um so unerträglichere Bürde, als die Zehntabgaben sehr oft ihres ursprünglichen Zwecks entfremdet wurden und manchmal sogar in Form eines *belehnten Zehnt* Nichtgeistlichen zugute kamen.

Der Klerus bildete als einziger mit Hilfe einer eigenen Verwaltung *(Generalbevollmächtigte des Klerus* und *Diözesankammern)* und seiner Gerichte (den *Offizialräten)* einen wirklichen Stand. Alle 5 Jahre trat die *Versammlung des Klerus* zusammen, die sich mit Angelegenheiten der Religion und den Standesinteressen befaßte. Sie hatte eine freiwillige Abgabe beschlossen, um den Staatshaushalt zu entlasten, den *don gratuit,* der neben den *décimes* die einzige finanzielle Belastung des Klerus darstellte, im Durchschnitt 3 500 000 Livres im Jahr, ein im Verhältnis zu den Einkünften des Standes geringfügiger Betrag. Freilich oblagen dem Klerus noch die Verwaltung von Personenstandssachen (Tauf-, Heirats- und Bestattungsregister), die Armenpflege und das Unterrichtswesen. Die weltliche Gesellschaft hing noch stark von der kirchlichen Gewalt ab. Die Ordensgeistlichkeit (zwanzig- bis fünfundzwanzigtausend Ordensbrüder und etwa vierzigtausend Ordensschwestern), die im 17. Jahrhundert erheblich aufgeblüht war, wurde am Ende des 18. Jahrhunderts von einer tiefen moralischen Dekadenz und einer starken inneren Auflösung erfaßt. Vergeblich hatte die

1766 eingesetzte *Kommission der Ordensleute* eine Reform versucht. 1789 gab es 625 Männerklöster in weltlichem Pfründenbesitz und 115 ordenszugehörige; 253 Frauenklöster wurden als ordenszugehörig angesehen; tatsächlich unterstanden sie aber fast alle dem königlichen Ernennungsrecht. Zum Teil rührte der Mißkredit der Ordensgeistlichkeit von der Größe ihrer beträchtlichen Besitzungen her, deren Einkünfte an nahezu unbewohnte Klöster und oftmals sogar an abwesende *Kommendataräbte* abgeführt wurden. Die Prälaten selbst ereiferten sich über den Ordensklerus; so zum Beispiel der Erzbischof von Tours im Jahre 1778: »Die Brut der Franziskanermönche (die Cordeliers, der Orden des Heiligen Franz von Assisi) in der Provinz hat sich entwürdigt. Die Bischöfe beklagen die schwelgerische und liederliche Lebensweise dieser Mönche.«

Tatsächlich hielt die Auflösung der Disziplin an. Viele Mönche waren für die neuen Ideen gewonnen und lasen die Philosophen. Sie sollten einen Teil des verfassungstreuen[1] Klerus bilden, einen Teil sogar der aktiven Revolutionäre. Die Dekadenz war weniger spürbar bei den Ordensgemeinschaften der Frauen, besonders bei denen, die sich der Erziehung und der Armenpflege annahmen: diese waren aber gerade die Allerärmsten, während die alten Abteien von zuweilen nennenswerten Einkünften zehrten. Zahlreiche Abteien unterstanden dem königlichen Ernennungs- und Weisungsrecht. In den meisten Fällen beließ der König deren Einkünfte nicht den Mönchen selbst; er vergab sie *als Kommende* an Pfründeninhaber, Weltgeistliche oder sogar Laien, die nicht das entsprechende Amt ausübten, aber ein Drittel des Ertrages abschöpften.

Auch der weltliche Klerus war einer echten Krise ausgesetzt. Die religiöse Berufung beruhte nicht mehr wie in der Vergangenheit allein auf der Grundlage des Glaubens; die philosophische Propaganda hatte diese seit langem erschüttert.

Wenn der Klerus auch einen Stand bildete und eine im Geistigen ruhende Einheit besaß, so war er in Wirklichkeit doch keine gesellschaftlich homogene Gruppe. Wie überhaupt in der Gesamtgesellschaft des Ancien Régime standen sich in den Reihen des Klerus Adlige und Nichtadlige gegenüber, niederer Klerus stand gegen hohen Klerus, Aristokratie gegen Bourgeoisie.

---

1 »Verfassungstreu« (constitutionnel) bezieht sich auf die bürgerliche Kirchenverfassung des Jahres 1790 (Constitution civile du clergé) und wird im folgenden auch mit »konstitutionell« übersetzt. Vgl. S. 171 ff.

Der hohe Klerus (Bischöfe, Äbte und Domherren) rekrutierte sich in zunehmendem Maße ausschließlich aus Angehörigen des Adels; er verstand es, seine Privilegien aus den Pfründen zu verteidigen, von denen der niedere Klerus grundsätzlich ausgeschlossen war. Unter den 139 Bischöfen im Jahre 1789 befand sich nicht ein einziger Nichtadliger. Der größte Teil der Einkünfte des ganzen Standes floß den Prälaten zu; in Glanz und Prachtliebe standen die Kirchenfürsten den größten weltlichen Herren nicht nach: die meisten residierten am Hofe und kümmerten sich nur wenig um ihr Bistum; das Bistum Straßburg, dessen titelführender Inhaber Fürst und Landgraf war, erbrachte ein Einkommen von 400 000 Livres.

Der niedere Klerus (50 000 Pfarrer und Vikare) hatte indessen oft mit echten Schwierigkeiten zu kämpfen. Pfarrer und Vikare waren fast alle bürgerlicher Herkunft und bezogen lediglich die *portion congrue* (seit 1786 für die Pfarrer 750 Livres, für die Vikare 300 Livres), die ihnen die geistlichen und manchmal sogar weltlichen Zehntherren überließen; diese kassierten die Einkünfte des Pfarrbezirks, ohne die Amtspflichten auszuführen. Dadurch bildeten Pfarrer und Vikare zuweilen eine richtige geistliche Plebs; sie kamen aus dem Volk, lebten mit ihm und teilten seine Meinungen und Bestrebungen. Das Beispiel des Klerus im Dauphiné ist hierfür besonders bezeichnend. Früher als in allen anderen Provinzen zeigte sich dort schon sehr bald jener *Aufstand der Pfarrer,* der die Aufsplitterung des Standes während der ersten Sitzungen der Generalstände herausforderte. Diese aufsässige Haltung erklärte sich aus der großen Zahl der *Congruisten,* die vom hohen Klerus klein gehalten wurden, und aus der Unterstützung, die sie bei den *parlementaires* fanden. Die materiellen Schwierigkeiten, mit denen sich Pfarrer und Vikare plagen mußten, führten zur Geltendmachung weltlichpraktischer Forderungen, die auch bald auf theologisches Gebiet übergriffen. 1776 veröffentlichte der spätere verfassungstreue Bischof von Grenoble, Henri Reymond, ein von den *Thesen Richer's* (Richerismus) beeinflußtes Buch, das die Rechte der Pfarrer aus der Kirchengeschichte der ersten Jahrhunderte, der Überlieferung der Konzile und von der Lehre der Kirchenväter ableitete. Die Denkschrift der Pfarrer aus dem Dauphiné von 1789 bewahrte zwar insgesamt einen respektvollen Ton gegenüber den Bischöfen, zog aber aus diesen Gedanken extreme Schlußfolgerungen und verknüpfte das Los des niederen Klerus mit dem des Dritten Standes. Trotz dieser Einstellung des niederen Klerus darf man nicht vergessen, daß die Kirche in der alten Gesellschaftsordnung ihr Schicksal an das der Aristokratie gebunden hatte. Diese hatte sich nun aber im Laufe des 18. Jahrhunderts fortwährend in dem Maße abgekapselt, in dem sich ihre Lebensbedingungen verschlechterten. Der Bourgeoisie gegenüber verwandelte sie sich in eine Kaste: alter Kriegsadel, Amtsadel und hohe Kirche behielten sich das Monopol für militärische, juristische und geistliche Ämter vor, von denen die Nichtadligen ausgeschlossen waren. Gerade in dem Augenblick, in dem diese Aristokratie zum reinen Parasiten geworden war, rechtfertigte das Ämtermonopol nicht mehr, gemessen an den dem Staat oder der Kirche geleisteten Dienste, die Ehren und Privilegien, die vorübergehend eine rechtmäßige Gegenleistung hatten darstellen können. Infolge ihrer Nutzlosigkeit, ihrer Anmaßungen und ihrer hartnäckigen Weigerung, das Allgemeinwohl zu beachten, schnitt sich die Aristokratie von der Nation ab.

## II. AUFSCHWUNG UND SCHWIERIGKEITEN DES DRITTEN STANDES

Der dritte *Stand* wurde seit dem Ende des 15. Jahrhunderts mit dem Namen *Tiers État* bezeichnet. Zu ihm gehörte die erdrückende Mehrheit des Volkes: am Ende des Ancien Régime mögen es über 24 Millionen Einwohner gewesen sein. Klerus und Adel hatten sich lange vor ihm gebildet; aber die soziale Bedeutung des Tiers stieg angesichts der Rolle, die seine Mitglieder im Volk und im Staat spielten, sehr schnell an. Schon zu Beginn des 17. Jahrhunderts stellte Loyseau fest, der Tiers hätte »gegenwärtig sehr viel mehr Macht und Autorität als je zuvor, weil fast alle Justiz- und Finanzbeamten aus ihm hervorgegangen sind, seitdem nämlich der Adel die Wissenschaften verachtet und sich dem Müßiggang hingegeben hat.«
Sieyes hat 1789 in seiner berühmten Flugschrift *Qu'est-ce que le Tiers État?* die Bedeutung des Tiers klar herausgestellt. Auf seine Titelfrage antwortet er: *Alles.* Im ersten Abschnitt beweist er, daß der Tiers *eine vollständige Nation* darstellt:
»Wer würde es wagen zu behaupten, daß der Tiers État nicht alles besitzt, was zur Bildung einer vollständigen Nation notwendig ist? Er ist der starke und robuste Mann, von dem noch

ein Arm angekettet ist. Wenn man den privilegierten Stand beseitigen würde, wäre die Nation nicht weniger, sondern mehr. Was also ist der Tiers État? Alles, aber ein gefesseltes und unterdrücktes Alles. Was wäre er ohne den privilegierten Stand? Alles, aber ein freies und blühendes Alles. Nichts kann ohne ihn vorangehen, alles ginge unendlich viel besser ohne die anderen.« Sieyes schließt: »Der Tiers umfaßt daher alles, was zur Nation gehört; und alles, was nicht der Tiers ist, kann sich nicht als zur Nation gehörig betrachten.«

Der Dritte Stand vereinigte die Volksklassen auf dem Lande und in den Städten; außerdem die kleine und mittlere Bourgeoisie, vor allem Handwerker und Kaufleute, ohne daß es möglich wäre, klare Trennungslinien zwischen den verschiedenen sozialen Schichten zu ziehen. Zu den Mittelschichten zählten die Angehörigen der freien Berufe: nicht-geadelte Verwaltungsbeamte, Rechtsanwälte, Notare, Lehrer, Ärzte und Chirurgen ... Zur Großbourgeoisie gehörten die Vertreter der Finanz und des Großhandels: allen voran die Reeder und Financiers, die Generalpächter und Bankiers. Mit ihrem Vermögen waren sie dem Adel überlegen, sie hatten aber den Ehrgeiz, durch den Kauf eines Amtes oder Erhebung in den Adelsstand in diese Klasse einzudringen. Über diese sozialen Unterschiede hinweg lag die Einigkeit des Tiers in der Opposition gegen die Privilegierten und in der Forderung nach der Gleichheit aller Bürger. Nachdem die Gleichheit einmal errungen war, verschwand die Solidarität der verschiedenen sozialen Gruppen innerhalb des Tiers: hieraus erklärt sich die Entstehung der Klassenkämpfe während der Revolution. Der Tiers umfaßte alle Nichtadligen und bildete damit zwar einen Stand, nicht aber eine Klasse; so war er ein ganzheitliches Gebilde, von dem man sich nur dann eine genaue Vorstellung machen kann, wenn man die verschiedenen sozialen Elemente klar herausarbeitet.

## 1. Macht und Vielschichtigkeit der Bourgeoisie

Die Bourgeoisie war die entscheidende Klasse des Dritten Standes: sie führte die Revolution an und profitierte von ihr. Infolge ihres Reichtums und ihres Bildungsstandes besetzte sie den ersten Rang in der Gesellschaft – ganz im Gegensatz zur formellen Vorrangstellung der privilegierten Stände. Hinsichtlich der gesellschaftlichen Stellung und der Rolle im Wirtschaftsleben kann man verschiedene Schichten der Bourgeoisie unterscheiden:

Die *Bourgeois* im eigentlichen Sinne, eine passive Rentenbourgeoisie, die vom kapitalisierten Profit oder von den Einkünften aus dem Grundbesitz lebte, – die Gruppe der Freiberuflichen, der Juristen und Beamten, ein sehr komplexer und zersplitterter Teil der Bourgeoisie, – dann Handwerk und Kleinhandel, also kleine und mittlere Bourgeoisie, die an das überkommene Produktions- und Tauschsystem gebunden war, – schließlich die große Geschäftsbourgeoisie als der aktive Teil und voranschreitende Flügel der Bourgeoisie, der unmittelbar vom Profit lebte. Im Verhältnis zur Gesamtheit des Dritten Standes bildete die Bourgeoisie natürlich nur eine Minderheit, selbst wenn man alle Angehörigen des Handwerks hinzurechnet. Am Ende des 18. Jahrhunderts war Frankreich noch vorwiegend agrarisch strukturiert, die Industrie hatte den handwerklichen Charakter noch nicht abgestreift; das Kreditwesen war wenig verbreitet, und der Bargeldumlauf war gering. Diese Merkmale bestimmten die soziale Zusammensetzung der Bourgeoisie.

Die Rentenbourgeoisie war eine ökonomisch passive Gruppe, die aus der Handels- und Geschäftsbourgeoisie hervorgegangen war und von dem kapitalisierten Profit lebte. Während des ganzen Jahrhunderts war die Bourgeoisie immer reicher geworden, und die Zahl der *rentiers* hatte ständig zugenommen. So wuchs in Grenoble die Gruppe der *rentiers* (einschließlich der Witwen) unablässig an: 1773 waren 21,9% aller Bourgeois *rentiers*, 13,8% Juristen, 17,6% Händler; 1789 war der Prozentsatz der Händler auf 11% abgesunken, während der der *rentiers* auf 28% angestiegen war. In Toulouse stellte diese Rentenbourgeoisie etwa 10% der ganzen Klasse. In Albi sinkt ihr Anteil auf ungefähr 2 bis 3% ab. Die Gruppe der *rentiers* hat wahrscheinlich um 10% der gesamten Bourgeoisie umfaßt. Doch gab es starke qualitative Verschiedenheiten unter den *rentiers*. Über Le Havre berichtet ein Historiker von einer »durch kleine und winzige *rentiers* erniedrigten Bourgeoisie«. In Toulouse fand man den *rentier* ganz an der Spitze oder ganz am Fuße der sozialen Stufenleiter. Die Existenz des *rentiers* war mit einer bestimmten Lebensführung (dem *bürgerlichen Leben*) verbunden, wobei dieser Begriff vielfältige Niveau-Unterschiede je nach der extrem verschiedenen Vermögenslage abdeckte. Denn die Herkunft dieser Rentenbezüge war durchaus unterschiedlich;

sie konnten aus Anteilen an Handelsunternehmen, aus Rathaus-Renten (Anleihendienst), städtischen Mieten oder aus ländlichen Pachthöfen stammen. Der Grundbesitz der Bourgeoisie (hier handelt es sich um die gesamte Bourgeoisie, nicht allein um die *rentiers*) kann je nach Gebieten auf 12 bis 45% des Bodens geschätzt werden: 16% im Norden, 9% im Artois, 20% in Burgund, über 15% in den Mauges, 20% in der Diözese Montpellier. In der Umgebung der Städte war er stärker, denn der Kauf von Grundbesitz in der Nähe ihrer Stadtwohnung hatte stets die beliebteste Vermögensanlage der durch den Handel reich gewordenen Bourgeois dargestellt.

Die Bourgeoisie der Freiberuflichen bildete eine sehr vielgestaltige Gruppe, in der der Tiers seine wichtigsten Interpreten fand. Auch hier waren die Vorfahren oft Handelsleute, und das Anfangskapital entstammte dem Profit. Zu dieser Kategorie zählen auch die nichtadligen Amtsinhaber: Justiz- oder Finanzbeamte, bei denen die Amtswürde mit der öffentlichen Funktion gekoppelt war; die Beamten waren Eigentümer der von ihnen gekauften Amtsstellen. An erster Stelle der freien Berufe rangieren die sehr zahlreichen juristischen Berufe: Vermögensverwalter, Gerichtsvollzieher, Notare und Rechtsanwälte für die vielfältigen Gerichtsbarkeiten im Ancien Régime. Die Stellung der anderen freien Berufe war nicht so glanzvoll. Die Mediziner waren gering an Zahl und genossen keine hohe Achtung, bis auf einige, die Berühmtheit erlangten (Tronchin, Guillotin ...). In den kleinen Städten kannte man vor allem den Apotheker und den Wundarzt, der kurz zuvor noch zugleich Barbier gewesen war. Die Lehrberufe hatten noch weniger Bedeutung, abgesehen von einigen bedeutenden Professoren, die am Collège de France oder an den Rechts- oder medizinischen Fakultäten lehrten. Im übrigen waren sie nicht sehr zahlreich, weil das Unterrichtsmonopol bei der Kirche lag. Der größte Teil der unterrichtenden Laien war Schulmeister oder Hauslehrer. Schließlich kamen die Literaten dazu und die *nouvellistes* (Journalisten), die in Paris relativ zahlreich waren (Brissot ...). In Grenoble, wo die Existenz eines *parlement* die Anwesenheit vieler Rechtsgelehrter, Anwälte und Bevollmächtigter erklärt, machten die Juristen 13,8% der gesamten Bourgeoisie aus. In Toulouse, ebenfalls *parlement*-Stadt und Sitz von Provinzialverwaltungen, betrug der Prozentsatz der nichtadligen Amtsinhaber von Justiz- und Finanzverwaltungsstellen sowie der Angehörigen der freien Berufe 10 bis

20% der ganzen Gruppe. In Pau übten von 9000 Einwohnern 200 juristische oder freie Berufe aus. Für das ganze Land kann man die Gruppe der freien Berufe mit 10 bis 20% der gesamten Bourgeoisie veranschlagen. Selbst innerhalb dieser Gruppe waren die Bedingungen sehr unterschiedlich, wie es auch die Honorare und Besoldungen waren. Manche näherten sich der Aristokratie, andere blieben in mittleren Verhältnissen. Mit einer im allgemeinen sehr einfachen Lebensführung, hochstehender geistiger Bildung und Begeisterung für die philosophischen Ideen spielte dieser Teil der Bourgeoisie, an erster Stelle die Juristen, 1789 die wichtigste Rolle; er stellte einen Großteil der aktiven Revolutionäre.

Die Kleinbourgeoisie der Handwerker und Ladenbesitzer lebte vom Profit, wie auch über ihr die höhere Geschäftsbourgeoisie; diese Schichten waren im Besitz der Produktionsmittel. Bei einem Blick auf diese Klassifizierung von unten nach oben stellt sich die soziale Unterscheidung durch eine Verminderung der Rolle der Arbeit und eine Verstärkung der Rolle des Kapitals dar. Für das Handwerk und den Ladenbesitz wurde in dem Maße, in dem es auf dem sozialen Gefälle abwärts ging, die Bedeutung des Kapitals immer geringer, während die Einnahmen immer mehr aus der eigenen Arbeit kamen. Der Übergang zu den eigentlichen Volksklassen war damit kaum spürbar. Diese soziale Schicht war an die herkömmlichen Wirtschaftsformen gebunden, den Kleinhandel und die handwerkliche Produktionsweise, die durch die Streuung des Kapitals und den verzettelten Einsatz der Arbeitskraft in kleinen Werkstätten gekennzeichnet waren. Die Arbeitsmethoden entsprachen der alten Technik, und das Werkzeug war dürftig. Diese handwerkliche Produktion war noch von großer Bedeutung. Die Veränderungen der Produktionstechniken und Handelspraktiken zogen eine Krise der traditionellen Wirtschaftsformen mit sich. Dem Zunftwesen standen nun die Konzeptionen des wirtschaftlichen Liberalismus und der freien Konkurrenz gegenüber. Am Ende des 18. Jahrhunderts herrschte bei den meisten Handwerkern Unzufriedenheit. Die einen sahen, wie sich ihre Stellung verschlechterte und wie sie in den Rang von Lohnempfängern zurückgestuft wurden; andere fürchteten, daß sie selbst Konkurrenten hervorbrächten, die sie ruinieren würden. Die Handwerker waren der kapitalistischen Produktionsorganisation gegenüber grundsätzlich feindlich eingestellt; sie waren Verfechter der Reglementierung, und nicht, wie die Geschäftsbourgeoisie, der wirtschaftlichen Freiheit. Um ihre Haltung richtig beurteilen zu können, muß man noch die Unterschiede in ihren Einkünften hinzuziehen: sie differierten je nach dem Anteil der Arbeit und dem des Kapitals. Für die Händler-Handwerker entsprach die Steigerung ihres Einkommens der Preissteigerung: im 18. Jahrhundert sind viele Schankwirtssöhne mit Hilfe der Basoche[1] zu freien Berufen (Amtsgehilfen und Kanzleischreiber) gelangt. Die Handwerker-Händler produzierten für die Kundschaft und profitierten damit auch von der Preissteigerung: ihre Produkte werden teurer. Was die Handwerksarbeiter im abhängigen Handwerk angeht, die hauptsächlich von einem Lohn lebten (dem *tarif*), so waren sie die Opfer des wachsenden Abstandes zwischen der Preis- und der Lohnkurve: selbst wenn ihr Nominallohn anstieg, sank doch dessen Kaufkraft. Diese abhängigen Handwerker hatten damit unter dem allgemeinen Einkommensrückgang zu leiden, der für die städtischen Volksklassen am Ende des Ancien Régime charakteristisch war. Die Krise mobilisierte die verschiedenen Gruppen des Handwerks, die den Kern der städtischen Sansculotterie bildeten. Die Unterschiedlichkeit der Interessen verhinderte aber die Formulierung eines zusammenhängenden Sozialprogramms. Von daher erklären sich bestimmte unerwartete Ereignisse in der Revolutionsgeschichte, vor allem im Jahre II.

Die große Geschäftsbourgeoisie war eine aktive Bourgeoisie, die unmittelbar vom Profit lebte, die *Unternehmer*klasse im weitesten Sinne, nach Adam Smith die Klasse der »Unternehmenschefs«. Auch in ihr gab es je nach dem Betätigungsfeld verschiedene Kategorien, die zudem noch von geographischen Faktoren und der besonderen historischen Vergangenheit ihr Gepräge erhielten.

Die Finanzbourgeoisie nahm den ersten Platz ein. Generalpächter, die sich zusammenschlossen, um alle sechs Jahre die Erhebung der indirekten Steuern zu pachten, Bankiers, Armeelieferanten und hohe Finanzbeamte, sie alle bildeten eine echte bourgeoise Aristokratie, die oft mit der Geburtsaristokratie liiert war. Ihre soziale Rolle war außerordentlich stark, sie fungierten als Mäzene und protegierten die Philosophen. Durch Einziehung der indirekten Steuern, durch die Staatsanleihen und die Gründung der ersten Aktiengesellschaften häuften sie große Ver-

---

1 Schiedsgericht der Schreiber des Pariser *parlement;* gegründet 1303.

mögen an. Die Härte der gepachteten Steuern machte sie beim Volk verhaßt; 1793 wurden die Generalpächter dem Schafott übergeben.

Die Handelsbourgeoisie stand besonders in den Seehäfen in voller Blüte. Bordeaux, Nantes und La Rochelle bereicherten sich durch den Handel mit den Inseln, besonders mit den Antillen und Santo Domingo. Von dort kamen Zucker, Kaffee, Indigo und Baumwolle. Der Großhandel mit *Ebenholz* verschaffte ihnen schwarze Sklaven, deren Weiterverkauf eine kräftige Einkommensquelle darstellte. 1768 soll der Handel von Bordeaux in der Lage gewesen sein, die Inseln Amerikas mit etwa einem Viertel der Jahreseinfuhr an Schwarzen aus dem französischen Sklavenhandel zu versorgen. 1771 importierte derselbe Hafen von Bordeaux Kaffee im Werte von 112 Millionen Livres, Indigo für 21 Millionen, weißen Zucker für 19 Millionen und schließlich Rohzucker für 9 Millionen Livres. Marseille hatte sich auf den Handel mit dem Nahen Orient spezialisiert, in dem Frankreich die führende Position einnahm. Von 1716 bis 1789 vervierfachte sich das Handelsvolumen. Auf diese Weise sammelten sich in den Hafen- und Handelsstädten riesige Vermögen an; dorther kamen auch die Parteiführer, die für die Vorherrschaft der Bourgeoisie kämpften: zunächst konstitutionelle Monarchisten, dann Girondisten. Diese angehäuften Reichtümer dienten der Bourgeoisie zum Ankauf von Land, dem Zeichen sozialer Überlegenheit in der noch immer feudalen Gesellschaft, und außerdem dazu, die aufkommende große Industrie zu finanzieren. Der Aufschwung des Handels ging der Entwicklung der Industrie voraus.

Die Manufakturbourgeoisie machte sich gerade erst vom Handel los. Lange Zeit war die Industrie (man sagte *Fabrik* oder *Manufaktur*) nur ein Anhang des Handels gewesen: der Händler lieferte den Heimhandwerkern die Rohstoffe und erhielt von ihnen das fertige Erzeugnis. Die im 18. Jahrhundert stark entwickelte ländliche Manufaktur war nach diesem Prinzip ausgestaltet: Tausende von Bauern arbeiteten auf diese Weise für die Händler in den Städten. Die große, kapitalistische Produktion erschien zuerst in den neuen Industrien, die eine kostspielige Ausrüstung erforderten. Die industrielle Konzentration kündigte sich an. In Lothringen (Creusot, 1787) entstanden umfangreiche Unternehmen der Metallindustrie. Die Aktiengesellschaft Le Creusot besaß eine vollkommene Ausstattung: *Dampfmaschi-*

*nen*, Pferdeeisenbahn, vier Hochöfen, zwei große Schmieden; die Bohrwerkstatt war die beste aller vergleichbaren europäischen Unternehmen. Dietrich, der damalige Eisenkönig, stand an der Spitze der mächtigsten Industriegruppe Frankreichs; seine Fabriken in Niederbronn beschäftigten über 800 Arbeiter; er besaß Unternehmen in Rothau, Jägerthal und Reichshofen. Die Privilegierten verfügten noch über einen wichtigen Teil der Eisenhüttenproduktion, wie zum Beispiel die Herren von Wendel in Charleville, Hombourg und Hayange; dabei entwürdigte es die Edelleute nicht, Gebieter über ein Hüttenwerk zu sein. Der Steinkohlenbergbau wurde ebenfalls auf den neuesten Stand gebracht. Es bildeten sich Aktiengesellschaften, die einen rationelleren Abbau und die Konzentrierung zahlreicher Arbeiter ermöglichten. Die im Jahre 1757 gegründete Bergwerksgesellschaft von Anzin beschäftigte 4000 Arbeiter. Schon am Ende des Ancien Régime zeigten sich bestimmte Merkmale der großen kapitalistischen Industrie.

Der Rhythmus des industriellen Wachstums wurde von Pierre Léon in dem Buch *Le XVIIIᵉ siècle industriel* für die Zeit von 1730–1830 erforscht; er variiert je nach der Region und mehr noch nach den Produktionsbereichen.

Industriezweige mit langsamem Wachstum: die Grundstoffindustrien, die traditionelle Textilindustrie, Tuchwaren, Leinen- und Hanfwaren. Nach Léon war der durchschnittliche Produktionsanstieg in ganz Frankreich im Verlauf des Jahrhunderts relativ gering: 61%. Bei Berücksichtigung der regionalen Unterschiede betrug die Produktionssteigerung im Languedoc in den Jahren von 1703 bis 1789 143%; in den Steuerbezirken von Montauban und Bordeaux in derselben Zeitspanne 109%. In der Champagne ergab sich von 1692 bis 1789 ein Wachstum von 127%; für den gleichen Zeitraum im Berry von 81%, in Orléans von 45% und in der Normandie von nur 12%. In der Auvergne und im Poitou blieb der Produktionsumfang unverändert; in einigen Provinzen verringerte er sich sogar, wie etwa im Limousin (–18%) und in der Provence (–36%).

Industriezweige mit raschem Wachstum: die »neuen« Industrien, die durch eine voraneilende Technik und bedeutende Investitionen belebt wurden; Kohle- und Metallindustrie und moderne Textilien. Pierre Léon beziffert den Produktionsanstieg in der Kohleindustrie unter Berücksichtigung der nur annähernd richtigen Aussage von Statistiken auf 7–800%. Für Anzin liegen statistische Reihen vor; hier steigt der Koeffizient des Produktionswachstums zwischen 1744 und 1789 auf 681%. In der Metallindustrie ist der Anstieg bis zur Revolution bescheiden, beschleunigt sich anschließend, fällt aber nach 1815 wieder ab: so weist die Gußeisenproduktion von 1738 bis 1789 ein Wachstum von 72% auf, aber von 1100% in den Jahren von 1738 bis 1811. Für Baumwollsachen und gefärbte Stoffe, also neue Industrien, fehlen Gesamtzahlen; im Gebiet von Rouen steigt die Produktion von Baumwollstoffen von 1732 bis 1766 um 107%, während sich die .Produktionsziffer von Mülhauser Kattun zwischen 1758 und 1786 um 738% erhöht. Die Seidenherstellung nimmt als alte Industrie trotzdem am allgemeinen Aufschwung teil und hat die Anzeichen einer neuen Industrie: in Lyon steigt die Zahl der Webstühle um 185% von 1720 bis 1788; im Dauphiné wächst die Produktion von gezwirnter Seide zwischen 1730 und 1767 um 400% (nach Gewicht).

So bemerkenswert der Expansionsdrang der französischen Industrie auch gewesen ist, der Einfluß des industriellen Wachstums auf die ökonomische Gesamtentwicklung des Landes scheint doch relativ gering gewesen zu sein. Die Landwirtschaft hat offenbar infolge des Ansteigens der Grundrenten auf die Entwicklung der Industrie eingewirkt, indem der landwirtschaftliche Einkommenszuwachs hohe Investitionen in die industriellen Unternehmungen nach sich zog. Die Ausdehnung der Industrie beeinflußte ihrerseits die Handelsstruktur. Der Exportanstieg von Fabrikationsgütern betrug von 1716 bis 1787 221% (der Gesamtzuwachs französischer Exporte lag bei 298%). Abgesehen vom Kolonialhandel stieg der Importanteil an industriellen Rohstoffen in derselben Zeit von 12 auf 42%.

Angesichts dieser ökonomischen Aktivität bildete sich bei Angehörigen der Bourgeoisie Klassenbewußtsein; sie sahen ein, daß sie sich in einem unüberbrückbaren Gegensatz zur Aristokratie fanden. In seiner Broschüre definiert Sieyes den Tiers nach den besonderen Arbeiten und den öffentlichen Funktionen, die er einnahm: der Tiers ist die ganze Nation. Der Adel kann nicht dazugehören, in der sozialen Gemeinschaft hat er keinen Platz: inmitten der allgemeinen Bewegung bleibt er unbeweglich, er verschlingt »den besten Teil der Produktion, ohne auch nur das Geringste zu ihrer Entstehung beigesteuert zu haben ... Mit Sicherheit ist eine solche Klasse des Müßiggangs der Nation fremd«.

Barnave erwies sich als noch eindringlicher. Er war mitten in dieser industriellen Betriebsamkeit groß geworden, die, wenn wir dem Bericht des Inspektors der Roland-Manufakturen von 1785 Glauben schenken, aus dem Dauphiné die führende Provinz des Königreiches machte, was die Verschiedenartigkeit und Zusammenballung der Unternehmen und die Bedeutung der Produktion betrifft. In der nach seiner Trennung von der konstituierenden Versammlung geschriebenen *Introduction à la Révolution française* formuliert Barnave den Grundsatz, daß das Eigentum die Institutionen *beeinflußt*, und stellt fest, daß die von der Grundbesitz-Aristokratie geschaffenen Institutionen das Aufkommen des Industriezeitalters behindern und verzögern:

»Sobald Handel und Technik im Volk sich auszubreiten beginnen und einen neuen Weg zeigen, um zugunsten der arbeitenden Klasse Reichtum zu schaffen, bereitet sich eine Revolution in den politischen Strukturen vor; eine neue Besitzverteilung produziert eine neue Machtverteilung. Ebenso wie der Landbesitz die Aristokratie an die Spitze gebracht hat, bringt das Industrieeigentum das Volk an die Macht.«

Barnave schreibt *Volk*, wo wir *Bourgeoisie* verstehen. Diese identifizierte sich mit der Nation. Das industrielle Eigentum oder im weiteren Sinne das bewegliche Vermögen bewirkt also das politische Erstarken der Klasse, die darüber verfügt. Deutlich bestätigte Barnave den Antagonismus zwischen Grundbesitz und beweglichem Vermögen und den sich auf ihnen gründenden Klassen. Die Handels- und Industriebourgeoisie hatte ein klares Gespür für die soziale Entwicklung und die damit verbundene wirtschaftliche Macht. Mit einem sicheren Bewußtsein ihrer Interessen führte sie die Revolution zu ihrem Ziel.

## 2. Die städtischen Volksklassen: das tägliche Brot

Die städtischen Volksklassen waren durch den Haß auf die Aristokratie und das Ancien Régime, deren Last sie zu tragen hatten, eng mit der revolutionären Bourgeoisie verbunden. Trotzdem waren auch sie in verschiedene Gruppen zersplittert, deren Verhalten im Verlauf der Revolution durchaus nicht einheitlich war. Zwar wandten sich alle bis zum Ende gegen die Aristokratie, doch änderte sich ständig die Haltung gegenüber den aufeinanderfolgenden Fraktionen der Bourgeoisie, die an die Spitze der revolutionären Bewegung traten.

Die große Masse, die mit ihren Händen arbeitete und produzierte, wurde von den Besitzenden, Aristokraten oder Großbourgeois, mit dem etwas überheblichen Ausdruck *Volk* bezeichnet. In Wirklichkeit gab es zwischen den bürgerlichen Mittelschichten, um die moderne Terminologie zu gebrauchen, und dem Proletariat zahlreiche Abstufungen sowie Gegensätze. Oft hat man die Meinung der Frau des Konventsmitgliedes Lebas, einer Tochter des Tischlers Duplay (worunter Tischlereiunternehmer zu verstehen ist) – dem Hauswirt Robespierre's –, zitiert, wonach ihr Vater in der Sorge um seine bourgeoise Würde niemals einem seiner *Diener*, das heißt seiner Arbeiter, an seinem Tische zu sitzen erlaubt hätte: daran kann man den Abstand ermessen, der Jakobiner und Sansculotten, die kleine oder mittlere Bourgeoisie und die Volksklassen im eigentlichen Sinne trennte.

Wo verläuft nun die Grenze zwischen ihnen? Eine genaue Bestimmung ist schwierig, wenn nicht gar unmöglich. In dieser Gesellschaft des aristokratischen Übergewichts waren die unter dem Oberbegriff des Dritten Standes zusammengefaßten sozialen Schichten nicht klar voneinander getrennt; erst die kapitalistische Entwicklung brachte die Verdeutlichung der Antagonismen. Die noch vorherrschende handwerkliche Produktion und das Krämersystem des Tauschhandels schufen unmerkliche Übergänge zwischen Volk und Bourgeoisie.

Das *abhängige Handwerkertum* befand sich an der Grenze zwischen den Volksklassen und der Kleinbourgeoisie: Handwerker vom Typ des *Lyoner Canut*[1], die für Stücklohn arbeiteten und die Rohstoffe vom Händler–Kapitalisten erhielten, der die Fertigprodukte verkaufte. Der Handwerker arbeitete außerhalb der Überwachung durch den Händler bei sich zu Hause; in den meisten Fällen gehörte das Werkzeug ihm; manchmal stellte er Gehilfen ein und wurde damit selbst zum kleinen Arbeitgeber. Aber wirtschaftlich gesehen war dieser Handwerker effektiv nur ein Lohnempfänger und dem Handelskapitalismus unterworfen. Diese Sozialstruktur und die Abhängigkeit der Handwerker von dem von den Händlern festgesetzten *Tarif* erklären die Unruhen in Lyon im 18. Jahrhundert, besonders den Aufstand der Canuts von 1744, der den Intendanten zwang, die Armee ein-

---

1 Arbeiter in den Seidenfabriken von Lyon.

marschieren zu lassen. Andererseits muß man die Arbeiter der Zünfte (Handwerksproduktion) von den weit weniger zahlreichen der Manufakturen und der beginnenden großen Industrie unterscheiden.

Die in den Zünften zusammengeschlossenen Gesellen und Lehrlinge blieben wirtschaftlich und ideologisch vollkommen von den Meistern abhängig. In den Handwerksberufen bildete der familiäre Betrieb eine autonome Produktionseinheit; daraus ergab sich eine bestimmte Form sozialer Beziehungen. Ohne daß dies die absolute Regel gewesen wäre, wohnten nicht nur die Lehrlinge, sondern auch die Gesellen (gewöhnlich einer oder zwei) unter dem Dach des Meisters und lebten von »seinem Brot, Herd, Bett und Haus«. Dieser Brauch war bei vielen Berufen noch bis zur Revolution üblich. In dem Maße, in dem er sich verlor, vollzog sich auch die Trennung von Meistern und Gesellen und damit auch die Auflösung der traditionellen Arbeitswelt, was noch durch die fortschreitende Zunahme der Gesellenzahl beschleunigt wurde.

Die Manufakturarbeiter kamen schneller zu wenn auch unterschiedlichen Arbeitslöhnen; von ihnen wurde keine regelrechte Lehre verlangt. Sie waren aber der strengeren Disziplin der Betriebsordnungen unterworfen; es war schwierig für sie, ihren Arbeitgeber zu verlassen: sie brauchten dazu eine *schriftliche Entlassungserlaubnis;* 1781 wurde die Pflicht zum Führen eines *Arbeitsbuches* für jeden Lohnarbeiter eingeführt. Die zahlenmäßige Bedeutung dieser Gruppe von städtischen Lohnarbeitern, die das Proletariat des 19. Jahrhunderts ankündigte, darf allerdings nicht überschätzt werden.

Die Lohnempfänger ohne feste Anstellung bildeten die vielleicht wichtigste Gruppe der städtischen Volksklassen: Tagelöhner, Gärtner, Laufburschen, Wasser- und Holzträger und *Pfennigverdiener (gagne-deniers),* die Aufträge oder kleine Arbeiten ausführten. Hierzu kam das Hauspersonal der Aristokratie oder der Bourgeoisie (Diener, Köche, Kutscher . . .), das in bestimmten Vierteln von Paris, wie im Faubourg St. Germain, besonders zahlreich war. In der schlechten Jahreszeit kamen dazu noch die Bauern in die Stadt, um ihre Dienste anzubieten: so gab es in Paris Bauern aus dem Limousin, von denen viele von Herbst bis zum Frühjahr im Bauhandwerk arbeiteten.

Die Existenzbedingungen der städtischen Volksklassen verschlechterten sich im 18. Jahrhundert. Der Bevölkerungszuwachs in den Städten führte zusammen mit den Preissteigerungen zu einem Ungleichgewicht von Löhnen und Lebenshaltungskosten. In der zweiten Hälfte des Jahrhunderts bestand eine Tendenz zur Verarmung der Lohnbevölkerung. Bei den Handwerkern unterschieden sich übrigens die Lebensbedingungen der Gesellen nicht wesentlich von denen der Meister; sie waren nur schlechter. Der Arbeitstag ging im allgemeinen vom Morgengrauen bis zum Einbruch der Nacht. In vielen Versailler Werkstätten dauerte die Arbeit im Sommer von vier Uhr früh bis acht Uhr abends. In den meisten Pariser Handwerksbetrieben wurde sechzehn Stunden gearbeitet; die Buchbinder und Drucker, deren Arbeitstag nicht über vierzehn Stunden hinausging, wurden wie Privilegierte angesehen. Allerdings war die Arbeit nicht so intensiv wie heute; der Arbeitsrhythmus war langsamer; die arbeitsfreien religiösen Feiertage waren verhältnismäßig zahlreich.

Das wichtigste Problem für die Lebensbedingungen des Volkes war das Verhältnis von Lohn und Kaufkraft. Die unausgeglichenen Preissteigerungen trafen die Klassen der Bevölkerung verschieden hart, je nach der Beschaffenheit ihres Haushaltes. Da der Getreidepreis am stärksten anzog, wurde das Volk am härtesten betroffen, denn die Bevölkerung nahm hauptsächlich in den sozial niederen Schichten zu, für die Brot das Hauptnahrungsmittel darstellte. Um einen Anhaltspunkt für die Lebenshaltungskosten des Volkes zu haben, muß man annähernd die Proportion der verschiedenen Ausgabenbereiche zueinander bestimmen: für das 18. Jahrhundert nimmt E. Labrousse an, daß die Hälfte des Verdienstes für Brot ausgegeben wurde (als Minimum), 16% für Gemüse, Speck und Wein, 15% für Kleidung, 5% für Heizung und 1% für Beleuchtung. E. Labrousse vergleicht diese langfristigen Mittelwerte, die er auf die Preise der einzelnen Artikel bezieht, mit der Ausgangsperiode von 1726 bis 1741 und schlußfolgert, daß die Lebenshaltungskosten während des Zyklus' von 1771–1789 um 45% gestiegen sind und in den Jahren von 1785–1789 sogar um 62%. Zudem hatten die saisonalen Schwankungen verheerende Folgen. Infolge des allgemeinen Preisanstiegs betrug Ende 1788 der Ausgabenanteil für Brot in den Volkshaushalten bereits 58%; 1789 stieg er auf 88%: für alle anderen Ausgaben verblieben nur 12% des Verdienstes. Der Anstieg der Preise verschonte die wohlhabenden sozialen Schichten, die Armen drückte er zu Boden.

Die Löhne unterschieden sich natürlich je nach Beruf und je nach

Stadt. Die qualifizierten Arbeiter in den Städten konnten 40 Sous verdienen. Aber der Durchschnitt ging über 20–25 Sous nicht hinaus, vor allem in der Textilbranche. Vauban schätzte den Durchschnittslohn auf 15 Sous gegen Ende der Regierungszeit Ludwigs XIV. Die Löhne blieben bis etwa zur Mitte des 18. Jahrhunderts stabil. Eine Erhebung von 1777 nahm den durchschnittlichen Lohn mit 17 Sous an. Gegen 1789 kann man ihn auf 20 Sous schätzen. Bei einem Brotpreis von 2 Sous pro Pfund in den guten Erntejahren betrug die Kaufkraft eines durchschnittlichen Arbeiterlohnes am Ende des Ancien Régime 10 Pfund Brot. Wissenswert ist die Frage, ob die Lohnbewegungen die Auswirkung der Preissteigerung auf die Lebenshaltungskosten der Volksklassen ausgeglichen oder noch verstärkt hat. Ausgehend von dem Basiszyklus von 1726–1741 zeigen die von E. Labrousse aufgestellten statistischen Reihen eine Erhöhung der Löhne um 17% für die Periode von 1771–1789; aber in fast der Hälfte der Fälle (es handelt sich um lokale Statistiken) erreicht der Lohnanstieg keine 11%. Bezogen auf die Jahre 1785 bis 1789 betrug der Anstieg 22%; in drei Steuerbezirken überschritt er 26%. Die Lohnerhöhung unterschied sich nach den Berufen: im Baugewerbe betrug sie 18% (1771–1789) und 24% (1785–1789); für den Tagelöhner in der Landwirtschaft: 12% und 16%; das Textilgewerbe scheint sich in der Mitte zu halten. Der langfristige Anstieg war hier gegenüber den Preissteigerungen (48% und 65%) sehr schwach. Die Löhne folgten den Preisen, ohne sie einzuholen. Die zyklischen und saisonalen Schwankungen der Löhne vergrößerten noch den Abstand angesichts der Tatsache, daß sie zu den Preisschwankungen gerade entgegengesetzt verliefen. Die übermäßige Teuerung im 18. Jahrhundert verursachte Arbeitslosigkeit: die geringen Ernteerträge schränkten die Kaufkraft der Landbevölkerung ein. Die Krise in der Landwirtschaft zog die industrielle Krise nach sich; der beträchtliche Ausgabenanteil für Brot in den Haushalten der Volksklassen verminderte die Ausgaben für andere Käufe, sobald der Brotpreis stieg.

Bei einem Vergleich des Anstiegs von *Nominallohn* und Lebenshaltungskosten stellt man fest, daß der *Reallohn* nicht gestiegen, sondern gesunken ist. E. Labrousse nimmt an, daß er – gemessen am Basiszeitraum von 1726 bis 1741 – in den Jahren 1785–1789 um ein Viertel gesunken ist; berücksichtigt man die zyklisch und saisonal bedingten Preisanstiege, so beträgt der Rückgang mehr als die Hälfte. Da sich bei den Lebensbedingungen dieser Zeit notwendigerweise jede Einschränkung im wesentlichen auf den Lebensmittelkonsum übertrug, verstärkte der Preisanstieg im 18. Jahrhundert das Elend der Volksklassen. Die wirtschaftlichen Schwankungen hatten wichtige soziale und ökonomische Konsequenzen: der Hunger mobilisierte die Sansculotten.

Die Verschlechterung der Existenzbedingungen des Volkes ist den Beobachtern und Theoretikern jener Zeit nicht entgangen. Als Bedeutendster hat Turgot (seine *Réflexions sur la formation et sur la distribution des richesses* stammen aus dem Jahre 1766) das *eherne Gesetz* der Löhne formuliert: nach der Natur der Dinge kann der Lohn des Arbeiters die Summe nicht übersteigen, die zu seiner Erhaltung und zu seiner Reproduktion absolut erforderlich ist.

Trotz der sozialen Konflikte zwischen Volksmassen und Bourgeoisie wandten sich jene zuerst gegen die Aristokratie. Handwerker, Krämer und Gesellen richteten ihre Beschwerden gegen das Ancien Régime, sie haßten den Adel. Dieser grundlegende Antagonismus wurde durch den Umstand verschärft, daß viele Arbeiter in der Stadt bäuerlicher Herkunft waren und Verbindungen mit dem Lande aufrechterhielten. Sie verwünschten den Adligen wegen seiner Privilegien, seines Grundbesitzes und wegen der von ihm erhobenen Abgaben. Vom Staat forderten die Volksklassen vordringlich eine Erleichterung der fiskalischen Belastungen, vor allem die Abschaffung der indirekten und der städtischen Steuern, die den wichtigsten Teil der Gemeindeeinkünfte ausmachten, – was wiederum die Reichen begünstigte. In den Zünften war die Auffassung der Handwerksmeister und der Gesellen weit von Einhelligkeit entfernt. Politisch schließlich tendierten sie unklar zur Demokratie.

Die Hauptforderung des Volkes aber blieb das Brot. Die Schwere der ökonomischen Krise, die die Existenz der Volksmassen immer schwieriger gestaltete, ließ diese 1788–1789 auf politischem Gebiet außerordentlich sensibel werden. In den meisten Städten war der Ursprung der Aufstände von 1789 die materielle Not, ihre erste Wirkung bestand in der Herabsetzung des Brotpreises. Die Krisen im vorrevolutionären Frankreich waren im Grunde landwirtschaftlich bedingt; sie resultierten meistens aus einer Aufeinanderfolge von mäßigen Ernten oder gar Ernteausfällen; für das Getreide ergab sich daraus eine beträchtliche Preissteigerung; viele Bauern, ob Kleinerzeuger oder Nichterzeuger, mußten Korn kaufen: ihre Kaufkraft verminderte sich; die landwirtschaftliche Krise wirkte sich dadurch auf die industrielle Produktion aus. 1788 kam es zur stärksten Agrarkrise des ganzen Jahrhunderts; mit dem Winter kam die Hungersnot; infolge der Arbeitslosigkeit stieg die Bettelei: diese ausgehungerten Arbeitslosen waren ein Bestandteil der revolutionären Massen.

Einige soziale Schichten profitierten indessen vom Preisanstieg des Korns: der Grundeigentümer, der sich mit Naturalien bezahlen ließ, der Zehntherr, der Grundherr, der Kaufmann, genau gesagt all diejenigen, die zur Aristokratie, zum Klerus oder zur Bourgeoisie, das heißt zu den herrschenden Klassen gehörten. Dadurch verschärften sich die sozialen Antagonismen und auch die Opposition des Volkes gegen die Herrschenden und die Regierung: hier liegt der Ursprung für die Legende vom *pacte de famine*; der Verdacht richtete sich gegen die Verantwortlichen für die Versorgung der Städte, also Magistrate und Regierung; Necker selbst sollte angeklagt werden, die Müller begünstigt zu haben. In diesem Elend und bei dieser gemeinschaftlichen Einstellung entzündeten sich die *Leidenschaften,* entwickelten sich die Aufstände. Am 28. April 1789 brach in Paris ein erster Aufruhr los; er richtete sich gegen einen Tapetenfabrikanten, Réveillon, und einen Salpeterhersteller, Hanriot, die beschuldigt wurden, sich in einer Wahlversammlung schamlos über die Not des Volkes geäußert zu haben: Réveillon habe gesagt, daß ein Arbeiter sehr gut von 15 Sous täglich leben könnte. Am 27. April kam es zu einer Kundgebung; am 28. wurden beide Fabriken geplündert; der Polizeichef setzte Truppen ein, denen die Aufständischen Widerstand leisteten; es gab Tote. Für diese erste revolutionäre *journée* sind die ökonomischen und sozialen Motive offensichtlich; es handelt sich nicht um einen politischen Aufstand. Die Volksmassen hatten keinen genauen Einblick in die politischen Ereignisse. Ökonomische und soziale Triebfedern setzten sie in Bewegung. Aber diese Erhebungen des Volkes hatten ihrerseits politische Folgen, selbst wenn diese nur in der Erschütterung der Regierung bestanden. Für die Lösung des Problems der Hungersnot und der Verteuerung des Unterhalts glaubte das Volk, daß es das einfachste wäre, zur Reglementierung Zuflucht zu nehmen und diese streng durchzuführen, ohne vor Beschlagnahme und Taxierung zurückzuschrecken. Seine Forderungen auf ökonomischem Gebiet standen damit im Gegensatz zu denen der Bourgeoisie, die hier wie überall nach der Freiheit verlangte. Jene Forderungen erklären letztlich das Auftauchen des Volkes auf der politischen Bühne im Juli 1789, während die Widersprüche innerhalb des Dritten Standes gewisse Richtungsänderungen, besonders den demokratischen Versuch des Jahres II, deutlich werden lassen.

### 3. Die Bauern: tatsächliche Einheit, verborgene Widersprüche

Frankreich war am Ende des Ancien Régime noch im wesentlichen ländlich strukturiert; die landwirtschaftliche Produktion beherrschte das Wirtschaftsleben. Von daher erklärt sich die Wichtigkeit, die dem Verhalten der Bauern während der Revolution zukommt.

Zunächst die Bedeutung des Landvolkes innerhalb der französischen Gesamtbevölkerung. Geht man von einer Einwohnerzahl von 25 Millionen im Jahre 1789 aus und schätzt man die Stadtbevölkerung auf ungefähr 16%, so entfällt auf die Landbevölkerung die große Masse, sicherlich mehr als 20 Millionen. Bei der Volkszählung von 1846, die auch das Verhältnis von Land- und Stadtbevölkerung zum Gegenstand hatte, entfielen auf die Landbevölkerung noch 75% aller Einwohner.

Nun die Rolle der Bauern in der Geschichte der Revolution, die nie hätte Erfolg haben und die Bourgeoisie an die Spitze bringen können, wenn die Massen der Bauern passiv geblieben wären. Der Hauptgrund für die Bauern, in den Lauf der Revolution einzugreifen, war die Frage der grundherrlichen Rechte und der Überreste des Feudalsystems; dieses Eingreifen hatte die vollständige, wenn auch allmähliche Abschaffung der Feudalherrschaft zur Folge. Für einen großen Teil war die Nacht des 4. August der Beginn der Großen Angst (Grande Peur). Der Aufkauf der Nationalgüter andererseits band die zu Grundeigentümern gewordenen Bauern unwiderruflich an die neue Ordnung.

Am Ende des Ancien Régime besaßen die französischen Bauern Grund und Boden. Damit unterschieden sie sich von den fronpflichtigen Leibeigenen in Mittel- und Osteuropa und von den englischen Tagelöhnern, die zwar frei waren, aber ausschließlich von ihrem Lohn leben konnten, seit die englischen Bauern anläßlich der *Einhegungspolitik* enteignet worden waren. Es muß noch festgestellt werden, welchen Anteil des Bodens die Bauern besaßen: für ganz Frankreich lassen sich hierüber nur annähernde Schätzungen aufstellen. Auch ist die Frage der Nutzung zu berücksichtigen: denn Grundbesitz und landwirtschaftliche Nutzung sind zwei verschiedene Dinge, die insoweit aber zusammenhängen, als die Intensität der Nutzung für die Bauern in gewissem Umfang die Nachteile ausgleichen konnte, die sich aus der Verteilung des Grundbesitzes ergaben.

Der bäuerliche Besitz war je nach Region verschieden, er betrug zwischen 22% und 70% der gesamten Bodenfläche. In den reichen Getreideanbau- und Viehzuchtgebieten des Nordens, Nordostens, Westens und Südens war der Prozentsatz gering: 30% im Norden, 18% in den Mauges, 22% in der Ebene der Diözese Montpellier. Der bäuerliche Besitz war hingegen stärker in den ursprünglich busch- und waldreichen Gebieten und in den Bergen, wo die Urbarmachung dem persönlichen Einsatz überlassen war. Minimal war er dagegen in den Regionen, in denen die Bodenbewirtschaftung (zum Beispiel Trockenlegung) bedeutende Aufwendungen erforderte, und in der Umgebung der Städte, wo die Privilegierten und Bourgeois das Land an sich gerissen hatten. Wenn der Gesamtprozentsatz des bäuerlichen Grundbesitzes mit etwa 35% auch einigermaßen bedeutsam erscheint, so war der Anteil, der jedem einzelnen Bauern zukam, doch winzig, zumal in Anbetracht der überwiegenden Zahl der Landbevölkerung; für viele Bauern war dieser Anteil gleich Null. Der Bauer im alten Frankreich war meistens Eigentümer einer Parzelle; die noch zahlreicheren landlosen Bauern bildeten ein ländliches Proletariat.

Die Lebensbedingungen der Bauern waren demnach sehr verschieden; die beiden Hauptunterscheidungsmerkmale waren einmal die personenrechtliche Stellung und zum andern die Aufteilung des Grundbesitzes sowie die Bodennutzung.

Vom ersten Gesichtspunkt her unterschied man Leibeigene und freie Bauern. War auch die überwiegende Mehrheit der Bauern seit langem frei, so gab es doch noch zahlreiche Leibeigene, etwa eine Million in Hochburgund und im Nivernais. Auf den Leibeigenen lastete die *Mainmorte*: die Kinder konnten nicht einmal die bewegliche Habe der Eltern erben, ohne dem Grundherrn hohe Abgaben zu zahlen. Necker hatte 1779 für die königlichen Domänen die Mainmorte und für das ganze Königreich das *Verfolgungsrecht*, das dem Grundherrn gestattete, seine Rechte auch hinsichtlich der flüchtigen Leibeigenen zu fordern, abgeschafft.

Unter den freien Bauern bildeten die landwirtschaftlichen Tagelöhner, die *Handarbeiter* oder *Handlanger,* ein immer zahlreicher werdendes ländliches Proletariat. Die Proletarisierung der unteren Schichten der Bauernbevölkerung verstärkte sich am Ende des 18. Jahrhunderts infolge der Reaktion der Grundherren und der Verschärfung der feudalen und königlichen Lasten: im Land um Dijon und in der Bretagne verdoppelte sich während eines Jahrhunderts die Zahl der Tagelöhner auf Kosten der kleinen Landwirte mit Grundbesitz. Trotz der Erhöhung der Nominallöhne verschlimmerten sich die Existenzbedingungen dieser ländlichen Proletarier aufgrund des wesentlich höheren Preisanstiegs.

Diesem ländlichen Proletariat stand eine große Zahl Kleinbauern sehr nahe, die zum Leben nur ein unzureichendes Stück Land als Eigentümer oder als Pächter besaßen; sie mußten also zusätzliche Einkommensquellen in der Lohnarbeit oder in der ländlichen Industrie finden. Die kirchlichen, adligen oder bourgeoisen Grundbesitzer, die selten den Boden selbst bearbeiteten, gaben ihre Ländereien in Pacht oder öfter noch in Halbpacht, das heißt mit Ausnahme der Feldfrüchte. Die oftmals verstreut liegenden Parzellen wurden getrennt verpachtet, so daß sich einige Tagelöhner ein Stückchen Land verschaffen und die Kleinbauern ihre Nutzfläche abrunden konnten. Unter diesen Parzellenbauern waren die Halbpächter die zweifellos zahlreichste Gruppe: zwei Drittel oder drei Viertel des gesamten französischen Bodens war Halbpachtland. Es herrschte südlich der Loire vor, besonders in den Gebieten des Centre (Sologne, Berry, Limousin, Auvergne . . .), im Westen (in der Bretagne machte es etwa die Hälfte des Pachtlandes aus) und im Südwesten, während es nördlich der Loire seltener war; dort war es besonders in Lothringen anzutreffen. Die Halbpacht war die Pachtart für die ärmsten Landstriche, in denen die Bauern weder einen Pachtviehbestand noch Rücklagen besaßen.

In den Großanbaugebieten, den reichen Getreideebenen des Pariser Beckens zum Beispiel, rissen die Großpächter, in den meisten Fällen zum Nachteil der Tagelöhner und Kleinbauern, das ganze Land an sich und bildeten eine echte »ländliche Bourgeoisie«; sie zogen den Haß und die Wut der Masse der Landbevölkerung auf sich, zu deren Proletarisierung sie beitrugen. Sie bildeten eine sozial homogene und an Zahl geringe Gruppe, die in den Großanbaugebieten saß und wirtschaftlich mächtig war; in den Getreideanbaugegenden sorgte sie für die kapitalistische Transformation der Landwirtschaft. Die Großpächter nahmen für regelmäßig neun Jahre eine bedeutende Nutzfläche unter Pacht, wofür ein entsprechendes Betriebskapital erforderlich war. Der Vollpachtvertrag war weitaus weniger häufig als der Halbpachtvertrag und fand sich vorwiegend in den Regionen mit reichem Getreideanbau, in den Kornebenen des Limousin, wo der bäuerliche Grundbesitz dünn gesät war: Picardie, östliche Normandie, Brie, Beauce ...

Die *laboureurs* waren wohlhabende oder sogar reiche Bauern mit Grundbesitz. Sie verfügten über genug Land, um unabhängig leben zu können. In der Masse des Landvolkes machten sie nur eine kleine Gruppe aus; doch war ihr sozialer Einfluß stark: sie stellten die Honoratioren der bäuerlichen Gemeinden, die *coqs de village,* eine Art »ländliche Bourgeoisie«. Ihre wirtschaftliche Rolle war unbedeutend; gewiß verkauften sie einen Teil ihrer Ernten, doch bildete dieser nur einen kleinen Prozentsatz der landwirtschaftlichen Gesamtproduktion. In den guten Erntejahren setzten die laboureurs ihren Getreideüberschuß ab; in vielen Gebieten verkauften sie hauptsächlich Wein, dessen Preis gerade in den Jahren 1777–1778 kräftig anstieg (etwa 70%). Die wohlhabenden Besitzbauern haben also bis zu den ersten Jahren der Regierung Ludwigs XVI. von der Hausse der Landwirtschaftspreise profitiert.

Damit enthielt die Gesellschaft auf dem Lande ebensoviele Abstufungen und Gegensätze wie die städtische Gesellschaft: Großpächter und laboureurs; Pächter, Halbpächter und Kleinbauern mit Grundbesitz; schließlich die Masse der Tagelöhner, die von denen, die Haus und Garten besaßen und einige Parzellen pachteten, bis zu denjenigen reichte, die nur über ihre Hände verfügten.

Die herkömmliche Bodennutzung erlaubte es den armen Bauern in gewissem Ausmaß, den Mangel an Land auszugleichen. Die Dorfgemeinschaften blieben sehr lebenskräftig. Mit Hilfe einer politischen und Verwaltungsorganisation (Versammlungen und Gemeindevertretungen) übten sie in den meisten Fällen noch eine wirtschaftliche Funktion aus: dort, wo die armen Bauern in der Überzahl waren, bemühten sie sich um die Aufrechterhaltung der Kollektivrechte. Im Norden und Osten des Landes war das Ackerland des Dorfes in lange, schmale und uneingezäunte Parzellen aufgeteilt, von denen jeweils drei Felder mit einer bestimmten Fruchtfolge zusammengefaßt wurden (Weizen im Winter und das andere Getreide im Frühjahr). Ein Feld lag immer *brach*, um die Erde sich erholen zu lassen. Im Süden kannte man nur die Zweifelderwirtschaft. Das Brachland, das heißt die Hälfte oder ein Drittel des Ackerbodens, sowie die abgeernteten Felder wurden als *Gemeingut* angesehen; ebenso die Wiesen nach der ersten Heuernte *(Recht auf das zweite Gras)*. Die einen wie die anderen unterlagen dem *freien Weiderecht*: jeder Bauer konnte sein Vieh dort weiden lassen; darum blieben Felder und Wiesen auch ohne Umzäunung. Die *Gemeindegüter* (Weiden und Wälder) und die damit verbundenen *Nutzungsrechte* sowie auch das *Recht auf Ähren- und Strohnachlese* verschafften den Bauern zusätzliche Einkünfte. Während die reichen Bauern diesen Kollektivrechten, die ihre eigene freie Bewirtschaftung und ihr Eigentumsrecht einschränkten, feindlich gegenüberstanden, lag den armen hingegen sehr viel daran, denn sie ermöglichten ihren Unterhalt. All ihre Anstrengungen gingen darauf aus, das Recht des Individualeigentums zu begrenzen, um die kollektiven Rechte zu verteidigen: sie widersetzten sich dem fortschreitenden *Agrarindividualismus*, der besonders durch die *Einhegungsverordnungen* gekennzeichnet wurde, und der Umformung der Landwirtschaft im kapitalistischen Sinne. So blieb der bäuerliche Landwirtschaftsbetrieb am Ende des 18. Jahrhunderts seiner Natur nach noch vorkapitalistisch.

Der Kleinbauer hatte nicht dieselbe Einstellung zum Eigentum wie der adlige oder bourgeoise Grundbesitzer oder der Landwirt in den Großanbaugebieten. Seine Auffassung vom Kollektiveigentum sollte noch lange während des 19. Jahrhunderts mit dem absoluten und ausschließlichen Eigentumsbegriff der Bourgeoisie im Streit liegen.

Die Belastungen des Bauern waren desto schwerer, je archaischer die Landwirtschaftsverfassung war. In der Abwehr der von der Monarchie und der Aristokratie aufgebürdeten Lasten verwirklichte sich die Einheit des Landvolkes. Zunächst die königlichen Lasten: der Bauer zahlte praktisch als einziger die taille und trug auch gleichermaßen zur Kopfsteuer und zum Zwanzigsten bei; er allein mußte Frondienste leisten für den Wegebau, für Militärtransporte und für die Miliz (Bürgerwehr); schließlich waren die indirekten Steuern, vor allem die Salzsteuer, außerordentlich drückend. Diese königlichen Abgaben sind im 18. Jahrhundert ununterbrochen gestiegen: im wallonischen Flandern erhöhte sich die indirekte Steuer allein unter der Regierung Ludwigs XVI. um 28%.

Die kirchlichen Lasten: der Zehnt wurde dem Klerus geschuldet; der Abgabenprozentsatz war im übrigen variabel, er lag fast immer unter einem Zehntel. Der Zehnt lastete auf den vier Hauptgetreidearten: Weizen, Roggen, Hafer und Gerste *(großer Zehnt)*, auf der übrigen Ernte *(kleiner Zehnt)* und schließlich auf der Viehwirtschaft. Der Zehnt wurde für den Bauern um so unerträglicher, als mit ihm einerseits oftmals Bischöfe, Kapitel, Abteien und sogar weltliche Grundherren belehnt wurden und er andererseits nur sehr wenig gottesdienstlichen Zwecken und der Unterstützung der Armen in der Pfarrgemeinde diente.

Die grundherrlichen Lasten schließlich waren die bei weitem schwersten und unbeliebtesten. Die Feudalherrschaft wurde über alle nichtadligen Ländereien ausgeübt und brachte die Eintreibung von Abgaben mit sich. Der Grundherr war auf seinem Land Inhaber der hohen und niederen Gerichtsbarkeit, dem Symbol seiner sozialen Überlegenheit; die *niedere Gerichtsbarkeit* war als ökonomische Waffe für die Eintreibung der Steuern ein unentbehrliches Instrument der grundherrlichen Ausbeutung. Zu den eigentlichen seigneurialen Rechten gehörten die ausschließlichen Jagd- und Fischereirechte, das Recht zur Taubenhaltung, die Erhebung von Brücken- und Wegegeldern und die Eintreibung von Marktsteuern, die persönlich dem Grundherrn zu erbringenden Frondienste und das Bannrecht, das sich in regelrechten Wirtschaftsmonopolen ausdrückte (Mühlen-, Kelter- und Backofenbann). Die *Realsteuern* lagen formell auf dem Grund und Boden und nicht auf den Menschen. Tatsächlich aber behielt der Grundherr das *Eigentumsvollrecht* (das *unmittelbare* Eigentum) über die Ländereien *(Lehnsbezirk)*, die die Bauern bearbeiteten, (aber nur ein *dienendes Eigentum* innehatten); dafür zahlten sie jährliche Grundzinsen (Renten und Pachtzinsen in der Regel in Geld und den *Kehrzehnt* auf die Ernten) oder Einzelfallabgaben *(Verkaufsgebühren)* im Falle eines Besitzwechsels durch Verkauf oder Erbschaft. Diese Herrschaftsform wechselte in ihrer Intensität von Gebiet zu Gebiet; sehr hart in der Bretagne, streng in Lothringen, nachgiebiger in anderen Gegenden. Um ihre Tragweite ganz zu erfassen, ist es angebracht, nicht nur die Lasten selbst zu berücksichtigen, sondern auch die zahlreichen Schindereien und Mißbräuche, zu denen sie Gelegenheit gaben.

Die für das 18. Jahrhundert kennzeichnende *Reaktion der Grundherren* hat die Feudalherrschaft noch schärfer ausgestaltet. Bei Streitigkeiten wurden die Bauern von den Lehnsgerichten abgewiesen. Die Grundherren richteten ihre Angriffe gegen die Kollektivrechte und gegen die Nutzungsrechte an den Gemeindegütern, deren unbeschränktes Eigentum sie forderten; die *édits de triage* verschafften ihnen in vielen Fällen ein Drittel des Gemeinschaftslandes. In einigen Gebieten war die Reaktion der Grundherren besonders kraß. So zum Beispiel im Maine, wo im 18. Jahrhundert offenbar eine Konzentration des Feudaleigentums durch die Vereinigung von mehreren Lehnsgütern stattgefunden hat; das durch das Gewohnheitsrecht bekräftigte Erstgeborenenrecht verlieh den Lehnsrechten Beständigkeit; die Gemeindegüter wurden von den Grundherren beschlagnahmt. Im Hochburgund wurde noch immer das sonst fast überall in Vergessenheit geratene Verfolgungsrecht über Leibeigene und über die der Mainmorte Unterworfenen mit aller Schärfe ausgeübt; die dieses Recht abschaffende königliche Verordnung von 1779 mußte nach einer 38stündigen Sitzung mit *militärischen* Mitteln in das *parlement*-Register eingetragen werden; dies geschah erst 1788.

Die Reaktion der Grundherren wurde in ihrer Wirkung noch verstärkt durch die das ganze Jahrhundert charakterisierende Preissteigerung, welche dem Kehrzehnt und dem Zehnt, die vom Grund- und Zehntherrn in Natur erhoben wurden, noch größeren Wert verlieh. Der Bauer war einerseits der Erschwerung seiner Belastungen ausgesetzt und andererseits der Preissteigerung und dem Bevölkerungswachstum, er hatte dadurch immer weniger Geld; hieraus erklärt sich der Stillstand in der landwirtschaftlich-technischen Entwicklung. Während der Krisen verstärkte sich noch der Druck durch den Zehnt und die Abgaben an den Grundherrn, wie es 1788–1789 geschah. Da der Durchschnittsbauer in normalen Zeiten gerade eben von seinem Land leben konnte, war er in Krisenzeiten oft gezwungen, nachdem er den Zehnt und die Lehnsabgaben im voraus abgeführt hatte, für teures Geld Korn zu kaufen: so auch 1788–1789. Hier liegt der Grund für den unversöhnlichen Haß der Bauern gegen die Macht der Grundherren.

Die allgemeine Lage der Landwirtschaft entsprach diesem sozialen Zustand. Die traditionellen Methoden der Bodennutzung waren offensichtlich technischen Fortschritten nicht zugänglich.

Die landwirtschaftliche Nutzung warf wenig Verdienst ab, die Arbeitsmethoden waren noch primitiv und die Erträge geringfügig. Die Zwei- oder Dreifelderwirtschaft mit Brachland ließ jedes Feld alle zwei oder drei Jahre unbestellt und damit unproduktiv sein; der Landmangel wurde dadurch für die Bauern noch spürbarer. Der englische Agronom Arthur Young reiste kurz vor der Revolution durch Frankreich und stellte die Rückständigkeit der Feldwirtschaft und die Allmacht der Gewohnheit fest. Gegen Mitte des 18. Jahrhunderts hatte die Propaganda der Physiokraten einen Meinungsumschwung zugunsten der Umgestaltung der Landwirtschaft im kapitalistischen Sinne hervorgerufen; die *Agronomie* hatte sich verbreitet, einige große Grundherren hatten ein Beispiel gegeben. In Wirklichkeit wollten die Privilegierten nur ihre Einkünfte steigern, ohne sich um die Lösung des Landwirtschaftsproblems zu kümmern; die Lehrmeinungen der Ökonomen trugen ihnen oft die notwendigen Argumente zu, um die Aktionen der grundherrlichen Reaktion unter dem Deckmantel des öffentlichen Wohls verbergen zu können. Der rückständige Zustand der landwirtschaftlichen Technik und Produktion war in einem großen Ausmaß die unmittelbare Folge der Sozialstruktur in der Landwirtschaft. Jeder technische Fortschritt, jede grundlegende Modernisierung in der Landwirtschaft hätte die Zerstörung der feudalen Überreste, aber auch das Verschwinden der Kollektivrechte und damit eine Verschlechterung für die armen Bauern bedeutet. Mit diesem Widerspruch sollten die Kleinbauern bis in die zweite Hälfte des 19. Jahrhunderts zu kämpfen haben.

In einem Land, in dem die Landbevölkerung den größten Teil des Volkes ausmachte und die landwirtschaftliche Produktion jede andere überwog, hatten die Forderungen des Landvolkes natürlicherweise ein außerordentliches Gewicht. Sie warfen ein doppeltes Problem auf: die Frage der Feudalrechte und die Bodenfrage.

Hinsichtlich der Feudalrechte waren die Bauern einer Meinung. Die Denkschriften belegten ihre Solidarität gegenüber den Grundherren und den Privilegierten. Von allen Belastungen der Bauern waren die Feudalabgaben und der Zehnt am meisten verhaßt: weil sie schwer und drückend waren, weil sich der Bauer ihren Ursprung und Grund nicht erklären konnte, und weil sie ihm ungerecht erschienen. Nach der Denkschrift einer Pfarrgemeinde im Norden sind die Feudalrechte »in geheimnisvollem und ganz sträflichem Dunkel entstanden«; wenn einige dieser Rechte auf legitimen Eigentumsrechten beruhten, sollten diese nachgewiesen werden; in diesem Falle sollten die Rechte für tilgbar erklärt werden. Die meisten Denkschriften der Pfarrgemeinden und sogar die der Amtsbezirke beriefen sich auf diese ihrem Wesen nach revolutionäre Forderung, daß der Ursprung der Feudalrechtsinhaberschaft wahrheitsgemäß nachgewiesen werden müßte. Die Bauern verlangten die Erhebung des Zehnt und des Kehrzehnt in Geld und nicht in Naturalien: in ihrer Vorstellung sollten diese Abgaben dann infolge des Absinkens der Kaufkraft des Geldes illusorisch werden und aufhören. Die Zehntabgaben sollten wieder ihrem ursprünglichen Zweck zugeführt werden. Die Privilegierten sollten Steuern zahlen. In vielen dieser Punkte stimmten die Bourgeois mit den Bauern überein. Die Einheit des Dritten Standes wurde dadurch gestärkt.

In der Bodenfrage spaltete sich das bis dahin einige Landvolk. Vielen Bauern fehlte Land, und es gab zahlreiche, die sich darüber klar wurden, daß sie Grundbesitzer hätten werden müssen. Trotzdem blieben die Denkschriften sehr selten, in denen die Forderung nach der Veräußerung der klerikalen Güter gewagt wurde; im allgemeinen beschränkte man sich auf den Vorschlag, einen Teil der Einkünfte des Klerus zur Bezahlung von Schulden und zur Deckung von Fehlbeträgen heranzuziehen. Das Privateigentum, sogar das eines privilegierten Standes, schien den meisten unantastbar. Den Bauern genügte es, Land pachten zu können. Das Problem der Bodennutzung wurde in den Denkschriften weniger zurückhaltend behandelt; in vielen wurde die Aufteilung der großen Pachtgüter gefordert. So erschien bereits 1789 nach der Abschaffung der Feudalrechte angesichts der Bodenfrage die Spaltung, die mitten durch das Landvolk ging. Da bestand auch bereits die Unvereinbarkeit der Interessen des Großbauern mit denen der Parzellen- und proletarisierten Bauern. Während jene ihre Anstrengungen auf die Schaffung einer technisch fortschrittlichen Landwirtschaft und auf die Produktion für den Markt richteten, begnügten sich diese mit dem Leben in einer in sich abgeschlossenen oder nahezu autarken Wirtschaftsform. Auch über die Fragen der Reformversuche des Ancien Régime (Umzäunung der Felder, Freiheit des Kornhandels . . .), über das Gemeindeland und über die Bodenbearbeitung zerstritten sich die Bauern. So wurden sich seit 1789 die besitzenden

Bauern der Gefahr bewußt, die die Masse der Landbevölkerung für ihre Interessen darstellte. Im Norden verlangten einige Denkschriften vorab die Einführung eines Wahlzensus, um die Nichtsteuerpflichtigen und die Bedürftigen vom politischen Leben auszuschließen, »als einziges Mittel zur Verhinderung zu starker Tumulte in den Provinzialversammlungen«. Sobald man über die notwendige Abschaffung des Feudalregimes hinausging, zeigten sich die besitzenden Bauern bereits in Sorge um die Aufrechterhaltung ihrer sozial führenden Stellung.

So zeichneten sich schon am Ende des Ancien Régime die späteren Gegensätze im französischen Landvolk ab. Seine Einigkeit ergab sich lediglich aus der Opposition gegen die Privilegierten und dem Haß auf die Aristokratie. Mit der Abschaffung der Feudalrechte, des Zehnt und der Privilegien reihte die Revolution die Besitzbauern in die Partei der Ordnung ein. Was die Landfrage betrifft, hatte zwar die Revolution durch den Verkauf der Nationalgüter die Zahl der Kleinlandbesitzer vergrößert, aber den Großgrundbesitz ebenso wie den Großbetrieb mit allen sozialen Konsequenzen aufrechterhalten. Am Ende des Ancien Régime konnte man schon im voraus an der Struktur des Bauernstandes den gemäßigten Charakter der Agrarmaßnahmen der Revolution ablesen: nach einem Ausdruck von Georges Lefebvre waren diese »einer Transaktion zwischen Bourgeoisie und der bäuerlichen Demokratie vergleichbar«.

## III. DIE PHILOSOPHIE DER BOURGEOISIE

Mit dem Wandel der ökonomischen Grundlage der Gesellschaft veränderte sich auch das Bewußtsein. Die geistigen Ursprünge der Revolution sind in der Philosophie zu suchen, die die Bourgeoisie seit dem 17. Jahrhundert entwickelt hatte. Als Erben des Denkens von Descartes, der die Möglichkeit der Beherrschung der Natur durch die Wissenschaft aufgezeigt hatte, entwarfen die Philosophen des 18. Jahrhunderts in kühnem Schwung die Prinzipien einer neuen Ordnung. In Abkehr vom autoritären und asketischen Ideal der Kirche und des Staates im 17. Jahrhundert übte die philosophische Bewegung einen tiefen Einfluß auf die französische Intelligenz aus, indem sie ihren kritischen Geist erweckte, entwickelte und dabei neue Ideen einfließen ließ. Auf allen Gebieten ersetzte die *Aufklärung* das Prinzip der

Autorität und der Tradition durch das der Vernunft, ob es sich um Wissenschaft, Glauben, Moral oder um die politische und soziale Ordnung handelte.

Madame de Lambert (1647–1733) erklärt: »Philosophieren bedeutet, der Vernunft all ihre Würde zu geben und sie in ihre Rechte einzusetzen, jedes Ding auf seine wahren Prinzipien zurückzuführen und das Joch der Lehrmeinung und der Tradition abzuschütteln.«

Diderot schreibt in dem Artikel über den *Eklektizismus* in der *Enzyklopädie:* »Der Eklektiker ist ein Philosoph, der die Vorurteile, die Tradition, das Überalterte, die universelle Übereinstimmung, die Autorität, mit einem Wort alles, was das gesamte Denken unterjocht, zu Boden reißt und wagt, selbst zu denken, auf die klarsten allgemeinen Prinzipien zurückzugehen und nichts zuzulassen, was nicht auf dem Zeugnis der Sinne und der Vernunft beruht.«

»Der wahre Philosoph«, schreibt Voltaire 1765, »macht unbebaute Felder urbar, vermehrt die Zahl der Pflüge und folglich die der Einwohner, gibt dem Armen Beschäftigung und bereichert ihn, ermutigt zu Eheschließungen, richtet die Waise auf, protestiert nicht gegen die notwendigen Steuern und setzt den Landwirt in die Lage, sie mit Leichtigkeit zu zahlen. Er erwartet nichts von den Menschen, und er tut ihnen all das Gute, dessen er fähig ist.«

Nach 1748 waren nacheinander die größten Werke des Jahrhunderts erschienen, von Montesquieu's *L'Esprit des lois* (1748) bis zu Rousseau's *Émile* und *Contrat social* (1762); dazwischen lagen die *Histoire naturelle* von Buffon (der erste Band erschien 1749), der *Traité des sensations* von Condillac (1754), Rousseau's *Discours sur l'inégalité parmi les hommes von 1755*, im selben Jahre der *Code de la nature* des Abtes Morelly, 1756 der *Essai sur les moeurs et l'esprit des nations* von Voltaire und 1758 *De l'esprit* von Helvétius. Im Jahre 1751 erschien der erste Band der von Diderot angeregten *Encyclopédie*, das *Siècle de Louis XIV* von Voltaire und der erste Band des *Journal économique*, das die Zeitschrift der Physiokraten wurde. Voltaire, Diderot, Rousseau, die Enzyklopädisten und die Ökonomisten trugen alle mit unterschiedlichen Einflüssen zum Aufschwung der Philosophie bei.

In der ersten Hälfte des 18. Jahrhunderts hatten sich zwei große geistige Strömungen entwickelt: die eine war noch feudal orientiert und wurde teilweise vom *Esprit des lois* Montesquieu's versinnbildlicht, hieraus entnahmen die *parlements* und die Privilegierten ihre Argumente gegen den Despotismus; die andere – philosophische – Richtung bekämpfte den Klerus und manchmal die Religion selbst, war aber politisch konservativ. Neben diesen beiden Strömungen erschienen in der zweiten Hälfte des Jahrhunderts neue, mehr demokratische und egalitäre Ideen. Von dem politischen Problem der Regierungsform gingen die Philosophen jetzt zu dem sozialen Problem der Eigentumsordnung über. Obgleich die Physiokraten konservativen Geistes waren, trugen sie mit der ökonomischen Fragestellung zur Neuorientierung des Denkens in diesem Jahrhundert bei. Während Voltaire als der unbestritten führende Kopf der philosophischen Bewegung nach 1760 bis zu seinem Tode im Rahmen der absoluten Monarchie Reformen vorantreiben und das Besitzbürgertum an die Regierung bringen wollte, verlieh der aus dem Volk stammende Rousseau dem politischen und sozialen Ideal des Kleinbürgertums und der Handwerker Ausdruck.

Für die Physiokraten ist es die Aufgabe des Staates, das Eigentumsrecht zu garantieren; die Gesetze sind Ausdruck der Natur und bestehen unabhängig vom Monarchen, der ihnen unterworfen ist: »Die gesetzgebende Gewalt kann keine Gesetze schaffen, sondern nur verkünden« (Dupont de Nemours). »Jeder Eingriff des Gesetzes in das Eigentum bedeutet den Umsturz der Gesellschaft.« Die Physiokraten fordern eine starke Regierung, deren Stärke aber der Verteidigung des Eigentums zugeordnet ist; der Staat darf nur eine abwehrende Funktion ausüben. Die physiokratische Bewegung mündete damit zum Nutzen der Grundbesitzer in einer Klassenpolitik.

Auch Voltaire behielt die politischen Rechte den Besitzenden vor, allerdings nicht ausschließlich den Grundbesitzern, denn in seinen Augen stellte der Boden nicht die einzige Quelle des Reichtums dar. »Sollen die, die weder Boden noch Haus besitzen, eine Stimme haben?« *(Lettre du R. P. Polycarpe.)* In dem Artikel *Égalité* seines *Dictionnaire philosophique* (1764) heißt es: »Das Menschengeschlecht ist von der Beschaffenheit, daß es nur dann fortbestehen kann, wenn es eine unendliche Zahl nützlicher Menschen gibt, die absolut nichts besitzen.« Und weiter in demselben Artikel: »Die Gleichheit ist also zugleich die natürlichste und die trügerischste Sache.« Voltaire wollte die Großen niedriger stellen, aber keineswegs das Volk heben.

In plebejischer Manier ging Rousseau gegen den Strom des Jahrhunderts an. In seiner ersten Abhandlung (*Si le rétablissement de sciences et des arts a contribué à épurer les moeurs*, 1750)[1] kritisiert er die Zivilisation seiner Zeit und plädiert für die Armen: »Der Luxus ernährt hundert Arme in unseren Städten und läßt hunderttausend auf unserem Land umkommen.« In seiner zweiten Abhandlung (*Sur les fondements et l'origine de l'inégalité parmi les hommes*,[2] 1755) wagt er den Angriff auf das Eigentum. Im *Contrat social* (1762) entwickelt er die Theorie der Volkssouveränität. Hatten Montesquieu der Aristokratie und Voltaire der Großbourgeoisie die Macht vorbehalten, so befreite Rousseau die Unterdrückten und gab die Macht dem ganzen Volk. Dem Staat wies er die Aufgabe zu, den Mißbräuchen mit dem Privateigentum Einhalt zu gebieten und das soziale Gleichgewicht durch Erbrechtsgesetzgebung und progressive Steuern aufrechtzuerhalten. Diese in sozialer ebenso wie in politischer Hinsicht egalitäre These war ein vollkommen neuer Gedanke im 18. Jahrhundert; er brachte Rousseau in unversöhnlichen Gegensatz zu Voltaire und zu den Enzyklopädisten.

Diese verschiedenen Denkrichtungen entwickelten sich zunächst in fast unbegrenzter Freiheit. Madame de Pompadour, seit 1745 Favoritin des Königs, besaß die Unterstützung der Finanzwelt; sie nahm an dem der Königin und dem Dauphin ergebenen Kreis Anstoß, der vom Episkopat und von den *parlements* unterstützt wurde: sie protegierte deren Feinde: die Philosophen. Von 1745 bis 1754 versuchte Machault d'Arnouville, mit Hilfe der Schaffung des Zwanzigsten die fiskalischen Privilegien zu beseitigen und dafür die Steuergleichheit einzuführen: er stützte sich dabei auf die Philosophen, die gleichfalls diese Forderung stellten. Auf diese Weise formte sich die Allianz zwischen aufgeklärten Ministern und Philosophen; zur gleichen Zeit verstärkten sich die Angriffe auf die Privilegien und die Religion. Die Regierung griff zwischen 1750 und 1763 nicht ein.

Malesherbes war der Leiter des Buch- und Verlagswesens. Als Philosoph hielt er nichts vom Nutzen der ihm unterstehenden Zensur; ihm ist es zu verdanken, daß die *Encyclopédie* nicht schon bei Erscheinen der ersten Bände verboten wurde.

---

1 Etwa: »Haben die Wissenschaften und Künste zur Läuterung der Sitten beigetragen?«
2 »Über die Grundlagen und den Ursprung der Ungleichheit unter den Menschen.«

Die philosophische Bewegung wurde durch diese Neutralität ermutigt, breitete sich aus und konnte so alle Widerstandskräfte mobilisieren, als sich die Haltung der Autoritäten angesichts dieser Entwicklung änderte. Nach 1770 triumphierte die philosophische Propaganda. Jetzt schwiegen zwar die größten Schriftsteller und traten nach und nach in den Hintergrund (Rousseau und Voltaire im Jahre 1778), unbedeutendere Schriftsteller aber popularisierten die neuen Ideen, die so in allen Schichten der Bourgeoisie und in ganz Frankreich Eingang fanden. Das Hauptwerk in der Denkgeschichte, die *Encyclopédie,* wurde 1772 abgeschlossen; auf sozialem und politischem Gebiet war sie gemäßigt und versicherte ihre Zuversicht in den unbegrenzten Fortschritt der Wissenschaften; sie erhob sich zu einem großartigen Denkmal für die Vernunft. Mably, Raynal und Condorcet setzten das Werk ihrer großen Vorgänger fort. Wenn sich auch die philosophische Produktion unter der Regierung Ludwigs XVI. verlangsamte, bildete sich doch aus verschiedenen Systemen gleichsam eine Synthese; damit trat die revolutionäre Doktrin in Erscheinung. Der Abbé Raynal griff in seiner *Histoire philosophique et politique des établissements et du commerce des Européens dans les deux Indes*[1], bei deren Ausarbeitung Diderot großen Anteil hatte, und die zwischen 1770 und 1780 über zwanzig Auflagen erlebte, noch einmal alle Leitsätze der philosophischen Veröffentlichungen auf: Haß auf den Despotismus, Mißtrauen gegenüber der Kirche, die unmittelbar dem weltlichen Staat unterzuordnen ist, Lob des ökonomischen und politischen Liberalismus.

Durch Bücher und Flugschriften verbreiteten sich diese Ideen in allen Kreisen. »In einem Jahrhundert, in dem jeder Bürger mit der Stimme des Buchdruckes zur ganzen Nation sprechen kann«, erklärt Malesherbes 1775 in seinem *Discours de réception à l'Académie française,* »finden sich diejenigen mit dem Talent, die Menschen zu unterweisen, oder mit der Begabung, ihre Gemüter zu erregen, mit einem Wort die Literaten inmitten des verstreuten Volkes als das wieder, was in Rom und Athen inmitten des versammelten Volkes die großen Redner waren.«

Die mündliche Propaganda erweiterte den Einflußbereich des Gedruckten. Die Salons und Kaffeehäuser wurden zahlreicher, es

---

1 Etwa: »Philosophische und politische Geschichte der Unternehmen und des Handels der Europäer in Ost- und Westindien.«

bildeten sich in zunehmendem Maße Gesellschaften wie Agri-
kulturgesellschaften, philanthropische Vereinigungen, Provinz-
akademien oder Lesekabinette. Bereits 1770 stellt die Versammlung des Klerus fest, daß es keinen Flecken mehr gebe, der »nicht
von der Gottlosigkeit angesteckt« wäre.

Die Freimaurerlogen trugen ebenfalls zur Verbreitung der philosophischen Ideen bei. Das nach 1715 aus England herüberge-
kommene Freimaurertum begünstigte zweifellos die philosophische Propaganda; in vielen Punkten stimmten die Ideale überein, wie bürgerliche Gleichheit und religiöse Toleranz. Seine Rolle
sollte aber nicht zu hoch eingeschätzt werden. Als Treffpunkt der
Aristokratie und der reichen Bourgeoisie, deren Verschmelzung
sie vorbereiteten, stellten die Freimaurerlogen nur eine Art der
zahlreichen Gesellschaften dar, durch die das philosophische
Denken sich verbreitete.

Unterdessen meldeten sich die alten Autoritäten. 1770 verleiht
die Versammlung des Klerus der Befürchtung Ausdruck, daß mit
dem Glauben auch »auf immer die Gefühle der Liebe und Treue
zur Person des Herrschers verschwinden« würden. Die Angriffe
auf die Kirche halfen, die Grundlagen der Monarchie von Gottes
Gnaden zu untergraben, ebenso wie die Fundamente der alten
Gesellschaftsordnung durch die Kritik an den Privilegien ins
Wanken gerieten. Zwischen 1775 und 1789 verbot das Pariser
*parlement* 65 Schriften. Zu dem 1776 erschienenen Buch von Bon-
cerf über *Les inconvénients des droits féodeaux* erklärte es:
»Die Schriftsteller machen sich jetzt daran, alles zu bekämpfen,
alles zu zerstören, alles umzustürzen. Wenn sich der systematische Geist, der die Feder dieses Schreibers geführt hat, unglück-
licherweise der großen Menge bemächtigen sollte, wäre die Verfassung der Monarchie bald vollständig und endgültig erschüttert, die Vasallen würden sich sogleich gegen die Grundherren
erheben und das Volk gegen seinen Souverän.«

Von den wichtigsten Sätzen der philosophischen Propaganda
behauptete sich zuerst der von dem Vorrang der Vernunft: das
18. Jahrhundert brachte den Siegeszug des Rationalismus, der
von da an von jedem Gebiet Besitz ergriff. Auf die allmähliche
Ausbreitung der Einsichten der Vernunft folgte der Glaube an
den Fortschritt. »Endlich sind alle Schatten verschwunden; welch
ein Licht strahlt von überall her! Welche Ansammlung großer
Männer in allen Fächern! Welch eine Vollendung der mensch-

lichen Vernunft!« (Turgot: *Tableau philosophique des progrès de l'esprit humain*, 1750.)

Die Freiheit wird auf allen Gebieten gefordert; von den individuellen Freiheitsrechten bis zur Wirtschaftsfreiheit; alle großen literarischen Werke des 18. Jahrhunderts sind den Problemen der Freiheit gewidmet. Einer der wesentlichsten Punkte in dem Programm der Philosophen, vor allem Voltaire's, war der Kampf für die Toleranz und für die Religionsfreiheit. Das Problem der Gleichheit war umstrittener. Die meisten Philosophen verlangten nur die bürgerliche Gleichheit, die Gleichheit vor dem Gesetz. In seinem *Dictionnaire philosophique* hält Voltaire die Ungleichheit für ewig und unvermeidlich. Diderot unterscheidet von den ungerechten Privilegien die gerechten, die sich auf wirkliche Verdienste gründen. Rousseau aber führt in das Denken des Jahrhunderts egalitäre Vorstellungen ein: er fordert die politische Gleichheit für alle Bürger; dem Staat weist er die Rolle zu, für ein bestimmtes soziales Gleichgewicht zu sorgen.

In welchem Ausmaße haben nun diese Vorstellungen, die die gemeinsamen Grundgedanken des philosophischen Denkens ausmachen, in den verschiedenen Schichten der Bourgeoisie Eingang gefunden? Die gemeinsame Einheit bestand in der Opposition gegen die Aristokratie. Mehr und mehr versuchten die Adligen im 18. Jahrhundert, sich die Privilegien und Ämter zu erhalten, die ihnen von Geburt wegen zufielen. Mit der Vermehrung des Reichtums und dem fortgeschrittenen Bildungsstand wuchsen die Erwartungen der Bourgeoisie: gerade in diesem Augenblick sah sie, wie sich alle Türen vor ihr verschlossen. Sie konnte nicht an den bedeutenden Verwaltungsaufgaben mitwirken, für deren Erfüllung sie sich fähiger glaubte als die Mitglieder des Adels. Sie wurde in ihrem Stolz und in ihrer Eigenliebe oft verletzt. Alle diese Klagen der Bourgeoisie sind in den *Mémoires* des Marquis de Bouillé anschaulich dargestellt; ebenso bei Madame Roland, die ihre Überlegenheit an Talent und Würde gegenüber den adligen Frauen ganz deutlich empfand. Hauptsächlich zwei Probleme gab es für die Bourgeoisie: die politische und die ökonomische Frage.

Politisch ging es um die Teilhabe an der Macht. Seit der Mitte des Jahrhunderts und besonders seit 1770 wuchs die Aufmerksamkeit gegenüber politischen und sozialen Problemen ständig. Die Themen der bürgerlichen Propaganda glichen offensichtlich denen der philosophischen Bewegung: Kritik an der Monarchie von Gottes Gnaden, Haß auf die despotische Herrschaft, Angriffe gegen den Adel und seine Privilegien, Forderung nach bürgerlicher und fiskalischer Gleichheit, und Zugang Aller zu allen Ämtern entsprechend der Befähigung.

Das wirtschaftliche Problem interessierte die Bourgeoisie nicht minder. Die Großbourgeoisie war sich darüber im klaren, daß die Entwicklung des Kapitalismus eine Veränderung des Staates erforderte. Der Zehnt, die Leibeigenschaft, die Feudalabgaben und die schlechte Steuerverteilung behinderten die Landwirtschaft und folglich die gesamte wirtschaftliche Aktivität. Die Aufhebung des Erstgeburtsrechtes und die Abschaffung der Mainmorte sollten den Boden- und Warenverkehr erleichtern. Die Geschäftsbourgeoisie erstrebte überdies die Freiheit der Arbeit und die Unternehmensfreiheit. Die zahlreichen Gewohnheitsrechte, die Binnenzölle und die Unterschiedlichkeit von Maßen und Gewichten beeinträchtigten den Handel und verhinderten die Bildung eines nationalen Marktes. Der Staat sollte nach denselben Prinzipien von Ordnung, Klarheit und Einheit organisiert sein, nach denen die Bourgeoisie die Führung ihrer eigenen Geschäfte besorgte. Und schließlich forderte die Dynamik des kapitalistischen Unternehmens die Freiheit der wissenschaftlichen Forschung: die Bourgeoisie verlangte, daß die wissenschaftliche Arbeit ebenso wie die philosophische Spekulation von der kirchlichen und staatlichen Zensur ausgenommen werden sollte.

Doch nicht allein das Streben nach eigenem Vorteil leitete die Bourgeoisie. Ihr Klassenbewußtsein hatte sich zweifellos gestärkt, und zwar durch die Exklusivität des Adelsstandes einerseits, sowie andererseits infolge des Gegensatzes zwischen ihrem ökonomischen und intellektuellen Aufschwung und ihrem demgegenüber rückständigen gesellschaftlichen Status. Im Bewußtsein ihrer Macht und ihrer Bedeutung, gestützt auf eine von den neuen Philosophen übernommene Weltanschauung und eine freiere Kulturauffassung, hielt die Bourgeoisie die Umgestaltung des Ancien Régime nicht nur für ein Gebot ihres eigenen Vorteils – sie glaubte auch an die objektive Berechtigung einer Umwälzung: sie war davon überzeugt, daß zwischen ihren Interessen und der allgemeinen Vernunft Übereinstimmung bestand.

Natürlich muß man diese Aussagen differenzieren. Die Bourgeoisie war eine in sich unterschiedliche, nicht homogene Klasse. Viele Bourgeois fühlten sich von der philosophischen Propaganda nicht angesprochen. Andere standen dem Wandel feindlich gegenüber, sei es aus frommer Anhänglichkeit oder aus Traditionalismus (unter den Opfern der Schreckensherrschaft – der *terreur* – befanden sich überwiegend Angehörige des Dritten Standes). Bei all ihren Bemühungen um Wechsel und Reformen hatte die Bourgeoisie nicht im geringsten eine Revolution im Sinne. Der gesamte Tiers brachte dem König eine große Verehrung entgegen, ein Gefühl mit beinahe religiösem Charakter, wie es Marmont in seinen *Mémoires* bezeugt: der König verkörperte die nationale Idee, und niemand dachte an einen Sturz der Monarchie. Die Bourgeoisie und besonders die Großbourgeoisie wollte weniger die Aristokratie vernichten als sich mit ihr verschmelzen: in dieser Hinsicht war die Vorliebe für La Fayette bezeichnend. Schließlich war die Bourgeoisie weit davon entfernt, demokratisch zu sein. Sie hielt besonders an der Beibehaltung der sozialen Hierarchie fest; sie wollte sich von den Klassen unter ihr abheben. Cournot schreibt in seinen *Souvenirs:* »Nichts war deutlicher in dieser bourgeoisen Gesellschaft als die Rangüber- und unterordnungen. Die Frau des Anwaltes oder des Notars hieß *Mademoiselle*; die des Rates war unstreitig *Madame*.«

Der Adel verachtete die Nichtadligen, die Bourgeoisie verachtete die Volksklassen. Dieses Klassenvorurteil erklärt die Wut und die Angst der Bourgeoisie, als sie nach ihrem Aufruf an die Volksklassen gegen die Aristokratie bemerkte, daß diese im Jahre II an die Macht drängten.

## 2. Kapitel

# Die Krise der Institutionen

*Unter Ludwig XIV. hatten die monarchischen Institutionen, die sich seit dem Mittelalter unablässig vervollkommnet hatten, wenigstens in politischer Hinsicht ihre letzte Form erhalten. Ludwig XIV. hatte das Regierungssystem verbessert und zu einem noch nie erreichten Autoritätsgrad angehoben – ein logischer und zusammenhängender Aufbau aber ist ihm nicht gelungen. Nach ihm konnte man sagen, daß »der Despotismus überall war und der Despot nirgends«. Tatsächlich hatte die Monarchie stets aufgebaut, ohne jemals Bestehendes anzutasten. Die Trennung zwischen der Gesellschaft und dem politischen Staat vertiefte sich und verlief somit auch zwischen der öffentlichen Meinung und den Institutionen. Unordnung und Verwirrung blieben das charakteristische Merkmal der Verwaltungsorganisation. Nach Mirabeau war Frankreich lediglich eine »willkürliche Anhäufung entzweiter Völker«.*

## I. DIE MONARCHIE VON GOTTES GNADEN

### 1. Der Absolutismus: Ansprüche und Grenzen

Seit der Regierung Heinrichs IV. hatte sich die absolute und administrative Monarchie herausgebildet; unter Ludwig XIV. kam sie zur vollen Entfaltung und hielt sich so während des ganzen 18. Jahrhunderts. Die unabhängigen Kräfte, die in der vorausgegangenen Periode hervorgetreten waren, verloren zwar an Macht, konnten sich aber in den meisten Fällen halten. Zwar gerieten die Generalstände nach ihrer letzten Versammlung im Jahre 1614 in Vergessenheit, wie auch die Tutel–Gemeinden im 18. Jahrhundert, doch blieben die Provinzialstände, die *parlements* und die Versammlungen des Klerus bestehen und übten weiterhin, allerdings unter königlicher Kontrolle, ihre Funktionen aus. Gleichzeitig spielte sich die Verwaltungsorganisation der Monarchie ein und wurde durch die Einsetzung von königlichen Räten und von Intendanten für die lokale Verwaltung verbessert. Theoretiker verliehen dieser Monarchie die Eigenschaft des Gottesgnadentums, die in der Folge mehr und mehr betont wurde. Zur Zeit Heinrichs IV. betrachtete Loyseau den König noch als Beamten des Volkes und zugleich als Stellvertreter Gottes. Unter Ludwig XIII. schrieb Lebret noch deutlicher:

»Daraus kann man schließen, daß unsere Könige ihre Zepter nur von Gott allein erhalten haben, daß sie sich keiner einzigen Macht der Erde zu unterwerfen haben und daß sie alle Rechte genießen, die man der unbeschränkten und absoluten Souveränität beimißt; daß sie also in ihrem Königreich vollständig souverän sind.«

Bossuet dürfte der entscheidende Theoretiker der katholischen Monarchie von Gottes Gnaden gewesen sein; sein für den Dauphin geschriebenes Werk *La politique tirée des propres paroles de l'Écriture sainte*[1] erschien erst 1709.

Als Stellvertreter Gottes bezeichnet sich der König in allen Urkunden als »von Gottes Gnaden König von Frankreich und Navarra«. Die Salbung verleiht dem König göttlichen Charakter. Sie findet in der Kathedrale von Reims statt, wo der König in der Umgebung seiner Pairs zuerst der Kirche und seinem Volk den Eid leistet. Er wird anschließend geweiht, d. h. mit dem Öl des Heiligen Salbgefäßes gesalbt, während der Erzbischof folgende Formel spricht: »Sei gesegnet und eingesetzt in diesem Königreich, das Gott Dir zu regieren gegeben hat.« Mit den Insignien des königlichen Amtes versehen wird er dann dem Volk vorgestellt. Am Tage nach der Salbung nimmt der König Berührungen von Skrofulösen vor, wobei er zu jedem Kranken sagt: »Der König berührt dich, Gott heile dich.« In diesem Zeremoniell zeigt sich der göttliche Charakter der Monarchie; die Salbung trägt dazu bei, den König mit einer Art religiöser Verehrung zu umgeben.

Die absolute Macht des Königs leitet sich aus dessen göttlichem Charakter ab: »Der den Menschen Könige gegeben hat, will, daß man sie wie seine Statthalter verehre« (*Mémoires* Ludwigs XIV.). Es ziemt sich nicht für die Untertanen, eine Macht kon-

---

1 Etwa: »Die Politik, nach den Worten der Heiligen Schrift selbst.«

trollieren zu wollen, die ihren Ursprung aus Gott selbst herleitet. Der göttliche Charakter verleiht der Monarchie eine absolute Autorität auf allen Gebieten. Ist der König auch absoluter Herrscher, so ist er doch kein Despot. Da er seine Macht als Stellvertreter Gottes ausübt, muß er das göttliche Gesetz achten, muß er König sein *nach Gottes Gebot*, wie es der Präses von Thou 1572 zu Karl IX. sagt. Der König ist Gott gegenüber für die Ausübung seiner Herrschaft verantwortlich. Weiterhin muß er die *Grundgesetze* des Königreiches beachten (Heimfall der Krone, Rechtsstatut der Domäne): in ihnen sind die Bedingungen festgehalten, unter denen die Krone mit ihren Vorrechten auf den König und sein Haus übertragen worden sind. Durch seinen Eid bei der Salbung hat sich der König schließlich verpflichtet, das Volk in seiner Einheit mit der Kirche zu bewahren und bei allen Entscheidungen Billigkeit und Barmherzigkeit walten zu lassen. Der König ist also kein Tyrann. Indem er aber über den Ständen und Körperschaften des Königreiches das Wohl der Gesamtheit vertritt, verfügt er über unbegrenzte Handlungsfreiheit, ohne einer Kontrolle unterworfen zu sein. Die Monarchie ist durch ihren absoluten Charakter gekennzeichnet.

Die Autorität des Königs ist eine unteilbare und unvermittelte Einheit. Gewiß wird der König von Körperschaften und Versammlungen unterstützt: Räte, Oberhofräte, Provinzialstände. Hierbei handelt es sich aber nur um beratende Organe, die das königliche Vorrecht nicht einschränken können:

»Wir haben einen König, das heißt wir unterstehen dem Willen eines Einzelnen; dieser Wille darf nicht willkürlich frei sein, doch muß er der oberste sein; die daraus sich ergebende Macht darf nicht despotisch sein, aber sie kann nicht geteilt sein; selbst wenn es nützlich ist, ihr Handeln zur Erhellung abzubremsen, so ist es doch nie erlaubt, diese Macht auszusetzen, um sie zu hemmen oder gar auszulöschen« (Guyot, *Traité des offices*, 1786).

Als absoluter Monarch hat der König alle Macht, und seine Macht ist unbegrenzt.

Der König ist der Ursprung allen Rechts. Durch die Salbung hat er sich verpflichtet, seinem Volk eine gute Gerichtsbarkeit zu geben. Der Kanzler Michel de L'Hôpital (1507–1573) sagte vor den Ständen von Orléans: »Die Könige sind in erster Linie gewählt worden, um Recht zu sprechen. Deswegen zeigt das Siegel

Frankreichs nicht die Gestalt des bewaffneten Königs zu Pferde, sondern des Königs auf seinem Thron beim Rechtsspruch.« In seiner Verantwortung für die Gerichtsbarkeit kann der König jedes Verfahren aussetzen oder wiederaufnehmen und in alle Prozesse eingreifen, d. h. er übt die Evokationsjustiz *(justice retenue)* aus. Zumeist überläßt der König die Ausübung der Gerichtsbarkeit seinen Gerichtshöfen: dann handelt es sich um die *delegierte Justiz* (Delegation, doch nicht endgültige Übertragung).

Der König ist der Ursprung jeder Gesetzgebung. Er ist das lebendige Gesetz, *Lex rex.* Der König ist nicht an die Gesetze seiner Vorgänger gebunden, wenngleich er es in der Regel vermeidet, allzu plötzlich mit ihnen zu brechen. »Wir haben unsere Krone nur von Gott erhalten«, erklärt Ludwig XV. im Parlament im Dezember 1770, »das Recht, Gesetze zu machen, nach denen unsere Untertanen geführt und regiert werden sollen, steht uns allein zu, ohne Abhängigkeit und ohne Teilung.« Die Gesetzgebung des Königs erfolgt durch Verordnungen und Edikte; dies sind Entscheidungen mit allgemeiner und dauernder Wirkung; die Befehle, Gnadenbriefe, Erlasse oder Urteile betreffen Einzelmaßnahmen. Doch darf der König nicht gegen das göttliche Gesetz und die natürliche Moral verstoßen, auch muß er die Grundgesetze des Königreiches respektieren.

Der König begründet alle Verwaltungsautorität. Er führt die Angelegenheiten des Königreiches. »Eure Majestät ist verpflichtet, alles selbst oder durch ihre Bevollmächtigten zu entscheiden. Man erwartet Eure besonderen Befehle, die zum öffentlichen Wohl beitragen, die die Rechte anderer achten lehren und manchmal sogar die eigenen Rechte gebrauchen lassen.« (*Mémoire* von Turgot an Ludwig XVI.) Der König besetzt die Stellen und Ämter. Die Erfordernisse von Verwaltung und Regierung veranlassen ihn, einen Teil seiner Autorität auf Beamte zu übertragen: die einfache Delegierung der Befugnisse beläßt diese Beamten unter der Oberaufsicht des Königs. Für die Bedürfnisse seines Staates erhebt der König Steuern und Abgaben aufgrund seiner alleinigen Autorität; im Laufe des 16. Jahrhunderts hat sich dies zum Gewohnheitsrecht ausgebildet, allein für den Klerus und die Provinzen mit Provinzialständen galten einige Einschränkungen. Der König ist Herr der Steuererhebung, ebenso verfügt er über die Ausgaben: er ist der Herr über die *Verteilung* seiner Finanzen.

Schließlich ist der König Stifter von Krieg und Frieden. Eine seiner ältesten Pflichten ist die Verteidigung, die *tuitio regni*, der Schutz des Königreiches gegen den äußeren Feind, woraus im 18. Jahrhundert die »Verteidigung des Staates« wurde. Demnach leitet der König die Außenpolitik und befehligt die Armee.

»Die souveräne Macht ruht allein in meiner Person«, erklärt Ludwig XV. am 3. März 1766 im Parlament. »Mir allein gebührt die gesamte gesetzgebende Gewalt ohne Abhängigkeit und ohne Teilung. Die öffentliche Ordnung rührt insgesamt von mir her, und die Rechte und Interessen der Nation sind notwendigerweise an die meinen gebunden und liegen einzig und allein in meinen Händen.« Die Wirklichkeit entsprach indessen bei weitem nicht diesen Ansprüchen. Besonders auf dem Gebiet der Gesetzgebung bestanden tatsächlich noch im 18. Jahrhundert überlieferte Grenzen für die gesetzgebende Gewalt des Königs, obgleich sie von den Juristen seit dem 14. Jahrhundert als uneingeschränkt anerkannt wurde.

Die Generalstände hatten sich schon im 14. Jahrhundert, in der Zeit einer finanziellen Krise, dem König aufgezwängt. Die absolute Monarchie berief sie nach 1614 nicht mehr ein, ohne sie ganz abzuschaffen. Sie hatten ausschließlich beratende Funktion; der König erbat von ihnen Abstimmungen zugunsten von Steuern, die er auch ohne sie festsetzen konnte; er verlangte Ratschläge, denen zu folgen ihm freistand. Die Generalstände erschienen der königlichen Macht in Krisenzeiten als ein letzter Ausweg. Ihre Einberufung 1789 war wirklich die Auferstehung einer verschwundenen Institution.

Die politischen Rechte der *parlements* und der souveränen Höfe waren für die königliche Macht gefährlicher. Sozusagen als Wahrer der Grundgesetze des Königreiches machten die *parlements*, besonders das Pariser *parlement*, zur Ausübung eines politischen Einflusses von dem Registrierungsrecht (*droit d'enregistrement*) Gebrauch: die dem königlichen Willen entstammenden Gesetze konnten erst dann ausgeführt werden, wenn das *parlement* sie *registriert* hatte. Bei dieser Gelegenheit wurde das Gesetz *verifiziert*, das heißt beraten. Wurde die Registrierung abgelehnt, gab das *parlement* kraft seines *Remonstrationsrechtes* hierfür die Begründung. Die *parlements* beanspruchten dies als historisches Recht; das Königtum bestand hingegen darauf, daß es sich eher um ein stillschweigendes als ein formelles

Zugeständnis der königlichen Gewalt handelte. In Wirklichkeit hatten sich diese Rechte mit der Duldung der Königsmacht durch Gewohnheit und langsame Übergriffe herausgebildet. Nichtsdestoweniger beschränkten sie die Befugnisse des Königs, der die Registrierung der abgelehnten Gesetze in feierlichen Sitzungen oder an Großen Gerichtstagen[1] durchsetzen mußte ... Das Registrierungs- und Remonstrationsrecht wurde im 18. Jahrhundert in den Händen der *parlements* zu einer wirksamen Waffe gegen die absolute Monarchie. Tatsächlich wurden diese Rechte nur dazu verwandt, die Privilegien der *parlement*-Aristokratie gegenüber den Reformversuchen, insbesondere im fiskalischen Bereich, zu verteidigen. Als aber die *parlements* gerade die Oberhand zu gewinnen schienen, wurde ihre politische Karriere beendet: gegenüber den Prinzipien der absoluten Monarchie von Gottes Gnaden behaupteten sich nicht die Rechte einer privilegierten Gruppe, sondern bald darauf das Prinzip der Volkssouveränität.

## 2. Der Regierungsapparat

Im 17. und 18. Jahrhundert vollendete sich die monarchische Zentralisation; die lokale Selbstverwaltung verlor an Einfluß oder verschwand ganz. Alles wurde in Versailles oder durch die lokalen Bevollmächtigten der Zentralgewalt entschieden.
Im letzten Stadium der absoluten Monarchie bestand die der königlichen Autorität unterstehende Regierung aus einem Ministerium, zu dem der Kanzler, die vier Staatssekretäre und der Generalkontrolleur der Finanzen gehörten. Dieses Ministerium hatte keinen eigenen Chef: in ihm waren höhere Funktionäre zusammengefaßt, die meistens voneinander unabhängig waren. Jeder Minister hatte seine Büros, die von *Ersten Kommis* geleitet wurden. Die einheitliche Führung in der Regierung wurde durch den König und die Räte gewährleistet. In jeder Woche kam jeder Minister an einem bestimmten Tag zum König zur gemeinsamen Arbeit; er trug seine Angelegenheiten vor; der König entschied, und der Minister ließ die Entscheidungen durch seine Büros ausführen. Wichtige Angelegenheiten wurden im Kronrat be-

---

[1] Lit de justice: Großer Gerichtstag, den der französische König im *parlement* hielt; er saß auf dem »lit« = Thron.

raten, der damit eine echte Kontrolle der Regierung ausübte. Die Minister und Staatssekretäre leiteten die verschiedenen Verwaltungsabteilungen. Der *Kanzler* war der Vorsitzende der Richterschaft und der Initiator der königlichen Gesetzgebung; er bewahrte die Siegel und war unabsetzbar. Wenn er beim König in Ungnade fiel, ersetzte ihn dieser durch einen *Siegelbewahrer*. Die *Staatssekretäre* waren im 16. Jahrhundert unter Heinrich II. geschaffen worden und stellten wirksame Vertreter der absoluten Herrschaft dar; ihre lange Zeit unbestimmt gebliebenen Arbeitsgebiete waren schließlich festgelegt worden. Man unterschied den Staatssekretär für das Kriegswesen, zu dessen militärischen Befugnissen noch die Verwaltung der Grenzprovinzen gehörte, den Staatssekretär für die Marine, der sich gleichzeitig der Kolonien annahm, den Staatssekretär für auswärtige Angelegenheiten und den Staatssekretär für den königlichen Hof, der verschiedene Aufgaben hatte (Klerus, protestantische Angelegenheiten, die Stadt Paris). Die innere Verwaltung blieb zwischen den vier Staatssekretären aufgeteilt. Der König bestimmte alljährlich die *Ressorts* der Staatssekretäre und übertrug ihnen den Anteil an Provinzen, der zu ihrem Ressort gehörte; jeder Staatssekretär war der Mittler zwischen dem König und den Provinzen, Städten, Körperschaften und Ständen innerhalb seines Verwaltungsbereichs. Die Staatssekretäre blieben im übrigen, getreu ihrer ursprünglichen Aufgabe, die persönlichen Sekretäre des Königs und dienten ihm abwechselnd vierteljährlich; jeder von ihnen fertigte ausschließlich während dreier Monate alle Erlasse aus, in denen der König Schenkungen, Wohltaten und Gnadenakte bewilligte. Die Staatssekretäre gehörten dem *Richterstand* an und kamen in der Regel aus den Reihen der Staatsräte; nach 1750 verschmähten sogar die Angehörigen des Schwertadels dieses Amt nicht. Schließlich war der *Generalkontrolleur der Finanzen* der wahre Premierminister, was sich aus dem Umfang seiner Befugnisse ergab: innere Verwaltung, Landwirtschaft, Industrie, Handel, Brücken und Straßen ...

Die Räte verliehen der Regierung als ihre eigentlichen Regulatoren eine einheitliche Führung. Sie hatten sich infolge der fortschreitenden Auflösung des alten königlichen Hofes und durch Spezialisierung im jeweiligen Verwaltungszweig herausgebildet. Ludwig XIV. schuf die endgültige Form des Regierungssystems der Ratsgremien. Durch beharrliche Arbeit und regelmäßiges

Abhalten der verschiedenen Ratssitzungen der Regierung bestimmte Ludwig XIV. die allgemeine Richtung und verlieh somit dem System einen gewissen Grad von Einheitlichkeit. Ludwig XV. und Ludwig XVI. nach ihm hatten diese Fähigkeiten nicht. Da das reibungslose Funktionieren dieses Systems von der persönlichen Tatkraft des Königs abhing, löste es sich auf, sobald es dem König an Ausdauer oder Autorität fehlte. Der Oberste Rat *(Conseil d'en haut)* oder Staatsrat *(Coneil d'État)* beschäftigte sich mit der hohen Politik, das heißt mit »Krieg, Frieden und Verhandlungen mit den anderen Mächten«. Der König berief für eine solche Sitzung vor allem fünf oder sechs hochstehende Persönlichkeiten ein, die den Titel *Staatsminister* führten. Jeder Chef einer ministeriellen Abteilung war von Amts wegen Mitglied, bis auf den Staatssekretär für auswärtige Angelegenheiten, der in diesem Rat die Funktion des Berichterstatters hatte. Die Staatsminister behielten ihren Titel, auch wenn sie nicht mehr die Tätigkeit ausübten, das heißt dem Conseil d'en haut angehörten. Dieser Rat trat grundsätzlich dreimal in der Woche zusammen. Der *Eilrat* (Rat der Depeschen) sorgte für die Einheitlichkeit der inneren Verwaltung. Der *Finanzrat* verwaltete die Finanzen und die Einkünfte des Staates, er verteilte die Taille auf die Steuerbezirke. Der *Geheime Rat* (Conseil privé) oder *Parteienrat* (Conseil des parties), dem der Kanzler vorstand, war der Kassationsgerichtshof des Ancien Régime, zugleich aber ein Gerichtshof für Verwaltungsstreitigkeiten. Dieses kunstvolle Bauwerk mit all seinen abhängigen Ämtern verdeckte in Wirklichkeit viele Unzulänglichkeiten der Monarchie; weit entfernt, sie zu kräftigen, lähmte es oft ihre Tätigkeit.


## II. ZENTRALISATION UND AUTONOMIE

Ebensowenig wie in der zentralen Verwaltung hatte die Monarchie ihr Einigungswerk im provinziellen und örtlichen Bereich vollendet. Überall herrschte Unordnung und Verwirrung. Die Einteilung der Verwaltungsbezirke spiegelte den historischen Aufbau des Königreiches wider, sie entsprach aber nicht mehr den Erfordernissen des Jahrhunderts. Die Grenzen selbst standen nicht einmal fest: man wußte nicht genau, wo Frankreich aufhörte und das Reich begann. Navarra bildete immer ein bestimmtes Königreich für sich; in der Bretagne war der König

Herzog, in der Provence Graf. Die alten Bezirke waren nie abgeschafft worden, auch wenn sie sich mit neuen überlagerten. Die kirchlichen Bezirke *(Diözesen)* entstammten dem Römischen Reich und die überkommenen Gerichtsbezirke *(bailliages* im Norden, *sénéchaussées* im Süden) dem 13. Jahrhundert; die Militärbezirke *(gouvernements)* waren im 16. Jahrhundert geschaffen worden, und im 17. Jahrhundert entstanden die Finanz- oder Steuerbezirke *(généralités)*, die gleichzeitig das Verwaltungsgebiet eines Intendanten absteckten. Alles bildete ein Durcheinander, in dem sich die königliche Verwaltung manchmal selbst nicht mehr zurechtfand.

Traditionsgemäß war Frankreich in *Provinzen* oder *Länder* eingeteilt: das waren mehr oder weniger weiträumige Regionen, die sich nach einer langen Periode des Lebens unter der politischen Einheit einer feudalen Dynastie an ein bestimmtes Rechtssystem gewöhnt hatten. Die Sitten, manchmal die Sprache und auch die historische Überlieferung ließen die alten Unterschiede zwischen den Provinzen fortbestehen; am Ende des 18. Jahrhunderts waren das *bretonische Volk* und das *provençalische Volk* noch sehr lebendige Realitäten mit ihren Gesetzen, Gewohnheiten und Dialekten. Unter den größten dieser Provinzen befanden sich die Normandie, das Languedoc, die Dauphiné, die Bretagne . . .; andere, wie zum Beispiel Aunis, waren kleiner. Doch war die Provinz keine Verwaltungseinheit: die königliche Verwaltung ging über die Provinzen hinweg, selbst wenn der König – eher aus politischen als aus verfassungsrechtlichen Gründen – den Provinzpartikularismen Rechnung trug. Die Verwaltungsstruktur des alten Frankreich beruhte auf den *gouvernements* und vor allem auf den *intendances*.

## *1. Die Bevollmächtigten des Absolutismus*

Zur Zeit der feudalen Monarchie waren die Vertreter und Bevollmächtigten des Königs die *Baillis* und *Seneschalle;* demnach bestand die wesentliche Bezirkseinteilung in der Bailliage und der Sénéchaussée; im 16. Jahrhundert wurden diese Funktionen käuflich und damit zu Ämtern; von dieser Zeit an hatten die Baillis nur noch militärische Aufgaben (Aufbieten des Heerbanns) und das Vorrecht, die Abgeordneten der drei Stände aus ihrem Gebiet zusammenzurufen.

Zur Zeit der gemäßigten Monarchie im 16. Jahrhundert war der *Gouverneur* der Vertreter des Königs und das Gouvernement der wichtigste Bezirk. Unter der absolutistischen Monarchie im 17. und 18. Jahrhundert leitete der *Intendant* innerhalb eines Steuerbezirks die örtliche Verwaltung. Am Ende des 18. Jahrhunderts gab es noch all diese drei Kategorien: aber nur der Intendant hatte wirkliche Macht. Die Gouverneure, die entsprechend der Order von 1776 39 an Zahl waren und sich aus dem Hochadel rekrutierten, besaßen im 18. Jahrhundert nur noch dem Namen nach eine Autorität. Als Inhaber eines reinen Ehrenamtes hielten sie sich gewöhnlich in Versailles auf und konnten nach einer Verordnung von 1750 ihr Gouvernement nur mit einer ausdrücklichen Ermächtigung des Königs betreten. Sie waren durch Generalstatthalter ersetzt.

Die Intendanten der *Justiz, Polizei und der Finanzen* sind die aktivsten Verfechter der Einheit und der Zentralisation gewesen. Sie standen in ständiger Verbindung mit den Staatssekretären, dem Generalkontrolleur und dem Eilrat und schlossen so die lokale Verwaltung der Zentralregierung an. Ihre Entstehung geht auf das 16. Jahrhundert, »auf die Inspektionsritte der Berichterstatter über die Bittschriften« in die Provinz zurück; diese Einrichtung wurde aber erst in der zweiten Hälfte des 17. Jahrhunderts allgemein eingeführt. Man benutzte für sie den größeren steuertechnischen Amtsbezirk, die *Généralité*, ohne daß sich im übrigen Intendanturen und Généralités genau entsprochen hätten (1789 gab es auf 33 Généralités 32 Intendanturen; die Généralités Toulouse und Montpellier bildeten zusammen die Intendantur Languedoc). Die Unterbevollmächtigten (*subdélégués*) an der Spitze der Steuergerichtsbezirke (*élections*) waren dem Intendanten weisungsunterworfen und ausschließlich von ihm abhängig: der Intendant konnte seine Subdelegierten nach Belieben absetzen oder ihre Verwaltungsbezirke (*départements*) abändern.

»Nun wißt«, soll der Finanzier Law zum Marquis d'Argenson gesagt haben, »daß dieses Königreich Frankreich von dreißig Intendanten regiert wird. Ihr findet weder *parlements,* noch Stände, noch Gouverneure. Von diesen dreißig Inspektoren und Berichterstattern, also Beamten in den Provinzen, hängen Unglück oder Wohlergehen, Überfluß oder Unproduktivität dieser Provinzen ab.« Diese Beurteilung ist sicher übertrieben, denn die Intendanten haben sich im Verlauf des ganzen 18. Jahrhunderts an die allgemeine politische Lage und die örtlichen Umstände anpassen müssen, außerdem wurde ihre Handlungsfreiheit fortschreitend durch die Kontrolle der Zentralregierung eingeschränkt.

Die Intendanten waren unmittelbare Beamte des Königs, sie wurden unter den Berichterstattern des Geheimen Rates ausgewählt, das heißt aus den Kreisen der Großbourgeoisie, und waren als solche beim Adel verhaßt; sie hatten vielfältige Befugnisse. Als Intendanten der Justiz konnten sie allen Gerichten und Tribunalen (außer den *parlements*) als Richter beiwohnen und den Vorsitz führen; sie überwachten alle Richter; sie urteilten in letzter Instanz über alle Verbrechen gegen die Staatssicherheit und über die Aufstandsbewegungen. Als Intendanten der Polizei führten sie die allgemeine Verwaltung, kontrollierten die Gemeindeverwaltungen, überwachten Handel, Landwirtschaft und Industrie, befaßten sich mit den königlichen Frondiensten und leiteten die Aushebung der Miliz; in den Ländern mit Provinzialständen waren diese Befugnisse ein wenig eingeschränkt. Als Intendanten des Finanzwesens lagen die Steuerveranlagung und die Steuergerichtsbarkeit in ihrem Zuständigkeitsbereich, der allerdings auf die im 17. und 18. Jahrhundert eingeführten Steuern beschränkt war (Kopfsteuer = capitation und Zwanzigster = Vingtième); hinsichtlich der alten Steuern (Taille) besaßen sie ein Kontrollrecht. Diese Machtstellung ließ trotz der echten Errungenschaften ihrer Verwaltung eine einmütige Opposition gegen die Intendanten entstehen: die Beschwerdeschriften verlangten ihre Abschaffung.


## 2. Überreste von lokalen Selbstverwaltungen

Gegenüber den Bevollmächtigten des königlichen Absolutismus waren die lokalen Institutionen nach und nach ihrer Macht entkleidet worden.

Die *Provinzialstände* hatten sich aus der Zusammenkunft der drei Stände einer Provinz gebildet und entwickelten sich zu einer regelmäßigen Versammlung, die in bestimmten Zeitabständen einberufen wurde und gewisse politische und Verwaltungsbefugnisse hatte, von denen die Abstimmung über die Steuer die wichtigste war. Seit dem 16. Jahrhundert bemühte sich das Königtum, die Provinzialstände aufzulösen und die Länder mit Ständeverfassung (*pays d'États*) in solche mit Wahlverfassung (*pays d'Élections*) umzuwandeln. Im 18. Jahrhundert bestanden die Provinzialstände nur noch in weit entfernten oder sehr zögernd annektierten Provinzen: Bretagne, Languedoc, Provence, Bourgogne, Dauphiné ... Die Provinzialstände waren oligarchische Institutionen, in denen der Tiers nur durch die städtische Bourgeoisie vertreten war, und wo Beschlüsse infolge von Abstimmungen nach Ständen und nicht nach Köpfen gefaßt wurden.

Auch die Stadtgemeinden hatten infolge des Vormarsches der absoluten Monarchie eine Einschränkung ihrer Freiheiten erlebt. Die Gemeindebeamten wurden nicht mehr gewählt, die Städte wurden dem Herrschaftsbereich der Intendanten eingegliedert. Die Dorfgemeinden besaßen keine Gemeindeverwaltungen im eigentlichen Sinne, wenigstens nicht bis 1787; in jedem Dorf gab es die allgemeine Gemeindeversammlung, die sich unter der Aufsicht des Grundherrn der Verwaltung der Gemeindegüter annahm.

Am Ende des Ancien Régime hatte das Königtum die Unterdrückung allen lokalen politischen Lebens erreicht. Die Revolution schuf als Reaktion darauf die Dezentralisation.

## III. DIE JUSTIZ DES KÖNIGS

Da das Königtum die Quelle aller Justiz war, konnte der König in jeden Prozeß eingreifen. Der König hatte sich seines Rechts auf Justiz niemals entäußert, er konnte es also selbst ausüben, sobald es ihm gefiel, und zwar indem er seine gewöhnlich in dieser Sache tätigen Beauftragten entweder durch Evokation des Falles an seinen Gerichtsrat oder durch Entsendung von Sonderkommissaren ausschaltete. Als oberster Gerichtsherr des Königreiches griff der König außerdem durch die *Gnadenerlasse* (Begnadigung, Straferlaß oder -milderung) und die Geheimhaftbefehle *(lettres de cachet)* (willkürliche Einweisung in ein Staatsgefängnis) in die Rechtspflege ein. In der Regel übertrug der König jedoch seine Justizrechte den Gerichten.

Die königliche Justiz hatte gegen die Gerichtsbarkeit der Grundherrn ankämpfen müssen, um sich durchzusetzen. Die Theorie der *Königsfälle* (Prozesse, welche die Rechte der Krone betreffen, unterstehen nur der königlichen Justiz) und die der *Prävention* (der Kläger kann die königliche Justiz der grundherrlichen Gerichtsbarkeit vorziehen) hatten die Bedeutung der Patrimonialgerichtsbarkeit nach und nach schwinden lassen, so daß sie am Ende des 18. Jahrhunderts nur noch ein Instrument zur Erhaltung der ökonomischen Herrschaft der Grundherrn war. Die *prévôts*-Gerichte als erste Instanz für Zivilklagen Nichtadeliger waren im 18. Jahrhundert überwiegend verschwunden. Die im 13. Jahrhundert eingerichteten Baillis- und Seneschallgerichte entschieden letztinstanzlich Fälle, deren Streitwert 40 Livres nicht überstieg. Die im 16. Jahrhundert von Heinrich II. eingeführten »Landesgerichte« *(présidial),* die Fälle mit einem Streitwert bis zu 250 Livres ohne Berufungsmöglichkeit entschieden, befanden sich im 18. Jahrhundert in voller Auflösung.

Die *parlements* bildeten unabhängige Gerichte, die im Namen des Königs in letzter Instanz Recht sprechen sollten. Ihre Entstehung geht auf eine Untergliederung des alten Königlichen Gerichtshofes in Sonderabteilungen zurück; sie beanspruchten im 17. und 18. Jahrhundert eine unbeschränkte und umfassende Zuständigkeit, wobei sie sich auf ihr Registrierungs- und Remonstrationsrecht stützten. Zum Pariser *parlement* gehörten 1789 die Große Kammer *(Grand-chambre),* vor der verhandelt und plädiert wurde, drei Untersuchungskammern *(chambres des enquêtes)* und die den Privilegierten vorbehaltene Gesuch-Kammer *(chambres des requêtes);* die *Tournelle*-Kammer entschied die Strafprozesse. Die Ausdehnung des Königreiches und der ständige Anstieg der Verfahrenszahlen hatten vom 15. Jahrhundert an zur Bildung von 12 Provinz*parlements* (Toulouse, Grenoble, Bordeaux, Dijon, Rouen, Aix, Rennes, Pau, Metz, Besançon, Douai, Nancy), deren Aufbau dem des Pariser *parlement* glich, und von vier Obergerichten (Roussillon, Elsaß, Artois, Korsika) geführt.

Die Käuflichkeit und Erblichkeit der Amtsstellen galt überwiegend für die Herkunft der Richterbeamten. Das System entstand zunächst über den Umweg der Amtsniederlegung *(résignation),* die schon für die kirchlichen Ämter geübt wurde: das Richteramt wurde einem kirchlichen Amt gleichgestellt und konnte *in favorem alicuius*[1] niedergelegt werden. Das Königtum hatte andererseits im 14. Jahrhundert dem *parlement* das Vorschlagsrecht für freie Amtsstellen eingeräumt und im 15. Jahrhundert das Wahlrecht. Das *parlement* pflegte anstelle des ausscheidenden Rates

---

1 Zugunsten eines anderen.

denjenigen zu benennen, zu dessen Gunsten das Amt niedergelegt worden war; im Fall des Todes wählte es den Erben. Franz I. legalisierte diese Praxis: um die königlichen Kassen aufzufüllen, verlieh und verkaufte er die freigewordenen oder neu geschaffenen königlichen Amtsstellen gegen Geld. Zu diesem Zweck errichtete er 1522 eine besondere Verwaltungsbehörde, das *Bureau des parties casuelles*. Diese Maßnahmen galten zunächst für die Amtsstellen der Finanz und später für die der Rechtsprechung. Aber die Praxis der herkömmlichen Amtsniederlegung gab es noch immer, und sie drohte die für den Verkauf von freigewordenen Amtsstellen vorgesehene Kasse zu leeren: Karl IX. erließ daher die Vorschrift, daß die Amtsniederlegung (résignation) nur gegen die Zahlung einer Abgabe an die königliche Kasse zulässig war. Das System des Ämterkaufs war damit vollständig: die Amtsstellen der Rechtsprechung wurden entweder von den noch im Amt befindlichen Beamten oder vom König verkauft.

Beim Tode des Amtsinhabers konnte der König zunächst noch frei über die Stelle verfügen. Doch wurde sie infolge der Käuflichkeit immer mehr zu einem erblichen Amt. Die Praxis der Erblichkeit entstand zunächst durch individuelle Maßnahmen: die Amtsanwartschaft (*survivance*) wurde vom König auf einen bestimmten Beamten zugunsten einer bestimmten anderen Person übertragen. So wurde es im ganzen 16. Jahrhundert gehandhabt. Manchmal widerrief der König alle übertragenen Anwartschaften, so daß die königliche Kasse neue Abgaben erhob. Die Erblichkeit wurde 1604 auf Vorschlag von Charles Paulet, einem Sekretär des Königs, allgemein eingeführt: das System erhielt daraufhin den Namen *Paulette*. Ein Erlaß des königlichen Rates bestimmte folgendes: wenn der Amtsinhaber jährlich ein Sechzigstel des Kaufpreises der Amtsstelle als Abgabe bezahlte, kam er in den Genuß zweier Vorteile: legte er sein Amt zu Lebzeiten nieder, verminderte sich die Abgabe um die Hälfte; starb er während der Amtszeit, wurde das Recht auf Amtsniederlegung Teil seiner Erbschaft, und seine Erben konnten es ausüben. Auf diese Weise hatte der König die Berechtigung verloren, seine Beamten auszuwählen. Allerdings wurden bestimmte Voraussetzungen des Alters und der Befähigung gefordert: 25 Jahre und juristisches Staatsexamen oder Grad eines Doktors der Rechte. Doch in der Praxis wurden Ausnahmen vom Mindestalter zugelassen, und die Examina waren nicht sehr schwierig.

Aus der Käuflichkeit der Richterstellen ergab sich die Unabsetzbarkeit des Richteramtes: der König konnte keinen Beamten abberufen, der sein Amt gekauft hatte, ohne ihm sein Geld zurückzuzahlen. Die Unabsetzbarkeit war die juristische Folge des Verkaufs: sie verband sich im Ancien Régime mit allen käuflichen Amtsstellen. Aus der Käuflichkeit ergab sich andererseits das *Sportel*system (système des *épices*). Nach den alten Justizgebräuchen kamen die Prozessierenden zu den Richtern und versuchten, sie für sich günstig zu stimmen und gaben ihnen kleine Geschenke, die *épices* (ursprünglich Zuckerwerk, Konfekt, Spezereien aus dem Orient). Im 15. Jahrhundert wurden aus diesen Geschenken obligatorische und in Geld zahlbare Gebühren. Mit der Käuflichkeit erhöhten sich diese Sporteln: da die Gehälter der Justizbeamten in keinem Verhältnis zum Kaufpreis des Amtes standen, war man bestrebt, so viel wie möglich aus den Sporteln herauszuholen. Damit verschwand die kostenfreie Gerichtsbarkeit.

Die Ämterkäuflichkeit hatte wichtige soziale und politische Konsequenzen. Zwischen Bourgeoisie und Aristokratie bildete sich eine neue Klasse. Die Justizbeamten (*Messieurs du Parlement*) gehörten zum Amtsadel; doch verlieh ihnen ihre Amtstätigkeit den übertragbaren Adel. Dem König entglitt ihre Einsetzung, die nun durch Kooptation stattfand. Dadurch wurde der Richterstand vollkommen unabhängig: er konnte sich im 18. Jahrhundert gegen die Monarchie stellen. Am Ende des Jahrhunderts verstärkte sich die Exklusivität der *parlements,* und der Richterstand schloß sich nach außen ab: die *parlements* von Rennes, Aix und Grenoble ließen keine nichtadligen Kandidaten mehr zu. Die Beschwerdeschriften von 1789 waren sich einig in der Forderung nach Abschaffung der Käuflichkeit und Erblichkeit der Amtsstellen.

So erschien die königliche Justiz am Ende des 18. Jahrhunderts als ein kompliziertes Gebilde von Institutionen. Vielfältige Gerichtszweige brachten Kompetenzstreitigkeiten mit sich; vielfältige Rechtszüge verewigten die Prozeßdauer. Die Kosten waren übertrieben hoch: Honorare für Anwälte und Bevollmächtigte, Sporteln für die Richter. Die Ämterkäuflichkeit stellte den entscheidenden Mangel des Systems dar. Aber wie konnte man dagegen vorgehen, ohne sich zugleich mit einer ehrgeizig über ihre Vorrechte wachenden sozialen Klasse anzulegen, deren Ämter und Dienststellen einen wichtigen Teil ihres Vermögens ausmachten? Es hätte bedeutet, sich am Privateigentum zu vergreifen.

## IV. DAS KÖNIGLICHE FISKALWESEN

In dem Maße, wie sich die Machtbefugnisse des Königs festigten, wurde den Grundherren das Recht genommen, Steuern zu erheben. Unter Ludwig XIV. entstand die königliche Praxis, seine Untertanen nach Gutdünken zu besteuern. Die fiskalische Organisation war durch die Ungleichbehandlung der Untertanen und die Unterschiedlichkeit in den verschiedenen Provinzen gekennzeichnet; keine einzige Steuer lastete allgemein auf allen Untertanen oder war im ganzen Königreich gleich.

Die zentrale Finanzverwaltung wurde von dem Generalkontrolleur geleitet, dem ein königlicher Finanzrat zur Seite stand. Die Pariser *Rechnungskammer*, die frühere Finanzabteilung des königlichen Hofes, sowie elf Rechnungskammern in den Provinzen kontrollierten die königlichen Finanzen. Für Streitigkeiten in Steuersachen gab es dreizehn zusätzliche Gerichtshöfe (Cours des aides). In jedem Steuerbezirk (généralité) verwaltete eine aus Generalschatzmeistern von Frankreich gebildete Finanzbehörde die Taille, während Kopfsteuer und Zwanzigster von den Intendanten geführt wurden. Das königliche Steuersystem war am Ende des Ancien Régime außerordentlich kompliziert. Zu der Taille, die als allgemeine Steuer während der gemäßigten Monarchie eingeführt worden war und für die Ausnahmen und Befreiungen charakteristisch waren, kamen die Steuern der absoluten Monarchie, die theoretisch eine vernünftigere Grundlage hatten; in Wirklichkeit aber war die königliche Steuer je nach Provinz verschieden und blieb ungleich von Untertan zu Untertan. Die Monarchie sollte vor allem wegen der Mängel ihrer fiskalischen Ordnung untergehen.

### 1. Die direkte Steuer: die unmögliche Gleichbehandlung

Die *taille* lastete nur auf den Nichtadligen. Im Norden des Landes gab es die *taille personelle*, sie war eine Versteuerung aller Einkünfte; im Süden hatte man die *taille réelle*, eine Grundsteuer, die auf den Einkünften aus dem Grundbesitz lag. Die Taille war eine Veranlagungssteuer und keine Anteilsteuer: der König legte nicht fest, was jeder Steuerpflichtige nach Maßgabe eines bestimmten Prozentsatzes seines Einkommens bezahlen mußte, sondern er machte diese oder jene Gemeinschaft oder

Gemeinde solidarisch für die Gesamtsumme verantwortlich und überließ ihr die Verteilung auf die Einwohner im einzelnen. Jedes Jahr erließ die Regierung den Steuererlaß (*brevet de la taille*), in dem die Gesamtsumme der im ganzen Land zu erhebenden Steuern festgelegt wurde. Der Finanzrat verteilte die Taille sodann auf die Steuerbezirke (généralités) und Steuergerichtsbezirke (élections); in jedem Steuerbezirk legte eine Behörde von Gewählten (Bureau d'Élus) die Taille für die Gemeinden fest, und dort schließlich teilten sie von den Steuerzahlern gewählte Verteiler unter den Steuerpflichtigen auf. Die Steuererhebung war folgendermaßen sichergestellt: in der Gemeinde durch Kollekteure, im Steuergerichtsbezirk durch einen besonderen Schatzmeister und im Steuerbezirk durch einen Hauptsteuereinnehmer. Die Eintreibung der Taille gab Anlaß zu vielfachen Mißbräuchen, auf die Vauban schon 1707 in seiner Schrift *Dîme royale* hingewiesen hatte.

Die 1701 endgültig eingeführte Kopfsteuer (*capitation*) sollte ursprünglich auf allen Franzosen lasten. Die Steuerpflichtigen waren in 22 Klassen eingeteilt, die jeweils dieselbe Gesamtsumme bezahlen mußten: an der Spitze der ersten Klasse wurde der Dauphin mit 2000 Livres besteuert; in der letzten zahlten Soldaten und Tagelöhner nur ein Livre. Der Klerus kaufte sich 1710 für 24 Millionen los; die Adligen entgingen der Kopfsteuer, die letztlich allein auf den Nichtadligen lag: sie wurde damit ein Zusatz zur Taille.

Der Zwanzigste (*vingtième*) wurde nach mehreren Versuchen 1749 eingeführt. Er lag auf den Einkünften aus Grundstücken und Handel, den Renten und sogar den Feudalrechten. Die Industrie entzog sich dieser Steuer; der Klerus kaufte sich durch den regelmäßig wiederkehrenden Beschluß der freiwilligen Abgabe (*don gratuit*) frei; der Adel wurde oft befreit; die Länder mit Provinzialständen entrichteten eine jährliche Pauschalsumme. Der Zwanzigste bildete einen weiteren Zusatz der Taille.

Auf diese Weise wurde das theoretisch errichtete Gleichheitsprinzip in der praktischen Durchführung verfälscht, wodurch die Privilegierung von Klerus und Adel wieder hervortrat; umsomehr wuchs die Belastung der Steuerpflichtigen. Da die Steuerlast nicht weiter erhöht werden konnte, versuchte es die Monarchie noch einmal mit der Errichtung der fiskalischen Gleichheit als dem einzigen Heilmittel gegen die Finanzkrise: 1787 schlug Calonne vor, den Zwanzigsten durch eine außerordentliche

Territorialsteuer *(subvention territoriale)* zu ersetzen, die alle gleich treffen sollte. Der Widerstand des *parlement* und die Revolte der Privilegierten führten zum Ausbruch der Krise, aus der die Revolution entstehen sollte.

Der Frondienst am großen Wegebau *(corvée des grands chemins)* nahm im 18. Jahrhundert mit der Erweiterung des Straßennetzes an Bedeutung zu. Die Straßenanlieger mußten im Verhältnis zu ihren Arbeitskräften, Pferden und Karren Erde, Kies und Steine transportieren. Der königliche Frondienst entwickelte sich nach und nach von 1726 bis 1736. 1738 wurde er in einer bindenden Vorschrift für allgemeingültig erklärt und geregelt: der Frondienst war mit der Taille verknüpft. In dieser Ausgestaltung gestattete die Fron vielfachen Mißbrauch, und sie rief eine lebhafte Opposition hervor. Turgot versuchte 1776, sie durch Verbindung mit dem Zwanzigsten allen Grundeigentümern aufzuerlegen, so daß der Frondienst eine in Geld zahlbare Zusatzsteuer des Zwanzigsten werden sollte. Die Reform scheiterte und der Erlaß wurde nach dem Sturz Turgot's zurückgenommen. 1787 wurde die Fron in Form der Arbeitsleistung abgeschafft und durch eine zusätzliche Steuer in Höhe eines Sechstels der Taille ersetzt. Die Kostentragung für Bau und Unterhaltung der Straßen fiel damit auf die Nichtadligen zurück.

## 2. Die indirekte Steuer und die Generalpacht

Die *aides* waren endgültig im 15. Jahrhundert eingeführt worden und lagen auf bestimmten Verbrauchsgütern, besonders auf Wein und Alkohol. Klerus und Adel waren davon nicht betroffen. Die Aides wurden in den Bezirken der Cours des Aides von Paris und Rouen erhoben; im übrigen Königreich bestanden ähnliche Steuern unter verschiedenen Namen.

Die Salzsteuer *(gabelle)* wurde seit dem 14. Jahrhundert erhoben und war je nach Region in der Höhe sehr unterschiedlich. Die »freien Gebiete« *(pays rédimés)*, wie die Guyenne, hatten sich bei ihrem Reichsanschluß ausbedungen, daß überhaupt keine Salzsteuer erhoben werden durfte; die »befreiten Gebiete« *(pays exemptés)* wie die Bretagne waren ihr gar nicht unterworfen; in den Gebieten der »kleinen Salzsteuer« *(petite gabelle)* war der Verbrauch frei, und in denen der »großen Salzsteuer« *(grande gabelle)* mußte jede Familie »das Pflichtsalz für Topf und

Streuer« kaufen, nur wohltätige Einrichtungen und Beamte waren »salz-frei« (franc-salé). In der Praxis belastete die Salzsteuer hauptsächlich die Armen; sie führte zu einem lebhaften Schmuggel, auf den von Salzsteuerbeamten und Steuerschnüfflern (rats-de-cave) Jagd gemacht wurde; diese Steuer war von allen verhaßt.

Die *traites* oder Zölle gab es noch immer im Landesinnern; sie spiegelten damit den historischen Aufbau des Königreiches wider. Man unterschied drei Kategorien von Provinzen: in den *Ländern der fünf Großpachten* um die Ile-de-France gelegen, die von Colbert vereinigt worden waren, wurden die Zollabgaben nur vom Handel mit dem Ausland und dem übrigen Königreich erhoben; von den Provinzen, die als Ausland betrachtet wurden (Süden Frankreichs, Bretagne ...), war jede mit einer Zollgrenze umgeben; die drei echten ausländischen Provinzen (Trois Évêchés[1], Lothringen und Elsaß) trieben freien Handel mit dem Ausland. Diese zusammenhanglose Organisation behinderte den Aufschwung des Handels beträchtlich.

Während die direkten Steuern von der königlichen Verwaltung eingezogen wurden, behielt für die indirekten Steuern das System der Steuerpacht (*ferme*) die Oberhand; es galt auch für die Domäne und die Domänenabgaben. Dies war ein altes System. Die Bezeichnung *traites,* die für die Zollabgaben verwandt wurde, weist deutlich auf die Organisation hin: der König übertrug das Recht, die Traites einzuziehen, auf die *traitants.* So wurden auch die Salzsteuer und die Aides erhoben. Für eine lange Zeit verhandelte der König nur mit einzelnen Pächtern über eine bestimmte Abgabe innerhalb eines abgegrenzten kleinen Bezirks. In den Ländern mit Wahlverfassung erhielten die Gewählten den Zuspruch. Damit hatte man Lokalpachten (*fermes locales*). Zu Beginn des 17. Jahrhunderts kam der Brauch auf, den Kronrat über die Vergabe entscheiden zu lassen. In der gleichen Zeit dehnten sich die Steuerbezirke aus: so zum Beispiel für die Traites, für die das *Gebiet der fünf Großpachten* geschaffen wurde. Die Konzentration brachte eine Verringerung der allgemeinen Unkosten mit sich, woran der König interessiert war. Sie setzte sich unter Ludwig XIV. fort und mündete 1726 in der ungeteilten Vergabe aller Steuerrechte für ganz Frankreich zugunsten der Generalfinanzpacht *(ferme générale).*

---

1 Metz, Toul, Verdun.

Die Verpachtung der Ferme générale erfolgte für sechs Jahre auf den Namen eines einzigen Berechtigten, der als Strohmann seinen Namen gab und dem die *Generalpächter,* das waren Männer der Hochfinanz (20, dann 40, schließlich 60), bürgten. Die Generalpacht erforderte aber eine eigene Verwaltung, die die Beitreibung der indirekten Steuern und der verpachteten Abgabenrechte sicherstellte. Dieser Verwaltungszweig stand indessen unter der Aufsicht der Intendanten und der Kontrolle der Cours des Aides. Diese Steuergerichtshöfe besaßen in oberster Zuständigkeit die streitige Gerichtsbarkeit in Angelegenheiten der Aides, der Salzsteuer und der Traites, während für Streitigkeiten bei den neuen indirekten Steuern bis auf die Berufung an den Kronrat die Intendanten zuständig waren. Die Generalpächter erzielten riesige Gewinne; für den Staat war das System beschwerlich. Die Regierung Ludwigs XVI. übernahm wieder mehrere Steuerrechte, die bis dahin verpachtet gewesen waren: sie konnte jedoch auf die Dienste der Generalpächter nicht verzichten, weil es an einer soliden Finanzlage und ausreichenden Krediten fehlte. Auf die insbesondere für die Eintreibung der Salzsteuer verantwortliche Generalpacht konzentrierte sich der Haß des Volkes; die revolutionären Unruhen begannen oft mit der Verwüstung gerade ihrer Büros.

Die finanzielle Notlage war die wichtigste der unmittelbaren Ursachen für die Revolution; die entscheidenden Gründe für die Finanznot lagen in den Fehlern des fiskalischen Systems, dem schlechten Eintreibungsverfahren und der Steuerungleichheit. Sicherlich muß man noch die Verschwendung am Hofe, die Kriege und vor allem den Unabhängigkeitskrieg der Vereinigten Staaten von Amerika hinzufügen. Die Staatsschulden waren unter der Herrschaft Ludwigs XVI. in einem katastrophalen Ausmaß angestiegen: allein die Zinsen verschlangen über 300 Millionen Livres, das heißt mehr als die Hälfte der königlichen Einnahmen. In einem reichen Land befand sich der Staat am Rande des Konkurses. Der Egoismus der Privilegierten und ihre Weigerung, der Steuergleichheit zuzustimmen, zwangen das Königtum zum Nachgeben: zur Überwindung der Finanzkrise berief Ludwig XVI. am 8. August 1788 die Generalstände ein.

Der alte Verwaltungsapparat des Ancien Régime erwies sich am Ende des 18. Jahrhunderts als recht verbraucht. Zwischen der theoretischen Allmacht der Monarchie und ihrer tatsächlichen Ohnmacht bestand ein evidenter Widerspruch. Infolge des kom-

plizierten Aufbaues war die Verwaltungsstruktur unzusammen-
hängend. Die alten Institutionen blieben erhalten, während sie
von neuen überlagert wurden; trotz des Absolutismus und seiner Bemühungen um Zentralisation war die nationale Einheit
noch weit von ihrer Verwirklichung entfernt. In erster Linie
wurde das Königtum durch die Mängel seines Fiskalsystems
erschüttert; die Steuern waren schlecht verteilt und wurden
schlecht eingezogen, sie brachten nichts ein; sie wurden mit umso
größerem Unwillen ertragen, als sie auf die Ärmsten zurückfielen. Unter diesen Bedingungen entsprach der königliche Absolutismus nicht mehr der Realität. Der passive Widerstand der
Bürokratie, die Energielosigkeit der Regierungsbeamten und die
Kompliziertheit und manchmal das Chaos in der Verwaltung
gestatteten es der Monarchie nicht, wirksam Widerstand zu leisten, als die alte Sozialordnung erschüttert wurde und ihr die
Unterstützung ihrer traditionellen Verteidiger fehlte.

## 3. Kapitel

# Einleitung zur bürgerlichen Revolution:
# Die aristokratische Revolte
# (1787–1788)

*In der Zeit der sozialen und institutionellen Krisen, in den
Jahren vor 1789, entfaltete sich zugleich eine schwere politische
Krise, die sich aus der finanziellen Ohnmacht der Monarchie
ergab sowie aus deren Unfähigkeit, Reformen durchzuführen:
jedesmal, wenn ein Reformminister den Staat modernisieren
wollte, erhob sich die Aristokratie zur Verteidigung ihrer Privilegien. Die Revolte der Aristokratie ging der Revolution voraus
und trug schon vor 1789 zur Erschütterung der Monarchie bei.*

## I. DIE LETZTE GROSSE KRISE DER MONARCHIE

Im Mai 1781 legte Necker sein Amt als Generaldirektor der
Finanzen nieder. Von da an überstürzte sich die Krisenentwick-
lung. König Ludwig XVI. war ein stattlicher, ehrenhafter Mann
guten Willens, aber profillos, schwach und unschlüssig; der
Regierungssorgen müde fand er mehr Gefallen an der Jagd und
an seiner Schlossereiwerkstatt als an den Sitzungen seines Rates.
Die Königin Marie-Antoinette, Tochter von Maria-Theresia von
Österreich, war hübsch, frivol und unklug; ihr sorgloses Leben
trug dazu bei, das Königtum in Mißkredit zu bringen.

### 1. Die finanzielle Ohnmacht

Unter den unmittelbaren Nachfolgern Neckers – Joly de Fleury
und Lefebvre d'Ormesson – lebte das Königtum von Notlösungen. Calonne, der im November 1783 zum Finanzminister

ernannt wurde, setzte die von Necker bei Ausbruch des amerikanischen Krieges eingeschlagene Politik fort. Da es unmöglich
war, das Defizit durch Erhöhung der Steuern abzudek-
ken, machte er weiter hohe Anleihen.

Das Defizit als chronische Krankheit der Monarchie und Haupt-
anlaß der Revolution hatte durch den Krieg in Amerika
beträchtlich zugenommen: der Finanzausgleich der Monarchie
wurde damit in entscheidender Weise in Mitleidenschaft gezogen.
Es ist schwierig, sich ein Bild von dem Ausmaß der Verschuldung
zu machen, zumal das alte Königtum nicht die Einrichtung eines
ordentlichen Staatshaushaltes kannte; die Einnahmen wurden
auf verschiedene Kassen verteilt; Buchführung und Rechnungs-
wesen blieben unzureichend. Über die finanzielle Lage am Vorabend der Revolution gibt jedoch ein Dokument Aufschluß: der
*Compte du Trésor von 1788.* Dies war »der erste und letzte
Haushaltsplan« der Monarchie, wenn es sich auch nicht um einen
Haushaltsplan in der eigentlichen Bedeutung des Wortes handelte, weil das königliche Schatzamt nicht für alle Finanzen des
Königreiches Rechnung zu legen hatte. Nach dieser Berechnung
von 1788 beliefen sich die Ausgaben auf über 629 Millionen
Livres gegenüber nur 503 Millionen Einnahmen; das Defizit
erreichte etwa 126 Millionen, also 20% der Ausgaben. Die
Berechnung sah Anleihen in Höhe von 136 Millionen vor. Für
die Gesamtheit des Haushaltes stiegen die zivilen Ausgaben auf
145 Millionen, das sind 23%. Während für öffentliche Bildung
und Fürsorge 12 Millionen, also noch nicht einmal 2% ausgegeben wurden, erhielten der Hof und die Privilegierten
36 Millionen, das heißt fast 6%, obgleich man 1787 die Gelder
für die königliche Hofhaltung bedeutend gekürzt hatte. Die
Militärausgaben (Krieg, Marine, Diplomatie) betrugen über 165
Millionen, also mehr als 26%, von denen 46 Millionen für den
Sold von 12 000 Offizieren aufgewendet wurden; die Offiziere
kosteten für sich allein mehr als alle Soldaten. Die Staatsschulden bildeten den größten Posten des Haushaltes: die Zinsen
verschlangen 318 Millionen, also über 50%. Im Budget von 1789
machten die vorweggenommenen Einnahmen 325 Millionen
Livres aus, wonach die hochverzinslichen Anleihen 62% der
Einnahmen darstellten.

Das Übel hatte vielfältige Ursachen. Die Zeitgenossen haben
starkes Gewicht auf die Verschwendung des Hofes und der
Minister gelegt. Der Hochadel kostete das Land viel. Der König

hatte 1780 dem Comte de Provence[1] fast 14 Millionen Livres gegeben und mehr noch dem Comte d'Artois[2], der bei Ausbruch der Revolution zugeben mußte, daß er über annähernd 16 Millionen einklagbarer Schulden verfügte. Die Familie Polignac bezog aus der königlichen Schatzkammer jährlich 500 000, späterhin 700 000 Livres an Pensionen und Gratifikationen. Der Ankauf des Schlosses von Rambouillet für den König kostete 10 Millionen, der von Saint-Cloud für die Königin 6 Millionen. Um Adligen einen Vorteil zu verschaffen, hatte Ludwig XVI. auch sehr ungünstigen Tausch- oder Kaufgeschäften über Domänen zugestimmt; dem Prinzen von Condé hatte er so Clermont für 600 000 Livres Rente und 7 Millionen in bar abgekauft, was den Prinzen nicht daran hinderte, 1788 noch immer Einkünfte aus Clermont zu beziehen.

Die Schuldenlast erdrückte die königlichen Finanzen. Die Ausgaben, die die französische Teilnahme am amerikanischen Unabhängigkeitskrieg mit sich brachte, hat man auf 2 Milliarden geschätzt: Necker deckte sie durch Anleihen. Nach der Beendigung des Krieges fügte Calonne den vorangegangenen Anleihen noch 653 Millionen hinzu. 1789 erreichten die Staatsschulden etwa 5 Milliarden, während das in Umlauf befindliche Bargeld auf zweieinhalb Milliarden geschätzt wurde: die Schulden hatten sich in den fünfzehn Regierungsjahren Ludwigs XVI. verdreifacht.

Das Defizit konnte nicht durch eine Erhöhung der Steuern abgedeckt werden. Ihre Last war für die Volksmassen umso drückender, als die Preise in den letzten Jahren der alten Ordnung im Verhältnis zur Periode von 1726–1741 um 65% gestiegen waren, die Löhne jedoch nur um 22%. Die Kaufkraft der arbeitenden Klassen hatte sich in gleicher Weise verringert: da die Steuern in weniger als zehn Jahren um 140 Millionen angewachsen waren, war jede neue Erhöhung unmöglich. Der einzige Ausweg war die Gleichheit aller vor der Steuer. Das bedeutete zunächst Gleichheit unter den Provinzen, denn die Länder mit Ständeverfassung wie Languedoc und Bretagne wurden im Verhältnis zu den Ländern mit Wahlverfassung geschont. Das bedeutete besonders Gleichheit unter den Untertanen, da Klerus und Adel im Genuß von Steuerbefreiungen standen. Dieses

---

1 Ältester Bruder des Königs.
2 Anderer Bruder des Königs.

Privileg war umso himmelschreiender, als die Einkünfte aus Grundbesitz um 98% gestiegen waren, während die Preise nur um 65% anzogen; die feudalen und die in Natur erhobenen Zehntabgaben waren der allgemeinen Hausse gefolgt. Die privilegierten Klassen bildeten also eine noch intakte Gruppe, von der Steuern erhoben werden konnten; der Staatsschatz konnte lediglich auf ihre Kosten aufgefüllt werden. Dazu bedurfte es aber noch der Zustimmung der *parlements*, die wenig geneigt waren, ihre privaten Interessen zu opfern. Doch welcher Minister hätte die Durchsetzung einer solchen Reform gewagt?

## 2. Die politische Unfähigkeit

Als die Anleihenquelle versiegt war, und man dem Bankrott entgegensah, versuchten Calonne und dann sein Nachfolger Brienne, die Finanzkrise durch Einführung der Steuergleichheit zu beheben: der Egoismus der Privilegierten ließ ihren Versuch scheitern.

Die Reformvorschläge Calonne's wurden dem König am 20. August 1786 in seinem *Plan zur Verbesserung der Finanzen* unterbreitet; in diesem wirklich ausgedehnten Programm wurden fiskalische, wirtschaftliche und administrative Gesichtspunkte angesprochen.

Die fiskalischen Reformen strebten die Abdeckung des Defizits und die Tilgung der Staatsschulden an. Für das erste Ziel wollte Calonne das Tabakmonopol, die Stempel- und Registriersteuern und die Verbrauchsabgaben für Kolonialwaren auf das ganze Königreich ausdehnen. Der wichtigste Reformvorschlag sah die Abschaffung des auf dem Grundbesitz liegenden Zwanzigsten und dessen Ersetzung durch die Territorialsteuer (*subvention territoriale*) vor; dies sollte eine Anteilsteuer in einem festen Verhältnis zum Einkommen sein, die weder Befreiungen noch Unterscheidungen duldete: als Grundsteuer und nicht als persönliche Steuer sollte die neue Territorialsteuer allen kirchlichen, adligen oder nichtadligen Grundeigentümern ohne Unterschied zwischen Luxus- und Erwerbsgrundstücken auferlegt werden; sie sollte in vier Kategorien mit sinkenden Steuersätzen eingeteilt werden, wobei die besten Böden mit einem Zwanzigstel (5%) und die schlechtesten mit einem Vierzigstel (2,5%) zu versteuern gewesen wären. Für das bewegliche Vermögen behielt

Calonne den Zwanzigsten bei: den *industriellen Zwanzigsten* für Großhändler und Industrielle, den *Ämterzwanzigsten* für die käuflichen Amtsstellen und den *Abgabenzwanzigsten* für die anderen nicht aus Grundbesitz stammenden Einkünfte. Zur Schuldentilgung schlug Calonne vor, die königliche Domäne innerhalb von 25 Jahren zu veräußern. Als letzter Punkt des fiskalischen Planes sollten Taille und Salzsteuer erleichtert werden; wenn die Befreiungen auch bestehen blieben, so zeigte sich doch wenigstens die Tendenz zur Vereinheitlichung; Calonne äußerte sogar den Wunsch, die Salzsteuer vollkommen einheitlich zu gestalten.

Ziel der wirtschaftlichen Reformen war die Ankurbelung der Produktion: Freiheit des Getreidehandels, Erweiterung der Zollschranken, das heißt Abschaffung der Binnenzölle und Rückführung der Zollgrenze bis zur politischen Grenze, also Vereinheitlichung des nationalen Marktes, und schließlich Beseitigung einer gewissen Zahl von Auflagen, die die Produzenten behinderten (Markenzeichen auf Eisen, Maklergebühren, Ankerzoll...). Calonne entsprach mit diesen Maßnahmen den Vorstellungen der Handels- und Industriebourgeoisie.

Im letzten Teil des Calonne'schen Planes sollten alle Untertanen des Königs unter der königlichen Verwaltung zusammengefaßt werden. Necker hatte bereits *Provinzialversammlungen* in Berry und Haute-Guyenne geschaffen. Diese waren aber nach Ständen gebildet: Calonne errichtete ein Zensuswahlsystem auf der Grundlage des Grundbesitzes. Sein Plan setzte *Stadtversammlungen* ein, die von allen Grundeigentümern mit 600 Livres Einkommen gewählt wurden; Abgeordnete dieser Versammlungen sollten die *Distriktversammlung* bilden, die ihrerseits einen oder zwei Delegierte zu den *Provinzialversammlungen* zu entsenden hätten. Diese Versammlungen sollten nur beratende Funktion haben, während die Entscheidungsgewalt bei den Intendanten verblieb.

Dieses Programm, das die königliche Macht durch die Einführung einer ständigen Anteilsteuer stärkte, entsprach in gewissem Grade den Bestrebungen des Dritten Standes, insbesondere der Bourgeoisie, soweit er in der Verwaltung tätig war; zudem stellte ihn die Abschaffung der fiskalischen Privilegien zufrieden. Jedoch wollte Calonne die überkommene Gesellschaftshierarchie nicht ganz über Bord werfen, wenn er ihr auch harte Stöße versetzte, denn sie wurde als unerläßlicher Bestandteil der Monarchie gesehen: die Aristokratie blieb von den persönlichen Belastungen, wie der Taille, dem Frondienst oder der Soldaten-einquartierung im Kriege befreit; sie behielt ihre Ehrenprivilegien. Eine *Versammlung der Notabeln* wurde einberufen, um der Reform zuzustimmen: Calonne konnte für die Registrierung tatsächlich nicht auf die *parlements* zählen. Die Notabeln versammelten sich im Februar 1787, 144 an der Zahl: Prälaten, Großgrundherren, *parlementaires*, Intendanten und Staatsräte, Mitglieder der Provinzialstände und der Gemeinden. Da er sie selbst ausgewählt hatte, hoffte Calonne auf ihre Gefügigkeit; in Wirklichkeit aber kapitulierte die Monarchie bereits, indem sie Billigung von der Aristokratie erbat, anstatt ihr ihren Willen aufzuzwingen. Als Privilegierte verteidigten die Notabeln ihre Privilegien: sie forderten eine Prüfung der Abrechnung der Schatzkammer, protestierten gegen den Mißbrauch der Pensionen und feilschten um die Abstimmung zugunsten der Territorialsteuer, um politische Zugeständnisse zu erlangen. Die öffentliche Meinung unterstützte Calonne nicht: die Bourgeoisie hielt sich zurück, und das Volk blieb gleichgültig. Unter dem Druck seiner Umgebung ließ Ludwig XVI. seinen Minister schließlich fallen: am 8. April 1787 wurde Calonne entlassen.

In der ersten Reihe von Calonne's Gegnern hatte sich der Erzbischof von Toulouse, Loménie de Brienne, hervorgetan. Der König berief ihn auf inständige Bitten von Marie-Antoinette zum Minister. Verschiedene Notlösungen (neue Steuern, einige Einsparungen, besonders eine 67–Millionen-Anleihe) ermöglichten es, den Bankrott zu vermeiden. Aber das Finanzproblem blieb insgesamt ungelöst.

Der Druck der Verhältnisse zwang Brienne, die Projekte seines Vorgängers wieder aufzugreifen. Die Freiheit des Getreidehandels wurde eingeführt, der Frondienst wurde in eine Geldabgabe verwandelt; Provinzialversammlungen, in denen der Tiers eine gleich starke Vertretung hatte wie die beiden anderen vereinigten Stände, wurden geschaffen (dies geschah, um die Koalition zwischen der Bourgeoisie und den Privilegierten zu zerbrechen); endlich wurden Klerus und Adel der Grundsteuer unterworfen, die die *subvention territoriale* darstellte. Die Notabeln erklärten sich für unzuständig, die Steuer zu bewilligen. Brienne schickte sie nach Hause, weil er von ihnen nichts erreichen konnte (25. Mai 1787).

So endete dieser erste Versuch mit einem klaren Mißerfolg für das Königtum. Calonne hatte versucht, sich dabei auf die Notabeln zu berufen, um der übrigen Aristokratie Ehrfurcht einzuflößen. Weder Calonne noch Brienne hatte die Zustimmung der Notabeln erlangt. Die Dringlichkeit der Reformen erwies sich als immer stärker, so daß Brienne gezwungen war, sich dem *parlement* zu stellen.

Auf den Widerstand der Notabeln folgte der der *parlements*. Das Pariser *parlement*, gefolgt vom Steuergerichtshof (Cour des aides) und vom Oberrechnungshof (Cour des comptes), remonstrierte gegen eine Verordnung, die Petitionen, Zeitungen und Plakate stempelpflichtig machte, wies die Verordnung über die Territorialsteuer zurück und verlangte gleichzeitig die Einberufung der Generalstände mit der alleinigen Zuständigkeit für die Genehmigung neuer Steuern. Am 6. August 1787 wurde das *parlement* durch einen Großen Gerichtstag gezwungen, die Verordnungen zu registrieren. Am folgenden Tage erklärte das *parlement* die Registrierung vom Vortage für ungesetzlich und nichtig. Diese Rebellion wurde mit der Verbannung nach Troyes bestraft. Doch griff die Unruhe auf die Gerichte in der Provinz sowie auf die gesamte Justizaristokratie über. Brienne ließ mit der Kapitulation nicht auf sich warten: die fiskalischen Verordnungen wurden zurückgezogen. Das wiedereingesetzte *parlement* registrierte am 4. September 1787 die erneute Einführung des Zwanzigsten: von der Territorialsteuer war nicht mehr die Rede. Dies war ein neuer Mißerfolg, der noch schwerer als der erste wog: vor dem Widerstand des *parlement* als dem Sprecher der gesamten Aristokratie erwies sich die Fiskalreform als undurchführbar.

Um sich zu retten, nahm Brienne ein weiteres Mal Zuflucht zur Anleihe. Jedoch konnte er ohne die Zustimmung des *parlement* keine Anleihe aufnehmen, und dieses machte die Registrierung von dem Versprechen abhängig, die Generalstände einzuberufen. Da der Minister von einer Mehrheit kaum überzeugt war und um jede Diskussion abzuschneiden, verkündete er die Verordnung während einer kurzerhand in einen *Großen Gerichtstag* umgewandelten königlichen Sitzung (*séance royale*) (19. November 1787). Der Herzog von Orléans protestierte: »Sire, das ist illegal.« – »Es ist legal«, erwiderte Ludwig XVI., »weil ich es will«; eine Ludwigs XIV. würdige Antwort, wäre sie ruhig und majestätisch vorgebracht worden. Der Streit wurde endlos, und die Debatte dehnte sich aus. Am 4. Januar 1788 nahm das *parlement* einen Antrag an, der sich anklagend gegen die geheimen königlichen Haftbefehle richtete und die individuelle Freiheit als natürliches Recht forderte. Am 3. Mai 1788 schließlich verkündete das *parlement* eine Deklaration der Grundgesetze des Königreiches, als deren Hüter es sich betrachtete: darin lag die Zurückweisung jeder absoluten Macht. Noch eindringlicher proklamierte das *parlement* die Zuständigkeit der Generalstände, also des Volkes, für die Beschlußfassung über Steuern; es verdammte von neuem die willkürlichen Verhaftungen und die königlichen Geheimbriefe; es trat für die Notwendigkeit ein, die »alten Rechte in den Provinzen« aufrechtzuerhalten und verlangte die Unabsetzbarkeit des Richteramtes. Die Deklaration war von einer Mischung liberaler Prinzipien mit aristokratischen Forderungen gekennzeichnet; da sie aus guten Gründen nichts zur Gleichheit der öffentlichen Abgaben und Abschaffung der Privilegien erklärte, hatte sie keinerlei revolutionären Charakter.

Die Justizreform von Lamoignon setzte sich zum Ziel, den Widerstand des *parlement* zu brechen. Seine Entscheidungen wurden für ungültig erklärt. Die königliche Regierung gab sich damit aber nicht zufrieden. Schließlich entschloß sie sich dazu, ihren Willen durchzusetzen, und gab den Befehl zur Verhaftung zweier Führer der Opposition der *parlements,* Duval d'Eprémesnil und Goislard de Montsabert: die Festnahme erfolgte erst nach einer dramatischen Sitzung in der Nacht vom 5. auf den 6. Mai 1788, bei der das Pariser *parlement* die beiden in seine Mitte geflüchteten Räte als »unter dem Schutze des Gesetzes« stehend erklärt hatte. Nunmehr setzte der König am 8. Mai 1788 die Registrierung von sechs Verordnungen durch, die der Justizminister Lamoignon vorbereitet hatte, um den Widerstand der Richter zu brechen und die Justiz zu reformieren. Eine strafrechtliche Anordnung beseitigte die *Vorfolter* (question préalable), das heißt die Folterungen vor der Hinrichtung des Verbrechers (die *vorbereitende Folter* – question préparatoire – während der Untersuchung war 1780 abgeschafft worden). Eine große Anzahl der unteren oder Sondergerichtsbarkeiten wurde aufgehoben; die Oberlandesgerichte wurden zu erstinstanzlichen Gerichtshöfen; die Kompetenzen der *parlements* wurden zugunsten von 45 Großen Amtsgerichten (*grands bailliages)* als Berufungsgerichte vermindert. Aber Lamoignon wagte aus finanziellen Gründen nicht, die Ämterkäuflichkeit und die Sporteln abzuschaffen. Für die Registrierung der königlichen Entscheidungen wurde das *parlement* durch eine Große

Hofversammlung ersetzt, in der im wesentlichen die Große Kammer des Pariser *parlement*, Herzöge und Pairs vertreten waren: die Justizaristokratie verlor auf diese Weise die Kontrolle über die Gesetzgebung und die königlichen Finanzen. Es war eine grundlegende Reform, aber sie kam zu spät: der Aristokratie gelang es, alle mit der Regierung Unzufriedenen in ihr Gefolge zu ziehen und den anfänglichen Konflikt auf die ganze Nation auszuweiten.

## II. DIE *PARLEMENTS* GEGEN DEN ABSOLUTISMUS (1788)

### 1. Die Agitation der parlements und die Versammlung von Vizille

Der eigentliche Widerstand gegen die Reform von Lamoignon, welche die Aristokratie der *parlements* ihrer politischen Privilegien beraubte, kam nicht aus Paris, sondern aus den Provinzen, ganz besonders von dort, wo die Aristokratie außerhalb des *parlement* in der Institution der Provinzialstände ein Aktionszentrum besaß. Die Justizreform erschien gerade in dem Zeitpunkt, als sich die Agitation ausbreitete, die von den durch die Verordnung vom Juni 1787 geschaffenen Provinzialversammlungen in Gang gesetzt worden war. Um die Aristokratie zufriedenzustellen, hatte Brienne ihr zum Nachteil der Intendanten ausgedehnte Befugnisse verliehen; jedoch hatte er dem Dritten Stand eine doppelt starke Vertretung und die Abstimmung nach Köpfen und nicht nach Ständen zugebilligt, was den Unwillen der Privilegierten erregte. Dauphiné, Hochburgund und Provence forderten die Wiedereinsetzung ihrer alten Provinzialstände. Die beiden Beweggründe der Agitation verbanden sich miteinander. Die Aristokratie der *parlements* zog die liberale Fraktion des Hochadels und die Großbourgeoisie auf ihre Seite. Die Parolen lauteten: Verhindern der Einrichtung der neuen Gerichtshöfe, Justizstreik, Unordnung, Forderung nach dem Zusammentreten der Generalstände. Die *parlements* und Provinzialstände organisierten den Widerstand mit ihrer zahlreichen rechtsgelehrten Anhängerschaft. Eine Manifestation folgte der anderen. Der Schwertadel schloß sich an, dann der Kirchenadel;

die Versammlung des Klerus protestierte im Juni 1788 gegen die Einrichtung der Großen Hofversammlung (anstelle des *parlement*).

Aus der Agitation entstand der Aufruhr. In Dijon (am 11. Juni 1788) und in Toulouse brachen anläßlich der Einführung der Großen Amtsgerichte Aufstände aus. In Pau belagerte die von den Adligen der Provinzialstände aufgestachelte Bergbevölkerung den Intendanten in seinem Amtsgebäude und zwang ihn, das *parlement* wieder einzusetzen (19. Juni 1788). In Rennes führten die Unruhen die bretonischen Adligen, Verteidiger des *parlement*, und die Königstruppen gegeneinander (Mai-Juni 1788).

Aber die bemerkenswertesten Ereignisse, die ein echtes Vorspiel der Revolution waren, spielten sich in der Dauphiné ab, wo die Schaffung einer Provinzialversammlung große Erregung hervorgerufen hatte, die von der Justizreform auf ihren Höhepunkt getrieben wurde. Bezeichnend ist allerdings, daß in dieser Provinz, die wegen ihrer industriellen Aktivität und der Bedeutung ihrer Produktion zu den entwickeltsten des Königreiches gehörte, die Führung der Opposition von der Bourgeoisie übernommen wurde. Das *parlement* von Grenoble protestierte, als es die Verordnungen vom 8. Mai registrieren sollte: es wurde beurlaubt. Trotzdem trat es am 20. Mai zusammen; der Generalstatthalter stellte ihm daraufhin Verbannungsbefehle zu. Am 7. Juni 1788, dem für die Abreise festgesetzten Tag, erhob sich das Volk; vermutlich war es von Hilfsbeamten der Justiz aufgewiegelt worden, weil diese über die Auflösung des *parlement*, die ihre Existenz bedrohte, höchst aufgebracht waren. Die Menge besetzte die Stadttore; sie stiegen auf die Dächer und warfen mit Steinen auf die durch die Straßen ziehenden Patrouillen. Vergeblich bemühte sich der Generalstatthalter, der alte Herzog von Clermont-Tonnerre, die Erregung des Volkes zu dämpfen, indem er die Truppen in die Quartiere zurückzog. Gegen Ende des Nachmittags beherrschten die Aufrührer die Stadt und führten die Richter zurück zum Gerichtsgebäude. Zwar brachte dieser *Tag der Ziegel* keine unmittelbaren, wichtigen Ergebnisse (die Richter verließen Grenoble schließlich in der Nacht vom 12. auf 13. Juni 1788 und gehorchten damit den Befehlen des Königs), doch bezeichnet er nichtsdestoweniger den Beginn einer wahrhaft revolutionären Agitation in der Dauphiné.

Am 14. Juni 1788 fand im Rathaus von Grenoble eine Zusammenkunft statt, an der 9 Geistliche, Stiftsherren und Pfarrer aus der Stadt, 33 Adlige und 59 Angehörige des Dritten Standes, Notare, Bevollmächtigte und Advokaten, unter denen Mounier und Barnave waren, teilnahmen: die Bourgeoisie setzte sich an die Spitze der Bewegung. Es kam zur Annahme eines von Mounier vorbereiteten Beschlusses, der die Zurückberufung der Richter und ihre unbeschränkte Wiedereinsetzung in all ihre Funktionen, die Einberufung der »Sonderstände der Provinz (États particuliers de la province), wobei die Mitglieder des Dritten Standes in gleicher Zahl wie die Angehörigen von Klerus und Adel zusammen und durch freie Wahlen berufen werden sollten«, sowie schließlich die Einberufung der Generalstände des Königreiches »mit dem Ziel, den Übelständen der Nation abzuhelfen«, forderte.

Die Versammlung von Grenoble war in der Vorstellung ihrer Urheber nur eine vorbereitende Zusammenkunft für eine Vollversammlung der Magistrate aus der Dauphiné, die auf den 21. Juli festgesetzt wurde. Zur Sicherung ihres Erfolges entfaltete sich in der Provinz eine lebhafte Propaganda, die noch durch die Abwesenheit der Obrigkeit begünstigt wurde. Périer, einer der Wirtschaftsmagnaten der Dauphiné und wegen seines ungeheuren Reichtums Milord genannt, lieh dazu sein Schloß in Vizille vor den Toren Grenobles, das er gerade gekauft hatte, um dort eine Baumwollmanufaktur einzurichten. Dort trat am 21. Juli 1788 die *Assemblée de Vizille* zusammen, eine Vorform der Generalstände von 1789 in provinziellem Maßstab. Die Versammlung bestand aus Vertretern der drei Stände, sie zählte 50 Geistliche, 165 Adlige und 276 Vertreter des Dritten Standes: sie war eine Notabelnversammlung, von der nach einem Ausdruck von Mounier »die letzten Klassen des Volkes« ausgeschlossen waren; die Städte hatten ausschließlich Privilegierte und Bourgeois entsandt, und von den 1212 Gemeinden der Dauphiné waren nur 194 vertreten. Ein weitgehend von Mounier beeinflußter Beschluß formulierte die Resolutionen der Versammlung. Sie forderte die Wiedereinsetzung der *parlements,* jedoch ohne ihre politischen Vorrechte: die Generalstände, deren Einberufung verlangt wurde, »hätten allein die notwendige Gewalt, gegen den Despotismus der Minister anzukämpfen und der Veruntreuung der Finanzen ein Ende zu setzen.« Die Provinzialstände der Dauphiné sollten wiedereingesetzt werden: aber in den neuen Ständeversammlungen sollte der Tiers eine gleichstarke

Vertretung wie die Privilegierten haben. Darüberhinaus erhob sich die Versammlung über den Provinzen-Partikularismus und erwachte zu einer nationalen Gesinnung: »Die drei Stände der Dauphiné werden ihre Angelegenheiten niemals von denen der anderen Provinzen trennen, und wenn sie ihre besonderen Rechte verfolgen, vernachlässigen sie darüber nicht die der Nation.«

Die Versammlung gab ein Beispiel und verzichtete für die Dauphiné auf das Privileg, Steuern zu bewilligen: »Die drei Stände der Provinz werden nur dann Steuern festsetzen, wenn ihre Vertreter darüber in den Generalständen des Königreiches einen entsprechenden Beschluß gefaßt haben.«

Die Versammlung ging über den provinziellen Rahmen hinaus, in dem die Agitation in der Bretagne und im Béarn verharrt war, und verkündete zur Schaffung einer neuen Ordnung die Notwendigkeit der nationalen Einheit. Mit diesen Forderungen und ebenso mit der Rolle, die der Dritte Stand dabei spielte, nahmen die Beschlüsse der Versammlung von Vizille einen revolutionären Charakter an: das soziale und politische Ancien Régime wankte in seinen Grundfesten.

Und doch fanden diese Vereinigung des Dritten Standes mit der Aristokratie und das Übergewicht der Ansichten des Tiers in den Beschlüssen von Vizille kein Echo in anderen Provinzen, wenn sie auch großes Aufsehen erregten: die Deklaration von Vizille wurde zwar bewundert, aber nicht nachgeahmt. In diesem Frühjahr 1788 wurde die Macht des Königs im wesentlichen von der Union der Amts- und der Schwertaristokratie in Schach gehalten. Im Kampf gegen das Königtum und für die Aufrechterhaltung ihrer Privilegien hatte die Aristokratie nicht gezögert, gewaltsame Methoden anzuwenden. Schwertadel und Amtsadel hatten sich vereinigt, um dem König den Gehorsam zu verweigern, und hatten die Bourgeoisie zu Hilfe gerufen, die auf diese Art ihre revolutionäre Lehrzeit durchmachte. Aber während die Aristokratie ein konstitutionelles Régime forderte und die Abstimmung über die Steuern durch die Generalstände sowie die Übertragung der lokalen Verwaltung auf gewählte Provinzialstände verlangte, wollte sie gleichwohl in diesen verschiedenen Organen ihre politische und soziale Vorherrschaft bewahren. Die Beschwerdeschriften des Adels forderten einhellig die Beibehaltung der Feudalrechte und vor allem der Ehrenrechte. Die Aristokratie hat zwar den Kampf gegen die absolute Monarchie begonnen und den Dritten Stand mitgezogen, es blieb jedoch ihre Absicht, auf den Trümmern des Absolutismus ihre politische Herrschaft aufzurichten und ihre sozialen Privilegien zu bewahren.

## 2. Die Kapitulation des Königtums

Gegenüber der drohenden Allianz des Dritten Standes mit den Privilegierten war Brienne machtlos; die Herrschaft entglitt ihm. Die immerhin von ihm geschaffenen und nach seinem Belieben zusammengestellten Provinzialversammlungen zeigten sich wenig fügsam und verweigerten die Steuererhöhungen. Auf die Armee war kein Verlaß, sie wurde von Adligen befehligt, die dem Minister und seinen Reformen feindlich gegenüberstanden. Vor allem war der Staatsschatz leer, und keine Anleihe hatte bei dermaßen verworrenen Umständen Aussicht, unterzeichnet zu werden. Brienne kapitulierte vor der Revolte der Aristokratie. Am 5. Juli 1788 versprach er, die Generalstände einzuberufen; am 8. August suspendierte er die Große Hofversammlung und setzte die Eröffnung der Generalstände auf den 1. Mai 1789 fest. Nachdem er von allen Notbehelfen erschöpfend Gebrauch gemacht und auch die Invalidenfonds und die Subskriptionen für die Krankenhäuser angerührt hatte, legte Brienne sein Amt nieder (24. August 1788).

Der König berief Necker zurück, der die Kapitulation der Monarchie vollendete: die Justizreform von Lamoignon, die die Revolte ausgelöst hatte, wurde außer Kraft gesetzt, die *parlements* wurden wieder eingesetzt und die Generalstände zu dem von Brienne festgelegten Datum einberufen. Das *parlement* beeilte sich, darauf hinzuweisen, in welcher Richtung es seinen Sieg auszunutzen gedachte: nach seinem Beschluß vom 21. September 1788 sollten die Generalstände in derselben Form wie 1614 einberufen werden, das heißt getrennt nach drei Ständen, von denen jeder über eine Stimme verfügte. Danach hätten die privilegierten Stände den Sieg über den Dritten Stand davongetragen.

Ende September 1788 triumphierte die Aristokratie. Aber wenn die aristokratische Revolte die Monarchie auch mattgesetzt hat, so hat sie sie gleichzeitig soweit in ihren Grundfesten erschüttert, daß der Revolution der Weg geebnet wurde, auf welche die wirtschaftliche und soziale Entwicklung den Tiers vorbereitet hatte. Er übernahm nun seinerseits die Führung: damit begann die eigentliche Revolution.

An der Schwelle dieser Revolution von 1789, die die traditionellen Strukturen umstürzen sollte, empfiehlt es sich, einen Augenblick innezuhalten und zu versuchen, aus der Fülle der Ereignisse und der Vielfältigkeit der sich aus der Struktur oder den Zeitumständen ergebenden sozialen und politischen Aspekte das Wesentliche der Krise des Ancien Régime herauszuarbeiten. Das 18. Jahrhundert war ein Jahrhundert des Wohlstands; aber seine wirtschaftliche Hochblüte fiel schon in das Ende der 60iger und den Anfang der 70iger Jahre. Denn wenn der Aufschwung bis zum amerikanischen Krieg auch unbestreitbar war, so gab es doch ab 1778 einen Rückgang, »den Verfall unter Ludwig XVI.«. Auf der anderen Seite war die Tragweite dieses Aufschwungs begrenzt: er kam in erster Linie den Privilegierten und der Bourgeoisie zugute im Gegensatz zu den Volksklassen, die umgekehrt mehr unter dem Rückgang litten. Nach 1778 begann eine Periode der wirtschaftlichen Lähmung und sodann der Regression, die in einer zyklischen Erzeugerkrise den Höhepunkt der allgemeinen Misere bildete. Jaurès hat zweifellos nicht die Bedeutung des Hungers für den Ausbruch der Revolution geleugnet; aber für ihn spielte er nur eine periphere Rolle. Die schlechte Ernte von 1788 und die Krise von 1788–1789 hätten die Volksmassen einer leidvollen Prüfung unterzogen und dadurch für den Dienst an der bürgerlichen Revolution mobilisiert; ihm zufolge handelte es sich dabei jedoch nur um einen Zufall. In Wirklichkeit lag die Wurzel des Übels tiefer; es berührte alle Sektoren der französischen Wirtschaft. Das Elend hat die Massen gerade in dem Augenblick in Bewegung gesetzt, als sich die Bourgeoisie nach einem Aufschwung ohnegleichen in ihren Einkünften und ihrem Profit bedroht sah. Die wirtschaftliche Regression und die zyklische Krise, die 1788 ausgelöst wurde, waren mit Sicherheit in erster Linie für die Ereignisse von 1789 verantwortlich. Ihre Kenntnis wirft ein neues Licht auf das Problem der unmittelbaren Ursachen der Revolution.

Doch muß über die Erfassung der nur für einen bestimmten Zeitpunkt geltenden wirtschaftlichen Lage hinaus die Wirkung der grundlegenden sozialen Antagonismen betrachtet werden. Die tieferen Ursachen der Französischen Revolution sind in den von Barnave herausgestellten Widersprüchen zu suchen, die zwischen den Strukturen und Institutionen des Ancien Régime einerseits und der wirtschaftlichen und sozialen Entwicklung andererseits bestanden. Am Vorabend der Revolution waren die bestimmenden Kreise der Gesellschaft noch aristokratisch; die Eigentumsordnung über Grund und Boden war noch feudal strukturiert; die Last der Feudalabgaben und des kirchlichen Zehnt war unerträglich für die Bauern. In dieser Zeit entwickelten sich die neuen Kräfte in Produktion und Handel, auf deren Grundlage sich die ökonomische Macht der Bourgeoisie aufbaute. Die soziale und politische Organisation des Ancien Régime, die die Privilegien der Grundbesitz-Aristokratie bestätigte, hemmte die Entwicklung der Bourgeoisie.

Die Französische Revolution war – einem Ausdruck von Jaurès zufolge – eine »in weitem Maße bürgerliche und demokratische« Revolution, und nicht eine Revolution »im engen bürgerlichen und konservativen Rahmen«, wie die *respektable* englische Revolution von 1688. Sie wurde es dank der Unterstützung der Volksmassen, die vom Haß auf das Privileg geführt und vom Hunger angestachelt wurden und sich von der Last des Feudalsystems befreien wollten. Eine der Hauptaufgaben der Revolution war die Zerstörung des Feudalregimes und die Befreiung der Bauern und des Bodens. Diese Merkmale legen nicht nur von der umfassenden Wirtschaftskrise am Ende des Ancien Régime Zeugnis ab, sondern sie erweisen auch noch gründlicher die Strukturen und Widersprüche der alten Gesellschaft. Die Französische Revolution war sicher eine bürgerliche Revolution, sie wurde aber vom Volk und besonders von den Bauern unterstüzt.

Das Aufkommen des Gedankens der *Nation* fiel am Ende des Ancien Régime mit dem Aufschwung der Bourgeoisie zusammen; seine Entwicklung wurde aber von weiterbestehenden feudalen Strukturen in der Wirtschaft, der Gesellschaft und dem Staat, wie auch vom Widerstand der Aristokratie gebremst. Die nationale Einheit blieb unvollendet. Die wirtschaftliche Entwicklung und die Ausbildung eines nationalen Marktes wurden immer noch durch Binnenzölle und Brücken- und Wegegelder, durch die vielfachen Unterschiede von Maßen und Gewichten, durch die Verschiedenartigkeit und Zusammenhanglosigkeit des fiskalischen Systems und in gleichem Maße durch das Weiterbestehen der Feudalabgaben und des kirchlichen Zehnt behindert. Auch fehlte der Gesellschaft jede Einheitlichkeit. Die soziale Hierarchie beruhte auf den Privilegien, nicht nur denen des Adels und des Klerus, sondern auch auf denen der zahlreichen Körperschaften (*corps*) und Gemeinschaften, welche die Nation zerteilten und von denen jede ihre eigenen *franchises* und *Freiheiten*, mit einem Wort ihre Privilegien besaß. Die Ungleichheit war die Regel, die korporative Mentalität verstärkte noch die Trennung. In seinem *Tableau de Paris* (1781) widmet Sébastien Mercier ein Kapitel dem *Egoismus der Zünfte:*

»Die Zünfte sind hartnäckig und eigensinnig geworden und wollen sich aus den Zusammenhängen des politischen Wirkungsfeldes lösen und isolieren: heute spürt jede Zunft nur das Unrecht, das einem ihrer Mitglieder zugefügt wird, und betrachtet die Unterdrückung des Bürgers, der nicht der eigenen Klasse angehört, als außerhalb ihrer Interessen liegend.«

Die Struktur des Staates bildete wie auch die der Gesellschaft eine Negation der nationalen Einheit. Es war die historische Mission der Kapetinger gewesen, dem Staat, den sie durch Vereinigung der französischen Provinzen in der Umgebung ihrer Domäne gebildet hatten, die administrative Einheit zu verleihen, die sich sowohl für das Entstehen des nationalen Bewußtseins als auch für die Ausübung der königlichen Macht als förderlich erwies. In Wirklichkeit blieb die Nation vom Staat getrennt; hierfür spricht das Zeugnis des Monarchen selbst: »In einem Zeitpunkt«, erklärte Ludwig XVI. am 4. Oktober 1789, »in dem wir die Nation auffordern, dem Staat zu Hilfe zu kommen...« Die staatliche Organisation hatte sich im Verlauf des 18. Jahrhunderts kaum verbessert, und Ludwig XVI. regierte und verwaltete mit den nur wenig veränderten Institutionen seines Großvaters Ludwig XIV. Die Versuche struktureller Reformen waren an dem Widerstand der Aristokratie, die in ihren *parlements*, Provinzialständen und Klerus-Versammlungen feste Positionen besaß, gescheitert. Wie die Untertanen hatten auch die Provinzen und Städte noch immer ihre Franchisen und Privilegien, die ein Bollwerk gegen den königlichen Absolutismus, aber auch Festungen eines halsstarrigen Partikularismus bildeten.

Man kann in der Tat die mangelnde Vollendung der nationalen Einheit durch die absolutistische Monarchie nicht von dem Fortbestehen einer Sozialstruktur nach aristokratischem Typus trennen, die schlechthin die Verneinung der nationalen Einheit darstellte. Das Werk der Monarchie der nationalen Einigung zu vollenden hätte bedeutet, die Struktur der Gesellschaft und damit das Privileg in Frage zu stellen. Ein unlösbarer Widerspruch: Ludwig XVI. entschloß sich nie, seinen *getreuen Adel* aufzugeben. Das Fortbestehen und sogar die Verstärkung der feudalen und militärischen Mentalität der Aristokratie trugen zusätzlich dazu bei, den größten Teil der Adligen dem Volk gegenüber abzukapseln, um ihn an die Person des Königs zu binden. Sie waren unfähig sich anzupassen, verhärteten sich in ihren Vorurteilen und isolierten sich in einer erstarrten Exklusivität, während sich die neue Ordnung im Rahmen der überholten Institutionen bereits durchsetzte.

»Wenn man schließlich bedenkt«, schreibt Tocqueville, »daß dieser Adel, der von den mittleren Klassen (worunter Bourgeoisie zu verstehen ist), die er aus seiner Mitte gestoßen, und vom Volk, dessen Zuneigung er verloren hatte, getrennt war und vollkommen isoliert inmitten der Nation lebte, der dem Anschein nach an der Spitze einer Armee stand, in Wahrheit jedoch nur ein Offizierskorps ohne Soldaten darstellte, versteht man, wie dieser Adel, nachdem er tausend Jahre aufrecht gestanden hatte, im Verlauf einer Nacht umgestürzt werden konnte.«
Obwohl die nationale Einheit von der aristokratischen Reaktion gebremst wurde, hatte sie nichtsdestoweniger in der zweiten Hälfte des 18. Jahrhunderts gewisse Fortschritte gemacht, die auf die Entwicklung des Netzes der großen königlichen Straßen und der wirtschaftlichen Beziehungen, auf die Anziehungskraft der Hauptstadt (nach Tocqueville »war Frankreich von allen Ländern Europas bereits dasjenige, in dem die Hauptstadt die größte Vorrangstellung erlangt hatte und das Beste des ganzen Reiches an sich zog«) sowie auf den geistigen Fortschritt zurückzuführen waren. Die Verbreitung der Philosophie der *Aufklärung* und die Erziehung an den Collèges waren echte Mittel zur Einigung. Aber all diese Tatbestände hervorheben, heißt den Aufschwung der Bourgeoisie hervorheben. Sie war zum entscheidenden Faktor der nationalen Einheit geworden, sie hatte sich schließlich mit der Nation identifiziert. »Wer könnte also zu sagen wagen, der Dritte Stand enthalte nicht alles, was zur Bildung einer vollständigen Nation notwendig ist?« schreibt Sieyes. Er präzisiert aber sofort, daß die Aristokratie nicht zur Nation gehören kann. »Wenn man den privilegierten Stand entfernte, wäre die Nation nicht ein Weniger, sondern ein Mehr.«
So bildet sich am Ende des Ancien Régime in Frankreich zwischen zahlreichen Widersprüchen und den Klassenantagonismen

der Gedanke der Nation heraus. In der geistig reifsten und ökonomisch fortgeschrittensten sozialen Klasse gewann er Form und Leben. Das Schauspiel dieses einheitlichen und zugleich getrennten Frankreichs hat Tocqueville angeregt, zwei antithetische Kapitel zu schreiben: »Frankreich als das Land, in dem sich die Menschen am ähnlichsten geworden waren« und »Wie diese so ähnlichen Menschen weiter denn je voneinander getrennt waren«... Diese Menschen »waren alle bereit, sich in derselben Masse zu vermischen«, unterstreicht der Autor von *l'Ancien Régime et la Révolution.*

Die Revolution sollte diese Widersprüche tatsächlich lösen. Indem sie jedoch allein den Besitzenden Rechte in der Nation einräumte und bald Vaterland und Eigentum gleichsetzte, ließ sie neue Widersprüche entstehen.

## »Die Nation, der König, das Gesetz«
*Bürgerliche Revolution und Volksbewegung*
*(1789–1792)*

Kurz vor dem Bankrott glaubte die von der aristokratischen Opposition bedrängte französische Monarchie, die Einberufung der Generalstände könne sie retten. Das Königtum wurde in seiner absolutistischen Gestalt gleichzeitig von der Aristokratie, die durch eine Rückkehr zu dem, was sie für die alte Verfassung hielt, an der Regierung teilhaben wollte, und von den Verfechtern neuer Ideen, die der Nation das Recht zur Überwachung der Staatsverwaltung einräumen wollten, angegriffen und besaß kein genaues Aktionsprogramm. Es lief eher den Ereignissen hinterher als daß es sie beherrschte und glitt so von einem Zugeständnis zum anderen der Revolution entgegen.

Die Revolution von 1789 wurde von der bürgerlichen Minderheit des Tiers geführt und in Krisenzeiten von der Masse des Stadt- und Landvolkes, die man zuweilen den *Vierten Stand* genannt hat, unterstützt und vorwärtsgetrieben. Dank der Allianz mit dem Volk zwang die Bourgeoisie dem Königtum eine Verfassung auf, die ihr den Hauptanteil der Macht verlieh. Sie identifizierte sich mit der Nation und versuchte, den König an die Herrschaft des Gesetzes zu binden. *Die Nation, der König, das Gesetz*: dieses ideale Gleichgewicht schien einen Augenblick lang Wirklichkeit zu werden. Am Jahresfest des 14. Juli 1790 kam die Nation in einem wahren Freudentaumel monarchischer Gesinnung zusammen. Der feierliche Schwur vereinte »die Franzosen untereinander und die Franzosen mit ihrem König zur Verteidigung von Freiheit, Verfassung und Gesetz«.

1790 aber bestand die Nation im wesentlichen aus der Bourgeoisie; sie allein besaß sowohl die politischen Rechte, als auch die wirtschaftliche Macht und die geistige Vorherrschaft.

Die Union zwischen Nation und König unter dem Schutz des Gesetzes erwies sich als brüchig. Die Aristokratie suchte ebenso wie die Monarchie nach ihrer Revanche. Die Bourgeoisie – nun an der Macht – wurde zwischen der Angst vor einer aristokratischen Restauration und der vor einem Aufstand des Volkes hin- und hergerissen. Die Flucht des Königs am 21. Juni 1791 und das Blutbad auf dem Marsfeld teilten die Bourgeoisie in zwei Fraktionen. Die *feuillants*[1] betonten in ihrem Haß auf die Demokratie den bürgerlichen Charakter der Verfassung und behielten die Institution der Monarchie als ein Bollwerk gegen die Bestrebungen des Volkes bei. Die girondistische Fraktion haßte die Aristokratie und den Despotismus, griff das Königtum an und zögerte nicht, das Volk aufzurufen, nachdem einmal der Krieg losgebrochen war, der nach ihren Berechnungen alle Schwierigkeiten lösen sollte.

Die Bourgeoisie wurde rasch vom Volk überrannt, das in seinem eigenen Interesse handeln wollte. Die Revolution vom 10. August 1792 bereitete dem von den Konstitutionalisten eingesetzten Regime ein Ende. Das Bündnis der neuen Nation mit dem König als dem natürlichen Verteidiger des Ancien Régime und der Feudalaristokratie war tatsächlich undurchführbar.

1 Mitglieder des Klubs der Feuillants (im alten Kloster der Feuillantiner bei den Tuilerien) = gemäßigte Republikaner, 1792.

## 1. Kapitel

# Die bürgerliche Revolution und der Sturz des Ancien Régime (1789)

*Die Finanzkrise und die Revolte der Aristokratie hatten die Monarchie zur Einberufung der Generalstände gezwungen. Würde aber der Dritte Stand unterwürfig annehmen, was die Aristokratie in ihrer großen Mehrheit ihm anzubieten sich begnügte? Würden die Generalstände eine noch feudale Institution bleiben, oder würde aus ihren Arbeiten eine neue, der ökonomischen und sozialen Wirklichkeit entsprechende Ordnung hervorgehen? ... Der Tiers verlangte nachdrücklich die Gleichheit an Rechten und betrieb die soziale und politische Umgestaltung des Ancien Régime. Das Königtum versuchte, den Aufstand des Tiers mit denselben Mitteln niederzuwerfen, die es gegen seinen jetzigen Verbündeten, die Aristokratie, angewandt hatte. Doch vergebens: die wirtschaftliche Krise trieb das Volk zur Erhebung; der König büßte die öffentliche Gewalt ein. Auf die friedliche und staatsrechtliche Revolution folgte die gewaltsame Revolution des Volkes. Das Ancien Régime brach zusammen.*

## I. DIE STAATSRECHTLICHE REVOLUTION (ENDE 1788–JUNI 1789)

Am 26. August 1788 ernannte Ludwig XVI. Necker zum Generaldirektor der Finanzen und zum Staatsminister. Ohne ein klares Programm und eher den Ereignissen folgend als sie beherrschend machte sich Necker das Ausmaß der politischen und sozialen Krise nicht klar; er widmete der ökonomischen Krise, mit deren Hilfe die Bourgeoisie die Massen mobilisieren konnte, nicht genügend Aufmerksamkeit. Auf dem Gebiet der landwirtschaftlichen Produktion wurden zahlreiche Regionen von einer Weinanbaukrise befallen. Der Rebenanbau war damals viel verbreiteter als heute; für viele Bauern stellte der Wein das einzige verkäufliche Produkt dar; infolge ihrer hohen Zahl und Wohndichte führte die Bevölkerung in den Weinbaugegenden, die ihr Brot kaufen mußte, ein Leben in städtischen Verhältnissen. Zwischen 1778 und 1787 stürzten eine schlechte Verkaufsperiode und Preissenkungen viele Weinbauern ins Unglück. Von 1789 bis 1791 ließen ungenügende Weinlesen die Preise wieder steigen; doch konnten sich die Weinbauern wegen der Unterproduktion nicht erholen. Als zudem noch 1788–1789 der Getreidepreis stieg, wurde die aller Rücklagen beraubte Weinbaubevölkerung, besonders die Halbpächter und Tagelöhner, zu Grunde gerichtet. Die Weinbaukrise fügte sich in den Rahmen der allgemeinen Wirtschaftskrise. Zur gleichen Zeit bewirkte der 1786 mit England geschlossene Freihandelsvertrag eine Verlangsamung der industriellen Aktivität. In einer Zeit, als die englische Industrie die Umstellung ihrer Ausrüstung betrieb und ihre Produktionskapazität vergrößerte, unterlag die französische Industrie, die gerade erst ihre Erneuerung begann, selbst auf dem nationalen Markt der englischen Konkurrenz. Eine Krise des Wechselkurses verschlimmerte noch die Situation.

## 1. Die Versammlung der Generalstände
### (Ende 1788–Mai 1789)

Die schon am 8. August für den kommenden 1. Mai vom König versprochene Einberufung der Generalstände wurde im Dritten Stand begeistert aufgenommen. Bis dahin war er der gegen den Absolutismus revoltierenden Aristokratie gefolgt. Als das Pariser *parlement* jedoch am 21. September 1788 einen Beschluß faßte, demzufolge die Generalstände »regelrecht einberufen werden und nach der Form von 1614 zusammengesetzt sein« sollten, zerbrach die Allianz zwischen Aristokratie und Bourgeoisie.

Letztere setzte all ihre Hoffnungen auf einen König, der sich bereit erklärte, seine Untertanen anzurufen und ihre Beschwerden anzuhören.

»Die öffentliche Auseinandersetzung hat sich von Grund auf gewandelt«, sagte Mallet du Pan im Januar 1789; »es handelt sich nur noch sehr zweitrangig um den König, den Despotismus und die Verfassung; dies ist ein Krieg zwischen dem Dritten

Stand und den beiden anderen Ständen.« Die patriotische Partei übernahm die Spitze im Kampf gegen die Privilegierten. Sie setzte sich aus Männern zusammen, die der Bourgeoisie entstammten: Juristen, Schriftsteller, Geschäftsleute oder Bankiers; an ihren Seiten versammelten sich diejenigen Privilegierten, die die neuen Ideen angenommen hatten, Großgrundherren (der Herzog von La Rochefoucauld-Liancourt, der Marquis von La Fayette) oder *parlementaires* (Adrien Du Port, Hérault de Séchelles, Lepeletier de Saint-Fargeau). Gleichheit des Bürgers vor Gericht und Fiskus, Grundfreiheitsrechte und Repräsentativregierung: das waren ihre wichtigsten Forderungen. Es entstand eine Propaganda, die sich der persönlichen Beziehungen und bestimmter Gesellschaften bediente, wie etwa der der *Freunde der Schwarzen,* die die Abschaffung der Sklaverei verlangte; Cafés wurden zum Zentrum der Agitation, wie das berühmte Café Procope. Ein zentrales Organ, das Komitee der Dreißig, scheint die Agitation der patriotischen Partei gelenkt zu haben, indem es Broschüren anregte und Muster für Beschwerdeschriften verbreitete.

Die *Verdoppelung des Tiers* war der wesentliche Punkt, auf den sich die Propaganda der patriotischen Partei konzentrierte: der Dritte Stand sollte genau so viele Abgeordnete haben wie Adel und Klerus zusammen, was Abstimmung nach Köpfen und nicht mehr nach Ständen bedeutete. Ohne eine wohldurchdachte politische Strategie und lediglich mit dem Ziel, Zeit zu gewinnen und alle auszusöhnen, versammelte Necker im November 1788 eine zweite Notabelnversammlung, von der er annahm, daß er sie zu einem Votum für die Verdoppelung überreden könnte. Wie vorauszusehen war, sprachen sich die Notabeln für die alten Formen aus. Am 12. Dezember übergaben die Prinzen von Geblüt dem König eine Bittschrift, ein wahres Manifest der Aristokratie; sie richtet sich gegen die Ansprüche des Tiers und gegen seine Angriffe: »Schon hat man die Abschaffung der Feudalrechte vorgeschlagen ... Könnten sich Ihre Majestät entschließen, Ihren tapferen, alten und ehrbaren Adel zu opfern und zu demütigen?«

Doch der Widerstand der Privilegierten hatte der patriotischen Bewegung neuen Aufschwung verliehen. Das *parlement* gab bereits seine Haltung auf und akzeptierte in seinem Beschluß vom 5. Dezember 1788 die Verdoppelung des Tiers; aber es entschied nicht über die Hauptfrage, die Abstimmung nach Köpfen.

Auf diese Position stellte sich Necker in seinem Bericht an den Kronrat vom 27. Dezember 1788, um es allen Parteien recht zu machen. Drei Fragen waren nach seiner Auffassung zu bedenken: die des Verhältnisses von Abgeordneten und Bevölkerung, die der Verdoppelung des Tiers und die der Wahl der Abgeordneten in dieser oder jener Weise. 1614 wählte jede Bailliage oder Sénéchaussée die gleiche Anzahl Abgeordneter; dies ist jetzt nicht mehr möglich, weil man mehr an die Regeln der den Verhältnissen entsprechenden Billigkeit gebunden ist; Necker sprach sich für die Verhältnismäßigkeit aus. Hinsichtlich der Verdoppelung kann man nicht mehr nach denselben Methoden vorgehen wie 1614; seit dieser Zeit ist die Bedeutung des Tiers gewachsen:

»Diese Zwischenzeit hat in allen Bereichen große Veränderungen gebracht. Das bewegliche Vermögen und die Anleihen der Regierung haben den Dritten Stand zum Teilhaber am öffentlichen Wohlergehen gemacht; Wissen und Aufklärung sind zum Besitz Aller geworden ... Es gibt eine Vielzahl öffentlicher Angelegenheiten, von denen er allein unterrichtet ist, so die Transaktionen des Innen- und Außenhandels, der Stand der Manufakturen und die geeignetsten Mittel zu ihrer Förderung, das öffentliche Kreditwesen, Zinsen und Geldumlauf, Mißbrauch von Steuererhebungen und Privilegien und so viele andere Geschäfte, von denen er allein Erfahrung besitzt.«

Ist der Wunsch des Tiers einhellig, schließt Necker, und stimmt er mit den Grundprinzipien der Billigkeit überein, so wird er sich stets als der nationale Wunsch darstellen; deshalb muß die Zahl der Abgeordneten des Tiers genauso groß sein wie die der Abgeordneten der beiden anderen Stände zusammen. Das dritte angesprochene Problem befaßte sich mit der Frage, ob jeder Stand seine Abgeordneten nur aus seiner Mitte wählen durfte: Necker sprach sich für die weitestgehende Freiheit aus.

Die getroffenen Entscheidungen wurden in dem *Ergebnis des Kronrats vom 27. Dezember 1788 in Versailles* veröffentlicht. Die Einberufungsbriefe und die Wahlordnung erschienen einen Monat später, am 24. Januar 1789. Die Frage der Abstimmung nach Köpfen oder nach Ständen war jedoch noch ungelöst.

Der Wahlkampf fand in einer großen Welle der Begeisterung und der Loyalität gegenüber dem König statt, zugleich aber inmitten einer schweren sozialen Krise. Die Arbeitslosigkeit griff um sich; die Ernte von 1788 war mäßig gewesen; Hungersnot drohte. In den ersten Monaten des Jahres 1789 wuchs die Empörung des Volkes; in verschiedenen Provinzen kam es zu Versorgungsschwierigkeiten. Das Volk in den Städten forderte die *taxation* (die behördliche Festsetzung) des Mehl- und Brotpreises; gelegentlich kam es zu Erhebungen, wie am 28. April 1789 bei den Arbeitern der Tapetenfabrik Réveillon in Paris. Die soziale Agitation traf mit der politischen zusammen und erklärte diese oft erst.

»Seine Majestät wünscht«, so verkündete das von den Kanzeln verlesene Wahlreglement, »daß jeder in den entferntesten Gebieten Ihres Königreiches und in den unbekanntesten Hütten versichert sei, daß er seine Wünsche und Forderungen direkt bis zu Ihr tragen könne.« Diese Einladung wurde wörtlich genommen. Die Männer des Tiers profitierten davon zur Anheizung der öffentlichen Meinung; die politische Literatur nahm einen großen Aufschwung; nach einer stillschweigenden Übereinkunft entstand die Pressefreiheit; es erschienen immer mehr Broschüren, Flugschriften, Abhandlungen und Schriften von Juristen, Pfarrern und vor allem von Leuten der mittleren Bourgeoisie. Wie in Paris wurde auch in der Provinz das gesamte politische, wirtschaftliche und soziale System analysiert, kritisiert und neu konzipiert. In Arras war es der *Appel à la nation artésienne* von Robespierre; in Rouen der *Avis aux bons Normands* von Thouret und in Aix der *Appel à la nation provençale* von Mirabeau.

In Paris veröffentlichte Sieyes, der bereits durch seinen *Essai sur les privilèges* bekannt war, im Januar 1789 seine Broschüre *Qu'est-ce que le Tiers État?*, die einen sehr großen Erfolg hatte: »Was ist der Dritte Stand? Alles. Was ist er bis jetzt gewesen? Nichts. Was verlangt er? Etwas zu werden.« Berühmte Schriftsteller und Publizisten und anonyme Autoren geben Abhandlungen, Briefe, Überlegungen, Gutachten und Entwürfe heraus. Target schreibt einen »Brief an die Generalstände«; Camille Desmoulins verfaßt *La France libre,* eine feurige Parteinahme für ein Frankreich ohne Ämterkäuflichkeit, ohne übertragbaren Adel und ohne fiskalische Privilegien:

»Fiat! Fiat! Ja, all diese Errungenschaften werden sich durchsetzen; ja, diese glückliche Revolution, diese Wiedergeburt wird sich erfüllen; keine Macht der Erde ist imstande, sie daran zu hindern. Erhabene Wirkung der Philosophie, der Freiheit und des Patriotismus! Wir sind unbesiegbar geworden.«

Diese gesamte Propagandaliteratur war das Werk von Männern der Bourgeoisie und spiegelte die Bestrebungen der besitzenden Klasse wider, die die Privilegien nur deswegen beseitigen wollte, weil sie ihren Interessen widersprachen; das Schicksal der arbeitenden Klassen, der Bauern und der kleinen Handwerker, beschäftigte sie weniger. Einige nahmen sich jedoch der Nöte des Volkes an; so zum Beispiel Dufourny in seinen *Cahiers du Quatrième ordre*. Diese Stimmen sind noch vereinzelt, aber sie lassen schon das Erscheinen des Sansculotten-Volkes auf der politischen Bühne ahnen, als sich bei der Bewährungsprobe in Gestalt der Konterrevolution und des auswärtigen Krieges der Konkurs des von der liberalen Bourgeoisie eingesetzten Regimes abgezeichnet hatte.

Die Regierung hatte eine liberale *Wahlordnung* ausgearbeitet. Bailliage oder Sénéchaussée bildeten den Wahlbezirk. Die Angehörigen der privilegierten Stände kamen in der Bezirkshauptstadt zusammen, um die Wahlversammlung des Klerus und die Wahlversammlung des Adels zu bilden: auf der einen Seite die Bischöfe und Äbte, alle mit Renten versehen, ordens- und weltgeistlichen Kirchenstifte, kirchliche Körperschaften und Gemeinschaften und allgemein alle Geistlichen, die Amts- oder Ordenspfründe besaßen, auf der anderen Seite alle Adligen mit Lehnsbesitz. Zur Wahlversammlung des Klerus gehörten außerdem alle Gemeindepfarrer, was dem niederen Klerus eine bedeutende Mehrheit sicherte. Für den Dritten Stand war der Mechanismus komplizierter. Wahlrecht besaßen alle dem Tiers angehörenden Einwohner, die als Franzosen geboren oder naturalisiert waren, 25 Jahre alt waren, einen Wohnsitz hatten und in der Steuerliste aufgeführt waren. In den Städten versammelten sich die Wähler zunächst nach Zünften oder, wenn sie keiner Zunft angehörten, nach Stadtvierteln und ermittelten für je hundert Wähler einen oder zwei Delegierte; diese Delegierten bildeten die Wahlversammlung des Tiers der Stadt, deren Aufgabe es war, die Wahlmänner der Tiersversammlung der Bailliage auszuwählen, die dann ihrerseits die Abgeordneten für die Generalstände wählte. Auf dem Land kamen die Einwohner in Gemeindeversammlungen zusammen, um für je 200 Familien zwei Delegierte für die Tiersversammlung der Bailliage zu ernennen. Alle diese Versammlungen verfaßten Beschwerdeschriften.

Die Wahlordnung vom 24. Januar 1789 begünstigte die Bourgeoisie. Die Vertreter des Tiers wurden stets indirekt gewählt, und zwar in zwei Stufen auf dem Land und in drei in den Städten. Vor allen Dingen fand die Abstimmung in den Wahlversammlungen durch Namensaufruf erst dann statt, nachdem die Versammlung über die Abfassung der Beschwerdeschrift beraten hatte. Folglich waren die einflußreichsten Bourgeois, die erfahrensten Redner, in der Regel die Juristen, sicher, die Diskussionen zu beherrschen und die Bauern oder Handwerker mitzureißen. Die Vertretung des Tiers bestand ausschließlich aus Bourgeois; in den Generalständen saß kein Bauer und kein direkter Vertreter der städtischen Volksklassen.

Das Wahlverfahren nahm langsam seinen Fortgang. Die Versammlungen kamen in Ruhe zusammen; lediglich die des Klerus wurden von dem Eifer der Pfarrer etwas gestört, die – gestützt auf ihre zahlenmäßige Stärke – ihren Willen durchsetzen wollten, nur patriotische Abgeordnete zu wählen. In den Versammlungen des Adels standen sich zwei Fraktionen gegenüber: die der Provinzadligen und die gewisser liberal eingestellter Großgrundherren. Die Versammlungen des Tiers waren voller Würde und zuweilen auch Feierlichkeit, besonders die der Bauern, die meistens in der Kirche zusammenkamen.

Jede Versammlung verfaßte eine *Beschwerdeschrift*. Klerus und Adel hielten in jedem Wahlbezirk nur je eine Versammlung ab und faßten auch nur eine Schrift ab, die die Abgeordneten des Standes nach Versailles überbrachten. Die Bailliage-Versammlung des Tiers stellte eine Schrift zusammen, in die alle Schriften der Gemeinden und Städte (diese wiederum als Summe der Schriften von Zünften oder Stadtvierteln) Eingang fanden. Von diesen Schriften wiesen nun keineswegs alle originäre Züge auf; viele Verfasser waren dem Einfluß der in ihrer Gegend verbreiteten Flugschriften ausgesetzt. Muster hatten in den Wahlbezirken die Runde gemacht; auf diese Weise übertrug sich der Einfluß der von Laclos auf Anforderung des Herzogs von Orléans, eines der Führer der patriotischen Partei, verfaßten *Instructions* auf die Beschwerdeschriften des Loire-Landes. Manchmal verfertigte ein und dieselbe Standesperson, Pfarrer oder Amtsschreiber, die Schriften mehrerer benachbarter Gemeinden; oder der Autor war eine bedeutende Persönlichkeit; die von François de Neufchâteau zusammengestellte Schrift von Vicherey in den Vogesen beeinflußte 18 andere Verfasser.

Es sind an die 60 000 Beschwerdeschriften erhalten, sie bieten ein weitläufiges Bild von Frankreich am Ende des Ancien Régime.

Die direkt aus dem Volk, den Bauern und Handwerkern, stammenden Schriften sind die spontansten und ursprünglichsten, wenngleich sie oft von einem Muster angeregt waren oder nur eine lange Aufzählung von Sonderbeschwerden darstellen. Die Hauptschriften, die einer Bailliage oder Sénéchaussée, sind von großem Interesse; von den 615 insgesamt geschriebenen bestehen noch 523; die des Tiers geben nicht die Meinung des ganzen Standes wieder (die für die Bourgeoisie uninteressanten Abschnitte der Schriften aus den Gemeinden wurden meistens gestrichen), sondern allein die der Bourgeoisie. Die Hauptschriften des Adels und des Klerus sind umso wichtiger, als es bei diesen Ständen keine von der Basis kommenden Schriften bis auf einige wenige von den Pfarrern oder von Kirchengemeinden verfaßte gab.

Einhellig richteten sich die Schriften aller Stände gegen den Absolutismus. Priester, Adlige und Bourgeois verlangen eine Verfassung, die die Machtbefugnisse des Königs beschränkt, die eine nationale Vertretungskörperschaft zur Steuerbewilligung und Gesetzgebung errichtet und die die örtliche Verwaltung zugunsten gewählter Provinzialstände aufgibt. Auch fordern die drei Stände gemeinsam die Umbildung des Fiskalwesens, die Reform der Justiz und der Strafrechtsgesetzgebung und die Garantie der individuellen Freiheit und der Pressefreiheit. Die Schriften des Klerus schweigen allerdings zur Frage der Privilegien und zur Gewissensfreiheit, wenn sie diese nicht gar ablehnen. Die des Adels verteidigen im allgemeinen scharf die Abstimmung nach Ständen, die sie als beste Garantie der Privilegien betrachten; sie akzeptieren die fiskalische Gleichheit, lehnen aber zumeist die Rechtsgleichheit und die Zulassung aller Franzosen zu allen Stellen ab. Der Tiers fordert in seiner Gesamtheit die vollständige bürgerliche Gleichheit, die Abschaffung des Zehnten und die Aufhebung der Feudalrechte, bei denen sich übrigens viele Schriften mit der Forderung nach Rückkauf begnügen. Der Konflikt zwischen den drei Ständen über derart wichtige Probleme kompliziert sich infolge der Gegensätze innerhalb eines jeden Standes. Die Pfarrer stellen sich gegen die Bischöfe und die religiösen Orden; sie kritisieren die große Zahl der Pfründen und betonen die Unzulänglichkeit der *portion congrue*. Der Provinzadel steht in Opposition zum Hofadel, den er beschuldigt, die hohen Amtsstellen des Staates an sich zu reißen und sich überlegen zu dünken. In den Schriften des Tiers spiegeln sich alle

Nuancierungen der Interessen und Gedanken der verschiedenen Gruppen wider. Es besteht keine einheitliche Auffassung gegen die Verordnungen, die das freie Weiderecht abschaffen und das Gemeindeland aufteilen. Hinsichtlich der Zünfte überwog die Ansicht der Meister: unter 943 Schriften, die in 31 Städten von Zünften erstellt werden (davon 185 von freien Berufen, 138 von Goldschmieden und Händlern sowie 618 von Innungen), sprechen sich nur 41 für die Aufhebung der Zünfte aus. Die Opposition gegen die Aufhebung der Zünfte ist besonders stark in den bedeutenden Städten, wo eine den Meistern lästige Konkurrenz entstanden war. Dagegen nehmen die Wünsche der Kaufleute und Industriellen, ihre Proteste gegen die unheilvollen Folgen des Handelsvertrages mit England und die Aufstellung der Bedürfnisse der verschiedenen Produktionszweige einen großen Raum ein.

Das Ergebnis der Wahlen zeigte – wie schon die in den Beschwerdeschriften formulierten Forderungen – die Macht der patriotischen Partei, die sie im ganzen Land und in allen Klassen der Gesellschaft hatte gewinnen können. Die 291 Mitglieder starke Abordnung des Klerus zählte über 200 den Reformen aufgeschlossene Pfarrer und liberale Priester, von denen der Abgeordnete der Bailliage Nancy, der Abbé Grégoire, schon bald der bekannteste wurde. Auch große Prälaten kamen mit ausdrücklichem Reformwillen nach Versailles; so zum Beispiel der Erzbischof von Aix, Monsignore Boisgelin, der Erzbischof von Bordeaux, Champion de Cicé, und der Erzbischof von Autun, Talleyrand-Périgord. Die Verteidiger des Ancien Régime sammelten sich um den Abbé Maury, einen hochtalentierten Prediger, oder den Abbé de Montesquiou, einen geschickten Verteidiger der Privilegien seines Standes.

Unter den 270 Abgeordneten des Adels dominierten die stark auf die Aufrechterhaltung ihrer Privilegien bedachten »Aristokraten«. Die reaktionärsten waren nicht immer zugleich von höchstem Adel – man denke an den *parlement*-Rat und Sprecher des Amtsadels d'Eprémesnil und den Dragoneroffizier Cazalès, der dem niederen Adel Südfrankreichs entstammte. Bei den Großgrundherren trafen sich die den liberalen Ideen aufgeschlossenen adligen Abgeordneten. Als Gönner oder Schüler der Philosophen oder als Freiwillige des Unabhängigkeitskrieges der Vereinigten Staaten von Amerika waren sie bereit, mit dem Tiers gemeinsame Sache zu machen; unter den 90 patriotischen

Abgeordneten ragten in erster Linie der nur mit Schwierigkeiten in Riom gewählte Marquis de La Fayette, der Vicomte de Noailles, der Herzog von Clermont-Tonnerre, der Herzog von La Rochefoucauld und der Herzog von Aiguillon hervor.

Die aus 578 Mitgliedern bestehende Abordnung des Tiers setzte sich fast zur Hälfte aus den Rechtsgelehrten zusammen, die bereits im Verlauf des Wahlkampfes eine so bedeutende Rolle gespielt hatten. Ungefähr 200 Rechtsanwälte waren unter ihnen: in Grenoble waren Mounier und Barnave gewählt worden, in Chartres war es Pétion, in Rennes Le Chapelier und in Arras Robespierre. Ebenfalls zahlreich mit ungefähr 100 Abgeordneten war die Gruppe der Kaufleute, Bankiers und Industriellen vertreten. Die ländliche Bourgeoisie war durch über 50 reiche Grundbesitzer vertreten, während andererseits die Bauern und Handwerker keinen der ihren hatten wählen können. Zur Abordnung des Tiers zählten noch Gelehrte, wie der Astronom Bailly, Schriftsteller wie Volney, Ökonomen wie Dupont de Nemours und protestantische Pastoren wie der in Nîmes gewählte Rabaut-Saint-Étienne.

Schließlich hatte der Tiers zu seiner Vertretung einige Überläufer aus den privilegierten Ständen gewählt: in Aix und Marseille Mirabeau und in Paris den Abt Sieyes.

Die privilegierten Stände kamen in tiefer Uneinigkeit nach Versailles. Feindschaft des Klerus gegen den Adel, des Provinzadels gegen die liberalen Großgrundherren: die 561 Abgeordneten waren keineswegs einmütig in der Verteidigung der Privilegien der ersten beiden Stände. Demgegenüber bildete die Bourgeoisie in dem Bewußtsein ihrer Rechte und ihrer Interessen die Avantgarde des gesamten Tiers; seine Abgeordneten waren gut unterrichtet, kompetent und aufrichtig, sie waren mit ihrer Klasse und deren Interessen, die sie von denen der ganzen Nation nicht unterschieden, zutiefst verbunden. Die staatsrechtliche Revolution war im wesentlichen ihr gemeinsames Werk.

## 2. Der staatsrechtliche Konflikt (Mai – Juni 1789)

Die Wahlen hatten den Willen des Landes klar zum Ausdruck gebracht. Das Königtum konnte aber den Wünschen des Tiers nicht entsprechen, ohne selbst abzudanken und das soziale Gebäude des Ancien Régime zu zerstören: als natürliche Stütze der Aristokratie schwenkte es rasch auf den Weg des Widerstandes ein.

Am 2. Mai wurden die Abgeordneten der Generalstände dem König vorgestellt: schon bei dieser Gelegenheit zeigte der Hof seine deutliche Absicht, die traditionellen Unterscheidungen zwischen den Ständen aufrecht zu erhalten. Während der König entsprechend dem herkömmlichen Zeremoniell die Abgeordneten des Klerus in seinem Kabinett bei geschlossenen Türen und die des Adels bei offenen Türen empfing, ließ er sich die Abordnung des Tiers bei einem nichtssagenden Défilé in seinem Schlafgemach vorstellen. Die Vertreter des Tiers waren für diesen Anlaß mit einem strengen Anzug in offiziellem Schwarz, mit einem Seidenmantel und einer Batistkrawatte bekleidet; der Adel erschien in schwarzer Kleidung mit Rock und Goldaufschlägen, Seidenmantel, Spitzenkrawatte und einem nach der Mode Heinrichs IV. gestutzten Federhut.

Die Eröffnungssitzung fand am 5. Mai 1789 statt. Ludwig XVI. warnte die Abgeordneten in weinerlichem Ton vor jedem Neuerungsgeist. Der Siegelbewahrer Barentin, ein Gegner alles Neuen, fuhr mit einer inhaltlosen Rede fort. Necker erhob sich schließlich in gespannter Stille; aber sein dreistündiger Bericht beschränkte sich auf die Erörterung von Finanzfragen; kein politisches Programm und nichts zur Frage der Abstimmung nach Ständen oder nach Köpfen. Der in seinen Reformerwartungen tief enttäuschte Tiers zog sich schweigend zurück. Am Abend der ersten Sitzung der Stände schien der Konflikt zwischen den privilegierten Ständen und dem Tiers unvermeidlich. Das Königtum hatte der Verdoppelung zugestimmt: es wollte indessen keinen weiteren Schritt auf dem Wege der Konzessionen tun. Ebensowenig aber wagte es, offen für die privilegierten Stände Partei zu ergreifen. Es zögerte und ließ den günstigen Zeitpunkt verstreichen, in dem es durch Zugeständnisse an den Tiers, das heißt an die Nation, sich hätte erneuern und überdauern und eine nationale Einstellung gewinnen können. Angesichts des Zögerns der Monarchie wurde es dem Tiers bewußt, daß er nur auf sich selbst zählen durfte. Die Verdoppelung bedeutete nichts, wenn die Beratung und Abstimmung nach Ständen fortgelten würde. Das Abstimmen nach Ständen hätte die Ausschaltung des Tiers bedeutet, der bei vielen die Privilegien berührenden Fragen gewärtig sein mußte, daß sich die Koalition der beiden ersten Stände gegen ihn wandte. Wenn man demgegenüber das Prinzip der allgemeinen Beratung und Abstimmung annehmen würde, hätte der Tiers, der der Zustimmung des niederen Klerus und des liberalen Adels gewiß war, mit Sicherheit über eine große Mehrheit verfügt. Diese zentrale Frage war über einen Monat lang Gegenstand der Debatten der Generalstände und der Aufmerksamkeit der Nation.

Am Abend des 5. Mai nahmen die Tiersabgeordneten von je einer Provinz Kontakt auf; die bretonischen Abgeordneten um Le Chapelier und Lanjuinais waren besonders aktiv. Ein einheitlicher Wille bildete sich heraus: in dem Beschluß vom 6. Mai 1789 weigerten sich die Vertreter des Tiers, nunmehr unter der Bezeichnung *Abgeordnete der Gemeinen,* sich in einer besonderen Kammer zu konstituieren; die erste politische Tat des Tiers hatte einen revolutionären Charakter: die Gemeinen erkannten die traditionelle Trennung der Stände nicht mehr an. Unterdessen hatte der Adel die Abstimmung nach Köpfen mit 141 gegen 47 Stimmen abgelehnt und begann mit der Wahlprüfung seiner Abgeordneten. Beim Klerus wiesen nur 133 gegen 114 Stimmen jedes Zugeständnis zurück.

Die Frage war von derartiger Wichtigkeit, daß ein Entgegenkommen ausgeschlossen war.

Entweder der Adel gab nach (denn die Politik der beiden ersten Stände wurde hauptsächlich vom Adel geführt), und das hätte das Ende der Privilegien und den Beginn einer neuen Ära bedeutet; oder der Tiers gab sich geschlagen, und das wäre gleichbedeutend gewesen mit dem Fortbestand des Ancien Régime und der Enttäuschung der Hoffnungen, die zur Einberufung der Stände geführt hatten. Dies sahen diejenigen Abgeordneten der Gemeinen ein, die wie Mirabeau dachten, daß es ausreichen würde, »standhaft zu bleiben, um ihren Gegnern Furcht einzuflößen«. Die öffentliche Meinung war auf ihrer Seite; der Klerus zögerte, er war durch das Verhalten eines Teils des niederen Klerus unter der Führung des Abbé Grégoire untergraben.

Auf Vorschlag von Sieyes entschieden sich die Gemeinen am 10. Juni 1789 zu einem letzten Schritt, indem sie ihre Kollegen in den Saal der Stände einluden, um eine gemeinsame Wahlprüfung vorzunehmen. Der allgemeine Aufruf aller einberufenen Bailliages sollte am gleichen Tage erfolgen, zur Prüfung sollte geschritten werden »sowohl in Anwesenheit als auch in Abwesenheit der privilegierten Stände«. Diese dringende Aufforderung wurde dem Klerus am 12. Juni übermittelt: dieser versprach, die Anliegen des Tiers »mit der größten Sorgfalt« zu prüfen. Der Adel begnügte sich mit der Erklärung, daß er in seiner Kammer darüber beschließen werde. Am selben Abend begann der Tiers mit dem allgemeinen Aufruf aller einberufenen Bailliages für die gemeinschaftliche Wahlprüfung. Im Block der Privilegierten kam es zu Auflösungserscheinungen: am 13. Juni antworteten drei Pfarrer aus der Sénéchaussée von Poitiers auf ihren Namensaufruf, am 14. waren es sechs, darunter der Abbé Grégoire, und am 16. zehn. Der Tiers witterte den Sieg und schritt weiter voran.

Am 15. Juni verlangte Sieyes von den Abgeordneten, »sich unverzüglich mit der Bildung der Versammlung zu befassen«: da sie wenigstens sechsundneunzig Hundertstel der Nation vertrete, könne sie mit dem Werk beginnen, das das Land von ihr erwarte. Sieyes machte den Vorschlag, den nunmehr gegenstandslosen Namen Generalstände aufzugeben und stattdessen »Versammlung der bekannten und überprüften Vertreter der französischen Nation« zu sagen. Der mehr legalistisch eingestellte Mounier schlug vor: »Legitime Versammlung der Vertreter des überwiegenden Teils der Nation, die in Abwesenheit des kleineren Teils handeln«. Mirabeau verteidigte eine direktere Formulierung: *Vertreter des französischen Volkes.* Schließlich griff Sieyes den von Legrand, dem Abgeordneten des Berry, vorgebrachten Namen: *Assemblée nationale* auf. In der *Erklärung über die Konstituierung der Versammlung* vom 17. Juni 1789 nahmen die Gemeinen den Antrag von Sieyes mit 490 gegen 90 Stimmen an; unmittelbar danach verabschiedeten sie ein Dekret, das die Steuererhebung und die Zinszahlung für die Staatsschulden sicherte. Der Tiers erhob sich damit selbst zur Nationalversammlung und sprach sich das Recht, Steuern zu genehmigen, zu. Es ist jedoch bezeichnend, daß die Bourgeoisie der Konstituante, nachdem sie einmal bekräftigt hatte, daß die Steuern von der Nation genehmigt werden müssen, und damit zugleich die Regierung mit einem Streik der Steuerpflichtigen bedroht hatte, die Gläubiger des Staates beruhigen wollte. Die Haltung des Tiers erschütterte den Widerstand des Klerus; er gab als erster nach. Am 19. Juni entschied er mit 149 gegen 137 Stimmen, daß die endgültige Wahlprüfung in allgemeiner Versammlung vorgenommen werden sollte. Am gleichen Tag richtete der Adel einen Protest an den König:

»Wenn die Rechte, die wir verteidigen, nur uns persönlich angingen und allein den Stand des Adels interessierten, hätten unser Eifer, sie zu fordern, und unsere Beständigkeit, sie zu behaupten, weniger Energie. Es sind nicht allein unsere Interessen, die wir verteidigen, Sire, es sind die Euren, die des Staates, es sind letztlich die des französischen Volkes.«

Von der Opposition des Adels ermutigt und unter dem Einfluß der Prinzen entschloß sich Ludwig XVI. zum Widerstand. Am 19. Juni beschloß der Kronrat, die Entscheidungen des Tiers aufzuheben; zu diesem Zweck sollte eine gemeinsame Sitzung abgehalten werden, auf der der König seinen Willen diktieren sollte. Bis dahin wurde der Versammlungssaal der Stände unter dem Vorwand notwendiger Bauarbeiten auf königlichen Befehl geschlossen, auch um den Klerus daran zu hindern, entsprechend seinen Beschlüssen mit den Gemeinen zu tagen.

Am Morgen des 20. Juni fanden die Abgeordneten des Tiers die Türen zu ihrer Salle des Menus[1] verschlossen. Nach dem Hinweis des Abgeordneten Guillotin begaben sie sich einige Schritte weiter in den Saal des Jeu de Paume[2]. Unter dem Vorsitz von Bailly erklärte Mounier, daß sich »die Vertreter der Nation, die in ihren Rechten und ihrer Würde verletzt wurden und die durch die Rührigkeit der Intrigen und die Erbitterung, mit der man den König zu unseligen Maßnahmen zu verleiten sucht, gewarnt sind, zum öffentlichen Wohl und für die Interessen des Vaterlandes durch einen feierlichen Schwur zusammenschließen müssen.« In einer Welle großer Begeisterung leisteten mit einer Ausnahme alle Abgeordneten den *Ballhausschwur,* die kategorische Bekräftigung des reformerischen Willens der Gemeinen: sie verpflichteten sich, »sich niemals zu trennen und sich überall zu versammeln, wo es die Umstände erforderlich machen sollten, bis die Verfassung errichtet und auf festen Grundlagen dauerhaft gestaltet wäre«.

Die zunächst auf den 22. Juni festgesetzte Thronsitzung wurde auf den folgenden Tag verlegt, um die Entfernung der für das Publikum bestimmten Tribünen zu ermöglichen, denn man befürchtete von dieser Seite Manifestationen. Dieser Aufschub kam den Gemeinen zugute; am 22. vereinigte sich der Klerus bei einer Sitzung in der Kirche Saint-Louis mit dem Tiers und führte damit seinen Beschluß vom 19. aus. Zwei Abgeord-

---

1 Zuvor: Raum für die Hofbelustigungen.
2 Ballhaus in Versailles.

nete des Adels aus der Dauphiné kamen noch hinzu und wurden mit lebhaftem Applaus empfangen: würde der Adel ebenfalls nachgeben?

Die Thronsitzung (23. Juni 1789) wurde zu einer Niederlage für den König und den Adel. Ludwig XVI. befahl den drei Ständen, ihre Sitzungen in getrennten Kammern abzuhalten und hob die Beschlüsse des Tiers auf; er stimmte der fiskalischen Gleichheit zu, hielt aber ausdrücklich an »den Zehntabgaben, Renten, sowie den feudalen und grundherrlichen Belastungen« fest. Er schloß mit einer Drohung: »Wenn Sie mich bei einer so großen Unternehmung im Stich lassen, werde ich allein für das Wohl meines Volkes sorgen. Ich befehle Ihnen, sofort auseinanderzugehen und sich morgen früh in den für Ihren Stand vorgesehenen Räumen einzufinden, um dort die Beratungen wieder aufzunehmen.« Der Tiers blieb auf seinen Plätzen; der Adel und ein Teil des Klerus zogen sich zurück. Der Tiers nahm von dem Befehl des Königs, der ihm vom Zeremonienmeister wiederholt wurde, keine Notiz, bestätigte seine vorangegangenen Beschlüsse und erklärte seine Mitglieder für unverletzlich: über sein Verhalten vom 20. Juni hinaus begab er sich nun in offene Rebellion gegen das Königtum. Der König dachte einen Augenblick lang an den Einsatz von Gewalt. Die Leibgarde erhielt Befehl, die Abgeordneten zu zerstreuen. Die mit dem Tiers verbundenen Abgeordneten des Adels widersetzten sich dem, La Fayette und andere legten die Hand an den Degen. Ludwig XVI. setzte sich nicht durch. Der Tiers blieb Herr der Situation.

Von dort an schritt sein Triumph rasch voran. Am 24. Juni erschien die Mehrheit des Klerus und mischte sich unter den Tiers in der Nationalversammlung. Tags darauf folgten 47 Abgeordnete des Adels unter Führung des Herzogs von Orléans diesem Beispiel. Der König entschloß sich zu bestätigen, was er nicht hatte verhindern können. Am 27. Juni schrieb er eine Empfehlung an die Minderheit des Klerus und an die Mehrheit des Adels, an der Nationalversammlung teilzunehmen.

Der 23. Juni stellte eine wichtige Etappe der Revolution dar. In seinen Erklärungen im Verlaufe der Thronsitzung hatte Ludwig XVI. selbst der Abstimmung über die Steuern durch die Generalstände zugestimmt und sich bereiterklärt, die individuellen Freiheitsrechte und die Pressefreiheit zu garantieren: das bedeutete die Anerkennung der Prinzipien einer verfassungsmäßigen Regierung. Mit dem Befehl zur Vereinigung der drei Stände betrat das Königtum den Weg zu neuen Konzessionen. Die Generalstände sind verschwunden; die Macht des Königs untersteht jetzt der Kontrolle der Vertreter der Nation. Die Versammlung wollte aber auf den Trümmern des juristisch zerstörten Ancien Régime wieder aufbauen: am 7. Juli setzte sie einen Verfassungsausschuß ein; am 9. Juli 1789 erklärte sie sich zur Verfassunggebenden Nationalversammlung. Die staatsrechtliche Revolution ging ohne Rückgriff auf Gewalttätigkeit zuende. In dem Augenblick aber, in dem der König und die Aristokratie die vollendete Tatsache zu akzeptieren schienen, beschlossen sie, zur Gewaltanwendung Zuflucht zu nehmen, um den Tiers zum Gehorsam zurückzuführen.

## II. DIE REVOLUTION DES VOLKES (JULI 1789)

Anfang Juli 1789 war die Revolution rechtlich abgeschlossen. Dank der Allianz zwischen den Abgeordneten des Tiers, den Vertretern des niederen Klerus und der liberalen Fraktion des Adels war staatsrechtlich der königliche Absolutismus durch die nationale Souveränität ersetzt worden. Das Volk war noch nicht in der politischen Arena erschienen. Sein Eingreifen ermöglichte der bürgerlichen Revolution, sich gegenüber den Drohungen der anderen Seite endgültig durchzusetzen. Für das Königtum und den Adel erschien der Einsatz der Armee als einzig mögliche Lösung. Ludwig XVI. hatte bereits am Vortage seines Befehls an die privilegierten Stände, an der Nationalversammlung teilzunehmen, beschlossen, um Paris und Versailles 20 000 Soldaten zusammenzuziehen. Es war die Absicht des Hofes, die Versammlung aufzulösen.
Seit dem Monat Mai hatten sich die Volksmassen sehr wachsam verhalten. Das Land verfolgte die Vorgänge in Versailles; die Abgeordneten unterrichteten ihre Wahlmänner regelmäßig über die politischen Ereignisse. Hier lag die Führung noch bei der Bourgeoisie. Am 25. Juni versammelten sich in Paris die 407 Wahlmänner, die die Abgeordneten benannt hatten, um eine Art offiziösen Magistrats zu bilden. In Rouen und Lyon riefen die alten entlassenen Magistrate Wahlmänner und Notabeln zu Hilfe. Die lokalen Machtbefugnisse gingen in die Hände der Bourgeoisie über. Als sich der Gewaltstreich des Hofes abzeichnete, trug zumindest ein Teil der Großbourgeoisie dazu bei, den

Widerstand zu organisieren. Für ihre eigenen politischen Ziele mobilisierte sie die in Paris so zahlreiche Kleinbourgeoisie der Handwerker und Kleinhändler, die während der gesamten revolutionären Periode die Kerntruppe für die Aufstände stellte; die Gesellen und Arbeiter folgten ihnen. Die Einberufung der Generalstände hatte in den Massen eine sehr große Hoffnung auf Neuordnung entstehen lassen. Und es war augenscheinlich, daß die Aristokraten diese Neuordnung verhinderten: die Opposition des Adels gegen die Verdoppelung des Tiers und dann gegen die Abstimmung nach Köpfen hatte den Verdacht bekräftigt, daß die Adligen hartnäckig ihre Privilegien verteidigten. So bildete sich die Vorstellung eines *aristokratischen Komplotts*. Selbstverständlich wollte das Volk gegen die Aristokraten vorgehen, bevor dieser Feind der Nation seinerseits zum Angriff übergehen konnte.

Die ökonomische Krise trug zur Mobilisierung der Massen erheblich bei. Die Ernte von 1788 war außergewöhnlich schlecht. Seit August stieg der Brotpreis. Necker ordnete Käufe im Ausland an. Die Weinbauern reagierten auf die Teuerung des Brotes um so empfindlicher, da sie seit 1788 mit Verlust verkaufen mußten: der Weinpreis war auf ein Minimum gesunken. Schlechte Ernte und Verkaufskrise hatten dieselbe Wirkung: die Kaufkraft der Massen wurde geringer. Die Landwirtschaftskrise erschütterte ihrerseits die industrielle Produktion, die bereits von den Folgen des Handelsvertrages von 1786 angeschlagen war. Als sich das tägliche Leben verteuerte, breitete sich auch die Arbeitslosigkeit weiter aus. Da die Produktion stagnierte oder gar zurückging, konnten die Arbeiter keine Lohnerhöhung erhalten. 1789 verdiente ein Pariser Arbeiter 30 bis 40 Sous: im Juli kostete ein Pfund Brot 4 Sous, in der Provinz bis zu 8 Sous. Das Volk machte die Zehnt- und Grundherren, die die Grundabgaben in Natur erhoben, und die Händler, die mit Getreide spekulierten, für die Hungersnot verantwortlich; es forderte die Beschlagnahme und Preisfestsetzung. Die infolge des Lebensmittelmangels und der Teuerung entstehenden Unruhen, die seit dem Frühling 1789 schon häufig waren, wurden im Juli noch zahlreicher, als die Krise kurz vor der Ernte ihren Höhepunkt erreichte.

Das aristokratische Komplott und die wirtschaftliche Krise gehörten in der Vorstellung des Volkes zusammen: die Aristokraten wurden beschuldigt, das Getreide wucherisch aufzukaufen, um den Tiers zu Boden zu drücken. Die Leidenschaften erhitzten sich. Das Volk zweifelte nicht mehr daran: der König wollte diese Nationalversammlung, auf die es all seine Hoffnungen gesetzt hatte, mit Gewalt auseinandertreiben. Die Patrioten klagten die Regierung an, die Pariser provozieren zu wollen, damit die um die Hauptstadt zusammengezogenen Truppen, vor allem die auswärtigen Regimenter, in Marsch gesetzt werden könnten. Am 1. Juli 1789 gab Marat eine Kampfschrift heraus: *Avis au peuple ou les ministres dévoilés*[1]:

»Meine Mitbürger! Beobachtet jederzeit das Verhalten der Minister, um Euch darauf einzustellen. Ihr Ziel ist die Auflösung unserer Nationalversammlung, ihr einziges Mittel ist der Bürgerkrieg. Sie schüren den Aufruhr! . . . Sie umgeben Euch mit einem furchterregenden Apparat aus Soldaten und Bajonetten! . . .«

## 1. Die Revolte von Paris: der 14. Juli und der Sturm auf die Bastille

Die Gefährlichkeit der Situation konnte der Nationalversammlung nicht verborgen bleiben. Aufgrund des Berichtes von Mirabeau beschloß sie am 8. Juli, eine Botschaft an den König zu schicken, um den Abzug der Truppen zu verlangen: »Nun! Warum sollte ein von 25 Millionen Franzosen verehrter Monarch einige Tausend Fremde unter hohen Kosten um seinen Thron scharen?« Am 11. Juli ließ der König durch seinen Siegelbewahrer antworten, daß die Truppen lediglich zur Unterdrückung oder besser zur Verhinderung neuer Unruhen bestimmt wären. Überstürzt entließ Ludwig XVI. dann am folgenden Tage Necker und berief einen erklärten Konterrevolutionär, den Baron de Breteuil, zum Minister und setzte den Marschall de Broglie für das Kriegsressort ein. Das Eingreifen des Pariser Volkes rettete die ohnmächtige Versammlung.

Am Nachmittag des 12. Juli wurde die Neuigkeit von der Entlassung Neckers in Paris bekannt; sie schlug ein wie eine Bombe. Das Volk ahnte, daß dies nur ein erster Schritt auf dem Weg der Reaktion war. Auf die Rentiers und Finanziers wirkte der Weggang Neckers wie die Drohung mit einem bevorstehenden Bankrott: die Wechselmakler kamen sofort zusammen und be-

---

1 Etwa: »Warnung an das Volk oder die entlarvten Minister.«

schlossen, die Börse als Zeichen des Protests zu schließen. Innerhalb eines Tages verloren die Wechsel der Diskont-Kasse 100 Livres und fielen von 4.265 auf 4.165 Livres. Die Theater wurden geschlossen; man improvisierte Versammlungen und Kundgebungen. Im Palais Royal heizte Camille Desmoulins mit feierlichen Worten die Stimmung der Menge an. Ein Zug von Manifestanten stieß in den Gärten der Tuilerien mit dem deutschen Leibregiment des Prinzen Lambesc zusammen. Bei dieser Nachricht läutete man Sturm, die Läden der Waffenhändler wurden geplündert, und die Bewaffnung des Volkes begann. Am 13. Juli erklärte die Versammlung, daß Necker und die entlassenen Minister »ihre Achtung« besäßen und drückte »ihr Bedauern« aus; sie bestimmte die volle Verantwortlichkeit der im Amt befindlichen Minister; doch blieb sie gegenüber dem Versuch eines Gewaltstreiches ohne Waffen. Unterdessen entstand eine neue Macht. Am 10. Juli hatten sich die Wahlmänner des Dritten Standes erneut im Rathaus versammelt und den Wunsch verkündet, »die Stadt Paris sobald wie möglich mit der Einrichtung einer Bürgergarde auszustatten.« Am Abend des 12. fand eine weitere Versammlung statt, in deren Verlauf ein am Morgen des 13. veröffentlichter Erlaß angenommen wurde. Nach Art. 3 war ein *Ständiger Ausschuß* einzurichten. Art. 5 sah vor, »daß von jedem Distrikt die Aufstellung eines namentlichen Verzeichnisses von 200 bekannten Bürgern, die Waffen tragen könnten, verlangt werde; daß diese zu Einheiten einer *Pariser Miliz* zusammengefaßt werden, um über die öffentliche Sicherheit zu wachen«. In Wirklichkeit handelte es sich um eine Miliz der *Bourgeoisie*, die zum Schutz aller Besitzenden nicht nur vor den Übergriffen der königlichen Macht und ihrer regulären Truppen, sondern ebenso vor der Bedrohung der sozialen Unterschichten, die für gefährlich gehalten wurde, bestimmt war. Die Abordnung von Paris erklärte am Morgen des 14. Juli in der Nationalversammlung: »Die Einrichtung der Bürgermiliz und die gestern getroffenen Maßnahmen haben in der Stadt für eine ruhige Nacht gesorgt. Es steht fest, daß zahlreiche dieser Subjekte, die sich bewaffnet hatten, von der Bürgermiliz entwaffnet und zur Ordnung zurückgeführt worden sind.«

Im Verlauf des 13. brach der Aufruhr wieder los. Viele Gruppen eilten durch Paris; sie suchten Waffen und drohten, die Stadthäuser der Aristokraten zu durchkämmen; Gräben wurden ausgehoben und Barrikaden errichtet. Seit dem Morgengrauen schmiedeten Eisenarbeiter Spieße; notwendig aber waren Feuer-waffen. Die Menge forderte sie vergeblich von dem Vorsteher der Pariser Kaufleute. Am Nachmittag verweigerten die Leib-gardisten, die Befehl zur Evakuierung von Paris hatten, den Gehorsam und stellten sich den Anordnungen des Rathauses zur Verfügung.

Am 14. Juli verlangte die Menge dringend nach einer allgemei-nen Bewaffnung. Mit dem Ziel, sich Waffen zu verschaffen, zog sie erst zum Invalidenhaus, wo sie 32 000 Gewehre an sich nahm, und dann zur Bastille. Mit ihren 30 Meter hohen Mauern und ihren wassergefüllten, 25 Meter breiten Gräben widerstand die Bastille dem Ansturm des Volkes, obwohl sie nur von 80 In-validen unter der Leitung von 30 Schweizern verteidigt wurde. Die Handwerker des Faubourg Saint-Antoine wurden durch zwei Abteilungen von Leibgardisten und eine gewisse Anzahl von Bürgermilizsoldaten verstärkt; diese brachten fünf Kano-nen heran, von denen drei als Batterie vor dem Tor der Festung aufgebaut wurden. Dieses entschiedene Eingreifen zwang den Befehlshaber de Launay zur Kapitulation: er ließ die Zugbrücke herab, und das Volk stürmte hinein.

Von Versailles aus hatte die Nationalversammlung die Vor-gänge in Paris mit Besorgnis verfolgt. Im Verlauf des 14. wur-den zwei Abordnungen zum König geschickt, um einige Kon-zessionen zu erlangen. Bald traf die Nachricht vom Sturm auf die Bastille ein. Auf welche Seite würde sich Ludwig XVI. stel-len? Die Unterwerfung von Paris würde harte, langwierige Straßenkämpfe erfordern. Liberale Großgrundherren, unter an-deren der Herzog von Liancourt, drängten den Monarchen, im eigenen Interesse des Königtums die Truppen zurückzuziehen. Ludwig XVI. beschloß, Zeit zu gewinnen. Am 15. Juli begab er sich in die Versammlung, um die Rücknahme der Truppen an-zukündigen.

Die Pariser Bourgeoisie profitierte vom Sieg des Volkes und nahm die Verwaltung der Hauptstadt in ihre Hand. Der *Stän-dige Ausschuß* im Rathaus wurde zur *Kommune* von Paris, aus der heraus der Abgeordnete Bailly zum Bürgermeister gewählt wurde, während La Fayette zum Kommandant der Bürger-miliz, die bald den Namen *Nationalgarde* erhielt, ernannt wur-de. Der König vollendete seinen Rückzug, indem er nicht nur am 16. Juli der Rückberufung Neckers zustimmte, sondern sich auch bereiterklärte, am 17. nach Paris zu kommen. Durch seine An-

wesenheit in der Hauptstadt billigte er die Ergebnisse des Auf
standes vom 14. Juli. Er wurde im Rathaus von Bailly empfan
gen, der ihm die dreifarbige Kokarde, das Symbol für die »er
habene und ewige Allianz zwischen dem Monarchen und dem
Volk« überreichte. Ludwig XVI. war sehr bewegt und konnte
nur mit Mühe diese Worte aussprechen: »Mein Volk kann stets
auf meine Liebe zählen.«

Die aristokratische Partei war von der Selbstentwürdigung des
Monarchen tief betroffen. Ihre Häupter zogen die Auswande
rung einer weiteren Solidarität mit einem zu derartigen Kon
zessionen bereiten Königtum vor. Im Morgengrauen des 17. Juli
setzte sich der Graf von Artois mit seinen Kindern und seinem
Gefolge in die Niederlande ab; bald darauf folgte ihm der Prinz
von Condé mit seiner ganzen Familie; der Herzog und die Her
zogin von Polignac gingen in die Schweiz und der Marschall de
Broglie nach Luxemburg. Es begann die Emigration.

Während das Königtum außerordentlich geschwächt aus diesen
Julitagen 1789 hervorging, erschien die Pariser Bourgeoisie als
die große Siegerin: es war ihr gelungen, ihre Herrschaft in der
Hauptstadt zu errichten und ihre Souveränität vom König selbst
anerkennen zu lassen. Die Bedeutung des 14. Juli wurde über
den realen Sieg der Bourgeoisie hinaus zum Symbol der Freiheit.
Dieser Tag bestätigte die Übernahme der Macht durch eine neue
Klasse; er bedeutete aber auch den Zusammenbruch des Ancien
Régime, wie die Bastille es verkörperte: in dieser Bedeutung ließ
er bei allen unterdrückten Völkern große Hoffnungen aufkom
men.

## 2. Die Revolte der Städte (Juli 1789)

Durch die Berichte ihrer Abgeordneten hatten die Provinzen die
Kämpfe des Tiers gegen die privilegierten Stände mit derselben
Besorgnis verfolgt wie die Hauptstadt. Die Entlassung Neckers
verursachte dort die gleiche Erregung wie in Paris. Der Sturm
auf die Bastille wurde je nach Entfernung zwischen dem 16. und
19. Juli bekannt; er löste Begeisterung aus und beschleunigte eine
Bewegung, die sich in manchen Städten schon in den ersten Juli
tagen abgezeichnet hatte.

Die *munizipale Revolution* erstreckt sich über einen ganzen Mo
nat, und zwar von Anfang Juli, so in Rouen im Anschluß an

Versorgungsunruhen, bis in den August hinein, wie in Auch oder in Bourges. In Dijon brach sie bei der Bekanntgabe der Entlassung Neckers los, in Montauban bei der Nachricht von der Einnahme der Bastille.

Die Munizipalrevolution war je nach Region mehr oder weniger gründlich; ihre Erscheinungsformen waren sehr unterschiedlich. In manchen Städten war sie umfassend: sei es, daß der alte Magistrat mit Gewalt entfernt worden war wie in Straßburg; sei es, daß die alten Magistratsbeamten im Amt belassen wurden, aber dann innerhalb eines neuen Ausschusses die Minderheit bildeten, wie in Dijon oder Pamiers; oder sei es, daß die Magistratsbefugnisse auf eine »schlichte Polizeigewalt« reduziert wurden, während ein Ausschuß entweder alle revolutionären Entscheidungen sich vorbehielt, wie in Bordeaux, oder unablässig in die Verwaltungstätigkeit eingriff wie in Angers oder in Rennes. In anderen Städten blieb die munizipale Revolution unvollständig, und die alte Gewalt bestand neben der neuen, revolutionären fort: so war es in einigen Städten der Normandie, wo bereits die Sorge um die Gestaltung der Zukunft hervortrat. Diese Dualität deutete nicht selten auf eine Rivalität verschiedener Gruppen hin, wobei keine von beiden einen entscheidenden Sieg über die andere davontragen konnte: ein sozialer Gegensatz wie in Metz und Nancy, ein durch die Wirkung einer religiösen Feindschaft zwischen Katholiken und Protestanten verschärfter sozialer Konflikt wie in Montauban und Nîmes, oder persönliche Feindseligkeiten wie in Limoges. In wieder anderen Städten war die munizipale Revolution infolge ihres provisorischen Charakters unvollkommen, so in Lyon und Troyes, wo dem Julisieg der Patrioten ein Gegenangriff von Kräften der alten Ordnung folgte. In einer gewissen Anzahl von Städten fand endlich überhaupt keine Munizipalrevolution statt; entweder besaß der alte Magistrat wie in Toulouse das Vertrauen der Patrioten oder er genoß wie in Aix die Unterstützung der Armee und der Gerichte. Die unterschiedlichen Erscheinungsformen geben Zeugnis von der Mannigfaltigkeit der Gemeindestrukturen im Ancien Régime und ebenso vom Spiel der sozialen Antagonismen. In Flandern hatte die Bewegung nur geringen Umfang; die Forderungen der Bourgeoisie waren politischer Natur, und die des Volkes hatten sozialen Charakter, doch fielen beide in der zeitlichen Abfolge nicht zusammen. Im allgemeinen verlief die munizipale Revolution im Norden und im Süden schwächer, also überwiegend in Gebieten mit Städten der Bourgeoisie oder Städten mit Ratsherrenverfassung, demnach mit einer festen kommunalen Tradition. In Tarbes wie auch in Toulouse war das alte Magistratspersonal eine recht vollständige Vertretung der verschiedenen Schichten der Bevölkerung: die Patrioten hatten kein Interesse an seiner Entfernung. In Bordeaux und Montauban hingegen hatte die Monarchie die gesamte kommunale Selbstverwaltung zerstört: die Magistratsbeamten, die nichts und niemanden vertraten, wurden davongejagt.

Die Errichtung von bürgerlichen Nationalgarden ging mit der Munizipalrevolution in ebenso verschiedenen Formen einher. In den meisten Fällen beeilten sich die neuen Magistratsausschüsse, nach dem Vorbild von Paris eine Bürgergarde zur Aufrechterhaltung der Ordnung zu organisieren. Manchmal schuf der alte Magistrat wie in Angers eine Nationalgarde, die dann mit mehr Patriotismus die Einrichtung eines Ausschusses durchsetzte. In Toulouse wurde eine Nationalgarde organisiert, ohne daß es eine munizipale Revolution gab; in Albi stellte die Garde lediglich die neue Form der Miliz dar, die bereits unter dem Ancien Régime existierte.

Welche Gestalt diese Munizipalrevolution auch immer annahm, die Wirkungen waren überall gleich: die königliche Macht war zerstört, die Zentralisation verschwand, fast alle Intendanten verließen ihre Posten, und die Steuererhebung wurde ausgesetzt. Dazu ein Zeitgenosse: »Es gibt keinen König mehr, kein Parlament, keine Armee und keine Polizei.« Die neuen Magistrate traten die Erbschaft der alten Gewalten an. Die vom Absolutismus lange Zeit zurückgedrängten örtlichen Selbstverwaltungen konnten sich nun frei entfalten; die Aktivität der Gemeinden dehnte sich von neuem stark aus. In Frankreich herrschte die kommunale Selbstverwaltung.

Für viele Gebiete muß auch der soziale Aspekt der munizipalen Revolution unterstrichen werden. Sein Ursprung liegt in dem großen Mangel oder der Teuerung der Lebensmittel. Das Volk in den Städten erwartete die Abschaffung der indirekten Steuern und eine strenge Reglementierung des Kornhandels. In Rennes ging die neue Stadtverwaltung sofort daran, nach Getreidevorräten zu forschen. Um die Empörung des Volkes stillzustellen, ordneten die Magistratsbeamten in Caen eine Herabsetzung des Brotpreises an, ergriffen aber gleichzeitig die Vorsichtsmaßregel, eine Bürgergarde aufzustellen. In Pontoise wurde der Korn-Aufstand durch die Anwesenheit eines aus Paris zurückkehrenden Regiments zum Stillstand gebracht; in Poissy wandte sich die Wut des Volkes gegen einen des Kornwuchers verdächtigten Mann, der nur von einer Abordnung der Nationalversammlung gerettet werden konnte; in Saint-Germain-en-Laye wurde ein Müller niedergemetzelt. In Flandern wurden die Zollbüros geplündert. Am 26. Juli zündete das aufgebrachte Volk in Verdun die städtischen Zollschranken an und bedrohte verschiedene Häuser, in denen die Lagerung von Kornvorräten vermutet wurde; der Gouverneur bat die Bourgeoisie, zur Wiederherstellung der Ordnung eine städtische Miliz zu bilden; eine Herabsetzung des Brotpreises mußte aber zugestanden werden. Der auf dem Weg in die Emigration befindliche Marschall de Broglie geriet mitten in diesen Sturm: nur mit knapper Not und dank der Garnisonstruppen entkam er der Volkswut.

Die Stimmung in den Provinzen wurde durch die Angst vor dem aristokratischen Komplott erheblich verschärft. Jede Bewegung schien verdächtig, die Transporte wurden überwacht, die Karossen durchsucht und Personen auf Reisen oder auf dem Wege in die Emigration zurückgehalten. An den Grenzen kursierten Gerüchte über eine Invasion des Auslandes. Die Piemonteser würden sich auf einen Überfall auf die Dauphiné vorbereiten und die Engländer darauf, Brest zu nehmen! Ein angstvolles Abwarten lastete auf dem ganzen Land. Bald brach die Große Angst aus.


*3. Die Revolte auf dem Land: die Große Angst (Ende Juli 1789)*


Während des Konfliktes zwischen den Ständen hatten die Bauern, die zur Zeit der Wahlen von einer großen Begeisterung ergriffen waren, mit einiger Ungeduld eine Antwort auf ihre Beschwerden erwartet. Die Bourgeoisie hatte sich mit Hilfe eines Aufstandes an die Macht gebracht, würde sich das Landvolk noch länger in Geduld üben? Keine einzige seiner Forderungen war bis jetzt erfüllt; das Feudalsystem bestand weiter. Der Gedanke an ein *aristokratisches Komplott* breitete sich auf dem Lande genauso schnell aus wie in den Städten.

Die wirtschaftliche Krise verstärkte die Unzufriedenheit. Die Hungersnot wurde deutlich und hart spürbar, zumal viele Bauern nicht genügend für das eigene Leben ernteten. Die industrielle Krise wirkte sich besonders auf die Gebiete aus, in denen die ländliche Industrie zahlreich war; die Arbeitslosigkeit stieg. Arbeitslosigkeit und Hunger ließen mehr und mehr Bettler und Vagabunden entstehen; im Frühling erschienen die ersten Banden. Die *Furcht vor Räubern* vergrößerte die Angst vor dem aristokratischen Komplott. Während die wirtschaftliche Krise die Zahl der Notleidenden erhöhte, wuchs in ihrem Gefolge auch die Unsicherheit auf dem Lande; gleichzeitig sorgte sie für Unruhe unter den Bauern und deren Auflehnung gegen die Grundherren.

Die Agrar-Revolte stand bevor. In vielen Gebieten waren Unruhen ausgebrochen und dauerten den ganzen Frühling über; in der Provence, im Cambrésis, in der Picardie und selbst in der Umgebung von Paris und Versailles. Der 14. Juli hatte einen entscheidenden Einfluß. Vier Aufstände brachen los: im Bocage in der Normandie, im Norden nahe der Scarpe und südlich der Sambre, im Hochburgund und in der Gegend um Mâcon. Die Agrar-Revolten richteten sich vor allem gegen die Aristokratie; die Bauern drängten nach der Abschaffung der Feudalrechte: das sicherste Mittel, dies zu erreichen, bestand darin, die Schlösser und mit ihnen alle alten Urkunden zu verbrennen.

Die eigentliche *Große Angst* Ende Juli 1789 verlieh dieser Aufruhrwelle eine unwiderstehliche Wucht. Die seit Anfang Juli aus Paris und Versailles eintreffenden Nachrichten waren verfälscht und unverhältnismäßig übertrieben und machten immer mehr Aufsehen, je weiter sie von Dorf zu Dorf vordrangen. Agrar-Revolte, Wirtschaftskrise, aristokratisches Komplott und Angst vor Räuberbanden schufen mit ihrer gemeinsamen Wirkung eine Atmosphäre der Panik. Gerüchte, die von kopflosen Leuten ausgestreut wurden, liefen um; danach sollten sich Räuberbanden nähern, das grüne Getreide mähen und die Dörfer abbrennen. Zum Kampf gegen diese eingebildeten Gefahren bewaffneten sich die Bauern mit Sicheln, Gabeln und Jagdgewehren, während die Sturmglocke den Alarm von Ort zu Ort weitertrug. Die Panik verstärkte sich in dem Maße, wie sie sich ausbreitete. Die Versammlung, Paris und die Presse gerieten ihrerseits in Erregung. In der 21. Nummer des *Courrier de Provence* verdächtigte Mirabeau die Feinde der Freiheit, zur Verbreitung dieser falschen Alarmmeldungen beizutragen, und riet zu Ruhe und Vorsicht:

»Nichts überrascht den Beobachter mehr als die generelle Neigung in Notzeiten, schlechte Nachrichten zu glauben und zu übertreiben. Anscheinend besteht die Logik nicht mehr darin, den Wahrscheinlichkeitsgrad zu berechnen, sondern darin, den unsichersten Gerüchten Glauben zu schenken, sobald sie nur von Gewalttaten berichten und die Vorstellungskraft mit finsteren Greueln anregen. So ähneln wir den Kindern, die die schrecklichsten Märchen immer am liebsten hören ...«

Sechs ursprüngliche Panikausbrüche, und zwar in Hochburgund im Anschluß an die Revolte der Burgunder Bauern, in der Champagne, im Beauvaisis, im Maine, in der Region Nantes und dem Gebiet von Ruffec, waren der Anlaß für Strömungen, die sich rasch ausbreiteten und vom 20. Juli bis zum 6. August den größten Teil Frankreichs erfaßten. Die Bretagne, Elsaß, Lothringen und das Hennegau blieben verschont.

Die Große Angst machte den Aufstand der Bauern noch heftiger. Bald wurde zwar die Haltlosigkeit dieser Schreckensmeldungen offensichtlich, doch blieben die Bauern unter Waffen. Sie ließen von der Verfolgung der eingebildeten Räuber ab, wandten sich gegen das Schloß des Grundherrn, ließen sich unter Drohungen die alten urkundlichen Rechtstitel, in denen die verhaßten Rechte verankert waren, und die Urkundsbriefe, die in ferner Vergangenheit das Recht zur Erhebung von Grundzinsen verliehen hatten, herausgeben und entzündeten damit große Feuer auf dem Dorfplatz. Manchmal, wenn sich die Grundherren weigerten, ihre Pergamente auszuliefern, zündeten die Bauern das Schloß an und hängten die Herren auf. Oft wurde der Notar des Bezirks herangeholt, damit er den Verzicht auf die Feudalrechte formell ordnungsgemäß feststellte.

Die aus jahrhundertelanger Ausbeutung resultierende Not, Lebensmittelmangel und Verteuerung der Lebenskosten, Angst vor der Hungersnot, breitgestreute unbestimmte Gerüchte, Furcht vor *Räubern* und schließlich der Wunsch, sich von der feudalen Last zu befreien: alle diese Umstände haben gemeinsam dazu beigetragen, das Klima für die Große Angst zu schaffen. Das Land ging verändert aus dieser Zeit hervor; die Agrar-Revolte und der Bauernaufstand haben das Feudalregime niedergeworfen; Bauernkomitees und Dorfmilizen haben sich gebildet. Wie die Pariser Bourgeoisie sich bewaffnet und die Gemeindeverwaltung in die Hand genommen hatte, so ergriffen auch die Bauern die Macht und übernahmen die örtlichen Machtbefugnisse.

Zwischen der Klasse der Bourgeoisie und den Bauern erschien

aber bald ein grundlegender Widerspruch. Genau wie der Adel war auch die städtische Bourgeoisie Grundbesitzerin; sie besaß sogar Lehensgüter und trieb auf dieser Grundlage die herkömmlichen Grundzinsen von den Bauern ein. Sie fühlte sich in ihren unmittelbaren Interessen durch den auf die Panik folgenden Aufstand bedroht. Angesichts der Abwesenheit von jeder öffentlichen Gewalt und der Auflösung jeder Autorität nahm sie ihre eigene Verteidigung selbst in die Hand. Die Ständigen Ausschüsse und die Nationalgarden der neugebildeten Magistrate übernahmen die Aufgabe, die Rechte der adligen und bürgerlichen Eigentümer zu schützen. Die Unterdrückung endete oft blutig; zwischen den Bauernbanden und den Bürgermilizen kam es wie im Land um Mâcon häufig zu Zusammenstößen. Vor einer drohenden sozialen Revolution und im Kampf für die Befreiung ihres Landes festigte sich das Bündnis der besitzenden Klassen, der Bourgeoisie und des Adels, gegen das Landvolk. Dieses Bild des Klassenkampfes war in der Dauphiné besonders deutlich, wo die Bourgeoisie den Adel unterstützte, während die Sympathien des Volkes den aufständischen Bauern gehörten. Doch konnte diese Repression die wesentlichen Ergebnisse der Großen Angst nicht wieder in Frage stellen: das Feudalregime konnte den Bauernaufstand vom Juli 1789 nicht überleben.

Die Nationalversammlung verfolgte diese Ereignisse ohnmächtig und hilflos; in der Mehrzahl waren ihre Mitglieder Angehörige der Besitz-Bourgeoisie. Würde sie die neue Ordnung auf dem Lande für rechtmäßig erklären? Oder jedes Zugeständnis ablehnen und riskieren, daß damit ein unüberbrückbarer Graben zwischen der Bourgeoisie und den Bauern geschaffen würde?

## III. DIE FOLGEN DER REVOLUTION DES VOLKES (AUGUST-OKTOBER 1789)

### 1. Die Nacht des 4. August und die Erklärung der Menschenrechte

Angesichts des Aufruhrs auf dem Land erwog die Nationalversammlung einen Augenblick lang, die Unterdrückung zu organisieren. Am 3. August kam es zur Diskussion über eine Beschlußvorlage des berichterstattenden Ausschusses:

»In Kenntnis der Tatsachen, daß die Bezahlung der Renten, Zehntabgaben, Steuern, Pachtzinsen und der seigneurialen Grundzinsen hartnäckig verweigert wird, daß sich bewaffnete Leute der Gewalttätigkeit schuldig machen, daß sie in die Schlösser eindringen, Papiere und alle Urkunden an sich nehmen und diese in den Höfen verbrennen..., erklärt die Nationalversammlung, daß solange kein Grund die Aufhebung der Zahlung von Steuern und allen anderen Zinsabgaben rechtfertigt, bis sie selbst über diese verschiedenen Rechte befunden hat.«

Die Versammlung war sich jedoch der Gefahr einer Unterdrückungspolitik bewußt. Sie hatte keinerlei Interesse daran, den Befehl über die zur Unterdrückung einzusetzenden Kräfte der königlichen Regierung zu übergeben, die diese Gelegenheit zu einem Schlag gegen die nationale Vertretung hätte nutzen können. Wenn die Bourgeoisie der Konstituante aber schon zögerte, die Unterdrückung zu organisieren, so konnte sie es doch nicht zulassen, daß die Adligen enteignet wurden, ohne um ihre eigenen Güter fürchten zu müssen. Sie erklärte sich zu Konzessionen bereit. Es wurde zugestanden, daß die Feudalrechte ein Eigentum besonderer Art bildeten, die oft durch widerrechtliche Aneignung oder Gewaltakte entstanden wären, und daß es rechtmäßig wäre, die Urkunden mit den Nachweisen über die Grundzinsen einer Prüfung zu unterziehen. Man war geschickt genug, mit der Ausführung dieses Vorhabens einen liberalen Adligen, den Herzog von Aiguillon, einen der größten Grundbesitzer des Königreiches, zu betrauen: sein Eingreifen stürzte die Privilegierten in Verwirrung und reizte den liberalen Adel zur Nachahmung. Die Führer der revolutionären Bourgeoisie zwangen damit die Versammlung, sich unmittelbarer Sonderinteressen zu entledigen.

Die so vorbereitete Sitzung am Abend des 4. August wurde durch die Wortmeldung des Vicomte de Noailles, eines jungen Mannes ohne Vermögen übrigens, eingeleitet, in der dieser die Abschaffung aller fiskalischen Privilegien, die Aufhebung der Frondienste, der Mainmorte und der anderen persönlichen Dienstleistungspflichten und den Rückkauf der Realabgaben vorschlug; der Herzog von Aiguillon unterstützte ihn nachdrücklich. Diese Vorschläge wurden mit umso größerer Begeisterung angenommen, als das damit verbundene Opfer eher dem Anschein nach als in Wirklichkeit bestand. Mit diesem Elan wurden alle Privilegien der Stände, der Provinzen und der Städte auf dem

Altar des Vaterlandes geopfert. Die Sonderrechte für Jagd, Gehege und Taubenschläge, die Gerichtsbarkeit der Grundherren und die Ämterkäuflichkeit wurden beseitigt. Auf Antrag eines Adligen verzichtete der Klerus auf den Zehnten. Zum Abschluß dieser feierlichen Entsagung wurde gegen zwei Uhr morgens Ludwig XVI. zum *Wiederhersteller der französischen Freiheit* erklärt. Die administrative und politische Einheit des Landes, die von der absoluten Monarchie nicht zu einem erfolgreichen Abschluß hatte geführt werden können, schien vollendet. Das Ancien Régime bestand nicht mehr.

Tatsächlich stellten die Opfer in der Nacht des 4. August eher eine Konzession an die Erfordernisse des Augenblicks dar, als eine freiwillig gewährte Erfüllung der Forderungen der Bauern. Vor allem mußten die Ordnung in den Provinzen wiederhergestellt und die Unruhen bekämpft werden. Mirabeau schrieb in der 26. Nummer seines *Courrier de Provence* (10. August):

»Alle Aktivitäten der Versammlung seit dem 4. August haben das Ziel, die Herrschaft der Gesetze im Königreich wiederherzustellen, dem Volk ein Unterpfand seines Glückes zu geben und seine Ungeduld durch den raschen Genuß der ersten Wohltaten der Freiheit zu besänftigen.«

Die Entscheidungen in der Nacht des 4. August waren ohne schriftliche Abfassung getroffen worden. Als man ihnen eine Form geben mußte, bemühte sich die Versammlung, die praktische Tragweite der unter dem Eindruck der Revolten des Volkes getroffenen Maßnahmen abzuschwächen. Die Gegner, die einen Moment lang von der Begeisterung fortgetragen waren, kamen wieder zu sich; besonders der Klerus versuchte, von seiner Entscheidung über die Aufhebung des Zehnten loszukommen. »Die Nationalversammlung schafft das Feudalregime vollständig ab.« In den endgültigen Erlassen führte man einzelne Einschränkungen wieder ein. Die auf den Menschen lastenden Rechte wurden beseitigt; die den Boden belastenden wurden aber für loskäuflich erklärt: das bedeutete die Möglichkeit, daß die Feudalabgaben aufgrund eines vor langer Zeit zwischen dem Grundherren als Eigentümer und dem Bauern als Pächter des Bodens abgeschlossenen Vertrages erhoben wurden. Der Bauer war frei, aber nicht sein Land: diese einzigartigen Beschränkungen hatte er bald begriffen und auch, daß er die Grundzinsen bis zu ihrem vollständigen Rückkauf entrichten mußte.

Während die Nationalversammlung noch die Einzelheiten des

Rückkaufs festlegte, verschärften sich die Freiheitseinschränkungen. Vom Grundherrn wurde keinerlei Nachweis seiner Rechte über das Land oder der Verträge, die seine Ahnen angeblich mit den Bauern geschlossen hatten, verlangt. Unter diesen Umständen ergab es sich, daß der Bauer zu arm war, um durch den Rückkauf der Feudalrechte sein Land frei zu machen, oder daß die auferlegten Rückkaufsbedingungen, sobald er ein wenig wohlhabend geworden war, den Rückkauf unmöglich machten. Das Feudalsystem war in der Theorie beseitigt, bestand aber in seinen wesentlichen Teilen fort. Die Desillusionierung bei den Bauernmassen war groß. Auf mehr als nur auf einem Gebiet wurde der Widerstand organisiert; in einem stillschweigenden Übereinkommen wurde die Zahlung der Grundzinsen verweigert; die Unruhen begannen erneut. Die Versammlung blieb nicht minder standhaft in ihrem Vorhaben und setzte ihre Klassengesetzgebung bis zum Ende fort. Die Bauern mußten die Abstimmungen der Gesetzgebenden Versammlung und des Konvents abwarten, um zu sehen, welche wahren Konsequenzen sich aus der Nacht des 4. August und aus dem vollständig abgeschafften Feudalwesen ergaben.

Trotz dieser Vorbehalte hatten die Ergebnisse des 4. August, die durch die Erlasse vom 5. bis 11. August bestätigt wurden, eine außerordentlich große Bedeutung. Die Nationalversammlung hatte das Ancien Régime zerstört. Die Unterscheidungen, Privilegien und Partikularismen sind abgeschafft worden. Seitdem besaßen alle Franzosen gleiche Rechte und gleiche Pflichten, hatten Zugang zu allen Stellen und Berufen und bezahlten die gleichen Steuern. Das Territorium wurde einheitlich zusammengefaßt, die vielfältigen Einteilungen des alten Frankreich wurden zerstört; die lokalen Gewohnheitsrechte und Gebräuche, die Privilegien der Provinzen und der Städte waren verschwunden. Die Versammlung hatte reinen Tisch gemacht. Nun galt es aufzubauen.

Seit Anfang August beschäftigte sich die Versammlung hauptsächlich mit dieser Aufgabe. In der Sitzung vom 9. Juli hatte Mounier im Namen des Verfassungsausschusses die Prinzipien entwickelt, die die neue Verfassung bestimmen sollten, und die Notwendigkeit dargelegt, ihr eine Erklärung der Rechte voranzustellen:

»Eine gute Verfassung muß auf den Rechten des Menschen aufbauen und sie beschützen; die Rechte, die die natürliche Gerechtigkeit allen Individuen verleiht, müssen anerkannt werden; alle

Prinzipien, die die Basis von jeder Art Gesellschaft bilden, müssen berücksichtigt werden, und jeder Artikel der Verfassung muß die Folge eines Prinzips sein können ... Diese Deklaration muß kurz, einfach und genau sein.«

Am 1. August nahm die Versammlung die Diskussion wieder auf. Da bei weitem keine einheitliche Meinung über die Notwendigkeit bestand, eine Erklärung der Rechte zu verfassen, entzündeten sich gerade an diesem Punkt die Debatten. Viele Redner stellten die Zweckmäßigkeit der Deklaration in Frage. Von den Unruhen erschreckte Gemäßigte wie Malouet hielten sie für nutzlos und gefährlich. Andere, wie der Abbé Grégoire, wollten sie durch eine Erklärung der Grundpflichten vervollständigen. Am Morgen des 4. beschloß die Versammlung, daß der Verfassung eine Erklärung der Rechte vorangestellt würde. Die Diskussion kam langsam voran. Des langen wurden die Artikel debattiert, die die Meinungsfreiheit und die öffentliche Religionsausübung betreffen, wobei die Mitglieder des Klerus darauf bestanden, daß die Versammlung die Existenz einer Staatsreligion bestätigen sollte; hiergegen protestierte Mirabeau heftig zugunsten der Gewissens- und Religionsfreiheit. Am 26. August 1789 nahm die Versammlung die Erklärung der Menschen- und Bürgerrechte an.

Hierin lag zugleich die Verurteilung der aristokratischen Gesellschaft und der Mißbräuche der Monarchie; die Erklärung der Rechte war in dieser Hinsicht »die Sterbeurkunde des Ancien Régime«. Gleichzeitig aber war sie von den Lehren der Philosophen beeinflußt und war Ausdruck des Ideals der Bourgeoisie; sie legte die Grundlagen für eine neue soziale Ordnung, die für die gesamte Menschheit und nicht nur für Frankreich allein geeignet schien.

## 2. Die Septemberkrise: das Scheitern der »Revolution der Notabeln«

Die Nationalversammlung hatte in wenigen Wochen das Ancien Régime zerstört, indem sie einmal die Ergebnisse der Revolten des Volkes anerkannte und zum anderen die Entscheidungen der Nacht des 4. August traf; mit der Erklärung der Rechte hatte sie das Wiederaufbauwerk begonnen. Indessen zeigte die

Septemberkrise 1789, daß die Neubildung Frankreichs keine einfache Angelegenheit war.

Die finanziellen Schwierigkeiten dauerten an. Necker, der von seinem Ministerium in einer Atmosphäre des Triumphes wieder Besitz ergriffen hatte, erwies sich nun als unfähig. Es wurden keine Steuereingänge mehr verzeichnet. Eine Anleihe über 30 Millionen wurde ausgeschrieben: nach zwanzig Tagen lagen erst für zweieinhalb Millionen Gegenzeichnungen vor. Die Popularität Neckers war ruiniert.

Die politischen Schwierigkeiten verschärften sich. Der König begegnete der Versammlung mit passivem Widerstand: wenn er auch gegenüber dem Aufstand kapitulierte, war er doch nicht entschlossen, die Erlasse zu billigen. »Ich werde niemals der Beraubung meines Klerus und meines Adels zustimmen.« Die Erlasse vom 5.–11. August und die Erklärung der Rechte wurden nicht sanktioniert: die Änderung der Institutionen blieb nach wie vor unerledigt. Nichts konnte den König zur Billigung zwingen, es sei denn eine neue Volksbewegung.

Die konstitutionellen Schwierigkeiten ermutigten den König zum Widerstand. Die Diskussion um die Verfassung begann sofort nach der Abstimmung über die Deklaration, die die Präambel der Verfassung bildete. Die Meinungsgegensätze wurden deutlicher oder sogar unüberbrückbar. Der Volksaufstand und seine Folgen hatten eine Fraktion der patriotischen Partei alarmiert, die von jetzt an den Lauf der Revolution stoppen und die Macht des Königs und des Adels wieder stärken wollte. Die Berichterstatter des Verfassungsausschusses, Mounier und Lally-Tollendal, schlugen die Schaffung eines Oberhauses wie in England vor, dessen Mitglieder vom König ernannt werden sollten und deren Mitgliedschaft erblich sein sollte, was aus dieser Institution eine Festung der Aristokratie gemacht hätte. Dem König sollte ein absolutes *Veto* zustehen, was ihm die Liquidierung der Entscheidungen der gesetzgebenden Gewalt ermöglicht hätte. Die Befürworter eines Oberhauses und des absoluten *Vetos* erhielten den Namen *Monarchiens* oder *Anglomane*: ihre Bestrebungen zielten auf eine *Revolution der Notabeln*.

Einige patriotische Abgeordnete ergriffen energisch Partei gegen diese Vorschläge. Sieyes sprach sich gegen jede Form des *Vetos* aus: »Der Wille eines einzelnen kann nicht mehr sein als der allgemeine Wille; wenn der König die Entstehung eines Gesetzes verhindern könnte, würde sein alleiniger Wille über den Willen aller triumphieren; die Mehrheit der gesetzgebenden Gewalt muß unabhängig von der ausführenden Gewalt handlungsfähig sein; das absolute oder aufschiebende *Veto* ist nichts anderes als ein geheimer Haftbefehl gegen den allgemeinen Willen.«

In Paris war die öffentliche Meinung wachsam. Die Versammelten im Palais-Royal versuchten einen Marsch auf Versailles, um Druck auf die Entscheidungen der Versammlung auszuüben, und beschlossen: »Das *Veto* gehört nicht einem einzelnen Manne, sondern 25 Millionen.« Am 31. August entsandten sie eine Abordnung zum Rathaus mit dem Auftrag, die Einberufung einer allgemeinen Distriktversammlung zu verlangen, »damit beschlossen wird, daß die Nationalversammlung ihre Entscheidung über das *Veto* solange aussetzt, bis sich die Distrikte wie auch die Provinzen zu diesem Punkt geäußert haben.«

Die Mehrheit der patriotischen Partei, deren Führung nun Barnave, Du Port, Alexandre und Charles Lameth übernahmen, widersetzte sich der Einsetzung eines Oberhauses: am 10. September wurde das Zweikammersystem mit 849 gegen 89 Stimmen abgelehnt, die Rechte enthielt sich hier der Stimme. Zur Frage des königlichen *Vetos* war die patriotische Partei weniger unerbittlich: Barnave unterbreitete den Vorschlag, es für zwei Legislaturperioden widerruflich einzuführen. Am 11. September wurde für das aufschiebende *Veto* mit 575 gegen 325 Stimmen abgestimmt. Mit dieser Konzession hofften die Führer der patriotischen Partei, Ludwig XVI. zur Billigung der August-Erlasse zu bewegen. Aber die Haltung des Königs blieb unverändert: nach und nach kamen die Patrioten zu der Überzeugung, daß eine neue Aktion des Volkes notwendig wäre.

Die ökonomischen Schwierigkeiten machten es tatsächlich möglich, das Volk von Paris von neuem zu mobilisieren. Die Emigration hatte nicht nur große Mengen Bargeld aus Frankreich abgezogen, weil die Emigranten soviel Geld wie irgendmöglich mitschleppten, sondern sie traf auch die Luxusindustrien und den Pariser Handel. Die Arbeitslosigkeit verdoppelte sich, während der Brotpreis hoch blieb: über drei Sous das Pfund; die Dreschzeit für das Getreide war noch nicht beendet; im September erschienen wieder die Schlangen vor den Bäckerläden; die Arbeiter begannen Manifestationen für Lohnerhöhungen und Arbeitsplätze. So versammelten sich zum Beispiel die Schustergesellen auf den Champs-Élysées, um die Höhe ihrer Löhne zu beschließen und einen Ausschuß zu ernennen, der ihre Interessen wahrnehmen und Selbsthilfebeiträge einsammeln sollte, die für die Unterstützung von arbeitslosen Mitgliedern bestimmt waren. Die Unfähigkeit der Nationalversammlung zur Regelung der Kornverteilung und die Fahrlässigkeit des Pariser Rathauses bei der Behandlung des Lebensmittelproblems und der Versorgung der Hauptstadt trugen noch zur Verschärfung der Situation bei. Marat stellte in der 2. Nummer seines *Ami du Peuple* die Verantwortlichkeit des Versorgungsausschusses im Rathaus fest:

»Heute (Mittwoch, dem 16. September) haben sich die Schrekken der Hungersnot von neuem eingestellt, die Bäckerläden werden belagert, dem Volk fehlt es an Brot; ausgerechnet nach der reichsten Ernte und sogar mitten im Überfluß stehen wir kurz vor dem Hungertod. Kann man noch daran zweifeln, daß wir von Verrätern umgeben sind, die danach trachten, unseren Untergang zu vollenden? Wem verdanken wir diese schwere Notlage, der Wut der Volksfeinde, der Habsucht der Monopolisten oder der Unterschlagung der Verwaltung?«

Die politische Agitation wurde durch die Auswirkungen der ökonomischen Krise verstärkt. In Paris verwalteten die Versammlungen der 60 Distrikte jedes Viertel und bildeten ebensoviele Volksklubs. Das Palais-Royal blieb das Hauptquartier der politischen Kämpfer. Die patriotische Presse entfaltete sich. Seit Juli erschien regelmäßig *Le Courrier de Paris à Versailles* von Gorsas, *Les Révolutions de Paris* von Loustalot und *Le Patriote français* von Brissot; im September begann Marat mit der Herausgabe seines *Ami du Peuple*. Die patriotischen Publizisten veröffentlichten Broschüren und Flugschriften zur Aufklärung des Volkes über die freiheitsfeindlichen Pläne der Aristokraten und über die Notwendigkeit, die Versammlung von Prälaten und Adligen zu reinigen, die als Abgeordnete ihres Standes aus dem Ancien Régime nicht mehr vortäuschen konnten, die Nation zu vertreten. Camille Desmoulins verlieh der Straßenlaterne an der Place de Grève, deren eiserne Querträger im Juli zu einigen Sammelexekutionen gedient hatten, die Fähigkeit zu sprechen und veröffentlichte den *Discours de la Lanterne aux Parisiens*[1]. Mehr und mehr anonyme Flugschriften erschie-

---

1 »Ansprache der Laterne an die Pariser.«

nen; sie brachten die allgemeine Unzufriedenheit zum Ausdruck; so diese mit dem bezeichnenden Titel: *Les Pourquoi du mois de septembre mil sept cent quatre-vingt-neuf*.[1]

Am Ende dieses Septembers erschien die Revolution neuerlich in Gefahr. Der König verweigerte immer noch seine Zustimmung zu den August-Erlassen. Vielmehr bereitete er sich auf den Angriff vor, indem er wiederum Truppen in Versailles konzentrierte. Zum zweiten Male rettete das Eingreifen des Volkes von Paris die Nationalversammlung und die gerade entstehende Freiheit. Da die Patrioten und Abgeordneten der Linken, die Pariser Journalisten und Kämpfer in den Distrikten spürten, daß ein heißer Konflikt zwischen Revolution und Ancien Régime unvermeidlich war, und um der zähen Opposition des Königs und der »Monarchiens« ein Ende zu setzen, bereiteten sie schon seit September eine Aktion vor, an dem das Volk von Paris erneut seinen Willen durchsetzen sollte. In der Nummer vom 2. Oktober des *Ami du Peuple* forderte Marat die Pariser zum Handeln auf, bevor noch der Winter ihre Leiden verschlimmern würde. Das im September herausgekommene patriotische Blatt *Le Fouet national*[2] schrieb in seiner 3. Nummer noch eindringlicher:

»Pariser, macht endlich die Augen auf; erwacht, kommt heraus aus Eurer Lethargie; die Aristokraten umzingeln Euch von allen Seiten und wollen Euch in Ketten legen, und Ihr schlaft! Wenn Ihr Euch nicht beeilt sie auszurotten, werdet Ihr von der Knechtschaft, dem Elend und der Verzweiflung gepeinigt sein.«

Die Patrioten entwickelten folgenden Plan: wenn der König inmitten seines treuen Volkes von Paris wohnen würde und von den Volksvertretern umgeben wäre, wäre er dem Einfluß der Aristokraten entzogen; und die Rettung der Revolution wäre gewährleistet. Das Volk war in Alarmbereitschaft, es bedurfte also nur eines kleinen Zwischenfalles, um den Aufstand auszulösen.

---

1 Etwa: »Die offenen Fragen des Monats September siebzehnhundertneunundachtzig.«
2 »Die nationale Peitsche.«

Die denkwürdigen Tage im Oktober, deren tiefere Ursachen in der ökonomischen und der politischen Krise zu suchen sind, deren Wirkungen zusammenfielen und sich gegenseitig verstärkten, wurden durch einen bloßen Zwischenfall ausgelöst: das Bankett der Leibwache. Am 1. Oktober 1789 gaben die Offiziere der Leibwache ein Bankett für die Offiziere des Flandern-Regiments im Schloß von Versailles. Als die königliche Familie erschien, stimmte das Orchester »Oh Richard, oh mein König, die ganze Welt hat dich verlassen« an. Vom Wein erhitzt zertraten die Festgäste die Trikolorenkokarde mit den Füßen, um die weiße oder die schwarze Kokarde – die der Königin – anzustecken.

Diese Nachricht gelangte zwei Tage später nach Paris. Das Volk war empört. Am Sonntag, dem 4. Oktober, bildeten sich Volksansammlungen; das Palais-Royal befand sich in einer wilden Gärung, Antrag auf Antrag wurde behandelt, während die patriotischen Journalisten diese neue Form des aristokratischen Komplotts anprangerten. *Le Fouet national* druckte diesen Kurzartikel: »Seit Montag haben die guten Pariser alle Not, um Brot zu bekommen. Die einzige, die ihnen etwas verschaffen könnte, ist Frau Straßenlaterne, und sie halten es nicht für der Mühe wert, sich an diese gute Patriotin zu wenden.« Ein weiteres Mal war der Hunger der bestimmende Faktor für die Aktion des Volkes.

Am 5. Oktober brachen Frauen aus dem Faubourg Saint-Antoine und aus dem Hallenviertel auf und versammelten sich vor dem Rathaus und forderten Brot. Dann beschlossen sie, unter der Führung des Gerichtsvollziehers Maillard, eines der Führer der aus Mitkämpfern des 14. Juli bestehenden und militärisch organisierten »Freiwilligen der Bastille«, nach Versailles zu ziehen. Gegen Mittag wurde Sturm geläutet, die Distrikte kamen zusammen, und die Nationalgarde stürmte auf die Place de Grève; alles rief: Auf, nach Versailles! La Fayette wurde gezwungen, das Kommando zu übernehmen. Etwa um 5 Uhr setzten sich noch 20 000 Männer nach Versailles in Marsch. Um diese Zeit kamen die Frauen von Paris gerade dort an, entsandten eine Abordnung zur Versammlung und dann zum König, die beide Getreide und Brot versprachen. Die Nationalgarde kam nach 10 Uhr an. Der König dachte daran, seine Gegner zu beruhigen, und benachrichtigte die Versammlung, daß er die Erlasse annehme. Die Volksbewegung hatte den Erfolg der patriotischen Partei sichergestellt.

Im Morgengrauen des 6. Oktober drang ein Trupp Manifestanten in das Schloß ein und kam bis zum Vorzimmer der Gemächer der Königin. Zwischen der Menge und den Leibgardisten kam es zum Kampf. Ohne besondere Eile kamen die Nationalgardisten, machten dem Getümmel ein Ende und ließen das Schloß räumen. Der König erklärte sich bereit, sich in der Begleitung der Königin und des Dauphin zusammen mit La Fayette auf dem Balkon zu zeigen. Die zunächst unentschlossene Menge brach schließlich in Beifall aus, rief aber dabei: »Nach Paris!« Ludwig XVI. gab nach. Auf eine Anfrage erklärte die Versammlung, daß sie von der Person des Königs nicht zu trennen sei. Um ein Uhr, beim Donner der Kanone, eröffneten die Nationalgardisten den Marsch, gefolgt von Karren mit Getreide und Mehl, die von den Frauen eskortiert wurden; es war ein eindrucksvoller Zug. Dann folgten die Truppen; darauf der König mit der königlichen Familie in ihrer Karosse, an deren Seite La Fayette sein Pferd tanzen ließ; danach kamen etwa hundert Abgeordnete mit ihren Wagen. Und noch einmal die Menschenmenge und die Nationalgardisten. Um 10 Uhr abends betrat der König die Tuilerien. Sowie Ludwig XVI. in Paris war, zögerte die Versammlung nicht, ihm zu folgen; am 12. kam sie zur Sitzung in das erzbischöfliche Palais, während man die Reparaturen der für sie bestimmten Salle du Manège[1] fertigstellte.

Die Volkserhebung im Oktober 1789 verwandelte die Lage der Parteien. Die Monarchiens als die Partei des Widerstandes seit dem Monat August waren die Hauptverlierer. Sie nahmen davon Kenntnis und zogen sich aus dem Kampf zurück; so vergrößerten Mounier, Malouet und andere die Welle der zweiten Emigration. Als Anhänger einer *Revolution der Notabeln* hatten sie die revolutionäre Bewegung in dem Moment abbremsen wollen, als sie sie für gefährlich für die Interessen der besitzenden Klassen hielten. Sie mußten die Stabilisierung der Konsulatszeit abwarten, um die Errichtung eines ihren Wünschen entsprechenden Regimes zu erleben.

Für viele Patrioten, wie auch Camille Desmoulins in der

---

1 Sitzungssaal in einer Reithalle bei den Tuilerien; später auch Sitzungssaal der Gesetzgebenden Versammlung und des Konvents.

1. Nummer der *Révolutions de France et de Brabant* (»Paris wird die Königin aller Städte sein, und der Glanz der Hauptstadt wird von der Größe und der Herrlichkeit des französischen Imperiums Zeugnis ablegen«), handelte es sich nur noch darum, das Werk der Neubildung des Landes durch die Gemeinschaft aller Bürger mit ihrem König zu vollenden. Nur einige einsichtige Männer hüteten sich vor einem zu großen Optimismus. So schrieb Marat in der 7. Nummer des *Ami du Peuple:*

»Für alle guten Pariser ist es ein Festtag, an dem sie endlich wieder ihren König bei sich haben. Seine Gegenwart wird rasch die Verhältnisse äußerlich ändern; die armen Leute werden nicht mehr verhungern. Aber dieses Glück wird bald wie ein Traum vergehen, wenn wir den Aufenthalt der königlichen Familie bei uns nicht bis zur endgültigen Verabschiedung der Verfassung festlegen. Der *Ami du Peuple* teilt die Freude seiner lieben Mitbürger, er gibt sich aber nicht dem Schlafe hin.«

Die Ereignisse von Juli bis Oktober 1789 wie auch der Geist, in dem die Verfassunggebende Versammlung das Werk der Neukonstruktion des Landes in Angriff nahm, rechtfertigten wahrhaftig die Wachsamkeit der Patrioten.

Der Volksaufstand hatte den Triumph der Bourgeoisie gesichert. Dank der Großen Tage im Juli und im Oktober waren die Ansätze der Gegenrevolution zerschlagen worden. Die Nationalversammlung, die allerdings nur mit Hilfe der Pariser Siegerin über die Monarchie blieb und nun befürchtete, sich in der Gewalt des Volkes zu befinden, war seitdem gegenüber der Demokratie genauso mißtrauisch wie gegenüber dem Absolutismus. Da die bourgeoise Mehrheit ihre Vorherrschaft gegen jede feindselige Rückkehr der Aristokratie retten wollte, machte sie sich an die weitestgehende Schwächung der Institution Monarchie. Da sie andererseits eine Beteiligung der Volksklassen am politischen Leben und an der öffentlichen Verwaltung fürchtete, hütete sie sich, aus der feierlichen Bekräftigung der Erklärung der Menschenrechte die sich daraus natürlicherweise ergebenden Konsequenzen zu ziehen. Als die Monarchie geschwächt war und das Volk unter Vormundschaft stand, ging die Verfassunggebende Versammlung an diesem Jahresende 1789 daran, die Institutionen Frankreichs zum Vorteil der Bourgeoisie neu zu gestalten.

2. Kapitel

# Die Verfassunggebende Versammlung
# Das Scheitern des Kompromisses
# (1790)

*Die Arbeit der Verfassunggebenden Versammlung am Wiederaufbau Frankreichs zog sich inmitten wachsender Gefahren über das ganze Jahr 1790 hin. Die Aristokratie gab den Kampf nicht auf, während die Volksmassen unter dem Druck wirtschaftlicher Schwierigkeiten unruhig blieben. Gegen diese doppelte Gefahr organisierte die Bourgeoisie der Konstituante unter dem Decknamen der konstitutionellen Monarchie ihre Herrschaft, wobei sie einen Teil der Aristokratie zu sich herüberziehen wollte: auf diese Weise sollte die Herrschaft auf der Grundlage eines Kompromisses geteilt werden. Für dieses Ziel mußten König und Adel noch gewonnen werden. Der Mann dieser Kompromißpolitik war La Fayette; eingebildet und naiv wie er war, versuchte er, diese Gegensätze auszugleichen.*

## I. DIE VERSAMMLUNG, DER KÖNIG
## UND DIE NATION

Der politische Kompromiß, der nach dem Vorbild der englischen Revolution von 1688 über den unterworfenen Volksklassen die Herrschaft von Großbourgeoisie und Aristokratie, die vom ehrenwerten Geld mithin, aufrichten sollte, wäre von den führenden Fraktionen der französischen Bourgeoisie angenommen worden. Die Aristokratie aber sperrte sich dagegen. Damit ließ sie, um ihren Widerstand zu brechen, den Rückgriff auf die Volksmassen unvermeidbar werden. Nur eine Minderheit, für die der Name La Fayette steht, begriff, daß sie mit diesem Kompromiß ihre politische Macht retten konnte; dies hatte das englische Beispiel bewiesen.

Nun wies die französische Aristokratie des 18. Jahrhunderts ganz andere Merkmale auf als die englische des vorangegangenen Jahrhunderts. In England gab es kein fiskalisches Privileg: Die Adligen zahlten Steuern. Der militärische Charakter des Adels hatte sich dort in anderer Weise abgeschwächt und war fast ganz verschwunden. Wirtschaftliche Tätigkeit des Adligen wurde nicht als Deklassierung aufgefaßt: der Aufschwung von Seefahrt und Kolonialhandel hatte den Adel mit der kapitalistischen Bourgeoisie zusammengeführt. Die Aristokratie nahm mithin Anteil an der Entfaltung der neuen Produktivkräfte. Vor allem aber waren der feudale Aufbau beseitigt und Eigentum und Produktion freigesetzt. Die besonderen Gegebenheiten und der fortgeschrittenere Entwicklungsgrad in England erklärten den Kompromiß von 1688. In Frankreich dagegen bewahrte der Adel einen ganz und gar feudalen Charakter. Er widmete sich dem Kriegsdienst, war, von seltenen Ausnahmen abgesehen, von den einträglichen Unternehmungen in Handel und Industrie unter Androhung des Standesverlustes ausgeschlossen und blieb so in besonderem Maße den überkommenen Strukturen verhaftet, die ihm seine Existenz und Vorrangstellung garantierten. Das hartnäckige Festhalten an seinen ökonomischen und sozialen Privilegien, die übertrieben hervorgekehrte Exklusivität und die (bürgerliches Denken von sich weisende) feudale Mentalität ließen den französischen Adel in einer Haltung der totalen Verweigerung erstarren.

War der Kompromiß im Frühjahr 1789 möglich? Dazu hätte es einer entschlossenen Initiative der Monarchie bedurft: ihr Verhalten bewies, sofern es eines Beweises überhaupt noch bedurfte, daß sie zum Herrschaftsinstrument einer Klasse abgesunken war. Der Befehl an die Armee, zu dem Ludwig XVI. sich in den ersten Julitagen entschloß, schien das Ende der sich gerade erst abzeichnenden bürgerlichen Revolution zu bedeuten. Das machtvolle Auftreten des Volkes hat sie davor bewahrt. War der Kompromiß nach dem 14. Juli noch möglich? Einige Bürgerliche und Aristokraten bejahten dies, La Fayette ebenso wie Mounier. Ähnlich der 1788 bei der *Notabelnrevolution* in der Dauphiné erreichten Übereinkunft von Vizille hielt Mounier ein Einvernehmen der drei Stände über eine begrenzte Revolution für möglich. Seine Strategie, schrieb er später, bestand darin, »den

Lehren der Erfahrung zu folgen, sich gewaltigen Neuerungen zu
widersetzen und im Rahmen des damals bestehenden Regierungssystems allein die für die Garantie der Freiheit unerläßlichen Veränderungen vorzuschlagen.«

Die Mehrheit des Adels und der hohe aristokratische Klerus
widersetzten sich diesem Vorhaben: Weder die freiwillige Vereinigung der drei Stände noch die Erklärung der Menschenrechte, noch die Beschlüsse der Nacht vom 4. August fanden ihre Billigung; mit anderen Worten, sie nahmen die ohnehin nur teilweise erfolgte Zerstörung der Feudalität nicht hin. Mounier
verließ Versailles am 10. Oktober; seine Kompromißpolitik war
gescheitert. Er begab sich wieder ins Lager der Aristokratie und
der Gegenrevolution und ging am 22. Mai 1790 ins Ausland.

La Fayette hielt länger durch, sei es in Ermangelung politischer
Einsicht oder aus Ehrgeiz. Als Grandseigneur und »Held zweier
Welten« war er wie geschaffen, um die Großbourgeoisie mit
sich zu ziehen. Seine Politik war – im Rahmen einer konstitutionellen Monarchie nach englischem Vorbild – auf die Versöhnung
der grundbesitzenden Aristokratie mit der Bourgeoisie aus Industrie und Handel gerichtet. Ein Jahr lang beherrschte er das
politische Leben. In den Augen der revolutionären Bourgeoisie,
die sich selbst in solch einem Anführer bewunderte, war er ein
Abgott, der sie vor der ihr drohenden doppelten Gefahr be-
schützte: den aristokratischen Bestrebungen auf ihrer Rechten
und dem Ansturm des Volkes auf ihrer Linken. Der junge und
berühmte Marquis von La Fayette sah sich dazu auserwählt, in
der Französischen Revolution die Rolle zu übernehmen, die sein
Freund Washington in der amerikanischen Revolution gespielt
hatte. Bei den Ereignissen vor und nach der Vereinigung der
Generalstände nahm er an der Spitze der liberalen Adelsfrak-
tion eine wichtige Rolle ein. Seit der Pariser Julirevolution stand
ihm als dem Kommandanten der Nationalgarde die bewaffnete
Macht zur Verfügung. Ludwig XVI. behandelte ihn schonend –
und verachtete ihn zutiefst. Um König, Aristokratie und Revolution miteinander auszusöhnen und in der Versammlung[1] den
Plan für eine starke Exekutive durchzusetzen, mußte vorher der
König davon überzeugt und in der Versammlung eine sichere
Mehrheit organisiert werden.

---

[1] Für »Verfassunggebende Versammlung« (Konstituante) steht hier und im
weiteren Verlauf des Kapitels »Versammlung«.

Mirabeau schien eine Zeitlang der richtige Mann zu sein, um diese Politik zu verwirklichen. Da Necker jeden Kredit verloren hatte, war man darauf angewiesen, die führenden Köpfe der patriotischen Partei zusammen in ein Ministerium zu nehmen. Um in das Ministerium zu gelangen, intrigierte Mirabeau unablässig. Zwar überschüttete er die Versammlung mit seinem rhetorischen Talent, doch verärgerte er sie durch seine private Lebensführung und seine Bestechlichkeit. Um ihn auszuschalten, verordnete sie am 7. November 1789, daß kein Abgeordneter »während der laufenden Sitzungsperiode der Versammlung ein Ministeramt bekleiden« dürfe. Daraufhin verkaufte sich Mirabeau an den Hof. Ludwig XVI. sorgte für eine Absprache zwischen ihm und La Fayette. Beide setzten sich im Mai 1790 für die Stärkung der Macht des Königs ein, indem sie ihm das Recht über Krieg und Frieden zuerkennen ließen. Für die Patrioten jedoch war Mirabeau längst ein toter Mann:

»Was Riqueti den Älteren (Mirabeau) angeht, so fehlt ihm nur eine anständige Haltung, um ein guter Patriot zu sein«, schrieb Marat im *»Ami du Peuple«* vom 10. August 1790. »Schlimm ist, daß er überhaupt kein Gewissen hat!... Wem ist die schwankende Politik Riquetis nicht aufgefallen? Mit Schrecken habe ich beobachtet, wie er sich als Halbverrückter aufführte, um in die Ständeversammlung gewählt zu werden, und ich sagte mir damals: Wer so heruntergekommen ist, daß er sich prostituiert, um leben zu können, der wird seine Stimme dem zuletzt am meisten Bietenden verkaufen. Zunächst stand er gegen den Monarchen, heute hat er sich ihm verkauft, und seiner Bestechlichkeit verdanken wir fast all jene traurigen Dekrete vom Veto bis zur königlichen Kriegsinitiative. Was ist von einem Mann ohne Grundsätze, ohne Anstand und ohne Haltung zu erwarten? Heute seht ihr ihn als Antreiber der Verdorbenen und Ministerialen, als Kopf der Verschwörer und Mitverschworenen.«

Mirabeau seinerseits verabscheute »Gilles César«; eine Zusammenarbeit zwischen ihnen war nicht möglich. Überhaupt konnte La Fayettes Politik keine Erfolge zeitigen – nicht nur wegen der persönlichen Rivalitäten, sondern auf Grund der ihr eigenen Widersprüchlichkeit. Die Aristokratie blieb hartnäckig bei ihrer Verweigerung. Vielfach verstärkten die durch die Lebensmittelkrise ausgelösten Unruhen und die wegen der gesetzlich sanktionierten (15. März 1790) Verpflichtung zum Loskauf der Feudalrechte entstandenen Agrarrevolten in vielen Landstrichen den Widerstand der mehr und mehr bedrohten Aristokratie. Die Suche nach einem politischen Kompromiß zwischen Aristokratie und Großbourgeoisie war solange illusorisch, bis die letzten Spuren der Feudalität unwiderruflich ausgelöscht waren. Solange noch die Hoffnung blieb, seine Interessen durch eine Rückkehr zur absoluten Monarchie oder durch die Bildung einer aristokratischen Herrschaft, wie sie Montesquieu und Fénelon vorgeschwebt hatte, zu wahren, entwickelte der Adel den heftigsten Widerstand gegen den Triumph der Bourgeoisie, d. h. gegen den Siegeszug kapitalistischer Produktionsverhältnisse, die seinen Interessen nur schadeten. Um diesen Widerstand zu brechen, mußte die Bourgeoisie auf das Bündnis mit den städtischen Volksmassen und den Bauern zurückgreifen; um sich dessen zu entledigen, akzeptierte sie dann später die napoléonische Diktatur. Als das Feudalsystem für immer verloren und jeder Versuch einer aristokratischen Restauration vollkommen aussichtslos schien, billigte die Aristokratie schließlich den Kompromiß der sie unter der Julimonarchie zusammen mit der Großbourgeoisie an der Macht beteiligte. 1790 jedoch dachte die Aristokratie noch lange nicht daran, ihre eigenen Ziele preiszugeben. Dies um so weniger, als die Machenschaften der Emigranten, die Intrigen der auswärtigen Höfe und die Anfänge der Konterrevolution sie in ihren Hoffnungen bestärkten. Unter diesen Bedingungen mußte die von La Fayette angestrebte Kompromiß- und Versöhnungspolitik 1790 scheitern.

## 2. Die Organisation des politischen Lebens

Inzwischen organisierte sich die Versammlung; ihre Methoden und Arbeitsweisen festigten sich und wurden sichtbar. Sie war recht unbehaglich im Reitsaal der Tuilerien untergebracht. Die Verhandlungen fanden jeden Vormittag und abends nach sechs Uhr unter der Leitung eines für vierzehn Tage gewählten Präsidenten statt. Die Verbindung mit dem Volk war einmal dadurch gegeben, daß Petitionäre vor die Schranke der Versammlung treten konnten, zum andern durch die Anwesenheit der Öffentlichkeit auf den Rängen. Die Arbeit wurde durch insgesamt 31 besondere Ausschüsse vorbereitet, deren jeweiliger Berichterstatter der Versammlung die vorgesehenen Entscheidungen ausführlich darlegte.

Zur gleichen Zeit zeichneten sich die verschiedenen Gruppen in der Versammlung ab, ohne daß man freilich von Parteien im modernen Wortsinn sprechen könnte. Zunächst gab es nur zwei große Gruppen: die Aristokraten als Parteigänger des Ancien Régime und die Patrioten als Verteidiger der neuen Ordnung. Bald wurden differenziertere Tendenzen sichtbar.

Die *Schwarzen* oder *Aristokraten* saßen auf der Rechten der Versammlung und verfügten über brilliante (etwa Cazalès), leidenschaftliche (wie Abbé Maury) und geschickte (z. B. Abbé de Montesquiou) Redner, die einen erbitterten Kampf für die Verteidigung der Privilegierten führten. Ihre Ansichten wurden durch zahlreiche Blätter gestützt, die aus dem Fond der Zivilliste finanziert wurden: *L'Ami du Roi*, den der Abbé Royou herausgab, oder *Les Actes des apôtres*, in dem Rivarol den »Patrouillotismus«[1] lächerlich machte. Ihr Club war der französische Salon.

Die *Monarchisten*, angeführt von Mounier, der nach den Oktobertagen die Nationalversammlung verließ und am 15. November sein Mandat niederlegte, Malouet und dem Herzog Clermont-Tonnerre, machten sich zu Verteidigern der königlichen Vorrechte und bewegten sich immer weiter nach rechts, um die Fortschritte der Revolution zu verhindern. Sie trafen sich im Klub der »Freunde der monarchischen Verfassung«.

Die *Constitutionnels* repräsentierten den Großteil der ehemaligen patriotischen Partei. Getreu den 1789 verkündeten Prinzipien vertraten sie die Interessen der Bourgeoisie und versuchten, deren Macht unter dem Deckmantel der gemäßigten Monarchie zu verankern. Dies war die Partei La Fayettes. Sie umfaßte Vertreter der Bourgeoisie und des Klerus: die Erzbischöfe Champion de Cicé und de Boisgelin, den Abbé Sieyes, Rechtsgelehrte wie Camus, Target und Thouret, die bei der Ausarbeitung der neuen Institutionen eine bedeutsame Rolle spielten.

Das *Triumvirat* saß auf der Linken. Ihm gehörten die liberal eingestellten Barnave, Du Port und Alexandre de Lameth an. Sie näherten sich dem Königtum und wurden dessen Ratgeber, als gegen Ende des Jahres 1790 der Einfluß La Fayettes geringer wurde. Nach der Flucht des Königs nahm das Triumvirat, alarmiert von den Fortschritten der Revolution und der Volksbewegung, die fayettistische Versöhnungspolitik wieder auf und versuchte, den Fortgang der Revolution abzustoppen.

---

1 Nicht übertragbares Wortspiel auf »Patriotismus« (frz. patrouiller = patrouillieren, im Kote patschen).

Die *Demokraten* auf der äußersten Linken, unter denen sich Buzot, Pétion und Robespierre hervortaten, verteidigten die Interessen des Volkes und forderten das allgemeine Wahlrecht. Die Patrioten bauten sich eine feste Organisation auf. Seit Mai 1789 trafen sie sich regelmäßig, um politische Probleme zu diskutieren. Auf diese Weise hatte sich der Klub der bretonischen Abgeordneten gebildet. Nach den Oktobertagen siedelte er unter dem Namen *Gesellschaft der Verfassungsfreunde*[1] ins Jakobinerkloster in die rue Saint-Honoré über. Er stand nicht nur Abgeordneten, sondern auch wohlhabenden Bürgern offen. Der Jakobinerklub unterhielt eine regelmäßige Korrespondenz mit den Klubs, die in den wichtigsten Provinzstädten gegründet worden waren. Dadurch gelang es ihm, den kämpferischen Flügel der revolutionären Bourgeoisie zu organisieren und mit sich zu ziehen.

»Bei der Verbreitung des Patriotismus, das heißt der Menschenliebe, dieser neuen Religion, die sich die Welt unterwerfen wird«, schrieb Camille Desmoulins in *»Les Révolutions de France et de Brabant«* am 14. Februar 1791, »scheint der Klub oder die Gemeinde der Jakobiner zum gleichen Primat berufen zu sein wie die Römische Kirche bei der Verbreitung des Christentums. Schon verlangen die überall sich bildenden patriotischen Klubs, Versammlungen und Gemeinschaften gleich bei ihrer Gründung seine Korrespondenz und schreiben ihm zum Zeichen der Verbundenheit... Die Gesellschaft der Jakobiner ist das eigentliche Untersuchungskomitee der Nation, weniger gefährlich für die guten Bürger als dasjenige der Nationalversammlung, weil die Anschuldigungen und Verhandlungen öffentlich sind, aber furchtbarer für die schlechten Bürger, weil es durch seine Korrespondenz mit den Tochtergesellschaften bis in alle Ecken und Winkel der 83 Departements dringt. Die Gesellschaft ist nicht nur der große Inquisitor, der die Aristokraten in Schrecken setzt; sie ist auch der Hauptankläger, der Mißbräuche abstellt und allen Bürgern zu Hilfe kommt. Tatsächlich scheint der Klub das Amt des Öffentlichen Anklägers bei der Nationalversammlung innezuhaben. In seine Mitte werden von allen Seiten die Klagen der Unterdrückten getragen, bevor sie der hohen Versammlung vorgelegt werden. In den Saal der Jakobiner strömen unentwegt Abordnungen, sei es, um diese zu be-

---

1 Société des amis de la Constitution.

glückwünschen, um ihre eigene Aufnahme zu verlangen, um zur Wachsamkeit anzuhalten oder auch um Unrecht wiedergutmachen zu lassen.«

Der Klub der Feuillants spaltete sich von den Jakobinern ab, als diese 1791 nach der Flucht des Königs und den Ereignissen auf dem Marsfeld – besonders unter dem Einfluß Robespierres – ihre demokratische Entwicklung einleiteten. Durch die Anhebung des Mitgliedsbeitrages verwehrten die Feuillants unter der Führung La Fayettes und seiner Freunde den Angehörigen der bürgerlichen Mittelschichten die Aufnahme in den Klub; die Mitglieder entstammten der gemäßigt eingestellten Großbourgeoisie und dem ihr verbundenen Adel und waren in gleicher Weise Anhänger des Königs und der Verfassung.

Der Klub der Cordeliers oder die *Gesellschaft der Freunde der Menschenrechte*[1] wurde im April 1790 als demokratischer Klub ins Leben gerufen: hier machten sich Danton und Marat einen Namen. In den Stadtvierteln gab es zahlreiche brüderliche Vereinigungen, in denen die Volksklassen aktiv am politischen Leben teilnehmen konnten. Als erste entstand die *Brüderliche Gesellschaft der Patrioten beiderlei Geschlechts*[2], die im Februar 1790 von dem Lehrer Dansard gegründet wurde.

Die Politik La Fayettes wurde von vielen großen Zeitungen getragen, so von Panckouckes *Le Moniteur*, dem bestinformierten Organ dieser Zeit, vom *Journal de Paris* und vom *Ami des Patriotes*. Auf der Linken waren viele Blätter vom Jakobinerklub beeinflußt: Gorsas' *Le Courrier*, Carras *Les Annales patriotiques*, Brissot's *Le Patriote français* und Prudhomme's *Les Révolutions de Paris*, in dem Loustalot berühmt wurde; schließlich Camille Desmoulins' *Les Révolutions de France et de Brabant*. Marat verteidigte im *Ami du peuple* mit scharfem Blick die Rechte der Volksmassen.

## II. DIE GROSSEN POLITISCHEN PROBLEME

Seit dem Ende des Jahres 1789 wurde das politische Leben von zwei großen Problemen beherrscht, um die die Parteien erbittert kämpften: das Problem der Finanzen und die religiöse Frage. Die Entscheidungen, die die Verfassunggebende Versammlung

---

1 Société des amis des Droits de l'homme.
2 Société fraternelle des patriotes de l'un et l'autre sexe.

hierzu traf, sollten für den weiteren Verlauf der Revolution unabsehbare Folgen haben.

## 1. Das Problem der Finanzen

Die finanzielle Notlage hatte sich seit der Einberufung der Generalstände nur noch verschlimmert. Der Aufruhr in den Städten und auf dem Lande wirkte sich auf das Staatsvermögen katastrophal aus. Die Bauern standen nun unter Waffen und weigerten sich, die Steuern zu zahlen. Bei der allgemeinen Auflösung und dem Fehlen jeder Autorität war es außerordentlich schwierig, sie zur Steuerabgabe zu bewegen. Zunächst nutzte die Versammlung diese Lage und sah in den Finanzschwierigkeiten der Monarchie ein hervorragendes Mittel, um auf Ludwig XVI. und seine Minister Druck auszuüben. So wußte sich Necker nur mit verzweifelten Mitteln zu helfen, um den fiskalischen Erfordernissen zu entsprechen. Am 9. August beschloß die Versammlung »in Kenntnis der unabweisbaren Bedürfnisse des Staates«, eine Anleihe von 30 Millionen zu 4,5% aufzulegen, am 27. August folgte eine weitere von 80 Millionen zu 5%. Weder die eine noch die andere wurden gezeichnet. Der König ließ sein Tafelgerät zu Münze schlagen, und am 20. September ermächtigte eine Verordnung des Staatsrates die Direktoren der Münzämter zur Annahme von Silber, das ihnen von Privatleuten gebracht werden könnte. Die Verfassunggeber griffen nach den Kirchenschätzen: der Beschluß vom 29. September verfügte über das Silber, das »für die Würde des Gottesdienstes« entbehrlich war. Bis vor allem der Bischof von Autun, Talleyrand, am 10. Oktober 1789 vorschlug, das Eigentum des Klerus der Nation zur Verfügung zu stellen:

»Der Klerus ist kein Eigentümer wie jeder beliebige andere. Da die Nation sehr weitgehende Rechte über alle Körperschaften besitzt, hat sie auch tatsächliche Befugnisse dem Klerus gegenüber. Sie kann die Vereinigungen dieses Standes, die der Gesellschaft unnütz erscheinen könnten, auflösen, so daß deren Vermögen notwendigerweise und rechtmäßig der Nation zufiele ... Wie heilig auch immer das gesetzlich erworbene Eigentum sein mag – das Gesetz kann nur das aufrechterhalten, worüber sich seine Begründer geeinigt haben. Wir wissen alle, daß den Pfründeninhabern allein jener Teil zukommt, der für ihren Lebensunterhalt unerläßlich ist; das übrige gehört den Kirchen und den Armen.

Wenn also die Nation diesen Lebensunterhalt gewährleistet, wird das Eigentum der Pfründeninhaber nicht angetastet. Folglich kann sich die Nation zuerst die Güter derjenigen religiösen Gemeinschaften, die aufgelöst werden sollen, aneignen (wobei sie den Unterhalt der dazugehörigen Personen garantiert); zweitens kann sie sich der Pfründen ohne Amtsausübung bemächtigen; drittens kann sie die gegenwärtigen Einkünfte der Pfründeninhaber beliebig herabsetzen, wenn sie die Verpflichtungen übernimmt, für die diese Güter ursprünglich einmal bestimmt waren ...«

Hieran entzündete sich eine heftige Debatte zwischen Maury und Cazalès auf der einen und Sieyes und Mirabeau auf der anderen Seite. Jene stützten sich auf die Unverletzlichkeit und Heiligkeit des Eigentums, wie es die Erklärung der Menschenrechte bestätigt hatte; Sieyes und Mirabeau entgegneten, daß die angeführte Erklärung in demselben Artikel 17 die Möglichkeit der Enteignung dann vorsehe, »wenn aufgrund gesetzlicher Regelung ein öffentliches Bedürfnis dies unabweisbar erfordert und wenn eine gerechte Entschädigung vorher bestimmt ist.« Im übrigen sei der Klerus nicht Eigentümer, sondern nur Verwalter seiner Güter, deren Einkünfte für wohltätige Stiftungen und gemeinnützige Zwecke wie Krankenhäuser, Schulen und Gottesdienst gewidmet seien; da der Staat von nun an diese verschiedenen Aufgaben selbst übernehme, sei es legitim, daß seine Güter wieder an ihn zurückfielen. Am Ende dieser Debatte wurde das Dekret vom 2. November 1789 mit einer Mehrheit von 568 gegen 346 Stimmen angenommen. Alle kirchlichen Güter sollten der Nation zur Verfügung gestellt werden mit der Verpflichtung, in angemessener Weise für die Ausgaben des Gottesdienstes, den Unterhalt seiner Diener und die Unterstützung der Armen aufzukommen. Die Inhaber einer Pfarrstelle sollten mindestens 1200 Livres Gehalt im Jahre erhalten.

Blieben noch die Einzelheiten dieser großen Finanzoperation festzulegen. Das Dekret vom 19. Dezember richtete eine *außerordentliche Kasse* ein, die hauptsächlich die Erlöse aus dem Verkauf der Kirchengüter aufnehmen sollte; diese Güter dienten als Pfand für die Ausgabe von Scheinen, den *Assignaten*, regelrechten Schatzanweisungen mit einem Zinssatz von 5%, die nicht in barem Geld, sondern in Bodenbesitz rückzahlbar waren. In dem Maße, wie man die Kirchengüter verkaufte, würden dann die Assignaten zurückfließen. Dann sollten sie vernichtet und auf diese Weise die Staatsschuld nach und nach getilgt werden. Die Krondomänen mit Ausnahme der Wälder und Schlösser, deren Nutznießung der König sich vorbehalten wollte, und die Mehrzahl der kirchlichen Domänen sollten ebenfalls verkauft werden; diese machten einen Gesamtwert von 400 Millionen aus. Die Auswirkungen dieser Maßnahme waren unübersehbar. Die Assignate verwandelte sich sehr schnell in Papiergeld; ihre Entwertung führte die Revolution in ungeheure ökonomische und soziale Schwierigkeiten. Auf der anderen Seite bewirkte der im März 1790 einsetzende Verkauf der Nationalgüter eine gewaltige Eigentumstransaktion, deren Nutznießer – wohlhabende Bürger und Bauern – dadurch ein für allemal an die neue Ordnung gebunden wurden.

## 2. Die religiöse Frage

Zumindest ebenso dringlich stellte sich seit Ende 1789 die religiöse Frage: durch die Einziehung der Kirchengüter war die Neugestaltung der französischen Kirchenverfassung notwendig geworden. Die religiöse Frage und das Finanzproblem waren miteinander verknüpft. Dabei ließen sich die Verfassunggeber keineswegs von feindseliger Haltung dem Katholizismus gegenüber bestimmen. Aber als Vertreter der Nation hielten sie sich, wie vor ihnen das Königtum, für berufen, Fragen der Kirchenverfassung und Kirchenordnung zu entscheiden. In der Gesellschaft des 18. Jahrhunderts dachte selbst von den kühnsten Theoretikern keiner an eine Regierungsform, die auf der Trennung von Kirche und Staat gegründet war. Die Reform der Kirchenverfassung schien vor allem eine unausweichliche Folge der allgemeinen Umwälzung aller Institutionen zu sein, und im besonderen eine Konsequenz daraus, daß die Kirchengüter der Nation zur Verfügung gestellt worden waren.

Zuerst beschäftigte sich die Versammlung mit den Mönchsorden und löste diese am 13. Februar 1790 auf; den Mönchen wurde freigestellt, entweder das Kloster ganz zu verlassen oder sich in bestimmten dazu vorgesehenen Einrichtungen zusammenzuschließen. Am 20. April 1790 wurde der Kirche die Verwaltung ihrer Güter entzogen; hieran schloß sich die Diskussion über die Bildung einer Kirchenkommission an. Boisgelin, der Erzbischof von Aix, gab zwar die »langanhaltende Abfolge von Mißbräuchen« zu, rief aber der Versammlung die grundlegenden

Prinzipien der Kirche im Bereich ihrer Ordnung und Jurisdiktion ins Gedächtnis zurück und erklärte dieses Projekt für einen offenen Anschlag auf die katholische Kirchenverfassung. Die Versammlung überging seine Bemerkungen und billigte am 12. Juli 1790 die *bürgerliche Kirchenverfassung*.

## III. AUFSTIEG UND ENDE DER VERSÖHNUNGSPOLITIK

Die konterrevolutionäre Agitation nutzte die Schwierigkeiten, die sich aus dem Verkauf der Nationalgüter und der bürgerlichen Kirchenverfassung ergaben. Die Aristokraten brachten die Assignate in Verruf und behinderten den Verkauf nach besten Kräften. Die Emigranten begannen mit ihren Umtrieben und bereiteten eine große Erhebung im Süden vor. Die Weigerung der Versammlung vom 13. April 1790, den katholischen Glauben als Staatsreligion anzuerkennen, lieferte das entscheidende Argument. Am 10. Mai brachen in Montauban und am 13. Juni 1790 in Nîmes Aufstände zwischen royalistischen Katholiken und protestantischen Patrioten los. Im August bildete sich im Lager von Jalès, im Süden des Vivarais (Departement Ardèche), ein großer bewaffneter Haufen, der erst im Februar 1791 gewaltsam aufgelöst werden konnte.

### 1. *Die nationale Föderation vom 14. Juli 1790*

Die Föderationen bildeten den Gegenstoß der Patrioten und manifestierten das Einverständnis der Nation mit der revolutionären Sache. Zuerst verbrüderten sich Einwohner des Landes und der Städte in lokalen Bündnissen und versprachen sich gegenseitige Hilfe. Am 29. November 1789 vereinigten sich die Nationalgarden der Dauphiné und des Vivarais in Valence; im Februar 1790 vereinigten sich in Pontivy Anjou und Bretagne; in Lyon bildeten sich am 30. Mai, in Straßburg und Lille im Juni Konföderationen. Die nationale Föderation vom 14. Juli 1790, in der sich die Einheit Frankreichs endgültig vollzog, bildete den Abschluß dieser einmütigen Initiativen. Vor 300 000 Zuschauern zelebrierte Talleyrand auf dem Marsfeld die heilige Messe am Altar des Vaterlandes. Und La Fayette sprach im Namen aller Föderierten aus den Departements den Eid, »der die Franzosen untereinander und mit ihrem König vereinigt, um die Freiheit, die Verfassung und das Gesetz zu schützen«. Der König seinerseits schwor der Nation und dem Gesetz die Treue. Das begeisterte Volk feierte mit stürmischem Applaus die wiedergefundene Eintracht. La Fayette erschien an diesem Tage als triumphaler Sieger.

Allerdings konnte die Bewegung der Föderationen die ihr zugrunde liegende gesellschaftliche Wirklichkeit nicht verdecken. Immerhin vermittelten die Föderationen ein klares Bild vom einheitlichen patriotischen Willen, und sie zeigten deutlich, daß die Nation mit der neuen Ordnung einverstanden war. Merlin de Douai sollte dies am 28. Oktober 1790 bestätigen, als er in der Sache der enteigneten Fürsten aus dem Elsaß den Prinzipien eines internationalen Rechts, das dem dynastischen Staat die freiwillige nationale Vereinigung entgegenhielt, zum Durchbruch verhelfen wollte. Trotz der Begeisterung des Volkes am 14. Juli 1790 verwies die herausragende Rolle La Fayettes im Verlauf der Föderation auf deren politische und soziale Bedeutung: Als Abgott der Bourgeoisie und Vorkämpfer für die Vereinigung der Aristokratie mit der Revolution war er der Mann des Kompromisses. Die Nationalgarde, die er befehligte, war eine Garde von Bourgeois, von der die Passivbürger ausgeschlossen waren. Am 27. April 1791 protestierte Robespierre gegen das bürgerliche Privileg des Waffentragens: »Die Bewaffnung zum persönlichen Schutz ist unterschiedslos das Recht jedes Menschen; sich für die Verteidigung des Vaterlandes zu bewaffnen, ist das Recht jedes Staatsbürgers. Sollen denn die Armen zu Ausländern oder Sklaven werden?« Bei der Föderation vom 14. Juli 1790 war das Volk zwar sichtlich begeistert, aber doch eher Zuschauer als Akteur. Wenn die Garde im Verlauf der Föderation die bewaffnete *bürgerliche* Macht darstellte, dann lag dies an ihrer Frontstellung zum Heer als der bewaffneten *königlichen* Macht sowie am bürgerlichen Verständnis von der neuen Ordnung. Die Garde wurde erst wirklich *national*, nachdem sich das Volk gewaltsam den Zugang verschafft hatte, also nach der Abschaffung der Monarchie und des Zensus am 10. August 1792.

## 2. Der Zerfall der Armee und die Nancy-Affäre (August 1790)

Die Affäre von Nancy ruinierte sehr schnell das große Ansehen La Fayettes und beendete seine Versöhnungs- und Kompromißpolitik. Entgegen dem Eindruck vorherrschender Harmonie bestand die Aristokratie auf ihrer Weigerung, die neue Ordnung anzuerkennen und sich ihr einzugliedern. Während das aristokratische Komplott im Landesinnern seinen Fortgang nahm und der Bürgerkrieg sich ankündigte, bewaffneten sich im Ausland die Emigranten in Erwartung einer militärischen Intervention, die der nach Turin geflüchtete Graf Artois bei den ausländischen Höfen anstrengte. Die Patrioten blieben indessen wachsam. Die Ernte von 1790 war hervorragend und trug zur Entspannung der allgemeinen Lage bei, ohne allerdings Verkaufsstörungen und Anschläge auf den freien Getreidehandel ganz ausschalten zu können. Vor allem aber dauerten die Bauernaufstände an. Die Jacquerie war seit Januar 1790 in Quercy und im Périgord und im Mai in Bourbonnais losgebrochen und bedrohte unmittelbar die Interessen der grundbesitzenden Aristokratie. Im Juli 1790 entfesselten unbestimmte Gerüchte über eine Invasion der in Belgien stationierten österreichischen Truppen eine *Kampfstimmung* im Volk, so in Thiérache, in der Champagne und in Lothringen. Überall waren die Volksmassen zum Gegenschlag bereit. Der soziale Konflikt hatte auch auf die Armee übergegriffen, deren inneres Gefüge bereits durch die Emigration erschüttert war. Die nicht ins Ausland abgewanderten Offiziere, die mehr und mehr die Reformen der Verfassunggebenden Versammlung zu spüren bekamen, nahmen eine feindselige Haltung ein und stellten sich gegen die patriotischen Soldaten, deren bürgerliche Einstellung durch den Besuch der Klubs bestärkt wurde. Die Versammlung war außerstande, für das militärische Problem eine nationale Lösung zu finden; wohl ahnte sie, daß die Verteidigung der Nation und die Verteidigung der Revolution unlösbar miteinander verbunden waren. Wie aber konnte man die königliche Armee dem aristokratischen Einfluß entziehen, ohne sie im wahrsten Sinne des Wortes zu nationalisieren? Das hätte bedeutet, sie zu revolutionieren. Die Verfassunggeber aber blieben in ihren Widersprüchen und sozialen Vorurteilen gefangen und beließen es bei halben Maßnahmen wie Soldanhebung oder Verwaltungs- und Disziplinarreformen. Andererseits war schon am 12. Dezember 1789 auf die nationale Lösung hingewiesen worden, als nämlich Dubois-Crancé unter dem Hohngelächter der Rechten und betretenem Schweigen der Linken erklärte:

»Wir brauchen eine wirklich nationale Aushebung, die vom zweiten Mann des Reiches bis zum letzten Aktivbürger reicht und alle Passivbürger einschließt«, das hieß: die ganze Nation außer dem König. Schon Ende 1789 schlug Dubois-Crancé die allgemeine Wehrpflicht und die Bildung einer Nationalarmee vor. Während der Debatte erklärte La Rochefoucauld-Liancourt, er wolle hundertmal lieber in Marokko oder Konstantinopel leben als in einem Staat, in dem solche Gesetze in Kraft seien. Im Schmelztiegel des Jahres 1793 sollten sich viele Züge des nationalen Systems, wie es Dubois-Crancé 1789 vorgeschlagen hatte, wiederfinden. Die Verfassunggeber aber waren für diese Lösung nicht vorbereitet. Es gab genug Stimmen, die sie warnten, nicht zuletzt die Robespierre's, der noch am 10. Juni 1791 auf die Gefahr hinwies: »Welche Macht erhebt noch inmitten der Ruinen des Aristokratismus frech und drohend ihre Stirn? Ihr habt den Adel zerschlagen – aber der Adel lebt weiter an der Spitze der Armee.« Als Adliger und Berufsoffizier konnte La Fayette nicht länger zögern. Als sich die Meutereien in den Garnisonsstädten und Kriegshäfen ausdehnten, ergriff er für die Vorgesetzten und gegen die Soldaten Partei. Als im August 1790 die Garnison Nancy nach der Weigerung der Offiziere, den Soldaten die Überprüfung der Regimentskassen zuzubilligen, revoltierte, dekretierten die Verfassunggeber am 16. August, daß »die bewaffnete Verletzung der vom König bestätigten Dekrete der Nationalversammlung durch die Truppen ein *Verbrechen* ersten Ranges *an der Nation* darstellt.« Der Befehlshaber von Metz, Marquis de Bouillé, schlug den Aufstand gewaltsam nieder und ließ an die zwanzig Anführer hinrichten sowie vierzig Schweizer vom Regiment Châteauvieux auf die Galeeren schicken. La Fayette unterstützte seinen Vetter Bouillé und ermutigte somit die Konterrevolution. Sein Ansehen beim Volk war auf der Stelle ruiniert. »Kann man noch daran zweifeln«, schrieb Marat im *Ami du Peuple* vom 12. Oktober 1790, »daß der große General, der Held zweier Welten, der unsterbliche Wiederhersteller der Freiheit, in Wirklichkeit das Haupt aller Verschwörungen gegen das Vaterland ist?«

Zur gleichen Zeit erhob sich ein Teil des Klerus gegen die am 12. Juli 1790 angenommene bürgerliche Kirchenverfassung. Ludwig XVI. schickte sich an, das Ausland um Hilfe anzurufen. Das bedeutete den Bankrott der fayettistischen Kompromiß- und Versöhnungspolitik in der Umgebung des Königs; damit wurde der Fortgang der Revolution ein weiteres Mal vorangetrieben.

## 3. Kapitel

# Das Verfassungswerk der Bourgeoisie und der Neuaufbau Frankreichs (1789–1791)

*Inmitten aller Schwierigkeiten, die das Jahr 1790 kennzeichneten, setzte die Verfassunggebende Versammlung den Neuaufbau Frankreichs unbeirrbar fort. Als Männer der Aufklärung wollten die Verfassunggeber die Gesellschaft und die Institutionen auf rationale Grundlage stellen, nachdem sie den Prinzipien, von denen sie ausgingen, allgemeine Gültigkeit verliehen hatten. Aber als Repräsentanten der Bourgeoisie, die den Anschlägen der Konterrevolution und zugleich dem Druck der Volkskräfte ausgesetzt war, scheuten sie sich nicht, ihr Werk selbst unter Mißachtung der feierlich verkündeten Prinzipien ihrem Klasseninteresse entsprechend zurechtzubiegen. Gegenüber den sich wandelnden Gegebenheiten wußten sie geschickt zu manövrieren und – auf der Hut vor Abstraktionen – sich den Umständen anzupassen. Dieser Widerspruch erklärt zweifellos sowohl die Hinfälligkeit des politischen Werkes der Konstituante, das bereits 1792 ruiniert war, als auch den Widerhall der verkündeten Prinzipien, deren Echo noch nicht verstummt ist.*

## I. DIE PRINZIPIEN VON 1789

Die feierlich verkündeten *Prinzipien,* auf die man sich auf der einen Seite mit Enthusiasmus, auf der anderen mit Ironie, bei der überwiegenden Mehrheit aber mit tiefem Respekt immer wieder berief, und auf denen die Bourgeoisie der Konstituante ihr Werk aufbaute, nehmen für sich in Anspruch, in der allgemeinen Vernunft zu gründen. Sie haben einen nachhaltigen Ausdruck in der Erklärung der Menschen- und Bürgerrechte gefunden, deren »Unkenntnis, Vergessen oder Mißachtung« nach der Präambel »die alleinigen Ursachen öffentlichen Unglücks und korrupter Regierungen« darstellen. Von nun an könnten die

»von einfachen und unbestreitbaren Prinzipien ausgehenden Forderungen der Bürger« nur »zur Aufrechterhaltung der Verfassung und zum Glück Aller« führen: ein optimistischer Glaube an die Allmacht der Vernunft, der sich mit dem Geist der Aufklärungszeit ganz in Übereinstimmung befand.

## 1. Die Erklärung der Menschen- und Bürgerrechte

Die schon am 26. August 1789 angenommene Erklärung der Menschenrechte stellt den *Katechismus* der neuen Ordnung dar. Zweifellos enthält sie nicht das ganze Gedankengebäude der Verfassunggeber: von der wirtschaftlichen Freiheit, an der der Bourgeoisie vor allem gelegen war, ist nicht ausdrücklich die Rede. Aber in ihrer Präambel, die an die Theorie des Naturrechts erinnert, und in ihren unsystematisch abgefaßten siebzehn Artikeln präzisiert die »Erklärung« die Wesenszüge der Rechte des Menschen und der Nation. Dies geschieht mit einem Bemühen um Universalität, die über den situationsgebundenen Charakter der englischen Freiheiten, wie sie im 17. Jahrhundert verkündet waren, erheblich hinausgeht; die Erklärungen aus dem amerikanischen Unabhängigkeitskrieg hatten sich zwar schon auf den Universalanspruch des Naturrechts berufen – dies aber nicht ohne gewisse Begrenzungen, die ihre Bedeutung in starkem Maße einschränkten.

Die Rechte des Menschen sind ihm eigen, lange bevor es zu Gesellschafts- und Staatsbildungen kam: sie sind *natürliche und unwandelbare* Rechte, deren Erhaltung das Ziel jeder politischen Gemeinschaft ist (Artikel 2). »Die Menschen werden frei und gleich an Rechten geboren und bleiben es auch« (Artikel 1 der »Erklärung«). Diese Rechte sind Freiheit, Eigentum, Sicherheit und Widerstand gegen Unterdrückung (Artikel 2). Dieses Recht auf Widerstand gegen Unterdrückung legitimierte eher die vergangenen Revolten, als daß es künftige Aufstände guthieß.

Die Freiheit wird als das Recht bezeichnet, »alles zu tun, was keinem anderen schadet«; ihre einzige Schranke ist demnach die Freiheit der anderen (Artikel 4). Die Freiheit ist zuerst die Freiheit der Person, die individuelle Freiheit, die gegenüber willkürlichen Anklagen und Verhaftungen (Artikel 7) und durch die unterstellte Unschuld bis zum Gegenbeweis (Artikel 9) garantiert wird. Als Herren ihrer eigenen Person können die Menschen reden und schreiben, drucken und veröffentlichen, soweit die Meinungsäußerungen nicht die bestehende gesetzliche Ordnung stören (Artikel 10) und soweit es sich nicht um einen der gesetzlich festgelegten Fälle von Mißbrauch dieser Freiheit handelt (Artikel 11). Frei sind die Menschen auch im Erwerb und Besitz: das Eigentum ist nach Artikel 2 ein natürliches und unverjährbares Recht; es ist nach Artikel 17 unverletzlich und heilig; niemand kann also seines Eigentums beraubt werden, es sei denn zur Befriedigung eines gesetzlich festgelegten öffentlichen Bedürfnisses, wobei dann eine angemessene und vorher bestimmte Entschädigung zu zahlen ist (Artikel 17): unausgesprochen wird hier das Loskaufrecht der seigneurialen Grundzinsen bestätigt.

In der »Erklärung« wird die Gleichheit eng mit der Freiheit verbunden: sie war erbittert von der Bourgeoisie gegen die Aristokratie und von den Bauern gegenüber ihren Grundherren gefordert worden. Allerdings handelt es sich hier nur um eine rein rechtliche Gleichheit. Das Gesetz ist für alle gleich; alle Staatsbürger sind vor ihm gleich; öffentliche Würden, Stellen und Ämter sind allen ohne Unterschied der Geburt in gleicher Weise zugänglich (Artikel 6). Soziale Abstufungen sind allein an den Merkmalen des gesellschaftlichen Nutzens (Artikel 1), der Tugenden und Fähigkeiten (Artikel 6) orientiert. Die Steuern, die unerläßlich sind, müssen gleichmäßig auf alle Staatsbürger verteilt werden – und zwar unter Berücksichtigung ihrer Möglichkeiten (Artikel 13).

Die Rechte der Nation sind in mehreren Artikeln feierlich verankert. Der Staat ist nicht mehr Selbstzweck; er hat keine andere Aufgabe als diejenige, den Staatsbürgern die Ausübung ihrer Rechte zu sichern; tut er dies nicht, werden die Bürger gegen die Unterdrückung Widerstand leisten (Artikel 2). Die Nation, das heißt die Gesamtheit der Staatsbürger, ist souverän (Artikel 3); das Gesetz ist Ausdruck des allgemeinen Willens; alle Staatsbürger haben das Recht, entweder persönlich oder durch ihre Vertreter an seiner Ausgestaltung mitzuwirken (Artikel 6). Verschiedene Grundsätze dienen der Garantie der Volkssouveränität. An erster Stelle steht die Gewaltenteilung, ohne die eine Verfassung undenkbar ist (Artikel 16); ferner das Recht der Staatsbürger, entweder selbst oder durch ihre Vertreter die öffentlichen Finanzen und die Verwaltung zu kontrollieren (Artikel 14 und 15).

Obgleich die »Erklärung« das Werk philosophisch geschulter Denker war und sich offensichtlich an alle Völker wandte, trug sie dennoch die klare Handschrift der Bourgeoisie. Sie wurde von liberalen und besitzenden Verfassunggebern abgefaßt und enthält folglich eine Vielzahl von *Einschränkungen, Vorbehaltsklauseln* und *Bedingungen,* die ihre Bedeutung doch sehr verringern. Mirabeau vermerkte diese Tatsache in der 31. Nummer seines *Courrier de Provence:*

»Eine uneingeschränkte Erklärung der Menschenrechte, die auf alle Zeiten, alle Völker, alle moralischen und geographischen Breiten der Erde anwendbar ist, war zweifellos eine große und schöne Idee; ehe man jedoch so großzügig an das Gesetzbuch anderer Nationen dachte, hätte man wahrscheinlich besser daran getan, die Grundlagen unseres eigenen wenn nicht fest zu umreißen, so doch wenigstens zu vereinbaren ... Bei jedem Schritt, den die Versammlung bei der Abfassung der Menschenrechte tut, sieht man sie erschrocken über den Mißbrauch, den der Bürger mit ihnen treiben könnte, und den sie aus Vorsicht oft übertrieben darstellt. Daher diese vielfältigen Einschränkungen, diese minutiösen Vorbehaltsklauseln und Bedingungen, die mühsam ausgearbeitet und auf alle Artikel angewandt werden: Einschränkungen, Vorbehalte und Bedingungen, die fast überall die Rechte durch Pflichten und die Freiheit durch Fesseln ersetzen, und die, indem sie sich in mehr als einer Hinsicht über die lästigen Details der Gesetzgebung hinwegsetzen, den Menschen in seiner Bindung an die bürgerliche Gesellschaft zeigen – und nicht als von der Natur her frei.«

Die utilitaristisch eingestellten Verfassunggeber schufen unter Formulierungen von universaler Tragweite ein den Umständen verhaftetes Werk; sie legitimierten die vergangenen Revolten gegen die königliche Autorität, waren aber entschlossen, sich gleichzeitig gegen jede Erhebung des Volkes zu schützen, die gegen die von ihnen aufgestellte Ordnung gerichtet wäre. Das ist der Grund für zahlreiche Widersprüchlichkeiten in der »Erklärung«. Artikel 1 verankert die Gleichheit aller Menschen; aber er ordnet die Gleichheit der *gesellschaftlichen Nützlichkeit* unter; ausdrücklich anerkannt wird nur die Gleichheit vor der Steuer und vor dem Gesetz im Artikel 6; die aus dem Reichtum entspringende Ungleichheit bleibt unantastbar. Das Eigentum wird in Artikel 2 als natürliches und unwandelbares Menschenrecht verkündet; um die ungeheure Masse der Besitzlosen kümmert sich die Versammlung indessen nicht. Die Freiheit der Religion wird in Artikel 10 erheblich eingeschränkt. Die andersgläubigen Religionen werden nur in dem Maße geduldet, wie »ihre Ausübung nicht die durch das Gesetz errichtete Ordnung stört«; die katholische Religion bleibt Staatsreligion; sie allein wird vom Staat gestützt, während Protestanten und Juden sich mit privater Religionsausübung begnügen müssen. Artikel 11 versichert, daß jeder Staatsbürger frei reden, schreiben und drucken kann; aber es gibt bestimmte Fälle, in denen das Gesetz »den Mißbrauch dieser Freiheit« unterbinden kann. Die patriotischen Journalisten widersetzten sich nachdrücklich dieser Verletzung der Pressefreiheit.

»Wir sind schnell von der Sklaverei zur Freiheit gelangt«, schreibt Loustalot in Nummer 8 der *Révolutions de Paris*, »noch schneller gehen wir von der Freiheit der Sklaverei entgegen. Die erste Sorge derjenigen, die uns zu Knechten machen wollen, wird dahin gehen, die Pressefreiheit einzuschränken oder gar zu ersticken; und leider ist dieses verräterische Prinzip mitten in der Nationalversammlung entstanden: *Niemand kann wegen seiner Meinung belangt werden, es sei denn, daß deren Äußerung die gesetzliche Ordnung stört.* Diese Bedingung gleicht einem Riemen, der sich nach Belieben enger und weiter schnallen läßt. Umsonst hat die öffentliche Meinung diese Einschränkung zurückgewiesen; jedem Intriganten, der ein Amt ergattert hat, wird sie immerhin dazu dienen, sich dort zu behaupten; man wird seinen Mitbürgern nicht mehr über das, was er gewesen ist, was er getan hat und was er tun will, die Augen öffnen können, ohne daß er sagen wird, man störe *die öffentliche Ordnung...*«

## 2. Die Übertretung der Prinzipien

Als man die gesellschaftliche Wirklichkeit Frankreichs umgestalten mußte, gaben sich die Juristen und Logiker der Konstituante nicht viel mit allgemeinen Prinzipien und universaler Vernunft ab. Als Realisten, die die einen schonen mußten, um die anderen zurückzuhalten, kümmerten sie sich wenig um die Widersprüche, die ihr Werk kennzeichneten. Sie waren überzeugt, daß sie mit der Wahrnehmung ihrer Klasseninteressen die Revolution schützten.

Die bürgerlichen Rechte wurden nicht ohne Zögern allen Franzosen zuerkannt. Die Protestanten erhielten erst am 24. Dezember 1789 die staatsbürgerlichen Rechte, die Juden Südfrankreichs erhielten sie am 28. Januar 1790 und die des Ostens erst am 27. September 1791. Die in Frankreich am 28. September 1791 abgeschaffte Sklaverei wurde in den Kolonien aufrechterhalten: ihre Beseitigung hätte den Interessen der großen Plantagenbesitzer geschadet, die in der Nationalversammlung vor allem durch die Lameths vertreten waren. Selbst den freien Farbigen wurden ihre politischen Rechte streitig gemacht: am 24. September 1791 beschloß die Konstituante sogar, alle Farbigen der Bürgerrechte zu berauben. Den Arbeitern untersagte die Konstituante das Vereinigungs- und Streikrecht: das nach einer Reihe von Streiks in Pariser Werkstätten am 14. Juni 1791 erlassene Le Chapelier-Gesetz legte die Freiheit der Arbeit fest und verbot den Arbeitern, sich zur Verteidigung ihrer Interessen zusammenzuschließen.

Die politischen Rechte wurden einer Minderheit vorbehalten. Die »Erklärung« verkündet das Recht aller Staatsbürger, sich am Gesetzgebungsverfahren zu beteiligen: mit dem Gesetz vom 22. Dezember 1789 gewährte die Konstituante jedoch nur den Besitzenden das Stimmrecht. Die Staatsbürger wurden in drei Klassen eingeteilt.

Die *Passivbürger* waren vom Wahlrecht ausgeschlossen, da sie kein Recht auf Eigentum geltend machen konnten. Nach Sieyes, der diese Bezeichnungen einführte, haben sie das Recht »auf Schutz ihrer Person, ihres Eigentums und ihrer Freiheit«, nicht aber das Recht, »bei der Bildung der öffentlichen Gewalten aktiv mitzuwirken«. Ungefähr drei Millionen Franzosen wurden hiermit ihres Stimmrechts beraubt.

Die *Aktivbürger* waren – Sieyes zufolge – »die wahren Aktionäre des großen gesellschaftlichen Unternehmens«; sie zahlten eine direkte Steuer, die mindestens dem ortsüblichen Wert von drei Arbeitstagen entsprach, das heißt eineinhalb bis drei Livres. Ihre Anzahl überstieg vier Millionen; sie vereinigten sich in *Urwählerversammlungen*, um die Gemeindebeamten und die Wahlmänner zu ernennen.

Die *Wahlmänner*, von denen einer auf hundert Aktivbürger kam, – es gab also ungefähr 50 000 in ganz Frankreich – zahlten eine Steuer, die dem ortsüblichen Wert von zehn Arbeitstagen, also etwa fünf bis zehn Livres, entsprach; sie kamen in den Hauptstädten der Departements zu *Wahlversammlungen* zusammen, um die Richter, die Abgeordneten und die Mitglieder der Departementverwaltung zu ernennen.

Die Abgeordneten schließlich, die die Gesetzgebende Versammlung bildeten, mußten Grundbesitz vorweisen und eine *Silbermark* (ungefähr 52 Livres) Steuer zahlen. Dieses zweistufige Zensuswahlsystem ließ auf den Geburtsadel den Geldadel folgen. Das Volk war vom politischen Leben ausgeschlossen. In diesem Zusammenhang hatte der Berichterstatter des Verfassungsausschusses argumentiert, daß die Einrichtung eines Wahlzensus die *Passiven* mit Sicherheit anspornen werde, Reichtum zu erwerben, um *Aktiver* und dann *Wahlmann* zu werden (hier hat man schon das »Bereichert Euch!« Guizots). Vergebens erhob die demokratische Opposition, besonders der Abbé Grégoire und Robespierre, dagegen ihre Stimme.

»Alle Staatsbürger, wer sie auch sein mögen, haben das Recht auf Zugang zu allen Stufen der Volksvertretung«, erklärte Robespierre am 22. Oktober 1789 in der Versammlung. »Nichts stimmt mehr mit Eurer Erklärung der Rechte überein, derzufolge jedes Privileg, jede Unterscheidung und jede Ausnahme verschwinden soll. Die Verfassung setzt fest, daß die Souveränität beim Volk liegt, bei allen Individuen des Volkes. Jedes Individuum hat folglich das Recht der Mitwirkung am Gesetz, das ihn bindet, und auf Beteiligung an der Verwaltung der öffentlichen Angelegenheiten, die seine eigenen sind; andernfalls ist es nicht wahr, daß alle Menschen gleich an Rechten sind, und daß jeder Mensch auch Staatsbürger ist.«

Die demokratischen Zeitungen reagierten noch schärfer. Loustalot wandte sich in der 17. Nummer der *Révolutions de Paris* gegen diese neue Geldaristokratie und brandmarkte den Widersinn eines Dekretes, das Jean-Jacques Rousseau von der Volksvertretung ausgeschlossen hätte. Marat zeigte im *Ami du peuple* vom 18. November 1789 die katastrophalen Folgen dieses Wahlsystems für die Volksklassen und rief sie zum Widerstand auf:

»Dadurch, daß die Vertretungsbefugnis proportional von den direkten Steuern abhängt, wird die Herrschaft wieder in die Hände der Reichen gelegt; und das Los der Armen, die immer unterworfen, immer unterjocht und immer unterdrückt sind, wird sich nie mit friedlichen Mitteln verbessern lassen. Es handelt sich hier um einen schlagenden Beweis für den Einfluß des Geldes auf die Gesetze. Im übrigen dauert die Herrschaft der Gesetze nur so lange, wie die Völker sich ihnen zu unterwerfen bereit sind; und wenn sie das Joch des Adels abwerfen konnten, so werden sie auch das Joch des großen Reichtums sprengen.«

Camille Desmoulins drückte sich in Nummer 3 der *Révolutions de France et de Brabant* nicht weniger heftig aus:

»In der Hauptstadt herrscht Einstimmigkeit gegen das Silbermark-Dekret und bald wird es auch in der Provinz so sein. Es hat Frankreich zu einem aristokratisch regierten Staat gemacht, und das ist der größte Sieg, den die schlechten Bürger in der Nationalversammlung überhaupt erringen konnten. Um den ganzen Widersinn dieses Dekretes vor Augen zu führen, braucht man nur darauf hinzuweisen, daß Jean-Jacques Rousseau, Corneille, Mably nicht wählbar gewesen wären . . .

Was wollt ihr denn eigentlich mit diesem ständig wiederholten Wort *Aktivbürger* sagen? Die aktiven Bürger sind diejenigen, die die Bastille gestürmt haben, die die Felder urbar machen, während die Nichtstuer bei der Geistlichkeit und am Hofe trotz der ungeheuren Größe ihrer Besitzungen nur dahinvegetierende Gewächse sind, jenem Baum eures Evangeliums vergleichbar, der keine Früchte trägt und ins Feuer geworfen werden muß.«

## II. DER BÜRGERLICHE LIBERALISMUS

Auf die Freiheit legte die verfassunggebende Bourgeoisie den größten Wert, auf die Freiheit in all ihren Formen. In der Erklärung der Menschenrechte war die Gleichheit zwar mit der Freiheit verbunden worden; dies aber war eine grundsätzliche Beteuerung, die eher die Herabsetzung der Aristokratie und die Abschaffung der Privilegien sanktionierte, als daß sie dem Volk Hoffnungen machte. Und zudem handelte es sich nur um eine rechtliche Gleichheit. Die Freiheit wird zuallererst als Freiheit in öffentlichen und politischen Angelegenheiten verstanden – allerdings eingeschränkt durch den Wahlzensus. Sie wird ferner auf die von jedem Zwang befreite wirtschaftliche Tätigkeit angewandt. Das freie Individuum ist auch frei, zu schaffen und zu produzieren, den Profit zu suchen und ihn nach seinem Belieben zu verwenden. Die liberale Verfassung von 1791 hat ihre Grundlage im *laisser faire, laisser passer.*

### 1. Die politische Freiheit: die Verfassung von 1791

Die neugebildeten politischen Institutionen hatten allein die Aufgabe, die Herrschaft der siegreichen Bourgeoisie vor jeglicher Art von gewaltsamer Rückkehr der Aristokratie und Monarchie wie auch vor jedem Befreiungsversuch des Volkes zu bewahren.

Die politische Reform war schon seit Juli 1789 in Angriff genommen worden. Am 7. Juli war ein Ausschuß, bestehend aus dreißig Mitgliedern, gebildet worden, um die neue Verfassung auszuarbeiten. Am 26. August wurde die Erklärung der Menschenrechte angenommen; im Oktober verabschiedete man zahlreiche Verfassungsartikel und im Dezember die Wahlordnung. Bereits im Laufe des Sommers 1790 stellte sich heraus, daß Änderungen notwendig waren. Im August 1791 wurde mit der Diskussion über den endgültigen Text begonnen, der schließlich am 3. September angenommen wurde: so entstand die Verfassung von 1791. Als liberale Verfassung errichtete sie auf den Ruinen des Ancien Régime und des Absolutismus die Souveränität der Nation; als bürgerliche Verfassung sicherte sie die Herrschaft der besitzenden Klassen.

Die ausübende Gewalt konnte nur die Gestalt der Monarchie annehmen: niemand stellte sich zu dieser Zeit einen großen Staat anders vor. Am 22. September 1789 nahm die Versammlung eine Debatte wieder auf, die schon einen Monat zuvor eingesetzt hatte, und entschied, »daß die französische Regierung monarchisch ist.« Als aber die Machtbefugnisse des Königs festgelegt werden mußten, schränkte man diese so weit wie möglich ein, hütete sich allerdings davor, ihn gegenüber den Ansprüchen des Volkes völlig zu entwaffnen. Der am 22. September angenommene Artikel gab zwar der Regierung die Form der Monarchie, stellte aber mit Nachdruck fest:

»Keine Autorität steht in Frankreich höher als das Gesetz; der König regiert nur durch seine Kraft, und nur auf Grund des Gesetzes kann er Gehorsam verlangen.«

Der Wille des Königs hat keine Gesetzeskraft mehr. Am darauffolgenden Tag, dem 23. September, griff die Versammlung die königliche Autorität von neuem an, um sie noch mehr der Nation, das heißt: der Bourgeoisie unterzuordnen: alle Gewalten gehen ihrem Wesen nach von der Nation aus und können nur von ihr ausgehen; die gesetzgebende Gewalt liegt bei der Nationalversammlung. Die Macht der Monarchie sollte jedoch stark genug sein, um die Bourgeoisie vor den Bestrebungen des Volkes zu schützen. In diesem Sinne hatte sich die Mehrheit der Versammlung schon damals (11. September 1789) für das *aufschiebende Veto* ausgesprochen: mit seiner Hilfe konnte der König jeden Versuch einer demokratischen Gesetzgebung zum Scheitern bringen; da es aber aufschiebend war, fiel am Ende der Versammlung die Schiedsrichterrolle wieder zu, etwa für den Fall, daß der König eine Rückkehr zum Absolutismus einleiten oder, wie Mirabeau ihm riet, auf das Volk sich stützen wollte, um die Bevormundung von Seiten der bürgerlichen Versammlung abzustreifen. Wenn die Versammlung am 10. September 1789 die Einrichtung eines Oberhauses ablehnte, so geschah dies in der Absicht, den mit der Monarchie eng verbundenen Adel auszuschalten. Das Recht, die Versammlung aufzulösen, wurde dem König verweigert; ohnmächtig sollte er der Bourgeoisie gegenüberstehen, die das Gesetzgebungsorgan beherrschte, das in Permanenz tagen sollte.

Nach den Oktoberereignissen fuhr die Nationalversammlung fort, die Monarchie in ihrer überlieferten Form abzubauen. Am 8. Oktober wurde der Titel *König von Frankreich und Navarra* in *König der Franzosen* umgewandelt, und am 10. Oktober bestimmte die Konstituante, die den göttlichen Charakter der Monarchie nicht entschieden abzustreiten wagte, daß der König von nun an den Titel tragen sollte: *Louis, von Gottes Gnaden und durch das Verfassungsgesetz des Staates, König der Franzosen.* Diese Unterordnung des Königs unter das Gesetz, das von der Legislative als Repräsentanten der Bourgeoisie ausging, tritt noch deutlicher zu Tage in den am 9. November 1789 verabschiedeten Artikeln über die Vorlage und Genehmigung der Gesetze und die Form ihrer Verkündung. Die Gesetzgebende Versammlung mußte dem König ihre Dekrete entweder einzeln vor ihrer jeweiligen Verkündung oder zusammen am Ende jeder Sitzungsperiode vorlegen. Die königliche Genehmigung sollte auf jedem Dekret durch die Formel ausgedrückt werden: *»Der König genehmigt und wird ausführen lassen«*, die aufschiebende

Ablehnung durch: »*Der König wird nachprüfen*«. Die Formel der Gesetzesverkündung unterstrich deutlich die Vorherrschaft der Legislative über die Exekutive: »Die Nationalversammlung hat verordnet und wir wünschen und befehlen im folgenden...«

Ebenso wie auf der Ebene der zentralen Regierung hat der König auch für die örtliche Verwaltung seine Macht verloren. Das Gesetz vom 22. Dezember 1789 über die Neuorganisation der Departements schaffte in den neuen Verwaltungsbezirken alle Vertreter der Exekutivgewalt ab. Zwischen den Departementverwaltungen und der Exekutive gab es keine Zwischengewalt mehr. Sobald die Verwaltungsbeamten der Departements ihre Tätigkeit aufgenommen hatten, legten die Intendanten und ihre Bevollmächtigten ihre Ämter nieder.

Dieser *König der Franzosen*, dessen Amt erblich ist, der aber der Verfassung, auf die er vereidigt ist, untersteht, ist nur noch ein Beamter der Zivilliste mit einem Gehalt von 25 Millionen. Er behält das Recht, seine Minister auszuwählen, die aber nicht Mitglieder der Versammlung sein dürfen. Ohne ihre Gegenzeichnung kann er keinen Schritt machen. Diese Verpflichtung nimmt ihm jede Möglichkeit einer persönlichen Entscheidung und bringt ihn in Abhängigkeit von seinem Rat, der seinerseits von der Versammlung abhängt: der König ist nicht zur Verantwortung zu ziehen. Er ernennt die hohen Beamten, die Botschafter und Generale, und er leitet die Diplomatie. Aber er kann weder den Krieg erklären noch Verträge unterzeichnen ohne die vorherige Zustimmung der Versammlung. Für die zentrale Verwaltung sind sechs Minister zuständig (Inneres, Justiz, Krieg, Marine, Auswärtige Beziehungen, Öffentliche Abgaben); die früheren Räte sind verschwunden. Die Minister können von der Versammlung unter Anklage gestellt werden; am Ende ihrer Amtstätigkeit müssen sie ihr Rechenschaft ablegen. Im Widerspruch zur Theorie der Gewaltenteilung steht die Tatsache, daß der König durch sein aufschiebendes Vetorecht einen Teil der gesetzgebenden Gewalt behält; dieses Recht ist jedoch weder auf die Verfassungs- noch auf die Finanzgesetze anwendbar.

Die gesetzgebende Gewalt ruht bei einer einzigen, durch ein zweistufiges Zensuswahlsystem auf zwei Jahre gewählten Versammlung, der *Gesetzgebenden Nationalversammlung*, die aus 745 Abgeordneten besteht. Die Versammlung konnte permanent tagen, war unverletzlich und unauflösbar und beherrschte so das

Königtum. Sie hat die Gesetzesinitiative sowie das Recht, die Amtsführung der Minister zu überwachen, die wegen Vergehens »gegen die nationale Sicherheit und die Verfassung« vor einem nationalen Obergericht angeklagt werden können. Sie kontrolliert die Außenpolitik durch ihren diplomatischen Ausschuß; sie stimmt über das Truppenkontingent ab. In Finanzangelegenheiten ist sie souverän, da der König nicht über die Staatsgelder verfügen, noch nicht einmal ein Budget vorschlagen kann. Die Versammlung tritt ohne königliche Einberufung, sondern von Rechts wegen am ersten Montag im Mai zusammen und setzt selbst ihren Tagungsort und die Dauer ihrer Sitzungsperioden fest: die Versammlung ist vom König unabhängig, da dieser sie nicht auflösen kann. Sie kann sogar das königliche Veto umgehen, indem sie sich durch eine Proklamation unmittelbar ans Volk wendet.

So herrschte anscheinend der Monarch – in Wirklichkeit lag die Macht in den Händen des Besitzbürgertums, der Notabeln des Geldes, die auch das wirtschaftliche Leben beherrschten.


## 2. Die wirtschaftliche Freiheit: »laisser faire, laisser passer«

In der Erklärung der Menschenrechte vom 26. August 1789 findet man keinen Hinweis auf ökonomische Zusammenhänge: zweifellos weil die wirtschaftliche Freiheit in den Augen der Bourgeoisie der Konstituante selbstverständlich schien, wahrscheinlich aber auch, weil die Volksklassen mit dem alten System der Reglementierung und des Preisstops, das in gewisser Hinsicht ihre Lebensbedingungen sicherte, noch eng verbunden blieben. In der widersprüchlichen Zweigleisigkeit der Wirtschaftsverfassung des Ancien Régime standen Kleinhandel und traditionelles Handwerk den Industrieunternehmen neuen Typs gegenüber. Den Forderungen der kapitalistischen Bourgeoisie nach wirtschaftlicher Freiheit standen gewisse antikapitalistische Grundeinstellungen der Volksklassen entgegen. Die Wirtschaftskrise, die sich durch die katastrophale Ernte von 1788 vertieft hatte, und die den Tiefpunkt der seit zehn Jahren wirksamen Phase des wirtschaftlichen *Abstiegs* bildete, spaltete den Dritten Stand und erwies sich somit für die Bildung eines einheitlichen nationalen Bewußtseins nicht förderlich. Die Freiheit des Handels und der Getreideausfuhr, die Brienne 1787 durch Erlaß angeordnet hatte, und die Necker vorübergehend aufhob, wirkte sich zwar für die Produktion günstig aus, schien aber doch vor allen Dingen für die Besitzenden, d. h. für die Bourgeoisie gewinnbringend: das Volk hatte die Lasten zu tragen. Es hatte die Grund- und Zehntherren des Kornwuchers angeklagt und die Öffentlichkeit auf sie aufmerksam gemacht; bald sollte es sich gegen die Getreidehändler, Müller und schließlich gegen die Bäcker wenden. Die Solidarität des Tiers war bedroht. Die Frage der Subsistenzmittel mit ihren weitreichenden Konsequenzen (Freiheit oder Planung der Wirtschaft? Freiheit des Profits oder Recht auf Leben?) war nicht ohne Einfluß auf die Vorstellung von der Nation, die sich die verschiedenen sozialen Schichten im Laufe der Revolution machten. Im Jahre II verlangte die Pariser Sansculotterie das Recht auf Leben – erst nach dessen Anerkennung und Inkrafttreten wollte sie sich als gleichberechtigter Teil der Nation einordnen.

Hébert schrieb während der Volksbewegung, die zu den Ereignissen des 4. und 5. September 1793 führten, in seinem *Père Duchesne*: »Das Vaterland, Sch..., die Händler haben keins.« Der wirtschaftliche Liberalismus entsprach demgegenüber den Interessen der kapitalistischen Bourgeoisie.

Die Freiheit des Eigentums war die Folge der in der Nacht vom 4. August beschlossenen Beseitigung der Feudalität: das Land und die Menschen wurden aus jeder Abhängigkeit befreit. Aber die Dekrete vom 5. bis 11. August 1789, die den prinzipiellen Entscheidungen der Nacht des 4. August eine konkrete Form gaben, schafften zwar den Zehnten ab und beseitigten den feudalen Charakter von Grund und Boden sowie die feudale Hierarchie und deren Sonderrechte, insbesondere das Erstgeborenenrecht, sie unterschieden aber fortan zwischen den Rechten, »die von der sächlichen oder persönlichen Mainmorte und von der persönlichen Dienstbarkeit herrühren« – die ohne Entschädigung aufgehoben wurden – und »allen anderen«, die für loskäuflich erklärt wurden. Diese Unterscheidung wurde von Merlin de Douai im Anwendungsgesetz vom 15. März 1790 über den Loskauf der Feudalrechte wiederaufgenommen.

Rechte aus der *herrschenden Feudalität:* diejenigen, von denen man annimmt, daß sie auf Kosten der öffentlichen Gewalt usurpiert oder von ihr eingeräumt oder auch gewaltsam errichtet sind. Sie alle sind von nun an entschädigungslos aufgehoben: Ehrenrechte und Gerichtsbarkeit, Rechte der toten Hand (droits de mainmorte) und Leibeigenschaft, Steuern, Abgaben und persönliche Dienstpflichten, Zwangsverpflichtungen, Brücken- und Wegegelder, Marktrecht, Jagd- und Fischfangrecht, Taubenschlag und Gehege. Ebenso wurden die *triages* für ungültig erklärt, die seit dreißig Jahren für die Gemeindegüter zugunsten der Grundherren eingetragen waren.

Rechte aus *feudalen Verträgen:* diejenigen, von denen man annimmt, daß sie auf einen zwischen dem Grundherrn als Eigentümer und dem Bauern als Pächter abgeschlossenen Vertrag zurückgehen und folglich die Gegenleistung für eine ursprüngliche Landabtretung darstellen. Sie werden für loskäuflich erklärt: jährliche Abgaben, Pachtzins, Kehrzehnt und Grundzins, gewohnheitsrechtlich entstandene Verkaufsgebühren. Die Höhe der Summe für den Loskauf wurde am 3. Mai 1790 für die Geldabgaben auf das Zwanzigfache des jährlichen Betrages, für die Abgaben in Naturalien auf das Fünfundzwanzigfache und für die Verkaufsgebühren ihrer jeweiligen Bedeutung entsprechend festgesetzt. Der Loskauf konnte nur individuell geschehen. Außerdem hatte der Bauer noch Außenstände, bis zu dreißig Jahren zurück, zu zahlen. Der Grundherr brauchte seine Rechtstitel nicht vorzulegen, wenn er nachwies, daß er seinen Besitz seit dreißig Jahren ununterbrochen innehatte. Es wurde sofort deutlich, daß die kleinen Bauern sich mit dem beschwerlichen Loskaufverfahren nicht befreien konnten, zumal keinerlei Kreditsystem vorhanden war, um die Unternehmung zu erleichtern. Allein die wohlhabenden Bauern und die Besitzer, die ihre Felder nicht selbst bestellten, konnten ihren Grund und Boden frei machen. Letztere aber konnten nur daran interessiert sein, die Lasten des Loskaufs auf ihre Pächter und Halbpächter abzuwälzen. Durch das Dekret vom 11. März 1791 wirkte sich die Aufhebung des Zehnten zum Vorteil der Eigentümer aus: der Pächter mußte ihm den Betrag in Geld zahlen, der Halbpächter eine seinem Anteil entsprechende Menge an Feldfrüchten. Das Ergebnis war, daß die so verstandene Abschaffung des Feudalsystems der Bourgeoisie und den besitzenden Bauern zugutekam, die große Masse der Bauern aber nicht zufriedenstellen konnte. Die Unzufriedenheit steigerte sich zu Unruhen, manchmal auch zu Bauernaufständen. Die endgültige Beseitigung des Feudalsystems vollbrachte der Konvent, nachdem die Gironde gestürzt war. Mit der Abschaffung des Feudalsystems bildete sich eine neue Konzeption des Eigentums heraus: sie war bald Bestandteil der natürlichen, unwandelbaren Menschenrechte: Eigentum im bürgerlichen Sinne des Wortes. Als freies, individuelles und absolutes Recht, das wie im römischen Recht gebraucht und mißbraucht werden konnte, wird nun das Eigentum lediglich durch das Eigentum anderer und – in geringerem Ausmaß – das öffentliche Interesse begrenzt. Diese bürgerliche Konzeption stand nicht nur im Gegensatz zur feudalen Auffassung eines Eigentums, das mit Vorrechten zugunsten des Grundherren belastet war, sondern auch zur Auffassung eines allen gemeinsamen Eigentums an den Gemeindegütern und eines Privateigentums, das mit Dienstbarkeiten zugunsten der Dorfgemeinschaft belastet war. Die Verfassunggebende Versammlung neigte zu einer Aufteilung der Gemeindegüter, die die bereits besitzenden Bauern begünstigt hätte, erwies sich aber auf diesem Gebiet als vorsichtig: die Dinge blieben, wie sie waren.

Die Freiheit der Bodennutzung wurde durch das umfassend anerkannte Eigentum endgültig bestätigt; damit krönte sie eine lange soziale und juristische Entwicklung mit dem Triumph des *Agrarindividualismus*. Diese Anbaufreiheit zielte auf die Auflösung des alten Agrarsystems der gemeinschaftlichen Nutzung ab: der Eigentümer konnte jetzt seine Felder, die von dem Zwang zur einheitlichen Bestellung befreit waren, nach Belieben nutzen, einzäunen und die Dreifelderwirtschaft aufgeben. Als aber der Berichterstatter der Ausschüsse, Heurtault de Lamerville, *die Freiheit allen Landes* forderte, was zur Beseitigung des freien Weideplatzes, also des Gemeindeangers, der sich mit dem »natürlichen und verfassungsmäßigen Eigentumsrecht« nicht vertrug, geführt hätte, lehnte die Verfassunggebende Versammlung diese radikale Maßnahme ab. Die künstlich angelegten Wiesen wurden davon freilich ausgenommen. Das schließlich am 27. September 1791 verabschiedete Landrecht zog nicht alle Konsequenzen, die sich aus den angenommenen Eigentumsgrundsätzen ergaben: die Einzäunung wurde erlaubt, doch blieben der Gemeindeanger und das gemeinsame Wegerecht der Gemeinden bestehen, soweit sie sich auf eine Urkunde oder auf Gewohnheitsrecht gründeten. Die Kleinbauern, die gar kein oder zu wenig Land besaßen, sollten ihre kollektiven Rechte noch lange mit Erfolg verteidigen; selbst Napoleon wagte nicht, sie ihnen gewaltsam zu nehmen. So kam es, daß die überkommene

Agrarwirtschaft und die traditionelle Landgemeinde noch weit bis ins 19. Jahrhundert hinein neben dem neuen individualistischen Recht und der modernen Landwirtschaft anzutreffen waren.

Die Produktionsfreiheit, die in der Landwirtschaft in Form der Anbaufreiheit schon eingeführt war, wurde durch die Abschaffung der Zünfte und Monopole noch erweitert. Die Bourgeoisie der Konstituante entschloß sich hierzu nur zögernd, denn hinter dieser Maßnahme verbargen sich verschiedene Ausgangspunkte und gegensätzliche Interessen. Die abstrakte Abschaffung der Zunftprivilegien wurde in der Nacht des 4. August beschlossen: »Alle Sonderrechte der Provinzen, Fürstentümer, Städte, der Körperschaften und Gemeinden sind unwiderruflich aufgehoben und unterstehen künftig dem allgemeinen Recht aller Franzosen.« Das schien das Ende der Zünfte zu sein. So jedenfalls verstand es Camille Desmoulins:

»In dieser Nacht sind die Zunftrechte und ausschließlichen Privilegien abgeschafft worden ... Wer die Fähigkeit dazu hat, wird ein Geschäft haben. Der Schneider-, Schuhmacher- oder Perückenmachermeister wird darüber weinen; aber die Gesellen werden sich freuen, und in den Dachkammern wird es hell werden.«

Die Freude kam zu früh. Im endgültigen Erlaß vom 11. August 1789 war nur noch die Rede von »Sonderrechten der Provinzen, Fürstentümer, Länder, Kantone, Städte und Gemeinden«: die Zünfte blieben bestehen. Man mußte noch mehr als anderthalb Jahre warten. Bei der Diskussion um die Gewerbesteuer faßte der Berichterstatter des Ausschusses für öffentliche Abgaben, der Adlige d'Allarde, alle Probleme zusammen: die Zunft ist ebenso wie das Monopol eine Ursache für die Preissteigerungen, als ausschließliche Vorrechte sind sie daher abzuschaffen. Das sogenannte *Gesetz d'Allarde* vom 2. März 1791 beseitigte die Körperschaften der Zünfte und Innungen, ebenso aber die bevorrechtigten Manufakturen. Damit waren die kapitalistischen Produktivkräfte befreit und der freie Zugang zum Unternehmertum für jeden gewährleistet. Die Produktionsfreiheit wurde noch gefestigt durch die Abschaffung der Handelskammern, (Organe des Großhandels), durch die Aufhebung der gesetzlichen Regelung für die Industrie, der *Warenzeichen*- und Kontrollregelungen sowie schließlich der Überwachung der Fabriken. Nur noch das Konkurrenzgesetz von Angebot und Nachfrage sollte die Produktion, die Preise und Löhne bestimmen.

In einem solchen System ist die Freiheit der Arbeit untrennbar mit der Unternehmensfreiheit verbunden: der Arbeitsmarkt muß ebenso frei sein wie der Warenmarkt, Vereinigungen von Gesellen werden ebensowenig geduldet wie Zünfte der Meister, der wirtschaftliche Liberalismus kennt nur Individuen. Im Frühjahr 1791 entstanden Arbeitervereinigungen, die die verfassunggebende Bourgeoisie aufschreckten, vor allem der Verband der Zimmermannsgesellen, der bei der Pariser Stadtverwaltung durchsetzen wollte, daß die Arbeitgeber zur Zahlung eines *Tarifs* verpflichtet wurden. Unter dem Eindruck dieser Arbeiterforderungen wurde am 14. Juni 1791 das *Gesetz Le Chapelier* verabschiedet. Es verbot allen Bürgern mit demselben Beruf, ob Arbeiter oder Meister, sich Präsidenten, Sekretäre oder Rechtsbeistände zu bestellen und »Beschlüsse über ihre angeblichen gemeinsamen Interessen zu fassen«; kurz: es war ein Koalitions- und Streikverbot, das in krassem Gegensatz zur Vereinigungs- und Vereinsfreiheit stand. Die Freiheit der Arbeit hatte sich gegenüber der Vereinigungsfreiheit durchgesetzt. Für die Gesellenvereine und die Arbeitervereinigungen für gegenseitige Hilfe bedeutete dies das Ende. Am 20. Juli wurden diese Bestimmungen auch auf die Landbevölkerung ausgedehnt: jede Vereinbarung mit dem Ziel, auf Preise und Löhne einzuwirken, wurde sowohl den Landeigentümern und Bauern als auch dem Gesinde und den Landarbeitern verboten. Damit wurden die Arbeiter und Gesellen der Willkür ihrer Arbeitgeber, denen sie formal gleichberechtigt gegenüberstanden, ausgeliefert. Das Verbot der Koalition und des Streiks für die Arbeiter, das im Falle des Streikrechts bis 1864 und für das Recht auf gewerkschaftlichen Zusammenschluß bis 1884 bestehen blieb, bildete eine der wichtigsten Grundlagen für den Kapitalismus des freien Wettbewerbs: der Liberalismus, der auf der Abstraktion gesellschaftlich gleicher Individuen aufbaute, begünstigte die Stärkeren.

Schließlich ist auf die Freiheit des Handels einzugehen. Schon am 29. August 1789 hatte der Getreidehandel die Freiheit wiedererlangt, die ihm Brienne verschafft hatte, allerdings mit Ausnahme des freien Exports; am 18. September wurden die Getreidepreise freigegeben. Der unbeschränkte Binnenverkehr, dem sowohl wirtschaftliche als auch steuerliche Bedeutung zukam, entstand nach und nach durch die Abschaffung der Salzsteuer (21. März 1790), der Wege- und Binnenzölle (31. Oktober 1790) und schließlich der städtischen Einfuhrzölle und indirekten Steuern (2. März 1791): somit verschwanden fast alle Verbrauchssteuern, die bereits die Physiokraten und die Philosophen verurteilt hatten; jedoch wurde diese erhöhte Kaufkraft bei den Volksschichten bald durch den Preisanstieg ausgeglichen und sogar wieder eingeschränkt. Der innere Markt vereinheitlichte sich infolge des Verschwindens der Binnenzölle und Kontrollen, welche die Salzsteuer und die indirekten Steuern erforderten, sowie der Abschaffung der für wiederkäuflich erklärten Brücken- und Wegegelder und endlich infolge der *Zurückverlegung der Zollschranken,* wodurch die *faktischen Auslands*-Provinzen Elsaß und Lothringen eingegliedert wurden, weil nun die Zollgrenze mit der politischen Grenze zusammenfiel. Die Freiheit für Finanz- und Bankgeschäfte vervollständigte die Handelsfreiheit: wie der Warenmarkt wurde auch der Wertpapiermarkt freigegeben, und dies begünstigte den Aufschwung des Finanzkapitalismus.

Der Außenhandel wurde dadurch frei gestaltet, daß das Privileg der Handelsgesellschaften beseitigt wurde. Die Ostindienkompagnie war 1785 wieder errichtet worden: sie besaß das Handelsmonopol für die Gebiete jenseits des Kaps der Guten Hoffnung. Zur Zufriedenheit der Abgeordneten, die die Häfen und den großen Exporthandel vertraten und von denen die Initiative ausgegangen war, hob die Verfassunggebende Versammlung das Monopol dieser Kompagnie am 3. April 1790 auf: »Der Handel mit Indien jenseits des Kaps der Guten Hoffnung ist für alle Franzosen frei«. Der Handel mit Senegal wurde am 18. Januar 1791 freigegeben. Marseille verlor am 22. Juli 1791 sein Handelsmonopol für die Häfen Kleinasiens und Nordafrikas. Angesichts der Gefahren durch die ausländische Konkurrenz machte die Bourgeoisie der Konstituante aber einige Abstriche vom uneingeschränkten Handelsliberalismus: ein weiterer Beweis für den Realismus der Männer von Neunundachtzig. Der nationalen Produktion wurde ein gewisser Schutz durch Zölle gewährt: allerdings in engen Grenzen, denn die Versammlung ließ in ihrer Zolltarifverordnung vom 2. März 1791 nur eine kleine Anzahl von Verboten zu, entweder bei der Einfuhr, zum Beispiel für bestimmte Textilerzeugnisse, oder bei der Ausfuhr für einige Rohstoffe und vor allem Getreide. Darüber hinaus hielt die Versammlung für den Kolonialhandel am merkantilistischen System der *Ausschließlichkeit* fest: die Kolonien durften nur mit dem Mutterland Handel treiben (Zollverordnung vom 18. März 1791). So stark war die Machtgruppe, die die kolonialen Interessen vertrat; sie hatte bereits die Beibehaltung der Sklaverei und die Verweigerung der politischen Rechte für freie Farbige erreicht.

Auf diese Weise wurde die traditionelle Wirtschaftsordnung erschüttert. Gewiß beherrschte die Bourgeoisie auch schon vor 1789 die Produktion und den Warenaustausch, doch befreite nun das Prinzip des *laisser faire, laisser passer* ihre Aktivitäten in Handel und Industrie von den Fesseln der Privilegien und Monopole. Die kapitalistische Produktion war noch im Rahmen der feudalen Eigentumsverhältnisse entstanden und hatte sich hier zu entwickeln begonnen: der Rahmen war damit gesprengt. Die Bourgeoisie der Konstituante beschleunigte diese Entwicklung, indem sie der Wirtschaft freien Lauf ließ.

## III. DIE VERNUNFTGEMÄSSE ORDNUNG DES ÖFFENTLICHEN LEBENS

Die Verfassunggebende Versammlung bemühte sich, das vom Ancien Régime übernommene Verwaltungschaos durch eine zusammenhängende und vernünftige Organisation zu ersetzen, die auf untereinander gleichen, hierarchisch geordneten Bezirken aufbaute, wobei jeder Bezirk einheitlich alle Verwaltungsaufgaben übernehmen sollte. Der Grundsatz der Volkssouveränität – eingeschränkt durch das Zensuswahlsystem – wurde überall angewandt: die Verwaltungsbeamten wurden gewählt. Damit erreichte man eine weitestgehende Dezentralisierung, die den Wünschen des Landes entsprach: aber mehr oder weniger wirkten sich die lokalen Selbstverwaltungen einzig und allein zum Vorteil der Bourgeoisie aus.

### 1. Die Dezentralisierung der Verwaltung

Die neue Gebietseinteilung wurde mit dem Gesetz vom 22. Dezember 1789 über die Urwähler- und Verwaltungsversammlungen angenommen. Die alten unübersichtlichen Bezirke wurden durch ein einheitliches System ersetzt: das Departement wurde in Distrikte unterteilt, der Distrikt in Landkreise und der Landkreis in Gemeinden. Am 3. November 1789 hatte Thouret einen Plan zur geometrischen Aufteilung vorgeschlagen: Frankreich sollte in Departements von je 320 Quadratmeilen eingeteilt werden, jedes Departement in 9 Gemeinden mit je 36 Quadratmeilen... Mirabeau protestierte gegen diese Zerstückelung und verlangte, man solle die Überlieferungen und die Geschichte stärker berücksichtigen:

»Ich stelle mir eine angemessene und sachliche Unterteilung vor, die sich an den örtlichen Gegebenheiten und Umständen orientiert und nicht eine mathematische, fast ideale Aufgliederung, deren Verwirklichung mir im übrigen undurchführbar scheint. Ich möchte eine Unterteilung, die nicht nur den Zweck hat, eine gleichmäßige Vertretung sicherzustellen, sondern auch das Ziel, die Verwaltung den Menschen und ihren Angelegenheiten näher zu bringen und dabei eine größere Mitarbeit der Bürger zu ermöglichen. Endlich befürworte ich eine Unterteilung, die in gewisser Weise nicht als allzu große Neuerung erscheint; die es – wenn ich mich so ausdrücken darf – zuläßt, auf Vorurteile und sogar auf abwegige Vorstellungen einzugehen; die von allen Provinzen gleichermaßen angestrebt wird und auf bereits bekannten Zuständen aufbaut.«

Der Erlaß vom 15. Januar 1790 legte die Zahl der Departements auf 83 fest; ihre Grenzen wurden nach den von Mirabeau aufgestellten Gesichtspunkten gezogen. So stellte die Departements-Einteilung durchaus keine abstrakte Zerstückelung dar, sondern sie entsprach den geschichtlichen und geographischen Anforderungen. Gleichwohl durchbrach sie den traditionellen Rahmen des provinziellen Lebens, indem sie dem Land klar umrissene Verwaltungseinheiten gab.

Die städtische Verwaltung wurde durch das Gesetz vom 14. Dezember 1789 organisiert. Die Aktivbürger jeder Gemeinde wählten für zwei Jahre den Hauptgemeinderat, der sich aus den Notabeln und den Mitgliedern der Stadtverwaltung zusammensetzte. Zu diesen gehörten die Gemeindebeamten, der Bürgermeister und der Gemeindesyndikus, der in den großen Städten auch Stellvertreter hatte und mit der Interessenvertretung für das Gemeinwesen beauftragt war. Die Gemeinden besaßen weitgehende Zuständigkeiten: die Veranlagung und Einziehung von Steuern, die Aufrechterhaltung der Ordnung mit der Befugnis, die Nationalgarde anzufordern und das Kriegsrecht zu verhängen, und schließlich die einfache Polizeigerichtsbarkeit. Die direkt gewählten Gemeindebehörden waren demokratischer als die Departementsverwaltungen, die in zwei Wahlgängen gewählt wurden. Die Intensität des Lebensablaufs in den Gemeinden war eines der Hauptmerkmale des revolutionären Frankreichs.

Die Departementsverwaltung regelte das Gesetz vom 22. Dezember 1789. Ein Rat aus 36 Mitgliedern, der für zwei Jahre von der Wählerversammlung des Departements gewählt wurde, bildete das Beschlußorgan. Aus seiner Mitte benannte er ein Direktorium aus 8 Mitgliedern, das ständig tagte und die Exekutive des Rates darstellte. Jedem Direktorium wurde ein Obersyndikus beigeordnet, der die Ausführung der Gesetze überwachte: er stand in direkter Verbindung mit den Ministern und wurde damit zur wichtigsten Interessenvertretung; in Wirklichkeit war er der Sekretär der Verwaltungsdienststellen. Das Direktorium kontrollierte die gesamte Verwaltung des Departements: es übernahm die Befugnisse des früheren Intendanten. So bildete das Departement, in dem die Zentralgewalt durch keinen direkten Bevollmächtigten repräsentiert wurde, eine kleine Republik in den Händen des Großbürgertums. Die Distrikte erhielten eine Organisation, die der des Departements nachgebildet war (der Rat mit 12, das Direktorium mit 4 Mitgliedern und ein Distriktssyndikus). Ihre Hauptaufgabe bestand im Verkauf der Nationalgüter und in der Verteilung des Steueraufkommens unter die Gemeinden. Die Landkreise hatten keine eigene Verwaltung.

Der Zentralisation in der Monarchie folgte somit die Dezentralisierung mit dem Zensuswahlsystem. Die Zentralregierung hatte keinerlei Einfluß auf die in den Händen der Bourgeoisie befindlichen lokalen Obrigkeiten; zwar hatte der König das Recht, sie ihrer Ämter zu entheben, doch konnte die Versammlung sie wieder einsetzen. Weder der König noch die Versammlung hatten eine Handhabe, die Bürger zur Zahlung der Steuern oder zur Befolgung der Gesetze zu zwingen. Als sich die politische Krise verschärfte, zog die Dezentralisation der Verwaltung ernste Gefahren für die Einheit der Nation nach sich. Überall hatten gewählte Organe die Macht in Händen: falls sie den Gegnern der neuen Ordnung zufiel, war die Revolution in Gefahr. Zur Verteidigung der Revolution war es zwei Jahre später erforderlich, zur Zentralisation zurückzukehren.

## 2. Die Justizreform

Die Reform des Gerichtswesens wurde im gleichen Geist wie die Verwaltungsreform durchgeführt. Die zahllosen besonderen Gerichtsbarkeiten des Ancien Régime wurden abgeschafft; an ihre Stelle trat eine neue Hierarchie von Gerichtshöfen, die von der Volkssouveränität ausgingen und für alle gleich waren. Die neue Gerichtsverfassung war darauf ausgerichtet, die individuelle Freiheit zu schützen; von daher sind alle Garantien zugunsten des Angeklagten zu verstehen: das richterliche Gehör innerhalb von vierundzwanzig Stunden nach der Verhaftung, die öffentliche Urteilssprechung, die Pflichtverteidigung durch einen Anwalt. Die Anwendung des Prinzips der Volkssouveränität bedingte die Wahl der Richter und die Einrichtung von Geschworenenkollegien. Die Ämter waren nicht mehr käuflich; die Richter wurden aus dem Kreis der Juristen gewählt und übten ihr Amt im Namen des Volkes aus. Die Bürger wurden dazu aufgerufen, über den Tatsachenstoff in den Prozessen zu entscheiden, während den Richtern das Urteil über die Rechtsfrage überlassen blieb; Geschworenengerichte wurden allerdings nur für Strafsachen gebildet.

Für das zivilrechtliche Verfahren setzte die Verfassunggebende Versammlung durch das Gesetz vom 16. August 1790 für jeden Landkreis einen nach englischem Vorbild benannten *Friedensrichter* ein. Er wurde von den Urwählerversammlungen für zwei Jahre unter den Aktivbürgern gewählt und urteilte in Angelegenheiten der ordentlichen Gerichtsbarkeit in letzter Instanz bei einem Streitwert bis zu 50 Livres und in erster Instanz bei einem Streitwert bis zu 100 Livres. Der Friedensrichter spielte auch in der freiwilligen Gerichtsbarkeit eine Rolle (Vorsitz in Familienräten . . .). Das Gesetz wies dem Schiedsverfahren noch einen weiten Bereich zu, vor allem war es in allen Familienangelegenheiten obligatorisch. Wenn es auch oft schwierig war, diese Friedensgerichte zu organisieren (die unbezahlten Beisitzer setzten sich nur wenig ein), hatten sie dennoch großen Erfolg und erwiesen sich als eine der beständigsten Errungenschaften der Verfassunggebenden Versammlung. Das *Distriktsgericht* stand über den Friedensgerichten; es wurde aus fünf Richtern gebildet, die von der Wahlversammlung des Distrikts für sechs Jahre gewählt wurden; dazu kam der vom König ernannte Staatsanwalt. Das Distriktsgericht war Berufungsinstanz für die Entscheidungen der Friedensrichter und urteilte in letzter Instanz in Prozessen mit einem Streitwert unter 100 Livres; bei höheren Streitsummen konnte das Urteil mit der Berufung angefochten werden. Es gab allerdings kein besonderes Berufungsgericht: die Distriktsgerichte fungierten gegenseitig als Berufungsgerichte.

In der Strafgerichtsbarkeit wurde durch die Gesetze vom 20. Januar, 19. Juli und 16. September 1791 ein dreistufiger Gerichtsaufbau eingeführt. In jeder Gemeinde wurden Verstöße gegen Ortsvorschriften von einem einfachen Polizeigericht geahndet, das sich aus städtischen Beamten zusammensetzte. Auf Landkreisebene wurde eine Strafkammer eingerichtet, die aus dem Friedensrichter und zwei ehrenamtlichen Schiedsrichtern bestand; sie urteilte über gewöhnliche und mittlere Vergehen. Das *Kriminalgericht* schließlich hatte seinen Sitz in der Departementshauptstadt. Es wurde von einem Präsidenten und drei durch die Wählerversammlung des Departements gewählten Richtern gebildet; dazu kamen ein öffentlicher Ankläger, der mit der Leitung der Strafverfolgung beauftragt war, und ein für den Strafvollzug zuständiger königlicher Kommissar. Eine Anklagejury (8 Geschworene, die aus einer im voraus aufgestellten Liste ausgelost wurden) entschied darüber, ob eine Strafverfolgung eingeleitet werden sollte; ein Schwurgericht (12 Geschworene, die aus einer anderen als der für die erste Jury geltenden Liste ausgelost wurden) entschied über die dem Angeklagten vorgeworfene Tat; die Geschworenen waren Aktivbürger, die zumindest wohlhabend waren. Gegen das Urteil gab es keine Berufung. Am 25. September 1791 nahm die Verfassunggebende Versammlung ein Strafgesetzbuch an, in dem alle *imaginären Vergehen* (Ketzerei, Majestätsbeleidigung) abgeschafft und die Straftaten in drei Kategorien eingeteilt wurden (Verstöße gegen das Ortsrecht, Polizeivergehen sowie Vergehen und Verbrechen, die eine Leibes- und ehrenrührige Strafe nach sich ziehen). Die vorgesehenen Strafen – »die unbedingt und offensichtlich notwendigen« – waren höchstpersönlich und für alle gleich.

An der Spitze des Gerichtsaufbaues standen zwei nationale Gerichtshöfe. Das durch das Gesetz vom 27. November 1790 errichtete *Kassationsgericht,* in das ein Richter pro Departement gewählt wurde, konnte die Urteile der verschiedenen anderen Gerichte aufheben: es entschied aber ausschließlich bei Verfahrensfehlern und Gesetzesverletzungen; die aufgehobenen Urteile wurden an ein anderes Gericht derselben Instanz zurückverwiesen. Der am 10. Mai 1791 geschaffene *Oberste Nationale Gerichtshof* war für die Vergehen von Ministern und hohen Beamten sowie für Verbrechen gegen die Staatssicherheit zuständig.

Diese einheitlich aufgebaute und rationelle Gerichtsorganisation war vom König unabhängig; wenn das Recht auch noch immer in seinem Namen gesprochen wurde, war es doch zu einer Angelegenheit der Nation geworden. Tatsächlich war indessen die Gerichtsbarkeit ebenso wie die politische Macht und die Verwaltung in den Händen der Zensusbourgeoisie.

## 3. Nation und Kirche

Die Bereiche von Staat und Kirche waren im Ancien Régime so stark miteinander verflochten, daß die Reform des Klerus eine notwendige Konsequenz der Reform von Staat und Verwaltung war. Daraus entstand ein religiöser Konflikt, der der Konterrevolution außerordentlich stark entgegen kam. Die Mitglieder der Konstituante, die in ihrer Mehrheit gläubige Christen waren, haben diesen Konflikt nicht gewollt; der Katholizismus behielt das Privileg, Staatsreligion zu sein; er allein wurde von der Nation unterstützt. Die Verfassunggeber waren jedoch von gallikanischem Eifer erfüllt und hielten sich für berufen, die Kirche zu reformieren.

Zuerst wurden die Einnahmequellen und der Erbbesitz des Klerus in Angriff genommen. Der Zehnte war in der Nacht vom 4. August abgeschafft worden. Mit dem Ziel, die Finanzkrise zu beheben, wurden am 2. November 1789 die Kirchengüter der Nation zur Verfügung gestellt, die dafür die Verpflichtung übernahm, in ausreichendem Umfang für den Unterhalt der Priester zu sorgen und die Kosten für den Gottesdienst und die Armenfürsorge zu tragen; die Pfarrer sollten 1200 Livres im Jahr bekommen anstelle des *bescheidenen Jahresgehaltes* von 750 Livres, das sie unter dem Ancien Régime erhalten hatten. Die auf diese Weise konfiszierten Kirchengüter bildeten die ersten ursprünglichen Nationalgüter. Die Einziehung des kirchlichen Erbvermögens hatte notwendigerweise die Folge, daß die traditionelle Organisation des Klerus in Frage gestellt wurde.

Die Ordensgeistlichkeit wurde am 13. Februar 1790 abgeschafft: sie befand sich im Verfall, hatte in der Öffentlichkeit einen schlechten Ruf und verfügte über ein beträchtliches Vermögen.

Durch das Verbot, ein Gelübde abzulegen, wurde jeder Nachwuchs unterbunden.

Die Weltgeistlichkeit wurde durch die am 12. Juli 1790 verabschiedete und am 24. August verkündete *Zivilverfassung des Klerus* neu aufgebaut. Den äußeren Rahmen für die neue Kirchenorganisation bildeten die Verwaltungsbezirke: in jedem Departement wurde ein Bistum eingerichtet. Die Bischöfe und Pfarrer wurden wie die anderen Beamten gewählt: die Bischöfe von der Wählerversammlung des Departements, die Pfarrer von der des Distrikts. Die Neugewählten sollten von ihren kirchlichen Vorgesetzten eingesetzt werden, die Bischöfe also von ihrem Erzbischof und nicht mehr vom Papst. Die Domkapitel wurden als privilegierte Körperschaften angesehen und abgeschafft; an ihre Stelle traten Episkopalräte, die an der Verwaltung der Diözese beteiligt waren. Die Kirche Frankreichs entwickelte sich so zu einer Nationalkirche; in Kirche und Staat sollte der gleiche Geist herrschen; nach dem Erlaß vom 23. Februar 1790 hatten die Pfarrer die Verordnungen der Versammlung von der Kanzel herab zu verlesen und zu kommentieren.

Die Bindung der Kirche von Frankreich an das Papsttum wurde gelockert. Die päpstlichen Rundschreiben wurden der Zensur der Regierung unterstellt, und die Annaten (Abgaben der neueingestellten Geistlichen an die päpstliche Schatzkammer) wurden abgeschafft. Der Papst behielt zwar die Oberherrschaft über die Kirche von Frankreich, doch wurde ihm jegliche Gerichtsbarkeit entzogen. Die Konstituante stellte dem Papst nunmehr anheim, »die Zivilverfassung des Klerus einzusegnen«, wie es der Erzbischof von Aix, Boisgelin, ausdrückte. Als die Zivilverfassung ihre kanonische Weihe bekommen sollte, begannen die Schwierigkeiten. Sollte der Papst sie erteilen oder ein nationales Konzil? Aus Furcht vor den konterrevolutionären Bischöfen verwarf die Konstituante die Idee eines Konzils; damit begab sie sich in die Abhängigkeit des Papstes. Am 1. August 1790 erhielt der Gesandte in Rom, Kardinal de Bernis, den Auftrag, die Weihe von Pius VI. zu erwirken. Kardinal de Bernis war ein Gegner der Zivilverfassung; sein Verhalten war mehr als zwielichtig. Er stand mit den aristokratischen Bischöfen im Briefwechsel und gab deren leidenschaftliche Eingaben an den Papst weiter; schließlich beglückwünschte er den Papst zu seinem Widerstand und freute sich über seine eigene Niederlage.

Der Papst hatte bereits die Erklärung der Menschenrechte als gottlos verurteilt; er hatte zahlreiche Beschwerden. Die Annaten waren abgeschafft worden. Avignon lehnte die päpstliche Herrschaft ab und forderte den Anschluß an Frankreich. Pius VI. lag ebensoviel an seiner weltlichen Macht wie an seiner geistlichen Autorität. Er wollte zunächst wissen, in welche Richtung die Absichten der französischen Regierung bezüglich der weltlichen Auseinandersetzung und vor allem der Frage von Avignon gingen, bevor er sich in der geistlichen Streitfrage endgültig festlegte. Er hatte nicht die Absicht, durch eine verfrühte Stellungnahme seine weltlichen Interessen den geistlichen zu opfern. Er zog deshalb die Angelegenheit in die Länge und ließ sie zu einer regelrechten Feilscherei werden, obgleich die Versammlung eine gemäßigte Haltung einnahm: sie lehnte es am 24. August 1790 ab, in der Avignon-Frage Partei zu ergreifen, und gab die Bittschrift der Bürger von Avignon an den König weiter. Die Berechnungen des Papstes schadeten nicht nur seinen eigenen Interessen, sondern stifteten auch Unsicherheit und allgemeine Verwirrung und trieben Frankreich schließlich in Kirchenspaltung und Bürgerkrieg.

Die Bischöfe griffen indessen verschiedene Male gemeinsam unter der Führung von Boisgelin, dem Erzbischof von Aix, in die Auseinandersetzung ein und versuchten mit eindringlichen Worten, von König und Papst die ordnungsgemäße Inkraftsetzung der Zivilverfassung zu erreichen. Wenn es zum Bruch kam, so geschah dies gegen den Willen und die Erwartung der Bischöfe. Am 30. Oktober 1790 veröffentlichten die der Versammlung angehörenden Bischöfe eine *Darstellung der Grundsätze über die Zivilverfassung des Klerus:* sie verurteilten sie nicht, verlangten aber, daß ihr Inkrafttreten von der päpstlichen Billigung abhängig gemacht würde. Die Zivilverfassung, die der Kirche Frankreichs die Autonomie zurückgab, war nach dem geltenden kanonischen Recht nicht notwendig als schismatisch anzusehen. Im Jahre 1790 war die päpstliche Unfehlbarkeit noch nicht zum Dogma erhoben worden. Die französischen Bischöfe wollten vom Papst die kanonischen Vollmachten erhalten, ohne die sie sich nicht für berechtigt hielten, die Reform der Kirchenbezirke und der Episkopalräte durchzuführen. Der Papst sah sich durch vielfältige Beweggründe zum Widerstand veranlaßt; die ausschlaggebenden Motive scheinen nicht ausschließlich religiöser Natur gewesen zu sein. Die katholischen Mächte, vor allem Spanien, bestärkten ihn in seiner Opposition. Boisgelin jedoch, der es für seine Pflicht hielt, der Zivilverfassung die kanonischen Formen zu geben, hoffte bis zuletzt, daß sich der Papst weigern würde, Frankreich der Kirchenspaltung auszuliefern.

Am 27. November 1790 war die Konstituante des Wartens müde und verlangte von allen Priestern den Treueid auf die Verfassung des Königreichs, das heißt gleichzeitig auf die Zivilverfassung, die in jener enthalten war. Nur sieben Bischöfe leisteten den Eid. Die Pfarrer teilten sich in zwei ungefähr gleichgroße Gruppen, die aber je nach Gebiet sehr ungleich verteilt waren. Die *Vereidigten* oder *Verfassungstreuen* waren im Südosten in der Mehrheit, die *Eidverweigernden* im Westen.

Die Verurteilung der Zivilverfassung durch den Papst machte diesen Zustand endgültig. In den Rundschreiben vom 11. März und 13. April 1791 verdammte der Papst feierlich die Prinzipien der Revolution und die Zivilverfassung: damit war das Schisma eine vollendete Tatsache; das Land war von nun an gespalten. Die Opposition der Eidverweigernden verstärkte die konterrevolutionäre Agitation, und der religiöse Konflikt überlagerte sich mit dem politischen.

Man hat sich die Frage gestellt, warum die Konstituante nicht anders handeln konnte, als sie es getan hat. Die Trennung von Kirche und Staat war in Wirklichkeit sowohl aus inneren als auch aus äußeren Gründen undurchführbar; sie konnte nur als Ergebnis der gescheiterten Zivilverfassung verstanden werden. Niemand forderte zu dieser Zeit die Trennung, man dachte noch nicht einmal ernsthaft daran. Die Philosophen beabsichtigten, die Kirche an den Staat zu binden und ihre Priester in den Dienst des sozialen Fortschritts zu stellen. Die Verfassunggeber waren zwar keine treuen Anhänger der Kirche, doch immerhin ehrfürchtige Gläubige. Das zutiefst katholische Volk hätte den Bruch nicht akzeptiert, weil es dadurch sein Seelenheil für gefährdet gehalten hätte; die Trennung wäre als Kriegserklärung gegen die Religion ausgelegt worden: damit wäre sie eine gefährliche Waffe in den Händen der Konterrevolution geworden. Die äußeren Umstände, die eine Trennung unmöglich machten, waren nicht weniger zwingend. Die Güter des Klerus waren konfisziert worden: man mußte also für den Unterhalt der Priester sorgen und einen Haushalt für den Gottesdienst bereitstellen. Eben diese finanziellen Schwierigkeiten hatten den Neuaufbau der Kirche Frankreichs zur Folge: daß fast die Hälfte der früheren Bistümer abgeschafft und die meisten

Klöster geschlossen wurden, geschah auch aus Gründen der Sparsamkeit. Die Kirchenreform stand damit in engem Zusammenhang mit der Umgestaltung der Verwaltung und mit der Finanzfrage.

## 4. Die Finanzreform

Auch die Reform des Finanzwesens, die eines der Hauptanliegen in den Beschwerdeheften war, stand unter dem Zeichen der allgemeinen Prinzipien, nach denen die verfassunggebende Bourgeoisie die Institutionen umgestaltete. Gleichheit aller vor der Steuer, die sich in einen *Beitrag* zum öffentlichen Haushalt verwandelte, Rationalisierung der Steuerveranlagung, die für das ganze Land gleich war, im direkten Verhältnis zum Einkommen stand, an die Person gebunden und jährlich vorzunehmen war: das Finanzsystem der Verfassunggebenden Versammlung brachte der großen Masse der Steuerpflichtigen eine unbestreitbare Erleichterung. Die indirekten Steuern wurden abgeschafft; ausgenommen blieben die Register- und Eintragungsgebühren, die für die Feststellung der Steuern aus Grundbesitz und Fahrnisvermögen notwendig waren, und ebenso die Stempelgebühr und der Zoll. Das neue Steuersystem enthielt drei Kategorien von direkten Steuern. Die *Grundsteuer,* die am 23. November 1790 eingeführt wurde, betraf die Einkünfte aus Grund und Boden: nach einem Prinzip der Physiokraten war sie die Hauptsteuer. Eine gleichmäßige Veranlagung zur Grundsteuer hätte aber die Einrichtung eines nationalen Katasters vorausgesetzt, das allein einen wirklichen Steuerausgleich, das heißt eine gerechte Verteilung der Lasten zwischen den Departements, den Gemeinden und den Steuerpflichtigen ermöglicht hätte. Die Versammlung begnügte sich damit, die von jedem Departement geforderte Summe nach dem früheren Steueraufkommen festzusetzen; die Steuerrollen der Gemeinden wurden nach den Erklärungen der Steuerpflichtigen aufgestellt. Die *Mobiliarsteuer*[1] wurde am 13. Januar 1791 eingeführt und betraf das Einkommen, dessen Höhe an der Miete oder an dem Mietwert der Wohnung gemessen wurde; das Gesetz sah Steuervergünstigungen bei besonderen Familienbelastungen und eine Sondersteuer für Junggesellen vor. Die am 2. März 1791 eingeführte *Gewerbesteuer* wurde aus

---

1 La contribution mobilière.

den Einkünften aus Handel und Industrie erhoben. Die Veranlagung zu diesen verschiedenen Steuern wurde den Gemeinden überlassen, was zu einigem Verdruß führte; die Gemeinden hatten oft nicht die Mittel und noch nicht einmal den Wunsch, dieser undankbaren Aufgabe ordnungsgemäß nachzukommen. Eine Notlösung, nämlich die Steuerveranlagung auf der Grundlage des ehemaligen Zwanzigsten mit einigen Abweichungen durchzuführen, rief starke Unzufriedenheit hervor; insbesondere stellte sich heraus, daß die Mobiliarsteuer für die Landbevölkerung eine schwere Last darstellte, während sie die städtische Bourgeoisie schonte. Angesichts der beschwerlichen und schleppenden Veranlagung ernannte die Verfassunggebende Versammlung im Juni 1791 Kommissare und beauftragte sie, den Gemeinden beizustehen.

Diese Schwierigkeiten wurden durch das neue System der Steuereinziehung noch verstärkt. Die Gemeindeverwaltungen wurden mit der Einziehung der Steuern beauftragt: das Gesetz sah keine besondere Finanzverwaltung vor. In jedem Distrikt sammelte ein gewählter Steuereinnehmer alle eingezogenen Gelder ein, während im Departement ein Oberzahlmeister im Auftrag des nationalen Finanzministeriums die Zahlungen entgegennahm. An der Spitze stand das nationale Finanzministerium, das im März 1791 eingerichtet wurde und sich aus sechs vom König ernannten Kommissaren zusammensetzte: es hatte die Zahlungen für die Ausgaben der Ministerien anzuweisen.

Diese einfache und zusammenhängende Organisation des Finanzwesens blieb in ihren wesentlichen Zügen während des ganzen 19. Jahrhunderts bestehen. Im Augenblick jedoch trug sie zur Verschärfung der Finanzkrise bei. Das Ingangsetzen des neuen Systems brauchte Zeit; die alten Steuern verschwanden aber bereits am 1. Januar 1791, als die Grundsteuer gerade erst eingeführt war und die Mobiliar- und Gewerbesteuer noch nicht bestanden. Auch die seit dem 6. Oktober 1789 erhobene vaterländische Abgabe, die ein Viertel des Einkommens betrug, konnte erst nach einem längeren Zeitraum Einnahmen erbringen. Die von Necker ausgegebenen Staatsanleihen (30 Millionen zu 4,5 % am 9. August, 80 Millionen zu 5 % am 27. August 1789) hatten zu einem Mißerfolg geführt. Demgegenüber stiegen die Belastungen des Staatshaushaltes durch die Rückzahlung der Anleihen beim Klerus, die Abzahlung auf die käuflichen Ämter und die Kautionssummen der Beamten, wozu bald noch die kirchlichen Gehälter und die Gottesdienstkosten kamen. Die Staatskasse blieb leer, und der Staat lebte von einem Tag auf den anderen von den Vorauszahlungen der Diskontobank.

Die Finanzkrise zwang die Verfassunggebende Versammlung zu zwei ihrer entscheidenden Maßnahmen, die die soziale Revolution noch vertieften: dem Verkauf der Kirchengüter und der Schaffung einer Art Papiergeld, der Assignaten.

## IV. AUF DEM WEG ZU EINEM NEUEN SOZIALEN GLEICHGEWICHT: ASSIGNATEN UND NATIONALGÜTER

An diesem Bereich läßt sich ablesen, mit welchem Druck die äußeren Umstände das Werk der verfassunggebenden Bourgeoisie beeinflußten; hier erkennt man, wie weit diese Bourgeoisie über die rationale und geschlossene Konstruktion, die eigentlich ihre Interessen schon befriedigt hätte, hinausgehen mußte: sie war gezwungen, in ihren Entscheidungen immer härter zu werden, und beschleunigte dadurch schließlich einen sozialen Umsturz, den sie zweifellos weder gewünscht noch vorausgesehen hatte, der aber der neuen Ordnung erst das Fundament eines soliden Bürger- und Bauerntums gab.

### I. Assignaten und Inflation

Die Währungsreform mit ihren außerordentlichen sozialen Auswirkungen war eine Folge der Finanzkrise. Am 2. November 1789 stellte die Verfassunggebende Versammlung die Güter des Klerus der Nation zur Verfügung. Dieser Reichtum an Grundbesitz mußte jedoch zunächst einmal in flüssiges Kapital verwandelt werden. Am 19. Dezember 1789 beschloß die Versammlung, Kirchengüter im Werte von 400 Millionen zum Verkauf freizugeben, und zwar in Form von *Assignaten* über diese Höhe, das heißt Scheinen, deren Wert eine Anweisung auf die Nationalgüter darstellte. Die Assignate war zunächst nur ein Gutschein, der 5% Zinsen brachte und in ehemaligen Kirchengütern rückzahlbar war; sie war insoweit eine verbriefte Staatsschuld; zunächst gab es nur große Anteilsscheine über 1000 Livres. In dem Maße, wie die Assignaten durch den Verkauf der Kirchengüter eingelöst wurden, sollten sie für ungültig erklärt und vernichtet werden, um die Staatsschuld zu tilgen.

Dieses Verfahren mußte, um erfolgreich zu sein, schnell abgewickelt werden. Die Assignaten fanden indessen nur schwer Abnehmer; die Zeiten schienen unsicher, der Klerus verwaltete nach wie vor seine Güter, die Kirchenreform war noch nicht angenommen. Dadurch wurde die Verfassunggebende Versammlung zu radikalen Maßnahmen gezwungen: am 20. April 1790 entzog sie dem Klerus die Verwaltung seiner Güter; einen Monat später setzte sie den Haushalt für die Gottesdienstkosten fest, und am 14. Mai bestimmte sie im einzelnen die Verkaufsbedingungen für die Nationalgüter. Die Staatskasse blieb dennoch leer, und das Defizit nahm täglich zu. Eine Reihe von Maßnahmen der Versammlung führte nach und nach dazu, die Assignate als Gutschein auf die Staatskasse in eine Papiergeldassignate umzuwandeln, die keine Zinsen mehr einbrachte und ein vollgültiges Zahlungsmittel ohne Tilgungsbeschränkung war. Am 27. August 1790 wurde aus der Assignate eine Banknote, die in einem Wert von 1200 Millionen ausgegeben wurde; man druckte Scheine mittleren Wertes (50 Livres) und später auch kleine Scheine über 5 Livres (6. Mai 1791). So wurde diese Maßnahme, die ursprünglich zur Tilgung der Staatsschuld dienen sollte, ihrem eigentlichen Zweck entfremdet und wirkte sich als Abdeckung des Haushaltsdefizits aus. Die Folgen waren vor allem im wirtschaftlichen und sozialen Bereich unabsehbar.

In wirtschaftlicher Hinsicht wurde das Assignatengeld durch eine rasch einsetzende Inflation entwertet. Es wurden ständig höhere Beträge in Umlauf gesetzt. Die Versammlung begünstigte die Werteinbuße, indem sie am 17. Mai 1791 den Bargeldhandel erlaubte; das Metallgeld verschwand, und bald unterschied man zwei Preise: einen für Hartgeld und einen für Papiergeld; die Ausgabe kleiner Banknoten verstärkte noch die Entwertung. Der Wechselkurs sank im Laufe des Jahres 1790 um 5 bis 25 %; auf dem Londoner Markt waren im Mai 1791 100 Livres nur noch 73 wert.

In sozialer Hinsicht hatte das Assignatengeld vielfältige Auswirkungen. Die Lebensbedingungen der Volksklassen, die das eigentliche Opfer der Inflation waren, wurden erschwert. Die Kaufkraft der in Papiergeld entlohnten Gesellen und Arbeiter sank. Das Leben wurde teurer, und das Ansteigen der Lebensmittelpreise hatte dieselben Folgen wie die Hungersnot. Die so-

zialen Unruhen lebten wieder auf: die hohen Lebenshaltungskosten brachten die städtischen Volksmassen gegen die Großbourgeoisie auf und trugen zu deren Sturz bei. Für bestimmte
Gruppen der Bourgeoisie war die Inflation nicht weniger unheil-
voll: *Beamte,* deren Posten abgeschafft worden waren, Staatsrentner des Ancien Régime, die ihre Ersparnisse in Staatsschuld-
scheinen oder Pfandbriefen angelegt hatten, sahen ihr Einkommen mit fortschreitender Entwertung zusammenschmelzen. Der
erworbene Reichtum fiel der Inflation zum Opfer. Für die Spekulanten hingegen war sie vorteilhaft. Vor allem das Assignatengeld gab jedermann die Möglichkeit, Kirchengüter zu erwerben, während diese sonst durch Assignatengutscheine ausschließlich in die Hände der Gläubiger des Staates, das heißt, der Lieferanten, Finanzleute und Inhaber abgeschaffter Ämter gelangt
wären. Die Assignate war damit keine finanzielle Notlösung
mehr, sondern sie hatte sich zu einem wichtigen politischen und
sozialen Machtmittel entwickelt.

## 2. Die Nationalgüter und die Vermehrung
   des bürgerlichen Eigentums

Infolge des Verkaufs der Nationalgüter und des Wirkungs-
mechanismus der Assignate führte die Revolution zu einer Neu-
verteilung des Grundbesitzes; dies betonte ihren sozialen Charakter. Die Verkaufsbedingungen entsprachen in keiner Weise
den Hoffnungen der Kleinbauern: da der größte Teil der Bauern
keinen oder nicht genügend Boden besaß, um unabhängig leben
zu können, hätte man die Agrarfrage dadurch lösen können, daß
man die Zahl der grundbesitzenden Bauern durch Aufteilung der
Nationalgüter in kleine Parzellen und durch günstigere Bedingungen beim Verkauf erheblich vergrößerte. Damit wäre die mit
der Abschaffung der Feudalrechte eingeleitete Agrarreform vervollständigt worden. Der staatliche Finanzbedarf erhielt aber
den Vorrang: er stimmte im übrigen mit den Interessen der
Bourgeoisie überein. Ebensowenig wie die Loskäuflichkeit
der Feudalrechte wurde der Verkauf der Nationalgüter unter
Berücksichtigung der Interessen der Bauernmassen geplant:
vielmehr wurde dadurch die Vorherrschaft der Besitzenden verstärkt.
Das Gesetz vom 14. Mai 1790 bestimmte, daß die Kirchengüter
jeweils als zusammenhängende landwirtschaftliche Betriebe in

der Distriktshauptstadt versteigert werden sollten: all diese Bedingungen benachteiligten die armen Bauern; außerdem wurden die Pachtverträge beibehalten. Die Verfassunggebende Versammlung erlaubte jedoch – um der neuen bürgerlichen Gesellschaftsordnung wenigstens einen Teil der Bauern anzuschließen – die Bezahlung in 12 Jahresraten mit einem Zinssatz von 5% und auch die Grundstücksteilung, wenn die Versteigerungssumme für die getrennten Parzellen insgesamt diejenige für das ungeteilte Grundstück überstieg. In manchen Gebieten schlossen sich die Bauern zusammen, um die in ihrem Dorf zum Kauf angebotenen Ländereien zu erwerben; in anderen Orten vertrieben sie die Ersteigerer mit Gewalt. Das bäuerliche Grundeigentum vergrößerte sich, so etwa im Cambrésis, wo die Bauern zwischen 1791 und 1793 zehnmal mehr Grundbesitz kauften als die Bourgeoisie, ebenso war es in der Picardie und in den Gebieten von Laon und Sens. Trotzdem waren die eigentlichen Nutznießer beim Verkauf der Kirchengüter die schon besitzenden Landwirte, die Großbauern und mehr als alle anderen die Bourgeoisie: Tagelöhnern oder Kleinbauern gelang es äußerst selten, ein Stückchen Land zu erwerben. Die Agrarfrage blieb ungelöst, obwohl die Aufteilung der großen kirchlichen Domänen eine Zerstückelung und Vermehrung der landwirtschaftlichen Betriebe zur Folge hatte und zahlreichen Bauern als Pächtern oder Halbpächtern die Nutzung des Bodens ermöglichte. Bald sollte die Spekulation dank der Assignatenentwertung riesige Vermögen in den Taschen der sogenannten *schwarzen Banden,* Abenteurern und Geschäftemachern, zusammentragen.

Das Werk der Verfassunggebenden Versammlung ist demnach sehr umfassend gewesen; es erstreckte sich auf alle Bereiche der Politik und Verwaltung, der Religion und der Wirtschaft. Frankreich und die Nation sind erneuert und die Grundlagen für die neue Gesellschaft sind gelegt worden. Als Söhne des Zeitalters der Vernunft und der Aufklärung haben die Verfassunggeber ein logisches, klares und einheitliches Gebäude errichtet. Aber als Söhne der Bourgeoisie haben sie die feierlich verkündeten Prinzipien der Freiheit und Gleichheit im Interesse ihrer Klasse abgewandelt. Dadurch riefen sie die Unzufriedenheit der Volksklassen und der Demokraten hervor und ebenso die der Aristokraten und der ehemalig privilegierten Klasse, deren Vorherrschaft gebrochen war. Bevor noch die Versammlung auseinanderging und ihr Werk vollendet war, wurde dieses bereits von zahlreichen Gefahren bedroht. Indem sie die neue Nation auf der schmalen Basis der Zensusbourgeoisie aufbaute, setzte die Verfassunggebende Versammlung ihr Werk vielfältigen Widersprüchen aus. Sie war gezwungen, die unversöhnliche Aristokratie zu bekämpfen und mußte auf der anderen Seite das ungeduldig werdende Volk zurückdrängen; damit versetzte sie die bürgerliche Nation in einen Zustand der Unsicherheit und lieferte sie bald dem Kriege aus.

Die neue Einheit wurde durch neuartige wirtschaftliche Verbindungen, die aber nur bürgerlicher Art sein konnten, gefestigt. Der nationale Markt wurde durch die radikale Beseitigung der feudalistischen Zersplitterung und durch die Befreiung des Binnenverkehrs vereinheitlicht. Dadurch festigten sich die wirtschaftlichen Beziehungen zwischen den verschiedenen Teilen des Landes, und dementsprechend wuchs ihre Solidarität. Dem Ausland gegenüber schirmte sich die Nation durch die *Erweiterung der Zollgrenzen* und durch den Schutz der nationalen Produktion vor der ausländischen Konkurrenz ab. Doch während und indem die verfassunggebende Bourgeoisie dieses Einigungswerk vollendete, löste sie mit der Einführung der freien Wirtschaft den Tiers auf. Die Abschaffung der Zünfte und der Fabrikationsregelungen konnte bei den Meistern, die damit ihrer Monopolstellung beraubt waren, nur Ablehnung und Zorn hervorrufen. Die Freigabe des Getreidehandels hatte die allgemeine Feindschaft der städtischen und ländlichen Volksklassen zur Folge. Bei den Bauern war der Widerstand gegen die Anbaufreiheit nicht minder groß; die Kollektivrechte, die für die armen Bauern eine Existenzsicherung bedeuteten, schienen endgültig beseitigt zu sein. Die große Enttäuschung bei den Massen, die noch mit der Reglementierung vertraut und in der traditionellen Wirtschaftsform verwurzelt waren, konnte diese leicht von einem Vaterland entfernen, das nur eine Klasse in den engen Grenzen ihrer eigenen Interessen entworfen hatte.

Die Massen waren durch das Zensussystem in diesem Vaterland vom politischen Leben ausgeschlossen. Zweifellos schufen die Verfassunggeber mit der theoretischen Verkündung der Gleichheit, der Beseitigung der Zünfte und *Körperschaften,* die die Gesellschaft im alten Staat aufgespalten hatten, und mit der Betonung einer individualistischen Konzeption der gesellschaftlichen Beziehungen die Grundlagen für eine Nation, in der sich alle hätten einrichten können. Indem sie aber das Eigentum in den Katalog der unveräußerlichen natürlichen Rechte aufnahmen, wurde ihr Werk mit einem inneren Widerspruch belastet, den sie nicht zu lösen vermochten. Die Beibehaltung der Sklaverei und die Einrichtung des Zensuswahlsystems brachten dies deutlich zutage. Die politischen Rechte wurden je nach Umfang des Vermögens zugestanden. Bestand die Nation nach Ausschluß von drei Millionen Passivbürgern aus den über vier Millionen Aktivbürgern, die die Urwählerversammlungen bildeten, oder beschränkte sie sich auf die 50 000 Wähler in den eigentlichen Wählerversammlungen?

*Die Nation, der König, das Gesetz:* diese berühmte Formel, die unter dem Anschein des Prinzips der Volkssouveränität das Verfassungswerk der Versammlung symbolisch darstellte, konnte niemanden täuschen. Die Nation war auf den engen Kreis des Besitzbürgertums beschränkt. Als Nation, die nach dem Zensus aufgebaut war, konnte sie den Angriffen der Konterrevolution und des Krieges nicht standhalten.

## 4. Kapitel

# Die Verfassunggebende Versammlung und die Flucht des Königs (1791)

*Schon 1791 wurde der institutionelle Neuaufbau, den die Verfassunggebende Versammlung begonnen hatte, unter dem Druck widersprüchlicher Bestrebungen gehemmt. Während die Aristokratie nach wie vor jede Konzessionsbereitschaft hartnäckig verweigerte und damit die erneut von dem Triumvirat aus Barnave, Du Port und Lameth vorgeschlagene Kompromißlösung zum Scheitern verurteilte, verliehen der unüberhörbar gewordene Ruf ans Ausland und die Angst vor einer Invasion der Vorstellung vom aristokratischen Komplott wieder Kraft und Leben in der Auffassung des Volkes. So rückte das nationale Problem nach und nach in den Vordergrund und trug zur Verschärfung der sozialen Spannungen innerhalb des ehemaligen Tiers État bei: Es zerstörte das zerbrechliche Gleichgewicht, auf dem die Zensusbourgeoisie ihre Herrschaft gegründet hatte.*

## I. KONTERREVOLUTION UND DRUCK DER VOLKSBEWEGUNG

Schon im Sommer 1790 wurde deutlich, daß die von La Fayette verfolgte Politik fehlgeschlagen war: die Versöhnung der Aristokratie mit der bürgerlichen Gesellschaft war unmöglich. Die Kirchenspaltung und die Agitationen der Eidverweigernden verstärkten die aristokratische Opposition. Die Assignatenentwertung und die Wirtschaftskrise gaben den Volksbewegungen neuen Aufschwung.

## 1. Die Konterrevolution: Aristokraten, Emigranten und Eidverweigernde

In der konterrevolutionären Opposition vereinigten sich nunmehr die Bestrebungen der Emigranten, der Aristokraten und der Eidverweigernden.

Die Agitationsarbeit der Emigranten konzentrierte sich auf die Grenzgebiete des Landes. Die wichtigsten Zentren der Emigration lagen im Rheinland (Koblenz, Mainz, Worms), in Italien (Turin) und in England. Die Wühlarbeit der Emigranten hatte zum Ziel, eine ausländische Intervention gegen die Revolution herbeizuführen. Im Mai 1791 traf sich der Graf von Artois in Mantua mit Kaiser Leopold II., der aber ausweichend reagierte.

Im Lande breitete sich die aristokratische Agitation weiter aus und blieb nicht mehr allein auf die Verfassungskämpfe beschränkt. Die Aristokraten – die *Schwarzen* – brachten die Assignaten in Verruf und bemühten sich, den Verkauf der Nationalgüter zu behindern. Die bewaffneten Anschläge häuften sich. Im Februar 1791 versuchten die *Dolchritter,* den König aus den Tuilerien zu entführen. Das Lager von Jalès südlich des Vivarais, das im August 1790 von 20 000 royalistischen Nationalgardisten gebildet worden war, konnte erst im Februar 1791 mit Gewalt aufgelöst werden. Im Juni 1791 versuchte der Baron von Lézardière, einen Aufstand in der Vendée zu entfesseln. Überall waren die Aristokraten aktiv.

Neuen Auftrieb erhielt die konterrevolutionäre Opposition durch die Agitation der eidverweigernden Priester. Diese verbanden ihre Ziele mit denen des Adels und machten sich so zu aktiven Trägern der Konterrevolution. Sie hielten weiterhin Gottesdienste ab und erteilten nach wie vor die Sakramente. Das Land spaltete sich. Da viele aus dem Volke ihr Seelenheil nicht durch Abwendung von den *guten Priestern* aufs Spiel setzen wollten, trieben die Eidverweigernden einen Teil der Bevölkerung in die Arme der konterrevolutionären Opposition. Als die Verwirrungen zunahmen, genehmigte die Konstituante am 7. Mai 1791 die Religionsausübung der Eidverweigernden unter den Bedingungen eines lediglich geduldeten Gottesdienstes. Die verfassungstreuen Priester empörten sich, weil sie befürchteten, der Konkurrenz der Eidverweigernden nicht gewachsen zu sein. Der Religionskrieg war entfesselt.

## 2. Der Ansturm der Volksbewegung: soziale Krise und politische Forderungen

Zur gleichen Zeit entwickelte sich auch die revolutionäre Opposition. Sie erschwerte der Nationalversammlung die Politik des goldenen Mittelweges noch mehr.

Die antiklerikale Bewegung war die Antwort auf die Agitation der Eidverweigernden. Der Religionskampf bewirkte nicht nur, daß sich die Kräfte der aristokratischen Partei verdoppelten, er hatte auch die Bildung einer antiklerikalen Partei zur Folge. Zur Unterstützung des verfassungstreuen Klerus griffen die Jakobiner den römischen Katholizismus heftig an, indem sie den Aberglauben und den Fanatismus anprangerten.

»Man hat uns vorgeworfen«, schreibt *La Feuille villageoise*, worin diese Angriffe verbreitet wurden, »wir hätten uns selbst etwas intolerant gegenüber dem Papsttum gezeigt. Man hat uns vorgeworfen, wir hätten nicht stets den unsterblichen Baum des Glaubens geschont. Aber man betrachte doch diesen unverletzlichen Baum einmal von nahem, dann wird man erkennen, daß der Fanatismus derart in all seinen Zweigen verschlungen ist, daß man nicht auf den einen schlagen kann, ohne auch den anderen zu treffen.«

Die antiklerikalen Autoren gingen noch einen Schritt weiter und verlangten die Streichung des Gottesdienstbudgets, dafür verbreiteten sie die Idee eines patriotischen Bürgerkultes, für den das große Nationalfest der Föderation eine Art Vorbild gewesen war.

Das Auftreten der Eidverweigernden hatte eine verstärkte demokratische Agitation als weitere Folge: das geheime Einverständnis zwischen dem König und den Priestern, die nicht geschworen hatten, begünstigte den Fortschritt der Demokraten. Bereits 1789 hatte Robespierre das allgemeine Wahlrecht gefordert. Die demokratische Partei verdankte ihren Aufstieg den immer zahlreicher werdenden Volksvereinen. Am 2. Februar 1790 hatte der Lehrer Dansard in Paris die erste *Brüderliche Gesellschaft für die beiden Geschlechter* gegründet. Diese Volksvereine, die den Passivbürgern offenstanden, bildeten im Mai 1791 ein Zentralkomitee. Der Franziskanerklub (Cordeliers) war im April 1790 als regelrechte Kampfvereinigung gegründet worden; er übernahm die Führung der Bewegung und überwachte die Aristokraten, kontrollierte die Verwaltungsorgane und agitierte mit Hilfe von Untersuchungen, Unterschriftensammlungen, Petitionen, Demonstrationen und notfalls auch Aufständen. Marat unterstützte die Bewegung im *Ami du peuple,* Bonneville in *La Bouche du fer.* Manche Demokraten bezeichneten sich sogar öffentlich als Republikaner; sie sammelten sich um Robert und dessen Zeitung *Le Mercure national.*

Die sozialen Unruhen lebten im Frühjahr 1791 wieder auf. Zu Bauernerhebungen kam es in den Provinzen Nivernais, Bourbonnais, Quercy und Périgord. Unter den Pariser Arbeitern entstand eine kämpferische Bewegung. Die Arbeitslosigkeit nahm nicht ab; die Luxusgüterindustrie war bedroht. Das Leben wurde teurer. Bestimmte Berufsgruppen wie die Buchdrucker, Hufschmiede oder Zimmerleute organisierten sich, um einen Mindestlohn zu fordern. Die brüderlichen Gesellschaften und die demokratischen Zeitungen unterstützten die Sache der Arbeiter und klagten den *neuen Feudalismus* der Unternehmer und Geschäftsleute an, der durch die wirtschaftliche Freiheit begünstigt wurde. Die sozialen Unruhen stärkten die demokratische Bewegung.

### 3. *Konstitutionelle Bourgeoisie und soziale Konsolidierung*

Angesichts dieser doppelten Bedrohung wurde die Politik der Verfassunggebenden Versammlung härter. Die Bourgeoisie war ebenso erschrocken über die Fortschritte der Volksbewegung wie über das Treiben der aristokratischen Konterrevolution. Nachdem die Popularität La Fayettes und sein Einfluß beim König dahingeschmolzen waren, trat Mirabeau für einen Augenblick in den Vordergrund.

Mirabeau war aufgrund des Erlasses vom 7. November 1789 aus seinem Ministeramt ausgeschieden und in den Dienst des Hofes übergewechselt; dieser hatte ihn gekauft. Seine erste Denkschrift an den König trägt das Datum des 10. Mai 1790. Als Verfechter einer starken königlichen Macht hatte er sich darum bemüht, dem König das Recht über Krieg und Frieden zuerkennen zu lassen. Er riet Ludwig XVI. zu einem umfangreichen Propaganda- und Korruptionsunternehmen: eine Partei sollte geschaffen werden, der König sollte dann Paris verlassen, die Nationalversammlung auflösen und an die Nation appellieren. Von diesem Gesamtplan übernahm der Hof nur die Korruption, die Talon, der Verwalter der Zivilliste, ausbaute, indem er immer neue Agenten und Komplizen einsetzte: Ludwig XVI. hatte zu Mirabeau keineswegs größeres Vertrauen als zu La Fayette. Doch hatte Mirabeaus Politik nicht mehr die Zeit zu scheitern: er starb plötzlich am 2. April 1791. Mit ihm verschwand eine der wichtigsten Figuren von der Bühne der Revolution.

Das *Triumvirat* aus Barnave, Du Port und Lameth trat sofort an die Stelle Mirabeaus. Da ihm das Voranschreiten der Demokraten und der Volksbewegungen alarmierender schien als die aristokratischen Machenschaften, war auch das Triumvirat entschlossen, der Revolution jetzt Einhalt zu gebieten. Mit dem Geld des Hofes wurde eine neue Zeitung herausgegeben, *Le Logograph*. Mit der Annäherung an La Fayette tendierte das Triumvirat nach rechts; es beherrschte die Nationalversammlung und zwang ihr die gleiche Entwicklung auf. Die Passivbürger wurden aus der Nationalgarde ausgeschlossen, kollektive Petitionen wurden untersagt; das Gesetz Le Chapelier wurde am 14. Juni 1791 verabschiedet: es verbot Koalitionen und Streiks.

Diese reaktionäre politische Gesamtsituation erklärt das Verhalten der Linken anläßlich dieser Ereignisse. Robespierre schwieg, obgleich er sonst bei allen Gelegenheiten die Rechte des Volkes scharfsinnig und entschlossen verteidigte und noch am 27. und 28. April 1791 bei der Debatte über die Organisation der Nationalgarde gesagt hatte:

»Wer hat unsere glorreiche Revolution gemacht? Sind es die Reichen, sind es die Mächtigen? Nur das Volk konnte die Revolution herbeisehnen und durchführen; aus demselben Grunde kann auch nur das Volk sie aufrechterhalten.«

Die soziale Tragweite des Gesetzes Le Chapelier wurde bis zu einem gewissen Grade auch von Marat erkannt; er sah in ihm vor allem ein Gesetz der politischen Reaktion, das das Vereinigungs- und Petitionsrecht einschränkte:

»Sie haben der Klasse der unzählbaren Tagelöhner und Arbeiter das Recht genommen, sich zu versammeln, um in aller Ordnung über ihre Interessen zu beratschlagen«, schreibt er im *Ami du Peuple* vom 18. Juni 1971. ». . . Sie wollten die Bürger nur isolieren und daran hindern, sich gemeinsam mit den öffentlichen Angelegenheiten zu befassen.«

Erneut zeichnete sich eine Politik des Kompromisses mit der Aristokratie ab. Aus Furcht vor der Demokratie beabsichtigten die Triumvirn und La Fayette, die Verfassung zu revidieren, den Wahlzensus zu erhöhen und die Macht des Königs zu stärken

Diese Politik aber verlangte die Mitarbeit der *Schwarzen* und der Aristokraten, wie auch das Einverständnis des Königs. Der Widerstand der Aristokratie machte sie unmöglich, und die Flucht des Königs war der schlagende Beweis dafür, daß sie nicht gelingen konnte.

## II. DIE REVOLUTION UND EUROPA

Die Lage der Verfassunggebenden Versammlung wurde im Laufe des Jahres 1791 umso schwieriger, als zu den inneren Unruhen die äußeren Schwierigkeiten hinzukamen. Das neue Frankreich und das alte Europa standen sich ebenso feindlich wie die feudale Aristokratie und die kapitalistische Bourgeoisie, wie der monarchische Despotismus und die liberale Regierung gegenüber. Die Rivalitäten der Staaten untereinander konnten diese eine Zeit lang davon abhalten, ihre Aufmerksamkeit auf die Vorgänge in Frankreich zu richten. Mit dem Appell ans Ausland wollten die Emigranten und Ludwig XVI. ihre absolute Herrschaft und ihre soziale Vorrangstellung wiederherstellen; damit wurde der Konflikt unvermeidbar.

### 1. Revolutionäre Ausstrahlung und aristokratische Reaktion

Die Propaganda und die Ausdehnungskraft der revolutionären Ideen beunruhigten die Könige von Anfang an. Die Revolutionsereignisse und die Prinzipien von 1789 besaßen aus sich heraus ein genügend starkes Ausstrahlungsvermögen, um die Völker in Bewegung zu setzen und die absolute Macht der Könige zu erschüttern. Die Ereignisse in Frankreich riefen überall eine unstillbare Wißbegier hervor. Die Ausländer strömten als wahre *Pilger der Freiheit* nach Paris: unter anderen Georg Forster aus Mainz, der englische Dichter Wordsworth und der russische Schriftsteller Karamsin ... Sie griffen in die politischen Auseinandersetzungen ein, besuchten die Klubs und entwickelten sich zu aktiven Propagandisten der revolutionären Ideen. Die leidenschaftlichsten unter ihnen waren die politischen Flüchtlinge aus Savoyen, Brabant, der Schweiz und dem Rheinland. Bereits 1790 gründeten die Flüchtlinge aus der Schweiz, vor allem aus Genf und Neufchâtel, den *helvetischen Klub*. Jenseits der Landesgrenzen waren Deutschland und England besonders empfänglich für die revolutionäre Ansteckung, nachdem sich dort die Aufklärung in der Bourgeoisie und im Adel ausgebreitet hatte.

In Deutschland begeisterten sich Professoren und Schriftsteller: in Mainz Forster, Bibliothekar der Universität, in Hamburg der Dichter Klopstock, in Preußen die Philosophen Kant und Fichte. In Tübingen pflanzten die Studenten einen Freiheitsbaum. Die Bewegung ging über den engen Kreis der Intellektuellen hinaus und ergriff das Bürgertum und die Bauern. In den Rheingebieten und in der Pfalz weigerten sich die Bauern, die seigneurialen Abgaben zu zahlen, in der Meißener Gegend in Sachsen kam es zu Unruhen unter der Landbevölkerung. Die Bourgeoisie in Hamburg feierte den 14. Juli 1790 mit einem Fest, bei dem die Teilnehmer Trikolorenbänder trugen; ein Mädchenchor pries den Anbruch der Freiheit und Klopstock las seine Ode »Sie und nicht wir!«:

»Hätt' ich hundert Stimmen, ich feierte Galliens Freiheit
    Nicht mit erreichendem Ton,
sänge die göttliche schwach.
    Was vollbringet sie nicht! . . .«

In England bekannten sich Fox, einer der Parteiführer der Whigs, Wilberforce, ein Gegner der Sklaverei, der Philosoph Bentham und der Chemiker Priestley öffentlich zur Revolution. Wenn die herrschenden Klassen die Revolution in ihren Anfängen auch guthießen, so wurden sie doch in dem Maße vorsichtiger, in dem sich die Ereignisse überstürzten. Nur die Radikalen und die Nonkonformisten blieben standhaft in ihrer Sympathie und forderten Reformen für ihr eigenes Land: in Manchester wurde 1790 eine *Constitutional Society* gegründet, während 1791 die *London Society for Promoting Constitutional Information* wieder auflebte. Die Dichter blieben ihrer Begeisterung aus den ersten Tagen noch länger treu: Blake und Burns, Wordsworth und Coleridge, der sich später – 1798 – in seiner Ode »Frankreich« an seine freudige Trunkenheit erinnerte:

»Als Frankreich im Zorne den riesigen Arm erhob
Und mit dem Schwur, der Luft und Erde und das Meer erschütterte,
Mit dem starken Fuß aufstampfte und schwor, frei zu sein . . .«

Die europäische Reaktion trat indessen sehr bald in Erscheinung. Die Aristokratie ging nach der Abschaffung des Feudalsystems zur Konterrevolution über, und der Klerus folgte ihr nach der Beschlagnahme der Kirchengüter; die Bourgeoisie wurde von den immer wieder aufflackernden Unruhen in Angst und Schrecken versetzt. Die Emigranten taten ihr Bestes, um die Klassen des alten Systems gegen das revolutionäre Frankreich aufzuhetzen. Der Graf von Artois hatte sich 1789 in Turin niedergelassen; 1790 bildeten sich die ersten Waffenverbände auf den Besitzungen des Kurfürsten von Trier. In ihrer Dürftigkeit und ihrem Hochmut stellten die Emigranten ihre Klasseninteressen über die Interessen ihres Vaterlandes und prahlten damit, das von einer Handvoll Agitatoren beherrschte Paris mit ein paar Truppen unterwerfen zu können. Seit Anfang des Jahres 1790 wurde die französische demokratische Bewegung in Deutschland von Pamphletisten angegriffen, so zum Beispiel in der Jenaer *Literarischen Zeitung*. In England ging die Reaktion von der Grund- und Bodenaristokratie und der anglikanischen Kirche aus; bei den Wahlen von 1790 vergrößerte sich die Mehrheit der Tories; die Parlamentsreform wurde vertagt. Im November 1790 veröffentlichte Burke seine *Gedanken über die Französische Revolution*, die zum Evangelium der Konterrevolution wurden: die Französische Revolution wird darin verurteilt, weil sie die Aristokratie zugrunde richtet und die gleichsam göttliche Einrichtung der Klassenhierarchie zerstört. Thomas Paine, der schon wegen seiner Parteinahme für die amerikanischen Aufständischen berühmt geworden war, antwortete 1791 mit seiner Schrift über die *Rechte des Menschen*, die im Volk außerordentlich großen Anklang fanden. Burke verbreitete die Idee eines konterrevolutionären Kreuzzuges. Um dieselbe Zeit, im Frühjahr 1791, verdammte Papst Pius VI. feierlich die Prinzipien der Französischen Revolution; die spanische Regierung stellte im März den Pyrenäen entlang eine ganze Truppenkette auf, um die *französische Pest* aufzuhalten. Die europäische Konterrevolution faßte gerade in dem Augenblick Fuß, als Ludwig XVI. all seine Hoffnung in sie setzte.


## 2. Ludwig XVI., die Konstituante und Europa

Die Politik Ludwigs XVI. richtete sich auf dasselbe Ziel wie die Wünsche der europäischen Aristokratie: heimlich flehte er die Könige an einzugreifen. In diesem Sinne gingen auch die Emigranten vor: Der Graf von Artois verlangte von Madrid eine militärische Intervention zur Unterstützung der in Südfrankreich angezettelten Aufstände. Calonne, seit November 1790 der für die Emigranten zuständige Minister, setzte auf Preußen; die vom Prinzen von Condé in Koblenz aufgestellte Armee sollte den ausländischen Truppen den Weg frei machen; das Ancien Régime sollte wieder aufgerichtet werden. Ludwig XVI. hatte die Revolution nur scheinbar akzeptiert; bereits im November 1790 hatte er an Karl IV. von Spanien einen Protest gerichtet, der die ihm aufgezwungenen Konzessionen betraf. Ende 1790 beschloß er zu fliehen und beauftragte den Marquis de Bouillé, den Verantwortlichen für das Massaker von Nancy und Kommandanten von Metz, Maßnahmen zur Sicherung seiner Flucht zu treffen. Er plante, die europäischen Mächte aufzufordern, bei der Versammlung auf eine Revision ihrer Verordnungen zu dringen, während sie durch eine militärische Demonstration an den Grenzen ihrem Eingreifen Nachdruck verleihen sollten.

Die Haltung der Monarchen war trotz ihrer generellen Ablehnung der Revolution unterschiedlich. Katharina II. von Rußland begeisterte sich anscheinend für die Idee eines konterrevolutionären Kreuzzuges: »Die französische Anarchie zerstören heißt, sich unsterblichen Ruhm verschaffen.« Gustav III. von Schweden war bereit, sich an die Spitze der Koalition zu stellen; im Frühjahr 1791 ließ er sich in Aachen nieder; auch der König von Preußen, Friedrich-Wilhelm II., und Victor-Amadeus III., König von Sardinien, waren gewonnen. Kaiser Leopold II. und die englische Regierung zeigten sich vorsichtiger. Vor allem waren sich die Monarchen infolge ihrer Rivalitäten und Gebietsansprüche uneinig; ohne den Kaiser, der als Führer der Koalition schon bestimmt war, konnten sie nichts unternehmen. Leopold aber war konstitutionellen Reformen durchaus nicht feindlich gesonnen; er war nicht böse darüber, daß die Autorität des Königs von Frankreich geschwächt war; und er hatte genug Sorgen in seinen eigenen Staaten und an den Ostgrenzen.

In der Außenpolitik der Verfassunggebenden Versammlung dominierten die Konflikte völkerrechtlicher und territorialer Art, die sich aus der Opposition zwischen den Königen und der Revolution ergaben.

Das Problem der *Besitzfürsten* im Elsaß war eine Folge der Abschaffung der Feudalrechte: zahlreiche deutsche Fürsten, die im Elsaß Grundbesitz hatten, fühlten sich geschädigt und legten beim Deutschen Reichstag Protest gegen die Beschlüsse der Versammlung ein.

Die Vorfälle in Avignon trugen dazu bei, den Papst gegen Frankreich einzunehmen. Avignon und die Grafschaft Venaissin erhoben sich gegen die päpstliche Herrschaft und beseitigten das Ancien Régime; am 12. Juni 1790 stimmte Avignon für seinen Anschluß an Frankreich. Die Konstituante zögerte und schob das Problem auf die lange Bank. Als am 24. August die Avignon-Frage diskutiert wurde, vermied es die Konstituante, dem Papst neue Beschwerdegründe gegen Frankreich zu liefern. Der Antrag von Tronchet wurde angenommen: da der König für diplomatische Angelegenheiten zuständig war, wurde ihm die Petition der Einwohner von Avignon zugeleitet. Die Versammlung hatte nicht die Absicht, durch eine Abstimmung zur Unzeit den gerade laufenden Verhandlungen über die Zivilverfassung des Klerus zu schaden.

Aus den Prinzipien von 1789 hatte sich unterdessen ein neues internationales öffentliches Recht entwickelt. Am 22. Mai 1790 hatte die Verfassunggebende Versammlung feierlich das Eroberungsrecht verurteilt: die Nationen werden ausschließlich durch den frei zum Ausdruck gebrachten Willen der Menschen begründet. Im November erklärte sie den deutschen Fürsten, daß das Elsaß nicht aufgrund eines Eroberungsrechtes französisch war, sondern nach dem Willen seiner Bewohner, was deren Teilnahme am Föderationsfest vom 14. Juli 1790 bestätigt hatte. So stellte Merlin de Douai in der Absicht, die Grundregeln des neuen internationalen Rechts hervorzuheben, am 28. Oktober 1790 dem dynastischen Staat die Nation als freiwilligen Zusammenschluß gegenüber:

»Zwischen euch und euren Brüdern im Elsaß gibt es keine anderen legitimen Ansprüche auf Vereinigung als den Gesellschaftsvertrag, der im vergangenen Jahr in eben dieser Versammlung zwischen allen Franzosen von gestern und heute geschlossen wurde.«

Darin lag ein Hinweis auf den Beschluß des Tiers vom 17. Juni 1789, sich selbst zur Nationalversammlung zu erklären, und auf den Beschluß der Versammlung vom 9. Juli, der sie mit verfassunggebender Gewalt ausstattete. Es stellt sich nur eine einzige »unendlich einfache« Frage: zu wissen, »ob das elsässische Volk den Vorteil, französisch zu sein, diplomatischen Papieren zu verdanken hat ... Was bedeuten dem Volk im Elsaß, was bedeuten dem französischen Volk die Abmachungen, die sich zur Zeit des

Despotismus mit der Vereinigung der beiden beschäftigten? Das elsässische Volk hat sich mit dem französischen vereinigt, weil es dies gewollt hat; es ist also einzig und allein sein Wille und nicht der Vertrag von Münster, der die Vereinigung rechtfertigt.« Diesen Willen hatte das Elsaß durch seine Teilnahme am Föderationsfest vom 14. Juli 1790 kundgetan.

Im Mai 1791 beschloß die Versammlung, nachdem der Papst inzwischen die Zivilverfassung des Klerus verurteilt hatte, Avignon und Comtat zu besetzen, um die Bevölkerung über ihre Zugehörigkeit entscheiden zu lassen; der Zusammenschluß mit Frankreich wurde am 14. September 1791 angenommen. In den Augen der Herrscher stellte sich das neue internationale öffentliche Recht also so dar, daß zugunsten der revolutionären Nation ein Annexionsrecht gegenüber den Völkern bestand, die den Wunsch danach äußerten. Die traditionelle Diplomatie wurde dadurch von Grund auf erschüttert.

Die Versammlung scheute aber vor einem Krieg zurück, der den Interessen des Hofes entgegengekommen wäre. Sie bot den deutschen Fürsten eine Entschädigung an; doch Ludwig XVI. riet ihnen sofort, diese zurückzuweisen. Sie schob die Angliederung von Avignon solange wie möglich hinaus. Die Durchführung dieser Friedenspolitik war umso leichter, als Preußen, Österreich und Rußland von der polnischen Frage vollkommen in Anspruch genommen waren. Leopold erkannte, daß sowohl Friedrich-Wilhelm als auch Katharina deshalb auf eine militärische Intervention in Frankreich drängten, weil sie hofften, dann die polnische Frage zu ihren Gunsten lösen zu können, während er im Westen gebunden wäre; er zog es vor, nichts zu unternehmen.

Die Friedenspolitik der Versammlung wurde durch die Flucht des Königs vereitelt, und Leopold II. war gezwungen, in die französischen Angelegenheiten einzugreifen.

## III. VARENNES: DIE VERLEUGNUNG DER REVOLUTION DURCH DEN KÖNIG (JUNI 1791)

Die Flucht des Königs stellt eines der entscheidenden Ereignisse der Revolution dar. Auf innenpolitischem Gebiet war sie der Beweis für die unversöhnliche Gegnerschaft zwischen dem Königtum und der revolutionären Nation; auf außenpolitischem Gebiet bewirkte sie die Zuspitzung des Konflikts.

## 1. Die Flucht des Königs (21. Juni 1791)

Die Flucht des Königs war von langer Hand durch den schwedischen Grafen Axel von Fersen, einen Freund von Marie-Antoinette vorbereitet worden. Unter dem Vorwand, eine wertvolle Sendung zu beschützen, die von der Post zur Armee von Bouillé befördert werden sollte, waren Auswechselpferde und Kavallerieposten auf der ganzen Strecke bis über Sainte-Menehould hinaus aufgestellt worden: über Châlons-sur-Marne und die Argonnen sollte Ludwig XVI. auf diese Weise nach Montmédy gelangen. Am 20. Juni 1791 gegen Mitternacht verließ Ludwig XVI. als Kammerdiener verkleidet mit seiner Familie das Schloß. Um dieselbe Zeit kontrollierte La Fayette die Posten des Schlosses, die er auf ihrem Platz fand: aber schon seit geraumer Zeit ließ er eine Tür der Tuilerien unbewacht, um Fersen den Zugang zur Königin zu ermöglichen.

Eine schwere Kutsche, in die sich die königliche Familie zwängte, war eigens für diesen Zweck gebaut worden; sie verspätete sich um 5 Stunden. Als die Posten hinter Châlons nichts kommen sahen, zogen sie sich zurück. Bei seiner Ankunft in Varennes in der Nacht vom 21. zum 22. Juni fand der König die dort vorgesehenen Ersatzpferde nicht vor und machte Halt. In Sainte-Menehould war jedoch Ludwig XVI., der sich keineswegs versteckte, vom Sohn des Postmeisters Drouet erkannt worden; dieser holte die in Varennes haltende Kutsche ein und ließ die Brücke über die Aire verbarrikadieren. Als der König weiterfahren wollte, fand er die Brücke gesperrt. Die Sturmglocke läutete, die Bauern liefen zusammen, und die herbeigeeilten Husaren verbrüderten sich mit dem Volk. Am Morgen des 22. kehrte die königliche Familie inmitten einer Doppelreihe von Nationalgardisten, die aus allen Dörfern herbeigelaufen waren, wieder nach Paris zurück. Bouillé war benachrichtigt worden und kam erst zwei Stunden nach der Abfahrt des Königs nach Varennes. Am Abend des 25. Juni hielt der König in Grabesstille zwischen zwei Reihen von Soldaten, die ihre Gewehre nach unten richteten, seinen Einzug in Paris. Das war der *Leichenzug der Monarchie*.

Die Proklamation, die Ludwig XVI. vor seiner Flucht verfaßt und an die Franzosen gerichtet hatte, ließ nicht den geringsten Zweifel an seinen Absichten. Er hatte vor, mit der Armee von Bouillé zusammen zur österreichischen Armee in den Niederlanden vorzustoßen; danach wollte er nach Paris zurückkehren, die Versammlung und die Klubs auflösen und seine absolute Herrschaft wiederherstellen. Die gesamte Geheimpolitik Ludwig XVI. war darauf ausgerichtet gewesen, ein Eingreifen Spaniens und Österreichs zu seinen Gunsten herbeizuführen. Schon im Oktober 1789 hatte er einen geheimen Abgesandten, den Abbé von Fonbruns, zu Karl IV., dem König von Spanien, geschickt; er hatte sein Bestes getan, um den Konflikt mit den Besitzfürsten im Elsaß zu schüren. Ludwig XVI. war nicht der einfache und schwache, kaum zur Verantwortung zu ziehende Mensch, als der er oft dargestellt wird. Er besaß eine gewisse Intelligenz und hat sie mit beträchtlicher Zähigkeit in den Dienst eines einzigen Zieles gestellt: seine absolute Macht wiederzuerlangen, selbst um den Preis eines Verrats an der Nation.

## 2. Die innenpolitischen Folgen von Varennes: das Blutbad auf dem Champ-de-Mars (17. Juli 1791)

Die innenpolitischen Folgen von Varennes waren widersprüchlich: die Flucht des Königs beflügelte die demokratische und die Volksbewegung, aber die Furcht vor dem Volk veranlaßte andererseits die herrschende Bourgeoisie, ihre Machtposition zu stärken und sich für die Aufrechterhaltung der Monarchie einzusetzen.

Die demokratische Bewegung war in der Zeit nach Varennes kraftvoller denn je. »Endlich sind wir frei und ohne König«, verkündeten die Cordeliers, die schon am 21. Juni die Verfassunggebende Versammlung dazu aufgefordert hatten, die Republik auszurufen oder wenigstens nicht über das Schicksal des Königs zu entscheiden, ohne zuvor die Urwählerversammlungen befragt zu haben. Vor allen Dingen trug die Flucht des Königs ganz entscheidend zur Verstärkung des Nationalbewußtseins der Volksmassen bei. Sie zeigte dem Volk nun deutlich die heimliche Zusammenarbeit der Monarchie mit dem Ausland und rief bis in die abgelegendsten Teile des Landes eine tiefe Erregung hervor. Man befürchtete eine Invasion, die Grenzstädte versetzten sich sofort in den Verteidigungszustand, die Versammlung zog 100 000 Freiwillige aus der Nationalgarde zusammen. Wie schon 1789 spielte dabei sowohl der soziale als auch der nationale

Aspekt eine Rolle. Als in Varennes die herbeigeeilten Husaren, die die Flucht des Königs sichern sollten, zum Volk überliefen, geschah das mit dem Ruf *»Es lebe die Nation!«*. Die Abwehrreaktion kam nun zum Ausbruch. In der Nähe von Sainte-Menehould wurde am Abend des 22. Juni 1791 der Graf von Dampierre, ein Grundherr aus der Gegend, der gekommen war, um Ludwig XVI. bei seiner Vorbeifahrt zu grüßen, von den Bauern niedergemetzelt. Zweifellos war der nationale Eifer eine ebenso wirksame Ursache für die Angst von 1791 wie der soziale Haß. Die Flucht des Königs schien der Beweis dafür zu sein, daß die Invasion unmittelbar bevorstand; die Volksmassen wurden im militärischen Sinne des Wortes mobil.

Die verfassunggebende Bourgeoisie blieb indessen kaltblütig; sie fürchtete einerseits die Bauernaufstände, aber andererseits schien ihr die städtische Volksbewegung ebenso gefährlich (das Gesetz Le Chapelier wurde am 14. Juni 1791 verabschiedet). Die Versammlung suspendierte den König und hob dessen Vetorecht auf, praktisch gab sie Frankreich die Organisation einer Republik. Den Weg zur Demokratie aber versperrte sie mit aller Entschlossenheit. Sie erfand die Legende von der *Entführung des Königs*. Am Abend des 21. Juni rief Barnave bei den Jakobinern aus: »Unser Führer ist die Verfassung, unser Sammelplatz die Nationalversammlung.« Ludwig XVI. wurde trotz der Proteste Robespierres freigesprochen; lediglich den Urhebern der *Entführung* wurde der Prozeß gemacht, das heißt Bouillé, der in seinem Brief an die Versammlung vom 26. Juni 1791 die volle Verantwortung übernommen hatte, aber flüchtig war, sowie einigen unbedeutenden Statisten, die am 15. und 16. Juli unter Anklage gestellt wurden. Am 15. Juli 1791 brachte Barnave in einer feurigen Rede das eigentliche Problem zur Sprache:

»Wollen wir die Revolution beenden, oder wollen wir von neuem mit ihr beginnen? ... Mit noch einem Schritt voran würden wir Unheil und Schuld auf uns laden, ein Schritt weiter auf dem Wege der Freiheit wäre die Zerstörung des Königtums, ein Schritt weiter auf dem Wege der Gleichheit wäre die Zerstörung des Eigentums.«

Trotz des königlichen Verrats und der aristokratischen Gefahr bestand die verfassunggebende Bourgeoisie darauf, daß die Nation eine Nation der Eigentümer und Besitzenden blieb: in ihren Augen war die Revolution abgeschlossen.

Das Blutbad auf dem Champ-de-Mars (17. Juli 1791) machte

die festen Pläne der Bourgeoisie überdeutlich. Das von den Cordeliers und den brüderlichen Gesellschaften angerufene Volk von Paris trat immer häufiger mit Petitionen und Demonstrationen hervor. Am 17. Juli 1791 versammelten sich die Cordeliers auf dem Champ-de-Mars, um auf dem Altar des Vaterlandes eine republikanische Petition zu unterzeichnen. Unter dem Vorwand, es entständen Unruhen, befahl die Versammlung dem Bürgermeister von Paris, die Menschenansammlung aufzulösen. Der Ausnahmezustand wurde verhängt; die ausschließlich bürgerliche Nationalgarde drang in das Champ-de-Mars ein, schoß ohne vorherige Warnung auf die unbewaffnete Menge und tötete 50 Menschen. Darauf folgte eine Zeit brutaler Unterdrükkung; zahlreiche Verhaftungen wurden vorgenommen; mehrere demokratische Zeitungen erschienen nicht mehr; der Klub der Cordeliers wurde geschlossen, und die demokratische Partei war vorübergehend führerlos. Das war die Schreckensherrschaft der *tricolore*.

Die politischen Folgen waren unwiderruflich. Die patriotische Partei teilte sich in zwei feindliche Gruppen. Die konservative Fraktion der Jakobiner hatte sich bereits am 16. Juli 1791 abgespalten und im Feuillantiner-Kloster einen neuen Klub gegründet. Die von Robespierre geführten Demokraten fanden ihre politische Heimat vorwiegend im Jakobinerklub; demgegenüber waren besonders die im Feuillantinerklub wiedervereinigten Fayettisten und Lamethisten – die Konstitutionalisten – zu einer Verständigung mit dem König und den *Schwarzen* bereit, um das in Gefahr geratene Werk zu retten und die politische Vormachtstellung der Zensusbourgeoisie zu erhalten. So wurde wieder einmal eine Kompromißpolitik angesteuert. Aber die Aristokratie blieb unnachgiebig.

Die Verfassungsänderungen gingen nicht so weit, wie es das *Triumvirat*, das jetzt die Situation beherrschte, gewünscht hätte. Gleichwohl trat eine Verschärfung des Klassenwahlsystems ein. Wahlmann konnte nur noch sein, wer Eigentümer oder Mieter eines Besitzes war, der je nach den Umständen einen geschätzten Wert von 150, 200 oder 400 Arbeitstagen haben mußte. Die Nationalgarde wurde durch das Gesetz vom 28. Juli 1791, das am 19. September neu gefaßt und verändert wurde, endgültig organisiert: nur Aktivbürger besaßen das Recht, der Nationalgarde anzugehören. Der bewaffneten Bourgeoisie gegenüber war das Volk entwaffnet. Der König akzeptierte die revidierte Verfassung am 13. September 1791; am 14. schwor er der Nation einmal mehr die Treue. Wieder einmal glaubte die verfassunggebende Bourgeoisie, die Revolution wäre beendet.

### 3. Die außenpolitischen Folgen von Varennes: die Erklärung von Pillnitz (27. August 1791)

Die außenpolitischen Folgen von Varennes waren nicht weniger bedeutsam. Die Flucht des Königs und seine Festnahme hinterließen bei den europäischen Monarchen einen tiefen Eindruck. »Welch ein schreckliches Beispiel!« erklärte der König von Preußen. Aber wiederum hing alles vom Kaiser ab. Von Mantua aus schlug Leopold den Höfen eine Vereinbarung mit dem Ziele vor, die königliche Familie und die französische Monarchie zu retten. Die einzelnen Spekulationen und Interessen waren jedoch stärker als das Solidaritätsgefühl der Monarchen: eine gemeinsame Aktion Europas gegen Frankreich ließ sich nicht verwirklichen. Die Politik der Feuillantiner versöhnte Leopold mit dem Schicksal Ludwigs XVI. Um seinem Rückzug ein Mäntelchen umzuhängen, begnügte sich der Kaiser damit, zusammen mit Friedrich Wilhelm, dem König von Preußen, am 27. August 1791 die Erklärung von Pillnitz zu unterzeichnen, die die Drohung einer europäischen Intervention gegen die Revolutionäre nur in Bedingungssätzen aussprach. Die beiden Herrscher erklärten sich bereit, »sofort in gegenseitiger Übereinstimmung mit den erforderlichen Streitkräften einzugreifen«, aber unter der Bedingung, daß die übrigen Mächte ebenfalls zu handeln entschlossen wären und sich alle Anstrengungen zusammenfassen ließen; *erst dann und in diesem Falle* würde die Intervention stattfinden. Tatsächlich wurde die Erklärung von Pillnitz, wie es ihre Urheber übrigens auch beabsichtigt hatten, von der französischen Öffentlichkeit streng wörtlich verstanden. Diese ausländische Einmischung erschien unerträglich, die Revolution fühlte sich bedroht; eine Übersteigerung des Nationalgefühls war die Folge.

Die Verfassunggebende Versammlung ging am 30. September mit dem Ruf *Es lebe der König! Es lebe die Nation!* auseinander. Ihre führenden Köpfe glaubten, die Übereinkunft zwischen dem Königtum und der Zensusbourgeoisie sowohl gegen die aristokratische Reaktion als auch gegen den Druck des Volkes getroffen und besiegelt zu haben. Der König hatte sich jedoch nur scheinbar mit der Verfassung von 1791 einverstanden erklärt; die Nation wurde nicht, wie es die Verfassunggeber behaupteten, ausschließlich von der Bourgeoisie gebildet. Als sich die Krise in der Zeit von Varennes zuspitzte, hatte die Versammlung eine Aushebung von 100 000 Mann aus der Nationalgarde angeordnet: da sie der königlichen Linienarmee mißtraute, sich aber auch nicht auf das Volk stützen wollte, wandte sie sich an die Nation, an die Nation allerdings, die in der nach dem Zensus konzipierten Verfassung definiert war. Die Ereignisse machten die Berechnungen der Versammlung zunichte. Nach Pillnitz schien der Krieg unvermeidlich.

Angesichts der Gefahr mußte sich die Bourgeoisie – wenn auch widerstrebend – an das Volk wenden. Dieses aber wollte, nachdem das Privileg der Geburt abgeschafft worden war, auch das Privileg des Geldes nicht länger ertragen. Das Volk verlangte seinen Platz innerhalb der Nation: das politische und das soziale Problem stellten sich von da an in neuer Weise.

## 5. Kapitel

# Die Gesetzgebende Versammlung
# Der Krieg und
# Der Sturz des Thrones
## (Oktober 1791 – August 1792)

*Das Experiment einer liberalen Monarchie, wie sie die Verfassung von 1791 geschaffen hatte, dauerte noch nicht einmal ein Jahr. Die herrschende Bourgeoisie stand zwischen zwei Feuern: der vom König angeführten aristokratischen Reaktion und dem Druck des Volkes; sie hatte keine Bedenken, die äußeren Spannungen zu verschärfen, um der inneren Schwierigkeiten Herr zu werden. Mit dem vollen Einverständnis des Königs stürzte sie Frankreich und die Revolution in den Krieg. Der Krieg aber machte alle Pläne seiner verantwortlichen Urheber zunichte: er gab der revolutionären Bewegung neuen Schwung und hatte sowohl den Sturz des Thrones als auch einige Monate später den Fall der regierenden Bourgeoisie zur Folge.*

*Der leichtsinnigerweise ausgelöste Konflikt mit dem aristokratischen Europa zwang die revolutionäre Bourgeoisie dazu, sich hilferufend an das Volk zu wenden und ihm dabei auch Zugeständnisse zu machen: auf diese Weise erweiterte sich die gesellschaftliche Grundlage der Nation. Die eigentliche Entstehung der Nation beginnt mit dem Krieg, der zugleich national und revolutionär und sowohl ein Krieg des Tiers gegen die Aristokratie als auch ein Krieg der Nation gegen die Koalition des alten Europa war. Vor der Bedrohung durch die französische und europäische Aristokratie, die der Nation im Innern und an den Grenzen den Krieg erklärt hatte, stürzte das auf dem Zensus beruhende zerbrechliche Klassengerüst in sich zusammen.*

# I. DER WEG IN DEN KRIEG
## (OKTOBER 1791 – APRIL 1792)

### *1. Feuillantiner und Girondisten*

Die Bourgeoisie, deren Stärke bis 1791 in ihrem einheitlichen Auftreten gelegen hatte, war seit Varennes gespalten; Pillnitz hatte diese Uneinigkeit noch vertieft. Sie hatte ihren Gegnern in der Versammlung und im ganzen Land keine einheitliche Front mehr entgegenzustellen.

Die Abgeordneten der Versammlung waren noch immer ausnahmslos Angehörige der Bourgeoisie: überwiegend Grundeigentümer und Rechtsanwälte. Die im Juni von den Urwählerversammlungen bestimmten Wahlmänner hatten die Abgeordneten zwischen dem 29. August und dem 5. September 1791 ernannt, das heißt also nach dem Vorfall auf dem Champ-de-Mars und während der allgemeinen Erregung über die Erklärung von Pillnitz. Die 745 Abgeordneten der Gesetzgebenden Versammlung, die am 1. Oktober zum ersten Mal zusammentrat, waren neue (auf Verlangen von Robespierre hatten sich die Mitglieder der Konstituante durch Erlaß vom 16. Mai 1791 für nicht wählbar erklärt), zumeist junge (die Mehrheit unter 30 Jahren) und noch unbekannte Männer; viele von ihnen hatten ihre politische Lehrzeit in den Versammlungen der Gemeinden und Departements durchlaufen und dort mit politischen Aktionen begonnen.

Die Rechte bestand aus 264 Abgeordneten, die sich bei den Feuillantinern sammelten. Als Gegner sowohl des Ancien Régime als auch der Demokratie traten sie für eine beschränkte Monarchie und für die Vorherrschaft der Bourgeoisie in den Formen ein, die in der Verfassung von 1791 festgelegt worden waren. Die Feuillantiner teilten sich jedoch in zwei Richtungen oder vielmehr Gruppen von Gefolgsleuten. Die *Lamethisten* folgten den Losungen des *Triumvirats* Barnave, Du Port und Lameth, das zwar der Versammlung nicht angehörte, dafür aber die meisten der neuen Minister auswählte, wie zum Beispiel de Lessart für das Außenministerium. Die *Fayettisten* wurden maßgeblich von La Fayette beeinflußt, der in seiner ungeheuren Eitelkeit darunter litt, von den Triumvirn aus der Gunst des Hofes verdrängt worden zu sein.

Die Linke setzte sich aus 136 Abgeordneten zusammen, die im allgemeinen Mitglieder des Jakobinerklubs waren. Sie wurde besonders von zwei Pariser Abgeordneten geführt: dem Journalisten Brissot, dem die Fraktion ihren Namen verdankt (die *Brissotins*), und von dem Philosophen Condorcet, der die Werke Voltaires herausgegeben hat. Die Politik der Linken wurde von glänzenden Rednern geprägt, die vom Departement Gironde gewählt worden waren: Vergniaud, Gensonné, Grangeneuve, Guadet . . .; dies erklärt den Namen *Girondisten*, den Lamartine 50 Jahre später populär machte. Die *Brissotins* waren Schriftsteller, Rechtsanwälte oder Professoren, sie bildeten die zweite revolutionäre Generation. Zumeist entstammten sie der mittleren Bourgeoisie und standen mit der Groß- und Geschäftsbourgeoisie der Seehäfen Bordeaux, Nantes und Marseille in Verbindung, deren Interessen als Reeder, Bankiers und Großhändler sie vertraten. Wenn die Brissotins auch nach Herkunft und philosophischer Bildung eigentlich zur politischen Demokratie tendierten, so wurden sie doch durch ihre Beziehungen und ihren Charakter dazu veranlaßt, dem Reichtum Respekt und ihre Dienste entgegenzubringen.

Auf der äußersten Linken machten sich einige Demokraten zu Fürsprechern des allgemeinen Wahlrechts, wie Robert Lindet, Couthon und Carnot. Basire, Chabot und Merlin de Thionville, drei in enger Freundschaft verbundene Abgeordnete, bildeten das »Trio der Cordeliers«. Auf die Versammlung hatten sie keinen großen Einfluß, doch steht ihre Wirkung auf die Klubs und Volksgesellschaften außer Frage.

Zwischen den Feuillantinern und den Brissotins bildete eine unschlüssige Menge von 345 Abgeordneten das Zentrum: die *Unabhängigen* oder *Konstitutionalisten;* sie standen aufrichtig auf der Seite der Revolution, besaßen aber weder eine klare Meinung noch hervorragende Männer.

Die Pariser Klubs und Salons spiegelten die Auffassungen in der Versammlung wider und trugen damit zur Verdeutlichung der politischen Kämpfe bei.

In den Salons trafen sich die Führer der verschiedenen Fraktionen und nutzten hier die Möglichkeit, zu beraten und sich abzustimmen. Der Salon von Madame de Staël, der Tochter von Necker und Geliebten des Grafen von Narbonne, wurde der Treffpunkt der fayettistischen Partei. Vergniaud versammelte seine Freunde an der Tafel oder im prunkvollen Salon von Madame Dodun, der Witwe eines Generalpächters, an der Place Vendôme. Die Brissotins kamen im Salon von Madame Roland zusammen, einer empfindsamen und leidenschaftlich für die Gerechtigkeit eintretenden Frau; sie war die Seele der Gironde und übte durch die Vermittlung ihrer Freunde oder ihres Mannes, des rechtschaffenen und bescheidenen ehemaligen Gewerbeaufsichtsbeamten Roland, großen Einfluß aus.

In den Klubs, deren Rolle immer bedeutender wurde, versammelten sich Anhänger aller Richtungen. Während im Feuillantinerklub nur die Konstitutionalisten verkehrten, also gemäßigte Bürgerliche, wurde der Jakobinerklub infolge seines geringeren Beitrages demokratischer. Kleinbürger, Ladeninhaber und Handwerker nahmen eifrig an den Sitzungen teil und wurden zu einer wichtigen Kraft; die bevorzugten Redner im Klub waren Robespierre und Brissot, deren Ansichten bald aufeinanderprallten. Die Jakobiner dehnten durch die Gründung weiterer Klubs ihren Einfluß auf das ganze Land aus und vereinigten überall die Verteidiger der Revolution und die Käufer der Nationalgüter. Die Mitglieder des Klubs der Cordeliers kamen aus plebejischen Schichten.

Die 48 Pariser Sektionen schließlich ermöglichten es den Aktivbürgern, die politischen Ereignisse zu verfolgen und bis zu einem gewissen Grade auch zu kontrollieren. Die Sektionen kamen regelmäßig zu Vollversammlungen zusammen. Sie wurden zum intensiven Mittelpunkt der politischen Arbeit des Volkes; als ab Juli 1792 die Passivbürger in großer Zahl den Sektionen beitraten, trugen diese zur Verbreitung demokratischer und egalitärer Gesinnung bei.

## 2. Der erste Konflikt zwischen König und Versammlung (Ende 1791)

Die zahlreichen Schwierigkeiten, die von der Verfassunggebenden Versammlung nicht gelöst und an die Gesetzgebende Versammlung weitergegeben worden waren, führten zu einem Konflikt zwischen König und Versammlung, der mit verfassungsmäßigen Mitteln nicht beigelegt werden konnte. Es gab Schwierigkeiten auf allen Gebieten.

Wirtschaftliche und soziale Schwierigkeiten standen an erster Stelle. Im Herbst 1791 brachen neue Unruhen in den Städten und auf dem Lande aus. In den Städten wurden sie vor allem durch die Entwertung der Assignaten verursacht und durch die

Verteuerung der Lebensmittel, insbesondere der Kolonialwaren Kaffee, Zucker und Rum, eine Folge des Aufstandes der Schwarzen in Santo Domingo, die weiterhin in der Sklaverei gehalten wurden. In Paris gab es Ende Januar 1792 Unruhen vor den Läden der Kolonialwarenhändler, die von der Menge gezwungen wurden, die Preise ihrer Waren zu senken. Die Pariser Sektionen begannen, die Aufkäufer anzuklagen. Auf dem Lande waren die Aufstände ein Ergebnis des Getreidepreisanstieges und der Aufrechterhaltung der Feudalabgaben bis zu ihrer vollständigen Ablösung. Ab November 1791 kam es fast überall zu Plünderungen von Getreidetransporten und Märkten. Die Stadtverwaltungen in der Beauce setzten unter dem Druck der Volksaufstände die Preise für Getreide und Grundnahrungsmittel fest. In Étampes wurde der Bürgermeister Simoneau, ein reicher Gerber, am 3. März 1792 ermordet, weil er die Preisfestsetzung abgelehnt hatte; die Feuillantiner machten ihn zum Märtyrer. In Mittel- und Südfrankreich wurden im März 1792 die Schlösser der Emigranten geplündert und in Brand gesteckt; die Bauernmassen verlangten die völlige Abschaffung der Feudalherrschaft. Angesichts dieser sozialen Bedrohung zögerte die Versammlung und spaltete sich.

Weitere Schwierigkeiten gab es auf religiösem Gebiet. Der eidverweigernde Klerus betrieb weiterhin seine Agitation und zog einen Teil der katholischen Bevölkerung in das Lager der Konterrevolution hinüber. Im August 1791 hatten die eidverweigernden Priester in der Vendée Unruhen angezettelt; am 26. Februar 1792 halfen sie, die Bauern der Lozère gegen die Patrioten der Stadt Mende aufzuhetzen. Überall wurde die Verbindung zwischen Eidverweigernden und Aristokraten deutlich sichtbar. Am 16. Oktober 1791 schürten die Aristokraten einen Aufstand in Avignon und ermordeten den städtischen Kanzleisekretär Lescuyer, den Führer der fortschrittlichen Partei; die Patrioten schlugen mit dem *Blutbad von La Glacière* zurück.

Und schließlich waren es außenpolitische Schwierigkeiten. Die Emigranten, zu denen inzwischen der Graf von Provence gestoßen war, vervielfältigten ihre Provokationen: sie veröffentlichten ein Manifest, das die Invasion Frankreichs ankündigte, richteten wütende Angriffe gegen die Versammlung und zogen unter dem Oberbefehl des Prinzen Condé in Koblenz auf dem Gebiet des Kurfürsten von Trier Truppen zusammen. Die Bedrohungen der Revolution nahmen konkrete Gestalt an.

Die Versammlung, die auf sozialem Gebiet zögerte, trat mit einer entschlosseneren Politik gegen die Feinde der Revolution an.

Die Bourgeoisie zeigte in sozialen Fragen nicht mehr die gleiche Einmütigkeit wie 1789, als sie zu den Waffen gegriffen hatte, um die Bauernerhebungen niederzuwerfen. Die reiche Bourgeoisie war durch die soziale Agitation in Angst und Schrecken versetzt und verschmolz mehr und mehr mit der Aristokratie; ihr Ziel war die Versöhnung mit dem Königtum. Die mittlere Bourgeoisie dagegen hatte seit Varennes jegliches Vertrauen in den König verloren; sie dachte vor allen Dingen an ihre eigenen Interessen und begriff, daß sie diese nur mit der Unterstützung des Volkes verteidigen konnte. Ihre führenden Männer bemühten sich, jede Spaltung zwischen der Bourgeoisie und den Volksklassen zu verhindern. »Die Bourgeoisie und das Volk haben gemeinsam die Revolution gemacht, und nur durch ihre Einheit kann sie erhalten werden«, schrieb Pétion am 6. Februar 1792 in einem Brief an Buzot. Couthon, Abgeordneter des Puy-de-Dôme und späterer Freund Robespierres, erklärte zur selben Zeit, man müsse das Volk durch gerechte Gesetze an die Revolution binden und »die moralische Kraft des Volkes, die stärker ist als die Kraft der Armeen, auf seine Seite bringen«. Am 29. Februar 1792 schlug er die entschädigungslose Abschaffung aller Feudalrechte mit Ausnahme derjenigen vor, deren Bestehen die Grundherren lückenlos urkundlich beweisen könnten. Die Feuillantiner widersetzten sich der Abstimmung über diese Maßnahme. Der Krieg, der die Probleme der Bourgeoisie noch schwieriger gestaltete, sollte die vollständige Befreiung der Bauern möglich machen.

Auf politischer Ebene gelang es den Brissotins mit Unterstützung der Fayettisten, die vor der Aussicht eines Krieges nicht zurückschreckten, die Versammlung zu Maßnahmen gegen die Feinde der Revolution zu veranlassen. Vier Verordnungen über die Emigranten und die Eidverweigernden wurden verabschiedet. Die Verordnung vom 31. Oktober 1791 gab dem Grafen von Provence zwei Monate Zeit, nach Frankreich zurückzukehren, andernfalls sollte er seiner Thronfolgerechte verlustig gehen. Die Verordnung vom 9. November richtete dieselbe Aufforderung an die Emigranten, verbunden mit der Androhung, sie würden sonst der Verschwörung verdächtigt, und die Einnahmen aus ihren Gütern würden zugunsten der Nation beschlagnahmt. Die Verordnung vom 29. November verlangte von den eidverweigernden Priestern einen neuen Bürgereid und gab den lokalen Verwaltungsbehörden die Möglichkeit, sie bei Unruhen von ihrem Wohnsitz zu deportieren. Eine letzte Verordnung vom 29. November forderte schließlich den König auf, »die Kurfürsten von Trier und Mainz und andere Reichsfürsten, die flüchtige Franzosen aufnehmen, zu ersuchen, den Truppenansammlungen und Anwerbungen, die sie an den Grenzen dulden, Einhalt zu gebieten«. Mit diesen Initiativen sorgte die Gironde nach und nach für eine Steigerung des Nationalgefühls; sie wollte den König dadurch in die Enge treiben und ihn zwingen, sich offen für oder gegen die Revolution auszusprechen.

Auch die Politik des Hofes bewegte sich auf extreme Lösungen zu. Im November bewirkte der Hof die Niederlage La Fayettes als Kandidat für die Nachfolge Baillys im Amt des Bürgermeisters von Paris; am 16. November 1791 wurde der Jakobiner Pétion gewählt. Der König und die Königin beglückwünschten sich zu diesem Ergebnis. »Sogar im Übermaß des Schlechten«, schrieb Marie-Antoinette am 25. November, »liegen mehr Vorteile für uns, als man denkt.« Das bedeutete eine Politik, der jedes Mittel recht war. Die Novemberverordnungen und die kriegsfördernden Initiativen der Brissotins waren Ludwig XVI. und Marie-Antoinette höchst willkommen. Während der König die Maßnahmen gegen die Priester und Emigranten mit seinem Veto versah, bestätigte er die Verordnung, die seinen Bruder betraf, und auch jene, die ihn aufforderte, den deutschen Fürsten ein Ultimatum zu stellen: die Versammlung verhielt sich hier ganz in seinem Sinne; im Falle eines derartigen Angriffs würden die Fürsten den Krieg erklären. Mit einem Doppelspiel ohnegleichen wiegelten Ludwig XVI. und Marie-Antoinette die Gegner untereinander auf und machten den Krieg damit unvermeidlich. Die Zuflucht zum Ausland war für die Monarchie der einzige Weg zur Rettung.

## 3. Krieg oder Frieden (Winter 1791–1792)

Der Interessenkampf und der Ideenkonflikt zwischen der Revolution und dem Ancien Régime hatten eine schwierige diplomatische Situation geschaffen. Die Brissotins und der Hof dachten nicht daran, die Auseinandersetzungen zu beenden; nach und nach drängten sie aus innenpolitischen Gründen zum Krieg, dem sich nur eine schwache Minderheit unter Führung von Robespierre vergeblich widersetzte.

In der Kriegspartei fanden sich die Brissotins und der Hof; dies geschah in einer Art und Weise, die auf den ersten Blick paradox erscheinen mag.

Der Krieg entsprach dem Wunsch des Hofes, der sein Heil nur noch von einer ausländischen Invasion erhoffte und weiterhin seine doppelzüngige Politik betrieb. Am 14. Dezember 1791 teilte der König dem Kurfürsten von Trier mit, daß er ihn »nur noch als Feind Frankreichs« ansehen könnte, falls die Emigrantenansammlungen nicht bis zum 15. Januar 1792 zerstreut wären. Der Hof hoffte, durch diesen Schritt die vergeblich geforderte ausländische Intervention auszulösen. An demselben Tage, an dem Ludwig XVI. dem Kurfürsten von Trier drohte, teilte er dem Kaiser mit, daß er die Zurückweisung seines Ultimatums erwartete:

»Statt eines Bürgerkrieges wird ein politischer Krieg ausbrechen«, schrieb er an seinen Beauftragten Breteuil, »und die Lage wird dadurch weit besser sein; der physische und moralische Zustand Frankreichs macht es unmöglich, daß es auch nur einen halben Feldzug durchhält.«

Und am selben 14. Dezember schrieb Marie-Antoinette an ihren Freund Fersen: »Die Dummköpfe! Sie begreifen nicht, daß sie uns damit dienen!« Der Hof stürzte Frankreich in den Krieg, weil er sich insgeheim eine Niederlage und dadurch die Wiederherstellung seiner absoluten Macht ausrechnete.

Die Brissotins wünschten den Krieg aus innen- und außenpolitischen Gründen. Innenpolitisch wollten sie die Verräter und Ludwig XVI. durch den Krieg zwingen, sich zu entlarven. »Weisen wir den Verrätern von vornherein einen Platz an«, rief Guadet am 14. Januar 1792 von der Tribüne der Gesetzgebenden Versammlung, »und dieser Platz soll das Schafott sein.« Die Brissotins meinten, der Krieg entspräche den Interessen der Nation:

»Ein Volk, das nach zehn Jahrhunderten der Sklaverei seine Freiheit errungen hat«, erklärte Brissot am 16. Dezember 1791 im Jakobinerklub, »braucht den Krieg: der Krieg ist notwendig, um die Freiheit zu festigen.«

Und derselbe Brissot sagte am 29. Dezember vor der Gesetzgebenden Versammlung: »Endlich ist also der Moment gekommen, wo Frankreich vor den Augen Europas seine Eigenschaft als eine freie Nation offenbaren muß, die ihre Freiheit verteidigen und bewahren will.« Noch deutlicher in derselben Rede: »Im jetzigen Zeitpunkt ist der Krieg eine nationale Wohltat, und das einzige Unglück, das wir zu fürchten haben, ist, daß es keinen Krieg geben wird ... Das ausschließliche Interesse der Nation rät zum Krieg.«

Aber um welche Nation handelte es sich? Am deutlichsten war in dieser Hinsicht die Rede von Isnard, die er am 5. Januar 1792 in der Gesetzgebenden Versammlung hielt. Es genügt nicht, »die Freiheit zu bewahren«, man muß »auch die Revolution vollenden«. Isnard gab dem bevorstehenden Krieg einen sozialen Inhalt: »Es handelt sich um einen Kampf, der zwischen dem Patriziertum und der Gleichheit ausgetragen wird.« Patriziertum: darunter ist die Aristokratie zu verstehen; was die Gleichheit angeht, so ist dies nur die *verfassungsmäßige Gleichheit*, wie sie im Zensuswahlsystem Ausdruck findet:

»Die gefährlichste Klasse von allen – sagte Isnard – besteht aus den vielen Leuten, die bei der Revolution verlieren, vor allem aber aus einer Unzahl von Großgrundbesitzern und reichen Händlern, kurz aus einer Menge im Überfluß lebender und hochmütiger Menschen, denen die Gleichheit unerträglich ist, die einem Adel nachtrauern, nach dem sie selbst gestrebt haben ...; die endlich die neue Verfassung als die Mutter der Gleichheit verabscheuen.«

Es handelt sich wohlgemerkt um die Verfassung von 1791, und die Gleichheit, von der geredet wird, ist nur »die Gleichheit der Rechte«, wie Vergniaud bald versichern sollte. Der Krieg, den die Girondisten wünschten, kam ausschließlich den Interessen der bürgerlichen Nation entgegen.

Ebenso deutlich spielten auch wirtschaftliche Erwartungen eine Rolle. Die Geschäftsbourgeoisie und die ihr dienenden Politiker wollten der Konterrevolution ein Ende bereiten, um vor allem den für die positive Entwicklung der Unternehmen notwendigen Kredit der Assignaten wiederherzustellen. Wegen der beträchtlichen Profite, die die Armeelieferungen schon immer gebracht hatten, stand auch die Geschäftswelt dem Krieg keineswegs ablehnend gegenüber. Man zog den kontinentalen Krieg gegen Österreich dem Seekrieg gegen England vor: letzterer hätte den Handel mit den Antillen und so den Wohlstand der Häfen beeinträchtigt. Nachdem die Girondisten den kontinentalen Krieg schon im April 1792 ausgelöst hatten, erfolgte die Kriegserklärung an England erst im Februar des folgenden Jahres.

In der Diplomatie wandten sich die Brissotins hauptsächlich gegen Österreich als Symbol des Ancien Régime. Sie waren bereit – und die politischen Flüchtlinge unterstützten sie darin –, den Krieg zur Befreiung der unterdrückten Völker zu entfesseln. »Der Zeitpunkt zu einem neuen Kreuzzug ist gekommen«, erklärte Brissot am 31. Dezember 1791, »zu einem Kreuzzug für die allgemeine Freiheit.« Isnard hatte Europa bereits angedroht, »die Völker zu einem Krieg gegen die Könige« aufzurufen. Der Krieg rückte in den Mittelpunkt aller politischen Bestrebungen. »Krieg! Krieg!« schrieb ein Abgeordneter im Januar 1792, »das ist der Schrei, der aus allen Teilen des Kaiserreiches an mein Ohr dringt.«

Die Friedenspartei verzögerte eine Zeit lang den Weg in den Krieg. Die Triumvirn und die von ihnen gestützten Minister stellten sich gegen die Kriegspolitik des Hofes und der Versammlung. Im Januar 1792 richteten Barnave und Du Port eine Denkschrift an Leopold, in der sie ihm nahelegten, die Emigranten zerstreuen zu lassen.

In Robespierre fand die Kriegspolitik ihren hellsichtigsten und hartnäckigsten Gegner. Nachdem er anfangs von Danton und einigen demokratischen Zeitungen unterstützt worden war, widerstand Robespierre schließlich fast allein dem unaufhaltsamen Strom, der mit den Brissotins die Gesamtheit der Revolutionäre in den Krieg hineinriß. Drei Monate lang kämpfte Robespierre mit erstaunlichem Scharfblick von der Tribüne des Jakobinerklubs aus gegen Brissot in einer leidenschaftlichen Auseinandersetzung, die die revolutionäre Partei für immer spaltete. Er hat begriffen, daß der Hof bei der Befürwortung des Krieges nicht aufrichtig war. In seiner Rede vom 2. Januar 1792 bei den Jakobinern stellt er fest, daß der Krieg den Emigranten, dem Hof und den Fayettisten gefällt, und daß die Wurzel des Übels nicht nur in Koblenz zu suchen ist: »Es ist also nicht in Paris? Es besteht also keinerlei Beziehung zwischen Koblenz und einem anderen Ort, der nicht weit von uns entfernt ist?« Natürlich ist es notwendig, die Revolution zu vollenden und die Nation zu stärken, Robespierre kehrt jedoch die Rangfolge der vordringlichsten Aufgaben um: »Betrachtet doch zuerst eure eigene innere Lage; schafft bei euch selbst Ordnung, bevor ihr die Freiheit woandershin tragt.«

Ehe man Krieg macht und ehe man darangeht, die Aristokraten im Ausland zu schlagen, muß man die Aristokraten im Inland unterwerfen, den Hof bändigen und die Armee säubern. Der Krieg kann schlecht ausgehen: die Armee ist infolge der Emigration der aristokratischen Offiziere desorganisiert, die Truppen sind ohne Waffen und Ausrüstung, die Festungen haben keine Munition. Dem Volk ist nicht schon damit gedient, »daß man ihm den Krieg gibt«: man muß die Passivbürger bewaffnen und den Sinn für die gemeinsame Sache wieder mobilisieren. Und selbst im Falle eines Sieges läuft die Freiheit Gefahr, einem ehrgeizigen General zum Opfer zu fallen ... Robespierres scharfsinniger und mutiger Widerstand hatte nicht die Kraft, die Strömung aufzuhalten.

### 4. Die Kriegserklärung (20. April 1792)

Die Bereitschaft zum Krieg, die durch das Eingreifen Robespierres kurze Zeit gebremst wurde, steigerte sich in den ersten Monaten des Jahres 1792. Am 9. Dezember 1791 gelang es den Fayettisten mit Hilfe der Brissotins, den Grafen von Narbonne als Kriegsminister einzusetzen, der zum Vollzugsorgan der Kriegspolitik innerhalb der Regierung wurde. Nachdem der eingeschüchterte Kurfürst von Trier nachgegeben und die Emigrantenvereinigungen aufgelöst hatte, forderte die Versammlung den König am 25. Januar 1792 auf, beim Kaiser zu erfragen, »ob er bereit sei, alle Verträge und Abkommen, die gegen die Souveränität, die Unabhängigkeit und die Sicherheit der Nation gerichtet sind, als nichtig anzuerkennen«: – was die förmliche Zurücknahme der Pillnitzer Erklärung bedeutet hätte. Der Außenminister de Lessart versuchte, diesen kriegerischen Kurs zu bremsen und erreichte die Absetzung Narbonnes. Die Antwort auf die Entlassung von Narbonne war die Bildung einer Regierung Brissot. Sofort entrüstete sich die Gironde; Vergniaud klagte die *entarteten Ratgeber* des Königs an. Brissot führte eine heftige Anklage gegen den friedliebenden Minister: de Lessart wurde am 10. März 1792 vor dem Obersten Gerichtshof angeklagt. Die übrigen Minister wurden in Angst und Schrecken versetzt und traten zurück. Auf den Rat von Dumouriez, der die Auswärtigen Angelegenheiten übernahm, berief Ludwig XVI.

Freunde von Brissot und der Gironde in die Regierung: Clavière ins Finanz-, Roland ins Innen- und später, am 9. Mai, Servan ins Kriegsministerium. Dumouriez war ein ehemaliger Geheimagent und Opportunist, der sich aus Ehrgeiz der Revolution angeschlossen hatte; er verfolgte die gleiche Strategie wie La Fayette: einen begrenzten Krieg, um dann mit Hilfe der heimkehrenden siegreichen Armee die Monarchie wiederherzustellen. Um die Jakobiner ruhig zu halten, bewilligte er ihnen einige Ämter: Lebrun-Tondu und Noël, einen Freund Dantons, setzte er ins Außen- und Pache ins Innenministerium. In der girondistischen Presse hörten die Angriffe gegen den Hof sofort auf. Robespierre hatte leichtes Spiel, die Machenschaften der *Intriganten* aufzudecken: der Bruch zwischen seinen Anhängern und der Gironde war jetzt unvermeidbar. Nun ließ die Kriegserklärung nicht länger auf sich warten. Leopold verstarb plötzlich am 1. März. Sein Nachfolger Franz II. war entschlossen, die Angelegenheit zu beenden und lehnte jedes Zugeständnis entschieden ab. Er ließ das ihm am 25. März überreichte Ultimatum unbeantwortet. Am 20. April 1792 erschien der König in der Versammlung und schlug vor, dem »König von Ungarn und Böhmen«, also nur Österreich und nicht dem ganzen Kaiserreich, den Krieg zu erklären. Nur etwa zehn Abgeordnete stimmten gegen die Kriegserklärung.

Der Krieg sollte die in ihn gesetzten Erwartungen seiner Initiatoren nicht erfüllen – weder die des Hofes noch die der Gironde. Sicher aber trug er zur Bildung des Nationalbewußtseins bei und verlieh den Girondisten soviel Ruhm und Ansehen, daß selbst die nachfolgenden Katastrophen diese kaum zu trüben vermochten. Wenn die Girondisten schließlich doch verschwanden, dann nicht, weil sie den Krieg, der die Bildung zur Nation vollendete, gewollt hatten, sondern weil sie ihn nicht zu führen verstanden.

»Als Gründer der Republik«, schrieb Michelet, »verdienten sie den Dank der Welt, weil sie den Kreuzzug von '92 und die Freiheit auf der ganzen Erde gewollt hatten; nun sahen sie sich gezwungen, den Schandfleck von '93 wegzuwaschen und durch Sühne in die Unsterblichkeit einzugehen.«

## II. DER STURZ DES THRONES
### (APRIL – AUGUST 1792)

Der fast ununterbrochen bis 1815 andauernde und ganz Europa umwälzende Krieg belebte die revolutionäre Bewegung in Frankreich aufs neue: ihr erstes Opfer war das Königtum.

### *1. Die militärischen Mißerfolge (Frühjahr 1792)*

Der Krieg sollte nach den Vorstellungen der Brissotins und des Hofes eine schnelle und endgültige Entscheidung bringen.

Im Gegensatz dazu kam es schon von Beginn des Feldzuges an infolge der Unzulänglichkeit der Armee und ihrer Führer zu Rückschlägen. Die französische Armee befand sich im Zustand voller Auflösung. Mindestens die Hälfte ihrer 12 000 Offiziere waren bereits emigriert. Die tatsächliche Stärke war auf ungefähr 150 000 Mann zurückgegangen; dies waren Linientruppen und im Jahr 1791 ausgehobene Freiwillige. Der politische und gesellschaftliche Konflikt war auch in der Armee aufgebrochen: aristokratischen Befehlshabern standen patriotisch gesonnene Soldaten gegenüber; für die Disziplin hatte das entsprechende Folgen. Das Oberkommando war ohne herausragende militärische Fähigkeiten: Marschall de Rochambeau hatte im Amerikanischen Krieg eine bedeutende Rolle gespielt, war aber nun ein alter Mann geworden und hatte kein Ansehen in der Truppe; Marschall von Luckner, ein alter deutscher Haudegen, war ungeeignet; und La Fayette war lediglich ein Politiker in Generalsuniform.

Die ersten Niederlagen ließen nicht auf sich warten. Dumouriez hatte drei Armeen, die bereits an der Grenze zusammengezogen waren, den Befehl zur Offensive gegeben. Die Österreicher konnten ihnen nur 35 000 Mann entgegenstellen. Ein Überraschungsangriff brachte den Franzosen zwar die Besetzung ganz Belgiens ein. Doch als die Generale Dillon und Biron, die ihren Truppen mißtrauten, am 29. April die ersten Österreicher zu Gesicht bekamen, befahlen sie den Rückzug; die Soldaten fühlten sich verraten und liefen auseinander; Dillon wurde ermordet. Die Grenze war damit ungeschützt. La Fayette stand an den Ardennen und hatte sich nicht gerührt. Die Generale gaben der Disziplinlosigkeit der Truppen und der Regierung, die diese duldete, die Schuld an diesen Rückschlägen. Am 18. Mai 1792 traf sich die militärische Führungsspitze in Valenciennes und erklärte trotz der Befehle der Regierung die Offensive für undurchführbar; sie riet dem König zu einem sofortigen Friedensschluß. Die wahren Gründe für diese Haltung des Oberkommandos waren nicht militärischer, sondern politischer Natur. Schon am 1. Mai hatte der stets klarsehende Robespierre diese Gefahr erkannt, als er vor den Jakobinern sagte:

»Nein, den Generalen traue ich nicht über den Weg, und ich behaupte, daß sie fast alle, abgesehen von einigen ehrenvollen Ausnahmen, der alten Ordnung und den Vergünstigungen von seiten des Hofes nachtrauern. Ich verlasse mich nur auf das Volk, auf das Volk allein.«

La Fayette hatte sich nun endgültig den Lamethisten angeschlossen, um gegen die Demokraten vorzugehen; er erklärte sich bereit, zur Vertreibung der Jakobiner mit seinen Truppen in Paris einzumarschieren.

## 2. Der zweite Konflikt zwischen König und Versammlung (Juni 1792)

Die militärischen Rückschläge, die Haltung der Generale und ihre geheime Zusammenarbeit mit dem Hof erneuerten – gegenüber den die Nation verunglimpfenden Aristokraten – die Antriebe des Nationalbewußtseins und damit auch die des revolutionären Aufschwungs.

Am 26. April hatte Rouget de Lisle in Straßburg sein *Kriegslied für die Rheinarmee* veröffentlicht, an dessen zugleich nationaler und revolutionärer Begeisterung nicht gezweifelt werden kann: in der Vorstellung dessen, der es verfaßte und derer, die es sangen, gab es zwischen Revolution und Nation keinen Unterschied. Hier werden die Tyrannen und *gemeinen Despoten* angeklagt, die danach trachten, Frankreich *in die alte Sklaverei* zurückzuführen, und ebenso die Aristokratie, die Emigranten, *diese Bande von Sklaven und Verrätern, diese blutigen Frevler* und diese *Komplizen von Bouillé*. Die heilige Liebe zum Vaterland wird gepriesen, und zu seiner Verteidigung wird aufgerufen (»Hört ihr die wilden Soldaten brüllen im Lande ...«); dies ist das Vaterland, wie es seit 1789 im Kampf gegen die Aristokratie und den Feudalismus entstand.

Die spätere Marseillaise kann nicht von der historischen Situation, der Frühjahrskrise 1792, getrennt werden. Nationaler Aufschwung und revolutionäre Gewalt waren untrennbar miteinander verbunden; der Klassenkonflikt ließ den Patriotismus gespannte und erbitterte Formen annehmen. Die Aristokraten machten mit dem König Front gegen die Nation, die sie verachteten, im Innern erwarteten sie den feindlichen Eroberer mit Ungeduld, als Emigranten kämpften sie in den Reihen der Feinde. Für die Patrioten von 1792 ging es darum, das Erbe von neunundachtzig zu verteidigen und weiterzuführen. Den Volksmassen, die ständig von dem aristokratischen Komplott bedroht waren, gab die nationale Krise neuen Antrieb; gleichermaßen vertiefte sie die demokratische Bewegung. Auf Anraten selbst der Girondisten bewaffneten sich die Passivbürger mit Spießen, setzten die rote Mütze auf und gründeten mehr und mehr Brudergesellschaften. Waren sie dabei, die Zensusschranken der bürgerlichen Nation zu sprengen?

Roland schrieb in seinem berühmten Brief an Ludwig XVI. vom 10. Juni 1792: »Das Vaterland ist keineswegs nur ein Wort, das durch die Einbildung selbstgefällig ausgeschmückt wurde; es ist eine Realität, der man Opfer gebracht hat, an die man sich wegen der Sorgen, die sie bereitet, täglich fester bindet; die mit großen Anstrengungen geschaffen wurde und sich inmitten aller Unruhen aufrichtet und die man ebensosehr um deswillen liebt, was sie kostet, wie auch, was sie erhoffen läßt.«

Die Passivbürger verstanden unter Vaterland vor allem einen Zustand der gleichen Rechte für alle.

Die nationale Krise hob die revolutionäre Stimmung also weiter an und verschärfte die sozialen Gegensätze, die sogar mitten durch den ehemaligen Tiers État gingen. Stärker noch als 1789 beunruhigte sich die Bourgeoisie; und bald begann die Gironde zu schwanken. Die Reichen wurden zur Bewaffnung der Freiwilligen mit Steuern belastet; der Bauernaufstand schwelte noch immer in Quercy und griff auf Bas-Languedoc über, während die Inflation weiterhin verheerende Folgen hatte und die Lebensmittelkrisen wieder einsetzten. Der Mord an dem Bürgermeister von Étampes, Simoneau, am 3. März 1792, hatte den unversöhnlichen Gegensatz zwischen den Forderungen des Volkes und der Konzeption der Bourgeoisie von Handel und Eigentum besiegelt. Während im Mai Jacques Roux in Paris bereits die Todesstrafe für die Wucherer forderte, veröffentlichte in Lyon der städtische Beamte Lange am 9. Juni seine *Einfachen und leichtverständlichen Mittel zur Festsetzung des Überschusses und eines gerechten Preises des Brotes* mit Hilfe der Preisfestsetzung und Reglementierung. Ein Gespenst plagt seitdem die Bourgeoisie: das Gespenst des *Ackergesetzes*. Pierre Dolivier, der Pfarrer von Mauchamp, übernahm die Verteidigung der Aufrührer von Étampes; unterdessen ordnete die Gironde am 12. Mai 1792 gegen den Willen von Chabot eine Trauerfeier zu Ehren Simoneaus an und ließ seine Bürgermeisterschärpe im Gewölbe des Panthéon aufhängen. Damit wurde die Spaltung immer deutlicher, die bald darauf Bergpartei und Gironde trennte. Schon ließen sich die tieferen Gründe dessen erahnen, was die Geschichte später einmal verschämt *die nationale Ohnmacht* der Girondisten genannt hat: als Repräsentanten der Bourgeoisie, die sich leidenschaftlich der wirtschaftlichen Freiheit verschrieben hatten, bekamen die Girondisten Angst vor dem Aufbegehren des Volkes, das sie mit ihrer Kriegspolitik entfesselt hatten; ihr Nationalgefühl war nie stark genug, um die Klassengebundenheit zum Schweigen zu bringen.

Die Politik der Versammlung wurde unter dem Druck des Volkes unbeugsamer. Die Brissotins nahmen die Tatsache zur Kenntnis, daß der Hof die Rebellion der Generale unterstützte. Brissot und Vergniaud erhoben am 23. Mai 1792 eine flammende Anklage gegen das *österreichische Komitee,* das unter der Führung der Königin den feindlichen Sieg und die Konterrevolution vorbereitete. Die Versammlung kehrte unter ihrem Einfluß zur Einschüchterungspolitik zurück. Neue Verordnungen wurden Schlag auf Schlag verabschiedet. Sie bestimmten die Deportation jedes eidverweigernden Priesters, der von 20 Bürgern aus seinem Departement angezeigt wurde (27. Mai), die Auflösung der von Aristokraten besetzten Garde des Königs (29. Mai), die Einrichtung eines Lagers in Paris mit 20 000 Nationalgardisten, die beim Föderationsfest zugegen sein sollten (8. Juni): diese revolutionäre Streitmacht diente nicht nur dem Schutz von Paris, sondern sollte notfalls auch jeden Angriffsversuch der Aufwiegler-Generale abwehren.

Die königliche Politik machte sich die Uneinigkeit zwischen den Generalen und Ministern zunutze. Ludwig XVI. verweigerte den Verordnungen über die eidverweigernden Priester und über die Einberufung der Föderierten seine Zustimmung. Roland richtete am 10. Juni eine dringende Aufforderung an ihn, sein Veto zurückzuziehen, und machte ihm klar, daß seine Haltung die Gefahr außerordentlicher Gegenkräfte im Volk heraufbeschwöre, denn sonst müßte angenommen werden, daß der König innerlich auf seiten der Emigranten und des Feindes stünde. Ludwig XVI. beharrte auf seiner Weigerung; am 13. Juni entließ er die Brissotins-Minister Roland, Servan und Clavière. Die Girondisten ließen in der Versammlung beschließen, daß das Bedauern der Nation die abberufenen Minister begleitete. Dumouriez fürchtete eine Anklage gegen sich; er nahm am 15. Juni seinen Abschied und ging zur Nordarmee. Die Feuillants übernahmen wieder die Macht: La Fayette hielt den Zeitpunkt für günstig und erklärte am 18. Juni, »daß die französische Verfassung ebenso von den Abtrünnigen im Innern wie von den Feinden von Außen bedroht ist«; er rief die Versammlung auf, die demokratische Bewegung zu zerschlagen.

Die Aktionen am 20. Juni 1792 wurden organisiert, um Druck auf den König auszuüben. Das königliche Veto, die Entlassung der girondistischen Minister und die Bildung einer feuillantinischen Regierung zeigten die Anstrengungen des Hofes und der Generale, das Programm der Lamethisten und Fayettisten zu verwirklichen: die endgültige Beseitigung der Jakobiner, eine Verfassungsrevision zugunsten der Stärkung der königlichen Macht und die Beendigung des Krieges durch eine Absprache mit dem Feind. Angesichts dieser bedrohlichen Lage unterstützten die Girondisten die Organisation eines Volksfestes zum Jahrestag des Schwures im Jeu de Paume und der Flucht nach Varennes. Die Vorstädte marschierten unter der Führung von Santerre zur Versammlung und dann zum Schloß, um gegen die Untätigkeit der Armee, das Veto gegen die Verordnungen und die Entlassung der Minister zu protestieren. Der in eine Fensternische gezwängte König setzte sich die rote Mütze auf und trank auf das Wohl der Nation, doch verweigerte er die Zustimmung zu den Verordnungen und die Wiedereinsetzung der girondistischen Minister.

Der Versuch, einen friedlichen Druck auszuüben, war gescheitert. Er verstärkte vielmehr die Opposition und brachte sogar einen vorübergehenden Vorteil für die Royalisten. Pétion, der Bürgermeister von Paris, wurde abgesetzt. La Fayette verließ seine Armee und erschien am 28. Juni wieder in der Versammlung; er rief nachdrücklich dazu auf, die Jakobiner aufzulösen und die Verantwortlichen für die Aktion am 20. Juni zu bestrafen.

### 3. Die äußere Gefahr und die Unfähigkeit der Gironde (Juli 1792)

Die in ihre eigenen Widersprüche verwickelten Girondisten waren außerstande, die inneren und äußeren Schwierigkeiten zu bewältigen; sie wurden von den revolutionären Kräften der Hauptstadt überrollt. Sie waren zwar gerne bereit, sich an das Volk zu wenden, aber nur soweit es in dem ihm zugewiesenen Rahmen blieb.

Die Erklärung über *Das Vaterland in Gefahr* vom 11. Juli 1792 entsprach der Schwere der äußeren Gefahr, welche die Girondisten nicht zu bannen wußten. Anfang Juli marschierte die preußische Armee des Herzogs von Braunschweig auf, gefolgt von der Emigrantenarmee unter dem Oberbefehl von Condé. Der Kampf sollte auf nationalem Boden ausgetragen werden. Vor dieser unmittelbar drohenden Gefahr vergaßen die Jakobiner ihren inneren Streit und dachten nur noch an die Rettung des Vaterlandes und der Revolution. Robespierre und Brissot riefen am 28. Juni von der Tribüne des Klubs zur Einheit auf. Die Versammlung ermächtigte am 2. Juli unter Umgehung des Vetos die Nationalgardisten, am Föderationsfest vom 14. Juli teilzunehmen. Am 3. erhob Vergniaud eine flammende Anklage gegen den Verrat des Königs und seiner Minister. »Der Angriff auf die Freiheit wird im Namen des Königs geführt.« Am 10. griff Brissot dasselbe Thema wieder auf und umriß klar das politische Problem: »Die Kriegserklärung der Tyrannen richtet sich gegen die Revolution, gegen die Erklärung der Menschenrechte und gegen die nationale Souveränität.« Auf Antrag von Brissot proklamierte die Versammlung am 11. Juli 1792 das Vaterland in Gefahr:

»Zahlreiche Truppen rücken gegen unsere Grenzen vor; alle, denen die Freiheit Schrecken einjagt, greifen gegen unsere Verfassung zu den Waffen. Bürger! *Das Vaterland ist in Gefahr.*«

Alle Behörden tagen von nun an in Permanenz; alle Nationalgardisten werden zu den Waffen gerufen; neue Freiwilligenbataillone werden ausgehoben; in wenigen Tagen meldeten sich

15 000 Pariser. Die Proklamation festigte die Einheit des Volkes, das sich in seinen wichtigsten Interessen bedroht sah, und sie forderte sowohl zur Teilnahme an den politischen Entscheidungen als auch zugleich an der Verteidigung des Landes auf.

Das Intrigenspiel der Gironde bremste allerdings den patriotischen Elan. Angesichts der Drohungen durch die Versammlung legten die feuillantinischen Minister am 10. Juli ihre Ämter nieder: diese Demission verursachte erneut eine Spaltung in der patriotischen Partei. Die Girondisten strebten wieder zur Macht; sie nahmen Geheimverhandlungen mit dem Hof auf. Am 20. Juli schrieben Vergniaud, Gensonné und Guadet durch die Vermittlung des Malers Boze an den König; Guadet kam in den Tuilerien mit der königlichen Familie zusammen. Ludwig XVI. gab nicht nach, er verzögerte die Angelegenheit und vernichtete damit die Gironde, da diese bereits ihre Haltung in der Versammlung geändert hatte; sie mißbilligte die Agitation des Volkes und drohte den Aufrührern. Am 26. Juli sprach sich Brissot gegen die Absetzung des Königs und gegen das allgemeine Wahlrecht aus:

»Wenn es Männer gibt, die jetzt die Republik auf den Trümmern der Verfassung errichten wollen, so soll sie die ganze Schärfe des Gesetzes ebenso treffen wie die rührigen Freunde der beiden Kammern und die Konterrevolutionäre von Koblenz.«

Am 4. August ließ Vergniaud den Beschluß der Pariser Sektion Mauconseil für ungültig erklären, in dem es hieß, daß Ludwig XVI. als König der Franzosen nicht mehr anerkannt werde.

Der Bruch zwischen dem Volk und der Gironde wurde gerade zu der Zeit endgültig, als die girondistische Politik auf ihren folgerichtigen Abschluß zusteuerte. Die Girondisten wichen vor dem Aufstand zurück; sie befürchteten, von den revolutionären Massen, zu deren Mobilisierung sie immerhin beigetragen hatten, überrannt zu werden; sie hatten Angst, wenn schon nicht das Eigentum, so doch zumindest die Vorherrschaft der Reichen zu gefährden. Da sie aber mit Ludwig XVI. verhandelten, nachdem sie ihn angeklagt hatten, und zurückschreckten, nachdem sie endlich zum Handeln entschlossen schienen, erklärten die Girondisten sich selbst für schuldig und verurteilten zugleich das Regime von 1791, das die Nation mit seinen Zensusschranken knebelte.

## 4. Der Aufstand vom 10. August 1792

Gegen die Monarchie, die mit dem Feind paktiert hatte, erhob sich nicht allein Paris, sondern das ganze Land. Der Aufstand vom 10. August war nicht das Werk nur des Volkes von Paris, sondern vielmehr des französischen Volkes, vertreten durch die Abgeordneten des Föderationsfestes; von der »Revolution des 10. August 1792« hat man sagen können, daß sie die ganze Nation erfaßte.

Die patriotische Bewegung war in Gang gesetzt worden; nichts konnte sie mehr aufhalten. Die Pariser Sektionen hatten ein Zentralkomitee gebildet und tagten ununterbrochen; die Passivbürger drängten hinein; sie traten in die Nationalgarde ein, zu der sie nach einer Verordnung vom 30. Juli endlich Zugang hatten. Am selben Tag führte die Sektion Théâtre Français das allgemeine Wahlrecht in ihren Vollversammlungen ein. Von 48 Sektionen sprachen sich schließlich 47 für die Absetzung des Königs aus. Bei den Jakobinern übernahm Robespierre die Leitung der Bewegung. Schon am 11. Juli hatte er feierlich zu den Abgeordneten des Föderationsfestes gesprochen: »Bürger, seid Ihr zu einer sinnlosen Zeremonie, zur Neuauflage der Föderation vom 14. Juli hierhergekommen?«

Auf seine Veranlassung wurden immer drohendere Gesuche verfaßt, die von den Abgeordneten der Föderation der Versammlung vorgelegt wurden; am 17. und dann am 23. Juli wurde die Absetzung des Königs gefordert. Als Robespierre die neuerlichen Verhandlungen der Girondisten mit dem Hof sah, nahm er seine Angriffe gegen sie wieder auf, indem er am 29. Juli »das abgekartete Spiel zwischen dem Hof und den Intriganten in der Legislative« herausstellte; er verlangte die sofortige Auflösung der Versammlung und an ihrer Stelle die Einberufung eines Konvents, der die Verfassung reformieren sollte. Am 25. Juli kamen die Föderationsabgeordneten aus der Bretagne und am 30. die aus Marseille; sie zogen durch den Vorort Saint-Antoine und sangen die Hymne, die bald ihren Namen trug. Auf Anregung Robespierres gründeten die Föderierten ein geheimes Direktorium.

Das in Koblenz abgefaßte Manifest von Braunschweig wurde am 1. August in Paris bekannt und erhitzte die Patrioten. Seit den letzten Julitagen war die Atmosphäre in der Hauptstadt außerordentlich gespannt; in den Straßen proklamierte man laut die Gefahr für das Vaterland; die Anwerbungen für die Armee wurden auf den öffentlichen Plätzen in einer Zeremonie ernsthafter Feierlichkeit vorgenommen. In der Hoffnung, die Revolutionäre zu verängstigen, hatte Marie-Antoinette von den feindlichen Herrschern eine drohende Erklärung erbeten; ein Emigrant lieferte den Text, der Herzog von Braunschweig unterzeichnete ihn. Das Manifest bedrohte die Nationalgardisten und alle Einwohner, die es wagen sollten, sich gegen den Eroberer »zu verteidigen«, mit dem Tod; es drohte dem Volk von Paris im Falle »der geringsten Beleidigung« für die königliche Familie mit »einer exemplarischen und unvergeßlichen Rache durch eine militärische Strafvollstreckung und einen vollständigen Umsturz«. Das Manifest von Braunschweig bewirkte das Gegenteil dessen, was der Hof erwartet hatte: das Volk geriet in hellste Empörung.

Der Ausbruch des Aufstandes, der Ende Juli noch ausgeblieben war, wurde nur aufgeschoben, bis das Gesuch der Pariser Sektionen mit der Forderung nach der Absetzung des Königs der Gesetzgebenden Versammlung vorgelegt worden war. Die Sektion Quinze-Vingts in Saint-Antoine setzte der Versammlung eine letzte Frist bis zum 9. August. An diesem Tag ging die Legislative noch immer ohne Entscheidung auseinander. In der Nacht wurde Sturm geläutet. Die Vorstadt Saint-Antoine forderte die Pariser Sektionen auf, Bevollmächtigte zum Rathaus zu entsenden; diese ließen sich neben der legalen Kommunalverwaltung nieder und nahmen sodann deren Platz ein. Dies war die *aufständische Kommune*. Die Vorstädte erhoben sich und marschierten mit den Föderierten vor die Tuilerien, wo die Nationalgarde zu ihnen überlief. Um Acht Uhr erschienen als erste die Marseiller. Sie wurden in den Schloßhof eingelassen, darauf eröffneten die Schweizer das Feuer und drängten sie zurück. Nach der Ankunft der Vorstädte griffen die Föderierten mit ihrer Hilfe erneut an und liefen Sturm. Gegen 10 Uhr stellten die Belagerten auf Befehl des Königs das Feuer ein.

Bei den ersten Anfängen des Aufstandes hatte der König mit seiner Familie auf die dringenden Bitten von Roederer, dem für die Girondisten gewonnenen Generalsyndikus des Departements, das Schloß verlassen, um sich unter den Schutz der Versammlung zu stellen, die in dem Reitsaal nebenan tagte. Solange der Ausgang des Kampfes ungewiß war, behandelte die Versammlung Ludwig XVI. als König. Als sich der Aufstand als siegreich erwies, erklärte sie zwar nicht die Absetzung, aber die vorläufige Amtsenthebung des Monarchen und beschloß die Einberufung eines nach allgemeinem Wahlrecht gewählten Konvents, wie es Robespierre vorgeschlagen hatte.

Der Thron war gestürzt. Aber mit ihm scheiterte auch die feuillantinische Partei, das heißt die Angehörigen des liberalen Adels und der Großbourgeoisie, die zum Ausbruch der Revolution beigetragen und anschließend versucht hatten, sie unter der Führung zunächst von La Fayette, danach des Triumvirats zu lenken und zu mäßigen. Die girondistische Partei auf der anderen Seite hatte sich mit dem Hof kompromittiert und sich angestrengt, den Aufstand niederzuhalten; sie ging aus einem Sieg, der nicht der ihre war, keineswegs gestärkt hervor. Im Gegensatz dazu waren die Passivbürger, die Handwerker und kleinen Ladenbesitzer – von Robespierre und allen späteren Montagnards mitgerissen – in spektakulärer Weise auf die politische Bühne getreten.

Der Aufstand vom 10. August 1792 war im umfassenden Sinne des Wortes national. Die Föderierten aus den Departements, Südfranzosen und Bretonen, spielten bei der Vorbereitung und Durchführung des großen Tages eine hervorragende Rolle. Überdies fielen die sozialen und politischen Schranken, die bis dahin die Nation gespalten hatten.

»Keine besondere Klasse von Bürgern«, erklärte die Pariser Sektion Théâtre-Français am 30. Juli 1792, »kann sich das ausschließliche Recht zur Rettung des Vaterlandes anmaßen.« Sie rief folglich die Bürger, »die bei den Aristokraten unter dem Namen Passivbürger bekannt sind«, auf, ihren Dienst in der Nationalgarde zu leisten, in den Vollversammlungen mitzuberaten, kurz, »den Anteil an der Souveränitätsausübung, der der Sektion zusteht«, wahrzunehmen. Am 30. Juli bestätigte die Gesetzgebende Versammlung nur einen bereits bestehenden Zustand, indem sie den Eintritt der Passivbürger in die Nationalgarde für zulässig erklärte. »Wenn das Vaterland in Gefahr ist«, erklärte die Sektion Butte-des-Moulins, »muß der Souverän auf seinem Posten sein: an der Spitze seiner Armeen, an der Spitze seiner Aufgaben; er muß überall sein.«

Mit Hilfe des allgemeinen Wahlrechts und der Bewaffnung der Passivbürger vereinte diese *zweite Revolution* das Volk mit der Nation und kündigte so den Beginn der politischen Demokratie an. Zugleich trat der soziale Charakter der neuen nationalen

Wirklichkeit deutlicher hervor. Nach erfolglosen Anläufen schalteten sich die damaligen Verfechter eines Kompromisses mit der Aristokratie selbst aus: Dietrich versuchte, Straßburg aufzuwiegeln und flüchtete danach; am 19. August 1792 ging der von seinen Truppen im Stich gelassene La Fayette zu den Österreichern über. Außerdem entfremdete das Auftreten der Sansculotterie einen Teil der Bourgeoisie von der neuen nationalen Realität; schon jetzt zeichneten sich die Widerstände gegen diese demokratische Volksrepublik ab, die sich mit der zweiten Revolution vom 10. August ankündigte.

## Zweiter Abschnitt

## »Der Despotismus der Freiheit«
## Revolutionsregierung und Volksbewegung
## (1792–1795)

War jetzt die Stunde des Vierten Standes gekommen? In der Auseinandersetzung zwischen dem revolutionären Frankreich und der europäischen Aristokratie erkannte ein Teil der Bourgeoisie, daß sie ohne das Volk nicht siegen konnte: so verbündeten sich die Montagnards mit den Sansculotten. Der Großbourgeoisie erschien hingegen dieses Eindringen der Sansculotterie in die politische Szenerie, zudem noch mit eigenem Ziel, als schwerste Bedrohung ihrer Interessen, und sie warnte durch den Mund Brissots vor der *Hydra der Anarchie*. Um ihre soziale und politische Vorherrschaft zu verteidigen, zögerte die girondistische Bourgeoisie nicht, der Konterrevolution und den Anhängern des Ancien Régime in die Hände zu arbeiten. »Unser Eigentum ist bedroht«, rief Pétion Ende April 1793 aus und trommelte damit die Besitzenden zusammen. Am 2. Juni zerfiel die Gironde unter den Schlägen der Pariser Sansculotterie.

Die Volksbewegung griff weiter um sich. Das Volk war es, das die großen Revolutionskämpfe getragen und sich zur Verteidigung der Grenzen erhoben hat. Als Preis für seine Opfer forderte es fortan die Sicherung seiner Existenz.

»Die Freiheit ist nur ein leeres Phantom, solange eine Klasse von Menschen die andere ungestraft aushungern kann«, rief Jacques Roux, der Enragé, am 25. Juni 1793 auf der Konventstribüne; »die Gleichheit ist nur ein leeres Phantom, solange der

Reiche mit Hilfe des Monopols das Recht über Leben und Tod seiner Mitmenschen ausübt.«

Um das Leben der Sansculotten und das Wohl der Republik zu gewährleisten, bauten die Montagnards eine Wirtschaftsorganisation auf, die durch Requirierung, *taxation* und Verstaatlichung in die Rechte der Besitzenden eingriff: dies war eine klare Klassenpolitik; sie wurde von den Umständen erzwungen, entsprach jedoch durchaus den tiefer liegenden Bedürfnissen und Bestrebungen der Sansculotterie. »Entscheidet nur«, hatte Jacques Roux den Montagnards zugerufen, »die Sansculotten werden Eure Erlasse mit ihren Piken ausführen.«

Die Eliminierung der Enragés und, im Frühjahr 1794, diejenige Héberts und der Cordelier-Gruppe, die es verstanden hatten, die unklaren Wünsche der Volksmassen klar auszusprechen, gestaltete dieses brüderliche Bündnis zwischen der Sansculotterie und der mittleren Jakobiner-Bourgeoisie, das das Jahr II der Republik kennzeichnete, immer schwieriger. Die Anstrengungen von Robespierre und Saint-Just (»Die Unglücklichen sind die tatsächlich Mächtigen der Erde«) für eine soziale Neuordnung, die das Volk unabänderlich an die Revolution gebunden hätte, blieben vergeblich. Sie stießen auf die Gleichgültigkeit der verwirrten Massen, auf die erklärte Feindschaft der Bourgeoisie sowie auf Widersprüche, deren Überwindung nicht in ihrer Macht lag. Am 9. Thermidor des Jahres II (27. Juli 1794) folgten die Volkskader in der Stunde der Gefahr nur schlecht dem Aufruf der aufständischen Kommune Robespierre's. »Die Revolution ist eingefroren«, hatte Saint-Just kurz zuvor erklärt. Nachdem das Volk den Feinden der neuen Ordnung den Despotismus der Freiheit aufgezwungen hatte, konnte es über die aristokratische Gegenrevolution und die europäische Koalition triumphieren. Doch entglitt ihm dann der Sieg, und die »Notabeln« atmeten auf.

Die Thermidor-Bourgeoisie brauchte noch mehrere Monate, um die Republik des Jahres II zu zerstören, die Revolutionsregierung zu entwaffnen, die staatlich gelenkte Wirtschaft zu ruinieren und auf der Grundlage der wirtschaftlichen Freiheit und des unbegrenzten Profits das Privileg des Reichtums und des Eigentums wiederherzustellen. Obwohl die Pariser Sansculotterie von dem Sturz der Anhänger Robespierres wie betäubt war, führte sie mit großer Erbitterung ein Nachhutgefecht und verteidigte noch über mehrere Monate hinweg Schritt für Schritt ihre Existenz und ihren Platz in der Nation. Die dramatischen Tage im Prairial des Jahres III (Mai 1795) bezeichneten die Niederlage der Sansculotten, ihren Ausschluß von der politischen Bühne und das Ende der demokratischen Revolution, deren Beginn mit dem Sturz des Thrones am 10. August 1792 datiert. Deswegen bedeuteten die Prairial-Tage des Jahres III noch entschiedener als der 9. Thermidor des Jahres II das Ende der Revolution: ihre Antriebskraft war endgültig gebrochen.

## 1. Kapitel

# Das Ende der Legislative
## Revolutionärer Elan und Verteidigung der Nation
### (August – September 1792)

*Die Gesetzgebende Versammlung hatte den Sieg des Volkes sofort sanktioniert, indem sie die Suspendierung des Königs beschloß und der Einberufung eines nach allgemeinem Wahlrecht gewählten Konvents zustimmte, der eine neue Verfassung ausarbeiten sollte. Die aufständische Kommune des 10. August schloß Ludwig XVI. und seine Familie unter strenger Bewachung im Temple ein. Die Versammlung ernannte einen vorläufigen Vollzugsrat, in dem neben den alten girondistischen Ministern Roland für Inneres, Clavière für öffentliche Abgaben, Servan für Krieg und Monge für die Marine, Lebrun für Äußeres und für die Justiz Danton zuständig waren.*

## I. DIE ERSTE SCHRECKENSZEIT

### 1. Die Kommune des 10. August und die Gesetzgebende Versammlung

Der Konflikt zwischen der Kommune und der Versammlung füllte die sechs Wochen vom Ende der Legislative, dem 10. August, bis zum 20. September 1792 aus. Diese Auseinandersetzung hatte für den Verlauf der Revolution eine äußerst wichtige Bedeutung. Der durch die Versammlung repräsentierten legalen Gewalt stellte sich eine revolutionäre Gewalt entgegen: die aufständische Kommune des 10. August. Als sich der Journalist Girey-Dupré, ein Redakteur des *Patriote français*, der Zeitung von Brissot, am 30. August in einem Brief an die Versammlung darüber beklagt hatte, daß er vor die Schranke der Kommune geladen worden war, und als er diese der Usurpation und der Diktatur angeklagt hatte, begann die Gironde den Kampf gegen die Kommune. Als Antwort auf die Angriffe von Gensonné, Guadet und Grangeneuve rechtfertigte sich die Kommune am 31. August 1792 durch den Sprecher Tallien:

»Alles, was wir getan haben, wurde vom Volk gebilligt... Wenn ihr uns schlagt, so schlagt ihr damit auch jenes Volk, das die Revolution des 14. Juli gemacht hat, das die Revolution am 10. August gefestigt hat und das die Revolution weiterhin tragen wird.«

Der Kampf dieser beiden Gewalten dauerte bis zum Zusammentritt des Konvents; dann setzte er sich als Parteiengegensatz zwischen der Gironde und der Bergpartei fort. Die Sieger des 10. August waren fest entschlossen, ihren Willen durchzusetzen. Die Gesetzgebende Versammlung mußte die aufständische Kommune anerkennen, die in den Wahlen auf 288 Mitglieder angewachsen war – sämtlich der kleinen und mittleren Bourgeoisie entstammend. Doch stemmte sich die Versammlung, in der die Gironde als Partei der Großbourgeoisie und der Legalität das Übergewicht hatte, mit Nachdruck gegen die revolutionären Maßnahmen, für die die Kommune das Vorbild abgegeben hatte und deren Erbe die Bergpartei antrat.

Danton, der im Vollzugsrat saß, figurierte gleichsam als Mittelsperson zwischen den beiden Machtgruppen: Seine revolutionäre Vergangenheit war eine Garantie für die Kommune, und für die Versammlung war es seine bei vielen Gelegenheiten gezeigte zweideutige Haltung. Danton wurde 1759 als Sohn eines Staatsanwaltes und vormaligen Anwalts im Königlichen Rat in der Bailliage Arcis-sur-Aube geboren; er war bereits seit 1789 als Demokrat hervorgetreten. Seine Arbeit in der Sektion Théâtre-Français und im Klub der Cordeliers verhalf ihm dazu, im Jahre 1791 zum Mitglied des Departement-Direktoriums und anschließend zum Stellvertreter des Staatsanwaltes der Kommune von Paris gewählt zu werden. Ohne Zweifel ist er vom Hof gekauft worden, doch scheint er ihm keine größeren Zugeständnisse gemacht zu haben. Seine Rolle am 10. August bleibt im Dunkeln; danach trat er in den Vordergrund. Danton war beredt und mitreißend in seiner volkstümlichen, ungekünstelten Art; als Realist verstand er es, unerschrocken zu handeln und sich rasch zu entscheiden, er war ausgesprochen großzügig und konnte das Leben genießen, brauste leicht auf und trug niemandem etwas nach. Mit seinem Patriotismus und seinem Glauben an das Volk verkörperte er eine Zeit lang das revolutionäre Frankreich. Er beherrschte den Vollzugsrat. Die Macht war damit zwischen drei voneinander abgegrenzten Autoritäten, die sich fortwährend gegenseitig beeinträchtigten, geteilt: der Kommune, der Versammlung und dem Vollzugsrat. Die revolutionären Maßnahmen, die in den Umständen und dem Kampf gegen die doppelte Gefahr von innen und außen gerechtfertigt waren, wurden je nach Zufall der Ereignisse abwechselnd von den rivalisierenden Autoritäten getroffen: es war eine verworrene Diktatur, die keinerlei bestimmte Form annahm und sich auch weder in einer Institution oder einem Menschen noch in einer Partei oder einer Klasse verkörperte.

Zunächst mußten die Departements und die Armeen für den neuen Stand der Ereignisse gewonnen werden. Noch am Tage des 10. August ordnete die Versammlung 12 ihrer Mitglieder, und zwar je drei für die vier Armeen »mit der Vollmacht« ab, »sowohl die Generale, als auch alle anderen Offiziere und staatlichen (zivilen und militärischen) Beamten vorläufig ihres Amtes zu entheben«. Der Vollzugsrat schickte Kommissare, die Danton unter den Pariser Aufständischen ausgewählt hatte, in die Departements. Die Kommune ernannte wieder andere Kommissare, die mit revolutionären Methoden vorgingen: Verhaftungen der Verdächtigen, Schaffung von Überwachungsausschüssen und Säuberung in den Behörden. Die Departements hatten sich der Entwicklung in der Hauptstadt anzuschließen.

Die Kommune verlangte die Errichtung eines *Sonderstrafgerichtshofes,* der sich aus von den Pariser Sektionen gewählten Richtern zusammensetzen sollte, um die Verbrechen der Konterrevolution abzuurteilen. Trotz ihrer Abneigung gab die Versammlung dieser Forderung am 17. August nach. Schon am 11. August waren die städtischen Behörden mit dem Auftrag betraut worden, die Verbrechen gegen die Sicherheit des Staates ausfindig zu machen und erforderlichenfalls durch vorläufige Verhaftung der Verdächtigen einzuschreiten. Die Versammlung schrieb für alle Beamten einschließlich der Priester die Leistung eines Eides vor, sich für die Aufrechterhaltung von Freiheit und Gleichheit einzusetzen. Am 26. August beschloß sie, daß alle der Eidesverpflichtung unterworfenen Geistlichen, die diesen nicht geleistet hatten, bei Vermeidung der Deportation nach Guayana das Königreich innerhalb von 2 Wochen zu verlassen hätten. Unter dem Druck der Kommune billigte die Versammlung am

28. August Haussuchungen, um unerlaubten Waffenbesitz verdächtiger Bürger aufzuspüren. Allmählich entstand der Ausnahmezustand.

## 2. Die Massaker im September

Das Blutbad vom September bildete den Höhepunkt dieser ersten Schreckenszeit. Die äußere Gefahr war noch bei weitem nicht gebannt. Am 26. August wurde in Paris die Einnahme von Longwy bekannt. Die Invasion schritt voran und belebte das revolutionäre und patriotische Fieber. Zur selben Zeit kam die Nachricht von einem versuchten Aufstand in der Vendée. Der Feind war überall.

Während die Kommune der nationalen Verteidigung einen neuen Schwung verlieh, indem sie den Schanzbau vor der Stadt vorantrieb, 30 000 Piken schmieden ließ, neue Anwerbungsaktionen in Gang setzte und die Verdächtigen entwaffnete, um die Freiwilligen mit Waffen zu versehen, dachten die Führer der Gironde, die die militärische Lage als aussichtslos beurteilten, daran, zusammen mit der Regierung Paris zu verlassen. Roland bereitete die Evakuierung in ein Gebiet südlich der Loire vor; dem widersprach Danton: »Roland, hüte dich, von Flucht zu sprechen; du solltest befürchten, daß dich das Volk hört.« Unterdessen begannen am 30. August die von der Versammlung autorisierten Hausdurchsuchungen; sie dauerten zwei Tage lang ohne jede Unterbrechung: 3000 Verdächtige wurden festgenommen und in Gefängnisse gesteckt; allerdings wurden viele Verhaftungen nicht aufrechterhalten. Am 2. September gab es in 9 Gefängnissen etwa 2800 Gefangene, von denen nur weniger als eintausend seit dem 10. August einsaßen.

Am Morgen des 2. September erhielt Paris die Nachricht von der Belagerung Verduns: Verdun war die letzte Festung zwischen Paris und der Grenze. Sofort verbreitete die Kommune eine Proklamation an die Pariser: »Zu den Waffen, Bürger, zu den Waffen; der Feind steht vor den Toren!« Auf Befehl der Kommune wurden die Alarm-Kanone abgeschossen, der Generalmarsch getrommelt und Sturm geläutet; man verriegelte die Eingangstore und rief die waffenfähigen Männer auf dem Champ-de-Mars zusammen, um Marschbataillone einzuteilen. Die Mitglieder der Kommune begaben sich zu ihren jeweiligen

Sektionen: »Sie werden ihren Mitbürgern mit aller Deutlichkeit die bevorstehenden Gefahren für das Vaterland, den vielfachen Verrat, von dem wir umgeben oder bedroht sind, den Überfall auf französisches Territorium ... vor Augen führen.«

Einmal mehr gab die Kommune ein Beispiel patriotischer Begeisterung. In dieser von Kanonendonner und Sturmglocke überhitzten Atmosphäre breitete sich die quälende Furcht vor Verrat immer weiter aus. Die Freiwilligen bereiteten sich darauf vor, kolonnenweise abzumarschieren; das Gerücht kam auf, daß sich hinter ihrem Rücken die gefangengesetzten Verdächtigen erheben würden, um in die Hände des Feindes zu arbeiten. Marat hatte den Freiwilligen bereits geraten, die Hauptstadt nicht zu verlassen, ohne die Feinde des Volkes gerichtet zu haben.

Am Nachmittag des 2. September wurden eidverweigernde Priester, die sich dem Schwur widersetzt hatten, in das Gefängnis Abbaye geführt und von ihren Wächtern, Kommunesoldaten aus Marseille und der Bretagne, getötet. Ein Trupp von Krämern, Handwerkern, Kommunesoldaten und Nationalgardisten zog zum Karmelitergefängnis, in dem noch zahlreiche widersetzliche Priester gefangen waren; sie wurden niedergemetzelt. Anschließend kamen die Gefangenen von Abbaye an die Reihe. Da griff der Überwachungsausschuß der Kommune ein; es wurden Volksgerichte eingesetzt: nach der Konzeption der Volkssouveränität gehört die Ausübung der Gerichtsbarkeit direkt zu dieser Souveränität, deren sich das Volk dann wieder unmittelbar bemächtigt, wenn es not tut. Ein Kommissar der Kommune erklärte in der Nacht vom 2. zum 3. September: »Indem das Volk seine Rache übte, hat es auch Recht gesprochen.« An den folgenden Tagen gingen die Hinrichtungen in den anderen Gefängnissen weiter: in der Force, in der Conciergerie, dann im Châtelet und in der Salpêtrière; und schließlich am 6. September in Bicêtre. Insgesamt wurden mehr als 1100 Gefangene getötet, von denen drei Viertel nach dem allgemeinen Recht inhaftiert waren.

Die Autoritäten ließen den Dingen ihren Lauf. Die Versammlung war ohnmächtig. Die in Angst und Schrecken versetzten Girondisten fühlten sich bedroht. Justizminister Danton unternahm nichts, um die Gefängnisse zu schützen: »Ich schere mich einen Dreck um die Gefangenen«, soll er laut Madame Roland gesagt haben, »mir ist egal, was aus ihnen wird!« In einem Flugblatt an die Departements rechtfertigte der Überwachungsausschuß der Kommune sein Vorgehen und forderte die gesamte

Nation auf, »diese für das Staatswohl derart notwendigen und unerläßlichen Maßnahmen« zu übernehmen, »um die innerhalb unserer Mauern versteckten Legionen von Verrätern in dem Augenblick durch Angst und Schrecken zurückzuhalten, in dem das Volk gegen den Feind marschiert«.

»Obwohl helles Entsetzen um sich griff, sah man die Morde als eine gerechte Tat an«, heißt es über das Blutbad vom September in den *Erinnerungen einer Frau aus dem Volke*. Tatsächlich muß man die September-Ereignisse in ihrem Zusammenhang mit jener Zeit und den sonstigen Umständen würdigen. Die sich vertiefende Krise der Revolution hatte gleichzeitig die neuen Eigenschaften der Nation verdeutlicht und gefestigt. Die Massaker im September und die erste Schreckenszeit weisen einen nationalen und einen sozialen Aspekt auf, die man nicht voneinander trennen kann. Die Invasion (die Preußen sind am 19. August in Frankreich einmarschiert) war ein wesentlicher Grund für die überreizte Stimmung. Diese Periode von Ende August bis Anfang September 1792 brachte zweifellos die größte Gefahr für die Revolution, sie war aber auch die Zeit, in der das Volk der ganzen Nation am stärksten die äußere Bedrohung spürte. Zu der Angst um die Nation kam aber noch die soziale Angst: Angst um die Revolution und Furcht vor der Konterrevolution. Das *aristokratische Komplott* bedrückte erneut die Gedanken der Patrioten. Der Dragoner Marquant schreibt am 12. September 1792, nach dem Verlust des Postens von La Croix-aux-Bois im Argonnerwald, in sein *Notizbuch:* »Man mußte die Feinde daran hindern, in die Hauptstadt zu kommen, wo sie unsere Gesetzgeber umbringen, Louis Capet das eiserne Zepter zurückgeben und uns wieder in Ketten legen wollten.« Im gleichen Maße, wie Angst und Haß gegenüber dem Eindringling von außen wuchsen, verstärkten sich Angst und Haß gegenüber dem Feind von innen, den Aristokraten und ihren Helfern. Diesen sozialen Haß gab es nicht nur bei der Pariser Sansculotterie. Taine, den man wohl kaum als Sympathisanten verdächtigen kann, hat ein ergreifendes Bild von dem *schrecklichen Zorn* entworfen, der unter den Massen der Landbevölkerung durch eine mögliche Wiederherstellung des Ancien Régime und des Feudalsystems entfesselt wurde:

»Es handelt sich nicht mehr darum, zwischen Ordnung und Chaos zu unterscheiden, sondern zwischen dem neuen Regime und dem alten, denn hinter den fremden Feinden erkennt man die Emigranten an der Grenze. Die Erschütterung ist schrecklich, ganz besonders in der untersten Schicht, die fast allein die ganze Last des alten Gesellschaftsgefüges getragen hat, und bei den Millionen Menschen, die mühsam von ihrer Hände Arbeit lebten..., besteuert, beraubt und übel behandelt wurden und seit Jahrhunderten von einer Generation zur anderen der Not, Unterdrückung und Verachtung ausgesetzt waren. Sie kennen aus eigener Erfahrung den Unterschied zwischen ihren vorangegangenen und ihren augenblicklichen Lebensbedingungen. Sie brauchen sich nur zu erinnern, um sich das ungeheure Ausmaß der königlichen, kirchlichen und seigneurialen Steuern vorzustellen... Ein schrecklicher Zorn breitet sich über Werkstatt und Hütte aus und wird von den nationalen Liedern begleitet, die die Verschwörung der Tyrannen aufdecken und das Volk zu den Waffen rufen.«

Zu keinem anderen Zeitpunkt der Revolution zeigte sich die enge Verbindung des nationalen Problems mit den gesellschaftlichen Verhältnissen in dieser Deutlichkeit. »Indem wir dem Vormarsch unserer Feinde Einhalt geboten haben, beendeten wir zugleich die Ausdehnung der Racheakte des Volkes; beide hörten bald danach auf«, schrieb Azéma in seinem *Bericht* vom 16. Juni 1793. Valmy[1] bedeutete das Ende der ersten Schreckenszeit. An jenem Tag wurde aber von dem Losungsruf *Es lebe die Nation!* nicht mehr die bürgerliche Nationalgarde der Föderation zusammengerufen, sondern eine Armee aus »Schneidern und Flickschustern«: denselben Männern, die die Morde verübt hatten.

Die Folgen dieser ersten Schreckenszeit und der Septembertage verstärkten noch die Wirkungen des 10. August und des Thronsturzes.

Auf dem Gebiete der Religion hatte die Versammlung schon am 10. August die Anordnung der vom königlichen Veto betroffenen Erlasse beschlossen, also auch desjenigen vom 27. Mai 1792 über die Internierung und Deportation von eidverweigernden Priestern. Am 16. August untersagte die Kommune die Prozessionen und Zeremonien außerhalb des gottesdienstlichen Rahmens. Die Versammlung ordnete am 18. August die Auflösung aller noch bestehenden Ordensgesellschaften an; sie erneuerte das bereits am 26. April ausgesprochene Verbot für alle am Gottesdienst Mitwirkenden, ihr kirchliches Gewand außer zur Aus-

---

1 Gefecht bei Valmy am 20. September 1792. Vgl. S. 235.

übung ihres Amtes zu tragen. Am 26. August gab die Versammlung den eidverweigernden Priestern bei Strafandrohung der Deportation eine Frist von 2 Wochen, Frankreich zu verlassen. Diese Maßnahmen gegen die widersetzlichen Geistlichen beraubten zahlreiche Gemeinden ihrer Priester und zogen die Verweltlichung des Personenstandswesens nach sich, das am 20. September 1792 den Gemeindebehörden übertragen wurde: diese wichtige Reform – als erster Schritt auf dem Weg zur Trennung von Kirche und Staat – war nicht von der Vorstellung weltlicher Neutralität gegenüber der Kirche bestimmt, sondern unter dem Druck der Verhältnisse und in der konkreten Auseinandersetzung zustandegekommen. Sie betraf ebenso wie die aufsässigen Geistlichen auch den konstitutionellen Klerus, dem man bald die Glocken und das Silberzeug aus den Kirchen wegnahm und anschließend die Güter des Kirchenvermögens zum Verkauf freigab. Die Ehescheidung wurde am 20. September 1792 eingeführt. Der Bruch zwischen Republikanern und dem konstitutionellen Klerus stand bevor.

Auf sozialem Gebiet wurden am 25. August die dem Wiederkaufsrecht unterliegenden Feudalabgaben entschädigungslos abgeschafft, es sei denn, daß die ursprüngliche Urkunde, die zur Erhebung berechtigte, noch vorhanden war. Am 14. August war entschieden worden, daß die Emigrantengüter, die durch den Erlaß vom 27. Juli zum Verkauf gestellt worden waren, in kleine Parzellen aufzuteilen waren; die Teilung der Gemeindeländereien wurde genehmigt. Zur Lösung der Frage des Lebensunterhaltes taxierten die örtlichen Behörden die Grundnahrungsmittel. Schließlich, am 9. und 16. September, erlaubte die Versammlung den Distriktsleitungen, die Getreidevorräte festzustellen und zur Versorgung der Märkte zu beschlagnahmen. Die vollständige Preisregulierung lehnte sie jedoch ab. Die sozialen Leistungen der Konstituante waren gleichwohl den Rückwirkungen nach dem Sieg des Volkes ausgesetzt. Nach und nach näherte man sich der staatlichen Reglementierung, die vom Volk, unterstützt von der Kommune, verlangt wurde; dieser Entwicklung gegenüber verharrten die Girondisten als Interessenvertreter der Bourgeoisie in ablehnender Feindseligkeit. Auf diese Weise trat der Konflikt zwischen der Gironde und der Bergpartei stärker hervor.

In politischer Hinsicht schien die Wiedereinsetzung der Monarchie mehr und mehr ausgeschlossen. Am 4. September brachten die Abgeordneten ihren Willen nach deren endgültiger Abschaffung durch den Konvent zum Ausdruck; die Pariser Wahlversammlung erteilte ihren gewählten Vertretern ein dahingehendes gebundenes Mandat. Unter diesen geschilderten Umständen fanden die Wahlen zum Konvent statt. Vom 2. September an traten die Wahlversammlungen zusammen. Obwohl den Passivbürgern das Stimmrecht verliehen worden war, gab es zahlreiche Wahlenthaltungen, ohne daß man daraus allerdings den Schluß ziehen konnte, daß das Motiv aller Nichtwähler auf einer feindseligen Haltung beruhte. Lediglich die Aristokraten und die Mitglieder des Klubs der Feuillants hielten sich mit Vorbedacht von der Wahl zurück. Die Abgeordneten des Konvents wurden damit von einer Minderheit gewählt, die entschlossen war, die Errungenschaften der Revolution zu verteidigen.

## II. DER STILLSTAND DER INVASION: VALMY
### (20. SEPTEMBER 1792)

Die erste Schreckenszeit war nicht nur ein plötzliches Aufbegehren des Volkes und ein Instrument der Regierung gegen die Feinde im Innern; sie war auch eine Antwort auf die von außen drohende Gefahr und trug zur Sicherung des Sieges bei. Unter dem Einfluß der Kommune und der Versammlung erfuhr die nationale Verteidigung einen starken Antrieb. Ein Gesetz vom 12. Juli 1792 hatte schon die Einberufung von 50 000 Mann zur Auffüllung der Linienarmee und von 42 neuen Freiwilligenbataillonen (33 600 Mann) festgesetzt. In Paris erschien der Aufruf über das »Vaterland in Gefahr« am 22. Juli; in einer Woche ließen sich 15 000 Pariser Freiwillige anwerben. In einigen Departements war die Begeisterung bemerkenswert. In den Departements im Osten wurden schon Ende Juli 40 000 Nationalgardisten eingezogen. Zur Förderung der Anwerbungen schickte der Bezirksrat von Puy-de-Dôme am 7. September in jeden Kreis Kommissare mit dem Auftrag, den versammelten Nationalgardisten »die qualvolle Aussicht für den Fall vor Augen zu führen, daß wir nach allen bereits geleisteten Anstrengungen gezwungen sein würden, wieder unter das Joch der Sklaverei zu fallen«; die Kommissare sollten »alle Vorteile« in Erinnerung rufen, »die uns die Revolution eingebracht hat, die Abschaffung der Zehntabgaben, der Feudalabgaben . . .« Man könnte den sozialen Inhalt dieses revolutionären Krieges nicht deutlicher hervorheben.

Im Unterschied zu 1791 enthielt das Freiwilligenaufgebot von 1792 nur wenig Angehörige der Bourgeoisie, dafür aber im wesentlichen Arbeiter, Handwerker und Gesellen.

Zur selben Zeit zeichneten sich die ökonomischen Methoden ab, die im Jahre II zur Bewaffnung und Ausrüstung der Armee wieder aufgegriffen wurden. Die Pariser Kommune beschlagnahmte Waffen und Luxuspferde, die Glocken und Silbersachen der Kirchen; sie richtete Werkstätten für die Bekleidung der Truppen ein. Der Vollzugsrat befahl am 4. September die Beschlagnahme und *taxation* von Getreide und Futtermitteln für die Armee. Das Requisitionswesen erschreckte jedoch die Bourgeoisie, die an dem Ideal der Wirtschaftsfreiheit hing: damit zeigten sich bereits die sozialen Rückwirkungen der Probleme nationaler Verteidigung, und der Verlauf des Zwiespaltes zwischen Girondisten und Montagnards wurde sichtbar.

Unterdessen wurde der preußische Vormarsch bedrohlicher. Am 2. September kapitulierte Verdun, von Konterrevolution und Verrat untergraben, nachdem die Royalisten den patriotischen Festungskommandanten Beaurepaire, Oberstleutnant des Freiwilligenbataillons aus Maine-et-Loire, ermordet hatten. Am 8. September erreichte die feindliche Armee den Argonnerwald, stieß aber überall auf die von Dumouriez befehligte französische Armee. Einem österreichischen Korps allerdings gelang es am 12. September, den Vormarsch über La Croix-aux-Bois zu erzwingen. Dumouriez zog sich nach Süden in Richtung Sainte-Menehould zurück. Die Straße nach Paris war frei. Aber am 19. September glückte Kellermann, der die Armee von Metz befehligte, die Vereinigung mit Dumouriez: von da an hatten die Franzosen die zahlenmäßige Überlegenheit (50 000 Mann gegen 34 000 Mann).

Valmy war weniger eine Schlacht als ein einfaches Kanonengefecht; die Auswirkungen aber waren weittragend. Der Herzog von Braunschweig wollte die Franzosen nach einem kunstgerechten Schlachtplan einschließen; der ungeduldige König von Preußen gab ihm den Befehl, sofort anzugreifen. Am 20. September entfaltete sich die preußische Armee nach einem heftigen Kanonenfeuer in südlicher Richtung und baute sich wie im Manöver vor den von Kellermann besetzten Höhen von Valmy auf. Der König von Preußen hatte mit einer überstürzten Flucht gerechnet; die Sansculotten hielten stand und verdoppelten ihr Feuer. Kellermann schwenkte seinen Hut an der Degenspitze und rief:

*Es lebe die Nation!* Die Truppen gaben sein revolutionäres Losungswort von Bataillon zu Bataillon weiter; unter dem Feuer der geordneten Truppen, der berühmtesten Europas, wich nicht ein Mann zurück. Die preußische Infanterie stand still, Braunschweig wagte nicht den Befehl zum Angriff. Die Kanonade dauerte noch einige Zeit an. Gegen sechs Uhr abends ging ein Platzregen nieder. Die Armeen verbrachten die Nacht in ihren Stellungen.

Die preußische Armee blieb unversehrt. Valmy bedeutete nicht einen strategischen, aber einen moralischen Sieg. Die Armee der Sansculotten hat vor der ersten Armee Europas standgehalten. Die Revolution offenbarte ihre Kraft. Gegenüber der auf passive Disziplin gedrillten Berufsarmee behauptete sich die neue, nationale, aus dem Volk gebildete Armee. Den Verbündeten ging auf, daß das revolutionäre Frankreich nicht leicht zu besiegen sein würde. Goethe war anwesend; in das Denkmal von Valmy hat man seinen von Eckermann berichteten Satz gemeißelt: »Von hier und heute geht eine neue Epoche der Weltgeschichte aus«. Nach Verhandlungen mit Dumouriez und einer vereinbarten Waffenruhe trat die preußische Armee den Rückzug an. Hierbei erschöpfte sie sich bei dem mühsamen Marsch auf dem vom andauernden Regen aufgeweichten Boden, eine Ruhrepidemie lichtete ihre Reihen, und dazu wurde sie ständig von den Bauern aus Lothringen und der Champagne gestört, die sich gegen die Invasoren und die Emigranten erhoben hatten. Dumouriez folgte langsam der preußischen Armee, ohne deren Schwierigkeiten zum Vernichtungsschlag ausnützen zu wollen. Dieser mühselige Rückzug stellte trotzdem einen Sieg der Republik dar, die gerade ausgerufen worden war. Verdun wurde am 8. Oktober befreit, Longwy am 22.

Am 20. September 1792, dem Tag von Valmy, hatte die Gesetzgebende Versammlung dem Nationalkonvent ihren Platz geräumt.

## 2. Kapitel

# Der Konvent der Gironde
# Der Niedergang der liberalen Bourgeoisie
# (September 1792 – Juni 1793)

*Der Nationalkonvent, dessen Aufgabe es war, Frankreich eine neue Verfassung zu geben, trat zum ersten Mal am Nachmittag des 20. September 1792 zusammen, zu dem Zeitpunkt also, in dem der Kampf von Valmy zu Ende ging. Nachdem er sich konstituiert und formell eingerichtet hatte, trat er am 21. in der Salle du Manège an die Stelle der Gesetzgebenden Versammlung. Er fand eine Situation voller Gefahren vor – im Inneren wie im Äußeren. Die Koalition war zurückgedrängt, aber nicht besiegt; die Konterrevolution war getroffen, aber nicht niedergeschlagen. Die liberale Bourgeoisie hatte sich seit dem 10. August in der Politik der nationalen Verteidigung und der Revolution vom Volk überholen lassen, hatte sich aber durch die Gironde in der neuen Versammlung das Übergewicht gesichert; es fragte sich, ob sie der Schwierigkeit ihrer Aufgabe gewachsen war. . . . Die Niederlage war für die Gironde verhängnisvoll. Solange die Armeen der Republik erfolgreich kämpften, hielt sie sich an der Macht; sie war verloren, als sich das Blatt wendete. Als die Gironde als eine Partei des Krieges merkte, daß sich die Volksmeinung von ihr abwandte, versuchte sie, diese durch eine Verallgemeinerung des Konflikts wiederzugewinnen: sei es aus politischen Erwägungen oder aus revolutionärem Idealismus, die Gironde wollte Frankreich zur Befreierin der unterdrückten Völker machen. Damit vereinigte sie alle Interessen des aristokratischen Europas gegen die revolutionäre Nation; doch gelang es ihr nicht, den Krieg siegreich zu beenden. Die Niederlagen im März 1793 und die daraus erwachsenen Gefahren besiegelten das Schicksal der Gironde.*

## I. DER KAMPF DER PARTEIEN UND DER PROZESS DES KÖNIGS
## (SEPTEMBER 1792 – JANUAR 1793)

Der Konvent war als neue verfassunggebende Versammlung nach allgemeinem Wahlrecht gewählt worden, repräsentierte als einziges Organ die Nation und verfügte ausschließlich über alle Macht. Der aufständische Gemeindebezirk der Pariser Kommune konnte sich gegenüber der nationalen Vertretung nur noch auflösen. Die Kommune begriff dies und mäßigte sich; sie ging so weit, sich von ihrem Überwachungsausschuß zu distanzieren. Es lag einzig und allein in der Hand der Gironde, die den Konvent beherrschte, daß der Parteienkampf beendet würde. Die Montagnards fühlten sich nicht stark genug und verstärkten in den ersten Tagen die Fühlungnahmen. Am 22. September kündigte Marat in seiner Zeitung an, daß er einen *neuen Kurs* einschlagen würde. Danton strebte eine Einigung mit Brissot an.

Der *Waffenstillstand zwischen den Parteien* war tatsächlich nur von kurzer Dauer. Doch fand er in der Einstimmigkeit anläßlich wichtiger Entscheidungen seinen Ausdruck. In seiner ersten Sitzung mißbilligte der Konvent einhellig sowohl die Diktatur als auch das Ackergesetz und beruhigte damit die Besitzenden und die Demokraten.

»Es kann nur eine Verfassung geben, und zwar diejenige, die vom Volk angenommen wurde; die Person und das Eigentum stehen unter dem Schutze der Nation.«

Der Konvent entschied sich am 21. September 1792 einstimmig für die Abschaffung des Königtums. Der Antrag dazu kam von Collot d'Herbois. Grégoire unterstützte ihn: »In der moralischen Ordnung sind die Könige dasselbe, was die Ungeheuer in der Ordnung der Natur bedeuten; die Höfe sind die Werkstatt des Verbrechens, die Brutstätte der Korruption und der Schlupfwinkel der Tyrannen; die Geschichte der Könige ist die Martyrienchronik der Völker.« Am selben Abend wurde der Beschluß in Paris bei Fackelschein verkündet. Roland schrieb in einem Rundbrief an die Verwaltungsbehörden: »Sie werden gebeten, meine Herren, die Republik auszurufen; rufen Sie zugleich die Brüderlichkeit aus, das ist dieselbe Sache.« Am folgenden Tage, dem 22. September, setzte Billaud-Varenne durch, daß man hinfort die öffentlichen Urkunden mit dem Jahr I der Republik datierte.

Weiterhin einhellig nahm der Konvent nach einer langen Debatte am 25. September den Antrag des Abgeordneten Couthon aus Puy-de-Dôme mit dem berühmten Grundsatz an: »*Die französiche Republik ist einheitlich und unteilbar*«. Damit lehnte er auch die Vorschläge für einen Bundesstaat ab, die man den Girondisten zuschrieb. Zur Vervollständigung dieses Erlasses sollte der Konvent am 16. Dezember 1792 noch die Todesstrafe für jeden einführen, der den Versuch unternähme, »die Einheit der französischen Republik zu beeinträchtigen oder ihr zugehörige Teile abzutrennen, um sie in fremde Territorien einzugliedern«.

## 1. Girondisten und Montagnards

Der Bruch des Waffenstillstandes ließ indessen nicht lange auf sich warten. Er ging von der Gironde aus, die gegenüber einer noch wenig einflußreichen Bergpartei mit der Unterstützung des Zentrums die Mehrheit auf sich vereinigte. Der Konflikt zwischen den Kämpfern des 10. August und denjenigen, die ihn nicht hatten verhindern können, sollte bis zum 2. Juni 1793 dauern, bis zum Ausschluß der Girondisten aus dem Konvent und bis zu ihrer Ächtung. Er wurde sofort mit äußerster Heftigkeit geführt. Die Gironde ging schon am 25. September 1792 durch Äußerungen von Lasource, dem Vertreter des Tarn (»Der Einfluß von Paris muß wie der eines jeden anderen Departements auf ein Dreiundachtzigstel reduziert werden«), und dann von Rebecqui, dem Vertreter aus Bouches-du-Rhône (»Die Partei..., in deren Absicht die Errichtung der Diktatur liegt, ist die Partei von Robespierre«), zum Angriff über und bemühte sich, die Führer der Bergpartei, die sie am meisten fürchtete, die Triumvirn Marat, Danton und Robespierre, zu treffen. Vergeblich sprach Danton seine Mißbilligung über Marat aus (»Klagen wir doch nicht wegen einiger übereifriger Individuen die gesamte Volksvertretung an!«), und ebenso vergebens rief er zur Einigkeit auf: »Nicht ohne Zittern werden die Österreicher von dieser heiligen Harmonie Kenntnis nehmen.« Die Gironde bestand in ihrer Rachsucht hartnäckig auf ihrer Position. An demselben 25. September 1792 griff die Gironde den Vorwurf der Diktatur gegen Marat wieder auf. Der Volksfreund nahm diesen Vorwurf an und entgegnete:

»Ich glaube, der erste politische Schriftsteller und vielleicht der einzige in Frankreich seit der Revolution zu sein, der ein Militärtribunal, einen Diktator und Triumvirate als einziges Mittel zur Vernichtung der Verräter und Verschwörer vorgeschlagen hat.«

Marat erinnerte an die »Erduldung dreier Gefängnisjahre und der Qualen zur Rettung des Vaterlandes. Dies ist also der Lohn meiner schlaflosen Nächte, meiner Arbeiten, meines Elends, meiner Leiden und der Gefahren, die ich auf mich genommen habe! Nun gut! Ich bleibe unter Euch, um Euren Wutausbrüchen zu trotzen.«

Die Debatte war rasch beendet. Die Gironde mußte dem von Couthon beantragten Beschluß über die Einheit und Unteilbarkeit der Republik zustimmen.

Obwohl Danton zur Versöhnlichkeit neigte, verhielt sich die Gironde ihm gegenüber noch hinterlistiger. Am 9. Oktober 1792 wurde er im Justizministerium gegen den vorsichtigen Garat ausgetauscht. Am 10. mußte Danton wie jeder aus dem Amt scheidende Minister Rechenschaft ablegen: wenn ihm dies auch für die außerordentlichen Ausgaben gelang, so konnte er die Verwendung von 200 000 Livres, die sein Ministerium für geheime Ausgaben erhalten hatte, nicht belegen. Am 18. Oktober versuchte es Rebecqui noch einmal. Danton geriet mit seinen Erklärungen in Verwirrung und gab schließlich zu: »Ich bekenne, daß wir für die meisten dieser Ausgaben keine ausgesprochen legalen Quittungen besitzen«. Bei einer weiteren Debatte am 7. November stürzte sich die Gironde auf ihn. Am Ende lehnte der Konvent die Entlastung Dantons ab, dessen Redlichkeit nun zweifelhaft war. Seitdem brachte die Gironde bei jeder Gelegenheit die Abrechnungsaffäre gegen Danton vor. Er selbst wurde erbittert und verlor politischen Einfluß; seine Versöhnungspolitik erwies sich als undurchführbar.

Gegen Robespierre wurde die Anklage des Ehrgeizes und der Diktatur mit unerhörter Heftigkeit vorgetragen. Am 25. Oktober 1792 rief Louvet, Vertreter des Loiret, aus:

»Robespierre, . . . ich klage Dich an, Dich ständig wie ein Objekt der Selbstvergötterung aufgeführt zu haben, ich klage Dich an, die Wahlversammlung des Departements Paris mit allen Mitteln der Intrige und der Einschüchterung tyrannisiert zu haben; ich klage Dich endlich an, ganz offensichtlich nach der höchsten Macht gestrebt zu haben . . .«

Robespierre hatte schon vorher, am 25. September, gekontert:

»Ich betrachte mich nicht als Angeklagten, sondern als den Verteidiger der Sache des ·Patriotismus ... Weit davon entfernt, selbst ehrgeizig zu sein, habe ich stets die Ehrgeizigen bekämpft.« Bei seiner Antwort an Louvet am 5. November brachte Robespierre die Debatte auf ihr eigentliches Thema: er hielt eine Verteidigungsrede für den 10. August und die revolutionäre Aktion:

»Alle diese Dinge waren ungesetzlich, ebenso ungesetzlich wie die Revolution, der Sturz des Thrones und der Sturm auf die Bastille, genauso ungesetzlich wie die Freiheit selbst. Man kann keine Revolution ohne Revolution wollen.«

Für die Gironde war dies ein neuer Mißerfolg. Robespierre ging aus der Debatte gestärkt hervor. Er erschien als der Führer der Bergpartei.

Die wesentliche Folge dieser Angriffe war die endgültige Gegnerschaft zwischen Bergpartei und Gironde. Zugleich führten sie zur Bildung einer *dritten Partei* zwischen Gironde und Bergpartei, der *Partei der Phlegmatiker,* wie sie Camille Desmoulins in der *Tribune des patriotes* nannte: »echte Spekulanten, die sich zwischen Brissot und Robespierre gestellt haben wie der Abbé d' Espagnac zwischen die Hausse und die Baisse«. Die aus ihren Departements angekommenen unabhängigen Abgeordneten waren zwar voller Voreingenommenheit gegenüber der Kommune und der Bergpartei, wurden aber beunruhigt von den ständigen Denunziationen der Gironde und deren Anschuldigungen hinsichtlich vergangener Ereignisse. Anacharsis Cloots, der lange Zeit mit den Girondisten gegangen war, trennte sich mit einem Paukenschlag von ihnen, indem er eine Flugschrift unter dem Titel *Weder Marat noch Roland* veröffentlichte, die aber ausschließlich gegen seine ehemaligen Freunde gerichtet war. Die Bildung der *Dritten Partei* war Anfang November 1792 beendet. Die Gironde konnte den Konvent, in dem sie am 16. November das Präsidium einbüßte, aus eigener Kraft nicht mehr beherrschen: an diesem Tage wurde ein Unabhängiger, der konstitutionelle Bischof Grégoire, zum Präsidenten der Versammlung gewählt.

Da der Konvent von einer Minderheit, die zur Rettung der Revolution und des Landes entschlossen war, gewählt worden war, findet man in ihm folglich keinen royalistischen Anhänger des Ancien Régime oder der konstitutionellen Monarchie. Die Sansculotten als Urheber der revolutionären Aktionen und Befürworter wirtschaftlicher und sozialer Maßnahmen, die das Leben des Volkes erleichtert hätten, waren ebensowenig im Konvent vertreten; doch waren sie tonangebend in den Pariser Sektionen, mit deren Hilfe sie 1793 die Versammlung selbst unter ihre Kontrolle brachten. Im Konvent gab es keine organisierten Parteien, sondern eher politische Richtungen mit fließenden Grenzen, die jeweils den beiden Hauptgruppen, Girondisten und Montagnards, folgten; im Grunde beruhten ihre Gegensätze auf Klasseninteressen.

Rechts stand die Gironde, die Partei der Legalität, und stemmte sich gegen die revolutionären Maßnahmen, die von der Pariser Kommune, in der Montagnards und kämpferische Sektionsmitglieder vertreten waren, initiiert waren. Sie repräsentierte die Besitz-Bourgeoisie aus Kaufleuten und Industriellen, die das Eigentum und die wirtschaftliche Freiheit gegen die von den Sansculotten geforderten Einschränkungen verteidigen wollte. In politischer Hinsicht verharrte die Gironde in ihrer Feindschaft gegen alle Ausnahmeregelungen, die die Aufrechterhaltung des öffentlichen Wohles erforderlich machte; sie hatte den Krieg vom Zaun gebrochen, doch verweigerte sie die notwendigen Mittel, um ihn zu gewinnen. Gegen die Machtkonzentration und die strenge Unterordnung der Verwaltungen berief sich die Gironde auf die Unterstützung der lokalen Behörden, in denen die gemäßigte Bourgeoisie dominierte. Auf wirtschaftlichem Gebiet setzte sich die an die Geschäfts-Bourgeoisie gebundene Gironde in ihrem Mißtrauen gegenüber dem Volk leidenschaftlich für die Wirtschaftsfreiheit, für das freie Unternehmen und den unbegrenzten Profit ein; sie war Feind der Preisregulierung, der *taxation*, der Requisition und des Zwangskurses der Assignaten, also aller Maßnahmen, die demgegenüber von den Sansculotten befürwortet wurden. Die Girondisten hatten ein ausgeprägtes Gefühl für soziale Hierarchien, die sie aufrechtzuerhalten und zu verstärken suchten; sie betrachteten das Eigentumsrecht als unantastbares natürliches Recht und förderten damit rückhaltlos die Interessen des Besitzbürgertums. Dem Volk gegenüber, das sie als unfähig zum Regieren erachteten, behielten sie eine instinktive Abwehr. Sie reservierten das Regierungsmonopol für ihre Klasse.

Auf der Linken vertrat die Bergpartei die mittlere Bourgeoisie und die Volksklassen, Handwerker, Krämer und Verbraucher, die unter dem Krieg und seinen Folgen, unter der Verteuerung des Lebens, der Arbeitslosigkeit und den unzureichenden Löhnen zu leiden hatten. Die Montagnards waren selbst aus der Bourgeoisie hervorgegangen, und sie begriffen, daß die kritische Situation Frankreichs außergewöhnliche Lösungen notwendig machte, die nur mit der Unterstützung des Volkes wirksam sein konnten. Deswegen verbündeten sie sich mit den Sansculotten, die den Thron gestürzt und sich mit Hilfe eines Aufstandes auf die Ebene politischen Handelns erhoben hatten. Wegen ihrer größeren Nähe zum Volk und seinen Bedürfnissen waren sie Realisten, die sich weniger um Theorien kümmerten und es so verstanden, die öffentlichen Interessen über die Privatinteressen zu stellen. Im Interesse des Volkes, der einzigen loyalen Stütze der Revolution, waren sie bereit, auf Beschränkungen des Privateigentums und der individuellen Freiheit zurückzugreifen. Da die Führer der Bergpartei zumeist Abgeordnete aus Paris waren, kannten sie die entscheidende Rolle, die das Volk der Hauptstadt sowohl in der ersten Revolution von 1789 als auch in der zweiten vom 10. August gespielt hatte. Sie wandten sich gegen den Anspruch der Girondisten, die in ihrer Furcht vor den revolutionären Massen Paris »auf ein Dreiundachtzigstel des Einflusses wie jedes andere Departement auch« reduzieren wollten, wie es Lasource am 25. September 1792 verlangt hatte.

Brissot schrieb im Oktober 1792 in seinem *Appell à tous les Républicains de France, sur la société des Jacobins de Paris*[1], in dem er die Jakobiner und Montagnards als »Anarchisten, die die Gesellschaft von Paris irreleiten und entehren«, bezeichnete:

»Die Zerstörer sind diejenigen, die alles gleichmachen wollen, das Eigentum, den Wohlstand, die Lebensmittelpreise und die für die Gesellschaft zu leistenden Dienste.«

Robespierre hatte bereits vorher in der ersten Nummer der *Lettres à ses commettants*[2] vom 30. September 1792 die Antwort gegeben:

»Das Königtum ist ausgerottet, Adel und Klerus sind verschwunden, die Herrschaft der Gleichheit beginnt.«

Er griff die falschen Patrioten an, »die die Republik nur für sich selbst aufbauen wollen, die nur im Interesse der Reichen und der Staatsbeamten zu regieren beabsichtigen.«

Er stellte ihnen die wahren Patrioten gegenüber, »welche die

---

1 »Aufruf an alle Republikaner in Frankreich: Über die Jakobinergesellschaft von Paris.«
2 »Briefe an seine Mandaten.«

Republik auf den Prinzipien der Gleichheit und des Allgemeininteresses zu gründen versuchen«.

Die Führer der Bergpartei, insbesondere die Jakobiner, bemühten sich, der nationalen Wirklichkeit einen positiven Inhalt zu geben, der die Volksmassen wieder zu einigen geeignet war. In dieser Hinsicht war die Entwicklung von Saint-Just bezeichnend. In seiner 1791 veröffentlichten Schrift *Esprit de la Révolution et de la Constitution de la France*[1], die sich noch kaum von dem Einfluß Montesquieu's gelöst hatte, schrieb Saint-Just:

»Wo es kein Gesetz gibt, gibt es kein Vaterland; deswegen haben die Völker, die unter dem Despotismus leben, kein Vaterland, es sei denn, sie verachten oder achten die anderen Nationen.«

Über dieses im 18. Jahrhundert alltäglich gewordene Thema von der Identität zwischen Vaterland und Freiheit hinaus setzte Saint-Just in seiner Abhandlung über den Lebensunterhalt vom 29. November 1792, die ebensowenig von großer Originalität zeugte, Vaterland und Glück gleich: »Ein Volk, das nicht glücklich ist, hat auch keinerlei Vaterland«. Er geht jedoch etwas weiter, indem er zur Gründung der Republik die Notwendigkeit unterstreicht, »das Volk von dem Zustand der Unsicherheit und der Not, von dem es korrumpiert wird, zu befreien«. Mit dem Hinweis auf »die ungeregelte Ausgabe von Wertzeichen«, das heißt, der Assignaten, so sagt er zu den Konventsmitgliedern, »könnt Ihr im gleichen Augenblick (dem französischen Volk) ein Vaterland geben«: indem den Verheerungen der Inflation Einhalt geboten, der Lebensunterhalt des Volkes gesichert und demnach »sein Glück eng mit seiner Freiheit« verbunden wird. Robespierre drückte sich bei seiner Rede am 2. Dezember 1792 über die Getreide-Unruhen in Eure-et-Loir deutlicher aus: durch die Unterordnung des Eigentumsrechts unter das Recht auf Leben legte er den theoretischen Grundstein für eine auch die Volksmassen umfassende Nation.

»Die Verfasser der Theorie haben die allernotwendigsten Lebensmittel lediglich als eine gewöhnliche Ware eingestuft, sie haben überhaupt keinen Unterschied zwischen dem Handel mit Getreide und dem mit Indigo gemacht; über den Kornhandel haben sie mehr gelehrte Werke geschrieben als über den Lebensunterhalt des Volkes . . . Sie haben die Profite der Händler oder

---

[1] »Der Geist der Revolution und der Verfassung Frankreichs.«

der Eigentümer sehr hoch eingeschätzt und dem Leben der Menschen fast keinen Wert beigemessen ... Das erste aller Rechte ist das Recht zu leben. Das erste soziale Gesetz ist daher die Garantie für alle Mitglieder der Gesellschaft, die Existenzmittel zu erhalten; alle anderen sind diesen untergeordnet.«

Während sich die Montagnards durch die Erfordernisse des Krieges und ihr Nationalgefühl mehr und mehr den Sansculotten annäherten, entfernten sich die Girondisten durch ihr Klassendenken von ihnen und waren mehr denn je in ihre Widersprüche verstrickt. Die Gironde hatte den Krieg erklärt: sie befürchtete aber, daß die zum Sieg über die Aristokratie und die Koalition unerläßliche Hinzuziehung des Volkes dazu führen könnte, daß die Vorherrschaft der Besitzenden aufs Spiel gesetzt würde. Sie war zu keiner Konzession bereit. Am 8. Dezember 1792 führte Roland den freien Getreidehandel wieder ein, nachdem Barbaroux diejenigen angeprangert hatte, »die nach frevlerischen Gesetzen gegen das Eigentum strebten«. Am 13. März 1793 betonte Vergniaud die klassenspezifischen Grundlagen der girondistischen Politik noch stärker, wobei er die Auffassungen des Volkes über Freiheit und Gleichheit verurteilte. »Für den sozialen Menschen bedeutet Gleichheit ausschließlich Gleichheit an Rechten.« Vergniaud fährt fort: »Sie bedeutet ebensowenig eine Gleichheit des Schicksals, wie sie die Gleichheit der gemeinen Steuern, der Kräfte, des Geistes, der Aktivität, der Geschicklichkeit und der Arbeit zum Inhalt hat«. Das hieß die Vormachtstellung des Eigentums und des Reichtums beibehalten. War dies eine girondistische Sehnsucht nach einer Organisation der Nation im Sinne des Klassenwahlrechts? ... Das Volk jedenfalls war mißtrauisch.

Die Rivalität zwischen Gironde und Bergpartei nahm demnach die Züge eines Klassenkonflikts an. Ohne Zweifel kamen die meisten Montagnards wie auch die Girondisten aus der Bourgeoisie. Infolge der notwendigen Maßnahmen zur Verteidigung der Nation und der Revolution wurden sie jedoch zu einer Politik gezwungen, die (auch) im Interesse der Massen lag: prinzipientreue Politik für die einen, den Umständen angepaßte Politik für die anderen. Die von der Bergpartei übernommene und legalisierte Schreckensherrschaft war nach Marx nichts anderes »als eine plebejische Manier, mit den Feinden der Bourgeoisie: dem Absolutismus und dem Feudalismus fertig zu werden«. Und aus dieser Quelle sollte die Rettung der bürgerlichen Revolution kommen; ein vielschichtiges Problem. Zuerst müßte die soziale Stellung der Bourgeoisie in der Bergpartei genauer bestimmt werden, die oft der Großbourgeoisie angehörte, für die ein Mann wie Cambon, Finanzmann des Konvents und Anhänger der Bergpartei, ein hinreichend bezeichnender Vertreter ist. Politik, die aus der Not eine Tugend macht? Es waren eher steife Bourgeois, die sich jedem Kompromiß verschlossen, für die Nation und ihre Klasse nur im Sieg eine Rettungschance sahen und die unumgänglichen Bestandteile dieser Politik in Kauf nahmen. Auch deswegen starrsinnige Bourgeois, weil sie von der Revolution, besonders vom Verkauf der Nationalgüter, profitiert hatten und weil sie wußten, daß sie bei einer offensiven Rückkehr der Aristokratie alles zu verlieren hatten; trotzdem wurden einige von ihnen schnell der Zwangs- und Schreckensmaßnahmen überdrüssig: so Danton und die *Indulgents*. Ebenso wurde dem Konvent die Politik der Verteidigung von Nation und Revolution von außen aufgezwungen: von den Jakobinern und den Sansculotten. Das unbestreitbar treibende Element dieser Koalition, auf die sich die Revolutionsregierung stützte, war die mittlere Jakobinerbourgeoisie, die Robespierre verkörperte. Sie bildete das notwendige Bindeglied zwischen den energischen Kräften des Sansculottenvolkes und derjenigen Fraktion der Bourgeoisie, die die Revolution zum Abschluß bringen wollte. Diese Lage entwickelte sich nicht ohne Widersprüche; in großem Maße spiegelt sie die endgültige Niederlage der Politik Robespierres wider. Sie rührte von der sozialen Situation dieser mittleren Jakobinerbourgeoisie her, die recht gut von dem *Tischler* Duplay, dem Hauswirt Robespierre's, symbolisiert wurde, wenn er auch ein guter Jakobiner war: zwar gehörte er seinem Herkommen nach noch der arbeitenden Klasse an, nichtsdestoweniger aber nahm er zehn bis zwölftausend Livres an Hausmieten ein. In Wirklichkeit war Duplay ein Tischlereiunternehmer mit gesichertem Wohlstand: er verkörpert die Zwiegesichtigkeit der Jakobiner.

Schließlich die Mitte des Konvents: sie bestand aus einer nicht festgelegten Menge von aufrichtigen Republikanern, die zur Verteidigung der Revolution entschlossen waren: die *Plaine*[1] oder der *Marais*[2]. Als Vertreter der Bourgeoisie und Anhänger der

---

1 Ebene
2 Sumpf

Wirtschaftsfreiheit fürchteten diese Männer im Grunde ihres Wesens die Volksklassen. Da sie aber wahre Republikaner waren, erschien es ihnen in dem Maße, in dem die Revolution in Gefahr war, unmöglich, mit dem Volk zu brechen, das den 14. Juli und den 10. August gemacht hatte; am Ende akzeptierten sie die vom Volk geforderten Maßnahmen, allerdings nur vorübergehend und bis zum Sieg. Zu Beginn neigten sie der Gironde zu: deren haßsüchtige Haltung und Unfähigkeit, die Gefahren zu bannen, führten dazu, daß sie sich wieder abwendeten. Einige schlossen sich der Bergpartei und ihrer Staatswohl-Politik an: Barère, Cambon, Carnot, Lindet. Die große Masse bildete jene *Dritte Partei,* deren Umrisse sich im November 1792 abzeichneten und die schließlich die Leitung der Bergpartei als einzigen wirksamen Garanten für die Rettung der Revolution anerkannte.

## 2. Der Prozeß Ludwigs XVI. (November 1792–Januar 1793)

Die Gegensätze im Konvent wurden noch erbitterter infolge des Prozesses Ludwigs XVI., der den Kampf zwischen Gironde und Bergpartei unversöhnlich machte.

Die Anklageerhebung gegen den König wurde lange hinausgezögert. Die Gironde zeigte keine Eile, ihr geheimer Wunsch war es, den Prozeß zu vertagen. »Wenn man ihn richtet, ist er tot«, sagte Danton. Wenn der Konvent den Tag des 10. August nicht verurteilen wollte, war er tatsächlich gezwungen, den König für schuldig zu erklären. Der Gesetzgebungsausschuß begann die Arbeit daran am 16. Oktober 1792 und prüfte lange, nach welchem Verfahren das Urteil gefällt werden sollte. Am 7. November legte Mailhe einen gründlichen Bericht vor, der zu dem Ergebnis kam, daß Ludwig XVI. vom Konvent abgeurteilt werden könnte. Über diesen Bericht wurde debattiert. Während es die Führer der Gironde vermieden, sich festzulegen, brachte Saint-Just in seiner Rede am 13. November die Diskussion auf ihren politischen Gehalt:

»Dieselben Männer, die Ludwig richten werden, haben eine Republik zu gründen: diejenigen, die der gerechten Bestrafung eines Königs irgendeine größere Bedeutung beimessen, werden niemals eine Republik gründen... Ich für meinen Teil sehe keinen Mittelweg: dieser Mann muß regieren oder sterben... Man kann nicht unschuldig regieren: der darin liegende Wahnsinn ist zu offensichtlich. Jeder König ist ein Rebell und ein Usurpator.« Ludwig XVI. sei kein gewöhnlicher Bürger, sondern ein Feind und Fremder; es sei weniger die Aufgabe des Konvents, ihn zu richten, als ihn zu bekämpfen. »Er ist der Mörder der Bastille, von Nancy, des Champ-de-Mars, von Tournay und den Tuilerien; welcher Feind, welcher Fremdling hat Euch mehr Schaden zugefügt?«

Die Entdeckung des *Eisernen Schrankes,* eines auf Befehl Ludwigs XVI. in eine Mauer des Schlosses gearbeiteten geheimen Wandfaches, und der darin aufbewahrten Schriftstücke am 20. November 1792 bewies die Geheimverhandlungen des Königs mit dem Feind: sie ließ die weitere Vertagung des Prozesses unmöglich werden. Am 3. Dezember griff Robespierre die These von Saint-Just wieder auf:

»Der König ist kein Angeklagter, Ihr seid keine Richter. Ihr habt kein Urteil für oder gegen einen Mann zu fällen, sondern eine Maßnahme zugunsten des öffentlichen Wohles zu ergreifen und eine Tat von nationaler Bestimmung auszuführen.« Die Verurteilung des Königs könne nur die entstehende Republik stärken. »Der Vorschlag, den Prozeß Ludwigs XVI. in irgendeiner beliebigen Form abzuwickeln, bedeutet einen Rückschritt zum königlichen und konstitutionellen Despotismus; er ist ein konterrevolutionärer Gedanke, weil er die Revolution selbst in den Streit zieht.«

Trotz der Machenschaften der Gironde setzte der Konvent am 6. Dezember 1792 einen Ausschuß mit dem Auftrag ein, »eine Urkunde mit der Aufzählung der Verbrechen des Louis Capet« vorzubereiten.

Der Königsprozeß begann am 11. Dezember 1792 mit der Verlesung der von Lindet vorbereiteten Anklageschrift, die in einer historischen Übersicht das doppelte Spiel Ludwigs XVI. während aller kritischen Situationen der Revolution beleuchtete. Am 26. Dezember verlas de Sèze, der Anwalt des Königs, eine elegante und ausgefeilte Verteidigung, in der er sich auf die Fortgeltung der in der Verfassung von 1791 verankerten königlichen Unverletzlichkeit berief. Die Girondisten, die den Prozeß nicht hatten verhindern können, versuchten es mit einem neuen Ablenkungsmanöver, um den König zu retten: sie verlangten eine Befragung des Volkes. Vergniaud machte geltend, daß dem König jene Unverletzlichkeit durch die Verfassung von 1791 verliehen worden war: allein das Volk könnte Ludwig XVI. diese Unverletzlichkeit auch wieder nehmen; dabei hatte er den Zensuscharakter dieser Verfassung vergessen. Robespierre erwiderte am 28. Dezember 1792: er zeigte die Gefahren auf, die sich aus der Volksbefragung und der Einberufung der Urwählerversammlungen für das Land ergeben würden; dies würde »die Republik unnötigerweise erschüttern«. Anfang Januar 1793 wiederholte Robespierre seine Argumentation in der *Lettre à ses commettants*[1] »Über die Souveränität des Volkes und das System beim Aufruf zur Urteilsfindung über Louis Capet«:

»Das Volk hat bereits zweimal sein Urteil über Ludwig gesprochen: erstens, als es zu den Waffen griff, um ihn zu entthronen, um ihn zu verjagen..., zweitens, als es Euch die heilige Pflicht auferlegte, ihn in eindrucksvoller Weise für das Wohl des Vaterlandes und als Beispiel für die Welt zu verurteilen... Den Staat während der Krise einer Regierung, die gerade entstehen soll, und beim Aufmarsch der gegen uns verbündeten Feinde diesen Gefahren auszusetzen, was heißt das anderes, als uns durch Anarchie und Zwietracht in das Königtum zurücktreiben zu wollen?«

Das Urteil über den König wurde am 14. Januar 1793 zur Beratung gestellt. An diesem Tag legte der Konvent die drei Fragen fest, auf welche die Abgeordneten zu antworten hatten:

»Ist Louis Capet der Verschwörung gegen die öffentliche Freiheit und der Anschläge auf die nationale Sicherheit schuldig? Soll der gefällte Urteilsspruch der Nation zur Abstimmung gestellt werden? Welche Strafe soll Ludwig auferlegt werden?«

Die Schuld wurde einstimmig bis auf einige Enthaltungen ausgesprochen. Die Abstimmung durch das Volk wurde mit 426 gegen 278 Stimmen abgelehnt. Die Gironde war geschlagen. Im Verlauf eines endlosen Wahlganges mit namentlicher Abstimmung, die am 16. Januar abends begann und erst 24 Stunden später beendet war, entschieden sich 387 Abgeordnete gegenüber 334 für die Todesstrafe; 26 Abgeordnete stimmten für ein Todesurteil mit Vollstreckungsaussetzung. Am 18. Januar wurde über die Frage der Aussetzung abgestimmt: sie wurde mit 380 gegen 310 Stimmen verworfen. Barère machte gegen die Girondisten geltend, daß die Aussetzung die inneren Auseinandersetzungen verlängern und die Revolution in einen geschwächten Zustand gegenüber dem äußeren Feind versetzen würde.

---

[1] »Brief an seine Mandaten«

Die Hinrichtung des Königs am 21. Januar 1793 rief im ganzen Land einen tiefen Eindruck hervor und bestürzte Europa. Sie fand am 21. Januar um 11 Uhr auf dem Platz der Revolution inmitten eines aufwendigen Schauspiels und unter großer Beteiligung des Volkes statt. Am Vortag hatte der ehemalige Leibwächter Pâris einen Volksvertreter, Lepeletier de Saint-Fargeau, ermordet: diese vereinzelte und ohnmächtige Verzweiflungstat konnte nur noch die Mehrheit des Konvents in ihrer Politik bestätigen und der Revolution den ersten »Märtyrer der Freiheit« bescheren.

Der Tod des Königs war ein schwerer Schlag für das traditionelle und gleichsam religiöse Ansehen des Königtums: Ludwig XVI. war wie ein gewöhnlicher Mensch hingerichtet worden; das war auch das Ende der Monarchie von Gottes Gnaden. Der Konvent hat die Brücken hinter sich abgebrochen. Europa entfesselte einen unerbittlichen Krieg gegen die *Königsmörder*. Der Konflikt zwischen dem revolutionären Frankreich und dem traditionellen Europa einerseits und zwischen den Girondisten, die alles zur Rettung des Königs unternommen hatten, und den Montagnards andererseits trieb seinem Höhepunkt entgegen.

Die Hinrichtung Ludwigs XVI. offenbarte die Unmöglichkeit der Politik der Ausflüchte, die von der Gironde bis dahin praktiziert worden war. Während des Prozeßablaufs hatte sie es nicht versäumt, außenpolitische Argumente ins Feld zu führen. »In unseren Debatten«, hatte Brissot erklärt, »lassen wir Europa zu sehr außer acht.« Darauf hatte Robespierre am 28. Dezember 1792 geantwortet: »Der Sieg wird darüber entscheiden, ob Ihr Rebellen oder Wohltäter der Menschheit seid.« In ihren Anstrengungen für die Rettung des Königs dachten die Girondisten an eine Begrenzung des Konflikts mit Europa. Daher neigten sie bewußt oder unbewußt zu einem Kompromiß mit der Aristokratie: eine inkonsequente Einstellung der Männer, die im November zum Propagandakrieg aufgerufen hatten. Durch den Tod des Königs blieb der Bergpartei kein anderer Ausweg für die Nation als der Sieg.

Lebas, der Abgeordnete des Pas-de-Calais, schrieb am 20. Januar 1793: »Jetzt sind wir auf dem Weg, die Brücken hinter uns sind zerstört; ob wir wollen oder nicht, wir müssen vorwärts gehen; und besonders für diesen Augenblick gilt der Satz: in Freiheit leben oder sterben.«

## II. DER KRIEG UND DIE ERSTE KOALITION
## (SEPTEMBER 1792–MÄRZ 1793)

Nach Valmy wurden die Armeen der Republik in einigen Wochen vom Sieg bis zu den Alpen und an den Rhein getragen. Damit stellte sich die Frage nach dem Schicksal der besetzten Länder: waren sie befreit worden? waren sie erobert worden? Die Logik des Krieges und die Erfordernisse der Politik ließen den Zustand der Befreiung schon bald in einen der Eroberung übergehen.

### 1. Von der Propaganda zur Annexion
### (September 1792 – Januar 1793)

Die Eroberung des linken Rheinufers, Savoyens und Nizzas stellte den Konvent vor Probleme, mit deren Lösung er einige Zeit zubrachte.

Am 29. September 1792 war die von Anselme befehligte Var-Armee in Nizza einmarschiert. Zur gleichen Zeit hatte Montesquiou unter großer Begeisterung des Volkes Savoyen befreit. »Die Landbevölkerung und die Einwohner der Städte«, so schrieb er dem Konvent am 25. September, »laufen uns entgegen; überall hat man die Trikoloren – Kokarde angesteckt.«

Am Rhein besetzte Custine am 25. September Speyer, am 5. Oktober Worms, Mainz am 21. und zwei Tage später Frankfurt. Belgien wurde zur selben Zeit erobert. Nach Valmy hatten die Österreicher am 5. Oktober die Belagerung von Lille aufheben müssen. Am 27. betrat Dumouriez mit 40 000 Mann, die die beste französische Armee aus überwiegend Linientruppen darstellten, Belgien über Valenciennes nach Mons. Am 6. November 1792 griff er vor Mons in der Umgebung des Dorfes Jemappes, das er im Sturm nahm, an: die geschlagenen Österreicher zogen sich zurück. Am 14. November verließen sie Brüssel, am 30. Antwerpen; in einem Monat waren sie bis an die Rur aus Belgien verjagt worden. Jemappes hinterließ einen tiefen Eindruck in Europa: Valmy war nur ein einfaches Scharmützel gewesen, während Jemappes die erste große Feldschlacht darstellte und von den Armeen der Republik gewonnen wurde.

Der Propagandakrieg zur Herausforderung des monarchischen Europa wurde im November eröffnet. Die Bevölkerung Nizzas,

Savoyens und des Rheinlandes verlangten ihren Anschluß an Frankreich. Der Konvent zögerte. Am 28. September 1792 hatte er von einem Brief Montesquiou's Kenntnis genommen: Savoyen wollte ein 84. Departement bilden. »Wir sollten uns vor jeder Ähnlichkeit mit den Königen hüten und Savoyen nicht an die Republik fesseln«, erklärte Camille Desmoulins. Delacroix unterbrach ihn: »Wer wird für die Kriegskosten aufkommen?«

Die Girondisten waren unter sich zerstritten. Anselme hatte in der Grafschaft Nizza Gemeindeverwaltungen eingeführt und wurde deswegen von Lasource in dessen Bericht vom 24. Oktober getadelt: »Gesetze geben, heißt erobern!« Eine mächtige Gruppe drängte jedoch zum Handeln; sie bestand aus zahlreichen ausländischen Flüchtlingen, die sich vornehmlich bei den Cordeliers aktiv einsetzten: Rheinländer, Belgier, Lütticher und Holländer, Schweizer und Genfer aus dem helvetischen Club, Savoyer aus dem Club und der Legion der Allobroges[1]. Eine gemischte Gruppe, in der sich Anacharsis Cloots, preußischer Untertan und Abgeordneter der Oise im Konvent, »der Sprecher des Menschengeschlechts«, und der Genfer Bankier Clavière hervortaten; außerdem der holländische Bankier de Kock und der belgische Bankier Proli, den man für einen unehelichen Sohn des österreichischen Kanzlers Kaunitz hielt.

Am 19. November 1792 nahm der Konvent voller Beifall diesen berühmten Beschluß an:

»Der Nationalkonvent erklärt im Namen der französischen Nation, daß er allen Völkern, die ihre Freiheit wiedererlangen wollen, Brüderlichkeit und Hilfe gewährt; er beauftragt die ausführende Gewalt, den Generalen die notwendigen Befehle zu geben, um diesen Völkern Hilfe zu leisten und die Bürger, die drangsaliert werden sollten oder um der Freiheit willen werden könnten, zu verteidigen.«

Die Versammlung neigte zur Schaffung von unabhängigen Schwester-Republiken. Brissot, zu dieser Zeit Vorsitzender des diplomatischen Ausschusses, plante am 21. November einen *Gürtel von Republiken*. Am 26. schrieb er einen Brief an den Minister Servan: »Unsere Freiheit wird keine Ruhe haben, solange noch ein Bourbone auf dem Thron sitzt. Es gibt keinen Frieden mit den Bourbonen.« Und weiter unten: »Wir können nicht

---

1 Gallischer Volksstamm in Südostfrankreich, im Gebiet von Savoyen.

ruhen, bevor Europa, und zwar das ganze Europa, in Brand steht.« Grégoire kündigte ein Europa ohne Befestigungen oder Grenzen an. Die befreite Nation setzte sich zur Beschützerin der unterdrückten Völker ein.

Der Annexionskrieg war eine natürliche Folge des Propaganda-krieges. Der Konvent rief die Völker auf, sich zu erheben, und verpflichtete sich zu ihrem Schutz. Gibt es einen besseren Schutz als die Annektierung? An dieser Stelle kamen vielfältige Überlegungen zusammen. Zuerst solche der großen Politik: Krieg und Propaganda erweckten nationale Ehrgeizgefühle. Die französischen Armeen standen an den Alpen und am Rhein: die Eroberung der natürlichen Grenzen erschien als das Ziel, das ihnen gesetzt worden war. Nach Brissot »soll die französische Republik nicht weiter gehen als bis zur Rheingrenze«. Weiter sagte Brissot am 26. November:

»Wenn wir unsere Grenze bis zum Rhein zurücknehmen, wenn die Pyrenäen nur noch freie Völker trennen, dann ist unsere Freiheit gefestigt.«

Propaganda und Annexion waren unlösbar miteinander verbunden. Genauere Überlegungen im einzelnen kamen noch hinzu. Der Krieg war teuer. Wie sollten die Truppen in den besetzten Ländern versorgt werden? Anselme in Nizza, Montesquiou in Savoyen und Dumouriez in Belgien bemühten sich, so wenig wie möglich von der Bevölkerung zu verlangen, während im Rheinland Custine seine Armee aus dem Land versorgen ließ. Bis November 1792 hielt sich der Konvent mit einer Entscheidung zurück. Am 10. Dezember formulierte Cambon, Vertreter des Departements Hérault und Mitglied des Finanzausschusses, das Problem in aller Schärfe:

»Je weiter wir in feindliches Land vordringen, desto ruinöser wird der Krieg, vor allem auch wegen unserer philosophischen und freigebigen Grundsätze ... Man erklärt pausenlos, daß wir unseren Nachbarn die Freiheit bringen. Wir bringen ihnen auch unser bares Geld und unsere Lebensmittel, aber von unseren Assignaten will man dort nichts wissen!«

Die Schwierigkeiten der Propagandapolitik und der Anstrengungen des Krieges beschleunigten die Entwicklung. Während Savoyen das Ancien Régime abschaffte und die Annektierung begehrte, zeigte die Mehrheit der Bevölkerung von Belgien und dem Rheinland eine weniger große Begeisterung. Letztlich waren die finanziellen Erwägungen ausschlaggebend.

Das auf den Antrag von Cambon hin angenommene Dekret vom 15. Dezember 1792 setzte in den besetzten Gebieten eine Revolutionsverwaltung ein. Die Güter des Klerus und der Feinde der neuen Ordnung wurden beschlagnahmt, um als Pfand für die Assignaten zu dienen; der Zehnt und die Feudalrechte wurden abgeschafft, die alten Steuern wurden durch eine revolutionäre Besteuerung der Reichen ersetzt; die neuen Verwaltungen sollten ausschließlich von denjenigen gewählt werden, die einen Eid auf die Freiheit abgelegt hatten. »Krieg den Palästen! Friede den Hütten!« Nach dem Bericht von Cambon: »Alles, was ein Privileg hat und alles, was tyrannisch ist, muß in den Ländern, die wir betreten, als Feind behandelt werden.«

Die eroberten Völker mußten also die revolutionäre Diktatur Frankreichs annehmen; die Anwendung des Dekrets vom 15. Dezember schloß die Ausübung von Gewalt ein. Diese Politik bewirkte eine schnell wachsende Abneigung, abgesehen von einer entschlossenen revolutionären Minderheit. So stieß der Konvent durch die schonungslose Konfiszierung der Kirchengüter in Belgien einen Teil der Bevölkerung vor den Kopf.

Die Annektierung wurde die einzig mögliche Politik zur Vermeidung der Konterrevolution in den besetzten Ländern. Bereits am 27. November 1792 hatte der Konvent aufgrund des Berichts von Grégoire einstimmig die Annektierung Savoyens beschlossen; nur eine Stimme fehlte: der Berichterstatter hatte sich auf die Volkssouveränität (am 22. Oktober hatte die im Chambéry tagende Nationalversammlung der Allobroges nach der Abschaffung des Anciene Régime den Willen ausgesprochen, mit Frankreich vereinigt zu werden), die Geographie und die gemeinsamen Interessen Savoyens und Frankreichs berufen. Nizza wurde durch das Dekret vom 31. Januar 1793 angeschlossen. An diesem Tag forderte Danton die Annektierung Belgiens und legte die Politik der natürlichen Grenzen mit aller Deutlichkeit klar: »Ich meine, daß man uns vergeblich befürchten lassen will, die Republik zu weit auszudehnen. Ihre Grenzen sind von der Natur vorgezeichnet. Wir werden sie in allen vier Himmelsrichtungen erreichen: am Rhein, am Meer, und an den Alpen. Dort müssen die Grenzen unserer Republik liegen.«

In Belgien wurde Stadt für Stadt und Provinz für Provinz im Laufe des März 1793 über den Zusammenschluß mit Frankreich abgestimmt. Im Rheinland billigte eine in Mainz zusammengetretene Versammlung den Anschluß, den der Konvent sofort bestätigte. Am 23. März wurde schließlich das ehemalige Bistum Basel annektiert, das zum Departement Mont-Terrible umgewandelt wurde.

In dieser Zeit bildete sich die Koalition; der Krieg breitete sich aus, und schon kündigten sich die Rückschläge an. Durch den Druck der Ereignisse verband sich das Schicksal der Gironde und ihrer Politik unlösbar mit dem der Armeen der Republik.

## 2. Die Bildung der Ersten Koalition (Februar – März 1793)

Die revolutionäre Propaganda und die französischen Eroberungen bedrohten die Interessen der monarchischen Staaten. Sie konterten mit der Formierung einer allgemeinen Koalition gegen die revolutionäre Nation.

Zuerst kam es zum Bruch mit England. Nach der Eroberung Belgiens begann die unter der Leitung von Pitt stehende englische Regierung, sich nach und nach von ihrer Neutralitätspolitik abzuwenden. Am 16. November 1792 proklamierte der französische Vollzugsrat die Öffnung der Scheldemündung, ohne sich um den Vertrag von Münster zu kümmern, nach dem sie geschlossen worden war: ein weiteres schwerwiegendes Argument für die Anhänger des Krieges in England. Das Dekret, das den aufständischen Völkern Hilfe und Beistand versprach, brachte die englischen Führer endgültig auf den Plan. Pitt verstärkte die feindlichen Maßnahmen. Bei der Nachricht von der Hinrichtung Ludwigs XVI. legte der Hof in London Trauer an; Botschafter Chauvelin erhielt den Befehl, das Land am 24. Januar 1793 zu verlassen. Am 1. Februar erklärte der Konvent aufgrund der Vorlage Brissots gleichzeitig England und Holland den Krieg. Zum großen Teil lag der Konflikt in dem Aufeinandertreffen wirtschaftlicher Interessen begründet. London und dessen Wortführer Pitt konnten es nicht hinnehmen, daß Antwerpen in den Händen der Franzosen war. Der Konvent andererseits sah in dem Krieg gegen Holland eine Möglichkeit, mit dem Zugriff auf die Bank von Amsterdam eine einträgliche Finanzoperation auszuführen. Am Ende des Ancien Régime hatte sich die Rivalität auf dem Gebiet des See- und Kolonialhandels zwischen Frankreich und England zugespitzt. In Frankreich fürchteten viele Führer aus Wirtschaft und Politik die englische Konkurrenz. Für den Überseetransport seiner Waren war Frankreich von der englischen Marine abhängig; der Handelsausschuß des Konvents stellte dies in seinem Bericht vom 2. Juli 1793 fest. Der zwischen Frankreich und England entstehende Kampf war nicht mehr ein Krieg eines Monarchen gegen den anderen, sondern aus mehreren Gründen ein Krieg zwischen Nationen um die sowohl politische als auch wirtschaftliche Vorherrschaft.

Der allgemeine Kriegszustand ließ kaum auf sich warten. Für England hatte die Hinrichtung des Königs nurmehr einen Vorwand abgegeben: sie bedeutete eine ernstere Ursache für den Krieg mit Spanien, wo das Gefühl für die Monarchie lebendig war. Nach dem 21. Januar lehnte es der Premierminister Godoy ab, den französischen Geschäftsträger Bourgoing zu empfangen; dieser verließ Madrid am 22. Februar. Am 7. März stimmte der Konvent per Akklamation für den Krieg mit Spanien. »Ein zusätzlicher Feind für Frankreich«, rief Barère aus, »ist nur ein zusätzlicher Triumph für die Freiheit.« Es folgte der Bruch mit den italienischen Herrschern: mit dem Papst, nachdem ein französischer Diplomat, Basseville, am 13. Januar bei einem vom Klerus angeheizten Aufruhr niedergemacht worden war; dann mit Neapel, der Toscana und schließlich mit Venedig. Außer mit der Schweiz und den skandinavischen Staaten befand sich Frankreich mit ganz Europa im Krieg. »Gegen alle Tyrannen Europas«, erklärte Brissot, »habt ihr jetzt sowohl auf dem Lande, als auch zur See zu kämpfen.«

Wenn der überwiegende Teil der europäischen Staaten auch mit Frankreich im Krieg lag, so waren sie doch nicht verbündet: England war es, das die Koalition bildete, indem es nacheinander alle Kriegführenden durch eine Reihe von Verträgen vom März bis September 1793 an sich band. So konstituierte sich schrittweise die erste Koalition, deren Triebkraft England war.

Die Revolution konnte nur auf sich selbst zählen. Die Gironde aber hat den Krieg nicht vorbereitet. Die Erfolge der Verbündeten besiegelten ihr Schicksal.

## III. DIE KRISE DER REVOLUTION
   (MÄRZ 1793)

Das revolutionäre Frankreich hatte den europäischen Monarchien kaum den Krieg erklärt, als es sich auch schon einer tödlichen Gefahr gegenübersah: Auslandskoalition und militärische Niederlage, aristokratische Konterrevolution und Bürgerkrieg, sowie Wirtschaftskrise und Druck der Bevölkerung überlagerten sich in ihren Auswirkungen und trieben die Krise zu ihrem Höhepunkt, wobei der Kampf zwischen Girondisten und Montagnards eine unerbittliche Härte annahm.

## 1. Teuerung und Druck des Volkes

Die ökonomische und soziale Krise bildet den ersten Aspekt dieser umfassenden Krise der Revolution, die der Republik im Frühjahr 1793 nicht erspart blieb. Sie dauerte bereits seit den Anfängen des Konvents an und war durch die absolut negative Politik der Gironde, die sich ausschließlich um die Verteidigung der Privilegien der besitzenden Klassen gekümmert hatte, verschärft worden. Die Gironde hatte darauf vertraut, mit der Ausbeutung der eroberten Gebiete die ökonomische Krise beseitigen zu können. Ihre Berechnung stellte sich als falsch heraus.

Die Finanzkrise verschlimmerte sich infolge der fortlaufenden Ausgabe neuer Assignaten, worauf die Lebenskosten rapide anstiegen. Saint-Just hatte in seiner Rede vom 29. November 1792 zur Einstellung der Ausgabe geraten und als einziges Mittel gegen die steigenden Preise eine Sanierung der Finanzen vorgeschlagen: »Da der Hauptfehler unserer Wirtschaft in der übermäßigen Ausgabe von Wertzeichen (darunter sind die Assignaten zu verstehen) liegt, müssen wir uns bemühen, diese nicht noch zu steigern, um die Wertminderung nicht weiterzutreiben. Wir müssen so wenig Geld wie irgendmöglich in Umlauf setzen; aber zu diesem Zweck müssen die Belastungen des öffentlichen Haushalts gesenkt werden, indem wir entweder unseren Gläubigern Ländereien geben oder jährliche Abschlagszahlungen auf ihre Einlagen leisten, ohne dabei Wertzeichen zu schöpfen.«

Man hörte nicht auf Saint-Just. Cambon, der den Finanzausschuß leitete, setzte die Inflationspolitik fort. Anfang Oktober 1792 kletterte die Summe der umlaufenden Assignaten auf fast 2 Milliarden; Cambon ordnete am 17. Oktober eine neue Ausgabe an, die die Gesamtsumme auf 2 Milliarden 400 Millionen brachte. Die Abwertung der Assignaten nahm ihren Fortgang; sie wurde durch die Hinrichtung des Königs und den allgemeinen Krieg unterstützt: Anfang Januar betrugen sie noch 60 bis 65% ihres Nennwertes; im Februar fielen sie auf 50%.

Folglich verschärfte sich auch die Lebensmittelkrise. Auf dem Land verdienten die Lohnempfänger durchschnittlich 20 Sous am Tag, in Paris 40. Dabei kostete ein Pfund Brot in bestimmten Gegenden bis zu 8 Sous; alle anderen Nahrungsmittel, vor allem Kolonialwaren, erfuhren ähnliche Preissteigerungen. Das Brot war nicht nur teuer, sondern auch knapp. Die Ernte von 1792 ist gut gewesen; doch kam das Getreide nicht mehr in den Marktumlauf. Saint-Just hatte in seiner Rede am 29. November den Mechanismus dieser *künstlichen* Hungersnot aufgezeigt: »Der Bauer will sich kein Papier in den Geldschrank legen und verkauft nur sehr ungern sein Korn. Bei jedem anderen Handel muß man verkaufen, um von den Gewinnen leben zu können. Demgegenüber kauft der Bauer nichts; seine Bedürfnisse haben mit dem Handel nichts zu tun. Diese Klasse war gewöhnt, alljährlich den Geldwert eines Teils ihrer Landerzeugnisse zu sparen; heute bevorzugt sie, ihr Korn aufzubewahren, statt Papier anzuhäufen.« In den großen Städten fehlte Brot, die Grundbesitzer und Pächter hatten überhaupt keine Eile, ihr Getreide auf den Markt zu bringen, um es dann in abgewertetes Papiergeld einzutauschen.

Die während des Sommers mit Hilfe der ersten Schreckenszeit eingeführte Reglementierung hätte zweifellos durch die Feststellung der Kornvorräte und Erlaubnis zu Requisitionen den Widerstand der Erzeuger brechen können. Der für diesen Bereich der Wirtschaft zuständige Innenminister Roland, ein Anhänger der vollkommenen liberalen Orthodoxie, hatte nichts zur Ausführung dieser von den Zeitumständen gebotenen Gesetzgebung getan, ganz im Gegenteil. Am 8. Dezember 1792 hob der Konvent die Reglementierung aus dem Monat September auf und verkündete von neuem »die vollständigste Freiheit« des Getreide- und Mehlhandels, wobei die Ausfuhr jedoch untersagt blieb; die Todesstrafe wurde denjenigen angedroht, die sich dem Lebensmittelumlauf widersetzten oder große Lager aufhäuften. Tatsächlich aber war das Korn aus dem Verkehr gezogen, und im Oktober 1792 war sein Preis je nach Region unterschiedlich hoch: ein Sester[1] kostete im Aube 25 Livres, in der Haute-Marne 34 und in Loir-et-Cher 47. Das Pfund Brot kostete in Paris nur 3 Sous: die Kommune hatte den Preis auf Kosten der Steuerpflichtigen diktiert; Roland hörte nicht auf, diese Ver-

---

1 Getreidemaß: ca. 1 1/2 Hektoliter.

schwendung anzuprangern. Mit der Behauptung, daß die freie
Konkurrenz ein Universalheilmittel darstellen würde, blieb die
Gironde den Leiden der Volksklassen gegenüber unempfindlich.
Die soziale Krise spitzte sich zu. Seit dem Herbst 1792 brachen
auf dem Lande und in den Städten schwere Unruhen aus. Die
Arbeiter in den Lyoner Seidenfabriken waren infolge der Ver-
kaufsschwierigkeiten bei Seidenwaren arbeitslos. Die Konventskommissare verstärkten die Gendarmerie und nahmen Verhaftungen vor. In Orleans wurden Häuser geplündert. Weitere Unruhen im Oktober in Versailles, Rambouillet und Etampes. Die
Getreide-Aufstände breiteten sich im November in der ganzen
Beauce und in den angrenzenden Departements aus. Banden von
*taxateurs* suchten die Märkte heim. Am 28. November waren
es 3000 in Vendôme, am 29. auf dem Großmarkt von Courville
in Eure-et-Loir 6000 mit Waffen. Sie trugen einen Eichenzweig
am Hut und versammelten sich auf den Ruf: »Es lebe die Nation! Das Getreide wird billiger!« Die Gironde bestand auf ihrer
Klassenpolitik, in der Beauce wurde mit aller Energie die Ordnung wiederhergestellt.

In Paris hatten Kommune und Sektionen am 29. November 1792
vergeblich die Preisfestsetzung verlangt. Diese Forderung war von
den Anführern des Volkes und den militanten Sektionsmitglie-
dern vordringlich gestellt worden. Am 1. Dezember hielt der
Abbé Jacques Roux von der Sektion Gravilliers eine aufpeitschen-
de Rede »über die Verurteilung von Ludwig-dem-Letzten,
über die Verfolgung der Spekulanten, der Kornwucherer und
Verräter«. Schon am 6. August 1792 hatte Varlet, ein recht
wohlhabender Postangestellter, in der Sektion Droits-de-l'homme den Zwangskurs für Assignaten und Maßnahmen gegen
den Kornwucher gefordert; er setzte seine Propaganda auf den
öffentlichen Plätzen von einer fahrbaren Tribüne herab fort.
Dieselben Aktionsziele wurden in Lyon von Chalier und Leclerc
und in Orleans von Taboureau verbreitet: *taxation* der Lebensmittel, Beschlagnahme des Getreides, Reglementierung des
Bäckereiwesens und Unterstützung für Bedürftige und Familien
von Freiwilligen. Die Propaganda dieser Kämpfer, der *Enragés*, fiel bei den Pariser Sektionen auf fruchtbaren Boden; zu
ihren Gunsten arbeitete auch die Verschärfung der wirtschaftlichen Krise. Am 12. Februar 1793 erschien eine Abordnung der
48 Sektionen von Paris vor den Schranken des Konvents:
»Es genügt nicht, wenn ihr erklärt habt, daß wir französische

Republikaner sind; das Volk muß auch zufrieden sein; es muß Brot geben; denn wenn kein Brot mehr da ist, gibt es auch keine Gesetze mehr, keine Freiheit und auch keine Republik.«

Die Bittsteller beschwerten sich über »die absolute Freiheit des Kornhandels« und verlangten die *taxation*. Marat selbst brandmarkte diese Petition als eine niedrige Intrige ... Am 25. Februar kam es im Stadtviertel der Lombards, dem Zentrum des Kolonialwarenhandels, zu Unruhen, die sich ausbreiteten und an den darauf folgenden Tagen fortsetzten; die Aufständischen, zunächst Frauen und später auch Männer, ließen sich mit Gewalt zu einem von ihnen festgesetzten Preis Zucker, Seife und Kerzen herausgeben. »Die Kolonialwarenhändler«, soll Jaques Roux gesagt haben, »haben dem Volk lediglich das zurückerstattet, was sie sich seit langem von diesem viel zu teuer haben bezahlen lassen.« Aber wie Marat klagte Robespierre dies als »ein gegen die Patrioten selbst geschmiedetes Komplott« an: das Volk hätte Besseres zu tun, als sich *wegen armseliger Waren* zu erheben; »das Volk soll keinen Aufstand machen, um Zucker einzusammeln, sondern um die Räuber niederzuwerfen«.

Zwar waren die Bemühungen der Enragés um die Durchsetzung der *taxation* gescheitert, doch hatten sie immerhin das Problem aufgezeigt. Die Montagnards hatten ebenso wie die Girondisten reagiert. Die immer bedrohlicher werdende politische Krise zwang aber die Bergpartei, dem Volk und seinem Programm Konzessionen zu machen, um gegen die Gironde kämpfen und das Land retten zu können. Am 26. März 1793 schrieb Jeanbon Saint-André an Barère:

»Wenn Ihr wollt, daß Euch der Arme bei der Vollendung der Revolution hilft, muß er unbedingt am Leben gehalten werden. In außergewöhnlichen Situationen darf man nur das große Gesetz des Staatswohls beachten.«

Die Teuerung beschleunigte den Zerfall der Gironde.


## 2. Die Niederlage und der Verrat von Dumouriez

Die politische Krise verschärfte sich, und der Zweikampf zwischen Gironde und Bergpartei wurde mit größerer Erbitterung wieder aufgenommen, als im März 1793 die Gefahr an den Grenzen immer deutlicher wurde.

Die republikanischen Armeen hatten zum Jahresbeginn 1793

ihre zahlenmäßige Überlegenheit gegenüber der feindlichen Streitmacht verloren. Viele Freiwillige, die infolge der Betrügereien durch die von Dumouriez gedeckten Armeelieferanten schlecht gekleidet und ernährt waren, machten von ihrem gesetzlich anerkannten Recht Gebrauch und kehrten nach einem Feldzug nach Hause zurück. Im Februar 1793 zählten die französischen Armeen nur noch 228 000 Mann gegenüber 400 000 im Dezember 1792. Eine der großen Schwächen der Armee bestand darin, daß man Linienregimenter und Freiwilligenbataillone, die sich in Organisation und Vorschriften unterschieden, unmittelbar nebeneinander einsetzte. Die Freiwilligen in blauer Uniform, die *bleuets,* wählten ihre Offiziere und erhielten einen höheren Sold; sie waren einer weniger strengen Disziplin unterworfen und verpflichteten sich nur für einen Feldzug. Die Liniensoldaten in weißer Uniform, die *culs blancs,* hatten sich auf lange Zeit verpflichtet; sie hatten einer strengen Disziplin zu gehorchen, und ihre Führer wurden von oben eingesetzt. Es kam häufig zu Streitereien, wobei die Liniensoldaten verächtlich und eifersüchtig zugleich auf die Freiwilligen sahen.

Das *Integrations*gesetz vom 21. Februar 1793 beendete die Dualität in der Armee und verband sie zu einem einzigen nationalen System. Diese Maßnahme war am 7. Februar von Dubois-Crancé in einem Bericht an den Konvent vorgeschlagen worden: Zwei Freiwilligenbataillone sollten einem Linienbataillon angeschlossen werden und damit eine Halbbrigade bilden. Die Freiwilligen sollten den Linientruppen ihren Elan und ihren Bürgersinn vermitteln, und diese sollten umgekehrt jene Erfahrung, Kriegshandwerk und Disziplin lehren. Die Soldaten sollten ihre Offiziere wählen, wobei nur ein Drittel der oberen Dienstgrade nach Dienstalter befördert werden sollte. Am 12. Februar unterstützte Saint-Just nachdrücklich den Plan von Dubois-Crancé:

»Keineswegs nur wegen der Zahl oder der Disziplin der Soldaten könnt ihr auf den Sieg hoffen: ihr werdet ihn nur aufgrund der Fortschritte erringen, die der republikanische Geist in der Armee machen wird.«

Und weiter:

»Die Einheit der Republik erfordert die Einheit der Armee, das Vaterland hat nur ein Herz.«

Das Integrationsgesetz wurde gegen den Widerstand der Girondisten verabschiedet. Die dringenden militärischen Erfordernisse zögerten seine Ausführung bis zum Winter 1793/1794 hinaus, jedoch waren Uniformen, Besoldung und Vorschriften seit dem Sommer 1793 vereinheitlicht: die Liniensoldaten wurden den Freiwilligen gleichgestellt.

Die am 24. Februar 1793 beschlossene Aushebung von 300 000 Mann löste die Krise der Effektivbestände. Der Konvent hatte vergeblich versucht, die Freiwilligen mit einem Appell an ihren Patriotismus im Feld zu halten: »Bürger Soldaten, das Gesetz erlaubt euch zurückzukehren, der Ruf des Vaterlandes verbietet es euch.« Im Namen des Allgemeinen Verteidigungsausschusses legte Dubois-Crancé am 25. Januar 1793 einen ausführlichen Bericht vor; die Diskussion darüber führte zu einem Grundsatzbeschluß vom 21. Februar, der durch eine Verordnung vom 24. vervollständigt und präzisiert wurde: der Konvent ordnete eine Aushebung von 300 000 Mann an, die auf die Departements zu verteilen war. Im Prinzip wurde die Freiwilligkeit der Verpflichtungen aufrechterhalten; falls dies nicht ausreichend sein sollte, »werden die Bürger angehalten, das Soll unverzüglich aufzufüllen, und zu diesem Zweck werden sie mit Stimmenmehrheit die Maßnahmen beschließen und anwenden, die sie für die geeignetsten halten« (Artikel 11).

Während die Aushebungen von 1791 und 1792 noch unter großer Begeisterung stattgefunden hatten, sah sich die von 1793 den größten Schwierigkeiten gegenüber. Die Verantwortung dafür fällt zum Teil auf die Weigerung des Konvents zurück, die Art und Weise der Sollauffüllung genauer zu umschreiben: dadurch, daß er dies den örtlichen Gewalten anheimstellte, lieferte er die Rekrutierung dem Spiel persönlicher Rivalitäten aus. Um die Nachteile des Losverfahrens oder der Mehrheitsabstimmungen zu vermeiden, beschloß das Departement Hérault am 19. April 1793, die Erfassung unmittelbar und persönlich vorzunehmen: ein von den Konventskommissaren auf Vorschlag der örtlichen Gremien ernannter Ausschuß sollte »diejenigen Bürger (benennen), die als beste Patrioten bekannt waren und als fähigste Männer aufgrund ihres Mutes, ihres Charakters und ihrer körperlichen Kräfte anerkannt wurden, mit großem Nutzen der Republik zu dienen«. Zur selben Zeit wurde von den Reichen eine Zwangsanleihe von 5 Millionen erhoben, um den Sold zu bezahlen, die Ausrüstungskosten zu decken und die »Klasse der Armen« zu unterstützen. Diese Art der Soldatenaushebung hatte den großen Vorteil, daß das Verfahren in die Hände der revolutionären Gewalten gelegt wurde; dieses wurde allgemein übernommen. Die am 24. Februar 1793 verordnete Aushebung erbrachte indessen kaum mehr als die Hälfte der vorgesehenen Mannschaftsstärke: allein ein Massenaufgebot und die allgemeine Dienstverpflichtung konnten das Problem der Effektivbestände lösen. Solche Maßnahmen waren aber erst nach erneuten Rückschlägen durchführbar.

Mit der Offensive in Holland begann der Feldzug von 1793. Trotz der offensichtlichen Unterlegenheit der französischen Armeen war der von Dumouriez überschwenglich gelobte Offensivplan angenommen worden. Von Antwerpen aus drang Dumouriez am 16. Februar 1793 mit 20 000 Mann in Holland ein und besetzte Breda am 25. Februar. Am 1. März jedoch überfiel die Armee des österreichischen Generalissimus Coburg die in ihren Standquartieren an der Rur verstreut liegende belgische Armee, womit die Katastrophe begann. Am 2. März wurde Aachen und dann Lüttich in einem überstürzten Durcheinander geräumt. In Paris lösten diese Niederlagen ein wahres patriotisches Fieber aus, und sie hatten die ersten öffentlichen Wohlfahrtsmaßnahmen zur Folge. Am 9. März wurden die Druckereien der girondistischen Zeitungen *Die Chronik von Paris* und *Der französische Patriot* verwüstet; am folgenden Tag scheiterte der Versuch eines Volksaufstandes, weil die Unterstützung der Kommune und der Jakobiner ausblieb. Doch wurde an diesem 10. März ein Revolutionstribunal eingesetzt, das die Handlanger des Feindes aburteilen sollte. »Ich kenne nur den Feind, schlagen wir also den Feind«, hatte Danton erklärt.

Kurz danach ging Belgien verloren. Dumouriez hatte sich gegen seinen Willen nach Süden zurückziehen müssen; denn er glaubte, durch eine Fortsetzung seines Marsches auf Rotterdam Belgien am besten verteidigen zu können. Er stellte die Truppen seiner geschlagenen Stellvertreter Miranda und Valence neu zusammen, konnte sich am 16. März eine Zeit lang in Tirlemont behaupten, wurde aber am 18. März in Neerwinden aufgerieben und ein weiteres Mal am 21. bei Löwen geschlagen. Darauf nahm Dumouriez mit seinem Bezwinger Coburg Verbindung auf; sein Plan ging dahin, den Konvent aufzulösen und mit der Verfassung von 1791 die Monarchie mit Ludwig XVII. wieder einzusetzen. Dumouriez verpflichtete sich, Belgien vollständig zu räumen. Der Konvent hatte vier Kommissare und den Kriegsminister Beurnonville mit dem Auftrag zu ihm geschickt, ihn abzusetzen; er ließ sie verhaften und lieferte sie am 1. April den Österreichern aus. Schließlich versuchte Dumouriez, seine Armee auf Paris marschieren zu lassen. Seine Soldaten weigerten sich, ihm zu folgen: am 5. April 1793 flüchtete Dumouriez in Begleitung weniger Männer, darunter dem Herzog von Chartres, der Sohn von Philippe-Egalité und spätere Louis-Philippe, mit verhängten Zügeln unter dem Feuer der Freiwilligen des von Davout geführten 3. Bataillons aus Yonne hinter die österreichischen Linien.

Der Verlust Belgiens hatte den Verlust des linken Rheinufers zur Folge. Als Braunschweig die Nachricht von Neerwinden erhielt, überschritt er am 25. März 1793 den Rhein und drängte die Armee von Custine in südlicher Richtung ab. Worms und Speyer wurden eingenommen. Custine zog sich bis nach Landau zurück, während die Preußen mit der Belagerung von Mainz begannen.

In dem Augenblick, als die Aushebung der 300 000 Mann in der Vendée zum Aufruhr führte, gelang es der Koalition, den Krieg auf nationalen Boden vorzutragen. Die Koalitionsmächte traten Anfang April in Antwerpen zu einer Konferenz zusammen und verbargen nun nicht mehr ihre Kriegsziele: Sie wollten die Konterrevolution in Gang setzen und beanspruchten Gebietsentschädigungen. Die Niederlage verschärfte die politischen Kämpfe. Die Gironde beschuldigte Danton der Komplizenschaft mit Dumouriez. Danton, der Anfang März nach Belgien entsandt worden war und die ersten Niederlagen mit angesehen hatte, unterstützte lange Zeit Dumouriez und bemühte sich noch am 10. März, den Konvent seinetwegen zu beruhigen; am Vorabend seines Verrates, am 26. März, hatte sich Dumouriez in Tournai noch mit drei mehr als verdächtigen Jakobinern und Freunden von Danton, Dubuisson, Pereira und Proli, getroffen. Danton besaß die Kühnheit, am 1. April 1793 unter dem Beifall der Bergpartei den Spieß gegen die Gironde umzudrehen und diese anzuklagen. Der Verrat von Dumouriez beschleunigte den Untergang der Gironde.

### 3. Die Vendée

Die Aushebung der 300 000 Mann führte unterdessen zu zahlreichen Unruhen. Am 9. März mußte der Konvent 82 Vertreter in die Departements mit dem Auftrag entsenden, die Durchführung zu überwachen. Die schwersten Unruhen ereigneten sich in den westlichen Departements. In Ille-et-Vilaine kam es zu zahlreichen Ansammlungen mit den Rufen: »Es lebe der König Ludwig XVII., es leben die Adligen und die Priester!« Im Morbihan fielen zwei Bezirkshauptstädte, La Roche-Bernard und Rochefort, in die Hände der Aufständischen, Vannes wurde eingeschlossen. Am 23. März schrieben die Konventsbeauftragten aus Rennes, unter ihnen Billaud-Varenne, an den Konvent: »Die weiße Flagge besudelt noch immer den Boden der Freiheit, die weiße Kokarde wird angesteckt . . . Die treibenden Kräfte dieser Verschwörung sind Priester und Emigranten.« Dieser Aufstand in der Bretagne wurde im Keim erstickt.

In der Vendée, in Maine-et-Loire, an den Grenzen von Anjou und Poitou und im Land der Mauges, wo seit langem die Priester und Adligen am Werk waren, stellte die Aushebung der 300 000 Mann zwar nicht die tiefere Ursache für die Erhebung dar, war aber zumindest der Anlaß. Am 2. März 1793, Markttag in Cholet, demonstrierten die Bauern gegen die Aushebung; die Fortsetzung wurde für den folgenden Tag anberaumt; am 3. brachen Jugendliche einen Straßenkampf vom Zaun. Die Szenen von Cholet wiederholten sich fast allenthalben. Am Sonntag, dem 10. März, dem für die Auslosung festgesetzten Tag, läutete es in Saint-Florent-le-Vieil Sturm; die Bauern bewaffneten sich mit Gabeln, Sicheln und Dreschflegeln und vertrieben die Nationalgardisten. Der Vendée-Aufstand hatte begonnen.

Die Erhebung in der Vendée bildete die gefährlichste Manifestation des Widerstandes gegen die Revolution und der Unzufriedenheit der bäuerlichen Massen. Die Armut und oft auch das Elend, mit denen sie zu kämpfen hatten, machten sie empfänglich für die Verlockungen der Reaktion und willig, sich gegen die Stadtbourgeois aufzulehnen, die in diesem Gebiet des Pachtlandes oft Generalpächter, Kornhändler oder Käufer von Nationalgütern waren. Eine Religionskrise erschütterte die westlichen Departements, in denen der Glaube noch stark war; ein Ergebnis des Missionarordens der Mulotins mit Sitz in Saint-Laurant-sur-Sèvre im Herzen des Bocage, der seit dem Ende des 17. Jhdts. hier die Katechismuslehre verbreitete. Die sehr zahlreichen eidverweigernden Priester nützten die religiösen Gefühle der Bauern aus und hetzten sie gegen die Revolution auf. Seit sich der Krieg allgemein ausgeweitet hatte, kam auch die royalistische Partei wieder zum Vorschein. Die Bauern der Vendée hatten allerdings weder die Adelsrevolte vom August 1791 unterstützt, noch hatten sie sich 1792 gerührt, um ihre *guten Priester* vor der Deportation zu retten.

Die Aushebung der 300 000 konnte bei den Bauern nur ein sehr schlechtes Echo finden; sie wurden dadurch zu sehr an die Bürgermiliz und an die Pflicht erinnert, als Ersatz zur Auffüllung der Linienarmee aufgrund von Losentscheidungen herzuhalten: d. h. an die Institution des Ancien Régime, das auf dem Land am meisten verhaßt war. Das Gesetz begünstigte eine willkürliche Anwendung: indem es den Betroffenen die Entscheidung darüber überließ, wer von ihnen zu gehen hatte, lieferte es die Rekrutierung der leidenschaftlichen Behandlung durch die lokalen Bevölkerungen aus. Mit den Rufen »Frieden! Frieden! Keine Auslosung!« erhoben sich die Bauern am 10. März 1793 und den folgenden Tagen von der Küste bis nach Bressuire und Cholet: das zeitliche Zusammentreffen der Erhebungen läßt die Vermutung zu, daß sie aufeinander abgestimmt waren. Obgleich die Bauern von eidverweigernden Priestern aufgewiegelt worden waren, waren sie weder Royalisten noch Anhänger des Ancien Régime; aber sie weigerten sich, fern von ihren Dörfern in den Kampf zu gehen. Die zunächst überraschten Adligen zögerten aber dann nicht lange, die Erhebung für ihre eigenen Ziele nutzbar zu machen.

Gleich zu Beginn fielen mehrere Bezirkshauptstädte in die Hände der Aufständischen, vor allem Cholet. In Machecoul, der alten Hauptstadt des Retz-Landes, wurden die republikanischen Bürger gefoltert und ermordet. Der Krieg in der Vendée wurde alsbald unversöhnlich geführt und nahm fürchterliche Ausmaße an. Der Aufstand wurde durch den äußeren Zustand des Landes und die bewaldeten Landstriche im Bocage begünstigt: von Hekken begrenzte Hohlwege verdeckten die Sicht und boten sich zu einem Hinterhalt an, die Siedlungen lagen weit verstreut und die kleinen Pachtgüter isoliert, Straßen und größere Ortschaften gab es kaum, und schließlich gab es keine Truppen; anfangs hatte der Konvent lediglich Nationalgardisten zur Unterwerfung entsandt. Die ersten Anführer kamen aus dem Volke: der Fuhrmann Cathelineau, der Jagdhüter Stofflet in Mauges, im bretonischen Marais der ehemalige Steuereinnehmer Souchu und der Perückenmacher Gaston. Die Adligen erschienen nicht vor Anfang April: Charette im Marais, Bonchamp und d'Elbée in

Vauges, Sapinaud im Bocage und in Poitou La Rochejaquelein, alle ehemalige Offiziere. Ein eidverweigernder Priester, der Abbé Bernier, hatte einen Sitz im Rat der *Königlich Katholischen Armee*. Aber den Bauern widerstrebte es, sich von ihren Gemeinden zu entfernen und die Höfe ihrem Schicksal zu überlassen. Daher konnte die Führung keine großen Operationen in Angriff nehmen, sondern mußte sich auf kleine Handstreichaktionen beschränken. Sowie die *Blauen* angekündigt wurden, machten sich die Bauern auf den Weg und liefen sofort nach dem Kampf wieder auseinander. Nichtsdestoweniger buchten die Vendée-Aufrührer bedeutende Erfolge. Nach der Einnahme von Bressuire, Cholet und Parthenay besetzten sie am 5. Mai 1793 Thouars und am 9. Juni Saumur; der Angriff auf Nantes am 29. Juni schlug allerdings fehl. Die Küste blieb aufgrund des erfolgreichen Widerstandes der Bourgeoisie in den Hafenstädten verschont. Sables-d'Olonne schlug zwei Angriffe am 23. und 29. März zurück. Die Vendée konnte keine Verbindung mit England aufnehmen. Am 19. März hatte der Konvent einstimmig beschlossen, die Rebellen, die mit der Waffe in der Hand aufgegriffen wurden, mit dem Tode zu bestrafen und ihr Hab und Gut einzuziehen. Erst im Mai entschloß sich der Vollzugsrat, reguläre, von den Grenzen abgezogene Truppen gegen den Vendée-Aufstand einzusetzen; zwei Armeen wurden aufgeboten, die von Côtes-de-Brest unter Canclaux und die von Côte-de-la-Rochelle unter Biron. Die republikanischen Generale wurden dennoch geschlagen, Westermann am 5. Juli, Santerre am 13. Die Vendée blieb bis zum 13. Oktober 1793 unbesiegt.

Die Folgen waren nicht wieder gut zu machen. Der Bürgerkrieg versetzte die Republikaner in helle Aufregung und drängte sie näher an die Montagnards, die als einzige Befürworter einer Politik des Staatswohls (salut public) nun als die Partei erschien, die sich zur Verteidigung der Revolution aufschwang. Um aber die Konterrevolution zu besiegen und die Koalition zu schlagen, brauchte die Bergpartei die Unterstützung des Volkes. Sie mußte den Volksmassen Zugeständnisse machen: am 10. März waren das Revolutionstribunal und am 20. die Überwachungsausschüsse eingesetzt worden; der Zwangskurs für die Assignaten wurde am 11. April angeordnet, und am 4. Mai wurde das Maximum für Getreide festgesetzt. Dies alles waren außerordentliche Maßnahmen, die der Gironde gewaltsam abgetrotzt werden mußten. Der Vendée-Aufstand, der die Krise der Revolution auf ihren

Höhepunkt trieb, beschleunigte seinerseits den Fall der Gironde.

In einem Brief an Barère schrieb Jeanbon Saint-André, der Abgeordnete des Lot, am 26. März 1793:

»Der Staat ist dem Untergang nahe, und wir können fast sicher sein, daß ihn nur die eiligsten und gewaltigsten Heilmittel retten können ... Die Erfahrung lehrt jetzt, daß die Revolution keineswegs vollendet ist, und dem Konvent muß ganz offen gesagt werden: Ihr seid eine revolutionäre Versammlung ... Wir sind auf das engste mit dem Schicksal der Revolution verbunden ... und wir müssen das Staatsschiff in den Hafen steuern oder mit ihm untergehen.«


## IV. DAS ENDE DER GIRONDE (MÄRZ–JUNI 1793)

Angesichts der doppelten Gefahr – von innen und von außen – setzte die Volksbewegung die ersten öffentlichen Wohlfahrtsmaßnahmen durch. Während sich die Unfähigkeit der Gironde, die Gefahren abzuwenden, bestätigte, übernahmen die Montagnards in der Entschlossenheit, die Revolution zu retten, nach und nach das Programm, das die plebejischen Sprecher entwickelt hatten. So zeichneten sich seit dem Frühjahr 1793 gegen den Widerstand der Gironde die Umrisse der Revolutionsregierung ab, und *der Despotismus der Freiheit* wurde erkennbar.


### 1. Die ersten Wohlfahrtsmaßnahmen

Die rasch wechselnde Entwicklung der Krise übertrug sich auf den Druck der Massen und die revolutionären Maßnahmen.

Das Revolutionstribunal wurde am 10. März 1793 gebildet. Die Niederlagen in Belgien hatten in Paris dasselbe patriotische Fieber und dasselbe Aufbegehren des Volkes bewirkt wie der preußische Vormarsch im August 1792. Mehrere Sektionen verlangten die Errichtung eines Sondergerichtshofes zur Aburteilung der Agenten des Feindes im Inneren. Danton, der noch von der Erinnerung an September geplagt wurde, nahm den Vorschlag am 9. März auf:

»Laßt uns aus den Fehlern unserer Vorgänger lernen; wir müssen das tun, was die Gesetzgebende Versammlung nicht getan hat: wir müssen schrecklich sein, um dem Volke zu ersparen, es zu sein.«

Der Konvent beschloß am 10. März gegen die Gironde, die von Diktatur schrie, die Einsetzung eines Sondergerichts ohne jede Berufungs- oder Revisionsmögichkeit, »das jedes konterrevolutionäre Unternehmen, jeden Angriff gegen Freiheit, Gleichheit und Einheit, gegen die Unteilbarkeit der Republik und die innere und äußere Staatssicherheit, sowie alle Verschwörungen zur Wiederaufrichtung des Königtums aburteilen wird«. Der Konvent behielt sich die Ernennung der Richter und Geschworenen und vor allem die Anklageerhebung vor.

Die revolutionären Überwachungsausschüsse wurden durch die Verordnung vom 21. März 1793, nach der Niederlage von Neerwinden, ins Leben gerufen. Der Konvent übernahm damit allgemein eine aus den Pariser Sektionen stammende Einrichtung des Volkes. In jeder Gemeinde bzw. jeder Sektion in den größeren Städten wurde diesen Ausschüssen die Überwachung der Fremden übertragen. Sehr rasch weiteten sie ihre Kompetenzen aus, indem sie Bürgerausweise ausgaben, Militärpapiere kontrollierten und Personen verhafteten, die ohne Trikoloren-Kokarde angetroffen wurden. Bald wurden sie ermächtigt, Listen von Verdächtigen aufzustellen und diese verhaften zu lassen. Da diese Revolutionsausschüsse aus überzeugten und zuverlässigen Patrioten, die grundsätzlich aus der Sansculotterie kamen, bestanden, bildeten sie eine Kampforganisation gegen die Girondisten, die Gemäßigten und die Aristokraten; sie waren eine der zentralen Stützen des »Wohlfahrts«regimes.

Die Emigrantengesetze wurden am 28. März 1793 kodifiziert und verschärft. Als Emigranten waren Franzosen anzusehen, die das nationale Territorium nach dem 1. Juli 1789 verlassen und bis zum 9. Mai 1792 nicht wieder betreten hatten, sowie alle diejenigen, die keinen ununterbrochenen Aufenthalt in Frankreich seit dem letztgenannten Datum nachweisen konnten. Die Emigranten wurden auf Lebenszeit von französischem Boden verbannt, für »bürgerlich tot« erklärt, und ihr Vermögen wurde zugunsten der Republik eingezogen; die Zuwiderhandlung gegen den Verbannungsausspruch wurde mit dem Tode bestraft.

Der Wohlfahrtsausschuß wurde am 5. und 6. April 1793 geschaffen. Er ersetzte den am 1. Januar gegründeten Allgemeinen Verteidigungsausschuß, dessen Arbeit sich als ineffektiv erwiesen hatte. Er setzte sich aus neun, im Konvent gewählten Mitgliedern zusammen, die jeden Monat auszuwechseln waren; die Beratungen waren geheim; er hatte die Aufgabe, die dem provisorischen Vollzugsrat übertragene Verwaltungstätigkeit zu überwachen und zu beschleunigen: in dringenden Fällen war er befugt, Maßnahmen der allgemeinen Verteidigung zu ergreifen; seine Beschlüsse wurden *unverzüglich* vom Vollzugsrat ausgeführt. Wieder einmal redeten die Girondisten lauthals etwas von Diktatur. Marat entgegnete:

»Die Freiheit muß mit Gewalt eingeführt werden, und der Augenblick ist gekommen, vorübergehend den Despotismus der Freiheit zu errichten, um den Despotismus der Könige zu zerschlagen.«

Danton wurde Mitglied des neuen Ausschusses; an seiner Seite fanden sich Männer wie Barère und Cambon, die der Bergpartei angehörten.

Die zu den Armeen zu entsendenden Volksvertreter wurden am 9. April 1793 eingesetzt. Schon am 9. März hatte der Konvent 82 Abgeordnete in die Departements entsandt, um die Aushebung der 300 000 Mann zu organisieren. Aufgrund der Verordnung vom 9. April wurden 3 Volksvertreter zu jeder der 11 Armeen der Republik geschickt. Sie waren mit unbeschränkten Befugnissen ausgerüstet und hatten den Auftrag, »die Tätigkeiten der Bevollmächtigten des Vollzugsrats, aller für die Armeen beschäftigten Lieferanten und Unternehmer, sowie das Verhalten der Generale, Offiziere und Soldaten auf das genaueste zu überwachen.«

Der Konvent war mit dieser Organisation nicht zufrieden; am 30. April nahm er die Verordnung vom 9. April zurück und beschloß einen neuen Wortlaut, nach dem die Befugnisse der den Armeen beigeordneten Volksvertreter noch vermehrt wurden, ihnen aber die Verpflichtung auferlegt wurde, sich bei der Durchführung ihrer Vorhaben untereinander abzustimmen. Sie erhielten das Recht, Generale verhaften zu lassen. Täglich hatten sie einen Tätigkeitsbericht an den Wohlfahrtsausschuß zu richten, dem Konvent mußte jede Woche ein Bericht vorgelegt werden: Die Versammlung behielt die Führung und Kontrolle über alle Armeen.

Wirtschaftliche und soziale Maßnahmen im Interesse der Volksmassen folgten den politischen Entscheidungen, als sich im April und Mai der Kampf zwischen Gironde und Bergpartei zuspitzte. Der Zwangskurs für Assignaten wurde am 11. April 1793 ange-

ordnet: die Praxis der doppelten Preisfestsetzung und der Bargeldverkehr wurden untersagt, die Zurückweisung von Assignaten wurde unter Strafe gestellt. Die Preisregulierung wurde noch immer hartnäckig gefordert: am 18. April von verschiedenen Gremien des Departements Paris, am 30. von den Sektionen der Vorstadt Saint-Antoine. Der Konvent gab am 4. Mai nach und legte einen Höchstpreis für Getreide und Mehl für die einzelnen Departements fest: jede Bezirksverwaltung sollte zum Zwecke der Versorgung der Märkte, außerhalb derer jeder Handel verboten war, Zählungen und Bedarfserhebungen vornehmen. Am 20. Mai 1793 schließlich beschloß der Konvent eine bei den Wohlhabenden zu erhebende Zwangsanleihe über 1 Milliarde. Um im Volke wieder Einigkeit herzustellen, akzeptierte der Konvent den Umständen angepaßte Maßnahmen, die einen klassenspezifischen Charakter aufwiesen. Im Jakobinerklub hatte Robespierre am 8. Mai 1793 einen Aufruf an das »allmächtige Volk der Sansculotten« gegen die *culottes dorées* (Goldhosen) gerichtet:
»Ihr seid aufgerufen, die Freiheit zu retten, verkündet die Rechte der Freiheit und entfaltet all eure Energie. Hinter euch steht ein allmächtiges Volk von Sansculotten; sie alle sind rein und voller Kraft, aber sie können ihre Arbeit nicht im Stich lassen; sorgt also dafür, daß die Reichen für sie bezahlen.«

## 2. Die Ereignisse vom 31. Mai bis 2. Juni 1793

Der Zweikampf zwischen Gironde und Bergpartei war nun tatsächlich in seine letzte Phase eingetreten: die Bergpartei brauchte die Unterstützung der Volksmassen. Die parlamentarische Stellung der Gironde war noch immer stark; die Regierung befand sich aber zweifellos nicht mehr in ihren Händen. Roland trat am 22. Januar 1793 zurück und wurde durch den vorsichtigen Garat im Innenministerium ersetzt; auch Gohier im Justizministerium vermied es, sich zu kompromittieren; im Kriegsministerium nahm indessen der Oberst Bouchotte, ein echter Sansculotten-Minister, am 4. April den Platz von Beurnonville ein; als Nachfolger von Monge wurde am 10. April Dalbarade, ein Freund von Danton, zum Marineminister ernannt; die einzigen girondistischen Minister blieben Lebrun im Außen- und Clavière im Finanzministerium. Im Konvent hatte das Zentrum allen von der Bergpartei beantragten Wohlfahrtsmaßnahmen zugestimmt; sie weigerte sich jedoch aus Mißtrauen gegenüber der Kommune von Paris, der Bergpartei im Kampf gegen die Gironde zu folgen, und behauptete, über den Parteien zu stehen.

Am 3. April 1793 gab Robespierre das Zeichen zum Angriff:

»Ich erkläre, daß die erste öffentliche Wohlfahrtsmaßnahme darin besteht, alle diejenigen anzuklagen, die der Komplizenschaft mit Dumouriez beschuldigt werden, namentlich Brissot.«

Am 10. April richtete er eine weitere Anklage gegen die konterrevolutionäre Politik der Führer der Gironde und ihre sträfliche Nachsicht mit Dumouriez. Vergniaud entgegnete ihm, wobei er sich nicht scheute, seine Partei als die der Gemäßigten herauszustellen.

»Ja, wir sind Gemäßigte... Seit der Abschaffung des Königtums habe ich oft von Revolution reden hören. Ich habe mir gesagt, daß nur zwei Formen möglich sind: einerseits die Aufhebung des Eigentums bzw. das Ackergesetz oder diejenige, die uns wieder zum Despotismus führen muß. Ich habe den festen Entschluß gefaßt, beide Möglichkeiten zu bekämpfen... Man hat versucht, die Revolution durch eine Schreckensherrschaft zu vollenden, ich hätte es vorgezogen, sie durch die Liebe zuende zu führen... Unsere Mäßigung hat die Republik vor der schrecklichen Geißel des Bürgerkrieges bewahrt...«

Am 5. April 1793 richteten die Jakobiner unter dem Vorsitz von Marat ein Rundschreiben an die Brudergesellschaften, in denen diese aufgefordert wurden, die Abberufung und Absetzung der *Appellanten,* d. h. der Konventsmitglieder, die für den Aufruf an das Volk zur Rettung des Königs gestimmt hatten, zu verlangen. Auf Antrag Guadets beschloß der Konvent am 8. April nach einer heftigen Debatte mit 226 gegen 93 Stimmen bei 47 Enthaltungen, Marat wegen der Unterzeichnung des Rundschreibens vom 5. in seiner Eigenschaft als Klubvorsitzender anzuklagen. Vor dem Revolutionstribunal bezeichnete sich Marat als »der Apostel und Märtyrer der Freiheit«: am 24. April erreichte er einen triumphalen Freispruch. Schon am 15. April hatten 35 von den 48 Pariser Sektionen dem Konvent eine drohende Petition gegen die 22 bekanntesten girondistischen Abgeordneten gerichtet.

Die Gironde unternahm große Anstrengungen, um ihren Einfluß auf die öffentliche Meinung wiederzugewinnen; dazu lenkte sie die Auseinandersetzung auf soziale Fragen. Ende April 1793 verbreitete Pétion seinen *Brief an die Pariser,* in dem er alle Besitzenden zum Kampf aufforderte:

»Euer Eigentum ist bedroht, und ihr schließt die Augen vor dieser Gefahr. Man schürt den Krieg zwischen denen, die haben, und denen, die nicht haben, und ihr tut nichts dagegen. Leute von Paris, erwacht endlich aus eurer Lethargie und schickt diese giftigen Insekten in ihre Schlupflöcher zurück!«

Zur selben Zeit verlas Robespierre im Konvent einen Entwurf der Erklärung der Rechte, der das Eigentum dem sozialen Nutzen unterordnete:

»Ihr habt die Vorschriften erweitert, um die größtmögliche Freiheit bei der Ausübung des Eigentumsrechts zu gewährleisten, und ihr habt kein einziges Wort gesagt, um seine gesetzlichen Grenzen zu bestimmen; wie eure Menschenrechtserklärung aussieht, ist sie nicht für die Menschen gemacht, sondern für die Reichen, Wucherer, Spekulanten und für die Tyrannen.«

Demgemäß schlug Robespierre vor, das Eigentum als »das Recht, das jeder Bürger zum Genuß und zur Verfügung über den ihm vom Gesetz garantierten Güteranteil besitzt«, zu bestimmen. Das Eigentum, das in der Erklärung von 1789 als natürliches Grundrecht ausgewiesen war, wurde zu einer gesellschaftlichen Einrichtung. Doch darf man nicht die faktische Bedeutung dieser Stellungnahme Robespierres verkennen: zur Niederwerfung der Gironde mußten die Sansculotten durch die Hoffnung auf eine soziale Demokratie für den Sieg interessiert werden.

In den Departements spielte die Gironde unterdessen das Spiel der Appellanten und der Konterrevolution, sie unterstützte dabei eine *Bewegung der Sektionen,* in deren Führung sich zahlreiche Royalisten fanden. Wenn sich die Sektionen von Bordeaux, die von der Handels-Bourgeoisie beherrscht wurden, am 9. Mai 1793 nicht enthalten konnten, eine drohende Denkschrift gegen die *Anarchisten* in der Bergpartei zu verfassen, so lag dies an der Nähe zur Vendée. Ebenso verhielt es sich in Nantes. In Marseille hatten die Girondisten die Macht in den Sektionen; in Zusammenarbeit mit den Aristokraten hatten sie am 29. April die Konventskommissare hinausgeworfen; die Sektionen bildeten einen allgemeinen Ausschuß, der mit der Verfolgung von Sansculotten und Jakobinern begann. In Lyon arbeitete die Konterrevolution in aller Offenheit. Nachdem die Gemäßigten und Royalisten in den Sektionen die Mehrheit errungen hatten, stürzten sie am 29. Mai den von der Bergpartei gestellten Magistrat; der Bürgermeister Chalier wurde gefangengesetzt; am 17. Juli 1793 sollte er als dritter *Märtyrer der Freiheit* hingerichtet werden. Überall behinderte der girondistische Widerstand die Tätigkeit der in die Departements entsandten Konventskommissare. Die lokalen partikularistischen Bestrebungen richteten sich gegen die Zentralregierung, föderalistische Tendenzen traten deutlich zutage. Die Gironde machte sich oft auch aktiv daran mitschuldig, daß die Klasseninteressen die Oberhand über die Erfordernisse der nationalen Verteidigung gewannen; die monarchistisch gebliebene Bourgeoisie und Anhänger des Ancien Régime lähmten die Verteidigung der Revolution.

In der Absicht, endgültig über die Bergpartei zu triumphieren, nahm die Gironde den Kampf gegen deren Hochburg, die Kommune von Paris, auf. Als Antwort auf die *Geschichte der Brissotins, oder Fragment der geheimen Geschichte der Revolution,* die Camille Desmoulins am 17. Mai im Jakobinerklub veröffentlicht hatte, klagte Guadet am folgenden Tage im Konvent die Behörden von Paris an und bezeichnete sie als »Behörden der Anarchie, die zugleich nach Geld und nach Herrschaft begierig sind«: er beantragte ihre sofortige Amtsenthebung. Darauf wurde eine Untersuchungskommission aus 12 Mitgliedern eingesetzt, die nur aus Girondisten bestand. Die Zwölfer-Kommission ordnete am 24. Mai die Verhaftung Héberts an, Grund war die 239. Nummer des *Père Duchesne:* »Der *Père Duchesne* wendet sich an alle Sansculotten in den Departements mit dieser großen Anklage, sie betrifft die Verschwörungen der Brissotins, Girondisten, Rolandins, Buzotins, der Pétionisten und der ganzen verrückten Sippschaft der Komplizen von Capet und Dumouriez, die sich zusammengetan haben, um den tapferen Montagnards, den Jakobinern und der Kommune von Paris den Garaus zu machen, und das Ziel verfolgen, der Freiheit den Gnadenstoß zu geben und das Königtum wieder einzusetzen.« Mit Varlet und Dobsen, dem Vorsitzenden der Sektion Cité, wurden weitere Kämpfer aus dem Volk verhaftet. Diese Unterdrückungsmaßnahmen entfesselten die Schlußkrise.

Am 25. Mai forderte die Kommune die Freilassung von Hébert, einem ihrer Stellvertreter. Der Konventspräsident Isnard brachte eine Schmährede gegen Paris heraus, die unangenehm an das Manifest von Braunschweig erinnerte:

»Sollte die nationale Vertretung durch diese immer wieder auftretenden Erhebungen in Mitleidenschaft gezogen werden, erkläre ich hiermit im Namen von ganz Frankreich, daß Paris dem Erdboden gleichgemacht wird, so daß man bald die Seine-Ufer danach absuchen wird, ob es Paris einmal gegeben hat.«

Am folgenden Tag rief Robespierre vom Jakobinerklub aus das Volk zum Aufstand auf:

»Wenn das Volk unterdrückt ist, wenn ihm nichts anderes als es selbst bleibt, dann wäre derjenige ein Feigling, der ihm nicht sagte, endlich sich zu erheben. Wenn alle Gesetze mißachtet werden, wenn der Despotismus seinen Höhepunkt erreicht hat, wenn man die Gutgläubigkeit und die Zurückhaltung mit Füßen tritt, dann muß sich das Volk erheben. Dieser Augenblick ist gekommen.«

Die Jakobiner erklärten sich zu Aufständischen.

Am 28. Mai berief die Sektion Cité die anderen Sektionen zu einer Sitzung am folgenden Tage in den Bischofspalast ein, damit der Aufstand organisiert werden konnte. Die Abgeordneten von 33 Sektionen wählten am 29. Mai neun Mitglieder in ein Aufstands-Komitee; unter ihnen befanden sich Varlet, von dem offenbar die Initiative ausging, und Dobsen; beide waren am Vortage auf Befehl des Konvents freigelassen worden; in dieser Konventssitzung waren Bergpartei und Zentrum unter sich. Am 30. Mai schloß sich das Departement (Paris) der Bewegung an.

Der Aufstand fand am 31. Mai 1793 nach den am 10. August angewandten Methoden unter der Leitung des Komitees im Bischofspalast statt. Es wird Sturm geläutet, der Generalmarsch wird geschlagen, und die Alarmkanone donnert. Gegen 5 Uhr abends erscheinen die von den Sektionen und der Kommune abgesandten Beschwerdeführer vor den Schranken des Konvents, während die Masse der Manifestanten die Umgebung fest abriegelt. Ein umfassendes Programm für die Verteidigung der Revolution und für soziale Maßnahmen wird vorgelegt: Ausschluß der Gironde-Führer, Absetzung der Zwölfer-Kommission, Verhaftung der Verdächtigen, Säuberung der Verwaltungen, Schaffung einer revolutionären Armee, Gewährung des Wahlrechts nur den Sansculotten, Festsetzung des Brotpreises auf 3 Sous für 1 Pfund durch eine Besteuerung der Reichen, öffentliche Unterstützungsleistungen für alte und kranke Menschen, sowie für die Eltern der Vaterlandsverteidiger. Trotz des energischen Einschreitens von Robespierre, der sich gegen Vergniaud wandte (»Ja, ich werde diese Sache zu Ende führen, und notfalls auch gegen euch!«), beschloß der Konvent lediglich die Absetzung der Zwölfer-Kommission. Der Aufstand war fehlgeschlagen.

»Das Vaterland ist nicht gerettet«, erklärte Billaud-Varenne am Abend im Jakobinerklub, »es müßten außerordentliche Wohlfahrtsmaßnahmen getroffen werden; heute hätte man der Reaktion den entscheidenden Schlag versetzen müssen.«

Am 2. Juni, einem Sonntag, lebte die Bewegung wieder auf. Das aufständische Komitee ließ den Konvent von 80 000 Nationalgardisten unter dem Befehl von Hanriot umstellen, »damit die Anführer der Reaktion sofort bei Tageslicht verhaftet werden können, falls der Konvent sich weigern sollte, die Forderungen der Bürger von Paris als berechtigt anzuerkennen«. Eine Abordnung verlangte die sofortige Festnahme der Führer der Gironde. Nach einer wirren Diskussion kam der Konvent geschlossen hinter seinem Präsidenten Hérault de Séchelles heraus und versuchte, die Absperrung zu durchbrechen. Hanriot gab das Kommando: »Kanoniere an die Waffen!« Ohnmächtig kehrte der Konvent in den Sitzungssaal zurück und unterwarf sich: er beschloß die Verhaftung von 29 girondistischen Abgeordneten und von den Ministern Clavière und Lebrun. Der Zweikampf zwischen Gironde und Bergpartei, der seit der Legislative andauerte, war beendet.

Dies war der Untergang der Gironde. Sie hatte den Krieg erklärt, doch sie hatte es nicht verstanden, ihn zu führen; sie hatte den König abgesetzt, aber vor seiner Verurteilung war sie zurückgeschreckt; sie hatte die Unterstützung des Volkes gegen die Monarchie in Anspruch genommen, sich aber geweigert, mit ihm gemeinsam zu regieren; sie hatte zur Verschärfung der ökonomischen Krise beigetragen, doch alle Forderungen des Volkes hatte sie zurückgewiesen. Mit der Bergpartei, für die die Wohlfahrt des Staates oberstes Gesetz war, gelangte die Sansculotterie an die Macht. In diesem Sinne weisen die Tage vom 31. Mai zum 2. Juni nicht nur einen einfachen politischen Aspekt auf: sie kennzeichnen ebenso eine nationale Gegenbewegung wie einen neuen revolutionären Aufschwung und eine abwehrende und strafende Reaktion auf einen neuerlichen Vorstoß des aristokratischen Komplotts. Diese Tage erhielten vor allem durch die Entwicklung der *Bewegung der Sektionen* in den Departements ihre Bedeutung: unter der Maske der girondistischen Opposition ging die aristokratische Konterrevolution wieder zum Angriff über.

Jaurès hat in seiner *Histoire Socialiste* den Klassenkampfcharakter der Tage vom 31. Mai bis zum 2. Juni verneint: gewiß gehören Girondisten und Montagnards, betrachtet man nur ihren politischen und parlamentarischen Standort, beide der Bourgeoisie an (wobei die feineren Unterschiede aber noch herauszuarbeiten wären); doch erhalten diese Tage ihre soziale Bedeutung durch die Ausschaltung der Großbourgeoisie und durch das politische Auftreten der Sansculotterie: mit Recht hat Georges Lefebvre von der *Revolution des 31. Mai und 2. Juni 1793* sprechen können.

## 3. Kapitel

# Der Konvent der Bergpartei
# Volksbewegung
# und Wohlfahrtsdiktatur
# (Juni–Dezember 1793)

*Kaum war die Gironde ausgeschaltet, sah sich der nun von den Montagnards geführte Konvent zwischen zwei Feuern. Während die Konterrevolution von der Revolte der Föderalisten neuen Auftrieb erhielt, verstärkte sich der Druck der Volksbewegung, als die Teuerung die Massen empörte. Die gesamte Regierung erwies sich indessen als unfähig, dieser Situation Herr zu werden; Danton im Wohlfahrtsausschuß verhandelte statt zu kämpfen. Im Juli 1793 stand die Nation kurz vor dem Zerfall. Doch während die Bergpartei als Gefangene ihrer eigenen Widersprüche zögerte, erzwangen die von Not und Haß vorangetriebenen Volksmassen die großen Wohlfahrtsmaßnahmen; die erste war das Massenaufgebot am 23. August 1793. Eine Revolutionsregierung erschien jetzt noch notwendiger, um den Ansturm des Volkes in geordnete Bahnen zu lenken und das Bündnis mit der Bourgeoisie aufrechtzuerhalten, die allein die erforderlichen Kader stellen konnte. Gestützt auf diese doppelte soziale Basis: die Sansculotterie und die Montagnards- bzw. Jakobiner-Bourgeoisie bildete sich die Revolutionsregierung Schritt für Schritt von Juli bis Dezember 1793: ihre scharfsichtigsten Führer wollten die revolutionäre Einheit des früheren Dritten Standes, das heißt die nationale Einheit, um jeden Preis bewahren. Aber stand es überhaupt in ihrer Macht, die dieser Koalition innewohnenden Widersprüche zu überwinden? Zwar wurden diese vorübergehend durch die nationale Gefahr zum Schweigen gebracht, doch war vorauszusehen, daß sie wieder zutage treten würden, sobald sich der Sieg abzeichnete.*

# I. MONTAGNARDS, GEMÄSSIGTE UND SANSCULOTTEN (JUNI–JULI 1793)

Die Bergpartei hatte über die Gironde mit Hilfe der Pariser Sansculotten triumphiert, wollte jedoch deren Druck nicht nachgeben. In den Wochen, die auf die Ereignisse des 2. Juni folgten, stellte sich ihr das Problem, die Volksbewegung zu bremsen, ohne dabei eine der Gironde günstige Reaktion auszulösen. In ihrem Bestreben, den Teil der Bourgeoisie, der während der Auseinandersetzung mit den Girondisten neutral geblieben war, wieder an sich zu binden, mußte die Bergpartei Besitzende und Gemäßigte schonen. Es kam ihnen keineswegs in den Sinn, das gesamte politische und soziale Programm zu verwirklichen, das die Volkskämpfer des aufständischen Ausschusses vom 31. Mai aufgestellt hatten: Verhaftung der Girondisten, aber auch Ausschluß aller *Appellanten* aus dem Konvent; Aufbau einer besoldeten Revolutionsarmee mit der Aufgabe, Verdächtige zu verhaften und die Ernährung von Paris sicherzustellen; Durchsetzung der Getreidehöchstpreise und Erweiterung der Taxierung auf alle notwendigen Lebensmittel; Säuberung von Armee und Verwaltung, insbesondere durch Absetzung der Adligen ... Die Bergpartei bemühte sich, die Bourgeoisie zu beruhigen, indem sie einerseits den Terror einschränken und das Eigentum schützen und andererseits die Volksbewegung in engen Grenzen in Gang halten wollte: ein schwierig herzustellendes Gleichgewicht, das im Juli durch die Verschärfung der Krise zerstört wurde.

## 1. Die Vermittlungsversuche der Montagnards

Während des ganzen Monats Juni wartete die Bergpartei ab. Wenn Robespierre auch am 8. Juni 1793 durch den Konvent die Abschaffung der Überwachungsausschüsse, die Barère und Danton zwei Tage zuvor vorgeschlagen hatten, ablehnen ließ (»Man muß einfach wissen, daß man unter dem Vorwand der Freiheit die Freiheit selbst vernichten kann«, hatte Jeanbon Saint-André in der Diskussion ausgerufen), so war doch noch keine positive Maßnahme beschlossen: die Revolutionsarmee wurde nicht organisiert, die Diskussion über die Zwangsanleihe blieb ergebnislos, der Bericht von Saint-Just am 8. Juli über die festgesetzten oder flüchtigen girondistischen Abgeordneten war ausgesprochen gemäßigt. »Die Freiheit wird nicht diejenigen mit Schrecken bedrohen, die sie entwaffnet hat, oder die sich den Gesetzen unterworfen haben.« Es ging darum, die Departements wiederzugewinnen, indem man sie beruhigte und ihre Furcht vor einer Diktatur der Pariser Sansculotten zerstreute.

Auf sozialem Gebiet sollten drei Gesetze den Forderungen der Bauern Rechnung tragen. Das Gesetz vom 3. Juni 1793 über den Verkauf von Emigrantengütern bestimmte, diese Ländereien in kleine Parzellen aufzuteilen, die den armen Bauern zum Erwerb freistanden, wobei ihnen eine Frist von 10 Jahren für die Schuldentilgung gewährt wurde. Das Gesetz vom 10. Juni über die Aufteilung der Gemeindegüter gestattete eine rechtlich beliebige Vergabe; sie sollte zu gleichen Teilen pro Kopf der Wohnbevölkerung vorgenommen werden, wobei der konkrete Anteil jedes einzelnen auszulosen war. Das Gesetz vom 17. Juli über das Feudalsystem verwirklichte dessen vollständige Ausmerzung, indem alle Feudalrechte entschädigungslos aufgehoben wurden, selbst dann, wenn sie sich auf ursprüngliche Besitzurkunden gründeten; diese in den Rathauskanzleien niedergelegten Urkunden sollten verbrannt werden. Der Sturz der Gironde bedeutete für die Bauern die endgültige Befreiung des Bodens.

Auf politischem Gebiet wollte sich der Konvent durch die schnelle Verabschiedung einer Verfassung von dem Vorwurf der Diktatur reinwaschen und die Departements besänftigen. Am 24. Juni wurde die Verfassung – bezeichnet als die Verfassung von 1793 – aufgrund des Berichtes von Hérault de Séchelles nach einer raschen Diskussion verabschiedet. Sie umriß die wesentlichen Grundzüge einer Regierungsform der politischen Demokratie.

Die an den Anfang gestellte Erklärung der Rechte geht über die von 1789 hinaus und verkündet in Artikel 1: »Das Ziel der Gesellschaft ist das allgemeine Glück.« Sie bekräftigt das Recht auf Arbeit, auf Unterstützung und auf Ausbildung:

»Die öffentliche Hilfe ist eine heilige Pflicht. Die Gesellschaft schuldet unglücklichen Bürgern Unterstützung, sei es durch Arbeitsbeschaffung, sei es durch Unterhaltssicherung für diejenigen, die nicht arbeiten können.« (Artikel 21)

»Die Ausbildung ist das natürliche Bedürfnis aller. Die Gesellschaft hat mit aller Kraft den Fortschritt der allgemeinen Vernunft voranzutreiben und die Ausbildung allen Bürgern zugänglich zu machen.« (Artikel 22)

Schließlich anerkennt die Deklaration von 1793 nicht nur wie die von 1789 das Widerstandsrecht gegen Unterdrückung (Artikel 33), sondern auch das Recht zum Aufstand:

»Verletzt die Regierung die Rechte des Volkes, ist der Aufstand für das Volk und für jede Gruppe des Volkes die heiligste und unerläßlichste Verpflichtung.« (Artikel 35)

Von einer Änderung der Definition des Eigentums, wie sie Robespierre am 24. April 1793 vorgeschlagen hatte, war allerdings nicht die Rede:

»Das Eigentumsrecht steht jedem Bürger zu. Es bedeutet, daß jeder seine Güter und seine Einkünfte, den Ertrag seiner Arbeit und seines Fleißes nach freiem Belieben besitzen und darüber verfügen darf.« (Artikel 16)

Die Wirtschaftsfreiheit, die in der Deklaration von 1789 mit keinem Wort erwähnt war, wurde in Artikel 17 ausdrücklich zugesichert: »Keine Art der Arbeit, der Bodennutzung oder des Handels darf dem Gewerbefleiß der Bürger vorenthalten werden.« Die Montagnards lehnten es ab, sich auf den Weg der sozialen Demokratie einzulassen.

Das Verfassungswerk hatte vor allem das Ziel, die Vorherrschaft der Nationalvertretung als der wichtigsten Grundlage der politischen Demokratie zu sichern. Das zweistufige Wahlverfahren, das der girondistische Plan von Condorcet vorsah, wurde verworfen. Die unmittelbare Wahl durch das Volk gewährleistet das Übergewicht der Legislative über die Exekutive, der Volksvertretung über die Verwaltung. Die Mitglieder der Gesetzgebenden Versammlung werden in allgemeiner und direkter Einzelwahl mit absoluter Mehrheit für ein Jahr gewählt. Der Vollzugsrat mit 24 Mitgliedern wird von der Gesetzgebenden Versammlung aus den 83 von den Departements nach allgemeiner Wahl bestimmten Kandidaten gewählt; damit sind die Minister der nationalen Vertretung untergeordnet. Die Durchführung des Prinzips der Volkssouveränität wurde noch durch die Einrichtung eines *Referendums* erweitert, das schon im Plan von Condorcet enthalten war: die Verfassung sollte ebenso vom Volk bestätigt werden wie unter bestimmten, genau bezeichneten Voraussetzungen die Gesetze.

Die der Bestätigung des Volkes unterworfene Verfassung von 1793, die für die Republikaner der ersten Hälfte des 19. Jahrhunderts zum Symbol für politische Demokratie werden sollte, wurde mit über 1 800 000 gegen etwa 17 000 Stimmen angenommen. Mehr als 100 000 Wähler nahmen die Verfassung nur mit gemäßigten Änderungsvorschlägen an. Das Ergebnis des Plebiszits wurde am 10. August 1793, dem Jahrestag des Sturzes der Monarchie und dem Tag der Einheit und Unteilbarkeit der Republik, verkündet. Doch wurde das Inkrafttreten der Verfassung, deren Urtext in die *Bundeslade* eingeschlossen und im Sitzungssaal des Konvents aufbewahrt wurde, auf die Friedenszeit verschoben.

## 2. Der Angriff der Konterrevolution

Die gemäßigte und vermittelnde Politik des Montagnards-Konvents hatte die Ausweitung des Bürgerkrieges nicht verhindern können. Die Girondisten erhoben sich in den Departements, in denen sie die Macht hatten, gegen den Konvent: die föderalistische Revolte breitete sich aus, während der Vendée-Aufstand heftiger wurde und alle Grenzen unter dem Ansturm der Koalition wankten.

Die föderalistische Revolte löste die *Bewegung der Sektionen* vom Mai ab. Die Nachricht von der Pariser Erhebung und vom Ausschluß der Girondisten beschleunigte und erweiterte die Aufstände in Lyon und Bordeaux. Die unter Haftbefehl stehenden Girondistenführer, denen die Flucht gelungen war, und diejenigen der 75 Abgeordneten der Rechten und Unterzeichner des Protests gegen den 2. Juni, die sich mit ihnen zusammentaten, wiegelten die Departements auf. Die Departements-Regierungen in der Bretagne, der Normandie, im Südwesten, im Süden und in der Franche-Comté beschlossen die Sezession. Die nun zu Föderalisten gewordenen Führer der *sektionären Bewegung* setzten Ausschüsse und Sondergerichte für die Aburteilung der Patrioten ein, schlossen die politischen Clubs und versuchten, Truppen auszuheben. Caen wurde das Zentrum des girondistischen Westens; Bordeaux, Nîmes, Marseille und Toulon fielen in die Hände der Aufrührer, die bereits Lyon besetzt hielten, wo Chalier am 17. Juli hingerichtet wurde. Ende Juni befanden sich etwa 60 Departements im offenen Aufruhr gegen den Konvent. Zudem stand zwischen der Normandie und der Bretagne im Norden und dem Südwesten noch die königstreue Vendée.

Toulouse schließlich weigerte sich, Bordeaux zu folgen, was die Verbindung von Aquitanien und Nieder-Languedoc verhinderte. Zwischen dem provençalischen Süden und Lyon wurde das von dem Jakobiner Joseph Payan beeinflußte Departement Drôme zu einer patriotischen Bastion. Die Grenzdepartements hielten noch zum Konvent.

Der soziale Gehalt des *Föderalismus* war stärker ausgeprägt als seine politische Zielsetzung. Zum Teil erklärt sich dies zweifellos durch das Fortbestehen regionaler Partikularismen, mehr aber noch durch die Solidarität der Klasseninteressen. Schon am 15. Mai 1793 schrieb Chasset, Abgeordneter der Rhône-et-Loire: »Es geht um das Leben, dann erst um das Vermögen«; nach dem 2. Juni kam er in das aufständische Lyon und setzte sich an die Spitze der Bewegung; er wurde für vogelfrei erklärt, emigrierte und kehrte erst im Jahre IV zurück. Die Erhebung war im wesentlichen das Werk der Bourgeoisie, der um ihr Eigentum besorgten Beherrscherin der Departements-Verwaltungen; sie wurde von allen Anhängern des Ancien Régime unterstützt. Die überwiegend aus dem Volk rekrutierten Stadt- und Gemeindeverwaltungen waren ihr feindlich gesinnt. Die Arbeiter und Handwerker weigerten sich, für die Reichen zu kämpfen. Die von den aufständischen Departements angeordneten Aushebungen stießen im Volk auf Gleichgültigkeit oder Feindschaft. Außerdem kam es unter den Anführern des Aufstandes bald zu internen Auseinandersetzungen. Die aufrichtigen Republikaner konnten sich nicht dazu entschließen, den Royalisten zu folgen. Sie befürchteten die ausländische Invasion und waren über den Vendée-Aufstand beunruhigt; sie zögerten, das Spiel der Reaktion mitzuspielen. Die Royalisten hingegen übernahmen sehr bald die Führung der Bewegung im Südosten, vor allem in Lyon, wo es Précy gelang, den König von Sardinien zu einem Ablenkungsangriff auf die Alpen zu bewegen.

Der Konvent organisierte energisch den Abwehrkampf, der vorwiegend gegen die Anführer gerichtet war und die Mitläufer verschonte. Die schwerste Bedrohung kam aus der Normandie, weil in Paris keine Truppen zum Schutz bereitstanden. Am 13. Juli 1793 ergriffen jedoch die girondistischen Einheiten in Pacy-sur-Eure angesichts einiger tausend in den Pariser Sektionen ausgehobener Männer die Flucht; die Befehlshaber Buzot, Pétion und Barbaroux verließen Caen und dann die Bretagne, um nach Bordeaux zu fliehen. Robert Lindet wurde in die Normandie geschickt und brachte das Land schnell zur Ruhe, wobei er die Repressalien auf ein Minimum beschränkte. Während sich die hochburgundischen Departements kampflos ergaben, leistete Bordeaux noch lange Widerstand: die Stadt wurde erst am 18. September zurückerobert. Im Südosten befürchtete man eine zeitlang die Vereinigung der Rebellen von Marseille und Nîmes mit Lyon. Da aber die Drôme der Bergpartei ergeben blieb, wurde das in die Hände von Nîmes gefallene Pont-Saint-Esprit wiedererobert. Die Marseiller, die die Durance überschritten und Avignon eingenommen hatten, wurden zurückgeworfen. Die Truppen des Generals Carteaux marschierten am 27. Juli in Avignon und am 25. August in Marseille ein. Am 29. aber öffneten die Royalisten den Engländern die Tore von Toulon und lieferten ihnen damit die Mittelmeerflotte aus. Lyon blieb hartnäckig im Aufstand. Um das Stadtgebiet zurückzugewinnen, mußte man sich zu regelrechten Belagerungen entschließen: Lyon fiel am 9. Oktober, Toulon hielt sich bis zum 19. Dezember 1793; die Vergeltungsmaßnahmen waren schrecklich. Ohne Zweifel war die Gefahr bereits gegen Ende August gebannt; doch hatte die Republik im Juli kurz vor der Auflösung gestanden.

Die föderalistische Revolte hatte dieselben Folgen wie der Aufstand in der Vendée: die Entwicklung zur Stärkung der Zentralgewalt wurde gefördert; die Kontrolle über solche Bürger, die einer feindseligen Haltung oder der Lauheit gegenüber der Revolution verdächtigt wurden, wuchs. Manche Girondisten hatten nicht gezögert, sich den Royalisten anzuschließen, die ihrerseits mit dem auswärtigen Feind verbündet waren. Da sie sich auf die besitzenden Klassen gestützt hatten, wurden nun auch diese verdächtigt. Mehr denn je identifizierten sich die Bergpartei und die Sansculotten mit der Republik.

Der Aufstand in der Vendée machte indessen neue Fortschritte. Die Rebellen, die seit dem 9. Juni 1793 Saumur besetzt hielten, schlugen die republikanischen Truppen am 18. Juli in Vihiers (Maine-et-Loire) vernichtend; nach der Einnahme von Les-Ponts-de-Cé am 27. bedrohten sie Angers.

Die Invasionsgefahr von außen wurde ebenfalls immer drohender. Seit seinem Eintritt in den Wohlfahrtsausschuß verhandelte Danton statt zu kämpfen. Als nun aber Belgien und das linke Rheinufer in die Hände der Koalierten zurückgefallen waren, verfügte Frankreich über keine Tauschobjekte mehr; möglicherweise dachte Danton daran – wie man argwöhnte –, sich der Königin und ihrer Kinder zu bedienen. Die Verfassung von 1793 verlangte jedoch in Artikel 121: »Das französische Volk schließt nie Frieden mit einem Feind, der französisches Territorium besetzt hält.« An der Nordgrenze begannen die Engländer den Feldzug. Ein Korps von 20 000 Hannoveranern unter dem Herzog von York, verstärkt durch 15 000 Holländer, bereitete sich auf die Belagerung von Dünkirchen vor. Unter dem Oberbefehl von Coburg belagerten die Österreicher planmäßig die Festungen, die die Nordgrenze beschützten. Condé fiel am 19. Juli, Valenciennes am 28. Le Quesnoy und Maubeuge wurden eingeschlossen. Währenddessen verharrte Custine, der zum Befehlshaber der Nordarmee ernannt worden war, untätig; er wurde den Patrioten sehr bald verdächtig.

Am Rhein besetzten die Preußen unter dem Befehl des Herzogs von Braunschweig Mainz. Die seit April eingeschlossene und von 20 000 Franzosen unter dem Kommando von Kléber und dem Konventskommissar Merlin de Thionville verteidigte Stadt ergab sich erst am 23. Juli. Die Rhein- und die Moselarmee mußten sich bis hinter die Lauter und die Saar zurückziehen; Landau wurde belagert. In den Alpen drängten die Piemonteser die Truppen Kellermanns, die um die für den Kampf gegen die Föderalisten im Süden und im Rhônetal abgestellten Korps geschwächt waren, zur Einschließung von Lyon und Toulon. Die Pässe von Maurienne und Tarentaise wurden mit großer Mühe gehalten; Savoyen wurde bald eingenommen, Nizza war bedroht. An den Pyrenäen drangen die Spanier über die Grenze und rückten bis nach Perpignan und Bayonne vor. An allen Grenzen kämpften die Armeen der Republik auf dem Rückzug. Die schlecht geführten Truppen hatten eine äußerst niedrige Kampfmoral. Das unsichere Kommando wechselte von einer Hand in die andere. Der Aristokrat Custine strafte den aus der Sansculotterie stammenden Kriegsminister und einfachen Oberstleutnant Bouchotte mit Mißachtung. In der Vendée herrschte heillose Unordnung. Die mit der Überwachung der Generale beauftragten Konventskommissare verstanden sich schlecht. In dem Streit mit dem Befehlshaber von Niort, Biron, einem der adligen Generale, unterstützten die einen die Sansculotten-Generale Ronsin und Rossignol, während die anderen sie denunzierten; alle machten sich gegenseitig für die Niederlagen verantwortlich. Die Situation schien verzweifelt.

Die Ermordung Marats am 13. Juli 1793 machte das ganze Ausmaß der Gefahr deutlich: mitten im revolutionären Paris hatte Charlotte Corday, eine junge Royalistin aus der Normandie, den *Freund des Volkes* töten können. Mit ihm hatte sie einen der Köpfe der Revolution treffen wollen. Ihre Tat aber verlieh der Bergpartei neue Kräfte und gab der revolutionären Bewegung neuen Auftrieb. Marat war bei den Sansculotten sehr beliebt; er hatte sich um ihr Los mit tiefer Güte und Menschlichkeit gekümmert. Seine Ermordung löste eine heftige Erregung aus; zum Ruf nach Rache kam das Verlangen nach allgemeinen Wohlfahrtsmaßnahmen. Paris bereitete ihm am 15. Juli ein großartiges Begräbnis, dem der Konvent in großer Zahl beiwohnte; sein Herz wurde im Franziskanerkloster aufbewahrt. Als *Märtyrer der Freiheit* wurde Marat mit dem am 20. Januar ermordeten Lepeletier und dem am 17. Juli 1793 enthaupteten Chalier einer der Heiligen im revolutionären Panthéon.

### 3. Der Gegenstoß der Revolution

Die wirtschaftliche und soziale Krise erschwerte noch die Aufgabe des Konvents unter der Bergpartei; zugleich aber trieb sie die Massen zur revolutionären Aktion.

Die Versorgungskrise und die Schwierigkeiten bei der Beschaffung der notwendigsten Lebensmittel blieben die Hauptursache für die Unzufriedenheit des Volkes. Der am 4. Mai 1793 beschlossene Getreidehöchstpreis war nicht in Kraft gesetzt worden; der Konvent erkannte, daß diese Maßnahme gescheitert war, und gestattete den Departements und den zuständigen Abgeordneten im Juli, ihn ganz aufzuheben. Zwar litten die Pariser Sansculotten sicher nicht unter einer Teuerung des Brotes, dessen Preis von der Kommune dank der Regierungssubventionen bei drei Sous das Pfund gehalten werden konnte; doch erschienen wieder die Schlangen vor den Bäckerläden, als die Unregelmäßigkeit der Lieferungen die Vorräte nach und nach zusammenschmelzen ließ; das Volk wurde unruhig. Die anderen Nahrungsmittel wurden von der Teuerungswelle erfaßt, während die auf den 2. Juni folgenden Departements-Aufstände dazu beitrugen, die Krise in der Fleischversorgung durch Lieferungsrückgänge zu verschärfen. Im Verhältnis zum Juni 1790 stieg der Preis für Kalbfleisch im Juni 1793 um 90%, der für

Rindfleisch um 136%. Allenthalben kam es wegen der Teuerung zu Unruhen. Am 21. Juni wurde in der Vorstadt St. Antoine ein Mann verhaftet, der gerufen hatte: »Früher kostete die Seife nur 12 Sous, heute kostet sie 40; es lebe die Republik! Der Zucker zu früher 20 Sous kostet heute 4 Livres; es lebe die Republik!« Die Assignatenentwertung verstärkte die Auswirkungen der Versorgungskrise. Die Inflation nahm ihren Fortgang und beschleunigte die Preissteigerung. Seit dem Tode des Königs und der Bildung der allgemeinen Koalition sank der Papiergeldwert ständig und fiel im Juli auf weniger als 30% seines Nennwertes ab. Die fehlende Gelddeckung begünstigte die Kapitalflucht ins Ausland, die Entwicklung der Spekulation, die Warenhortung und die immer schnelleren Preissteigerungen.

Um die allgemeine Unzufriedenheit zu schüren, machten sich die Enragés diese Entwicklung zunutze, indem sie dem Konvent Untätigkeit auf wirtschaftlichem und sozialem Gebiet vorwarfen. Im Generalrat der Kommune verlas Varlet am 8. Juni 1793 aus seiner *Feierlichen Erklärung der Menschenrechte im sozialen Staat:* daß »das Mißverhältnis in der Vermögensverteilung durch gerechte Mittel« abzuschaffen sei, daß »die auf Kosten des öffentlichen Vermögens durch Raub, Spekulation, Monopolismus und Wucherei angesammelten Güter nationales Eigentum werden.«

Am 15. Juni forderte die Sektion Droits-de-l'homme die generelle Preisfestsetzung und ein Gesetz gegen die *Accapareurs*[1]. Am 25. trug Jacques Roux dem Konvent eine drohende Petition vor:

»Das Verfassungswerk wird der Bestätigung durch das souveräne Volk unterworfen sein; habt ihr darin die Spekulation geächtet? Nein. Habt ihr die Todesstrafe für die *Accapareurs* angeordnet? Nein. Habt ihr genau festgelegt, worin die Handelsfreiheit besteht? Nein. Habt ihr den Verkauf von Münzgeld unter Strafe gestellt? Nein. Nun also! Wir erklären euch, daß ihr nicht alles für das Glück des Volkes getan habt. Die Freiheit ist nur ein eitles Hirngespinst, wenn eine Klasse die andere ungestraft aushungern kann. Die Gleichheit ist nur ein eitles Hirngespinst, wenn der Reiche mit Hilfe seines Monopols über Leben und Tod seiner Mitmenschen entscheidet. Die Republik ist nur ein eitles

---

1 Accapareur ist ein Sammelname für Wucherer, Schieber, Spekulanten, Aufkäufer und andere parasitäre Elemente.

Hirngespinst, wenn Tag für Tag die Konterrevolution in Gestalt des Lebensmittelpreises auftritt, den drei Viertel der Bürger nicht ohne Tränenvergießen bezahlen können ... Entscheidet also noch einmal. Die Sansculotten werden eure Verordnungen mit ihren Piken ausführen.«

Am Tage darauf brachen in den Pariser Häfen die Seifen-Unruhen aus, sie dauerten drei Tage, vom 26. bis zum 28. Juni: die Wäscherinnen entluden die Seifenschiffe und teilten die Ware untereinander auf, nachdem sie den Preis festgesetzt hatten. Das sansculottische Volk ging voran und erreichte schließlich, daß die Bergpartei mitgezogen wurde.

Die Neubesetzung des Wohlfahrtsausschusses am 10. Juli 1793 war eine Folge dieser schweren Krise. Die Volkskämpfer traten leidenschaftlich für Maßnahmen der Verteidigung von Nation und Revolution ein, die der Gefahr angemessen waren. Erneut mußte verhindert werden, daß die revolutionäre Bourgeoisie durch extreme Schritte von der Republik, die sie bis jetzt unterstützt hatte, getrennt wurde. Damit bestätigte sich die Notwendigkeit, eine Revolutionsregierung zu bilden, die die Volksbewegung in disziplinierten Bahnen hielt. Der im April gebildete Wohlfahrtsausschuß hatte sich als unfähig erwiesen. Er hatte weder vermocht, die Invasion von außen zurückzudrängen, noch dem föderalistischen Aufstand zuvorzukommen; ebensowenig hatte er das Assignatenproblem und die Versorgungskrise gelöst. Statt die Ereignisse in den Griff zu bekommen, ließ er sich von ihnen treiben; die Situation spitzte sich bedrohlich zu. Am 10. Juli säuberte der Konvent seinen Wohlfahrtsausschuß: Danton wurde entfernt.

Die neun Mitglieder des neuen Ausschusses wurden in namentlicher Abstimmung gewählt. Drei von ihnen wurden bald wieder abgesetzt: Gasparin, der bis zum Schluß ein Parteigänger des Generals Custine war, Hérault de Séchelles, Liebhaber einer Adligen und bald unter Verdacht, und Thuriot, ein Freund von Danton. Der der Bergpartei angehörende Kern des Ausschusses bestand aus Couthon, Saint-Just, Jeanbon Saint-André und Prieur de la Marne. Barère und Lindet von der Mittelpartei kamen hinzu. Sie waren davon überzeugt, daß die Revolution nur mit Hilfe der Kraft des Sansculottenvolkes siegen konnte: deshalb müssen ihre Forderungen erfüllt werden, deshalb muß die Stadtbevölkerung, die unter Hungersnot und Teuerung leidet, wieder mit Lebensmitteln versorgt werden, und deshalb muß alle Energie des Volkes gegen die Aristokratie und die Koalition gerichtet werden. Die Ermordung Marats ließ die Politik der Bergpartei vor dem Hintergrund der sich zuspitzenden politischen Krise noch härter werden. Hébert und die Enragés stritten sich um das Erbe des *Ami du Peuple*. Jaques Roux beeilte sich, schon am 16. Juli eine neue Folge seiner Zeitung erscheinen zu lassen: *Le Publiciste de la République française par l'ombre de Marat, L'Ami du peuple*[1].

Am 20. erschien *L'Ami du peuple* von *Leclerc*. Am 21. Juli rief Hébert im Jakobinerklub aus: »Wenn Marat einen Nachfolger braucht, wenn die Aristokratie ein zweites Opfer braucht, so steht dieser Mann schon bereit, ich bin's.« Ein oftmals demagogisches Ringen um die Vorherrschaft begann unter den Volksblättern. Um sich nicht ganz von den Pariser Sansculotten zu isolieren, nahm eine Fraktion der Bergpartei, in der sich Hébert und Chaumette hervortaten, das Programm der Enragés auf eigene Faust wieder auf. Die einen wie die anderen griffen mit zunehmender Schärfe die *Handelsaristokratie, die Bürger- und Krämeraristokratie* an. Da die Hungersnot noch drückender wurde und zahlreiche Bäcker ihre Läden schlossen, führte die Sektion Maison-Commune infolge des Mehlmangels am 21. Juli ein Lebensmittelkartensystem ein; die Anträge häuften sich, in den Schlangen vor den Ladentüren kam es zu Tumulten.

»Zu lange schon leiden die armen Teufel der Sansculotten bitterste Not«, schrieb Hébert in der 263. Nummer seines *Père Duchesne*; »sie haben die Revolution gemacht, um glücklich zu sein.«

Der neue Wohlfahrtsausschuß war kaum gebildet worden, als er sich schon der Gefahr ausgesetzt sah, überspielt zu werden.

Unter diesen Begleitumständen wurde das Gesetz über den Wucher am 26. Juli 1793 verabschiedet: von seiten des Konvents stellt es ein taktisches Zugeständnis dar. Billaud-Varenne hatte ausdrücklich diesen Ausweg vorgeschlagen: das Heilmittel gegen die Hungersnot wäre nicht die *taxation*, sondern die Bestrafung der Wucherer; die Androhung der Todesstrafe würde sie zwingen, die Preise zu senken. Nach der Vorlage von Collot d'Herbois beschloß der Konvent am 26. Juli die Verordnung zur Einführung der Todesstrafe für Wucherer, das heißt für solche Händler, die ihre Lagerbestände an Grundnahrungsmitteln

---

1 »Der Publizist der französischen Republik, von dem Geist Marats, dem Freund des Volkes.«

nicht anmeldeten und es unterließen, eine entsprechende Liste an ihrer Tür auszuhängen. Das Gesetz konnte als wichtiges Zugeständnis an das Programm der Enragés erscheinen, weil der Handel der Kontrolle der Sektionskommissare für Wucherei unterstellt wurde. In Wirklichkeit aber wurde es nur zögernd angewandt: es erwies sich bald als ein für die Sansculotten bestimmtes symbolisches Beruhigungsmittel.

Am 27. Juli 1793 wurde der Wohlfahrtsausschuß durch die Ernennung von Robespierre, der sich zum Verteidiger dieser Einrichtung gemacht hatte, vervollständigt. Die Autorität des Ausschusses gegenüber dem Konvent war noch lange nicht gefestigt: das Wuchergesetz war verabschiedet worden, ohne daß man ihn konsultiert hatte; in der Versammlung entwickelte sich eine stumme Opposition gegen die ersten Ausschußentscheidungen, besonders gegen die Verhaftung von Custine in der Nacht vom 21. zum 22. Juli. Robespierre unterstützte den Ausschuß gegen dessen Gegner; er trat ihm am 27. Juli bei. Am 14. August wurden dann Carnot und Prieur de la Côte d'Or und am 6. September Billaud-Varenne und Collot d'Herbois gewählt. Ihre Ansichten und ihr Temperament gingen auseinander (Carnot und Lindet erwiesen sich auf sozialem Gebiet als Konservative, während Billaud und Collot zur Sansculotterie neigten), doch verstanden es diese Männer, da sie alle redlich, tatkräftig, hoch angesehen und in ihrem Siegeswillen vereint waren, ein Jahr lang bis zum Sieg solidarisch zusammenzubleiben. Das war der Große Ausschuß des Jahres II.

Infolge seines revolutionären Ansehens setzte Robespierre die Politik des Ausschusses beim Konvent und bei den Jakobinern durch. Als Mann von Scharfblick und Mut (dies hatte er bei seinem einsamen Kampf gegen die allgemeine Einstellung gezeigt, die zur Kriegserklärung führte), Beredsamkeit und Uneigennützigkeit besaß der *Unbestechliche* (er ist der einzige in unserer Geschichte, der je diesen Namen verdient hat) das Vertrauen der Sansculotten. Er blieb seinen Grundsätzen treu, konnte sich aber auch den Umständen anpassen und als Staatsmann handeln. Er übertrug die ganze revolutionäre Autorität auf den Konvent, der zum Ausdruck der nationalen Souveränität wurde. Um aber stark und wirksam zu sein, muß sich die Regierung auf das Volk stützen und in enger Verbindung zu ihm bleiben. Während des Aufstandes vom 31. Mai bis 2. Juni hatte Robespierre in sein Notizbuch geschrieben:

»Wir brauchen *einen einzigen* Willen . . . Damit dies ein republikanischer Wille ist, braucht man republikanische Minister, eine republikanische Regierung. Die inneren Gefahren gehen von den Bourgeois aus; um die Bourgeois zu besiegen, muß das Volk vereinigt werden . . . Das Volk muß sich mit dem Konvent verbünden, und der Konvent muß sich des Volkes bedienen.«

Vom 13. bis 21. Juli verlas Robespierre im Konvent den Plan von Lepeletier de Saint-Fargeau über das nationale Erziehungswesen:

»Die Revolutionen der letzten drei Jahre haben zwar für die anderen Klassen der Bürger alles erreicht, bisher aber fast nichts für die vielleicht notwendigste Klasse der proletarischen Bürger, deren einziges Eigentum aus ihrer Arbeitskraft besteht. Das Feudalsystem wurde zerschlagen, aber nicht für sie, denn sie besitzen nichts von dem befreiten Land. Die Steuern sind gerechter verteilt worden; aber gerade wegen ihrer Armut konnten sie fast überhaupt nicht zu Abgaben herangezogen werden . . . Die bürgerliche Gleichheit ist erreicht, was ihnen aber fehlt, sind Unterricht und Erziehung . . . Hier liegt die Revolution der Armen . . .«

Wenn Robespierre und die Männer im Ausschuß die Situation auch klar erkannten, so waren sie sich in den anzuwendenden Mittel doch weniger sicher. Die entscheidenden Maßnahmen für die Verteidigung von Nation und Revolution, das Massenaufgebot, die Schreckensherrschaft und die Zwangswirtschaft, wurden von außen, unter dem Einfluß der Augustkrise 1793 und dem Druck der Volksbewegung erzwungen.

## II. DER WOHLFAHRTSAUSSCHUSS UND DER DRUCK DES VOLKES (AUGUST–OKTOBER 1793)

Der neue Ausschuß war entschlossen, der nationalen Verteidigung, die er nicht von der Verteidigung der Revolution trennte, einen kräftigen Anstoß zu geben. Er wollte sich indessen nicht von der Volksbewegung und besonders von der Propaganda der Enragés das Heft aus der Hand nehmen lassen. Zwangswirtschaft und Massenaufgebot bildeten für die Volkskämpfer die einzig angemessenen Mittel zur Sicherung der Verteidigung. Der

Ausschuß sah eine Zeit lang in der Durchführung des Massenaufgebotes ein fragliches Mittel; der Preisregulierung und der Zwangswirtschaft gegenüber blieb er ablehnend eingestellt; der Schreckensherrschaft widersetzte er sich entschieden; die direkte Demokratie schließlich, die von den Pariser Sektionen ziemlich ungeregelt praktiziert wurde, erschien ihm mit einer wirksamen Ausübung der Regierungsgewalt unvereinbar. Während des ganzen Monats August taktierte der Ausschuß von einem Zugeständnis zum anderen, bis er schließlich von den Ereignissen des Volksaufstandes am 4. und 5. September 1793 zum Nachgeben gezwungen wurde.

Schon Anfang August begann Robespierre den Kampf gegen die Enragés, um ihre Opposition gegen Regierung und Konvent auszuschalten. Am 6. August 1793 wandte er sich bei den Jakobinern gegen die *Emporkömmlinge*, die *Eintagspatrioten*, die alles daransetzten, seine ältesten Freunde beim Volk anzuschwärzen. »Zwei von den Volksfeinden bezahlte Männer«, erklärte Robespierre hintergründig, »zwei von Marat angeklagte Männer haben die Nachfolge dieses patriotischen Schriftstellers angetreten oder glauben, es zu tun.« Jaques Roux warf er vor allem seine Angriffe gegen die Händler vor. Um den Enragés den wichtigsten Punkt ihrer Argumente zu nehmen, befaßte sich der Ausschuß aktiv mit dem Versorgungsproblem und schickte energische Abgesandte in die Nachbardepartements von Paris, die dort Arbeitskräfte zum Dreschen des Korns zwangsverpflichteten. Auf den Vorschlag von Barère beschloß der Konvent am 9. August 1793 die Einrichtung eines Vorratslagers in jedem Bezirk. Dies war eine fadenscheinige Konzession an die Forderungen des Volkes: die Kornkäufe durch die Bezirke konnten der Teuerung keinesfalls abhelfen. Paris wurde immerhin mit Lebensmitteln versorgt; die Enragés verloren eine Zeit lang ihr Hauptargument gegenüber den Sansculotten.

Robespierre bekämpfte nachdrücklich die Gemäßigten, die in der Hoffnung, damit den Sturz der Bergpartei auszulösen, das Inkrafttreten der vom Volke angenommenen Verfassung und die Durchführung von Neuwahlen verlangten. Diese Forderung war um so gefährlicher, als sie kurz vor dem 10. August unerwarteterweise von Hébert in der 269. Nummer seines *Père Duchesne* unterstützt wurde. Der Wohlfahrtsausschuß hatte die Absicht, bis zum Frieden eine Revolutionsregierung beizubehalten, und wollte nicht, daß die Verfassung in Kraft gesetzt wurde. Am

11. August 1793 ließ Delacroix, der Abgeordnete von Eure-et-Loir und einer der späteren Indulgents[1], mit dem Blick auf allgemeine Wahlen entsprechend der Verfassung die Zählung der wahlfähigen Bevölkerung anordnen: Robespierre betonte, daß dieses hinterlistige Vorgehen lediglich den Versuch bedeute, an die Stelle der aus dem Konvent »gesäuberten« Mitglieder die Abgesandten von Pitt und Coburg zu setzen. Würde die Verfassung noch vor der Zerschlagung der Revolten im Innern und dem Sieg an den Grenzen in Kraft gesetzt werden, hieße dies zugleich, die gesamte Revolution wieder in Frage zu stellen. Am selben Tage hatten die Vertreter der Urwählerversammlungen dem Konvent die *Heilige Urkunde*[2] übergeben, die in einer *Zedern-Lade* verschlossen wurde. Es war dann nicht mehr die Rede davon, sie hervorzuholen, obgleich der Aufschub des Inkrafttretens der Verfassung bis zum Frieden erst am 10. Oktober 1793 ausdrücklich festgelegt wurde.

## 1. Das Massenaufgebot (23. August 1793)

Die Gefahr von außen und die Konterrevolution im Innern bewirkten unterdessen eine weitere Mobilisierung der Volksbewegung: es gelang ihr, vom Wohlfahrtsausschuß und vom Konvent das Massenaufgebot zu erzwingen. Dieses Massenaufgebot entsprach der revolutionären Grundhaltung der Sansculotten; es hatte in den Pariser Sektionen und Klubs viele Anhänger. Wenn man den Zahlenvorteil auf Seiten der Revolution betrachtet, ließ das Aufgebot der Massen im Verhältnis zur effektiven Kampfstärke der feindlichen Armeen einen schnellen Sieg erhoffen: Jemappes war ein Beweis. Der Gedanke daran kam im Laufe der Julikrise 1793 auf, als die an ihren Grenzen bereits angegriffene Republik durch die Revolte der Föderalisten in Gefahr geriet. Am 6. Juli schlug die Sektion Luxembourg vor, die Massen der Sektionen von Paris gegen die rebellischen Departements marschieren zu lassen: »Daß ausnahmslos alle Bürger zwischen 16 und 50 Jahren unter dem ständigen Aufgebot stehen und die bewaffnete Macht darstellen sollen«.

---

1 Politische Gruppierung; die »Nachsichtigen«.
2 Acte Sacré.

Dieser Vorschlag wird am 28. Juli von Sébastien Lacroix, einem Kämpfer aus der Sektion Unité, wieder aufgegriffen. In einer Rede, die bereits den epischen Ton des Erlasses vom 13. August ankündigt, sagt er:

»... augenblicklich sollen die privaten Arbeiten aller Stellmacher, Tischler und anderer Holzhandwerker eingestellt werden, um ausschließlich Gewehrkolben, Lafetten, Munitions- und Proviantwagen anfertigen zu lassen; die Arbeiten der Schlosser, Schmiede, Messerschmiede und anderer Eisenhandwerker sind umzustellen, damit sie nur noch Kanonen herstellen ... Die Freunde des Vaterlandes haben sich zu bewaffnen, sie sollen zahlreiche Bataillone aufstellen; diejenigen, die keine Waffen haben, müssen den Munitionstransport übernehmen; die Frauen sollen für den Lebensmittelnachschub und die Brotherstellung sorgen; das Lied des Vaterlandes soll das Zeichen zum Kampf geben!«

Die Ende Juli einsetzenden Rückschläge verliehen dem Plan eines Massenaufgebots, der jetzt den Beifall der Volkszeitungen fand, unwiderstehlichen Elan: »Überall sind sofort alle Männer, die marschieren und Waffen tragen können, auszuheben«, schrieb Hébert in der 265. Nummer seines *Père Duchesne,* »und eiligst an jede Stelle zu schicken, an der Gefahr auftaucht.«

Die Forderung des Volkes nach dem Massenaufgebot wurde am 29. Juli 1793 den Jakobinern vorgelegt, am 4. August von der Kommune und am 7. von den Abgesandten der Urwählerversammlungen übernommen, die wegen der Annahme der Verfassung nach Paris gekommen waren: ihr Sprecher Royer verlangte am 12. vom Konvent, daß die Volksmassen aufgeboten werden sollten. Der Wohlfahrtsausschuß verhielt sich schweigsam. Was sollte man mit dem wilden Haufen machen, der mit dem Massenaufgebot entstehen würde? Wie konnte man ihn bewaffnen und versorgen? Am 14. August erklärte Robespierre vor den Jakobinern, daß »diese hochherzige, aber vielleicht zu enthusiastische Idee eines Massenaufgebotes nutzlos ist«; er fügte hinzu: »Nicht die Männer fehlen uns, sondern viel eher die patriotischen Tugenden bei unseren Generalen.« Unter dem Druck der kampfwilligen Pariser und der Vertreter der Urwählerversammlungen nahm der Konvent das Aufgebot im Prinzip an; am 23. schließlich entschloß sich der Wohlfahrtsausschuß, entsprechend der Vorlage von Barère Durchführungsvorschläge zu machen.

»Von diesem Augenblick an bis zu dem Zeitpunkt, wo alle Feinde vom Territorium der Republik verjagt sein werden, befinden sich alle Franzosen im ständigen Aufgebot für den Armeedienst. Die jungen Männer ziehen in den Kampf; die verheirateten werden Waffen schmieden und Versorgungsgüter befördern; die Frauen werden Zelte und Kleidung herstellen und in den Krankenhäusern arbeiten; die Kinder werden aus alter Wäsche Verbandsmull machen, und die alten Leute begeben sich auf die öffentlichen Plätze, um dort die Kampfmoral der Krieger zu stärken und den Haß auf die Könige sowie die Einheit der Republik zu verkünden.«

Das Aufgebot galt grundsätzlich für alle; eine Ersatzstellung war ausgeschlossen. Die jungen Männer von 18 bis 25 Jahren, Unverheiratete oder kinderlose Witwer, sollten aber die erste Kategorie bei der Einziehung bilden und als erste marschieren. Sie sollten zu Bataillonen zusammengefaßt werden, auf deren Fahne folgende Worte vorgesehen waren: »*Das französische Volk, aufgestanden gegen die Tyrannen.*«

Entsprach nun das Dekret über das Massenaufgebot genau den Wünschen der Sansculotten? In der Weise, wie sie es sich vorstellten, nämlich als begeisterten Marsch an die Grenzen, war es nicht zu verwirklichen. So erklären sich die Zurückhaltung Robespierre's, das Zögern des Ausschusses und die Einschränkungen im Dekret: wenn auch alle Kraftreserven der Nation mobilisiert und eine außerordentlich hohe Waffenproduktion organisiert wurden, so wurden doch lediglich die Männer zwischen 18 und 25 Jahren ohne eigene Familie einberufen. Die Fragen der Bewaffnung und der Versorgung blieben tatsächlich ungelöst. Der *Père Duchesne* stellte sich bei der Erörterung seines Feldzugsplanes Anfang September die Frage: »Wie kann man gleichzeitig mehrere Millionen Männer in Marsch setzen? Wie soll man sie bewaffnen und sie versorgen? ... Vor allem müssen wir sicher sein, daß alle Versorgungsgüter der Republik zur Verfügung stehen ... Alle Arbeitskräfte, die Metall bearbeiten, vom Hufschmied bis zum Goldschmied, müssen eingespannt werden; auf allen öffentlichen Plätzen müssen Schmiedewerkstätten errichtet werden, die Tag und Nacht Kanonen, Gewehre, Säbel und Bajonette herstellen.« Hébert formulierte das Problem der Wirtschaftslenkung in einem großen, nationalen Krieg mit aller Deutlichkeit: eine Zwangswirtschaft war einfach unumgänglich, wenn man die Massen eines Aufgebotes von sieben Jahrgängen bewaffnen und mit den nötigen Vorräten versehen wollte. Das politische und das wirtschaftliche Problem waren untrennbar mit dem der nationalen Verteidigung verknüpft.

## 2. Der 4. und 5. September 1793

Ende August 1793 war noch keine der drängenden Fragen gelöst. Das politische Problem war überhaupt noch nicht angepackt worden: zwar hatte der Wohlfahrtsausschuß die Angriffe seiner Gegner geschickt umgangen, doch war die Revolutionsregierung noch weit davon entfernt, richtig organisiert und gefestigt zu sein. Für das ökonomische und soziale Problem gab es keine wirksame Lösung: die Gesetze gegen den Wucher und zur Einrichtung von Vorratslagern stellten nur illusorische Hilfsmittel dar. Der Konvent wie auch der Wohlfahrtsausschuß hatten sich bis dahin der Preisfestsetzung und Reglementierung widersetzt, von denen aber im Grunde die Entwicklung der Assignaten als der einzigen finanziellen Quelle der Revolution abhing. In den letzten Augusttagen verschärfte sich die allgemeine Versorgungskrise, und der Druck des Volkes wurde stärker. In dieser Zeit wurden die Pläne der Kämpfer von Paris immer mehr von der Notwendigkeit einer neuen Volkserhebung beherrscht, durch die den Regierenden der Volkswille aufgezwungen werden sollte.

Die vorübergehend abgemilderte Krise in der Lebensmittelversorgung verschlimmerte sich wieder infolge der Trockenheit: für die Mühlen gab es weniger Arbeit; das Volk versammelte sich erneut vor den Türen der Bäckerläden; die Lieferungen betrugen etwa 400 Sack Mehl, während der tägliche Verbrauch in Paris 1500 erforderte. Für Hébert bedeutete die Hungersnot ein wirksames Mittel der politischen Agitation: er stellte die Lebensmittelfrage in den Mittelpunkt seiner Kampagne und formulierte dabei gegen die Reichen und die Händler Vorwürfe, von denen er wußte, daß sie auf die Sansculotten Eindruck machen mußten.

»Das Vaterland ist kaputt«, schreibt er in der 279. Nummer seines *Père Duchesne*, »die Händler haben keines. Solange sie geglaubt haben, daß die Revolution ihnen nützlich sein könnte, haben sie sie unterstützt; sie haben den Sansculotten bei der Beseitigung des Adels und der *parlements* geholfen; das geschah jedoch, um sich an die Stelle der Aristokraten zu setzen. Und seit es keine Aktivbürger mehr gibt, seitdem der armseligste Sansculotte dieselben Rechte hat wie der reichste Steuer-Erpresser, haben alle diese Jämmerlinge die Gesinnung wie ein Hemd gewechselt und lassen kein Mittel unversucht, um die Republik zu zerstören; sie haben alle Lebensmittel und alle Versorgungsgüter aufgekauft, um sie sich von uns mit Gold aufwiegen zu lassen oder uns die Hungersnot zu bringen . . .«

Die Volksbewegung trat an diesem Septemberanfang mit all ihrer Kraft und all ihrer Ursprünglichkeit auf. Albert Mathiez bezeichnet sie als *hébertistische Bewegung*. Nun haben zweifellos die Volksblätter, das von Jacques Roux in gleichem Maße wie das von Hébert, den Sansculotten geholfen, sich ihrer politischen Ziele bewußt zu werden und ihre sozialen Forderungen zu präzisieren: sie sind jedoch nicht der eigentliche Ausgangspunkt. Es ist eine echte *Volksbewegung* und nicht eine hébertistische: unter dem Druck der Sansculotten schrieb und agitierte Hébert als ihr klangvolles Echo, rührten sich sodann die Jakobiner, geriet die Kommune in Bewegung, gaben der Konvent und der Wohlfahrtsausschuß schließlich nach.

Die Volksbewegung ist bereits im Frühjahr 1789 sichtbar geworden; ihre Ursachen muß man in der Verschlechterung der materiellen Lebensbedingungen der Kleinhändler, Handwerker und Pariser Arbeiter, also schon vor 1789 suchen. Diese Bewegung hat zwar der bürgerlichen Revolution in Krisenzeiten zu Erfolgen verholfen, unterscheidet sich aber deutlich von ihr (so war es in jenen Septembertagen 1793) und wird durch die der Sansculotterie eigenen vorkapitalistischen Mentalität charakterisiert. Diese stimmt ihrem Wesen nach mit derjenigen der Bauern überein, die gegenüber dem Fortschritt der kapitalistischen Landwirtschaft erbittert ihre genossenschaftliche Praxis verteidigten. Der Sansculotte war im tiefsten Grunde ein Feind der Geisteshaltung der Handels- und Industriebourgeoisie, die nicht eher zufrieden war, bis sie im Namen der für die Entwicklung ihrer Unternehmen unerläßlichen Freiheit die Wirtschaftslenkung und die Preisregulierung vollständig beseitigt hatte; diese aber lagen gerade dem kleinen Händler und dem Handwerker besonders am Herzen. Der grundlegende Gegensatz zwischen dem Bürger und dem Sansculotten wird klar, wenn man ihre Vorstellungen vom Eigentum vergleicht. Nach der Erklärung der Rechte von 1793 wie auch nach der von 1789 ist das Eigentum ein natürliches absolutes Recht, das keinerlei Beschränkungen unterliegt. Demgegenüber läßt sich das Eigentum für den Sansculotten nur als Ergebnis der persönlichen Arbeit und in den Grenzen des gesellschaftlichen Nutzens verstehen. Auf dem Höhepunkt der Volksbewegung, am 2. September 1793, legte die Pariser Sektion Sans-Culottes, die frühere Sektion Jardin-des-Plantes, dem Nationalkonvent eine Denkschrift vor. Sie forderte die Versammlung auf, »den Preis für die notwendigsten Lebensmittel, die Arbeitslöhne, die Profite der Industrie und die Gewinne des Handels unabänderlich festzusetzen... Was soll das! werden euch die Aristokraten, Royalisten, Gemäßigten und Intriganten zurufen, ihr vergreift euch am Eigentum, das heilig und unverletzlich sein soll... zweifellos; wissen sie aber nicht, diese Schurken... wissen sie nicht, daß die einzige Grundlage des Eigentums der Umfang der tatsächlichen Bedürfnisse ist?«

Ferner verlangen die Sansculotten die Festsetzung von Höchstsummen für die Beschaffung des Lebensunterhalts und für die Löhne:

»...2. Der Preis für alle notwendigen Lebensmittel muß unabänderlich festgelegt und an dem der sogenannten alten Jahre, d. h. von 1789 bis einschließlich dem Jahre 90, im Verhältnis zu den Qualitätsunterschieden gemessen werden. 3. Die Rohstoffpreise sollen in der Weise festgesetzt werden, daß es die gesetzlich herabgesetzten Industrieprofite, Arbeitseinkommen und Handelsgewinne dem fleißigen Mann, dem Landwirt und Händler ermöglichen, nicht nur die zur Existenzsicherung unbedingt erforderlichen Dinge zu beschaffen, sondern auch alles das, was zu deren Genuß beitragen kann.«

Vor allem forderten die Sansculotten vom Jardin-des-Plantes eine sehr strenge Begrenzung des Eigentumsrechts:

»...8. Kein Vermögen darf eine bestimmte Höchstgrenze (maximum) überschreiten; 9. Ein Individuum darf nur über ein maximum verfügen; 10. Niemand soll in der Lage sein, mehr Grund und Boden zu pachten, als er für eine begrenzte Anzahl von Pflugstunden braucht; 11. Derselbe Bürger darf nur eine Werkstatt, nur einen Laden haben.«

Dieses soziale Programm steckte voller Widersprüche, indem es das Privateigentum aufrechterhalten und zugleich seine Ausübung völlig beschränken wollte; es stand in tiefem Gegensatz zu dem der Bourgeoisie, die die Revolution lenkte. An diesem Gegensatz sollte im Thermidor die Revolutionsregierung scheitern. Im Augenblick aber festigten noch der Haß auf den gemeinsamen Feind, das Ancien Régime, auf die Privilegien und die Feudalaristokratie, sowie die große Gefahr der Konterrevolution das Bündnis zwischen den Sansculotten und der Montagnards-Bourgeoisie. Da die Bergpartei allein nicht siegen konnte, mußte sie sich dem Programm des Volkes anschließen: hierzu mußte sie allerdings noch gezwungen werden.

Die Krise spitzte sich in den ersten Septembertagen zu. Während Hébert die *Einschläferer* im Konvent anklagte, stieg die allgemeine Erregung in den Sektionen, deren Beschwerden und Petitionen immer zahlreicher wurden. Mitten in dieser fieberhaften Atmosphäre erschien die Nachricht von einem unerhörten Verrat: die Royalisten hatten Toulon den Engländern ausgeliefert. Zu den Unruhen über die Versorgungslage kamen nun noch die Angst um das Vaterland und die Bedrohung durch das aristokratische Komplott: nichts war geeigneter, um eine terroristische Gegenbewegung auszulösen. Am Abend des 2. September entschlossen sich die Jakobiner zu handeln, um das Schlimmste zu verhüten.

Am 4. September kam die lange zurückgehaltene Erregung des Volkes zum Ausbruch. Vom Morgen an zogen Arbeiteransammlungen, vor allem Bau- und Munitionsarbeiter, zur Place de Grève und verlangten Brot von der Kommune. Es ist nicht zu bezweifeln, daß die Bewegung ursprünglich von den Arbeitern ausging: sie entstand in den am weitesten proletarisierten Schichten der Sansculotterie, in den Reihen derjenigen Arbeiter, die – ohne Kleinhändler oder Handwerker zu sein – äußerst schwierige Lebensbedingungen hatten, weil ihr Lohn in Assignaten, deren Wert ständig weitersank, ausbezahlt wurde. Vergebens versuchte die Führung der Kommune, die Demonstranten zu beruhigen: »Wir brauchen keine Versprechungen, sondern Brot, und zwar sofort!« Chaumette stieg auf einen Tisch:

»Auch ich bin arm gewesen, also weiß ich, was es heißt, arm zu sein. Ein offener Kampf zwischen Reichen und Armen ist jetzt ausgebrochen: sie wollen uns vernichten; also gut! Man muß ihnen zuvorkommen; wir müssen sie vernichten; wir haben die Kraft dazu in unseren Händen! . . .«

Für den folgenden Tag wurde eine Massendemonstration beschlossen, um dem Konvent die Forderungen des Volkes zu diktieren.

Am 5. September 1793 versammelten sich die Sektionen zu einem langen Zug und marschierten mit den Parolen: *Krieg den*

*Tyrannen! Krieg den Aristokraten! Krieg den Accapareurs!* zum Konvent. Dieser wurde eingekreist und friedlich besetzt: die Abgeordneten berieten unter den Blicken des Volkes. Nachdem Pache im Namen der Kommune und der Sektionen die Machenschaften der Wucherer und den Egoismus der Besitzenden angeklagt hatte, verlas Chaumette eine Petition, in der die Schaffung einer Revolutionsarmee gefordert wurde, um die Beschlagnahme des Getreides auf dem Lande und seinen Transport nach Paris zu gewährleisten. Billaud-Varenne schlug als weitere Maßnahme die Verhaftung aller Verdächtigen vor; in den Augen der Sansculotten war dies sehr wesentlich. Ohne den Wohlfahrtsausschuß zu befragen, gab der Konvent nach und beschloß nicht nur die Verhaftung der Verdächtigen, sondern auch die Säuberung der Revolutionsausschüsse, die mit der Suche nach ihnen beauftragt waren: das hieß den Schrecken auf die Tagesordnung setzen. Nach dem Antrag von Barère wurde die Bildung einer Revolutionsarmee mit 6000 Mann und 1200 Kanonieren angenommen. Der Konvent stimmte schließlich auch für einen Vorschlag von Danton: jeder Bürger, der an den Sektionsversammlungen, die auf zwei wöchentlich beschränkt wurden, teilnahm, sollte pro Sitzung eine Entschädigung von 40 Sous erhalten.

Die Ereignisse vom 4. und 5. September 1793 bedeuteten einen Sieg des Volkes: die Sansculotten konnten die Inhaber der Regierungsgewalt zu seit langem geforderten Maßnahmen zwingen. Der Sieg war allerdings nicht vollständig: die Entscheidungen vom 5. betrafen in erster Linie politische Fragen; am 4. hatte sich der Konvent darauf beschränkt, die Festsetzung eines allgemeinen Maximums zu versprechen, das immerhin die Hauptforderung des Volkes ausmachte. Die Pariser Sansculotten mußten den Konvent weiterhin unter Druck setzen, um ihn dazu zu zwingen, am 11. September den nationalen Höchstpreis für Getreide und Mehl und am 29. das allgemeine Maximum festzulegen. So entschieden sträubte sich die Bourgeoisie und selbst die Bergpartei, die Wirtschaftsfreiheit anzutasten.

Es war ein Sieg des Volkes, aber auch ein Erfolg der Regierung: die Legalität ist gewahrt worden, der legale Terror hat sich gegenüber der unmittelbaren Aktion durchgesetzt. Der Wohlfahrtsausschuß hat standgehalten; er hat es verstanden, rechtzeitig und auf einem Gebiet nachzugeben, das er selbst ausgewählt hat. Im Ergebnis ist seine Autorität gestiegen; dies war ein weiterer Schritt zur Stärkung der Revolutionsregierung.

### 3. Erfolge der Volksbewegung und Festigung der Regierung (September–Oktober 1793)

Nach den Tagen des 4. und 5. September 1793 blieb der Druck des Volkes bestehen, während Konvent und Wohlfahrtsausschuß den Weg des Terrors und der Zwangswirtschaft nur widerwillig einschlugen. Der Druck der Volksbewegung wirkte sich nach zwei Richtungen hin aus und verzögerte dadurch die Konsolidierung der Revolutionsregierung, die bereits gegen eine starke Opposition innerhalb des Konvents anzukämpfen hatte. Die Kämpfer aus den Sektionen und Klubs verlangten die Verschärfung des Terrors durch eine gründliche Säuberung der Verwaltungsorgane, die Entfernung von Verdächtigen aus dem öffentlichen Leben und durch gesteigerte Repression. Die unvermindert anhaltende Versorgungskrise bewirkte andererseits ihre hartnäckige Forderung nach einer umfassenden Wirtschaftslenkung und der versprochenen, aber ständig aufgeschobenen allgemeinen Preisfestsetzung.

Den ganzen September über taktierte der Wohlfahrtsausschuß geschickt zwischen den Fronten, indem er den Druck des Volkes zur Beherrschung des Konvents und den Konvent zur Abschwächung der Volksbewegung einsetzte; er machte dabei die unerläßlichen Konzessionen, stärkte aber zugleich nach und nach seine Position. Billaud-Varenne und Collot d'Herbois, die die Forderungen des Volkes unterstützt hatten, wurden am 6. September in den Ausschuß gewählt. Am 13. wurde der allgemeine Sicherheitsausschuß neu besetzt: in Zukunft sollte der Wohlfahrtsausschuß dem Konvent die Liste seiner Mitglieder vorlegen. Für die anderen Ausschüsse wurde dieselbe Entscheidung getroffen. Damit machte die Konzentration der Regierungsgewalt Fortschritte. Der vorrangig eingesetzte und mit der Kontrolle aller anderen, selbst der ihm gleichgeordneten Ausschüsse beauftragte Wohlfahrtsausschuß rückte in das Zentrum aller Regierungsentscheidungen.

Die im Grunde seit dem 5. September auf der Tagesordnung stehende Schreckensherrschaft wurde nach und nach von den Aktionen des Volkes erzwungen. Auf Betreiben des Staatssekretärs der Regierung Vincent und unter der Kontrolle der Sektionen entwickelte sich eine breit angelegte Säuberungswelle in den Verwaltungsapparaten, besonders in den Kriegsbüros; die Revolutionsausschüsse wurden durch den Generalrat der Kommune erneuert und unterstanden damit nicht mehr den Sektionsführungen; die Versammlungen und Ausschüsse der Sektionen selbst entfernten alle Gemäßigten, die *Indifférents* und die Lauen, aus ihren Reihen. Der Konvent und die Regierungsausschüsse duldeten diese Säuberung eher, als daß sie deren Leitung übernahmen. Aber weit mehr noch als die Säuberung verlangte der Volkszorn Unterdrückungsmaßnahmen. Die Forderung nach Terror wurde um so nachdrücklicher gestellt, je weniger sich die Regierung zu einer allgemeinen Ausweitung der Repression entschließen konnte. Während die Revolutionsausschüsse auf Veranlassung der Pariser Kommune bereits zur Verhaftung Verdächtiger schritten, verbreiteten sich Mitte September Gerüchte von Massenmorden: am 8. äußerten Gefangene, die zum Abbaye-Gefängnis geführt wurden, die Befürchtung, daß es zu einer Neuauflage der Gefangenenmorde vom Vorjahr kommen könnte. Der Konvent spürte die Gefahr und das Risiko, daß ihm die Führung entgleiten könnte. Zur Vermeidung jeder mißbräuchlichen Auslegung der im Prinzip am 5. angenommenen Maßregeln verabschiedete er am 17. Spetember 1793 aufgrund der Vorlage von Merlin de Douai das *Gesetz über die Verdächtigen*. Die gesetzliche Definition des Begriffs Verdächtiger war sehr weit gefaßt, so daß damit alle Feinde der Revolution getroffen werden konnten. Verdächtige waren die Verwandten von Emigranten, es sei denn sie konnten ihren eifrigen Einsatz für die Revolution beweisen, alle diejenigen, denen das *Bürgerzeugnis* verweigert worden war, und alle vom Amt suspendierten oder abgesetzten Beamten. Verdächtige – in einem allgemeineren Sinne – waren alle, die sich durch ihr Verhalten oder ihre Beziehungen, durch ihre Äußerungen oder Schriften als »Anhänger der Tyrannei oder des Föderalismus und als Feinde der Freiheit« erwiesen hatten, und ferner diejenigen, die keinen Nachweis über die Herkunft ihres Einkommens führen konnten (das betraf die Spekulanten). Die Revolutionskomitees wurden beauftragt, die Verdächtigen-Listen aufzustellen.

Auch die am 4. September grundsätzlich beschlossene Zwangswirtschaft wurde erst unter dem Druck der Pariser Massen eingeführt. Die Festsetzung eines nationalen Höchstpreises für Getreide und Mehl am 11. September wurde als unzureichend angesehen. Gegen Mitte September kam es wieder zu Ansammlungen vor den Türen der Bäckerläden, und die Petitionen häuften sich; am 22. legten die Sektionen mit der Unterstützung der

Kommune dem Konvent eine Denkschrift vor: »Im Prinzip habt ihr verordnet, daß alle notwendigen Lebensmittel taxiert werden sollen . . ., das Volk ist in Not und erwartet ungeduldig eure konkrete Entscheidung.« Zur gleichen Zeit stand der Wohlfahrtsausschuß in einer heftigen Auseinandersetzung mit der Konventsopposition; er entschloß sich, die Wirtschaftslenkung zu forcieren, um die Versammlung mit der Angst vor dem Druck des Volkes im Zaum zu halten und gleichzeitig der Forderung des Volkes zu genügen. Das *Gesetz über das allgemeine Maximum* wurde am 29. September 1793 verabschiedet. Das Gesetz bestimmt Höchstgrenzen für Lebensmittelpreise und für Löhne. Die wichtigsten Grundnahrungsmittel werden in den Bezirken auf den um ein Drittel erhöhten Durchschnittspreis von 1790 taxiert; Zuwiderhandelnde sollten auf die Liste der Verdächtigen gesetzt werden. Es wäre unlogisch gewesen, die Lebensmittelpreise zu taxieren, ohne zugleich den Tagesarbeitslohn festzusetzen: das Gesetz bestimmt die Höchstlöhne in den Gemeinden nach dem um die Hälfte erhöhten Satz von 1790. Die Schwierigkeiten bei der Anwendung dieses Gesetzes waren außergewöhnlich groß; die Durchführung des allgemeinen Maximums erforderte eine unbeugsame Härte und eine strengere Zentralisierung; die Folge war eine entscheidende Ausweitung des Terrors und der Diktatur.

Zur gleichen Zeit wurde die Position des Wohlfahrtsausschusses gefestigt. Das äußerte sich sowohl in der Ausschaltung der Enragés als auch in dem Verstummen der Konventsopposition.

Die Beseitigung der Enragés war nur durch die Uneinigkeit des Volkes möglich: Jaques Roux, Leclerc und Varlet hatten sich weit nach vorne gewagt und boten den Abwehrschlägen der Regierung, die sich vor einer Überflügelung sehr in acht nahm, ein leichtes Ziel. Am 19. September 1793 schrieb das offiziöse *Journal de la Montagne:*

»Die Volksbewegungen sind nur dann gerechtfertigt, wenn sie sich gegen die Tyrannei als notwendig erweisen . . .; die Schurken, die zu wilden und ungesetzlichen Bewegungen geraten haben, um unseren Feinden zu dienen oder ihre persönlichen Absichten zu befriedigen, sind schon immer mit Schande und Verachtung überschüttet worden.«

Im Interesse einer größeren Wirksamkeit seiner Politik wollte der Wohlfahrtsausschuß diese *ungeordneten* Bewegungen, d. h. den manchmal unübersichtlichen Ansturm der Massen, nicht länger dulden. Jacques Roux wurde am 5. September 1793 aufgrund einer Denunziation zum zweiten Mal verhaftet: diesesmal wurde er nicht wieder freigelassen. Varlet erging es ebenso. Auf Anordnung des Allgemeinen Sicherheitsausschusses wurde er am 18. September 1793 verhaftet und beschuldigt, die Opposition in der Sektion Droits-de-l'homme gegen die Verordnung, die die Zahl der Sektionsversammlungen auf zwei in der Woche begrenzte, angeführt zu haben:

»Wollt ihr dem Volk die Augen verbinden, seine Wachsamkeit einschläfern? Und bei welcher Gelegenheit tut ihr das? Gerade dann, wenn es die Gefahren für das Vaterland notwendig machen, eine ungeheure Macht in eure Hände zu legen, die eine aktive Überwachung erfordert.«

Währenddessen setzte Leclerc seine regierungsfeindliche Kampagne im *Ami du Peuple* fort: nach einer Denunziation bei den Jakobinern und wegen der drohenden Verhaftung stellte er das Erscheinen seines Blattes am 21. September ein. Es blieb noch die Gesellschaft der Revolutionären Republikanischen Frauen, die unter der Führung der Schauspielerin Claire Lacombe stand: am 20. Oktober 1793 wurde die Gesellschaft aufgelöst, und die Frauenklubs wurden verboten. Die Logik der Ereignisse führte den Wohlfahrtsausschuß also schließlich bis zur Unterdrückung der Organisationen des Volkes: dies wiederum konnte auf längere Sicht nur zu einer Abneigung gegen die Regierung führen, die sich wenig um die Souveränität kümmerte, jedenfalls um diejenige, die die Sansculotten anstrebten.

Im Anschluß an eine der erbittertsten Debatten in der Versammlung wurde die Opposition im Konvent für eine Zeit lang zum Schweigen gebracht. Bouchotte hatte am 24. September 1793 die Absetzung Houchards, der die Nordarmee befehligte und nach seinem Sieg von Hondschoote in Menin geschlagen worden war, angekündigt: das war das Signal zum Angriff. Der inzwischen aus dem Wohlfahrtsausschuß ausgeschiedene Thuriot wandte sich am 25. September mit aller Schärfe gegen die Regierungspolitik, indem er der Zwangswirtschaft und den Säuberungen den Kampf ansagte und schließlich ausrief: »Man muß dieser reißenden Flut, die uns zur Barbarei führt, Einhalt gebieten.« Diese Anklage entsprach den geheimen Absichten des Konvents: er applaudierte und benannte als neues Ausschußmitglied den Abgeordneten Briez, der Beauftragter in Valenciennes war, als die dortige Festung kapitulierte. Robespierre warf das ganze Gewicht seines Prestiges und seiner Beredsamkeit in die Debatte:

»... Ich erkläre euch: derjenige, der zu der Zeit in Valenciennes war, als der Feind einzog, ist als Mitglied des Wohlfahrtsausschusses untragbar ... Das sieht hart aus, es ist aber noch viel härter für einen Patrioten, daß in zwei Jahren 100 000 Mann durch Verrat und Schwäche umgebracht worden sind; die Schwäche gegenüber den Verrätern ist unser Untergang.«

Der damit bezwungene Konvent gab dem Wohlfahrtsausschuß auch weiterhin sein Vertrauen.

Der Machtzuwachs des Ausschusses war ein Ergebnis dieser Debatten. Am 10. Oktober 1793 erklärte der Konvent aufgrund der Vorlage von Saint-Just, daß die Regierung Frankreichs *bis zum Frieden revolutionär* bleibt. Die Grundlagen der Revolutionsregierung, d. h. die Koordination der Ausnahmemaßnahmen unter der ausschließlichen Führung des Wohlfahrtsausschusses, waren im September gelegt worden. Die notwendigen wirtschaftlichen Entscheidungen und die tatsächliche Durchführung des allgemeinen Maximums erforderten jetzt ihre endgültige Festigung. Die Verordnung vom 10. Oktober 1793 war ein erster Schritt in dieser Richtung:

»Die Gesetze sind revolutionär«, hatte Saint-Just erklärt, »diejenigen, die sie ausführen, sind es nicht ... Die Republik wird erst dann Bestand haben, wenn der Wille des Souveräns die monarchische Minderheit zurückdrängen und über sie mit dem Recht des Eroberers regieren kann ... Diejenigen, die mit dem Recht nicht regiert werden können, muß man mit dem Schwert beherrschen ... Es ist ausgeschlossen, daß revolutionäre Gesetze von einer Regierung ausgeführt werden können, die selbst nicht revolutionär ist.«

In der Konsequenz werden die Minister, Generale und die bereits bestehenden Körperschaften der Überwachung durch den Wohlfahrtsausschuß unterstellt, der in direkter Verbindung mit den Bezirken steht, die ihrerseits als wichtigste Triebfeder für die neue Organisation anzusehen sind. Dem Autoritätsprinzip wurde gegenüber dem Wahlprinzip der Vorzug gegeben. Der Druck des Volkes hatte zur Folge, daß der Terror auf die Tagesordnung gesetzt und politisch mit Hilfe des Gesetzes über die Vedächtigen sowie wirtschaftlich mit dem Gesetz über das allgemeine Maximum planmäßig ausgebaut wurde. Aus der Septemberkrise, die der Revolutionsregierung einen mächtigen Aufschwung gegeben hat, ging der Wohlfahrtsausschuß schließlich gestärkt hervor. Die Vormachtstellung des Ausschusses zeichnete sich mehr und mehr ab; aber erst nach weiteren Erschütterungen war sie endgültig gesichert.

## III. DIE ORGANISATION DER JAKOBINISCHEN WOHLFAHRTSDIKTATUR (OKTOBER-DEZEMBER 1793)

Die Regierung war als revolutionär bis zum Frieden proklamiert worden; sie organisierte sich Schritt für Schritt. Alle ihre Anstrengungen richteten sich auf den Sieg an den Grenzen und die Zerschlagung der Konterrevolution im Innern. In politischer Hinsicht wollte der Wohlfahrtsausschuß die Repression in geordnete Bahnen lenken, die Schreckensherrschaft in ihrem legalen Rahmen aufrechterhalten und die Volksbewegung kontrollieren. Der von den Forderungen des Volkes ausgehende Druck hielt jedoch an, besonders stark war er auf dem Gebiet der politischen und wirtschaftlichen Zwangsmaßnahmen; die im September getroffenen Entscheidungen stellten zwar eine gewisse Erfüllung für die Sansculotten dar, ihre Beruhigung trat damit aber noch nicht ein; ihr Einfluß erreichte erst im Oktober und November 1793 seinen Höhepunkt. Doch schon jetzt war die Absicht der Regierung erkennbar, die Volksbewegung in eng umgrenzte Bahnen zu lenken und sie dort zu halten. Plötzlich kam die Entchristianisierung auf und gab der Volksbewegung wieder neue Impulse. Der Wohlfahrtsausschuß bemühte sich, sie zu bremsen: auf diese Weise vergrößerte er die Kluft, die zwischen ihm und den Sansculotten aufgebrochen war. Die Verordnung vom 14. Frimaire des Jahres II (4. Dezember 1793), die seine Autorität festigte und seine Regierung organisierte, bestätigte die Entwicklung, die sich seit dem 2. Juni vollzog.

### 1. Die Schreckensherrschaft

Die im September 1793 aufgebaute Schreckensherrschaft lief erst im Oktober unter dem Druck der Volksbewegung richtig an. Bis zum September waren von 260 Personen, die sich vor dem Revolutionstribunal zu verantworten hatten, 66, also etwa ein Viertel, zum Tode verurteilt worden. Der Sieg des Sansculottismus leitete einen neuen Abschnitt in der Geschichte des Revolutionstribunals ein: am 5. September wurde es in 4 Abteilungen untergliedert, von denen je zwei gleichzeitig tätig waren; zusammen mit dem Allgemeinen Sicherheitsausschuß schlug der Wohlfahrtsausschuß die Listen für die Richter und Geschworenen vor; Fouquier-Tinville blieb als öffentlicher Ankläger im Amt, während Herman zum Präsidenten ernannt wurde.

Die großen politischen Prozesse begannen im Oktober. Auf Antrag von Amar wurden am 3. die Girondisten vor das Revolutionstribunal gestellt, und ebenso Marie-Antoinette auf Antrag von Billaud-Varenne. Die Königin wurde am 16. Oktober guillotiniert; ihre Hinrichtung war »für den *Père Duchesne* die größte aller Freuden«. Der Prozeß gegen die 21 Girondisten begann am 24.; da die Debatten kein Ende zu nehmen drohten, verordnete der Konvent, daß die Geschworenen nach drei Tagen ihr Urteil fällen könnten; die Girondisten starben am 31. Oktober. Die terroristische Kampagne Héberts erstreckte sich über den ganzen Herbst, sie ließ den Strafwillen bei den Sansculotten noch weiter wachsen. Nach der Hinrichtung von Philippe-Égalité, dem Herzog von Orléans, am 6. November gab der *Père Duchesne* dem Tribunal den guten Rat, »das Eisen zu schmieden, solange es heiß ist, und schnellstens den Verräter Bailly und den schändlichen Barnave unter das nationale Rasiermesser zu bringen . . .« In der 312. Nummer rühmte er die Tugenden der *Heiligen Guillotine* und protestierte schon im voraus gegen jede Milde. Madame Roland wurde am 8. November hingerichtet, Bailly am 10. und Barnave am 28. In den letzten drei Monaten des Jahres 1793 wurden von den 395 Angeklagten 177, also 45%, zum Tode verurteilt. Die Zahl der in den Pariser Gefängnissen Inhaftierten stieg von etwa 1500 gegen Ende August auf 2398 am 2. Oktober und auf 4525 am 21. Dezember 1793.

In den Departements hing das Ausmaß des Terrors jeweils von der Gefährlichkeit der Revolte und vom Temperament des dorthin entsandten Konventskommissars ab. Die vom Bürgerkrieg nicht erfaßten Gebiete blieben wenigstens bis Ende 1793 zumeist verschont. Nach der Niederwerfung des föderalistischen Aufstandes in der Normandie kam es dort zu keiner die Todesstrafe fordernden Anklage, und Lindet rief zur allgemeinen Versöhnung auf. In den westlichen Departements, in denen der Vendée-Aufstand gewütet hatte, waren Militärkommissionen aus 5 Mitgliedern in den Hauptstädten Rennes, Tours, Angers und Nantes eingesetzt; sie verurteilten die Rebellen, die sie mit Waffen antrafen und festnahmen, aufgrund einer einfachen Identitätsfeststellung zum Tode. In Nantes ließ der Konventskommissar Carrier Hinrichtungen ohne gerichtliches Urteil durch Ertränken in der Loire vornehmen; auf diese Art kamen von Dezember bis Januar 2–3000 Personen um, eidverweigernde Priester, Verdächtige, *Räuber* und nach allgemeinem Recht Verurteilte. In Bordeaux leitete Tallien die Repression; in der Provence waren es Barras und Fréron, sie ließen in Toulon Massenhinrichtungen ausführen. Die Schreckensherrschaft in Lyon entsprach dem Ausmaß an Gefahr, in das die Republik durch die Rebellion dieser Stadt geraten war; eine zweimonatige Belagerung, vom 9. August bis zum 9. Oktober 1793, war erforderlich gewesen, um den Aufstand niederzuschlagen. Nach dem Antrag Barères beschloß der Konvent am 12. Oktober die Zerstörung dieser Stadt:

»Alles von Reichen Bewohnte soll niedergerissen werden; nur die Häuser der Armen und die Wohnungen der Patrioten, der Ermordeten und der Flüchtlinge werden übrigbleiben; ... die erhaltenen Häuser sollen von jetzt an den Namen *Befreite Stadt* tragen.«

Während sich Couthon damit begnügte, einige Häuser an der Place Bellecour einreißen zu lassen, organisierten Collot d'Herbois und Fouché, die am 7. November eintrafen, die Repressionsmaßnahmen in großem Stil; eine Revolutionskommission trat an die Stelle der als zu nachgiebig beurteilten Volksjustizkommission und fällte 1667 Todesurteile; Gewehr- und Kartätschenfeuer ersetzten die zu langsame Guillotine. Im wesentlichen war die Schreckensherrschaft eine politische Aktion; die äußeren Umstände zwangen ihr aber oft soziale Aspekte auf, weil sich die Konventsbeauftragten nur auf die Masse der Sansculotten und die Kader der Jakobiner stützen konnten. Hauptsächlich hatten diese Kommissare das Massenaufgebot zu leiten; viele von ihnen beließen es bei den notwendigsten Maßnahmen für die nationale Verteidigung und die innere Sicherheit. Andere gaben ihren revolutionären Entscheidungen eine betont soziale Bedeutung, indem sie die Reichen besteuerten, revolutionäre Armeen aufbauten, Werkstätten und Hospize errichteten oder das Maximum streng durchführten: so wirkten Isoré und Chasles im Norden, Saint-Just und Lebas im Elsaß und Fouché in der Nièvre... Am 10. Brumaire des Jahres II (31. Oktober 1793) verordneten Saint-Just und Lebas, daß die Reichen Straßburgs eine Steuer von 9 Millionen zu zahlen hatten, von denen zwei Millionen für die Unterstützung bedürftiger Patrioten verwendet werden sollten. Als Robespierre am 1. Frimaire (21. November) den Jakobinern von der Mission Saint-Justs Rechenschaft ablegte, sagte er: »Ihr seht: man hat die Reichen geschröpft, um die Armen zu nähren und zu kleiden. Die revolutionäre Kraft und die patriotische Energie sind dadurch gestärkt worden. Die Aristokraten sind guillotiniert worden.«

Nicht weniger deutlich sind die wirtschaftlichen Aspekte der Schreckensherrschaft. In Paris kontrollierte die Kommune die Lebensmittelverteilung, vor allem durch die Einführung von Brotkarten; sie genehmigte den gegen den Wucher eingesetzten Sektionskommissaren, Haussuchungen vorzunehmen; mit Hilfe einschneidender Strafsanktionen wollte sie der *taxation* den nötigen Respekt verschaffen. Abteilungen der Revolutionsarmee, deren Aufstellung am 9. September 1793 beschlossen und die Anfang Oktober aufgebaut worden war, patrouillierten in den Anbauregionen um ganz Paris: die Bauern lieferten ihr Getreide ab. Die Regierungsbehörden gingen indessen über die bestehende Gesetzgebung gegen den Wucher nicht hinaus und weigerten sich, dem Druck der Pariser Sektionen nachzugeben: am 23. Oktober 1793 forderten diese vergeblich vom Konvent die Einsetzung eines Sondergerichts gegen die Accapareurs, dessen Geschworene arme Bürger sein sollten. In den Departements verlangte die Durchführung des Maximums eine außergewöhnliche Strenge: die bloße Androhung der Schreckensherrschaft führte hier zum Erfolg; aus rein wirtschaftlichen Gründen wurden keine Todesstrafen verhängt. Die meisten Städte gingen wie Paris vor: sie rationierten das Brot, und oft wurden die Bäckereien in städtische Regie übernommen. Die Verteilung setzte aber eine normale Versorgung voraus. Um den Warenumlauf zu koordinieren und die Produktion anzuregen, setzte der Wohlfahrtsausschuß am 22. Oktober 1793 eine Versorgungskommission ein, die mit weitestgehenden Vollmachten ausgestattet war und alle Befugnisse über Produktion, Handel und Transport hatte. Das gesamte Wirtschaftsleben der Nation stand unter der Kontrolle des Ausschusses; die *Zwangsgewalt*, über die seine Abgesandten und die Konventskommissare verfügten, ermöglichte ihm die Durchsetzung der Zwangswirtschaft gegenüber allem Widerstreben der Produzenten und Händler. Gerade als die Schreckensherrschaft unter der zunehmenden Kontrolle des Wohlfahrtsausschusses langsam in geordnete Bahnen gelenkt wurde, mußte sich der Ausschuß einer neuen Form der Volksbewegung stellen, die fast seine beherrschende Stellung beseitigt und die Stabilisierung der Revolutionsregierung in Frage gestellt hätte.

## 2. Die Entchristianisierung und der Kult der Märtyrer der Freiheit

Die Hintergründe für die Entchristianisierung muß man sowohl in bestimmten Teilen der seit 1790 betriebenen Religionspolitik als auch in gewissen Zügen der Volksmentalität suchen.

Schon 1790 hatten sich die eidverweigernden Priester auf die Seite der Aristokratie geschlagen. 1792 wurde der konstitutionelle Klerus vielen Revolutionären ebenfalls verdächtig: außer einigen Pfarrern, die wie Jaques Roux Partei für die Volksbewegung ergriffen, blieb die überwiegende Mehrheit der verfassungstreuen Priester tendenziell dem Monarchismus zugewandt, beklagte die Ereignisse vom 10. August und mehr noch die Hinrichtung des Königs. Die Entwicklung wurde 1793 noch deutlicher. Der konstitutionelle Klerus gehörte zu den Gemäßigten und neigte daher natürlicherweise zur Gironde und zum Föderalismus: dies bewirkte, daß er vom Volk mit größerer Feindschaft betrachtet wurde. Viele Politiker hielten es seitdem für nutzlos, mit dem Versuch der Zivilverfassung des Klerus fortzufahren; bereits im November 1792 schlug Cambon vor, dem Klerus kein Gehalt mehr zu zahlen. Doch konnten sich diese Männer schlecht vorstellen, wie der Staat ohne Kirche und das Volk ohne religiöse Zeremonien auskommen konnten. Seit 1790 hat sich nach und nach ein Revolutionskult entwickelt, für den das Föderationsfest vom 14. Juli die erste großartige Kundgebung war. Die praktische Ausübung dieser neuen Religion hat sich langsam bei den Bürgerfesten, Gedenkfeiern – wie der zum 14. Juli – und bei den großen Beerdigungen wie der zu Ehren Mirabeaus herausgebildet. Aber während der Klerus bis dahin noch an diesen öffentlichen Feiern teilgenommen hatte, war das Fest der Einheit und Unteilbarkeit am 10. August 1793 rein weltlich. In derselben Zeit entstand ein echter volkstümlicher Andachtskult um die

*Märtyrer der Freiheit:* Lepeletier, Chalier und vor allem Marat. Mehrere Monate vor dem eigentlichen Beginn der Entchristianisierung deuteten einige Vorfälle in Paris daraufhin, daß bestimmte Kämpfer eine solche Bewegung beabsichtigten: zum Beispiel beim Fronleichnamsfest im Juni 1793 oder bei der Suchaktion nach Edelmetallen und der Einziehung der für die Waffenindustrie benötigten Glocken. Am 12. September 1793 forderte die Sektion Panthéon-Français die Eröffnung von *Schulen der Freiheit,* in denen jeden Sonntag die »Abscheu vor dem Fanatismus« verkündigt werden sollte. Die Entchristianisierung entsprach also einer Strömung, deren äußere Kennzeichen insbesondere seit dem Eintritt der Sansculotten in das politische Leben zu verfolgen sind. Die Bewegung wurde dadurch beschleunigt, daß das antireligiöse Empfinden in bestimmten Erfordernissen für die nationale Verteidigung Unterstützung fand: mit den Edelmetallen konnte die Assignate gestützt werden, aus der Bronze der Glocken konnte man Kanonen gießen. Die Entchristianisierung bekam dadurch einen wirtschaftlichen Aspekt: die *Jagd nach Gold* war oft eine ihrer Ursachen und eine ihrer Folgen zugleich.

Die Annahme des Revolutions-Kalenders, nach Aulard die antichristlichste Maßnahme der Revolution überhaupt, zeigte, daß die Ansichten des Konvents und der revolutionären Bourgeoisie auf diesem Gebiet mit denen der Avantgarde des Volkes übereinstimmten. Am 5. Oktober 1793 nahm der Konvent den Antrag von Romme an, nach dem der 22. September 1792, der erste Tag der Republik, das republikanische Zeitalter eröffnete; das Jahr wurde in 12 Monate zu 30 Tagen eingeteilt und jeder Monat in drei Dekaden; die 5 oder 6 Zusatztage zur Vervollständigung des Jahres hießen zu Anfang *Sansculotten-Tage.* Der zehnte Tag einer Dekade nahm damit die Stelle des Sonntags ein; die Dekadenfesttage sollten den religiösen Feiertagen Konkurrenz machen. Am 24. Oktober 1793 wurde ein neuer Antrag zum Kalender – diesmal von Fabre d'Églantine, dem Verfasser von »Es regnet, regnet, Schäferin« – gestellt; die Monate sollten folgende von ihm ausgedachte poetische Namen tragen: *Vendémiaire, Brumaire, Frimaire, Nivôse, Pluviôse, Ventôse, Germinal, Floréal, Prairial, Messidor, Thermidor und Fructidor*[1].

---

1 Wein-, Nebel-, Reif-, Schnee-, Regen-, Wind-, Keim-, Blüten-, Wiesen-, Ernte-, Hitze- und Fruchtmonat.

Dieser Versuch, das Alltagsleben vom christlichen Einfluß zu befreien, wurde noch von der Verordnung vom 15. Brumaire (5. November) vervollständigt, die eine Reihe von Bürgerfesten einsetzte:

»Frei von Vorurteilen und würdig, die französische Nation zu vertreten«, hatte der Berichterstatter Marie-Joseph Chénier erklärt, »werdet ihr auf den Trümmern des entthronten Aberglaubens die einzige universelle Religion gründen können, die weder Geheimnisse noch Mysterien kennt, deren einziges Dogma die Gleichheit ist, deren Kanzelredner unsere Gesetze und deren Oberpriester die Beamten sind, und die den Weihrauch der großen Gemeinschaft nur auf dem Altar des Vaterlandes, der gemeinsamen Mutter und Gottheit, entzündet.«

Bis dahin war indessen der katholische Gottesdienst zumindest dem Gesetz nach unangetastet geblieben. Die Entchristianisierung im eigentlichen Sinne entwickelte sich auf Veranlassung einiger Konventsbeauftragter in den Departements. Am 21. September 1793 weihte Fouché in der Kathedrale von Nevers eine Brutus-Büste ein; am 26. erklärte er in der Volksgesellschaft von Moulins, daß er die »abergläubischen und heuchlerischen Gottesdienste« durch solche der Republik und der natürlichen Moral ersetzen wolle; am 10. Oktober schließlich verbot Fouché jedes religiöse Zeremoniell außerhalb der Kirchen, verweltlichte die Beerdigungen und die Friedhöfe, über deren Eingängen er folgende Inschrift anbringen ließ: »Der Tod ist ein ewiger Schlaf.« In Rochefort verwandelte Lequinio die Kirchen in Tempel der Wahrheit; in der Somme untersagte Dumont die Sonntagsgottesdienste und verlegte sie auf den zehnten Tag der Dekaden; in Maubeuge ließ Drouet die wertvollen Gottesdienstgegenstände als »Zierrat des Fanatismus und der Ignoranz« beschlagnahmen; manche Kommissare ermunterten die Priester zur Heirat.

Dem Konvent wurde die Entchristianisierung von außen her aufgezwungen. Chaumette hatte Ende September auf einer Reise in die Nièvre, sein Heimatland, dem Fest vom 21. an der Seite Fouchés beigewohnt und empfahl nun der Kommune von Paris ähnliche Eingriffe: am 14. Oktober verbot diese alle religiösen Zeremonien außerhalb der Kirchen. Die Kommune handelte jedoch vorsichtig. Hébert wartete bis Ende Oktober, bis er in der 301. Nummer des *Père Duchesne* die *Pfaffen* angriff. Der Anstoß kam von anderer Seite. Am 9. Brumaire des Jahres II (30. Oktober 1793) kündigte die Gemeinde Ris bei Corbeil dem Konvent an, daß sie anstelle des heiligen Blasius jetzt Brutus als Schutzheiligen annehmen wollte; am 16. (6. November) erklärte eine Delegation aus Mennecy im gleichen Bezirk, daß sie den katholischen Gottesdienst aufgeben wollte, verlangte die Abschaffung ihrer Pfarrgemeinde und weihte vor den Augen des Konvents antireligiösen Mummenschanz. Auf wessen Veranlassung agitierten die Sansculotten von Ris und Mennecy? War es eine konterrevolutionäre Intrige gegen die konstitutionellen Priester? Oder kam der Druck von den Kommissaren oder dem Vollzugsrat des Departements, die mit der Beschlagnahme des Getreides im Bezirk von Corbeil beauftragt waren und in Abteilungen der Revolutionsarmee Unterstützung fanden? ... An jenem 16. Brumaire entschied der Konvent, daß einer Gemeinde das Recht zustand, sich von der katholischen Religion loszusagen. Die Entchristianisierung nahm von jetzt an einen raschen Verlauf. Am Abend des 16. Brumaire hielt der Abgeordnete Léonard Bourdon im Jakobinerklub eine flammende Rede gegen die Priester; danach ließ der Zentralausschuß der Volksgesellschaften, dessen unruhiger Kern aus Extremisten wie Desfieux, Pereira und Proli bestand, einen Petitionsentwurf für die Abschaffung des Gottesdienstbudgets verlesen. In der Nacht vom 16. zum 17. versammelten sich die Urheber der Petition in Begleitung der Abgeordneten Anacharsis Cloots und Léonard Bourdon vor dem Hause Gobels, des Bischofs von Paris, und zwangen ihn zum Abdanken. Er erschien am 17. Brumaire (7. November) mit seinen Vikaren vor den Schranken des Konvents und legte feierlich sein Amt nieder. Sofort berichtete Chaumette der Kommune von dieser »denkwürdigen Szene, in der Fanatismus und Gaukelspiel der Priester ihren letzten Atemzug getan haben«; auf seine Anregung hin wurde beschlossen, in der ehemaligen erzbischöflichen Kirche von Notre-Dame ein Freiheitsfest zu begehen. Am 20. Brumaire (10. November 1793) fand es statt: im Chor war ein symbolischer Berg errichtet worden, auf dem eine Schauspielerin die Freiheit darstellte. Der Konvent hatte an den Festlichkeiten teilgenommen; auf Verlangen von Chaumette verordnete er sogleich, daß Notre-Dame der Vernunft zu weihen war. Innerhalb weniger Tage hatte die Entchristianisierungswelle alle Pariser Sektionen erfaßt. Schon am Abend des 17. sagte sich die Sektion Tuileries auf Antrag des Abgeordneten Thuriot von der Religion los; ihr folgte am 19. die Sektion Gravilliers, wo Léonard Bourdon den Anstoß gege-

313

ben hatte. Die Revolutionsausschüsse und die Volksgesellschaften traten nun ebenfalls in Aktion; am 5. Frimaire waren bereits alle Kirchen der Hauptstadt der Vernunft geweiht. Die Kommune hatte mit der Entscheidung vom 3. Frimaire (23. November 1793), die Kirchen zu schließen, diesen Vorgang bestätigt. Der Kult der Märtyrer der Freiheit entwickelte sich parallel zur Entchristianisierungsbewegung. Während diese aber von Männern, die außerhalb der Sansculotterie standen, ausgelöst worden war, entstand der Märtyrerkult unmittelbar aus der tiefen Verehrung, die das Volk Marat gegenüber empfand. In diesem Kult sahen die Sansculotten während der Sommerkrise 1793 eine Bestätigung ihrer republikanischen Grundsätze, eine Art vom Volke ausgehender Glaubensgemeinschaft und eine Sublimierung ihres revolutionären Glaubens. Der Prunk des neuen Kultes ersetzte in gewisser Weise den des traditionellen Gottesdienstes, der zwar noch praktiziert, aber mehr und mehr überwacht, bald auf die Kirchen beschränkt und endlich ganz verboten wurde. Im Laufe des August 1793 hatten mehrere Pariser Sektionen und Volksgesellschaften Trauerfeierlichkeiten zu Ehren Marats veranstaltet und seine und Lepeletiers Büste festlich enthüllt: die Besonderheiten des neuen Kultes nahmen so langsam Gestalt an. Als die Sansculotten im September endgültig die Oberhand gewannen, wurde der Kult allgemein praktiziert; es erschienen Chöre und bald auch Umzüge, die diesen republikanischen Feiern einen wahrhaft religiösen Pomp verliehen. Die Bürgerprozessionen nahmen im Oktober zu. An die Seite von Marat und Lepeletier wurde noch Chalier gestellt, der von der Konterrevolution in Lyon guillotiniert worden war; diese drei bildeten die revolutionäre Trias. Die Entchristianisierung gab dem Märtyrerkult einen weiteren Aufschwung: alle Pariser Sektionen übernahmen ihn jetzt. Nach der endgültigen Schließung der Kirchen erschien er als ein Bestandteil des republikanischen Kultes, den die Volkskämpfer auf den Ruinen des Katholizismus errichten wollten. Die Verehrung der Märtyrer der Freiheit vermischte sich mit dem Kult der Vernunft, einer zu abstrakten Gottheit, selbst wenn sie die Züge einer Opernsängerin trug; die Bildnisse der Märtyrer wurden in den Kirchen, die zu Tempeln der Vernunft geworden waren, an die Stelle der katholischen Heiligenbilder gehängt. Bereits im Herbst 1793 erschien aber der Märtyrerkult der Regierung und mehr noch bestimmten Teilen der Montagnards-Bourgeoisie gefährlich; er übersteigerte in der

Person Marats das revolutionäre Gefühl zu extremen Äußerungsformen. Die Gegenoffensive des Wohlfahrtsausschusses gegen die Entchristianisierung umfaßte auch den Märtyrerkult.

Anfang Dezember wurde das Haltzeichen gegeben. Als am 21. Brumaire des Jahres II (11. November 1793) eine Abordnung des Zentralausschusses der Volksgesellschaften die Forderung aufstellte, daß kein Gottesdienst mehr vom Staat finanziert werden sollte, verweigerte der Konvent eine Entscheidung darüber. In seinem Bericht über die außenpolitische Lage der Republik vom 27. Brumaire wies Robespierre eindringlich auf die von der Entchristianisierung ausgehende Gefahr hin: Neutrale könnten zu Feinden gemacht werden; am 1. Frimaire (21. November) sprach er sich im Jakobinerklub nachdrücklich für die Freiheit der Religionsausübung aus. Obgleich er kein Befürworter des Katholizismus war, sah er in der Abschaffung des Gottesdienstes einen politischen Fehler: die Republik hatte ohnehin genug Feinde, als daß man es riskieren konnte, noch einen großen Teil der in der traditionellen Religion verwurzelten Volksmassen gegen sie zu wenden. Robespierre bezeichnete Desfieux, Pereira und Proli als *Agenten des Auslandes* und *unmoralische Männer;* damit deutete er an, daß diese Altarstürmer sehr wohl als Demagogen getarnte Konterrevolutionäre sein können:
»Derjenige, der ihn daran hindern will, ist genauso fanatisch, wie derjenige, der die Messe liest ... Der Konvent wird es nicht zulassen, daß man die Priester, die friedlich ihren Gottesdienst halten, verfolgt, aber er wird unnachgiebig und ausnahmslos diejenigen bestrafen, die es wagen sollten, ihr Amt dazu auszunutzen, die Bürger irrezuführen und den Vorurteilen gegen die Republik oder dem Royalismus Vorschub zu leisten.«
Die Position der Regierung auf diesem Gebiet wurde mit Dantons Rückkehr nach Paris gestärkt; er hatte sich seit Oktober in Arcis aufgehalten und war durch die Aufdeckung der *Verschwörung des Auslandes* alarmiert worden. Am 6. Frimaire wandte sich Danton heftig gegen die antireligiösen Maskeraden und verlangte, diese »in die Schranken zu verweisen«; am 8. wiederholte Robespierre noch einmal seine Warnung vor den Gefahren der Entchristianisierung. Am folgenden Tage ließ Chaumette, der spürte, wie der Wind umschlug, von der Kommune die Freiheit der Religionsausübung öffentlich bestätigen; da aber keine Gehälter mehr an die Priester bezahlt wurden, war die Trennung von Kirche und Staat vollzogen. Am 16. Frimaire des Jahres II

(6. Dezember 1793) erinnerte der Konvent seinerseits in einem feierlichen Dekret an den Grundsatz der freien Religionsausübung. Die Versammlung schränkte allerdings die Wirkung ihres Dekrets selbst ein, als sie am 18. auf Vorschlag Barères erklärend hinzufügte, daß sie an den bereits getroffenen Maßnahmen, namentlich an den Erlassen der Konventsbeauftragten, nichts ändern wollte: die geschlossenen Kirchen blieben geschlossen. Die Entchristianisierung wurde fortgesetzt, wenn dies auch verdeckt und in je nach Gebiet und Konventskommissar verschiedenem Ausmaß geschah. Bis zum Frühjahr 1794 traf man immer seltener noch geöffnete Kirchen an.

Trotz seines nur begrenzten Erfolges behielt der Wohlfahrtsausschuß die Oberhand: er hatte der Volksbewegung Zügel angelegt und hatte es vermieden, von den Befürwortern der Entchristianisierung überspielt zu werden. In dieser Zeit besserte sich auch die militärische Lage, wodurch seine Stellung zusätzlich gefestigt wurde.

### 3. Die ersten Siege (September–Dezember 1793)

Alleinige Berechtigungsgrundlage und einziges Ziel der Revolutionsregierung war der Sieg. Der Wohlfahrtsausschuß hätte seine Macht nicht durchsetzen und sich sogar kaum halten können, wenn ihm nicht schnelle Siege über den Feind gelungen wären.

Die Kriegführung wurde vom Ausschuß, der sie mit frischen Kräften intensivierte, koordiniert, wobei der Sansculottenminister Bouchotte tatkräftige Hilfe leistete. Die Berufsoffiziere Carnot und Prieur de la Côte-d'Or traten am 14. August 1793 in den Ausschuß ein und befaßten sich vornehmlich mit militärischen Angelegenheiten, der erstere mit der Leitung der Operationen und der letztere mit der Rüstungswirtschaft. Die Feldzugspläne und die Ernennung von Generalen wurden jedoch innerhalb des ganzen Ausschusses diskutiert.

Robespierre (die Aufzeichnungen in seinem *Notizbuch* lassen dies deutlich erkennen) und Saint-Just spielten bei der Kriegführung eine wichtige Rolle. Auf seinen ausgedehnten Inspektionsreisen kontrollierte und entwickelte Jeanbon Saint-André Gießereien, Gewehrfabriken, Salpeterwerkstätten und Schiffswerften. Lindet kümmerte sich als Mitglied der Versorgungskommission unablässig um die Belieferung der Armeen und der Fabrikationsstätten. Zwar war Carnot gewiß der *Organisator des Sieges*, doch nur in Zusammenarbeit mit dem gesamten Ausschuß. Die Auffassung, Robespierre, Saint-Just und Couthon hätten sich an der planmäßigen Vorbereitung des Sieges nicht beteiligt, ist eine von den Überlebenden des Ausschusses ersonnene Thermidor-Legende, mit der beabsichtigt war, die Verantwortung für die Schreckensherrschaft den Gestürzten aufzubürden, für sich selbst aber den ganzen Ruhm dafür zu beanspruchen, die Republik gerettet zu haben.

Die totale Mobilmachung wurde ab Sommer 1793 organisiert. Es fehlte an allem, die Vorratslager und Rüstkammern waren leer, während im Juli bereits 650 000 Mann aufgestellt waren. Alles, was bis dahin im Ausland gekauft worden war, mußte nun dem eigenen Land entnommen werden. Der Wohlfahrtsausschuß ließ die bekanntesten Gelehrten jener Zeit für seine Ziele arbeiten; zum ersten Mal wurde die wissenschaftliche Forschung systematisch in den Dienst der nationalen Verteidigung gestellt. An der Spitze stand der vielseitig begabte Monge: im Brumaire des Jahres II verfaßte er eine *Beschreibung der Kunst, Kanonen herzustellen*, zusammen mit Hassenfratz organisierte er die zusätzliche Waffenproduktion in Paris, er hatte wesentlichen Anteil an der Durchführung des revolutionären Salpeterabbaus und an der Entwicklung der Schießpulverherstellung. Der Chemiker Berthollet beschäftigte sich ebenfalls mit dem Pulver. Vandermonde schrieb eine Broschüre über die *Herstellungsverfahren für Hieb- und Stichwaffen*. Der Bergbauingenieur Hassenfratz wurde zum Kommissar für die Waffenproduktion ernannt ... Zur Durchführung der außerordentlichen Waffenherstellung in Paris wurden die Eisenarbeiter zwangsverpflichtet, in öffentlichen Gärten und auf öffentlichen Plätzen wurden Schmiedewerkstätten erbaut: die Tagesproduktion erreichte am Ende des Jahres II fast 700 Gewehre. Im Dezember 1793 wurde mit der revolutionären Salpetergewinnung begonnen: die Bürger wurden aufgefordert, die salpeterhaltige Erde in ihren Kellern zu sammeln, die Stadtverwaltungen sollten Reinigungswerkstätten einrichten, in denen man durch Verdunstung *das tyrannentötende Pulver* gewinnen konnte. Die Salpetergewinnung war seitdem ein Ausdruck für den patriotischen Eifer der Sansculotten. Zwar machten sich die Ergebnisse dieser ungeheuren Anstrengung erst im Frühjahr 1794 bemerkbar, doch hatte der Ausschuß in der Zwischenzeit das Dringendste erledigen und die Invasion aufhalten können.

Der in den Armeen ausgeübte Terror hatte einen erheblichen Anteil an diesem Erfolg. Wenn der Wohlfahrtsausschuß in der Lage war, 14 Armeen auszuheben, auszurüsten, zu bewaffnen und zu ernähren und sie zum Sieg zu führen, so verdankte er diesen Erfolg dem Massenaufgebot, den Requisitionen, dem Maximum, der Verstaatlichung der Kriegsproduktion wie auch der Säuberung der Armeeführung und der Zügelung der Generale: alle diese Maßnahmen konnten nur deshalb durchgeführt werden und Erfolg haben, weil die Revolutionsregierung über eine Autorität verfügte, die von der Schreckensherrschaft abgesichert war. Die Generalstäbe und die Heeresleitung wurden gesäubert, und aus den verschiedenen Teilen des ehemaligen Tiers État und auch des besitzlosen Adels wurde eine neue Generation militärischer Führungskader ausgewählt, wobei sich der Ausschuß stets weigerte, durch eine generelle Maßnahme die Adligen aus der Armee und aus öffentlichen Ämtern zu entfernen. Das Kommando über die Nordarmee erhielt der 1762 geborene Jourdan; Kommandant der Rheinarmee wurde der 1761 geborene Pichegru, und Hoche, geboren 1768, übernahm die Führung der Moselarmee. Die Generale wurden von der zivilen Gewalt streng kontrolliert, sie mußten gehorchen. Die Verfassung von 1793 bestimmte in Artikel 110: »Es gibt keinen Oberbefehlshaber«. Die revolutionäre Disziplin galt für alle mit gleicher Strenge, ob General oder Soldat. General Houchard, der Sieger von Hondschoote am 6.–8. September 1793, besetzte Menin; doch plötzlich befahl er entgegen den Anordnungen des Ausschusses den Rückzug, der in eine völlige Niederlage überging. Er wurde abgesetzt, vor das Revolutionstribunal gestellt, zum Tode verurteilt und am 15. November 1793 guillotiniert, weil er die Feldzugspläne gefährdet hatte. Man darf sich auf der anderen Seite aber nicht vorstellen, daß über den Generalen ein Damokles-Schwert schwebte: als der Großangriff von Hoche mit der Moselarmee auf Kaiserslautern fehlschlug, tröstete ihn der Wohlfahrtsausschuß und machte ihm wieder Mut. Die Truppe bekam neues Selbstvertrauen, weil sich die Konventsbeauftragten bemühten, in den Reihen der Soldaten patriotische Gefühle zu entwickeln. *Sieg oder Tod* wurde die Losung der republikanischen Armeen.

Der Sieg kündigte sich ab Herbst 1793 an. Die Einnahme von

Lyon bedeutete das Ende des föderalistischen Aufstandes. Eine lange Belagerung war notwendig gewesen; der von dem Grafen von Précy und den Royalisten aufrechterhaltene Widerstand der Stadt erforderte einen ausgedehnten militärischen Aufwand, der die Alpenarmeen schwächte. Am 29. September besetzten die Republikaner Fourvière; in die *Befreite Stadt* selbst konnten sie aber nicht vor dem 9. Oktober einmarschieren. Danach konnte der Wohlfahrtsausschuß die Belagerung von Toulon forcieren, die unter dem Befehl von Dugommier und dessen Adjutanten, Artilleriehauptmann Bonaparte, durchgeführt wurde. Am 15. Dezember 1793 erfolgte der Sturmangriff; die Stadt fiel am 19; sie erhielt den Namen Port-la-Montagne. Ein energisches Eingreifen des Wohlfahrtsausschusses führte zur Zerschlagung der Revolte in der Vendée. Die Besatzung von Mainz, die freien Abzug mit allen kriegerischen Ehren erhalten hatte, führte einen entscheidenden Schlag gegen die katholisch-royalistische Armee. Alle republikanischen Streitkräfte wurden zu einer einzigen Westarmee unter dem Oberbefehl von Léchelle, unterstützt von Kléber, zusammengefaßt. Zwei starke republikanische Heersäulen, von denen die eine von Niort und die andere von Nantes startete, trieben die Rebellenbanden vor sich her und vereinigten sich in Cholet, wo die Vendéer am 17. Oktober 1793 vernichtend geschlagen wurden. Doch gelang es La Rochejaquelein und Stofflet, mit 20 000 bis 30 000 Mann die Loire zu überschreiten. Sie rückten bis nach Granville vor, um durch die Einnahme eines Hafens mit den Engländern Fühlung aufnehmen zu können. Am 13. und 14. November wurden sie jedoch vor Granville, das von dem Konventskommissar Le Carpentier verteidigt wurde, zurückgeschlagen; sie zogen nach Süden ab und wurden am 3. und 4. Dezember vor Angers erneut geschlagen; von dort aus marschierten sie nach Le Mans. Marceau und Kléber vernichteten sie in einer erbitterten Straßenschlacht in Le Mans am 13. und 14. Dezember 1793. Die Reste der Vendée-Armee wurden am 23. Dezember in Savenay an der Loiremündung aufgerieben. Dies bedeutete das Ende des *Vendée-Krieges*. Wenn sich La Rochejaquelein und Stofflet auch wieder über die Loire absetzen konnten und Charette noch immer den Marais hielt, so ging jetzt von der Vendée doch keine unmittelbare Gefahr mehr aus.

Der Rückzug der Invasion war gleichfalls ein Ergebnis der Kriegsanstrengungen des Wohlfahrtsausschusses. Alle Grenzen waren überschritten worden. Die englisch-holländischen Truppen des Herzogs von York kamen über die Nordsee und schlossen Ende August Dünkirchen ein, das die Regierung in London um jeden Preis besetzen wollte. Nachdem die kaiserlichen Truppen des Fürsten von Coburg am Sambre-Abschnitt die Festung Quesnoy eingenommen hatten, belagerten sie Ende September Maubeuge. An der Saar zeigte sich die preußische Armee des Herzogs von Braunschweig nur wenig aktiv. Am Rhein aber gingen die Österreicher unter Wurmser zur Offensive über, eroberten am 13. Oktober die *Weißenburger Linien,* schlossen Landau ein und überfielen das Elsaß. Der Ausschuß gab überall den Befehl zum Angriff. Die Befreiung Dünkirchens, das von Souham und Hoche mutig verteidigt wurde, folgte dem Sieg der Armee von Houchard in Hondschoote über das Korps von Freytag, das die Belagerungsoperationen abschirmte: es war eine lange, vom 6. bis 8. September 1793 dauernde, verworrene und unentschiedene Schlacht. Houchard ließ Freytag entkommen und konnte den Rückzug der englischen Armee, die Dünkirchen belagerte, nicht abschneiden. Kurz darauf wurde Houchard in Menin von den Holländern geschlagen; er wurde abgesetzt und guillotiniert. Hondschoote war jedoch der erste Sieg der republikanischen Armeen seit langer Zeit. Die Befreiung von Maubeuge erfolgte im Anschluß an den Sieg der Nordarmee in Wattignies am 16. Oktober 1793; den Oberbefehl hatte Jourdan, Carnot war ihm zu Hilfe gekommen. Der Konventsbeauftragte führte an der Seite der Generale die Sturmkolonnen an. Der kommandierende General der Festung hatte sich während der Schlacht nicht von der Stelle bewegt: er wurde abgesetzt und auf die Guillotine geschickt. Die Österreicher zogen sich nach Mons zurück. Auch dieser Sieg war noch nicht entscheidend. Doch rechtfertigten Hondschoote und danach Wattignies die Politik des Ausschusses, und die Truppen gewannen neues Vertrauen.

Die Befreiung von Landau nahm mehr Zeit in Anspruch. Während der österreichische General Wurmser ins Elsaß einfiel, blieben Braunschweig und die preußische Armee an der Saar untätig. Saint-Just und Lebas wurden als Beauftragte ins Elsaß und Baudot und Lacoste nach Lothringen entsandt. Der Wohlfahrtsausschuß stellte alle Streitkräfte im Osten neu zusammen und verstärkte die von Pichegru befehligte Rheinarmee. Als neuernannter Kommandant der Moselarmee griff Hoche in der Zeit vom 28. bis 30. November bei Kaiserslautern Braunschweig an; er hatte keinen Erfolg. Nach seiner Beförderung zum Befehlshaber beider Armeen startete er eine neue Offensive, nahm die Weißenburger Linien wieder ein, entsetzte Landau am 28. Dezember 1793 und marschierte in Speyer ein. Die Preußen zogen sich nach Mainz zurück, während die Österreicher wieder über den Rhein setzten.

Ende 1793 befand sich die Invasion überall auf dem Rückzug. Die Spanier waren westlich der Pyrenäen über die Bidassoa und östlich bis hinter den Tech zurückgedrängt worden. Savoyen war bereits im Oktober von Kellermann befreit worden. Etwa in dieser Zeit zeigten sich auch die ersten Resultate der totalen Mobilmachung: das Massenaufgebot war in Einheiten aufgestellt; die Kriegsproduktion war angelaufen, Anfang November wurden die ersten Gewehre, die aus den neuen Werkstätten kamen, dem Konvent vorgeführt. Die nationale Verteidigungspolitik des Wohlfahrtsausschusses erwies sich als wirksam.

## 4. Die Verordnung vom 14. Frimaire II
## (4. Dezember 1793)

Anfang Dezember 1793 schien die Volksbewegung zu stagnieren. Die Regierungsoffensive gegen die Entchristianisierung hat die Kämpfer aus den Sektionen und Klubs zersplittert und den Elan des Volkes gebrochen; seit dem 2. Juni 1793 bemühte sich der Wohlfahrtsausschuß, diese Bewegung zu mäßigen und in den Griff zu bekommen. Gleichzeitig wurde es notwendig, die Regierungsaktionen in den Departements zu koordinieren. Die Schreckensherrschaft trat in sehr unterschiedlichen Formen auf. Meistens stützten sich die Konventskommissare auf die Jakobinerklubs und die Volksgesellschaften und überließen die Ausführung der Beschlüsse den Sansculotten des jeweiligen Gebietes. Das führte je nach den Tendenzen der einen oder der anderen zu zahlreichen Richtungskämpfen und zu einer großen Vielfalt der angewandten Terrormaßnahmen. Zwar gelang es den Konventsbeauftragten und den Jakobinern, die nationale Einheit aufrechtzuerhalten, doch fehlte ihren Aktionen sowohl Disziplin als auch Koordination. Die Dualität der Verwaltungsbehörden – die einen waren gewählt, die anderen waren revolutionären Ursprungs – trug ihrerseits oft zur Unordnung bei. Es erschien unerläßlich, die Befugnisse der in Frage stehenden Gewalten zu begrenzen, sie der Zentralgewalt unterzuordnen und die revolutionäre Spontaneität der Massen endgültig auf die von der Revolutionsregierung bezeichneten Ziele zu lenken. Dies wurde um so notwendiger, als es die ökonomische Situation unabweisbar erforderte. Die gesonderte Festsetzung des allgemeinen Maximums für jeden Bezirk ließ zahlreiche Ungleichheiten entstehen, während bestimmte andere Fragen, zu denen die Verordnung vom 29. September 1793 nichts gesagt hatte, dringend geregelt werden mußten: so etwa die Transportpreise oder die Verdienstspannen für Groß- und Einzelhändler. Verschiedene Regionen, zum Beispiel im Süden, litten unter Hungersnot, und in anderen herrschte Überfluß; hieraus entstanden Unruhen und kleinere Aufstände. Der Wohlfahrtsausschuß hielt eine stärkere Zentralisierung der Verwaltung für notwendig, um die Wirtschaftslenkung neu zu organisieren, das Maximum zu vereinheitlichen, den Außenhandel zu verstaatlichen und um auf diese Weise eine gerechte Verteilung unter den Departements zu gewährleisten. Die wirtschaftlichen Erfordernisse veranlaßten den Ausschuß in ebenso starkem Ausmaß wie die politisch dringendsten Aufgaben dazu, seine absolute Herrschaft endgültig über das gesamte Leben der Nation auszudehnen.

Die Verfassungsverordnung über die Revolutionsregierung vom 14. Frimaire des Jahres II (4. Dezember 1793) diente diesem Ziel. Für die Dauer des Krieges wurde die provisorische Verfassung der Republik festgeschrieben und die Zentralisierung straff durchgeführt:

»Der Nationalkonvent ist das einzige Zentralorgan, von dem die Regierungsentscheidungen ausgehen« (Artikel 1); doch »unterstehen alle bestehenden Körperschaften und öffentlichen Amtsträger in Übereinstimmung mit der Verordnung vom 10. Oktober 1793 der unmittelbaren Aufsicht des Wohlfahrtsausschusses; und alle Angelegenheiten, die Personen und die allgemeine sowie die innere Polizei betreffen, werden gemäß der Verordnung vom 17. September 1793 der besonderen Aufsicht des Allgemeinen Sicherheitsausschusses unterstellt« (Artikel 2).

Aus dem Bevollmächtigten der Kommune wird ein *nationaler Geschäftsträger*, ein schlichter Abgeordneter des revolutionären Staates, der der Kontrolle der Regierungsausschüsse unterworfen ist; der Bezirk wird von einem ernannten und nicht gewählten nationalen Beamten geleitet und bildet die eigentlich wichtigste Verwaltungseinheit; das Departement spielt damit nur noch eine sekundäre Rolle. Die Befugnis zur Entsendung von

Kommissaren liegt ausschließlich bei der Regierung; den bestehenden Behörden ist es untersagt, durch Kommissare miteinander in Verbindung zu treten und zentrale Versammlungen zu bilden; dasselbe gilt für die Volksgesellschaften. Während die zentrale Revolutionsarmee beibehalten wird, werden die Departements-Armeen abgeschafft; die revolutionären Preisfestsetzungen sind verboten.

Die zwangsläufige Entwicklung der Ereignisse mündete in die Wiederherstellung der Zentralisation, einer stabilen Verwaltungsorganisation und einer starken Regierungsgewalt; dies waren notwendige Voraussetzungen für den Sieg, den der Wohlfahrtsausschuß hartnäckig angesteuert hatte. Die Aktionsfreiheit der Volksbewegung gab es jedoch nicht mehr.

Um dieselbe Zeit wurde diese diktatorische Zentralisation von den äußeren Umständen wieder in Frage gestellt. Die Revolution siegte: Toulon ist am 19. Dezember zurückerobert worden, die Vendée-Aufständischen wurden am 23. in Savenay vernichtend geschlagen, und die Befreiung Landaus erfolgte am 29. Konnte jetzt nicht die Schreckensherrschaft gelockert und die Diktatur abgeschwächt werden? Alle, die nichts weiter als ein friedliches Leben wünschten, und alle, die die Rückkehr zur Wirtschaftsfreiheit erhofften, erwarteten vom Wohlfahrtsausschuß ein Nachlassen des Drucks und eine Einschränkung seiner Autorität. Doch der Krieg ging weiter, und der im Frühjahr wieder aufgenommene Feldzug stellte weiterhin dieselben Anforderungen. Konnte der Wohlfahrtsausschuß das Vertrauen der Sansculotten, von dem der Sieg entscheidend abhing, noch bewahren, auch wenn er der aufkommenden Mäßigungsoffensive nachgab (und das hatte er anscheinend getan, als er den Schlußstrich unter die Entchristianisierung gesetzt hatte)? Die Revolutionsregierung hatte sich kaum gefestigt, als sie sich auch schon einer zweifachen Opposition ausgesetzt sah.

## 4. Kapitel

# Sieg und Sturz der Revolutionsregierung
# (Dezember 1793 – Juli 1794)

*Der Wohlfahrtsausschuß stellte die Erfordernisse der nationalen Verteidigung über alles. Zu diesem Zweck wollte er weder den Forderungen des Volkes, die der revolutionären Einheit geschadet hätten, nachgeben, noch wollte er sich dem Verlangen der Gemäßigten nach Einschränkung der kriegsnotwendigen Zwangswirtschaft und nach Begrenzung der Schreckensherrschaft – mit deren Hilfe der allgemeine Gehorsam erst erzwungen werden konnte – beugen. Wo aber sollte zwischen diesen sich widersprechenden Forderungen der Ausgleich gefunden werden? Die Revolutionsregierung bemühte sich, zwischen der gemäßigten[1] und der extremen Richtung[2] eine mittlere Position einzuhalten. Am Ende des Winters aber verschärfte sich plötzlich die Versorgungskrise. Das Zusammentreffen der härter gewordenen Opposition mit der Unzufriedenheit des Volkes zwang die Revolutionsregierung im Ventôse (Februar–März) dazu, ihre Unbeweglichkeit aufzugeben. Sie sagte sich von der extremistischen Fraktion los. Nachdem sie die von den führenden Cordeliers eingeschlagene Richtung der Volksbewegung verurteilt hatte, sah die Revolutionsregierung sich den Gemäßigten ausgeliefert, die sie doch zu bekämpfen vorgab. Deren Druck konnte sie eine Zeit lang widerstehen, indem sie alle Bereiche noch straffer führte. Da sie die vom Vertrauen getragene Unterstützung des Volkes nicht zurückzugewinnen vermochte, ging sie schließlich als Opfer des Widerspruchs unter, der seit ihrer Bildung verhängnisvoll auf ihr lastete.*

---

1 »le modérantisme« (Moderantismus).
2 »l'exagération« (Übertreibung).

# I. DER KAMPF DER FRAKTIONEN UND DER TRIUMPH DES WOHLFAHRTSAUSSCHUSSES (DEZEMBER 1793 – APRIL 1794)

Die Liquidierung der Enragés, die Beendigung der Entchristianisierung und die versteckten Angriffe gegen die Organisationen des Volkes, vor allem gegen die Gesellschaften in den Sektionen hatten im Herbst 1793 den Willen des Wohlfahrtsausschusses deutlich werden lassen, von der Volksbewegung, der er bis dahin eher gefolgt war, als daß er sie geführt hätte, einen klaren Abstand zu gewinnen. Dadurch aber begab er sich in die Abhängigkeit des Konvents und begünstigte die Offensive seiner Gegner sowohl in der Versammlung selbst als auch in der öffentlichen Meinung. Danton hatte Robespierre gegen die Entchristianisierungsbewegung unterstützt, allerdings nicht ohne personelle und politische Hintergedanken: er wollte Freunde retten, die gerade im Zusammenhang mit der Affäre um die *Verschwörung des Auslandes* verhaftet worden waren, oder die, wie Fabre d'Églantine, Gefahr liefen, in der Affäre um die Auflösung der Ostindien-Compagnie beschuldigt zu werden. Danton hatte weitergehende Absichten: er wollte den Einflußbereich der Revolutionsregierung dadurch einengen, daß er den Wohlfahrtsausschuß, in dem Billaud-Varenne und Collot d'Herbois als sansculottenfreundlich galten, in zwei Lager spaltete. In allen Punkten stand die Politik Dantons im Gegensatz zum Programm der Volksbewegung, das von Hébert und seinen Freunden bei den Cordeliers unterstützt wurde: äußerster Terror, verschärft durchgeführtes Maximum und Krieg mit allen Mitteln. Der Regierungsangriff gegen die Entchristianisierung gab der Reaktion einen Anreiz und begünstigte die Offensive Dantons. Der Kampf zwischen den Fraktionen brach los. Er hatte die schwerwiegendsten Folgen für die Revolutionsregierung, aber auch für die Volksbewegung und schließlich sogar für die Revolution selbst.

## 1. Die »Verschwörung des Auslandes« und die Affäre um die Ostindien-Compagnie (Oktober – Dezember 1793)

Diese beiden Affären, die sowohl ihren Hauptpersonen als auch ihren Konsequenzen nach eng miteinander verknüpft waren, zerstörten die Einheit der Bergpartei und vertieften die Gegensätze innerhalb des Konvents.

Die *Verschwörung des Auslandes* wurde kurz vor dem 12. Oktober 1793 von Fabre d'Églantine an die Öffentlichkeit gebracht: nach seinem Bruch mit den Extremisten klagte der Freund Dantons vor allem Proli, Desfieux, Pereira und Dubuisson der Komplizenschaft mit einem von den Ausländern geschmiedeten Komplott an, das sich angeblich zum Ziel gesetzt hatte, die Republik durch extrem übersteigerte Maßnahmen zugrunde zu richten. In den revolutionären Kreisen befanden sich zahlreiche Flüchtlinge. Die Revolution hatte anfänglich ihre Gastfreundschaft gegenüber allen Opfern des Despotismus erklärt; sie hatte viele Ausländer aufgenommen. Einige von ihnen, zum Beispiel Anacharsis Cloots und Thomas Paine, gehörten sogar dem Konvent an; andere, wie etwa Pereira, zeichneten sich bei den Cordeliers, in den Klubs und Volksorganisationen aus. Diese ausländischen Flüchtlinge spielten bald eine beträchtliche Rolle, die den Wohlfahrtsausschuß um so mehr beunruhigte, als die Flüchtlinge mit Geschäftsleuten aus dem Ausland, deren Rolle ausgesprochen zwielichtig war, in Verbindung standen. Hier sind zu nennen Walter Boyd, ein Bankier des Foreign Office, der von Chabot protegiert wurde; der Bankier Perregaux aus Neuchâtel, demnach ein preußischer Untertan; auch Proli war Bankier, als Brabantiner war er österreichischer Untertan, er gehörte zum Freundeskreis des Jakobiner-Agitators Desfieux und zahlreicher Montagnards-Abgeordneter; die beiden Brüder Frey, deren jüngere Schwester am 6. Oktober 1793 den Exkapuziner Chabot heiratete, waren Geschäftsleute und österreichische Untertanen; auch Guzman, ein seinem Stand nicht mehr angehörender spanischer Grande, war Geschäftsmann ... All diese Ausländer verfügten über zahlreiche Beziehungen zu einigen Montagnards; sie setzten sich nachhaltig für alle extremen Maßnahmen ein, sie drängten auf Annexionen und unterstützten die Entchristianisierung (Cloots und Pereira gehörten zu denjenigen, die den konstitutionellen Bischof von Paris, Gobel, zum Abdanken veranlaßten); sie trieben mit den Armeelieferungen einen dunklen Handel und spekulierten auf das Fallen des Assignatenkurses.

Unterdessen wurde die Affäre um die Ostindien-Compagnie ruchbar; sie vollendete die Spaltung der Bergpartei. Durch eine Verordnung vom 24. August 1793 waren alle Aktienkompanien und -gesellschaften aufgelöst worden: die Verordnung war auf Angriffe hin erlassen worden, die von Abgeordneten aus der Geschäftswelt wie Delaunay aus Angers, Julien de Toulouse, Chabot, Basire und Fabre d'Églantine inszeniert worden waren, von Männern, die gleichzeitig mit ihrer Anklage gegen die Gesellschaften auf das Fallen der Aktienkurse spekulierten. Die Kassen und Unterlagen der Ostindischen Compagnie wurden gerichtlich versiegelt. Am 8. Oktober 1793 legte Delaunay den Erlaß vor, der ihre schonende Liquidation regelte: Fabre d'Églantine ließ eine Zusatzbestimmung verabschieden, nach der die Liquidation vom Staat und nicht von der Compagnie selbst vorgenommen werden sollte. Als aber dieser endgültige Text im *Gesetzblatt* erschien, war die ursprüngliche Fassung wiederhergestellt worden: die Liquidation sollte von der Compagnie durchgeführt werden. Der erste, von Fabre d'Églantine unterzeichnete Verordnungsentwurf war mit seiner Beihilfe gefälscht worden: Fabre, Delaunay und ihre Freunde hatten von der Compagnie eine Bestechungssumme von 500 000 Livres erhalten. Der Skandal wurde dem Allgemeinen Sicherheitsausschuß am 24. Brumaire des Jahres II (14. November 1793) von Chabot angezeigt: da Chabot im Jakobinerklub wegen seiner Beziehungen zu den Frey's und seiner Heirat mit deren Schwester scharf angegriffen wurde, da er unter dem Verdacht der Spekulation stand und sich in der Entchristianisierungsbewegung kompromittiert hatte, wollte er sich jetzt durch die Auslieferung seiner Komplizen absichern. Basire bestätigte die von ihm erhobenen Anklagen.

Der Wohlfahrtsausschuß glaubte um so eher an die Tatsache der *Verschwörung des Auslandes,* als zu den Umtrieben der Abgeordneten aus der Geschäftswelt und der ausländischen Flüchtlinge noch eine royalistische Intrige des Barons von Batz hinzukam. Die Denunziation Chabot's schien die von Fabre zu bekräftigen. Der Ausschuß kümmerte sich mehr um das politische Problem und seine nationalen Auswirkungen als um die Veruntreuungsaffäre selbst. Zur selben Zeit wurde er von diesen jetzt selbst angeklagten Männern im Konvent angegriffen. Am 20. Brumaire (10. November) hatten noch Basire und darauf Chabot ihre Stimme gegen das System der Schreckensherrschaft erhoben und die Tyrannei der Regierungsausschüsse angeklagt, die schwer auf der Versammlung lastete: an diesem Tag faßte der Konvent den Beschluß, daß kein Abgeordneter vor das Revolutionstribunal gestellt werden kann, ohne daß er zuvor vom Konvent angehört worden ist. Im Verlauf der Debatte hatte sich die heimliche Zusammenarbeit zwischen den Abgeordneten aus der Geschäftswelt und der gerade entstehenden Fraktion der Nachgiebigen (Indulgents) herausgestellt: So gab es ein Einverständnis zwischen Chabot und Thuriot, der eine der Spekulation, der andere des Moderantismus verdächtig, und beide an der Entchristianisierung beteiligt. Die Beschlußvorlage kam zwei Tage später vor den Konvent. Die Ausschüsse waren jedoch von Fabre d'Églantine bereits gewarnt, der die Denunziationen lediglich zur eigenen Deckung verbreitet hatte, und sie sahen seitdem in allen Intrigen zur Spaltung der Patrioten die Arbeit des Auslandes und das Gold von Pitt. Auf die Anzeige von Chabot hin reagierten sie am 17. November mit der Festnahme sowohl der Denunziateure als auch der Denunzierten: Chabot, Basire, Delaunay und Julien de Toulouse. In seinem Bericht *Über die politische Lage der Republik* vom 27. Brumaire II (17. November 1793) griff Robespierre »gleichzeitig den unmenschlichen Moderantismus und die systematischen Übertreibungen der falschen Patrioten« an, »dieser gedungenen Sendboten der ausländischen Höfe«, die »den Wagen der Revolution gewaltsam auf gefährliche Wege zwingen und versuchen, ihn an seinem Ziel zerschellen zu lassen«. Am 1. Frimaire (21. November) richtete Robespierre im Jakobinerklub eine weitere Anklage gegen *die Agenten des Auslandes,* »diese feigen Sendlinge der Tyrannen«, die für die Entchristianisierung verantwortlich gemacht wurden; auf seine Veranlassung wurden Proli, Desfieux, Dubuisson und Pereira aus dem Klub ausgeschlossen.

Die *Verschwörung des Auslandes* und der Skandal mit der Ostindien-Compagnie lösten aufgrund der einflußreichen Stellung der kompromittierten Persönlichkeiten, infolge der aufgedeckten Korruption und aufgrund der an den Tag gebrachten Verbindungen zwischen den aus der Geschäftswelt kommenden Abgeordneten und den Agenten der feindlichen Mächte eine ungeheure Erregung aus und hatten bedeutende politische Folgen. »Das Vertrauen ist wertlos«, hatte Saint-Just am 15. Brumaire an Robespierre geschrieben, »wenn man es mit korrumpierten Männern teilen muß«. Der seitdem ständig und überall gegenwärtige Verdacht vergiftete die Parteistreitigkeiten und steigerte die Haßgefühle. Die *Verschwörung des Auslandes* und die Affäre um die Ostindien-Compagnie führten zur endgültigen Spaltung der Bergpartei und verschärften den Kampf der Fraktionen.

Danton hatte Paris im Oktober 1793 verlassen; seit dem Sommer des Vorjahres war er wiederverheiratet und hatte sich in Arcis-sur-Aube niedergelassen. Nach einer Warnung von Courtois und mit der Vorahnung, daß auch er in die Affäre der Ostindien-Compagnie, in der seine Freunde Basire und Fabre bereits bloßgestellt waren, verwickelt werden könnte, eilte er am 30. Brumaire (20. November 1793) überstürzt nach Paris. Auf der Suche nach einer gemeinsamen Basis sammelte sich die gemäßigte Opposition sofort um Danton. Anfänglich wurde ihre Arbeit von dem Wunsch des Wohlfahrtsausschusses, und besonders dem von Robespierres, erleichtert, die Entchristianisierung abzubremsen: gegen die *Exagérés* (die Übertreibenden) stützte sich die Revolutionsregierung auf Danton, ohne von vornherein darauf zu achten, daß sich die Offensive der Indulgents mit Hilfe der extremistischen Fraktion darauf richtete, die revolutionäre Organisation zu zerstören und die Schreckensherrschaft zu beenden.

Die von Danton geleitete Offensive der Indulgents griff alle Positionen an, in denen die fortschrittlichen Revolutionäre die Führung übernommen hatten. Am 2. Frimaire des Jahres II (22. November 1793) wandte sich Danton gegen die antireligiöse »Verfolgungsjagd« und forderte »die Sparsamkeit mit dem Blut der Menschen«. Am 6. Frimaire protestierte er gegen die antireligiösen Maskeraden, verlangte, »daß man Schranken setze«, und fragte nach einem Bericht der Ausschüsse »über das, was man eine Verschwörung des Auslandes nennt«. Am 11. Frimaire (1. Dezember) ging Danton noch weiter. Cambon hatte den Zwangstausch von Münzgeld gegen Assignaten vorgeschlagen, eine Maßnahme, die von den Sansculotten gefordert wurde und welche die Cordeliers am selben Tag in einer Petition verlangten; dem widersprach Danton, und er gab den *Piken* deutlich zu verstehen, daß ihre Rolle ausgespielt sei: »Wir müssen uns darüber bewußt sein, daß man mit der Pike wohl den Umsturz schafft, daß man aber das Gebäude der Gesellschaft nur mit dem Kompaß der Vernunft und des Geistes errichten und fest verankern kann.«

Auf einen dagegen gerichteten Angriff am 13. Frimaire (3. Dezember) im Jakobinerklub machte Danton das Zugeständnis, daß er keineswegs die Absicht hatte, »die Hauptkraft der Revolution zu brechen«; er sah sich zur Verteidigung gezwungen; er wurde von Robespierre unterstützt, der sich um die Einheit der Bergpartei sorgte: »die Sache der Patrioten ist ebenso wie die der Tyrannei unteilbar; alle stehen solidarisch zusammen!«

Die Kampagne des *Vieux Cordelier* verbreitete die dantonistische Offensive in beträchtlichem Umfang und bezog die gesamte Regierungspolitik mit ein. Camille Desmoulins, der große Journalist und beschränkte Politiker, brachte sein neues Blatt am 15. Frimaire II (5. Dezember 1793) heraus. »Oh Pitt! ich huldige deinem Genie!« Nach Desmoulins sind alle fortschrittlichen Revolutionäre Agenten von Pitt gewesen. In der zweiten Nummer seiner Zeitung vom 20. Frimaire (10. Dezember) richtete Camille einen scharfen Angriff gegen Cloots, den Verantwortlichen für die Entchristianisierung; an seine Seite stellt er aber Chaumette, den Staatsanwalt der Kommune von Paris: »Anacharsis und Anaxagoras werden meinen, das Rad der Vernunft vorwärts zu drehen, während es sich aber als das der Konterrevolution herausstellen wird.« Am 25. Frimaire (15. Dezember) erschien die dritte Nummer des *Vieux Cordelier,* die das gesamte System der Schreckensherrschaft und die Revolutionsregierung selbst in Frage stellte: mit einem Plagiat von Tacitus beschimpfte Camille Desmoulins anhand der Verbrechen der ersten römischen Kaiser die terroristische Praxis der Unterdrückung: »Der Wohlfahrtsausschuß ... hat geglaubt, sich zur Errichtung der Republik vorübergehend der Entscheidungspraxis der Despoten bedienen zu müssen.«

Diese Nummer hatte enormen Erfolg, sie erweckte bei der Konterrevolution neue Hoffnungen und zog all diejenigen auf die Linie ihrer Fraktion, die sich von der Schreckensherrschaft bedroht fühlten. Die Indulgents wurden noch kühner, zumal sie auch durch die wohlwollend neutrale Haltung Robespierres ermutigt wurden, die er ihnen gegenüber bis dahin eingenommen hatte. Am 27. Frimaire des Jahres II (17. Dezember 1793) zeigte Fabre d'Églantine, der den Ausschuß absolut betrogen hatte, dem Konvent zwei der angesehensten Führer der fortschrittlichen Revolutionäre an: Vincent, den Staatssekretär im Kriegsministerium (durch den Sekretär sollte allerdings der Minister, Bouchotte, getroffen werden), und Ronsin, einen General der Revolutionsarmee; gegen sie wurde Haftbefehl erlassen. Wandte sich die Schreckensherrschaft jetzt gegen ihre Urheber? ... Die Regierungsausschüsse waren nicht befragt worden; das Ziel dieses Vorgehens war die Untergrabung ihrer Autorität. Als Ergebnis einer Delegation aus Lyon (»Der Herrschaft des Schreckens möge die der Liebe folgen«) und einer starken Frauenabordnung beschloß der Konvent in der Verordnung vom 30. Frimaire (20. Dezember) die Einsetzung eines Justizausschusses, der die Inhaftierungen prüfen und die zu unrecht Eingekerkerten freisetzen sollte.

Diese Entwicklung kam jedoch Ende Frimaire zum Stillstand. Die Entdeckung des gefälschten Dekrets über die Liquidation der Ostindien-Compagnie bei den Gerichtssiegeln von Delaunay am 29. Frimaire (19. Dezember) (der erste Entwurf mit der Unterschrift von Fabre unter einem Text, dessen Inhalt das Gegenteil von dem der späteren Zusatzbestimmung aussagte) brachte die Dantonisten in eine schlechte Lage. Außerdem gingen die fortschrittlichen Patrioten zum Gegenangriff über. Collot d'Herbois war benachrichtigt worden; er kehrte sofort aus der Commune Affranchie (Lyon) zurück. Collot erschien am 1. Nivôse (21. Dezember) inmitten einer großen Menschenmenge, die ihn von der Bastille zu den Tuilerien begleitete, und einer Sansculotten-Delegation aus Lyon, die den Kopf und die Asche von Chalier mit sich führte, vor dem Konvent: er rechtfertigte die Repression in Lyon mit der Gefahr, in der die Republik schwebte; die Versammlung stimmte zu. Am Abend wandte sich Collot d'Herbois in eindringlichen Worten an die Jakobiner; er warf ihnen Weichheit vor, rühmte die Tatkraft von Ronsin und warnte vor einer falschen Empfindlichkeit für die Opfer der Unterdrückung: »Was sind das für Menschen, die Tränen übrig haben, um über die Leichen der Freiheitsfeinde zu weinen, während das Herz der Patrioten blutet?«

Der Wohlfahrtsausschuß gab seine wohlwollend neutrale Haltung gegenüber der Offensive der Indulgents auf: am 3. Nivôse (23. Dezember) bezog Robespierre bei einer Rede im Jakobinerklub eine Stellung über den Parteien. Der Kampf zwischen den Fraktionen in den Departements stellte eine echte Bedrohung des politischen Gleichgewichts der Regierung dar. Der Bruch zwischen Revolutionsregierung und Volksbewegung, der seit der Beendigung der Entchristianisierung deutlich wurde, bewirkte auf manchen Gebieten einen politischen Kurswechsel. Viele Konventsbeauftragte trennten sich von den Sansculotten und unterdrückten die *Ultras*, während sie die Verdächtigen freiließen: so geschah es in Sedan, Lille und in Orléans, wo der *Enragé*

Taboureau gefangengesetzt wurde, in Blois seit dem Frimaire, in Lyon, wo Fouché jetzt die früheren Freunde von Chalier verfolgte, in Bordeaux, wo Tallien die *Ultras* anklagte, um seine Veruntreuungen öffentlicher Gelder zu verschleiern, und im Departement Gard, wo Boisset den patriotischen Bürgermeister von Nîmes, Courbis, absetzte. Überall kam es zu Auseinandersetzungen zwischen Gemäßigten und Extremisten, in denen die Konventsbeauftragten Partei ergriffen, anstatt die Konflikte zu schlichten. Der Wohlfahrtsausschuß war sich der Gefahr bewußt und griff ein, um seine Schiedsrichterrolle zu unterstreichen.

Auf die am 4. Nivôse (24. Dezember) erschienene 4. Nummer des *Vieux Cordelier* antwortete Robespierre am 5. in seinem Bericht *Über die Grundsätze der Revolutionsregierung*. Camille Desmoulins fordert in der 4. Nummer seines Blattes im Namen der Freiheit (»diese vom Himmel herabgestiegene Freiheit ist keineswegs eine Opernschönheit, und sie besteht auch keineswegs aus einer roten Mütze, einem schmutzigen Hemd oder aus Lumpen. Die Freiheit ist das Glück, die Vernunft; sie ist die Gleichheit, die Gerechtigkeit...«) die Freilassung »dieser zweihunderttausend Bürger, die ihr Verdächtige nennt«, und er glaubt sich »sicher, daß die Freiheit gesichert und Europa besiegt wäre, wenn ihr einen *Ausschuß der Gnade* hättet«. Am 5. Nivôse rechtfertigte Robespierre die Schreckensherrschaft mit dem Kriegszustand. Vor dem Konvent legte er die Theorie der revolutionären Regierung dar, deren Ziel die *Gründung* der Republik ist, während es die Aufgabe der verfassungsmäßigen Regierung ist, die Republik zu *erhalten*:

»Die Revolution ist der Krieg der Freiheit gegen ihre Feinde, die Verfassung ist die Herrschaft der siegreichen und friedlichen Freiheit.«

Da sich die Revolutionsregierung im Krieg befindet, muß sie »eine außerordentliche Aktivität« entwickeln: »Den guten Bürgern schuldet sie den Schutz der Nation, den Feinden des Volkes schuldet sie nur den Tod.«

Von einer Schiedsrichterposition aus verurteilte Robespierre beide extremen Fraktionen:

»Die Regierung muß zwischen zwei Klippen, der Schwäche und der Tollkühnheit, dem Moderantismus und dem Übermaß, hindurchsteuern: der Moderantismus verhält sich zur Mäßigung wie die Impotenz zur Keuschheit; das Übermaß ähnelt der Tatkraft wie die Wassersucht der Gesundheit.«

Das Scheitern der Indulgents-Offensive begann am 6. Nivôse (26. Dezember) offenbar zu werden, als es Billaud-Varenne gelang, den am 30. Frimaire eingesetzten »Justizausschuß« wieder abschaffen zu lassen. Noch eine Zeit lang bemühte sich der Ausschuß, das Gleichgewicht zwischen den beiden sich vergeblich bekämpfenden Fraktionen aufrechtzuerhalten. Am 16. Nivôse des Jahres II (5. Januar 1794) gab Camille Desmoulins die 5. Nummer seines *Vieux Cordelier* heraus: er belastete Hébert schwer, dem vorgeworfen wurde, für seinen *Père Duchesne* von Bouchotte's Kriegsministerium Geld zu erhalten. Am 18. Nivôse (7. Januar) aber wurde der *Vieux Cordelier* bei den Jakobinern angezeigt; Robespierre rügte Camille und beschloß, seine Zeitungen zu verbrennen: »Verbrennen ist keine Erwiderung«, konterte Desmoulins. Am 19. (8. Januar) klagte Robespierre erneut die beiden Fraktionen an, die die Revolutionsregierung bedrohten, sich dabei aber »wie Räuber im Walde« aufführten. Am selben Tag wurde Fabre d'Églantine, der endgültig durch die Entdeckung des in seiner Handschrift abgeänderten Verordnungsentwurfs über die Liquidation der Ostindien-Compagnie bloßgestellt war, von Robespierre im Jakobinerklub angezeigt: in der Nacht vom 23. zum 24. Nivôse (12. zum 13. Januar) wurde er verhaftet. Als Danton am folgenden Tag zugunsten seines Freundes einschreiten wollte, rief Billaud-Varenne aus: »Unglück über den, der an der Seite von Fabre d'Églantine gestanden hat und noch jetzt von ihm zum Narren gehalten wird.« Damit war die Offensive der Indulgents gescheitert; und da sie sich schon kompromittiert hatten, wurden sie darüberhinaus bald von dem Gegenschlag ihrer Widersacher bedroht.

### 3. Die Gegenoffensive der Exagérés (Februar 1794)

Die *Ultra*fraktion der Exagérés war zunächst durch den Widerstand der Regierung gegen die Entchristianisierung verwirrt, die kompromittierenden Beziehungen zu bestimmten extremistischen Ausländern hatten ihr geschadet, und sie war ein Opfer der Intrigen von Fabre d'Églantine. Als sie aber von den Angriffen der Indulgents befreit war, nahm ihr Einfluß wieder zu. Die Fraktion wirkte auf den Klub der Cordeliers ein, der unablässig die Freilassung von Vincent und Ronsin forderte; eines ihrer wichtigsten Kampfzentren lag in den Kriegsbüros, in die Vincent *entschiedene Patrioten* gesetzt hatte; über Hébert hatte sie Einfluß auf die Kommune und über Momoro auf das Departement von Paris. Die Aktionen der Exagérés bezweckten die Freilassung der eingekerkerten Patrioten, die Verschärfung der Schreckensherrschaft und den stärkeren Einsatz der Wirtschaftslenkung.

Die Kampagne zugunsten von Vincent und Ronsin wurde von den Cordeliers mit leidenschaftlichem Eifer geführt; sie war ein wichtiger Agitationsgegenstand in den Volksgesellschaften und den Pariser Sektionen. Am 12. Pluviôse II (31. Januar 1794) sahen die Cordeliers den Unterdrückungszustand als gegeben an und verhängten die Tafel mit der Erklärung der Rechte. Diese mittelbar ausgedrückte Drohung, das Fehlen irgendeines Belastungsmaterials und die Notwendigkeit für die Regierungsausschüsse, den fortschrittlichen Patrioten zum Ausgleich des Einflusses der Gemäßigten einige Zugeständnisse zu machen, erklären die Freilassung von Vincent und Ronsin am 14. Pluviôse (2. Februar).

Die Kampagne zur Verschärfung der Schreckensherrschaft wurde noch verstärkt. Die Cordeliers waren von dem ersten Erfolg ermutigt und wurden von Vincent, der voller Rachsucht das Gefängnis verlassen hatte, noch zusätzlich aufgereizt; so erhoben sie mit großem Nachdruck Anklage gegen die *Neuen Gemäßigten*. Sie forderten die Bestrafung der »Unterdrücker der Patrioten« und »die Vertilgung der schmutzigen Reste des Marais« (18. Pluviôse): das heißt, die Säuberung des Konvents. Die Terrorkampagne zielte insbesondere auf die 75 jetzt gefangenen Abgeordneten ab, die gegen den 2. Juni protestiert hatten, denen Robespierre aber den Gang vor das Revolutionstribunal erspart hatte. Außerdem wurden die Unterzeichner der gemäßigten Petitionen vom Frühjahr 1792, der sogenannten Petitionen der Achttausend und der Zwanzigtausend, angeklagt. Am 24. Pluviôse (12. Februar) rief Hébert im Klub der Cordeliers aus: »Diese ganze Clique muß für alle Zeiten vernichtet werden«. Am 2. Ventôse (20. Februar 1794) beschlossen die Cordeliers, die Zeitung von Marat wieder herauszugeben: darin sollten »die Verräter, die das Volk betrügen, die Aufwiegler und Verführer, die es bestechen oder irreführen wollten«, entlarvt werden.

Die Kampagne zur strengeren Durchsetzung der Zwangswirt-

schaft wurde in den Reihen des Volkes zunehmend günstig aufgenommen: während des ganzen Winters war die wirtschaftliche
Situation ständig schlechter geworden. Auch die Entscheidung
für das Maximum hatte die Schwierigkeiten nicht beseitigen
können. Zwar fehlte es nicht mehr an Brot, doch war es unge-
nießbar; Hungersnot und Teuerung betrafen vor allem die Kolonialwaren, deren Höchstpreise ungestraft überschritten wurden. Eine seit dem Pluviôse anhaltende schwere Fleischversor-
gungskrise steigerte die Unzufriedenheit des Volkes auf das
äußerste. Die Forderungen der Volksbewegung ließen auf politischem Gebiet etwas nach, blieben aber hinsichtlich der Lebensmittelversorgung höchst lebendig; die für die Volksmentalität
charakteristische Feindschaft gegen die Händler äußerte sich
trotz der Einsetzung von Wirtschaftskontrollorganen unaufhörlich. Zwei soziale Schichten litten ganz besonders unter dieser
Krise: die Handwerker, deren Berufsfach nicht mit der kriegsnotwendigen Produktion zusammenhing und die infolgedessen
fast ohne Arbeit waren, und die Tagelöhner. Beide Gruppen
gingen davon aus, daß mit Gewalt und gesteigerter Repression
der Überfluß wiederhergestellt werden könnte. Hébert trug in
seinen Zeitungen dazu bei, den vorübergehend beruhigten terroristischen Geist wiederzubeleben; die 345. Nummer seines *Père
Duchesne* bekräftigte »seine große Anteilnahme daran, daß die
Fleischer, die die Sansculotten wie Hunde behandeln und ihnen
nur Knochen zum Abnagen hinwerfen, eine lockere Hand riskieren (guillotiniert werden sollen), genau wie alle anderen Feinde
der Sansculotterie, zum Beispiel die Weinhändler, die unter dem
Pont-Neuf einen guten Schnitt machen«.[1]
Der Plan einer Volkserhebung nahm Gestalt an: die Versorgungskrise konnte leicht dazu führen, die Sansculotterie wieder
in Bewegung zu setzen.
Der Wohlfahrtsausschuß, der eine Zeit lang von der Offensive
der Indulgents mitgezogen worden war, hatte unterdessen wieder eine Mittelposition zwischen Moderantisten und Exagérés
eingenommen. Wo aber sollte er zwischen diesen gegensätzlichen Richtungen einen Ausgleich finden? Robespierre sah allein in der politischen Tugend einen Weg, den Terror zu umgehen. Dies erklärte er am 17. Pluviôse II (5. Februar 1794) in

---

1 Wortspiel: faire vendange: »Weinlese halten« und »seinen Schnitt machen«.

seiner Rede *Über die Prinzipien der politischen Moral, von denen sich der Konvent leiten lassen muß:*

»Wenn die Aufgabe der Volksregierung im Frieden die Tugend ist, so besteht die Aufgabe der Volksregierung während der Revolution zugleich in der Tugend und dem Terror: ohne die Tugend ist der Terror verderblich, ohne den Terror ist die Tugend ohnmächtig. Der Terror ist nichts anderes als ein schnelles, strenges und unerbittliches Gericht; dennoch ist er eine Emanation der Tugend, er ist weniger ein besonderes Prinzip als eine Folge des allgemeinen Prinzips der Demokratie, das auf die dringendsten Erfordernisse des Vaterlandes angewandt wird.«

Die Tugend, das bedeutet persönliche Uneigennützigkeit, Hingabe an das allgemeine Wohl und, wenn es nottut, Opfergeist; Robespierre wollte diese Bürgertugend mit Hilfe von Institutionen und gesetzlichen sowie gerichtsförmigen Garantien stützen. Was die Schreckensherrschaft betraf, so versuchte der Wohlfahrtsausschuß, sie innerhalb der Grenzen der revolutionären Gesetzmäßigkeit einzuschränken, sie aber als Herrschaftsinstrument beizubehalten. Am Ende des Winters verschärfte sich plötzlich die Versorgungskrise; die Lage in Paris wurde wesentlich schlimmer; ein spontaner Volksaufstand, der die Revolutionsregierung in Gefahr bringen konnte, schien bevorzustehen.

## 4. Die Ventôse-Krise und der Untergang der Fraktionen (März – April 1794)

Die Anzeichen der Krise waren im Laufe des Winters des Jahres II immer deutlicher geworden. Die besonderen Züge der sozialen und politischen Entwicklung seit der Einsetzung der Revolutionsregierung zeichneten sich in schärfer werdenden Konturen ab: sie gaben der Ventôse-Krise, die das Problem der Beziehungen zwischen Volksbewegung und Revolutionsregierung in aller Schärfe neu aufwarf, ihre eigentliche Bedeutung.

Zunächst zur sozialen Krise: Preisfestsetzung, umfassende Reglementierung und strikte Wirtschaftslenkung erwiesen sich als unzureichend, um der Pariser Bevölkerung eine zufriedenstellende Ernährung zu sichern. Die Sansculotterie war in ihrer materiellen Existenz bedroht. Die Auswirkungen von Hungersnot und Teuerung überlagerten sich; der Anstieg der Löhne, der oft eine mildere Handhabung des Maximums erlaubte, glich den

Preisauftrieb nicht mehr aus. Vor den Türen der Fleischer, wie vor kurzem vor den Bäckerläden, bildeten sich wieder Schlangen; schon um drei Uhr morgens versammelte sich dort eine Menge, in der gedrängelt und geprügelt wurde; auch in den Hallen, wo es an landwirtschaftlichen Erzeugnissen fehlte, kam es zu Schlägereien. Die besonders hart betroffenen Lohnempfänger stellten nun Forderungen; die Bauarbeiter verlangten Lohnerhöhungen; während des ganzen Ventôse ließen die Unruhen in den Waffenwerkstätten nicht nach. Die Versorgungskrise steigerte das Verlangen nach Terrormaßnahmen: »Wozu braucht man all diese Aristokraten?«, rief eine Frau am 8. Ventôse (26. Februar) in der Volksgesellschaft Droits-de-l'homme, »sollten diese Schurken, die das Volk aushungern, nicht längst alle auf der Guillotine sein?«

Auch die politische Krise griff um sich. Die Erfordernisse für die nationale Verteidigung und ihre jakobinische Herrschaftskonzeption zwangen die Revolutionsregierung mehr und mehr, sich den passiven Gehorsam der Volksorganisationen zu sichern und die vom Volk praktizierten Demokratieformen in den bürgerlichen Rahmen zurückzudrängen. Damit wurde in das revolutionäre Verhalten der Sansculotterie eingegriffen. Die Aktivität der Pariser Sektionen und der Volksgesellschaften wurde – fernab der allgemeinen politischen Probleme – auf die Kriegsanstrengungen abgelenkt (Bewaffnung der *jakobinischen Reiter*, Salpetergewinnung und Unterstützung von Kindern und Verwandten der Soldaten). Die Basisorganisationen wurden in fortschreitendem Maße von den nun unter Regierungsbefehl stehenden Revolutionsausschüssen in den Sektionen übernommen; hierbei kam es zu zahlreichen Zwischenfällen und Konflikten. Die Gemäßigten nutzten diese Situation zur Wiederaufnahme ihrer Propaganda; die Verwirrung wurde dadurch noch größer. Die militanten Kämpfer wurden sich der Lage bewußt: »Wenn ihr die revolutionäre Bewegung auch nur für einen einzigen Augenblick unterbrecht«, erklärte ein Sprecher am 4. Ventôse (22. Februar) in der Volksgesellschaft l'Homme-Armé, »dann Adieu, ihr Patrioten! dann ist euer Ende nah.«

Die Ventôse-Krise des Jahres II machte den Gegensatz zwischen den *Patrioten von 89* und den *Patrioten von 93* sehr deutlich. Er war seinerseits Ausdruck der unüberbrückbaren Opposition zwischen Sansculotten einerseits und Jakobinern oder Montagnards andererseits, zwischen den Auffassungen des Volkes vom politischen Leben und sozialen Aufbau und denen der Bourgeoisie, selbst der Jakobiner-Bourgeoisie. Vor diesem Krisenhintergrund kam die von persönlichen Ressentiments vergiftete Oppositon zwischen den *Neuen Gemäßigten* und den *Entschiedenen Patrioten* voll zum Ausbruch. Die Anhänger von Vincent und Ronsin steckten nicht zurück. Vergeblich bemühte sich Collot d'Herbois, der seit seiner Rückkehr aus Lyon an der Wiederherstellung der Eintracht zwischen den zerspaltenen Patrioten arbeitete, Cordeliers und Jakobiner am 8. Ventôse (26. Februar) wieder zu versöhnen. Am 9. Ventôse forderten die Cordeliers ein weiteres Mal die Verhaftung der »Verräter, die eines Konventssitzes unwürdig sind«, vor allem von Camille Desmoulins. Die Verbindung der fortschrittlichen Opposition mit der Unzufriedenheit des Volkes bildete eine schwere Bedrohung für die Revolutionsregierung: sie wollte ihr mit beherzten gesellschaftlichen Maßnahmen zuvorkommen.

Die Verordnungen vom Ventôse des Jahres II entsprachen diesen Absichten. Schon am 13. Pluviôse (1. Februar) hatte der Konvent die Bereitstellung von 10 Millionen für Hilfszwecke beschlossen; am 3. Ventôse (21. Februar) legte Barère die Entscheidung über das neue allgemeine Maximum vor. Die Verordnungen vom Ventôse gingen noch darüberhinaus. Im Anschluß an seinen Bericht über die eingekerkerten Personen ließ Saint-Just am 8. Ventôse (26. Februar 1794) die Sequestrierung der Güter von Verdächtigen anordnen; eine andere Verordnung vom 13. (3. März) beauftragte den Wohlfahrtsausschuß, einen Bericht »über die Mittel und Wege, all die Unglücklichen mit den Gütern der Revolutionsfeinde zu entschädigen«, vorzulegen.

»Der Zwang der Umstände«, hatte Saint-Just erklärt, »führt uns vielleicht zu Ergebnissen, an die wir nie gedacht haben. Der übergroße Reichtum befindet sich in den Händen einer ziemlich großen Zahl von Feinden der Revolution, und die Not bringt das arbeitende Volk in die Abhängigkeit seiner Feinde. Glaubt ihr, daß ein Staat existieren kann, wenn die gesellschaftlichen Einkünfte denen zukommen, die gegen die Regierungsform eingestellt sind?« Und ferner: »Die Unglücklichen sind die Mächtigen der Erde, und sie haben das Recht, zu den Regierungen, die sie vernachlässigen, als Herren zu sprechen.« Saint-Just beendete seinen zweiten Bericht mit einer Herausforderung an die Alleinherrscher der alten Ordnung: »Das Glück ist ein neuer Gedanke in Europa«.

Die Tragweite der Verordnungen vom Ventôse darf indessen nicht überschätzt werden. Albert Mathiez ist erstaunt darüber, daß Saint-Just »selbst von denen, die er zufriedenstellen wollte, weder verstanden noch befolgt« worden sei. Saint-Just und die Revolutionsregierung wurden ohne jeden Zweifel verstanden. Daß die Feinde der Revolution keinerlei Recht in der Republik haben, daß ihre Güter der Entschädigung der Patrioten, die die Republik unter Lebensgefahr verteidigen, zu dienen haben, all diese Vorstellungen waren seit langem in der Sansculotterie verbreitet, und seit dem Frühjahr 1793 waren sie auch formuliert worden: diese Tatsache nimmt den Verordnungen vom Ventôse jeden Ausnahmecharakter. Man kann Mathiez auch in dem Punkt nicht folgen, wenn er schreibt, daß die Schlußfolgerungen von Saint-Just »einen großartigen Versuch darstellten, aus den verworrenen Bestrebungen des Hébertismus ein Sozialprogramm zu entwickeln«. Sansculotten und fortschrittliche Patrioten hatten auf diesem Gebiet schon längst ein radikaleres Programm aufgestellt. Und wenn andererseits die Sequestrierung des Vermögens der Verdächtigen und die vorgesehene Entschädigung zugunsten der bedürftigen Patrioten den Forderungen des Volkes auch entgegenkamen, so entsprachen diese Maßnahmen, deren Auswirkungen nur auf lange Sicht spürbar werden konnten, nicht den Erfordernissen des Augenblicks: sie schufen keinerlei Abhilfe in der Versorgungskrise. Ohne daß die Ernsthaftigkeit Saint-Just's und der Robespierristen in Zweifel gezogen werden kann, sind die Ventôse-Verordnungen lediglich als taktisches Manöver zu werten, das den Zweck hatte, der fortschrittlichen Propaganda entgegenzuwirken. Das Manöver schlug fehl. Da die Revolutionsregierung nichts in Angriff nahm, weder auf wirtschaftlichem Gebiet, um die Versorgung der Sansculotten sicherzustellen, noch auf politischem Gebiet zur Abwendung der Gefahr, die von den Gemäßigten drohte, erreichte die Krise etwa in der Mitte des Ventôse ihren Höhepunkt.

Der Krisenhöhepunkt im Ventôse äußerte sich im Volk durch Terroraufrufe gegen Händler und Reiche, durch aufrührerische Plakate und durch Gerüchte von einem Aufstand. Zwar wurden die Regierungsausschüsse dadurch gewarnt, doch bewirkte diese Unruhe eine Täuschung der Cordeliers, die sich zu einem, wie sie glaubten entscheidenden Schlag zur Beseitigung ihrer Gegner verleiten ließen. Sie waren der Ansicht, nun endgültig durch eine Verstärkung ihres Druckes siegen zu können. In seinem *Père*

*Duchesne* klagte Hébert die neue Fraktion der *Einschläferer* an, das heißt die Robespierristen. In der 350. Nummer sieht er »in der heiligen Guillotine den Stein der Weisen«, und er verurteilt die zwischen den Fraktionen vermittelnde Gleichgewichtspolitik der Regierung. »Vergeblich ist der Versuch«, schreibt er, »sich zwischen zwei Parteien hindurchzuwinden und die Schurken zu retten, die sich gegen die Freiheit verschworen haben. Trotz der Einschläferer wird Gerechtigkeit geschehen . . .« Hébert beendete den Artikel mit der Formulierung eines klaren sozialen Programms: »Sichert allen Bürgern Arbeit, gewährt den Alten und Kranken Unterstützung und – um euer Werk zu krönen – organisiert unverzüglich das öffentliche Unterrichtswesen.«

Die Führer der Cordeliers vernachlässigten aber die Lehren aus den früheren revolutionären Ereignissen und kümmerten sich weder um die Organisation der von ihnen geplanten Bewegung, noch um die Festigung ihrer Beziehungen zu den Volksmassen, die den Lebensmittelmangel eher spürten als die Gefahr des Moderantismus.

Die Beseitigung der Exagérés lief in einem raschen Drama ab, das die Volkskämpfer verwirrte und sie noch ein Stück weiter von der Revolutionsregierung entfernte. Am 12. Ventôse verkündete Ronsin, General der Revolutionsarmee, im Klub der Cordeliers die Notwendigkeit eines Aufstandes. Am 14. (4. März 1794) wurde die Tafel mit den Menschenrechten verhängt; Vincent, der Staatssekretär im Kriegsministerium, klagte diejenigen an, »die sich offenbar abgesprochen haben, ein zerstörerisches System des Moderantismus aufzurichten«; Carrier kam aufgrund der Unterdrückung der Patrioten zu dem Schluß, einen Aufstand, und zwar *einen heiligen Aufstand* durchzuführen. Hébert fügte hinzu: »Ja, einen Aufstand; und die Cordeliers werden keinesfalls als einzige das Zeichen geben, das die Unterdrücker tödlich treffen muß.«

Die Cordeliers steuerten wahrscheinlich nur eine Massendemonstration an, die sich aber über die Gemäßigten hinaus auch gegen die Revolutionsregierung und deren Politik richten sollte. Collot d'Herbois machte am 17. Ventôse (7. März) den vergeblichen Versuch, Jakobiner und Cordeliers miteinander auszusöhnen: Ronsin antwortete mit einer ungestümen Rede, in der er Robespierre als den Verantwortlichen für das Wort *ultrarevolutionär* angriff, »ein Wort, das den neuen Spaltern zum Vorwand für die Unterdrückung der glühendsten Patrioten gedient hat«; er forderte, »Gemäßigte, Schurken, Ehrgeizlinge und Verräter bald im Nichts verschwinden« zu lassen.

In der Opposition zwischen Cordeliers und Jakobinern bzw. Volksbewegung und Revolutionsregierung bekämpften sich zwei politische Grundhaltungen: Widerstand auf der einen und Bewegung auf der anderen Seite. Die entschiedenen Patrioten folgten der fortschrittlichen Bewegung, die in ihren Augen allein in der Lage war, den Erfolg der Revolution dadurch zu sichern, daß die Sansculotterie endgültig für sie gewonnen wurde. »Ein einziger Schritt zurück würde den Untergang der Republik bedeuten«, schrieb Hébert in seiner letzten Nummer: er hatte recht, soweit es sich um jene Volksrepublik handelte, zu deren Aufbau die Sansculotten beigetragen hatten. Für die Gemäßigten, deren Ideal eine bürgerliche und konservative Republik war, wäre ein Schritt vorwärts nicht weniger verhängnisvoll gewesen. Die Offensive der Cordeliers-Gruppe trat seit Mitte Ventôse stärker in den Vordergrund und gefährdete das soziale Gleichgewicht, auf das sich die Regierungspolitik gründete; der Wohlfahrtsausschuß wurde unruhig: in der Nacht vom 23. zum 24. Ventôse (13.–14. März) wurden die bedeutendsten Führer der Cordeliers verhaftet und vor das Revolutionstribunal gestellt. Im Prozeß wurde die Anklage gegen Männer der verschiedenen Gruppen zusammengefaßt: Cordeliers (Hébert, Ronsin, Vincent, Momoro), fortschrittliche Patrioten (Mazuel, Schwadronschef der revolutionären Kavallerie, und der rechtschaffene Descombes von der Lebensmittelverwaltung), Volkskämpfer (Ancard vom Klub der Cordeliers und der bescheidene Ducroquet, Kommissar gegen den Wucher bei der Sektion Marat) und dazu auch Agenten des Auslandes: Cloots, der Bankier Kock, Proli, Desfieux, Pereira und Dubuisson. Alle wurden am 4. Germinal II (24. März 1794) guillotiniert.

Die Liquidierung der Indulgents schloß sich an. Die Dantonisten glaubten einen Augenblick lang, ihre Stunde sei gekommen; ab Ende Ventôse verstärkten sie ihren Druck; die beschlagnahmte 7. Nummer des *Vieux Cordelier* enthielt eine Reihe heftiger Angriffe gegen die Politik des Wohlfahrtsausschusses. Der Ausschuß hatte den Schlag gegen die Exagérés zwar erst nach langem Zögern geführt, doch wollte er sich in keinem Fall die Führung aus der Hand nehmen lassen. Bereits am 28. Ventôse (18. März) hatte der Konvent beschlossen, die in der Affäre um die Ostindien-Compagnie kompromittierten Abgeordneten unter

Anklage zu stellen: Fabre d'Églantine, Basire, Chabot und Delaunay. Billaud-Varenne und Collot d'Herbois waren über die Ächtung Héberts und seiner Freunde beunruhigt; mit der Unterstützung des Allgemeinen Sicherheitsausschusses gelang es ihnen schließlich, den zögernden Robespierre zu überzeugen: in der Nacht vom 9. zum 10. Germinal (29.–30. März) wurden Danton, Camille Desmoulins, Delacroix und Philippeaux verhaftet. Die Bestätigung durch den Konvent erfolgte nach einer pathetischen Rede Robespierres (11. Germinal):

»Auch ich bin Pétions Freund gewesen; doch als er sich entlarvte, habe ich ihn aufgegeben; ich habe freundschaftliche Beziehungen zu Roland gehabt; er ist zum Verräter geworden, und ich habe ihn angezeigt. Danton will ihren Platz einnehmen, in meinen Augen ist er nichts anderes als ein Feind des Vaterlandes.«

Mit dem Prozeß gegen die dantonistischen Anführer wurde das Verfahren gegen bestechliche Abgeordnete, Agenten des Auslandes (Guzman und die Brüder Frey), einen Spekulanten, den Abbé d'Espagnac, den General Westermann, einen Freund Dantons, und schließlich Hérault de Séchelles verbunden. Danton wollte sich durch einen kühnen Ausfall behaupten und klagte seine Ankläger an; aufgrund einer Verordnung war es aber möglich, jeden Angeklagten, der die nationale Justiz beleidigte, von der mündlichen Verhandlung auszuschließen. Am 16. Germinal des Jahres II (5. April 1794) wurden alle guillotiniert.

Ein dritter Prozeß nahm den Plan einer *Verschwörung der Gefängnisse* zur Befreiung der Inhaftierten zum Vorwand, die Überreste der Opposition zu liquidieren: Chaumette, den nationalen Bevollmächtigten der Kommune von Paris, die Witwen von Desmoulins und Hébert, den General Dillon..., eine sonderbar zusammengewürfelte Gruppe, die am 24. Germinal des Jahres II (13. April 1794) starb.

Das Germinaldrama war entscheidend. Der abenteuerliche Vorstoß der Cordeliers-Gruppe gab der Revolutionsregierung die Gelegenheit, die seit ihrer Bildung angebahnte Entwicklung zu beschleunigen. Wenn sie auch angesichts der Dringlichkeit der Gefahrensituation dem Bündnis mit der Sansculotterie zugestimmt und zu seiner Fortsetzung einige Zugeständnisse gemacht hatte, so hatte sie doch nie die sozialen Ziele und die politischen Methoden der Sansculotten-Demokratie akzeptiert. Die Regierungsausschüsse sahen in dem Kampf gegen die Koalition und die Konterrevolution sowie auch in ihren politischen Konzeptionen eine Rechtfertigung für die Kontrolle der Volksorganisationen und deren Einordnung in das jakobinische Modell der bürgerlichen Revolution. Da die Opposition der Cordeliers das Gleichgewicht bedrohte, griff die Revolutionsregierung auf die Repression zurück: als die Sansculotten aber sahen, wie der *Père Duchesne* und die Cordeliers, denen sie aufmerksam zugehört und die ihre Wünsche ausgedrückt hatten, verurteilt wurden, zweifelten sie an der Revolutionsregierung. Umsonst ist auch Danton verurteilt worden. Die Unterdrückung, die diesen großen Prozessen folgte, ließ trotz ihres begrenzten Charakters bei den Militanten einen Angstkomplex entstehen, der das politische Leben in den Sektionen lähmte. Der unmittelbare und brüderliche Kontakt zwischen den revolutionären Führungsgremien und den Sansculotten in den Sektionen war zerstört. »Die Revolution ist eingefroren«, schrieb bald darauf Saint-Just. Das Drama vom Germinal bildete das Vorspiel zum Thermidor.

## II. DIE JAKOBINISCHE WOHLFAHRTSDIKTATUR

Von der Liquidierung der Fraktionen bis zum Sturz Robespierres, also vom Germinal bis zum Thermidor, wurde die Diktatur der Revolutionsregierung nicht mehr angefochten; trotz einiger unter dem Einfluß der Umstände eingetretener Veränderungen besaß sie eine gewisse Stabilität. Die Zentralisation wurde stärker, die Schreckensherrschaft verschärfte sich, die gesäuberten Behörden gehorchten, und der Konvent stimmte ohne Diskussion zu. Aber die soziale Basis der Revolutionsregierung hatte sich gefährlich verengt. Im Laufe der Sommerkrise 1793 hatten die Vorkämpfer der Pariser Sektionen die Einsetzung von Ausnahmeinstitutionen durchgesetzt, die ihren sozialen und politischen Bestrebungen entsprachen: im Juli waren es die Kommissare gegen den Wucher und im September die Revolutionsarmee. Nachdem die Regierungsausschüsse mithilfe der Sansculotten triumphiert hatten, unternahmen sie große Anstrengungen zur straffen Gliederung der Institutionen und zur Vereinigung aller revolutionären Kräfte. Die Ventôse-Krise und die Germinal-Prozesse ermöglichten es ihnen, der Autonomie der Volksbewegung ein Ende zu machen und die von dieser erzwungenen oder geschaffenen Institutionen zu beseitigen: die Revolutionsarmee wurde am 7. Germinal II (27. März 1794) nach Hause geschickt, die Kommissare gegen den Wucher wurden am 12. (1. April) abgesetzt, die Kommune von Paris wurde gesäubert, und die Volksgesellschaften der Sektionen wurden aufgelöst. Die Volksbewegung wurde in den Rahmen der Jakobinerdiktatur gepreßt: was die Ausschüsse aber an *Zwangsgewalt* hinzugewannen, verloren sie auf der anderen Seite wieder an vertrauensvoller Unterstützung. Die Beziehungen zwischen Revolutionsregierung und Volksbewegung verschlechterten sich zwischen Germinal und Thermidor zusehends.

### 1. Die Revolutionsregierung

Die Organisation und die charakteristischen Eigenschaften der Revolutionsregierung hatten sich seit Sommer des vergangenen Jahres ständig weiterentwickelt; im April 1794 waren sie in großen Linien festgelegt. Ihre grundsätzliche Verfassung ist in der Verordnung vom 19. Vendémiaire (10. Oktober) und außerdem in der vom 14. Frimaire II (4. Dezember 1793) niedergelegt. Eine Theorie der Revolutionsregierung ist mehrfach aufgestellt worden, besonders von Saint-Just in seinem Gutachten vom 10. Oktober 1793, und von Robespierre in seinen Reden *Über die Prinzipien der Revolutionsregierung* (5. Nivôse II – 25. Dezember 1793) und *Über die Prinzipien der politischen Moral, von denen sich der Konvent leiten lassen muß* (17. Pluviôse II – 5. Februar 1794).
Die Revolutionsregierung ist eine Kriegsregierung. »Die Revolution ist der Krieg der Freiheit gegen ihre Feinde«, und zwar – nach Robespierre – sowohl gegen die im Innern als auch die von außen. Ihr Ziel ist die Gründung der Republik. Wenn der Feind besiegt sein wird, kann man zur verfassungsmäßigen Regierung zurückkehren, »der Herrschaft der siegreichen und friedfertigen Freiheit«, aber erst dann. Da sie sich im Kriegszustand befindet, »ist die Revolutionsregierung zu außerordentlichen Maßnahmen genötigt«, muß sie »wie der Blitz handeln« und jeden Widerstand brechen; man kann nicht »Krieg und Frieden, Gesundheit und Krankheit von demselben Regime lenken lassen«. Die Revolutionsregierung verfügt demzufolge über die *Zwangsgewalt*, d. h. die Schreckensherrschaft. »Ist denn die Gewalt – fragt Robespierre – nur dazu da, dem Verbrechen Vorschub zu leisten?« ... Die Revolutionsregierung »schuldet den Feinden des Volkes nur den Tod«. Der Terror aber wird ausschließlich zum

Wohl der Revolution angewandt: die *Tugend* als das »grundlegende Prinzip der demokratischen oder der Volksregierung« gibt die Garantie, daß die Revolutionsregierung nicht zum Despotismus übergeht. Die Tugend, »das ist die Liebe zum Vaterland und seinen Gesetzen«, »die hochherzige Hingabe, mit der alle privaten Interessen im allgemeinen Interesse aufgehen«:

»Im System der französischen Revolution«, schließt Robespierre, »ist unpolitisch, was unmoralisch ist, und konterrevolutionär, was korrupt ist.«

Das Ziel der Revolution wird klar formuliert:

»Wir wollen den Willen der Natur erfüllen und die Bestimmung der Menschheit vollenden, die Versprechen der Philosophie einlösen und die Vorsehung von der langen Herrschaft des Verbrechens und der Tyrannei befreien. Frankreich – ehemals berühmt unter den Sklavenvölkern – soll den Ruhm aller freien Völker, die je existiert haben, in den Schatten stellen, es soll das Vorbild der Nationen und der Schrecken der Unterdrücker werden, und während wir unser Werk mit unserem Blute besiegeln, sehen wir vielleicht noch die Morgenröte der universellen Glückseligkeit aufscheinen« (17. Pluviôse des Jahres II).

Der Konvent bleibt »der einzige Ausgangspunkt, von dem aus die Arbeit der Regierung bestimmt wird«. In ihm ruht die nationale Souveränität, er besitzt die höchste Autorität, die Ausschüsse regieren unter seiner Kontrolle und wenden seine Gesetze und Verordnungen an. Nach dem Germinal aber wird die ausführende Gewalt zur Hauptstütze des Regierungssystems, die Versammlung ist ihr praktisch untergeordnet. Die Ausschüsse des Konvents, im Jahre II sind es 21, lenken oder kontrollieren die verschiedenen Bereiche der Verwaltung und der Politik. In Wirklichkeit üben nur zwei von ihnen die tatsächliche politische Gewalt aus: der Wohlfahrts- und der Allgemeine Sicherheitsausschuß, die als Regierungsausschüsse bezeichnet werden.

Der jeden Monat neugewählte Wohlfahrtsausschuß hat jetzt nur noch elf Mitglieder (Robespierre, Saint-Just und Couthon, Billaud-Varenne und Collot d'Herbois, Barère, Carnot, Prieur de la Côte d'Or und Prieur de la Marne, Jeanbon Saint-André und Lindet). Er steht »im Zentrum des Vollzugs« und »überwacht unmittelbar« alle bestehenden Körperschaften und alle öffentlichen Beamten. Er leitet die Diplomatie, durch sein topographisches Büro den Krieg, dann die Waffenherstellung über seine Kommission für Waffen und Pulver und ferner die Wirtschaft des Landes mithilfe der Versorgungskommission; er ordnet Verhaftungen an und greift über sein Polizei-Büro, das Ende Floréal des Jahres II geschaffen wird, in die Kompetenz des Allgemeinen Sicherheitsausschusses ein. Wenn sich einige Mitglieder des Ausschusses auch spezialisieren, wie etwa Lindet für Versorgungs- und Prieur de la Côte d'Or für Bewaffnungsfragen, so verhalten sich doch alle in der Leitung der Politik und in der Kriegführung solidarisch.

Vom Wohlfahrtsausschuß sind die sechs Minister des provisorischen Vollzugsrates abhängig, an deren Stelle am 1. April 1794 (12. Germinal des Jahres II) auf Carnots Antrag im Konvent hin die ebenso abhängigen zwölf *Vollzugskommissionen* treten. Diese Kommissionen werden auf Vorschlag des Ausschusses von der Versammlung ernannt, wobei sie diesem unmittelbar unterstellt sind und damit die beherrschende Rolle des Ausschusses nicht antasten, der »sich die eigentliche Regierungsgewalt vorbehält, indem er dem Nationalkonvent die wichtigen Maßnahmen vorschlägt«.

Der ebenfalls monatlich neugewählte Allgemeine Sicherheitsausschuß stabilisierte sich später (Amar, Moyse Bayle, der Maler David, Lebas, Louis du Bas-Rhin, Vadier, Voulland . . .). Nach dem Gesetz vom 17. September 1793 sind »seiner direkten Aufsicht alle Angelegenheiten, die Personen oder die allgemeine und die innere Polizei betreffen«, unterstellt. Da der Allgemeine Sicherheitsausschuß mit der Durchführung des Gesetzes gegen die Verdächtigen beauftragt ist, hat er die Leitung der revolutionären Polizei und Justiz; er ist demnach das Ministerium der Schreckensherrschaft.

In den Departements ist durch die Verordnung vom 14. Frimaire II die Verwaltungsorganisation vereinfacht und die Zentralisation verstärkt worden. Die Departementverwaltungen, die des Föderalismus verdächtig waren, haben den größten Teil ihrer Befugnisse eingebüßt und kümmern sich nur noch um Steuern, öffentliche Bauvorhaben und Nationalgüter. Die beiden entscheidenden Verwaltungseinheiten sind die Bezirke und die Gemeinden; die ersteren sind mit »der Überwachung der Ausführung der revolutionären Gesetze und der allgemeinen Sicherheits- und Wohlfahrtsmaßnahmen« beauftragt, die letzteren mit deren Anwendung. Alle zehn Tage erstatten die Gemeindebehören den Bezirken über ihre Arbeit Bericht, und die Bezirke berichten den Regierungsausschüssen.

*Nationalagenten* (agents nationaux) sind jeder Bezirks- und Gemeindeverwaltung zugeordnet, nachdem die Syndikus-Bevollmächtigten abgeschafft worden sind. Sie haben die Aufgabe, »die Ausführung der Gesetze zu gewährleisten und zu verfolgen, ebenso wie Nachlässigkeiten, die sich bei dieser Ausführung ergeben, und Übertretungen, die begangen werden könnten, anzuzeigen«. Die Nationalagenten der Bezirke müssen den beiden Regierungsausschüssen eine »zehntägige Rechenschaft« ablegen.

Die Revolutionsausschüsse, d. h. die früheren Überwachungsausschüsse, die am 21. März 1793 eingesetzt und durch das Gesetz vom 17. September 1793 reorganisiert worden sind, bilden die Organe zur Ausführung des Gesetzes gegen die Verdächtigen. Sie bestehen aus 12 Mitgliedern, in jeder Gemeinde gibt es einen Ausschuß (viele Dörfer hatten allerdings nie einen) und in den großen Städten in jeder Gemeindesektion. Sie haben im wesentlichen polizeiliche Befugnisse, stellen die Listen der Verdächtigen auf und nehmen Haussuchungen und Verhaftungen vor. Die Revolutionsausschüsse müssen dem Allgemeinen Sicherheitsausschuß alle zehn Tage über ihre Arbeit Bericht erstatten.

Klubs und Volksgesellschaften stärken durch ihre revolutionäre Wachsamkeit die Regierungstätigkeit.

Das Filialnetz der Jakobinerklubs erstreckt sich über alle Departements. Die Jakobiner kommen aus den mittleren Schichten der Bourgeoisie, oft sind es Käufer von Nationalgütern; sie sind daher die Männer des »Widerstandes«: angesichts all der Gefahren wollen sie die politischen und sozialen Errungenschaften von Neunundachtzig aufrechterhalten; zu diesem Zweck sind sie ein Bündnis mit dem Volk der Sansculotten eingegangen. Als Anhänger des wirtschaftlichen Liberalismus haben sie die Reglementierung und *taxation* nur als Kriegsmaßnahme und eine Konzession an die Forderungen des Volkes akzeptiert. Ihre soziale Zusammensetzung demokratisierte sich etwas infolge der Fortschritte der Revolution und der ununterbrochenen Säuberungen: der Anteil der aus den Mittelklassen stammenden Jakobiner fiel von 62% in den Jahren 1789–1792 auf 57% in der Periode 1793–1794; der Prozentsatz der Handwerker und Militärs stieg in dem gleichen Zeitraum von 28% auf 32%, und derjenige der Bauern von 10 auf 11%.

In den brüderlichen Gesellschaften mit größerer Beteiligung aus den Volksschichten kamen die Sansculotten zusammen: sie hatten sich in Paris im Anschluß an die *Brüderliche Gesellschaft der*

*Patrioten vom einen und anderen Geschlecht* entwickelt, die der Schulmeister Dansard am 2. Februar 1790 gegründet und die, wie auch die Jakobiner, ihren Sitz im Kloster Saint-Honoré hatte.

Diese den kleinen Leuten offenstehenden Stadtviertelgesellschaften wurden in Paris nach dem 10. August 1792 immer zahlreicher. Als der Konvent am 9. September 1793 die in Permanenz tagenden Sektionsversammlungen untersagte, verwandelten die Volkskämpfer diese zuvor als Volksgesellschaften gegründeten Vereinigungen zu Sektionsgesellschaften oder gründeten diese neu. Die *Sektionsgesellschaften* neuer Art bildeten die Basisorganisation der Pariser Volksbewegung: sie waren das Mittel, mit dem die Vorkämpfer die Sektionspolitik bestimmten, die Verwaltungen kontrollierten und Druck auf die Stadt- und selbst auf die Regierungsbehörden ausübten. Vom Herbst bis zum Frühjahr des Jahres II wurde die Republik von einem dichten und wirkungsvollen Netz solcher Gesellschaften überzogen. Ihre Gesamtzahl ist schwer zu schätzen. Im Südosten, der vorübergehend von der Konterrevolution bedroht war, scheint die Zahl besonders hoch gewesen zu sein: im Departement Vaucluse kamen auf 154 Gemeinden 139 Volksgesellschaften, im Gard kamen 132 auf 382, in der Drôme 258 Gesellschaften auf 355 Gemeinden und in den Basses-Alpes 117 auf 260; bei der Niederwerfung des inneren Feindes spielten diese patriotischen Organisationen eine entscheidende Rolle.

Zwischen den Jakobinern und ihren Filialen als festen Stützen der Regierungspolitik einerseits und den Sektionsgesellschaften als Ausdruck der steigenden Autonomie der Volksbewegung im allgemeinen Verlauf der Revolution anderseits zeigte sich allerdings schon bald ein Antagonismus. Nach dem Germinal unternahmen die Regierungsausschüsse große Anstrengungen, die revolutionären Kräfte zu einigen: die *Muttergesellschaft* der Jakobiner sollte *das einzige Zentrum der öffentlichen Meinung* bilden. Unter dem Druck der Regierung mußten sich die Pariser Sektionsgesellschaften auflösen: im Floréal und Prairial des Jahres II verschwanden auf diese Weise 39 Sektionsgesellschaften. Die Regierungsausschüsse zerbrachen das äußere Gerüst der Volksbewegung: bei dem Versuch aber, eine bis dahin autonome Bewegung mit ihren eigenen Zielen und ihrer Demokratie-Praxis gewaltsam in den jakobinischen Rahmen zu integrieren, zogen die Ausschüsse einen tiefen Graben zwischen sich und den Sansculotten. Damit zeigte sich der unauflösbare Antagonismus zwischen der Sansculotterie und der Jakobiner-Bourgeoisie.

Die Regierungszentralisation wurde schließlich im Frühjahr des Jahres II noch durch die Rückberufung der Konventsbeauftragten aus den Departements verstärkt. Zu Beginn waren diese Kommissare mit weitreichenden Vollmachten ausgestattet; die Verordnung vom 14. Frimaire II aber hatte ihre Befugnisse eingeschränkt: und wenn ihnen im Dezember 1793 auch noch eine große Aufgabe – die letzte – übertragen wurde, nämlich für die Durchführung dieser Verordnung vom 14. zu sorgen, so wurden die Kommissare dem Wohlfahrtsausschuß nun direkt untergeordnet; sie hatten ihm alle zehn Tage Bericht zu erstatten. Sie konnten ihre Vollmachten nicht mehr delegieren und weder Revolutionsarmeen aufbieten noch revolutionäre Steuern erheben. Am 30. Germinal (19. April 1794) wurden 21 Konventskommissare zurückberufen. Der Wohlfahrtsausschuß zog es vor, sich seiner eigenen Agenten zu bedienen: zum Beispiel Jullien de Paris, Sohn des Abgeordneten aus der Drôme, der die Ausschreitungen von Carrier in Nantes und von Tallien in Bordeaux anzeigte und ihre Absetzung erreichte. Manchmal entsandte der Ausschuß eines seiner Mitglieder: so etwa Saint-Just im Messidor an die Nordgrenze. Allerdings waren der Zentralisation Grenzen gesetzt. Der Wohlfahrtsausschuß mußte stets mit dem Konvent und den anderen Ausschüssen rechnen. Die von Cambon verwalteten Finanzen waren seinem Einfluß entzogen. Der eifersüchtig über seine Vorrechte wachende Allgemeine Sicherheitsausschuß ertrug die Aktivität des vom Wohlfahrtsausschuß eingerichteten Polizei-Büros nur sehr widerwillig: der Konflikt zwischen den beiden Ausschüssen beschleunigte den Sturz der Revolutionsregierung. Trotz der Anstrengungen des Wohlfahrtsausschusses kam es in den Departements bei der Durchführung der Regierungsmaßnahmen zu vielen Abweichungen.

## 2. Die »Zwangsgewalt« und die Schreckensherrschaft

Der Strafwille bildete seit 1789 einen der wesentlichen Züge der revolutionären Mentalität: gegenüber dem *aristokratischen Komplott* zeigten sich – so hat es auch Georges Lefebvre dargestellt – bei den Volksmassen wie auch bei den weitsichtigen Führern der Revolution die *defensive Reaktion* und der *Strafwille*.

Dies erklärt die Volkserhebungen und die Massaker; von hier aus erklären sich auch seit 1789 jene Ständigen Ausschüsse, jene Untersuchungsausschüsse und dann der Allgemeine Sicherheitsausschuß. Aufgrund der Verordnung vom 11. Oktober 1789 besaß das Châtelet von Paris die Zuständigkeit für die letztinstanzliche Entscheidung über *Nationalverbrechen*. Am 17. August 1792 wurde ein außerordentliches Tribunal eingesetzt, für das zwei Tage später noch ein Schnellverfahren ohne die Möglichkeit einer Kassationsbeschwerde geschaffen wurde. Der Höhepunkt des Volksterrors wurde mit den Septembermorden erreicht. Da die Girondisten alle, selbst legale Repressionsmaßnahmen ablehnten, wurde das am 17. August errichtete Tribunal schon am 29. November wieder abgeschafft.

Die Errichtung der Schreckensherrschaft war eine Folge der Verschärfung der Krise. Mit dem Aufbau und der Stärkung der Revolutionsregierung ging aber eine Organisierung und Legalisierung der Schreckensherrschaft einher. Zur Verhinderung weiterer Massaker durch das Volk wurde am 10. März 1793 das Revolutionstribunal eingesetzt, das »über alle konterrevolutionären Unternehmungen« zu urteilen hatte; am 5. September wurde es reorganisiert. Der Konvent ernannte seine Mitglieder, es entschied in einem vereinfachten Verfahren (die Anklagejury gab es nicht mehr) ohne Berufung oder Kassationsbeschwerde. Die am 21. März 1793 geschaffenen Überwachungsausschüsse wurden nach dem Verdächtigen-Gesetz vom 17. September desselben Jahres der Kontrolle durch den Allgemeinen Sicherheitsausschuß unterworfen. Überdies setzte der Konvent Militärkommissionen ein, die mit einer speziellen Verfahrensordnung ausgestattet waren: sie wurde z. B. am 19. März 1793 gegen die Vendée-Rebellen und am 28. gegen die Emigranten angewandt. Die Prozesse gegen Rebellen, Emigranten, deportierte und zurückgekehrte Eidverweigernde sowie alle, die als vogelfrei betrachtet wurden, waren auf eine schlichte Identitätsfeststellung reduziert und endeten mit der Verhängung der Todesstrafe.

Im Verlauf dieser zweiten Periode unterschied sich die Stärke der Schreckensherrschaft je nach Departement, je nach den Konventsbeauftragten und dem Einfluß der örtlichen Terroristen. Das Ausmaß der Unterdrückung erweiterte oder verringerte sich je nach den Umständen und der Größe der Gefahren, ebenso nach dem Temperament der Verantwortlichen und der Auslegung, die diese den gesetzlichen Vorschriften gaben. Einige gingen in erster Linie gegen ehemalige Feuillantiner, gegen frühere Gemäßigte und gegen Gegner der Aufstände vom 10. August oder 31. Mai – 2. Juni vor. Die Verschärfung der wirtschaftlichen Krise und die Einführung der Zwangswirtschaft erhöhten die Zahl der Verdächtigen: Reiche, die Geld aufhäuften, Unternehmer und Händler, die gegen das Maximum verstießen. Die Entchristianisierung schließlich verhalf der Schreckensherrschaft zu einer neuerlichen Ausdehnung: die Unterdrückung richtete sich hier gegen konstitutionelle Priester, die ihr Priesteramt nur zögernd aufgaben, und auch gegen Gläubige, die hartnäckig auf der Ausübung ihres Gottesdienstes bestanden.

Die Zentralisierung der Schreckensherrschaft wurde im Anschluß an den Sturz der Fraktionen und die Germinal-Prozesse weiter ausgebaut. War sie bis dahin gegen die Feinde der Revolution gerichtet, so betraf sie jetzt die Gegner der Regierungsausschüsse, die gleichzeitig ihre Kontrolle verschärften. Die bekanntesten Terroristen wurden nach und nach zurückgerufen: Fouché, Barras und Fréron, Tallien und Carrier. Die Verordnung vom 27. Germinal des Jahres II (16. April 1794), die auf Saint-Justs Bericht *Über die allgemeine Polizei und die Verbrechen der Fraktionen* hin verabschiedet wurde, bestimmte, daß »alle der Verschwörung Angeklagten aus allen Gebieten der Republik vor das Revolutionstribunal in Paris zu stellen sind«. Am 19. Floréal (8. Mai) wurden die revolutionären Tribunale und Kommissionen, die die Konventsbeauftragten in den Departements eingesetzt hatten, aufgelöst. Das von Lebon geschaffene Revolutionstribunal von Arras setzte seine Arbeit allerdings bis zum 22. Messidor (10. Juli) fort; am 21. Floréal (10. Mai) wurde die Volkskommission von Orange eingerichtet: dies waren aber Ausnahmen aufgrund besonderer Umstände.

Der *Große Schrecken* folgte auf das Gesetz vom 22. Prairial des Jahres II (10. Juni 1794). Er erklärt sich aus den Umständen jenes Augenblicks. Am 1. Prairial (20. Mai) hatte ein gewisser Admirat Schüsse auf Collot d'Herbois abgegeben; am 4. (23. Mai) verhaftete man Cécile Renault, die sich offenbar an Robespierre vergreifen wollte: sie brachte ihre konterrevolutionäre Überzeugung zum Ausdruck. Am Vorabend des Feldzuges betätigte sich also noch immer das *aristokratische Komplott* und zeigte sich die ständige Präsenz der Konterrevolution. Eine Terrorwelle erfaßte die Pariser Sektionen und entfesselte ein leidenschaftliches Strafbedürfnis; doch war die Zeit spontaner Reaktionen vorbei. Die Schreckensherrschaft wurde übersichtlicher und straffer gestaltet: »Es geht nicht darum, einige Exempel zu statuieren, sondern darum, die unversöhnlichen Schergen der Tyrannei auszurotten«, erklärte Couthon als Berichterstatter des Gesetzes vom 22. Prairial.

Die Verteidigung und das vorangehende Verhör der Angeklagten wurden abgeschafft, die Geschworenen konnten sich auf moralische Beweise beschränken, und das Tribunal hatte nur die Wahl zwischen Freispruch und Todesurteil. Die Definition der Feinde der Revolution wurde erheblich ausgedehnt. »Es handelt sich weniger um ihre Bestrafung als um ihre Vernichtung.« Artikel 6 zählt die verschiedenen Personengruppen auf, die als Volksfeinde angesehen werden:

»Diejenigen, die die Pläne der Feinde Frankreichs unterstützt haben, indem sie den Patriotismus böswillig verfolgen und verleumden; diejenigen, die versucht haben, Mutlosigkeit zu stiften, die Sitten zu verderben oder die Reinheit und die Kraft der revolutionären Prinzipien zu untergraben; alle diejenigen, die sich – mit welchen Mitteln und unter welcher Maske auch immer – an Freiheit, Einheit und Sicherheit der Republik vergangen oder an der Verhinderung ihrer Festigung gearbeitet haben.«

Im Verlauf dieser zweiten Periode wurde die *Zusammenziehung* (l'amalgame) allgemein praktiziert: der erweiterte Begriff vom aristokratischen Komplott machte es möglich, in ein und demselben Prozeß Angeklagte ohne Verbindung untereinander gemeinschaftlich zu beschuldigen und dann wegen ihrer Umtriebe gegen die Nation zusammen zu verurteilen. Das Zusammenpferchen von Verdächtigen – über 8000 – in den Pariser Gefängnissen ließ eine Gefangenenrevolte befürchten. Die durch einige Anzeichen bestätigten, aber beträchtlich übertriebenen *Verschwörungen der Gefängnisse* gaben den Anlaß für drei große *Schübe* im Juni und sieben weiteren im Juli, die den wichtigsten Gefangenenhäusern entnommen wurden: Bicêtre, Luxembourg, Karmeliterhaus und Saint-Lazare. Vom März 1793 bis zum 22. Prairial des Jahres II waren in Paris 1251 Personen hingerichtet worden; zwischen dem Gesetz über den Großen Schrecken und dem 9. Thermidor wurden 1376 guillotiniert. »Die Köpfe fielen wie Dachziegel«, war der Ausdruck von Fouquier-Tinville, dem öffentlichen Ankläger des Revolutionstribunals.

Die Bilanz der Schreckensherrschaft muß allerdings behutsam gezogen werden. Die Zahl der verhafteten Verdächtigen wird von den einen auf etwa 100 000 geschätzt; andere halten die Zahl 300 000 für nicht unwahrscheinlich. Der Historiker Donald Greer nimmt die Zahl der Toten mit 35 bis 40 Tausend an, einschließlich der ohne Gerichtsurteil erfolgten Hinrichtungen wie in Nantes und Toulon. Die Anzahl der vom Revolutionstribunal und den verschiedenen Sondergerichtsbarkeiten ausgesprochenen Todesurteile stieg nach den von Greer aufgestellten Statistiken auf 16 594: von März bis September 1793 518 Verurteilungen; von Oktober 1793 bis Mai 1794 10 812; von Juni bis Juli 2554 und im August 86. Nach einer Untersuchung der regionalen Verteilung entfielen 16% der ausgesprochenen Todesurteile auf Paris und demgegenüber 71% auf die Hauptbürgerkriegsgebiete: 19% im Südosten und 52% im Westen. Die Urteilsbegründungen stimmen mit dieser regionalen Verteilung überein: in 78% der Fälle wurde wegen Rebellion oder Verrat verurteilt. Gesinnungstaten (eidverweigernde Agitation, Föderalismus, *Verschwörungen*) waren die Gründe für 19% der Verurteilungen, Wirtschaftsverbrechen (Herstellung falscher Assignaten, Veruntreuung öffentlicher Gelder) nur für 1%. Nach der sozialen Zusammensetzung gehörten 84% der Verurteilten dem alten Tiers État an (Bürger: 25%, Bauern: 28% und Sansculotten: 31%), lediglich 8,5% dem Adel und 6,5% dem Klerus. »Bei einem derartigen Kampf jedoch«, bemerkt Georges Lefebvre, »haben die Überläufer weniger Nachsicht zu erwarten als die urprünglichen Gegner.«

Die Schreckensherrschaft war also im wesentlichen ein Instrument zur Verteidigung der Nation und der Revolution gegen die Rebellen und Verräter. Wie auch der Bürgerkrieg insgesamt, von dem er nur eine Erscheinungsform ist, schloß der Terror die aristokratischen Elemente und ebenso diejenigen, die sich der Aristokratie angeschlossen hatten und deswegen nicht in die Gesellschaft eingeordnet werden konnten, aus der Nation aus. Er übertrug den Regierungsausschüssen die *Zwangsgewalt*, die es ihnen ermöglichte, die Autorität des Staates wieder aufzurichten und allen die Ordnung des Staatswohls aufzuzwingen. Er trug zur Entwicklung des Gefühls nationaler Solidarität bei und brachte die Klassenegoismen vorübergehend zum Schweigen. Insbesondere ermöglichte der Terror die Durchführung der Zwangswirtschaft, die für die Kriegsanstrengungen und die Rettung der Nation notwendig war. In diesem Sinne trug die Schreckensherrschaft zum Sieg bei.

Die Einführung der Wirtschaftslenkung ergab sich zwangsläufig aus den Erfordernissen der nationalen Verteidigung: die Männer des Massenaufgebotes mußten ernährt, eingekleidet, ausgerüstet und bewaffnet, die Bevölkerung der Städte mußte verpflegt werden, während der Außenhandel infolge der Blockade stillgelegt war und Frankreich einer belagerten Festung glich. So wurde die Revolutionsregierung seit Sommer 1793 dazu gezwungen, die Lenkung der Wirtschaft immer straffer zu organisieren.

Die behördliche Erfassung und Beschlagnahme erfaßte alle materiellen Ressourcen des Landes. Das Gesetz vom 26. Juli 1793, das den Wucher mit der Todesstrafe belegte, hatte alle Produzenten und Händler zur Vorlage ihrer Lagerverzeichnisse verpflichtet und zur Überprüfung *Wucherkommissare* eingeführt. Der Bauer lieferte Erzeugnisse wie Getreide, Futter, Wolle und Hanf ab, der Handwerker die Produkte seiner Arbeit. In bestimmten Ausnahmefällen gaben auch Bürger Waffen, Schuhe, Decken oder Tücher ab; Saint-Just beschlagnahmte zum Beispiel am 10. Brumaire II (31. Oktober 1793) in Straßburg 5000 Paar Schuhe und 1500 Hemden und am 24. (14. November) 2000 Betten bei den Reichen der Stadt zur Pflege der Verletzten. Die Grundstoffe wurden überall gesucht und zusammengetragen: Metalle, Tauwerk, Pergament für die Kartuschen und salpeterhaltige Erde . . .; die Kirchenglocken wurden abgenommen und zum Einschmelzen der Bronze verwandt. Alle Unternehmungen arbeiteten unter der Kontrolle des Staates für die Nation, um die Produktion auf den höchsten Stand zu bringen und die technischen Neuerungen anzuwenden, die die vom Wohlfahrtsausschuß mobilisierten Wissenschaftler entwickelt hatten. Die Requisitionen schränkten die Unternehmensfreiheit ein.

Die Taxierung bildete die notwendige Ergänzung der Beschlagnahme. Die Verordnung vom 4. Mai 1793 hatte den Höchstpreis für Getreide und Mehl festgesetzt; in der Praxis wurde sie aber nicht angewandt. Die Verordnung vom 11. September führte ihn erneut ein. Am 29. September wurden das *allgemeine Maximum* für die notwendigsten Lebensmittel (die Preise von 1790 wurden um ein Drittel erhöht), das die Bezirke im einzelnen festzulegen hatten, und das für die Löhne (der um die Hälfte erhöhte Durchschnittswert von 1790) verordnet, für dessen Bestimmung die Gemeinden zu sorgen hatten. Um die neuen Gesetze in Gang zu bringen und ihre Durchführung zu überwachen, schuf der Konvent am 6. Brumaire II (27. Oktober 1793) eine Versorgungskommission, die dem Wohlfahrtsausschuß unterstellt war. Die Kommission leistete im Rahmen der Regulierung weitreichende Arbeit und veröffentlichte am 2. Ventôse (20. Februar 1794) den Tarif des nationalen Maximums anstelle des Produktionstarifs; jeder Bezirk mußte die Transportkosten (4 Sous und 6 Heller pro Postmeile für Getreide und Mehl), den Gewinn des Großhändlers (5%) und den des Einzelhändlers (10%) hinzufügen. Damit schrieb das Maximum die Gewinnspannen fest, bremste das Spekulationsinteresse und beschränkte die Freiheit des Profits.

Die Nationalisierung der Wirtschaft betraf die Produktion und den Außenhandel in unterschiedlichem Ausmaß, vor allem aber erschien sie im Zusammenhang mit den Bedürfnissen der Armeen; der Wohlfahrtsausschuß verzichtete denn auch darauf, die Ernährung der Zivilbevölkerung zu nationalisieren. Das entstandene Produktions- und Tauschsystem, das die wirtschaftliche Freiheit beschränkte, besaß offensichtlich in den Augen der Sansculotten einen sozialen Wert. Der Wohlfahrtsausschuß hatte sich jedoch lediglich unter dem Zwang des absolut Notwendigen auf den Weg der Wirtschaftslenkung begeben: für ihn bedeutete dies nicht mehr als eine Notlösung für die Verteidigung von Nation und Revolution, während die Bourgeoisie ihre unerschütterliche Feindschaft gegenüber der Nationalisierung beibehielt, weil sie die Wirtschaftsfreiheit einschränkte.

Die Produktion wurde teilweise nationalisiert, entweder direkt durch die Errichtung von staatlichen Fabriken oder indirekt durch Rohstofflieferungen an die Fabrikanten, durch gesetzliche Regelung und Kontrolle und durch Beschlagnahme und *taxation*. Die Waffenindustrie erfuhr durch die Inbetriebnahme rationaler Waffen- und Munitionsfabriken einen kräftigen Aufschwung: zum Beispiel die große Manufaktur für Gewehre und Hieb- und Stichwaffen in Paris, die von Lakanal in Bergerac und von Noël Pointe in Moulins aufgebauten Fabriken sowie auch die Pulverfabrik von Grenelle in Paris. Der Wohlfahrtsausschuß vermied es indessen, die Zahl der staatlichen Manufakturen zu vergrößern (Carnot war dagegen), und lehnte die Nationalisierung der Bergwerke ab.

Der Außenhandel wurde im Verlauf einiger Monate nationalisiert. Die Versorgungskommission übernahm ab November 1793 seine Leitung, indem sie Beauftragte ins Ausland schickte, die Handelsschiffe beschlagnahmte und in den Häfen staatliche Lager anlegte. Zur Finanzierung des Handels mit den Neutralen und zur Bezahlung der in Hamburg, der Schweiz, Genua und den Vereinigten Staaten getätigten Käufe beschlagnahmte die Kommission Weine und Spirituosen, Seidenstoffe und Tuche, um sie selber zu exportieren; am 6. Nivôse II (26. Dezember 1793) ließ Cambon die ausländischen Devisen zum Nennwert einziehen. Nach der Hinrichtung Héberts lockerte sich die Kontrolle des Außenhandels. Vom 23. Ventôse (13. März 1794) an wurden den Händlern Erleichterungen eingeräumt: um die Lebensmittelversorgung und die Produktion zu sichern, suchte die Regierung von nun an die Mitarbeit des Großhandels. Die Kaufleute in den Häfen wurden zu *Handelsagenturen* zusammengefaßt und die Kommissionsbeauftragten im Ausland nach Frankreich zurückgerufen. Diese mit den Interessen der Handels- und Industriebourgeoisie übereinstimmende Entwicklung konnte nur den Widerstand der Sansculotten hervorrufen.

Die Lebensmittelversorgung für die Zivilbevölkerung wurde nie unmittelbar nationalisiert. Die Versorgungskommission, aus der am 12. Germinal des Jahres II (1. April 1794) die Kommission für Handel und Versorgungsgüter hervorging, machte von ihrem Beschlagnahmerecht im wesentlichen zugunsten der Armeen Gebrauch und kümmerte sich wenig um die zivilen Verbraucher: die noch wenig vorangeschrittene kapitalistische Konzentration und das Fehlen allgemeiner Statistiken machten es unmöglich, die Bedürfnisse der Bevölkerung genau zu bestimmen und einen nationalen Verpflegungsplan aufzustellen. Demzufolge fiel den Bezirken die Aufgabe zu, die Beschlagnahmen zur Versorgung der Märkte durchzuführen, und den Gemeinden, die Müller zu überwachen, das Bäckereiwesen zu regeln und die Rationierung festzusetzen. In vielen Städten, wie zum Beispiel in Troyes, wurden die Bäckereien vollkommen in die Regie der Gemeindebehörden übernommen; weniger häufig geschah dies mit den Fleischereien, wie etwa in Clermont-Ferrand. Was die anderen Produkte mit Ausnahme von Zucker und Seife anging, so war die Versorgungskommission nicht an ihnen interessiert; sie begnügte sich mit der Bekanntmachung des Maximums, und der Wohlfahrtsausschuß ging sogar so weit, den lokalen Behörden jegliche Beschlagnahme zu verbieten. Vergeblich versuchten die Sansculotten, den Händlern durch ihre revolutionäre Überwachung die Einhaltung der gesetzlichen Höchstpreise aufzuzwingen: der Schwarzmarkt, vor allem mit landwirtschaftlichen Produkten, blühte in erheblichem Umfang. Die Wucherkommissare wurden am 12. Germinal II (1. April 1794) abgesetzt. Da der Wohlfahrtsausschuß die Unternehmer, Landwirte und Handwerker wie auch die Händler schonen wollte, mußte er nach und nach trotz der dagegen erhobenen Beschwerden der Sansculotten die Kontrolle über die Lebensmittelversorgung der Zivilbevölkerung lockern. Schließlich duldete der Ausschuß die Überschreitung des Maximums für Nahrungsmittel mit Ausnahme desjenigen für Brot.

Im Frühjahr 1794 zeichnete sich eine neue Wirtschaftspolitik ab, während die Spaltung zwischen Revolutionsregierung und Volksbewegung immer deutlicher hervortrat. Der Wohlfahrtsausschuß reagierte auf die Wünsche der Mittelklassen und drehte die Entwicklung zurück; er beruhigte die Händler, dämpfte die Kontrollen und milderte die dirigistischen Gesetze ab. Die Wirtschaftslenkung wirkte sich im wesentlichen zum Vorteil der Armeen und zum Nutzen des Staates aus. Dem Wohlfahrtsausschuß konnte nicht entgehen, daß die Anwendung des Maximums innerhalb des früheren Tiers État einen Trennungsfaktor darstellte: während die Bourgeoisie und das besitzende Bauerntum die Zwangswirtschaft nur widerwillig hinnahmen, forderten die Handwerker und Kleinhändler die Durchführung des Maximums für Versorgungsgüter, empörten sich aber, daß es ihnen auch selbst auferlegt wurde.

Über das Maximum der Löhne erregten sich die Arbeiter. Da das Massenaufgebot und die Kriegsanstrengungen die Arbeitskräfte verringert hatten, waren Lohnerhöhungen durchgesetzt worden; in vielen Gemeinden, so vor allem in Paris, wurde nie eine Tabelle der Lohnsätze veröffentlicht. Der Staat hingegen wandte es in seinen Fabriken streng an und versagte den Arbeitern jede Abweichung. Nach dem Drama vom Germinal unterdrückte der neue Gemeinderat von Paris alle Koalitionsversuche, und der Wohlfahrtsausschuß nahm eine abweisende Haltung gegenüber den Lohnempfängern ein: er war der Auffassung, daß jedes Wirtschafts- und Finanzgebäude auf dem doppelten Maximum ruhte und daß seine Preisgabe den Zusammenbruch des Systems und den Ruin der Assignaten herbeiführen würde. Die Streikaktionen wurden unterdrückt; als die Erntezeit kam, wurden die Landarbeiter zu festgesetzten Löhnen zwangsverpflichtet. Am 5. Thermidor (23. Juli) gab die Kommune von Paris schließlich das Lohnmaximum heraus: für viele Handwerkszweige bedeutete es in Wirklichkeit eine zwangsweise Herabsetzung der Tageslöhne. Damit wuchs die Unzufriedenheit der Arbeiter. Sie verband sich mit dem Unwillen der durch die Beschlagnahmen belasteten Bauern, der über die Höchstpreise verärgerten Händler und dem Verdruß der Staatsrentner, die durch die Entwertung der Assignaten ruiniert waren.

Trotzdem dürfen die Ergebnisse der Zwangswirtschaft nicht negativ eingeschätzt werden. Sie hat die Ernährung und Ausrüstung der Armeen der Republik ermöglicht: ohne sie wäre der Sieg nicht denkbar gewesen. Auch ist es ihr zu verdanken, daß den städtischen Volksklassen das tägliche Brot gesichert worden ist: die Rückkehr zur Wirtschaftsfreiheit ließ sie im Jahre III in bitterste Not zurückfallen.

### 4. Die soziale Demokratie

Das Ideal einer sozialen Demokratie wurde – unbeschadet gewisser Nuancen – von den Volksmassen und der mittleren revolutionären Bourgeoisie geteilt. Daß die ungleiche Verteilung der Reichtümer die politischen Rechte zu einem leeren Trugbild herabwürdigt, daß der Ursprung der Ungleichheit unter den Menschen nicht nur in der Natur, sondern auch im Privateigentum liegt, ist ein alltägliches Thema der Sozialphilosophie des 18. Jahrhunderts. Es gab aber nur wenige, die auf den Gedanken kamen, die Gesellschaftsordnung durch die Abschaffung des Privateigentums umzuwälzen. »Die Gleichheit der Güter ist ein Hirngespinst«, erklärte Robespierre am 24. April 1793 im Konvent. Wie alle Revolutionäre verurteilte er das *Ackergesetz* (la loi agraire), das heißt die Aufteilung des Grund und Bodens. Zuvor hatte der Konvent am 18. März einstimmig die Einführung der Todesstrafe für die Anhänger des Ackergesetzes beschlossen. Doch bestätigte Robespierre in derselben Rede auch, daß »die extrem ungleiche Vermögensverteilung die Quelle vieler Übelstände und vieler Verbrechen ist«: Sansculotten und Montagnards bewiesen ihre Feindschaft gegen »den Überfluß«, gegen die *Dicken* und den übertriebenen Reichtum. Das gemeinsame Ziel war eine Gesellschaft der kleinen unabhängigen Produzenten, Bauern und Handwerker, die jeder ihr Feld, ihren Laden oder ihre Werkstatt besaßen und in der Lage waren, ihre Familie ohne Zuflucht zur Lohnarbeit zu ernähren. Es war ein Ideal, das den Verhältnissen Frankreichs und seines Volkes am Ende des 18. Jahrhunderts entsprach und mit den Hoffnungen des Kleinbauern und Landarbeiters, des Handwerkers und seines Gesellen wie auch des Kleinhändlers übereinstimmte. Ein Ideal, das mit den wirtschaftlichen Bedingungen der Mehrheit der Produzenten dieser Zeit harmonisierte, das jedoch im Widerspruch zur andererseits geforderten Produktionsfreiheit stand, die zur kapitalistischen Konzentration führte. Die präziseste Formulierung dieses sozialen Ideals lieferten sowohl die Vorkämpfer der Pariser Sektionen als auch die Robespierristen.

Am 2. September 1793 erklärte die Sektion Sansculottes, die frühere Sektion Jardin-des-Plantes, zusammen mit der Forderung nach dem Maximum für Nahrungsmittel und nach einer Lohnerhöhung, daß »die einzige Grundlage für das Eigentum das Ausmaß der physischen Bedürfnisse ist«; sie verlangte vom Konvent Verordnungen darüber, »daß das *Maximum* der Vermögen festgesetzt werde; daß ein Individuum nur ein *Maximum* besitzen könne; daß niemand mehr Land pachten könne, als er für eine bestimmte Anzahl von Pflugstunden benötige; daß derselbe Bürger nur eine Werkstatt, nur einen Laden haben dürfe«.

Robespierre hatte indessen schon am 2. Dezember 1792 das Eigentumsrecht dem Recht auf Leben untergeordnet: »Das erste Recht ist das zu leben; das erste soziale Gesetz ist demnach dasjenige, welches allen Mitgliedern der Gesellschaft die Mittel zur Existenz garantiert; alle übrigen sind diesem untergeordnet.« In seiner Rede über eine neue Erklärung der Rechte vom 24. April 1793 ging Robespierre darüber hinaus und bezeichnete das Eigentum nicht nur als ein natürliches, sondern auch als ein durch Gesetz bestimmtes Recht: »Das Eigentum ist das Recht jedes Bürgers, den Teil der Güter zu besitzen und darüber zu verfügen, der ihm vom Gesetz garantiert ist.«

Drastisch verdeutlichte Saint-Just diese soziale Richtung: »Wir brauchen keine Reichen und keine Armen, der Überfluß ist eine Schande.« In seinen *Fragmenten über die republikanischen Institutionen* hält er das Eigentum in enggezogenen Grenzen durch die Abschaffung der Testierfreiheit und die Teilung des Nachlasses auf direkte Abkömmlinge zu gleichen Teilen, durch das Erbschaftsverbot in indirekter Linie und den Rückfall des Vermögens von Bürgern ohne direkte Verwandte an den Staat. Das Ziel dieser sozialen Gesetzgebung ist es, »allen Franzosen die Mittel zur Erlangung der lebensnotwendigen Dinge zu geben, ohne von etwas anderem als den Gesetzen abhängig zu sein und ohne gegenseitige Abhängigkeit aufgrund des Personenstandes«. Und weiter heißt es: »Der Mensch muß unabhängig leben.« Damit war im republikanischen Denken der Begriff des sozialen Rechts wiederhergestellt: die nationale Gemeinschaft hat das Recht, die Eigentumsorganisation zu kontrollieren; zur Erhaltung einer relativ gleichen Verteilung durch die Wiederherstellung kleinen Eigentums greift sie in dem Maße ein, wie die wirtschaftliche Entwicklung zu ihrer Zerstörung tendiert. Damit soll sowohl die Wiederaufrichtung des Vermögensmonopols als auch die Entstehung eines abhängigen Proletariats verhindert werden.

Die Gesetzgebung der Montagnards fußte auf diesen Prinzipien. Die Gesetze vom 5. Brumaire II (26. Oktober 1793) und 17. Nivôse (6. Januar 1794) gewährleisteten rückwirkend ab 14. Juli 1789 die Aufteilung des Nachlasses durch absolute Gleichstellung der Erben einschließlich der unehelichen Kinder. Es genügte aber nicht, die gleichmäßige Teilung der Erbschaften zu sichern, man mußte den Zugang zum Eigentum auch denjenigen eröffnen, die nichts besaßen. Daher wurde am 3. Juni 1793 die Teilung der Emigrantengüter in kleine Parzellen zum Zwecke des Verkaufs vorgeschrieben, die Bezahlung konnte ratenweise über 10 Jahre verteilt werden: diese Bestimmungen wurden am 2. Frimaire II (22. November 1793) auf alle Nationalgüter ausgedehnt. Das Gesetz vom 10. Juni 1793 gestattete die unentgeltliche Verteilung der Gemeindegüter je nach Einwohnerzahl. Zwar ermöglichte die Parzellierung einer gewissen Anzahl von Bauern, ihre Güter abzurunden oder überhaupt Grundbesitzer zu werden, doch brachten diese Gesetze dem weitaus größten Teil keinen Gewinn. Die vollständige Abschaffung der Feudalrechte am 17. Juli 1793 beendete die Solidarität der Landbevölkerung: die Auflösung der ländlichen Gesellschaftsstruktur verlief jetzt noch schneller; die Eigentumsbauern und Großgrundbesitzer brauchten unbedingt Arbeitskräfte und konnten daher nur ausgesprochene Gegner des Grunderwerbs seitens der Landarbeiter und der Umwandlung des ländlichen Proletariats in unabhängige Produzenten sein. In den Verordnungen vom 8. und 13. Ventôse (26. Februar und 3. März 1794) spiegelte sich der Wille der Robespierristen wider, noch einen Schritt weiterzugehen und für die armen Sansculotten einige Besserstellungen zu erreichen: die *bedürftigen Patrioten* sollten durch die Beschlagnahme und Verteilung der Vermögen der Verdächtigen *entschädigt* werden. Während jedoch Saint-Just in seinem Bericht noch von der unentgeltlichen Übertragung dieser Vermögen gesprochen hatte, war in der Verordnung davon keine Rede mehr; die näheren Durchführungsbestimmungen wurden niemals erlassen. Tatsächlich waren die Ventôse-Verordnungen ungeeignet, das Agrarproblem zu lösen. Den Robespierristen wie auch den Montagnards als grundsätzlichen Befürwortern der Wirtschaftsfreiheit widerstrebte es, in die Agrarordnung einzugreifen: die einen wie die anderen waren gegenüber den Forderungen der armen Bauern taub und dachten nie ernsthaft an die Reform des Pachtsystems oder die Aufteilung der großen Pachtgüter in kleinere Hofbetriebe; sie waren unfähig, ein Agrarprogramm aufzustellen, das den Wünschen der ländlichen Sansculotten entsprach. Die soziale Gesetzgebung im eigentlichen Sinne fügt sich in die Reihe von Versuchen der Verfassunggebenden Versammlung ein und geht zugleich darüber hinaus. Die Verordnungen vom 19. März und 28. Juni 1793 setzten Beihilfen für Bedürftige, Kinder und alte Menschen fest. Die Erklärung der Rechte vom 24. Juni 1793 anerkannte in Artikel 21, daß »die öffentliche Hilfe eine heilige Pflicht ist«. Das Recht auf Unterstützung wurde durch das Gesetz vom 22. Floréal des Jahres II (11. Mai 1794) verankert, nach dem das Prinzip der sozialen Sicherheit eingeführt und in jedem Departement ein *Buch der nationalen Wohltätigkeit* ausgelegt wurde: in dieses Buch sollten Alte und Kranke aus der Landbevölkerung, Mütter und Witwen mit Kindern eingetragen werden; beide Personengruppen sollten eine jährliche Unterhaltsrente und Beihilfen erhalten und in den Genuß kostenloser medizinischer Betreuung bei sich zuhause kommen.

»Europa soll erfahren, daß ihr auf französischem Territorium weder einen Unglücklichen noch einen Unterdrücker mehr sehen wollt«, hatte Saint-Just am 13. Ventôse II (3. März 1794) ausgerufen; »daß dieses Beispiel auf der Erde Früchte trage und die Liebe zur Tugend und das Glück ausbreite! Das Glück ist ein neuer Gedanke in Europa!«

Die Tugend bildet nach der Erklärung Robespierres vom 17. Pluviôse des Jahres II (5. Februar 1794) sowohl die Grundlage als auch die treibende Kraft der Volksregierung:

»Ich spreche von der öffentlichen Tugend, die in Griechenland und in Rom so viel Wunderbares bewirkte . . .; von dieser Tugend, die nichts anderes als die Liebe zum Vaterland und zu seinen Gesetzen ist.«

Die Tugend ist das Korrektiv der Schreckensherrschaft. Der Wohlfahrtsausschuß behandelte die pflichtvergessenen Revolutionäre mit aller Strenge und rief die raubgierigen Terroristen zurück. Wenn er auch nicht auf die Entchristianisierung zurückgriff, so versuchte er doch, den Bürgerkult, der sich fast überall entwickelt hatte, zu reinigen, zu verbessern und einheitlicher zu gestalten: die Tugenden des Citoyen sollten mithilfe des allgemeinen Unterrichts und des republikanischen Kultes in den Massen verankert werden.

Der öffentliche Unterricht wurde in Artikel 22 der Erklärung vom 24. Juni 1793 als eines der Menschenrechte anerkannt. Er wurde in seinen Grundzügen als eine *nationale Erziehung* und damit als eine *bürgerliche Institution* begriffen, die, wie es die Pariser Sektion Droits-de-l'homme am 14. Juli 1793 formulierte, den Citoyens »den Gebrauch ihrer Pflichten und die Anwendung der Tugenden« lehren sollte: vor allem müssen das Verständnis für das allgemeine Wohl gefördert und die nationale Einheit gefestigt werden. Am 21. Oktober 1793 verabschiedete der Konvent eine Verordnung, nach der staatliche Volksschulen einzurichten waren, deren Programm die geistige mit der körperlichen Entwicklung, die moralische Erziehung mit der Leibeserziehung und die Lehre mit der Erfahrung verband. Nachdem diese Verordnung sofort nach ihrem Erlaß wieder angefochten wurde, ersetzte man sie durch die Verordnung vom 29. Frimaire II (19. Dezember 1793), in der die Schaffung obligatorischer, schulgeldfreier und weltlicher Volksschulen angeordnet wurde; diese standen in einem vom Staat kontrollierten, aber dezentralisierten System, das im großen und ganzen der Mentalität des Volkes entgegenkam. Da die Revolutionsregierung aber vollständig mit der Führung des Krieges beschäftigt war, vernachlässigte sie trotz der Forderungen des Volkes die Durchführung dieses Gesetzes: ihr fehlte sowohl die Zeit als auch das Geld. Daher wurde die Organisation eines Bürgerkultes nur noch notwendiger.

Die revolutionären Kulte hatten sich seit Beginn der Revolution herausgebildet: das Föderationsfest vom 14. Juli 1790 hatte eine ihrer ersten und großartigsten öffentlichen Kundgebungen dargestellt. Die Bürgerfeste wurden immer zahlreicher, sie waren eine neue Kunstform, für die David alle Register seines Könnens ziehen mußte. Am 10. August 1793 wurde in Paris das von David ausgerichtete Fest der Einheit und der Unteilbarkeit gefeiert. Im Laufe der Entchristianisierungsbewegung trat im Herbst 1793 der Kult der Vernunft in den Kirchen an die Stelle des katholischen Gottesdienstes; aus ihm entstand bald darauf der Dekaden-Kult auf der Grundlage der Bürgertugend und der republikanischen Moral. Der Kult des höchsten Wesens, den Robespierre förderte, nahm für sich in Anspruch, das republikanische System auf metaphysischen Grundlagen aufbauen zu können. Die Erziehung am Gymnasium hatte Robespierre im Sinne des Spiritualismus gebildet und geprägt; als Schüler von Rousseau verabscheute er den Sensualismus von Condillac und mehr noch den atheistischen Materialismus von Philosophen wie Helvétius, dessen Büste im Jakobinerklub er zerschlagen ließ. Der Unbestechliche glaubte an die Existenz Gottes und der Seele und an das ewige Leben; hierüber ließ seine Erklärung im Jakobinerklub am 26. März 1792 keinen Zweifel. Robespierre wurde mit der Vorlage eines Entwurfs für die Dekadenfeste beauftragt, und in seinem Bericht vom 18. Floréal II (7. Mai 1794) sah er ihren Zweck in der Entwicklung der Bürgertugend und der republikanischen Moral: »Die einzige Grundlage der bürgerlichen Gesellschaft ist die Moral ... Die Sittenlosigkeit ist der Boden des Despotismus, so wie die Tugend das Wesen der Republik ist ... Wir müssen die allgemeine Moral wieder beleben. Führt uns zum Sieg, aber verbannt vor allem das Laster in das Nichts.«

Da er aber sowohl aus persönlicher Überzeugung als auch als Politiker handelt, der bestrebt ist, dem Volk einen Kult anzubieten, der seinen Gewohnheiten Rechnung trägt und die Moral festigt, fährt er fort:

»In den Augen des Gesetzgebers ist alles wahrhaftig, was in der Welt nützlich und in der Praxis gut ist ... Der Gedanke des höchsten Wesens ist eine ständige Erinnerung an die Gerechtigkeit: demzufolge ist er sozial und republikanisch.«

Artikel 1 der Verordnung vom 18. Floréal erklärt, daß »das französische Volk die Existenz des höchsten Wesens und die Unsterblichkeit der Seele anerkennt«. Zur Verherrlichung der großen Tage der Revolution (14. Juli 1789, 10. August 1792, 21. Januar und 31. Mai 1793) wurden vier große republikanische Feste eingerichtet; der zehnte Tag jeder Dekade sollte einer bürgerlichen oder sozialen Tugend gewidmet werden.

Das Fest des höchsten Wesens und der Natur bildete am 20. Prairial II (8. Juni 1794) den feierlichen Auftakt des neuen Kultes. Robespierre, der einige Tage zuvor zum Konventspräsidenten gewählt worden war, eröffnete und leitete das Fest, wobei er einen Blumen- und Ährenstrauß in der Hand hielt. Inmitten einer ungeheuren Volksmenge wurde das Bürgerfest mit einem großartigen, von David gestalteten Umzug vom Nationalgarten der Tuilerien bis zum Champ-de-Mars zu den Klängen der würdevollen Musik von Gossec und Méhul abgewickelt. Das Fest vom 20. Prairial hinterließ bei den Teilnehmern und im Ausland einen tiefen Eindruck. Der Angestellte Girbal aus der Sektion Guillaume-Tell schreibt unter diesem Datum in sein Tagebuch:

»Ich glaube nicht, daß in der Geschichte ein Beispiel für einen derartigen Tag zu finden ist. Im physischen und im moralischen Sinne war dieses Fest erhaben ... Die empfindsamen Seelen werden davon eine ewige Erinnerung bewahren.« Und der Konterrevolutionär Mallet du Pan bemerkte: »Man glaubte tatsächlich, daß Robespierre den Abgrund der Revolution schließen würde.«

Das politische Ziel, das Robespierre mit der Einrichtung des Kultes des höchsten Wesens verfolgte, wurde indessen nicht erreicht. Unter den äußeren Umständen des Frühjahrs im Jahre II und nach den Germinal-Dramen war die Verordnung vom 18. Floréal darauf ausgerichtet, die Einheit der verschiedenen sozialen Klassen, die bis dahin die Revolutionsregierung getragen und unterstützt hatten, sich nun aber aufgrund der Klassenantagonismen gegeneinander richteten, in einem einzigen Glauben und einer einzigen Moral zusammenzuschweißen. In seiner Unfähigkeit, die ökonomischen und sozialen Bedingungen zu analysieren, glaubte Robespierre an die Allmacht der Gedanken und der Aufrufe zur Tugend. Der Kult des höchsten Wesens erzeugte in Wirklichkeit einen neuen Konflikt, der sogar innerhalb der Revolutionsregierung aufbrach: die Anhänger der gewaltsamen

Entchristianisierung wie auch die Verfechter der vollständigen Weltlichkeit des Staates verziehen Robespierre die Verordnung vom 18. Floréal des Jahres II nicht.

## 6. Die nationale Armee

Der Krieg war die Ursache dafür, daß sich die Revolutionsregierung organisierte und ihre Herrschaft durch den Schrecken absicherte; zur Ernährung und Ausrüstung der Armeen der Republik ist die Zwangswirtschaft eingeführt worden; damit sich das ganze Volk ausnahmslos für den Kampf zur Verfügung stellt, hielt die soziale Demokratie an der Verbesserung seiner Lage fest; die republikanische Moral sollte seine Bürgertugend (civisme) stärken. »Die Revolution ist der Krieg der Freiheit gegen deren Feinde«, hat Robespierre erklärt. Der Armee des Jahres II hat die Revolutionsregierung all ihre Kraft zugewendet.

Der Effektivbestand überstieg im Frühjahr 1794 eine Million Soldaten, die sich auf zwölf Armeen verteilten, die unterschiedlich zusammengesetzt waren: Linienregimenter, Freiwilligenbataillone und Eingezogene aus der Aushebung der 300 000 Mann und dem Massenaufgebot. Diese wurden durch die Verordnungen vom 21. Februar 1793 über die *Verschmelzung* und die *Aufstellung von Brigaden,* die im Laufe des Winters 1793–1794 durchgeführt wurden, in Halbbrigaden eingeteilt. Auf diese Weise ist die Armee »nationalisiert« worden.

Die Führungskader wurden gesäubert und erneuert. Der Konvent legte grundsätzlich fest, daß die Vorgesetzten zu wählen waren, was bei der Nationalgarde bereits – eingeschränkt durch das Anciennitätsprinzip – praktiziert wurde. Nach dem Gesetz vom 21. Februar 1793 wählten die Soldaten ihre Korporale. Für zwei Drittel der oberen Dienstgrade bestimmten sie unter den rangniedrigeren Unteroffizieren drei Kandidaten für den zu besetzenden Posten, von denen die gleichrangigen Dienstgrade den Beförderten auswählten; ein Drittel der Beförderungen wurde nach dem Dienstalter ausgesprochen. Die Generale wurden von der Exekutive ernannt, ein Drittel nach dem Dienstalter, zwei Drittel durch Wahl. »Die Wahl der einzelnen Vorgesetzten ist das staatsbürgerliche Recht des Soldaten«, hatte Saint-Just am 12. Februar 1793 erklärt; »die Wahl der Generale ist das Recht der ganzen staatlichen Gemeinschaft.« Tatsächlich aber maßte sich der Wohlfahrtsausschuß auf diesem Gebiet ausgedehnte Befugnisse an und übertrug diese oft auf die Konventskommissare, die in die Kaderbildung eingriffen. Immerhin wurde das Wahlprinzip bei den untergeordneten Dienstgraden stets respektiert. Als Ergebnis dieses aussiebenden Wahlverfahrens entstand nach und nach ein Generalstab ohnegleichen: Marceau, Hoche, Kléber, Masséna, Jourdan und viele andere; sie waren von soliden Truppenführern umgeben, die sich durch militärische Fähigkeiten und bürgerliche Tugend auszeichneten. Zur Bildung neuer Kader wurde aufgrund der Verordnung vom 13. Prairial II (1. Juni 1794) die *École de Mars* aufgebaut: sechs junge Männer aus jedem Bezirk wurden dorthin entsandt, »um durch eine revolutionäre Erziehung alle Kenntnisse und Sitten eines republikanischen Soldaten zu erlernen«.

Die Disziplin wurde wiederhergestellt. »Liebt die Disziplin, die euch siegen läßt«, verkündete Saint-Just im Brumaire des Jahres II bei der Rheinarmee. Am 27. Juli 1793 hatte der Konvent die Todesstrafe für Plünderer und Deserteure eingeführt; in Wirklichkeit aber zeigten sich die gegenüber Emigranten und Rebellen unerbittlichen Militärtribunale bei Soldaten von einer milden Seite. Die Revolutionsregierung wollte den demokratischen Charakter der Armee unbedingt bewahren. »Ihr dürft den Sieg keinesfalls nur aufgrund der Zahl und der Disziplin der Soldaten erwarten«, hatte Saint-Just am 12. Februar 1793 gesagt, »ihr werdet ihn nur aufgrund der Fortschritte des republikanischen Geistes in der Armee erringen.« Parallel zur militärischen Ausbildung des Soldaten verlief seine politische Erziehung. Die Soldaten des Jahres II gingen in die Klubs und lasen die patriotische Presse. Eine Aufstellung vom 26. Ventôse II (16. März 1794) gibt einen Überblick über die Zeitungen, die der sansculottische Kriegsminister Bouchotte zu den verschiedenen Armeen der Republik schicken ließ: an der Spitze *Le Père Duchesne*, dann *Le Journal des Hommes libres* von Charles Duval, *Le Journal de la Montagne*, das Organ des Jakobinerklubs, und *L'Antifédéraliste* von Jullien de la Drôme. Die Armee des Jahres II war eine revolutionäre Armee, die für das Ende der Privilegien, die Abschaffung des Feudalsystems und die Vernichtung des Despotismus kämpfte; ebenso wie der Engländer, der Preuße oder der Österreicher war der Konterrevolutionär, der eidverweigernde Priester und der Emigrant ihr Feind. Indem der Wohlfahrtsausschuß die Republik mit der Freiheit und Gleichheit identifizierte, gelang es ihm, die Bürger-Soldaten davon zu überzeugen, daß sie als Kämpfer auch gehorchen mußten.

Die militärische Führung wurde der zivilen Gewalt streng untergeordnet: da die Armee für die Revolutionsregierung ausschließlich das Werkzeug für eine bestimmte Politik darstellt, ist die Führung des Krieges ein unerläßliches Vorrecht der zivilen Gewalt. Die Bestimmung des Artikels 110 der Verfassung vom 24. Juni 1793 lautete: »Es gibt keinen Oberbefehlshaber.« Nachdem La Fayette und Dumouriez Verrat geübt hatten, sicherte sich der Wohlfahrtsausschuß den Gehorsam der Generale mithilfe des Terrors: Custine, Houchard und andere wurden auf die Guillotine geschickt, wobei Nachlässigkeit oder Unfähigkeit den Mangel an Bürgertugend schon beweisen konnten. Die Reden von Saint-Just, der sich sehr aufmerksam mit militärischen Fragen beschäftigte, sind voller Grundsätze dieser Art: »Die Lobreden auf die Generale werden erst am Ende des Krieges gehalten«, oder »Die Generalität gehört immer noch zum Wesen der Monarchie«. In einem berühmten Rundschreiben vor allem an die Adresse der Generale kommentierte der Wohlfahrtsausschuß die Verordnung vom 14. Frimaire II, in der die Rechtsgrundlage der Revolutionsregierung verfaßt war:

»In einem freien Staat muß die militärische Macht am stärksten gebunden werden; sie ist ein passiver Hebel, der von dem übereinstimmenden Willen aller in Bewegung gesetzt wird ... Generale, die Zeit des Ungehorsams ist vorbei.«

Selbst im Bereich der einzelnen Feldzugsoperationen wurde die Kontrolle der zivilen Gewalt durch die Konventsbeauftragten ausgeübt, deren Machtbefugnisse endgültig am 30. März 1793 festgelegt wurden, tatsächlich aber unbegrenzt waren. Kurz vor dem Feldzug von 1794 richtete Billaud-Varenne am 1. Floréal des Jahres II (20. April 1794) noch folgende Warnung an den Konvent: »Wenn man zwölf Armeen unter Waffen hat, darf man nicht nur die Abtrünnigen und Überläufer fürchten und verhüten; man muß sich gleichermaßen vor dem militärischen Einfluß und dem Ehrgeiz eines tollkühnen Führers in acht nehmen, der plötzlich aus der Reihe tritt. Die Geschichte lehrt uns, daß alle Republiken auf diese Weise zugrunde gegangen sind ... Die Militärherrschaft ist nach der Priesterherrschaft die schlimmste.«

Taktik und Strategie wurden den neuen politischen und sozialen Erfordernissen angepaßt. Dank der Mobilisierung aller materiellen Quellen, die nun endlich Früchte trug, waren die Truppen der Republik verpflegt, ausgerüstet und bewaffnet; die in Brigaden und Divisionen untergliederte Armee war jetzt zahlenmäßig überlegen. Die Bewaffnung unterschied sich allerdings nicht von der der alten Armee: das Gewehr von 1777 mit einer schußgenauen Reichweite von 100 Metern; die Artillerie von Gribeauval verfügte hauptsächlich über Kanonen, die mit 4 Pfund schweren Kugeln etwa 400 Meter weit schossen. Aber »die militärische Kunst der Monarchie entspricht nicht mehr unseren Bedürfnissen ...«, erklärte Saint-Just am 10. Oktober 1793; »die Kriegführung der französischen Armeen muß durchschlagende Wirkung erzielen«.

Die neue Taktik wurde durch den Ausbildungsmangel der Truppe notwendig: die Soldaten des Jahres II kämpften im allgemeinen als Schützen zu Fuß; dabei nutzten sie das Gelände aus und griffen dann geschlossen mit dem Bajonett an. Die in die Tiefe gestaffelte Kolonne wurde schließlich die wichtigste taktische Formation der republikanischen Armeen; sie war einfacher zusammenzuhalten und zu führen als die traditionelle, in die Breite gestaffelte Linienformation. Als neue taktische Einheit entstand 1794 die Division; sie bestand aus zwei Infantriebrigaden, zwei Kavallerieregimentern und einer Artilleriebatterie; zusammen hatte sie 8000 bis 9000 Mann.

Auch die Strategie wurde infolge der Notwendigkeit, die verfügbaren Soldatenmassen einzusetzen, neu gestaltet; währenddessen wurde aber auch die alte Praxis des Belagerungskrieges fortgesetzt, wobei die Festungen Stützpunkte und Operationsbasen bildeten. Carnot setzte sich nachdrücklich für den unaufhörlich wiederholten Angriff konzentrierter Kräfte auf entscheidend wichtige Punkte ein: eine Angriffsart, bei der Energie und innerer Einsatz eine größere Bedeutung hatten als militärische Fertigkeiten. Am 14. Pluviôse II (2. Februar 1794) präzisierte der Wohlfahrtsausschuß seine Auffassung:

»Die grundsätzlichen Regeln lauten: immer geschlossen und offensiv operieren, eine strenge, aber nicht kleinliche Disziplin in den Armeen aufrechterhalten, die Truppen ständig in Atem halten, ohne sie zu überfordern, in den Festungen nur so viele zurücklassen, wie zu ihrer Bewachung unbedingt erforderlich sind, ... bei jeder Gelegenheit den Kampf mit dem Bajonett suchen und den Feind unablässig bis zu seiner vollständigen Vernichtung verfolgen.«

Am 8. Prairial (27. Mai 1794): »Greift an, greift ständig an.«

Am 4. Fructidor (21. August 1794) schließlich: »Wie der Blitz überraschen und wie der Donner zuschlagen.« Die Ursachen des Erfolges lagen eher in der Schnelligkeit der Bewegungen, der Energie beim Angriff und der Zähigkeit auf dem Schlachtfeld als in der Geschicklichkeit bei den Manövern. Als Ergebnis der ungeheuren Anstrengungen der Revolutionsregierung zeichnete sich im Juni 1794 der Sieg ab. Im selben Augenblick aber brach die politische Krise wieder aus, und die Regierungsmitglieder spalteten sich in zwei Lager.

## III. DER 9. THERMIDOR DES JAHRES II
### (27. Juli 1794)

Gegen Ende des Frühjahrs 1794 verschärften sich die Schwierigkeiten, mit denen der Wohlfahrtsausschuß im Konvent und in Paris konfrontiert war: die Kluft zwischen Volksbewegung und Revolutionsregierung wurde unüberbrückbar, während sich in der Versammlung die Opposition neu formierte. Und dies geschah, als die noch drückender werdenden wirtschaftlichen Schwierigkeiten das Regime weiterhin zur Anwendung des Terrors zwangen, der durch den – endlich errungenen – Sieg immer schwieriger zu rechtfertigen und zu ertragen war.

### 1. Der Sieg der Revolution (Mai–Juli 1794)

Die Außenpolitik des Wohlfahrtsausschusses war im wesentlichen eine Kriegspolitik. Dantons Verhandlungspolitik wurde aufgegeben, sie hätte im Inneren die Indulgents begünstigt und zur Erlahmung der nationalen Kräfte beigetragen. Der Ausschuß tat nichts, um sich die Gegensätze innerhalb der Verbündeten nutzbar zu machen oder die Polen zu unterstützen, die sich unter Kościuszko erhoben hatten. Der Wohlfahrtsausschuß schonte die Neutralen. Nach dem Bericht Robespierres *Über die politische Lage der Republik* (27. Brumaire II – 18. November 1793) gab der Konvent seinen Willen bekannt, die Interessen der neutralen Mächte zu respektieren, und er drückte seine »Gefühle der Anerkennung, des Wohlwollens und der Achtung« gegenüber den schweizerischen Kantonen und den Vereinigten Staaten von Amerika aus. Damit war die propagandistische Seite des Krieges aufgegeben.

An der Nordgrenze verfügte die Republik am Vorabend des Feldzuges über drei Armeen, die den zwischen der Küste und Namur aufgestellten Truppen Coburgs gegenüberstanden. Die Nordarmee sollte mit 150 000 Mann unter Pichegru in Flandern in Richtung Ypern angreifen; die Ardennenarmee mit 25 000 Mann in Richtung Charleroi und die Moselarmee mit 40 000 Mann unter Jourdan in Richtung Lüttich. Pichegru setzte seine Truppen schlecht ein und konnte Coburg nicht an der Einnahme von Landrecies hindern; doch schlug er ihn in Tourcoing am 29. Floréal II (18. Mai 1794) und befreite damit die Grenze von der Schelde bis zum Meer. Der Wohlfahrtsausschuß vereinigte die Ardennen- mit der Moselarmee, verstärkte sie auf 90 000 Mann und stellte sie unter den Befehl von Jourdan, dem Saint-Just zur Seite stand (daraus wurde bald die Sambre-et-Meuse-Armee); diese Truppen wurden auf Charleroi geworfen, das am 7. Messidor (25. Juni 1794) kapitulierte. Zur selben Zeit trat der in Ypern von Pichegru geschlagene Coburg den Rückzug an. Um seine Nachhut zu retten, griff er am 8. Messidor (26. Juni 1794) in Fleurus vor Charleroi Jourdan an: nach einem harten einen Tag andauernden Kampf wurde er geschlagen. Saint-Just hatte eine hervorragende Rolle beim Zustandekommen des Sieges gespielt, indem er die Kolonnen unablässig zum Angriff führte; er lehnte es jedoch ab, dem Konvent darüber zu berichten:

»Ich halte sehr viel davon, Siege zu verkünden, aber ich möchte nicht, daß sie zum Vorwand für Eitelkeit werden. Man hat den Tag von Fleurus angekündigt, und andere, die nichts darüber gesagt haben, sind dabei gewesen; man hat von Belagerungen gesprochen, und andere, die nichts dazu gesagt haben, waren in den Gräben.«

Fleurus brachte die Befreiung Belgiens. Jourdan und Pichegru vereinigten sich in Brüssel. Sodann warf Pichegru die Engländer und Holländer nach Norden zurück und Jourdan die Österreicher nach Osten: am 9. Thermidor (27. Juli 1794) zogen Pichegru in Antwerpen und Jourdan in Lüttich ein.

In den Pyrenäen eroberte Dugommier das Lager von Boulou (12. Floréal – 1. Mai 1794) und drang in Katalonien ein, während weiter westlich Moncey die Grenze überschritt und San Sebastian besetzte (7. Thermidor – 25. Juli 1794). An den Alpen schien die Invasion Italiens unmittelbar bevorzustehen.

Während die englische Flotte das Mittelmeer beherrschte und mit der Hilfe von Paoli Korsika einnahm, gelang es den republikanischen Geschwadern, sich auf dem Atlantik zu behaupten. Am 9., 10. und 13. Prairial (28. und 29. Mai, 1. Juni) lieferte die von Brest ausgelaufene Flotte von Villaret-Joyeuse der englischen Flotte von Howe eine Schlacht auf offener See bei der Insel Ouessant, um Getreideschiffe aus Amerika zu schützen: die französischen Verluste waren hoch (*Le Vengeur* wurde versenkt), doch mußten sich die Engländer zurückziehen, so daß der Konvoi passieren konnte.

Mit einer letzten großen Kraftanstrengung schien die Revolutionsregierung die Krise im Innern meistern, den Sieg vollenden und den Koalitionsmächten den Frieden diktieren zu können: »Wir marschieren nicht, um zu erobern, sondern um zu siegen«, erklärte Billaud-Varenne im Namen des Wohlfahrtsausschusses am 1. Floréal (20. April 1794) im Konvent, »nicht, um uns vom Rausch des Triumphes fortreißen zu lassen, sondern um in dem Augenblick keinen Schlag mehr zu führen, wo der Tod eines feindlichen Soldaten für die Freiheit nutzlos sein wird.«

Gerade als die Revolutionsregierung ihrem Ziel greifbar nahe gekommen war, brach sie auseinander.


## 2. Die politische Krise: die Unmöglichkeit eines Ausgleichs (Juli 1794)


Die politische Krise vom Juli 1794 tritt unter vielfältigen Aspekten in Erscheinung. Während sich die jakobinische Diktatur in den Händen der Revolutionsregierung konzentrierte und stärkte, wurde ihre soziale Basis in Paris und ihre politische Basis im Konvent ständig schmaler. Die Uneinigkeit der beiden Regierungsausschüsse und die Zwietracht innerhalb des Wohlfahrtsausschusses gaben den letzten Anstoß zum Ausbruch der Krise.

In Paris und im ganzen Land hatte die Bevölkerung entschieden genug von der Schreckensherrschaft, und gleichzeitig wandte sich die Volksbewegung von der Revolutionsregierung ab.

Man war den Terror um so mehr leid, als der Sieg keine Unterdrückungsmaßnahmen mehr zu erfordern schien. Die Geschäftsbourgeoisie nahm die Wirtschaftskontrolle durch die Regierung nur widerwillig hin, sie wünschte die schnellstmögliche Rückkehr zur totalen Produktions- und Handelsfreiheit, die ihr die Revolution von 1789 gebracht hatte. Außerdem befürchtete sie Eingriffe in ihr Eigentumsrecht. Die Anwendung der lange Zeit zurückgehaltenen Ventôse-Verordnungen schien jetzt unausweichlich geworden zu sein; es wurden Volkskommissionen zur *Auswahl* der Verdächtigen geschaffen. Der Wohlfahrtsausschuß bemühte sich um eine Einschränkung des Terrors, indem er die größten Terroristen zurückberief und mit dem Gesetz vom 22. Prairial die Justiz- und Unterdrückungsgewalt zentralisierte. Die Durchführung des Gesetzes glitt ihm jedoch aus den Händen: der Allgemeine Sicherheitsausschuß verfälschte das Gesetz in der Praxis, indem er die verschiedensten Fälle *zusammenzog*, um die Angeklagten *schubweise* aburteilen zu lassen, und die *Verschwörungen der Gefängnisse* zum Vorwand für eine Beschleunigung der Unterdrückungswelle nahm. Die mit den wirtschaftlichen Schwierigkeiten zusammentreffende *Abscheu vor dem Schafott* brachte einen Großteil der öffentlichen Meinung dazu, sich gegen die Revolutionsregierung zu stellen.

Die Volksbewegung entfernte sich im Anschluß an das Germinal-Drama nach und nach von der Revolutionsregierung. Im Laufe des Frühjahrs 1794 konnte man hinter dem trügerischen Schein von Loyalitätskundgebungen für den Konvent und die Regierungsausschüsse ein unaufhaltsames Abflauen des politischen Lebens in den Sektionen, eine unüberwindliche Abneigung der Pariser Sansculotterie gegen das Regime feststellen. »Die Revolution ist eingefroren«, schreibt Saint-Just. Die Gründe dafür waren sowohl sozialer als auch politischer Natur.

Auf politischem Gebiet wurden die Generalversammlungen der Sektionen eingeschränkt und die Wahlen der städtischen und Sektionsbeamten abgeschafft, also Äußerungsmöglichkeiten, die die Sansculotten zum Kernbereich ihrer politischen Rechte zählten. Es kam zu einer versteckten Unterdrückung der Kämpfer, die man des *Hébertismus* anklagte: mit diesem bequemen Vorwurf konnte man die Sektionskader treffen, die der jakobinischen Zentralisation feindlich gegenüberstanden und sich nach wie vor für das System der Volksdemokratie einsetzten. Einige rasch unterdrückte Agitationsversuche der Sektionen offenbarten allerdings das Fortbestehen der Opposition im Volk. Im Floréal griff die Sektion Marat den Kult des *Ami du peuple* wieder auf; doch schon am 3. Prairial (22. Mai 1794) verboten die Regierungsausschüsse diese »besonderen« Feste. In den meisten Sektionen begann Ende Messidor die Bewegung der *brüderlichen Bankette,* die sofort angezeigt und verurteilt wurden.

In sozialer Hinsicht waren die Verbraucher aus den Volksschichten mit der neuen Richtung der Wirtschaftspolitik unzufrieden. Die mittlerweile gesäuberte und jetzt von dem Robespierristen Payan geleitete Kommune von Paris setzte den Handel wieder voll in seine Rechte ein: »Was hat das unaufhörliche Geschrei gegen die Blutsauger des Volkes..., gegen die Lebensmittelhändler bewirkt?« fragte Payan am 9. Messidor (27. Juni 1794). Die notwendigsten Lebensmittel waren zwar taxiert, für ihre zwangsweise Beschaffung sorgte die Regierung aber nicht; sie begnügte sich vielmehr mit der Lieferung von Brot, dessen Verteilung den städtischen Behörden oblag. Dadurch, daß die Kommune von Paris bekanntgab, es bestehe für Privatleute nun kein Verbot mehr, sich Lebensmittel von außerhalb kommen zu lassen, und daß sie die Verhaftung derjenigen anordnete, die den Handel behinderten, leistete sie dem Schwarzmarkt Vorschub und machte den Sinn der *taxation* zunichte. Folgerichtig schonte sie Erzeuger und Handwerker zum Nachteil der ärmsten Schichten der Sansculotterie, der Arbeiter und Lohnempfänger, denen sie im übrigen jede Äußerung ihrer Forderungen untersagte. Das Ansteigen der Lebensmittelpreise seit dem Floréal, das auf die Herausgabe des neuen Maximums und das Nachlassen der Kontrolle folgte, hatte Arbeiteraktionen mit dem Ziel von Lohnerhöhungen zur Folge, die auf verschiedene Handwerkergruppen übergriffen. Diese wurden von der Kommune unter Anwendung des Gesetzes Le Chapelier brutal unterdrückt. Die Veröffentlichung des Pariser Lohnmaximums am 5. Thermidor (23. Juli 1794) war der krönende Abschluß dieser restriktiven Politik. Dieser streng nach dem Gesetz vom 29. September 1793 herausgegebene Lohntarif bedeutete eine manchmal erhebliche zwangsweise Lohneinbuße: ein Steinmetz auf der Panthéon-Baustelle, der im Ventôse noch 5 Livres verdient hatte, erhielt nur noch 3 Livres und 8 Sous. Die Unzufriedenheit der Arbeiter brach sich gerade in dem Moment Bahn, als die robespierristischen Führer der Kommune von Paris die vertrauensvolle Unterstützung der Volksmassen dringend gebraucht hätten.

Die Opposition im Konvent hatte sich unterdessen um die zurückgerufenen Konventsbeauftragten gesammelt, vor allem um die sich bedroht fühlenden blutgierigsten Terroristen: Carrier, Fouché und besonders die pflichtvergessenen Barras, Fréron und Tallien. Die Gruppe der Korrumpierten hatte sich neu formiert. Sie stützte sich auf die neuen Indulgents, die den Sieg für ihre Zwecke nutzten, um das Ende der Schreckensherrschaft zu fordern, und auf die Plaine, die die Revolutionsregierung nur als vorübergehende Notlösung akzeptiert hatte. Nachdem jetzt, da die Volksbewegung gezähmt war, keine neue Erhebung zu befürchten war, stellte sich der Konvent die Frage, welcher Grund eigentlich noch für die weitere Duldung der Bevormundung durch die Ausschüsse bestand. Zwischen dem Konvent, der die Zwangsherrschaft nicht länger ertragen wollte, und der in unversöhnlicher Feindschaft verharrenden Pariser Sansculotterie saß die Revolutionsregierung wie zwischen zwei Stühlen.

Mit der Spaltung in ihren eigenen Reihen vollendeten die Regierungsausschüsse ihren Untergang. Der für die Unterdrückungsmaßnahmen zuständige Allgemeine Sicherheitsausschuß war der Übergriffe durch den Wohlfahrtsausschuß und besonders der Tätigkeit dessen Polizeibüros überdrüssig. Er bestand aus unerbittlichen Männern wie Amar, Vadier oder Voulland, deren innere Einstellung der extremistischen Richtung sehr nahe kam, und wollte die Schreckensherrschaft, von der seine Macht abhing, verlängern. Als Atheisten war ihnen die Beendigung der Entchristianisierung und der Kult des höchsten Wesens ein weiterer Dorn im Auge. Außer David und Lebas standen sie sowohl aus persönlichen als auch aus prinzipiellen Gründen besonders Robespierre feindlich gegenüber. Der Wohlfahrtsausschuß hätte diese Gegnerschaft leicht neutralisieren können, wenn er selbst einig geblieben wäre. Doch auch der große Ausschuß war gespalten. Robespierre war durch seine glanzvollen Verdienste in den Augen des revolutionären Frankreich der wahre Regierungschef geworden. Andererseits nahm er auf die Empfindlichkeit seiner Kollegen keine Rücksicht, war ebenso streng zu den anderen wie zu sich selbst, hatte wenige persönliche Bindungen und bewahrte so gegenüber den meisten einen reservierten Abstand, der als Berechnung oder als Ehrgeiz ausgelegt werden konnte. Diese Beschuldigung war schon von den Girondisten und dann

von den Cordeliers gegen den Unbestechlichen erhoben worden;
sie wurde im Ausschuß selbst von Carnot und von Billaud-
Varenne aufgegriffen, der am 1. Floréal II (20. April 1794) im
Konvent erklärte: »Jedes Volk, das viel auf seine Freiheit hält,
muß sich sogar vor den Tugenden der Männer in Acht nehmen,
die die herausragendsten Positionen innehaben.«

Zu den charakterlichen Gegensätzen und den Kompetenzstreitigkeiten (Carnot hatte heftige Auseinandersetzungen mit Saint-
Just und war über die Kritik Robespierres und Saint-Justs an
seinen militärischen Plänen erbost) traten noch unterschiedliche
gesellschaftliche Zielvorstellungen. Carnot und Lindet, Männer
aus der Plaine, die sich der Bergpartei angeschlossen hatten, gehörten zur konservativen Bourgeoisie; sie nahmen die Wirtschaftslenkung nur höchst widerstrebend hin und lehnten die soziale Demokratie ab. Billaud-Varenne und Collot d'Herbois
neigten zum entgegengesetzten Extrem. Robespierre war über
die versteckten Manöver des Allgemeinen Sicherheitsausschusses
verärgert und erbittert, vor allem über Vadier, der den Kult des
höchsten Wesens an dem Beispiel der Catherine Théot, einer alten Frau, die sich als die »Mutter Gottes« ausgab, lächerlich zu
machen versuchte. Etwa ab Mitte Messidor erschien er nicht
mehr im Ausschuß; sein Rückzug brachte seinen Gegnern Vorteile.

Der Versöhnungsversuch zwischen den beiden Regierungsausschüssen, die am 4. und 5. Thermidor II (22. und 23. Juli 1794)
zu einer gemeinsamen Sitzung zusammentrafen, scheiterte. Die
Mitglieder der Ausschüsse waren sich darüber klar geworden,
daß die Revolutionsregierung dem Angriff der Korrumpierten
und der neuen Indulgents gegenüber nur dann standhalten und
sich durchsetzen konnte, wenn sie sich wieder einigten. Während
Saint-Just und Couthon die Versöhnung befürworteten, lehnte
Robespierre sie ab; er wollte die Bündnispläne zwischen seinen
Gegnern in der Bergpartei und der Plaine, die ihn bis dahin
unterstützt hatte, endgültig zunichte machen.

### 3. Das Ergebnis: der unmöglich gewordene Aufstand

Robespierre beschloß, den Konflikt vor den Konvent zu tragen.
Damit sollte dem Konvent die Richterrolle über das Verhalten
der Revolutionsregierung zugespielt werden. Robespierre ließ

sich damit ungeschützt auf ein großes Risiko ein, weil zu diesem Zeitpunkt die Volksbewegung geschlagen und die Pariser Sansculotterie gleichgültig oder feindlich eingestellt waren.

Am 8. Thermidor (26. Juli 1794) griff Robespierre seine Gegner vor dem Konvent an und warf ihnen vor, hinter der Maske der Indulgents als raubgierige Terroristen für die Auswüchse der Schreckensherrschaft verantwortlich zu sein. Da er sich weigerte, die Namen der von ihm angeklagten Abgeordneten zu nennen, führte er seinen eigenen Untergang herbei: alle, die sich etwas vorzuwerfen hatten, fühlten sich bedroht. Während sich Robespierre abends im Jakobinerklub feiern ließ und die Ausschüsse orientierungslos hin- und herschwankten, handelten die Gegner. In der Nacht formierte sich das Komplott aus den Abgeordneten, die schon seit langem auf den Sturz Robespierres hinarbeiteten, und der Plaine, der man das Ende der Schreckensherrschaft versprochen hatte: eine Augenblickskoalition, die einzig und allein von der Angst zusammengehalten wurde.

Die Konventssitzung vom 9. Thermidor (27. Juli 1794) wurde um 11 Uhr eröffnet. Um 12 Uhr ergriff Saint-Just das Wort. Von da an lief alles sehr schnell ab. Die von den Verschwörern verabredete Obstruktionstaktik ließ Saint-Just und dann Robespierre nicht mehr zum Zuge kommen. Der Konvent beschloß die Verhaftung von Hanriot, des Kommandanten der Pariser Nationalgarde, und Dumas, des Präsidenten des Revolutionstribunals. Mitten im größten Tumult beantragte Louchet, ein obskurer Abgeordneter, die Anklage gegen Robespierre: sie wurde einstimmig angenommen; Robespierres Bruder beantragte, sein Schicksal zu teilen; ebenso wurden Couthon und Saint-Just angeklagt. Lebas bat um die Ehre, in die Ächtung einbezogen zu werden. »Die Republik ist verloren«, rief Robespierre aus, »die Gauner triumphieren.« Die Zuschauer auf den Tribünen verließen den Konvent und eilten in die Sektionen, um diese bestürzende Neuigkeit zu verbreiten. Es war noch nicht einmal 2 Uhr nachmittags.

Der Aufstandsversuch der Kommune von Paris wurde schlecht organisiert und schlecht geführt. Schon vor 3 Uhr forderten der Bürgermeister Fleuriot-Lescot und der Nationalagent Payan, die benachrichtigt waren, die Mitglieder des Generalrates auf, sich schnell in ihre Sektionen zu begeben, um den Generalmarsch schlagen und die Sturmglocken läuten zu lassen. Gegen 6 Uhr waren alle Kämpfer alarmiert, und die Sektionen standen bereit. Aber nur 16 von 48 Sektionen entsandten Abteilungen der Nationalgarde zur Kommune auf die Place de Grève: das waren die Folgen der Unterdrückung der Sektionskader seit dem Germinal. Die Kanonier-Kompanien als die Avantgarde der Sansculotterie bewiesen unterdessen mehr revolutionäre Initiative als die Bataillone: gegen 10 Uhr abends verfügten die aufständischen Kräfte über 17 von 30 in der Hauptstadt stationierten Kanonier-Kompanien und 32 Kanonen, während der Konvent nur die Gardekompanie um sich hatte. Für mehrere Stunden besaß die Kommune eine erdrückende Übermacht an Artilleriekraft: ein entscheidender Trumpf, wenn man nur einen Führer für diese Streitmacht gefunden hätte. Die unter Anklage gestellten Abgeordneten begaben sich nach ihrer Auslieferung durch den Konvent zur Kommune: sie beratschlagen. Der Konvent gewinnt seine Fassung wieder und erklärt die rebellischen Abgeordneten für vogelfrei; Barras wird beauftragt, bewaffnete Kräfte zusammenzustellen; die gemäßigten Sektionen schließen sich an. Die vor dem Haus der Kommune versammelten Nationalgardisten und Kanoniere werden ohne Befehle und Verpflegung gelassen; bald verbreitet sich das Gerücht, daß alle außerhalb des Gesetzes gestellt werden; nach und nach leert sich die Place de Grève. Gegen 2 Uhr morgens marschiert Barras auf das Rathaus und nimmt es mit einem Überraschungsangriff. Die Kommune war besiegt, ohne gekämpft zu haben.

Am Abend des 10. Thermidor (28. Juli 1794) wurden Robespierre, Saint-Just, Couthon und 19 ihrer Anhänger ohne Urteil guillotiniert. Am nächsten Tag folgte ihnen mit 71 Männern der größte Schub während der Revolutionszeit. Sieht man nur den Aufstandsversuch, so tragen die Führer der Pariser Kommune und die Robespierristen, die keine Aktion zustandebringen konnten, die Verantwortung für die Niederlage. Obwohl der Regierungsapparat verstärkt war, zahlreiche bekannte Kämpfer der Sektionen ausgefallen und besonders die Revolutionsausschüsse seit längerem fest im Griff waren, strömten Tausende von Sansculotten am Rathaus zusammen. Daß dies vergeblich war, fällt auf die Robespierristen zurück, die den Gnadenstoß abwarteten, anstatt zur Place de Grève hinunterzueilen und sich an die Spitze der aufständischen Kämpfer zu stellen. Geht man den Ursachen aber weiter nach, so erkennt man in den Widersprüchen der revolutionären Bewegung wie auch in denen der Sansculotterie selbst die historische Notwendigkeit des 9. Thermidor.

Robespierre, Rousseau-Schüler, hingegen ohne nennenswerte wissenschaftliche und ökonomische Kenntnisse, verabscheute den Materialismus von Philosophen wie Helvétius. Seine spiritualistische Auffassung von der Gesellschaft und der Welt ließ ihn den Widersprüchen, die im Frühjahr 1794 offenbar wurden, ungewappnet gegenüberstehen. Robespierre hat zwar eine theoretische Rechtfertigung für die Revolutionsregierung und die Schreckensherrschaft liefern können, er war aber außerstande, die realen ökonomischen und sozialen Verhältnisse seiner Zeit präzise zu analysieren. Gewiß dachte er nicht daran, die Bedeutung des Gleichgewichts der gesellschaftlichen Kräfte zu unterschätzen und die vorherrschende Rolle der Bourgeoisie im Kampf gegen die Aristokratie und das Ancien Régime zu vernachlässigen. Doch blieb Robespierre wie auch Saint-Just ein Gefangener seiner eigenen Widersprüche: beide waren sich der Interessen der Bourgeoisie zu sehr bewußt, um uneingeschränkt auf der Seite der Sansculotterie zu stehen, aber sie waren auch gegenüber den Bedürfnissen der Sansculotten zu aufgeschlossen, als daß sie vor den Augen der Bourgeoisie Gnade gefunden hätten.

Die Revolutionsregierung beruhte auf einer sozialen Grundlage, die aus auseinanderstrebenden und gegensätzlichen Gruppen ohne Klassenbewußtsein bestand. Die Jakobiner, auf die sich die Robespierristen stützten, konnten ihr den erforderlichen Rückhalt nicht geben, denn auch sie bildeten keine Klasse und noch weniger eine Klassenpartei, die mit einer strengen Disziplin ein wirksames Instrument im politischen Kampf dargestellt hätte. Das Regime des Jahres II gründete sich auf eine spiritualistische Konzeption von den gesellschaftlichen Beziehungen und der Demokratie; die Folgen wurden der Regierung zum Verhängnis.

In politischer Hinsicht bestand weit über den durch die äußeren Umstände bedingten Gegensatz hinaus der grundlegende Widerspruch zwischen der Montagnards-Bourgeoisie und der Pariser Sansculotterie, zwischen den Kämpfern in den Sektionen und der Revolutionsregierung. Der Krieg machte eine autoritäre Regierung unumgänglich, und die Sansculotten waren sich darüber im Klaren, zumal sie an deren Zustandekommen beteiligt waren. Die Erfordernisse des Krieges widerstritten aber der Demokratie, die Montagnards und Sansculotten in gleicher Weise, wenn auch mit auseinandergehenden Vorstellungen forderten.

Die Demokratie, wie sie die Sansculotten praktizierten, war spontaner Ausdruck der unmittelbaren Regierung, die sie anstrebten: die Revolutionsregierung hielt diese Praxis für unvereinbar mit der Führung des Krieges. Kontrolle über die Gewählten, Recht des Volkes, das Mandat zu entziehen, Abstimmungen durch Zuruf oder Akklamation: es gab viele Anzeichen dafür, daß sich die Sektionskämpfer nicht mit einer formalen Demokratie zufrieden geben wollten. Dieses politische Verhalten stand jedoch in einem unüberbrückbaren Gegensatz zur liberalen Demokratie, wie sie die Bourgeoisie sich vorstellte. Die Sansculotten hatten eine starke Regierung zur Zerschlagung der Aristokratie gefordert: sie verziehen es der Regierung nicht, daß sie selbst an die Kette gelegt und zum Gehorsam gezwungen wurden. Das Problem der Beziehungen zwischen Volksbewegung und Revolutionsregierung stellte sich noch auf einem anderen Gebiet. Gerade aufgrund der Errungenschaften des Volkes im Frühjahr und während des Sommers 1793 waren die Kader der Sansculotterie zusammengeschmolzen. Viele Kämpfer aus den Pariser Sektionen meinten, obgleich sie nicht nur ehrgeizig waren, daß die Zuteilung eines Postens der legitime Ausgleich für ihre Aufopferung sei. Übrigens verlangte der Erfolg der Revolutionsregierung diesen Preis. Im Herbst 1793 wurden die Verwaltungen gesäubert und mit tüchtigen Sansculotten besetzt. Daraufhin entstand ein neuer Konformismus, der sich am Beispiel der revolutionären Kommissare der Pariser Sektionen klar erkennen läßt. Diese Kommissare entstammten den unteren und begeistertsten Schichten der Sansculotterie und bildeten ursprünglich den kämpferischsten Teil der Revolutionäre. Ihre gesellschaftliche Stellung und die erfolgreich bewältigten Aufgaben wollten belohnt sein: im Verlauf des Jahres II wandelten sich diese Kämpfer zu Beamten, die der Revolutionsregierung um so ergebener waren, als sie die erworbenen Vorteile wieder zu verlieren befürchten mußten. Diese Entwicklung ergab sich zwangsläufig aus der Verschärfung der Klassenkämpfe im Innern wie auch an den Grenzen: die bewußtesten Teile der Volksbewegung traten in den Staatsapparat ein und stärkten die revolutionäre Macht. Daraus resultierte aber zugleich eine Schwächung der Volksbewegung und eine Verschlechterung ihrer Beziehungen zur Regierung. Die politische Aktivität der Sektionsorganisationen war damit abgebremst; sie hatten ohnehin den gesteigerten Anforderungen der nationalen Verteidigung Rechnung zu tragen. Gleichzeitig ließ die demokratische Praxis in den Sektionen nach, weil die nun einsetzende Bürokratisierung eine langsam fortschreitende Lähmung der kritischen Einstellung und der kämpferischen Politik der Massen nach sich zog. Schließlich wurde die Kontrolle des Volkes über die Regierungsorgane, deren autoritäre Tendenzen stärker wurden, aufgeweicht. Auf diese Weise entstand zwischen der Revolutionsregierung und der Volksbewegung, die ihr zur Macht verholfen hatte, ein neuer Widerspruch. Die Robespierristen sahen dieser Entwicklung ohnmächtig zu. »Die Revolution ist eingefroren«, stellte Saint-Just fest; doch die Gründe dafür konnte er nicht nennen.

In wirtschaftlicher und sozialer Hinsicht war der Widerspruch ebenso unlösbar. Als Anhänger der freien Wirtschaft haben die Männer im Wohlfahrtsausschuß und allen voran Robespierre die Zwangswirtschaft nur akzeptiert, weil sie den großen nationalen Krieg ohne *taxation* und Requisitionen nicht führen konnten, während die Sansculotten mit der Durchsetzung des Maximums viel eher an ihren eigenen Unterhalt dachten. Trotz der erreichten demokratischen Formen blieb die Revolution im Grunde bürgerlich, denn die Revolutionsregierung konnte z. B. die Lebensmittelpreise nicht stoppen, ohne zugleich die Löhne festzusetzen, um das Gleichgewicht zwischen Unternehmern und Lohnempfängern nicht zu stören. Diese Politik setzte ein Bündnis zwischen Montagnards und Sansculotten voraus, verletzte aber die Interessen der Bourgeoisie, auch der Jakobiner-Bourgeoisie, weil sie die Wirtschaftsfreiheit unterdrückte und den Profit einschränkte: außer im Falle der vom Staat bezahlten Kriegsproduktion und der von den Bauern zwangsweise beigetriebenen Getreide- und Futterlieferungen wurde das Maximum von allen Erzeugern und Händlern überschritten. Da die Sansculotten aber in erster Linie das Verhältnis von Preisen zu Löhnen im Auge behielten, wollten sie unter Ausnutzung der Umstände die Lohnerhöhungen vorantreiben. In einer strukturell bürgerlichen Gesellschaft verstand es sich von selbst, daß der Wohlfahrtsausschuß bei dem Versuch, der Krise Herr zu werden, viel eher zugunsten der Besitzenden und Unternehmer als der Lohnempfänger intervenierte: so erklärt sich vor allem das am 5. Thermidor für Paris verordnete Lohnmaximum. Da die Zwangswirtschaft des Jahres II über keine Klassenbasis verfügte, stand sie auf einer mehr als unsicheren Grundlage.

Die mit diesen Widersprüchen belastete Revolutionsregierung

wurde in der Person Robespierres und seiner Anhänger tödlich getroffen; gleichzeitig mit ihrem Untergang scheiterte die demokratische und egalitäre Republik, die sie hatten aufbauen wollen. Gegen die Thermidor-Bourgeoisie, die mehr und mehr von der Reaktion, die sie selbst ausgelöst hatte, weggeschwemmt wurde, führte die Volksbewegung allerdings noch zehn Monate lang ein erbittertes und verzweifeltes Nachhutgefecht: ein dramatischer Kampf, mit dessen Ende die innere Kraft der Revolution endgültig gebrochen war.

## 5. Kapitel

# Der Thermidorkonvent
## Die bürgerliche Reaktion und das Ende der Volksbewegung
### (Juli 1794 – Mai 1795)

*Die Revolutionsregierung überlebte Robespierres Sturz nicht. Die Reaktion griff rasch um sich. Der hinter der Erbitterung und dem Chaos der politischen Kämpfe verborgene soziale Charakter der Reaktion macht das Hauptinteresse an dieser thermidorianischen Periode aus. Die Regierungsarbeit im Jahre II hatte einen auf das Volk orientierten sozialen Gehalt, der von Maßnahmen wie den Ventôse-Verordnungen oder dem Gesetz über die nationale Wohlfahrt unterstrichen worden war; auf politischem Gebiet hatte sie dem Volk die Teilhabe an den Regierungsentscheidungen eingeräumt. Damit waren das von der Konstituante zum Vorteil der Bourgeoisie aufgebaute Privileg des Reichtums und das politische Monopol durchbrochen worden. Zweifellos hatten die Volksbewegung und die Pariser Sansculotten, die die Revolutionsregierung erzwungen hatten, seit Germinal des Jahres II an Boden verloren, weil die Wirtschafts- und Sozialpolitik des Wohlfahrtsausschusses immer weniger an den Bedürfnissen des Volkes ausgerichtet war. Unter diesem Gesichtspunkt bedeutet der 9. Thermidor keinen Bruch, sondern eine Beschleunigung der Entwicklung. Vom Thermidor des Jahres II bis zum darauffolgenden Frühjahr schreitet die Reaktion voran, aber eine Entscheidung fällt noch nicht.*

*Bürgerliche Revolution und Volksbewegung, ehrbare Leute und Sansculotten stehen sich gegenüber: dieses entscheidende Jahr ist dadurch gekennzeichnet, daß ein großer Volksaufstand von der einen Seite erhofft und von der anderen gefürchtet wird, eine journée, die das Schicksal der Revolution endgültig besiegeln würde. Seit 1789 war das Volk von Paris nicht besiegt worden. Die Niederlage im Prairial des Jahres III bedeutete das Ende der Pariser Sansculotten und den unwiderruflichen Schlußpunkt unter die Volksbewegung. Die Revolution nahm wieder ihren bürgerlichen Verlauf.*

# I. DIE FORTSCHRITTE DER THERMIDOR-REAKTION

Für die thermidorianische Periode sind verwickelte politische Auseinandersetzungen kennzeichnend, deren Verworrenheit den wahren Kern des Streites aber nicht verschleiern kann: die *ehrbaren Leute*, bald werden sie *Notabeln* heißen, wollten jene Kleinbürger, Handwerker, Kleinhändler und sogar Gesellen, mit einem Wort die Sansculotten, die ihnen eine Zeit lang ihren Willen aufgezwungen hatten, aus dem politischen Leben ausschließen. Wie schon 1793 beim Aufschwung der Volksbewegung weiteten sich die parlamentarischen Auseinandersetzungen, bei denen sich eine Montagnards-Minderheit mit einer immer größeren reaktionären Mehrheit bekämpfte, auf der Basis eines umfassenderen Konfliktes aus: auf allen Ebenen standen sich Reaktionäre und Männer des Jahres II gegenüber. Aber die richtungslose, in der Auflösung begriffene und ihrer Kader beraubte Volksbewegung, die noch 1793 ein treibender Faktor der Revolution gewesen war, hatte jetzt nur mehr die Bedeutung einer Widerstandskraft und war lediglich noch zu Rückzugskämpfen in der Lage.

## 1. Das Auseinanderfallen der Revolutionsregierung und das Ende der Schreckensherrschaft (Sommer 1794)

Der Wohlfahrtsausschuß, nunmehr frei von Robespierristen, wollte das Regierungssystem beibehalten. In seinem Namen erklärte Barère am 10. Thermidor (28. Juli 1794) vor dem Konvent, daß die Ereignisse des 9. nicht mehr waren als eine »teilweise Erschütterung, die die Regierung insgesamt unberührt ließ«: »Die Kraft der Revolutionsregierung wird sich verhundertfachen, seit die an ihren Ursprung zurückgekehrte Herrschaft wieder über einen stärkeren Antrieb und richtig gesäuberte Ausschüsse verfügt.« Barère wandte sich zugleich gegen »einige verkleidete Aristokraten, die von Nachsicht reden«: »Von Nachsicht! die gibt es nur für unbeabsichtigten Irrtum; die Machenschaften der Aristokraten jedoch sind Übeltaten, und ihre Irrtümer sind nichts anderes als Verbrechen.« In Wirklichkeit aber zerfiel das Regierungssystem des Jahres II innerhalb weniger Wochen, indem es seine Hauptmerkmale einbüßte: Stabilität, Konzentration und mit der Aufhebung der Schreckensherrschaft auch die *Zwangsgewalt*.

Die innere Festigkeit der Regierung wurde schon am 11. Thermidor des Jahres II (29. Juli 1794) zerstört: an diesem Tage beschloß der Konvent auf Vorschlag von Tallien, daß ab sofort ein Viertel der Regierungsausschüsse monatlich neu gewählt werden sollte, wobei die ausscheidenden Mitglieder erst nach einem Zeitraum von einem Monat wiedergewählt werden konnten. Prieur de la Côte d'Or und Jeanbon Saint-André wurden sogleich aus dem Wohlfahrtsausschuß entfernt und nach einer bezeichnenden Wahlentscheidung durch Tallien und den Dantonisten Thuriot ersetzt; vom großen Ausschuß des Jahres II blieb bald nur noch Carnot übrig. Aus dem Allgemeinen Sicherheitsausschuß wurden die als Robespierristen eingestuften David, Jagot und Lavicomterie entfernt; an ihre Stelle rückten Männer wie Legendre und Merlin de Thionville. Zwar erlangten einige Konventsmitglieder stärkeren Einfluß auf die Regierung, eine Kontinuität und Stabilität der Führungsspitze aber gab es nicht mehr.

Die Konzentration der Regierungsgewalt überlebte die Verordnung vom 7. Fructidor II (24. August 1794) nicht. Die Vormachtstellung des Wohlfahrtsausschusses hatte bis dahin die Einheit der Regierung gewährleistet. Diese Position wurde seit dem 11. Thermidor von Cambon angegriffen, der den Vorsitz im Finanzausschuß führte und von dem auch das Finanzministerium abhängig war: das war das einzige Ressort, das dem unmittelbaren Zugriff durch den großen Ausschuß im Jahre II entgangen war. Bei seiner Erwiderung am 13. protestierte Barère gegen den *abstrakten Föderalismus*, den man damit einführen wollte. Der Konvent zögerte, verabschiedete dann aber doch am 7. Fructidor die Verordnung nach den Vorschlägen Cambons. Fortan gab es 16 Ausschüsse, von denen die 12 wichtigsten über je eine der Exekutivkommissionen verfügten. Der Wohlfahrtsausschuß sah seine Kompetenzen nunmehr auf den Krieg und die Diplomatie beschränkt. Der Allgemeine Sicherheitsausschuß behielt die Zuständigkeit für Polizei- und Überwachungsangelegenheiten. Der Gesetzgebungsausschuß erhielt dadurch eine neue Bedeutung, daß ihm die innere Verwaltung und das Gerichtswesen unterstellt wurden. Die Konzentration der Regierungsgewalt war beseitigt, da die Macht im wesentlichen auf die drei Regierungsausschüsse verteilt war.

Die Beendigung der Schreckensherrschaft verlief parallel dazu, und mit den übrigen Machtmitteln der Revolutionsregierung verschwand auch deren *Zwangsgewalt*. Das Gesetz vom

22. Prairial wurde bereits am 14. Thermidor (1. August 1794) aufgehoben. Mit der Gefangennahme Fouquier–Tinvilles stellte das Revolutionstribunal seine Tätigkeit ein. Es wurde am 23. (10. August 1794) auf den Antrag von Merlin de Douai hin reorganisiert: die *Gesinnungsfrage* machte es nunmehr möglich, jeden, auch einen überführten Angeklagten unter dem Vorwand freizusprechen, daß er keine konterrevolutionären Absichten verfolgt habe. Die Revolutionsausschüsse, gegen die nach dem 9. Thermidor eine starke Kampagne losgebrochen war, wurden am 7. Fructidor (24. August 1794) abgeschafft und durch Überwachungsausschüsse ersetzt, die in den Arrondissements der Großstädte und den Bezirken der Departements einzurichten waren. In Paris unterteilte man die 48 Sektionen jetzt in zwölf Arrondissements: die neuen Überwachungsausschüsse wurden wie auch die Bürgerkomitees Regierungsorgane und damit unabhängig von den Sektionsvollversammlungen, die seit dem 4. Fructidor (21. August 1794) nur noch einmal pro Dekade zusammentreten durften. Die Gefängnistore öffneten sich, die Verdächtigen wurden freigelassen: allein in Paris waren es zwischen dem 18. und 23. Thermidor (5.–10. August 1794) annähernd 500. Dies bedeutete das Ende der Schreckensherrschaft.

## 2. Gemäßigte, Jakobiner und Sansculotten
### (August–Oktober 1794)

Die politische Reaktion gewann rasch an Boden, obwohl noch große Anstrengungen von den ehemaligen Terroristen ausgingen, die schon am 9. Fructidor (26. August 1794) von Méhée de la Touche in einem wütenden Pamphlet: *La Queue de Robespierre* angeklagt wurden. Barère, Billaud-Varenne und Collot d'Herbois, die von Lecointre am 12. Fructidor (29. August) wegen Beteiligung an der *Tyrannei* angegriffen worden waren, schieden aus dem Wohlfahrtsausschuß aus. Innerhalb eines Monats waren sämtliche Mitglieder der Regierung des Jahres II ausgeschlossen worden.

Im Konvent verlor die Bergpartei allen Einfluß, sie bestand nur noch aus der *Crête* (Berggipfel), und die Reihen der *Crétois* (Kreter)[1] lichteten sich nach und nach durch zahlreiche Über-

---

1 Wortspiel: la crête = Gipfel, figurativ: der extreme Flügel der Bergpartei; la Crète = Kreta, le Crétois = Kreter, figurativ: Mitglied des extremen Bergparteiflügels.

läufe. Die Plaine, die um reuevolle Terroristen und abgefallene Montagnards verstärkte Zentrumsmehrheit, setzte sich schließlich durch; in ihr nahmen Cambacérès und Merlin de Douai einen führenden Platz ein. Die Männer der Plaine ließen über ihre soziale Orientierung nie eine Zweifel. Sie waren Gegner der Zwangswirtschaft und bekämpften ebenso heftig die soziale Demokratie. Als Angehörige der Bourgeoisie wollten sie ihr die Vorrangstellung verschaffen, die soziale Hierarchie wieder herstellen und das Volk erneut unterordnen. Als Fayau, einer der Crétois, am 27. Fructidor (13. September 1794) neue Bestimmungen für den Verkauf der Nationalgüter vorschlug, welche »die nichtbesitzenden oder wenig besitzenden Republikaner« bevorzugt hätten, entgegnete ihm Lozeau, der Abgeordnete der Charente-Inférieure, »daß in einer aus 24 Millionen Menschen bestehenden Republik unmöglich alle Landwirte sein können; daß unmöglich die Mehrheit der Nation Eigentümer sein kann, denn unter einer solchen Voraussetzung wäre jeder zur Bestellung seines Feldes oder Weinberges verpflichtet, um zu leben, während der Handel, die Künste und die Industrie bald spurlos verschwunden wären.«

Die Thermidorianer verwarfen das Volksideal einer Nation der kleinen unabhängigen Produzenten. Die Männer der Plaine waren indessen mit der Revolution noch fest verbunden und wollten die Republik verteidigen: am 25. Brumaire III (15. November 1794) hielten sie an den Strafen gegen die Emigranten, die sie in einem Gesetz zusammenfaßten, fest. Ihre Politik bestand darin, alle *Patrioten von 89* zu einigen, um der Konterrevolution den Weg zu versperren und die Regierungsform zu festigen. Doch wie schon 1793 glitt dem Konvent die Entscheidung aus der Hand: sie wurde ihm von außen aufgezwungen.

Vom Thermidor des Jahres II bis Brumaire des Jahres III (August–Oktober 1794) bekämpften sich in Paris im Verlauf verworrener politischer Auseinandersetzungen drei politische Richtungen, die in einem Dreieckskonflikt zueinander standen. Die Gemäßigten wollten die Vorrangstellung der *ehrbaren Leute,* das heißt der wohlhabenden Bourgeoisie, nach dem Vorbild von 1791 wiederherstellen. Die »Neo-Hébertisten«, die im Wahlklub zusammenkamen und in der Sektion Muséum ihre Basis hatten, verkörperten die gegen die Revolutionsregierung gerichteten Tendenzen des Volkes; sie verlangten die Wiedereinsetzung des gewählten Magistrats in Paris und die Anwendung der demokratischen Verfassung von 1793. Die Jakobiner setzten sich nach wie vor für die Beibehaltung der Regierungskonzentration und der Unterdrückungsmaßnahmen des Jahres II für die Dauer des Krieges ein.

Da die Aktionen des Wahlklubs die Kräfte des Volkes spalteten und die Jakobiner isolierten, begünstigten sie die Fortschritte der Reaktion. Die »Neo-Hébertisten« hatten mit den Gemäßigten lediglich die leidenschaftliche Ablehnung des Terrors und der Robespierristen gemeinsam; durch diese Verbindung trugen sie zu einer Entwicklung bei, deren Ergebnisse sie später bedauerten. Der Wahlklub war nach dem 9. Thermidor organisiert worden und wurde von Männern wie »dem alten Hébertisten« Legray oder dem früheren Enragé Varlet beeinflußt; er führte eine Kampagne gegen das System des Jahres II, die von Babeufs *Journal de la liberté de la presse* unterstützt wurde: »Der 10. Thermidor ist der Anfang eines neuen Abschnittes, von dem aus wir uns um die Wiedergeburt der Freiheit bemühen«, schrieb er am 19. Fructidor (5. September 1794), ohne den sozialen Konflikt zu sehen, der die Spannungen hinter den politischen Kämpfen ausmachte. In seiner ersten Nummer vom 1. Vendémiaire des Jahres III (22. September 1794) unterschied Babeuf nur zwei Parteien in Frankreich, »eine zugunsten der Aufrechterhaltung der Robespierre-Regierung, die andere für die Wiedereinsetzung einer ausschließlich auf die unvergänglichen Menschenrechte gestützten Regierung«.

Wenn es auch zwischen Babeuf, dem Wahlklub und den gemäßigten Reaktionären nicht, wie Georges Lefebvre schreibt, zu einer heimlichen Zusammenarbeit kam, so ist jedoch sicher, daß ihre Kampagne zum Erfolg der Gemäßigten beigetragen hat: Babeuf bekannte dies in seinem *Tribun du peuple* vom 28. Frimaire (18. Dezember 1794).

Der jakobinische Widerstand äußerte sich in der schon am 11. Thermidor (29. Juli 1794) von Legendre wiedereröffneten Gesellschaft, aus der die übergelaufenen Terroristen Fréron, Lecointre und Tallien auf Verlangen Carriers am 17. Fructidor (3. September) ausgeschlossen wurden. Mit der Unterstützung des *Journal universel* von Audouin und des *Ami du Peuple* von Chasles und Lebois forderten die Jakobiner die Rückkehr zum System der Schreckensherrschaft: »die Aristokraten, die sich hervorwagen, sind bis zum Letzten auszurotten«. Am 19. Fructidor (5. September) gab sich der Klub ein Programm, wobei er sich die Petition des Jakobinerklubs von Dijon zu eigen machte: für die Anwendung des Verdächtigen-Gesetzes, für eine Neubefassung mit der Verordnung über die *Gesinnungsfrage*, für den Ausschluß von Adligen und Priestern aus allen öffentlichen Ämtern und schließlich für die Beschränkung der Pressefreiheit. Acht Pariser Sektionen schlossen sich der Petition der Jakobiner von Dijon an. Der Monat Fructidor wurde von einem wahren Sturm jakobinischer Agitation gekennzeichnet, der am 5. Sansculottentag des Jahres II (21. September) mit der Überführung der sterblichen Überreste Marats ins Panthéon seinen Höhepunkt fand. Nachdem der Konvent auf Veranlassung Lindets am 4. Sansculottentag (20. September) ein Kompromißprogramm angenommen hatte, das den ehemaligen Terroristen Schutz versprach, eine Ausdehnung der revolutionären Unterdrückungsmaßnahmen aber ablehnte, das all diejenigen verurteilte, die von der »Umverteilung der Vermögen« träumten, und den Vorschlag enthielt, die Freiheit des Handels wiederherzustellen, wurde dieser Text am 10. Vendémiaire III (1. Oktober 1794) von der jakobinischen Mehrheit in zehn Pariser Sektionen scharf kritisiert. Diese von den Jakobinern in Gang gesetzte Agitation der Sektionen löste bei der Konventsmehrheit, die sich von der Reaktion mitziehen ließ, eine erhebliche Beunruhigung aus. Die beiden Bewegungen, die sich um die Unterstützung des Volkes bemühten, machten all ihren Einfluß wechselseitig zunichte, weil sie gegeneinander arbeiteten: der Sieg fiel den Gemäßigten zu.

Der Angriff der Gemäßigten führte zu einer zusammengewürfelten Koalition aller rechtsorientierten Gegner des Systems des Jahres II und insbesondere der Jakobiner: konservative Bürgerliche, Monarchisten, Konstitutionalisten und mehr oder weniger offene Anhänger des Ancien Régime. Ihr Programm war ausschließlich negativ bestimmt: Rache an den Terroristen, vollständige Unterwerfung der Sansculotten und Verhinderung einer Rückkehr zur politischen und sozialen Demokratie. Sie verfügten über zwei Propagandamittel: die Presse und die Banden der Jeunesse dorée.

Die reaktionäre Presse, der reiche Geldquellen zur Verfügung standen, gewann jetzt die Oberhand, während den jakobinischen Zeitungen die Regierungsbeihilfen entzogen wurden. Nach dem Bericht von Lacretelle dem Jüngeren, der einer dieser Zeitungen, dem *Républicain français*, angehörte, bildeten die Jour-

nalisten der Rechten einen Ausschuß, um gemeinsam ihre konterrevolutionäre Taktik auszuarbeiten: es handelte sich darum,
»dem Konvent nach zwei entsetzlichen Jahren auf dem Wege
der Anarchie zur Umkehr zu verhelfen«. Zu ihnen gehörten
Dussault von der *Correspondance politique,* die Brüder Bertin
von den *Débats* und Langlois vom *Messager du soir.* Fréron
veröffentlichte ab 25. Fructidor (1. September 1794) wieder seinen *Orateur du peuple,* während Tallien ab 1. Brumaire III
(22. Oktober) den *Ami du citoyen* neu herausgab. Zahlreiche
Streitschriften griffen die Jakobiner an: *Die entlarvten Jakobiner* Ende Fructidor oder *Die vogelfreien Jakobiner* im Vendémiaire. Die gewöhnlichen Angriffsmittel waren Beleidigung und
Denunziation, Verleumdung und Erpressung gegenüber den
*Blutsäufern, Anarchisten* und den *Ausschließlichen.* Das soziale
Ziel dieser Pressekampagne wird mit den Anklagen gegen
Cambon, den »Henker der *rentiers*« oder den »Robespierre des
Eigentums«, unterstrichen, oder gegen Lindet, der im Jahre II
die Lenkung der Wirtschaft übernommen hatte: die *ehrbaren
Leute,* das heißt die Notabeln des Geldes, konnten ihnen nicht
verzeihen.

Die Banden *junger Leute* stellten ab Ende Fructidor das wichtigste Kampfmittel der Reaktion dar. Sie wurden von den abtrünnigen Terroristen organisiert, von Fréron (man nannte sie
*Frérons jeunesse dorée*), Tallien und Merlin de Thionville. Ihre
Mitglieder kamen aus den Kreisen der Bourgeoisie-Jugend, der
Basoche (Gerichtsschreiber), der Bankangestellten und Hand-
lungsgehilfen, und wurden von Drückebergern, Dienstverweigerern und Deserteuren verstärkt. »Wir waren alle oder fast
alle verweigernde Dienstpflichtige«, schreibt einer von ihnen,
Duval, in seinen »Thermidor-Erinnerungen«; »man sagte uns,
daß wir dem Staat auf den Straßen von Paris nützlichere Dienste leisten würden als in der Sambre-et-Meuse-Armee.«

Die *jungen Leute* waren an ihren Zöpfen und dem viereckigen
Kragen zu erkennen; mit Knüppeln bewaffnet sammelten sie
sich mit den Rufen *Nieder mit den Jakobinern! Es lebe der
Konvent!* oder mit dem Lied vom *Erwachen des Volkes,* dessen
Refrain lautete: »Sie werden uns nicht entkommen!« Die
*jungen Leute,* von ihren Gegnern *Stutzer* genannt, provozier-
ten Ende Fructidor im Palais-Égalité, wo sie im Café Chartres
ihr Hauptquartier hatten, die ersten Prügeleien, indem sie Jakobiner oder Leute, die sie dafür hielten, angriffen. Mit dem

stillen Einverständnis des Allgemeinen Sicherheitsausschusses und der gesäuberten Überwachungsausschüsse stand diese Jeunesse dorée bald in der vordersten Reihe der Auseinandersetzung. Der Druck der bürgerlichen Reaktion auf den Konvent beschwor insofern eine verfängliche Situation herauf, als sie sich zur Verteidigerin der nationalen Vertretung aufspielte. In kurzer Zeit hatte sie die zögernde Mehrheit der Versammlung auf ihre Seite gezogen und zu eigentlich nicht beabsichtigten Zugeständnissen gezwungen.

### 3. Die Verfolgung von Jakobinern und Sansculotten (Oktober 1794–März 1795)

Die im Brumaire des Jahres III eingetretene Wende war für die politische Entwicklung der thermidorianischen Periode von ausschlaggebender Bedeutung: die Gesellschaft der Jakobiner wurde aufgelöst, die Sitzungen des Wahlklubs wurden eingestellt, und die Pariser Sektionen fielen in die Hände der Reaktion.

Das Ende der Jakobiner erklärt sich zum großen Teil aus der mangelnden Unterstützung durch das Volk während der letzten Wochen ihres Bestehens. Seit das Volk »abgedankt hatte«, schreibt Levasseur in seinen *Mémoires,* war der Klub nur noch »ein ohnmächtiger Hebel«. Am 25. Vendémiaire III (16. Oktober 1794) lähmte der Konvent die jakobinische Organisation, indem er den Zusammenschluß der Klubs untereinander und gemeinsame Petitionen untersagte. Im Brumaire stieg die Zahl der Überläufer, während die Angriffe der *jungen Leute* immer dreister wurden: am 19. (9. November) organisierten sie zum ersten mal einen größeren Schlag gegen den Klub. Die Carrier-Affäre gab ihnen zwei Tage später eine willkommene Gelegenheit. Nachdem die 132 Bewohner aus Nantes, die Carrier im vorangegangenen Winter nach Paris geschickt hatte, vom Revolutionstribunal freigesprochen waren, wurde Carrier selbst vor Gericht gestellt. Am 21. Brumaire (11. November 1794) beantragte Romme im Konvent, Anklage zu erheben, allerdings mit der Einschränkung, dies nicht in die Öffentlichkeit zu tragen. Zur Verstärkung des Drucks auf die Versammlung schickte Fréron am selben Abend seine Banden zum Klub in der Rue Honoré: »Wir wollen das wilde Tier in seiner Höhle überraschen.« Es kam zu einer Schlägerei; bewaffnete Kräfte stellten die Ordnung wieder her. Die Regierungsausschüsse entschieden sich für die Schließung des Klubs, die am Tage darauf vom Konvent bestätigt wurde.

Das Ende des Wahlklubs folgte alsbald. Eine Zeit lang traf sich dort nach der Schließung des Jakobinerklubs die gesamte Opposition aus dem Volk: die Fortschritte der bürgerlichen Reaktion brachten die anti-jakobinischen Ressentiments der Linksoppositionellen zum Schweigen. Nach der Vertreibung aus seinem Sitzungssaal in der Sektion Muséum verschwand der Wahlklub in den ersten Frimaire-Tagen des Jahres III (Ende November 1794).

Die Unterwerfung der Pariser Sektionen durch die Gemäßigten wurde durch die Beseitigung dieser beiden Mittelpunkte des Volkswiderstandes erleichtert, die die Jakobinergesellschaft und der Wahlklub dargestellt hatten. Seit Ende Vendémiaire war die Jeunesse dorée in die Sektionsversammlungen eingedrungen: einer ihrer Anführer, Jullian, kam in die Führungsgruppe der Sektion Tuileries. Die jakobinischen Sektionen wurden nach und nach erobert; die Sektion Piques, die frühere Sektion Robespierres, scheint dem bis zum 10. Frimaire (30. November 1794) Widerstand geleistet zu haben. Nachdem die Kämpfer der Sektionen einmal ausgeschaltet waren, fand sich keine Kraft des Volkes mehr, die der gemäßigten Bourgeoisie noch hätte entgegentreten oder sich gegen die Reaktion hätte auflehnen können. Im Anschluß an die Institutionen richtete sich die Reaktion gegen die Menschen. Der Weiße Schrecken stand bevor.

Anti-Terrorismus und Ent-Sansculottisierung entwickelten sich den ganzen Winter 1794–1795 hindurch, vom Frimaire bis zum Ventôse des Jahres III; dies war eine verschleierte Form des Weißen Terrors. Es handelte sich nicht mehr um eine Säuberung im eigentlichen Sinne, wie dies unmittelbar nach dem 9. Thermidor der Fall gewesen war, denn die terroristischen Kader waren bereits entfernt: jetzt stand die Rache im Vordergrund. Die Repression traf zunächst die bedeutenden Terroristen; sie dehnte sich dann aus und umfaßte alle ehemaligen Sektionsfunktionäre, wobei sie eine bestimmte soziale Richtung einschlug, als sie zusammen mit den früheren Kämpfern ein ganzes System republikanischer Werte beseitigte. Nach der Verfolgung der Jakobiner prangerte Babeuf im *Tribun du Peuple* vom 28. Frimaire III (18. Dezember 1794) die Ächtung des Sansculottismus und aller seiner Erscheinungsformen an.

Der Anti-Terrorismus trat mit dem Prozeß gegen Carrier hervor, der am 3. Frimaire (23. November 1794) vor das Revolutionstribunal gestellt und am 26. (16. Dezember) guillotiniert wurde: er hatte jede Verantwortung für die Ertränkungen in Nantes von sich gewiesen, zu den Erschießungen aber hatte er sich bekannt, wobei er sich auf die Verordnung gegen Rebellen, die mit der Waffe in der Hand gegriffen werden, stützte. Auf den Antrag von Merlin de Douai wurden am 18. Frimaire (8. Dezember 1794) die 75 Girondisten, die gegen die Aufstände vom 31. Mai–2. Juni 1793 protestiert hatten und von Robespierre vor dem Schafott gerettet worden waren, zusammen mit einigen anderen ausgeschiedenen oder ausgeschlossenen Abgeordneten in den Konvent zurückberufen: insgesamt 78 Konventsmitglieder, die als Gemäßigte (wie Daunou), Reaktionäre (wie Lanjuinais) oder sogar als Sympathisanten des Royalismus (wie Saladin) die Rechte im Konvent verstärkten. Den sich häufenden Angriffen gegen die früheren Mitglieder der Ausschüsse gab der Konvent am 7. Nivôse (27. Dezember) nach und setzte eine Kommission zur Überprüfung der Fälle Barère, Billaud-Varenne, Collot d'Herbois und Vadier ein. Vergebens schlug Cambacérès eine Amnestie vor. Während sich diese Sache hinzog, wurde der Druck der Jeunesse–dorée–Banden stärker, um den Widerstand der gemäßigten Konventsmitglieder zu brechen.

Auf derselben Linie bewegte sich die Ent-Sansculottisierung in den Pariser Sektionen. In wenigstens 37 der 48 Sektionen wurden Kommissionen geschaffen, die das Verhalten der ehemaligen Sektionsfunktionäre zu überprüfen hatten: in elf Sektionen wurden 200 frühere Kämpfer unter Anklage gestellt; darunter befanden sich 152 Revolutionskommissare, die ihrer politischen Rechte beraubt, der »öffentlichen Verachtung« preisgegeben und tatsächlich zu einer sozialen Gruppe von Geächteten gestempelt wurden. Die Regierung ließ das geschehen; sie ermunterte diese Entwicklung noch: etwa durch das Gesetz vom 13. Frimaire (3. Dezember 1794), das eine Abrechnung über die Verwaltung der außerordentlichen Einnahmen des Jahres II (Zwangsanleihen, freiwillige Leistungszeichnungen) verlangte. Der soziale Aspekt der Ent-Sansculottisierung läßt sich an den schweren Vorwürfen erkennen, welche die Reaktionäre in den Sektionen erhoben: die wirtschaftlichen und sozialen Führungsmaßnahmen des Jahres II haben die Bourgeoisie erbittert. Vor allem gerieten die früheren Kommissare gegen den Wucher in die Schußrichtung; Requisitionen, Zwangsanleihen und Beschlagnahme wucherisch aufgekaufter Waren: all dies waren Verbrechen gegen das Eigentum; die *Blutmänner* wurden zu *Gleichmachern* erklärt, die »die gleichmäßige Verteilung der Vermögen« gepredigt hätten. Die Ent-Sansculottisierung war die Reaktion einer Bourgeoisie, die im Jahre II in ihrer politischen Sicherheit, ihren wirtschaftlichen Interessen und ihren sozialen Vorrechten beeinträchtigt worden war.

Die anti-terroristische Leidenschaft wuchs im Laufe des Winters. Am 11. Pluviôse (30. Januar 1795) erhob die Sektion Temple Anklage vor dem Konvent gegen ihren ehemaligen Revolutionsausschuß: »Schlagt diese Tiger.« Und am 11. Ventôse (1. März) folgte die Sektion Montreuil: »Worauf wartet ihr noch, um die Erde von diesen Menschenfressern zu befreien? Zeigen ihre fahle Hautfarbe und ihre tiefliegenden Augen nicht deutlich genug, von welchen Vätern sie aufgezogen wurden? Nehmt sie fest ... das Schwert des Gesetzes wird ihnen die Luft rauben, die sie schon zu lange verpestet haben.«

Die Stutzer verfolgten ihre Gegner jetzt auf offener Straße im Rahmen von Aktionen, die der *Messager du soir* »Bürgerspaziergänge« nannte. Sie verwüsteten die Cafés, die einen jakobinischen Ruf hatten. Im Pluviôse entfesselten sie den Theaterkrieg, indem sie die jakobinischen Schauspieler dazu zwangen, um Verzeihung zu bitten, *Die Marseillaise* untersagten und *Das Erwachen des Volkes gegen die Terroristen* forderten. Danach wurde auf die Marat-Büsten Jagd gemacht; während die Sansculotten dagegen protestierten und die Schlägereien sich häuften, gaben die Ausschüsse nach: am 21. Pluviôse (9. Februar) wurden die Büsten der Märtyrer der Freiheit, Lepeletier und Marat, und die ihren Tod darstellenden Gemälde von David unter dem Beifall der in Massen auf den Tribünen erschienenen Jeunesse dorée aus dem Sitzungssaal des Konvents entfernt. Die sterblichen Überreste Marats und die der für das Vaterland gestorbenen jungen Helden Bara und Viala wurden aus dem Panthéon geholt. Die Mordanzeigen häuften sich: »Wenn ihr diese Männer nicht bestraft«, erklärte Rovère am 4. Ventôse (22. Februar) und meinte damit die früheren Terroristen, »gibt es keinen einzigen Franzosen, der nicht das Recht hätte, sie zu ermorden.« Am Tage darauf (23. Februar) ließ Merlin de Douai anordnen, daß alle nach dem 10. Thermidor abgesetzten Funktionäre in die Gemeinden, in denen sie vor diesem Datum ihren Wohnsitz hatten, zurückzukehren hätten, um dort unter der Überwachung der Gemeindebehörden zu verbleiben: in manchen Gebieten hieß das, sie einem Massaker auszuliefern. Am 12. Ventôse (2. März) gab der Konvent schließlich nach und beschloß die sofortige Verhaftung von Barère, Billaud-Varenne, Collot d'Herbois und Vadier. Von nun an war die Versammlung Gefangene der Jeunessedorée-Banden, die bei den immer zahlreicher werdenden Dienstverweigerern und Deserteuren, wie auch bei den zurückgekehrten Emigranten, die begierig die Rückgabe ihrer beschlagnahmten Güter forderten, Verstärkung fanden.

In den Departements hatte der Weiße Schrecken begonnen. Der 14. Pluviôse III (2. Februar 1795) war in Lyon der Tag, an dem unter den gefangengenommenen ehemaligen Terroristen ein erstes Blutbad angerichtet wurde. Ab Nivôse kam es im ganzen Südosten zu Mordtaten. Dann hatten sich Banden organisiert: Jesus-, Jehu- oder Sonnenorden, die Terroristen, Jakobiner, schließlich alle *Patrioten von 89* und besonders Käufer von Nationalgütern verfolgten. Die Konventsbeauftragten ließen sie gewähren, zuweilen ermutigten sie sogar zur Bildung solcher Banden, wie zum Beispiel Chambon in Marseille oder der Girondist Isnard im Departement Var. Die Massaker nahmen zu. In Lyon wurden täglich Jakobiner, die man hier *Mathevons* nannte, ermordet; in Nîmes wurden am 5. Ventôse (23. Februar 1795) Gefangene niedergemetzelt. Die von der Regierung bekämpften und von den Konventsbeauftragten denunzierten Jakobiner konnten keinerlei Widerstand mehr entgegensetzen.

Der Konvent schritt nicht ein; er war von nun an handlungsunfähig. Während Inflation, Hungersnot und Kälte die Leiden des Volkes vergrößerten und den Gedanken an einen Aufstand aufkommen ließen, hatte der Konvent eine zu große Angst vor einer offensiven Rückkehr der Pariser Sansculotterie mit dem Ziel, die Ausschreitungen der äußersten Reaktion und die Morde des Weißen Terrors zu unterbinden.

### 4. *Alte und Neue Reiche, Merveilleuses und Incroyables*[1]

Die moralische Herabsetzung der Revolution begleitete die politische und soziale Reaktion. Im Jahre II war das Volk als natürlicher Inhaber der republikanischen Tugenden betrachtet und da-

---

1 »Stutzer und Modenarren«; die Ausdrücke erschienen eigentlich erst später, zur Zeit des Direktoriums.

her überspannt gepriesen worden; jetzt wurde es verachtet. Jullian, einer der Anführer der Jeunesse dorée, schreibt in seinen *Erinnerungen*, daß die Leute aus dem Volk »zweifellos sehr achtenswert (sind), wenn sie ihren Stand durch private Tugenden in Ehren halten«, sie dürfen sich aber nicht um die öffentlichen Angelegenheiten kümmern. Ihre »Einfachheit« wird Grobheit. Der *Sansculottismus* wurde im Prairial als ein zur Verhaftung ausreichender Grund angesehen. Der im Jahr II gebrandmarkte Luxus wurde rehabilitiert. Auf die republikanische Nüchternheit und Strenge folgte bei den besitzenden Klassen, die vorübergehend niedergehalten worden waren, ein wahrer Vergnügungsrausch: »Die Anmut und das Lachen, von der Schreckensherrschaft verbannt, sind nach Paris zurückgekehrt«, schrieb der *Messager du soir*, ein bürgerliches Unterhaltungsblatt, am 2. Frimaire (22. November 1794), »unsere schönen Frauen mit blonden Perücken sind anbetungswürdig; die Konzerte, ob öffentlich oder in kleiner Gesellschaft, sind köstlich ... Die Blutmänner, die Billaud, die Collot und die ganze Bande der Rasenden nennen diesen Umschwung der öffentlichen Meinung *die Konterrevolution*.«

Die Mode wandte sich verächtlich von der Sansculottenkleidung (Hose, Bluse und besonders die glatten Haare und die rote Mütze) ab. Die jungen Bourgeois taten sich durch ihre extravagante Kleidung hervor, die Cambon am 8. Nivôse (28. Dezember 1794) öffentlich tadelte: »Menschen, die sich einst in Lumpen hüllten, um als Sansculotten zu erscheinen, prahlen heute mit einer Aufmachung und einer Sprache, die gleichermaßen lächerlich sind.«

Der Tanz erregte große Begeisterung; überall wurden öffentliche Ballhäuser eröffnet, selbst im Karmeliterkloster, das im September Schauplatz der Massaker war, und im alten Friedhof von Saint-Sulpice. Zu den *Bällen der Opfer* hatten nur diejenigen Zutritt, die einen Angehörigen auf dem Schafott verloren hatten; dort zeigte man sich mit Titusfrisur, den Nacken wie vom Henker freigemacht, und mit einem roten Seidenfaden um den Hals. Das Duzen war verpönt; *Monsieur* und *Madame* kamen wieder auf und ersetzten *Bürger* und *Bürgerin*.

Das mondäne Leben blühte von neuem in den Salons auf. Die Cabarrus[1], seit dem 6. Nivôse (26. Dezember 1794) Madame Tallien und für ihre Bewunderer »Notre-Dame-de-Thermidor«,

---

1 Tochter des spanischen Finanzministers Cabarrus (1752–1810).

hatte sich in ihrer *Hütte* auf dem Cours-la-Reine eingerichtet; sie brachte die Mode des kurzen und halbdurchsichtigen griechischen Kleides auf und war bei den Merveilleuses tonangebend. Madame Hamelin und Madame Récamier wurden schnell berühmt. Finanzleute, Bankiers, Armeelieferanten und Spekulanten, die eine Zeit lang von der Schreckensherrschaft im Zaum gehalten worden waren, nahmen den ersten Platz wieder ein, während die Adligen, die Großbourgeois und bald auch die zurückgekehrten Emigranten an die mondäne Tradition der alten Ordnung wieder anknüpften. So führte die Verschmelzung der alten herrschenden Klassen mit den Gruppen, die durch die Spekulation mit Assignaten, Nationalgütern und Kriegsausrüstungen reich geworden waren, zur Herausbildung der neuen Bourgeoisie. Es war eine ausgesprochen gemischte Gesellschaft, in der gefeierte Schauspielerinnen wie die Contat eine große Rolle spielten. Viele Konventsmitglieder, der Tugend überdrüssig, ließen sich dazu überreden oder einfach kaufen: »So ist es zu erklären, daß die republikanische Partei durch viele Überläufer geschwächt wird«, schreibt Thibaudeau in seinen *Memoiren*, »daß die einen Konzessionen machen und die anderen sich voll und ganz an den Royalismus verkaufen.«

Der schamlos ausgebreitete Luxus und die Extravaganzen der Merveilleuses und Incroyables, das heißt einer reichen und untätigen Minderheit, verletzten die Gefühle der gesamten Bevölkerung, die an den überkommenen Sitten festhielt, und entrüsteten eine politische Minderheit, die dem republikanischen Ideal treu geblieben war. Der schroffe Gegensatz zwischen dem schrecklichen Elend der Massen und dem skandalösen Reichtum einer Minderheit unterstrich noch die soziale Seite der Reaktion. Der Abstand vergrößerte sich noch, und die Empörung wuchs zusammen mit der Hungersnot, die im Laufe des Winters weiter um sich griff.

## 5. Die religiöse Reaktion und die Amnestie für die Vendéer

Auch die religiöse Reaktion leistete einen Beitrag zu den Fortschritten der Konterrevolution. Die Trennung von Kirche und Staat war mit der Verordnung vom 2. Sansculottentag des Jahres II (18. September 1794) in die Tat umgesetzt worden: aus Sparsamkeitsgründen ließ Cambon an diesem Tage den Haushalt für die auf die Verfassung vereidigte Kirche streichen; damit wurden zugleich die Zivilverfassung des Klerus aufgehoben und der Staat vollkommen verweltlicht. Die Maßnahmen gegen die eidverweigernden Priester blieben indessen in Kraft, und die Kirchen waren weiterhin geschlossen. In dem Maße aber, wie die Reaktion Fuß faßte, trauerten viele Franzosen dem alten religiösen Zeremoniell nach und forderten schließlich die Wiedereröffnung der Kirchen. Der viel zu intellektuelle Bürgerkult, der überdies jetzt all seines patriotischen und demokratischen Charakters beraubt war, konnte die Sansculotten nicht mehr begeistern. Die konstitutionellen Priester bauten ihre Kirche nach und nach wieder auf: so etwa im Departement Loir-et-Cher, wo der Bischof Grégoire am 1. Nivôse (21. Dezember 1794) die vollständige Gottesdienstfreiheit forderte. Unterdessen hielten die eidverweigernden Priester, die man im Norden *Pfarrer mit gepacktem Koffer* nannte, heimlich die *blinde Messe* ab. Der Freiheit der Religionsausübung standen keine Hindernisse mehr entgegen, seit sie den Vendée-Rebellen durch die Friedensregelung von La Jaunaye am 29. Pluviôse III (17. Februar 1795) zugestanden worden war. Am 3. Ventôse (21. Februar) genehmigte der Konvent auf Antrag von Boissy d'Anglas den Gottesdienst in Gebäuden, die von Priestern und Gläubigen selbst beschafft werden konnten. Die Trennung war damit bestätigt, und die Kirchen blieben dem Dekadenkult vorbehalten. Der Gottesdienst war weiterhin Privatangelegenheit; alle Priester konnten ihn unter der Bedingung ausüben, daß sie wenigstens den Eid vom 14. August 1792 auf die Freiheit und die Gleichheit, den sogenannten *kleinen Eid,* geleistet hatten; das Glockenläuten, das Tragen geistlicher Gewänder und die öffentlichen Subventionen blieben streng verboten. Der konstitutionelle Gottesdienst wurde unter der Leitung von Grégoire, der *Les Annales de la religion* veröffentlichte, sofort wieder aufgebaut. Die römisch-katholischen Priester, die den *kleinen Eid* geleistet hatten, ließen *Les Annales politiques religieuses, et littéraires* erscheinen. Die Eidverweigernden setzten den heimlichen Gottesdienst stärker denn je fort, wobei sie anläßlich zahlreicher Konflikte in Gegensatz zu den Verfassungstreuen gerieten. »Indem der Konvent wieder Katholiken geschaffen hat«, schrieb Mallet du Pan am 17. März 1795, »hat er auch wieder Royalisten geschaffen ... Es gibt nicht einen Priester, der die Bindung an dieses Regime für seine Schäflein nicht zur Gewissensfrage machte.« Die Unzufriedenheit der Katholiken dauerte an. Um sie zum

Schweigen zu bringen, war der Konvent sogar zu den größten Zugeständnissen bereit: im gleichen Augenblick hatte er gegen eine Volksopposition anzukämpfen, die von der Wirtschaftskrise noch verstärkt wurde.

Die Konzessionen an die Aufständischen im Westen lagen auf derselben politischen Linie. Am 9. Thermidor hielten Charette immer noch den Marais, Sapinaud die Bocage und Stofflet die Mauges besetzt; ihre Banden waren aber durch die ständigen Störaktionen beweglicher Truppenteile stark mitgenommen. Die Vendée-Revolte wiederholte sich währenddessen in der Bretagne und in deren waldreichen Grenzgebieten in Gestalt der Raubzüge der Chouanerie[1]. Nach der Beendigung der Schreckensherrschaft und des Unterdrückungsfeldzuges wollten die Thermidorianer jetzt den Westen mit Hilfe einer Versöhnungspolitik befrieden. Als Hoche am 29. Fructidor (15. September 1794) die Befehlsgewalt dazu übernahm, erinnerte er daran, daß die Zeit des Terrors vorbei war. Die Gefangenen wurden freigelassen und die Dienstverweigerer amnestiert. Am 12. Frimaire III (2. Dezember 1794) wurde die Amnestie auf alle Rebellen ausgedehnt, die sich innerhalb eines Monats unterwerfen würden. Im Januar 1795 wurden Verhandlungen mit den royalistischen Anführern aufgenommen. Die dadurch ermutigten Rebellen führten ihre Mord- und Raubzüge ohne Unterbrechung weiter (»wir führen einen Krieg der Schafe gegen die Tiger«, schrieb der Konventsbeauftragte Boursault am 4. Nivôse – 23. Januar 1795 –) und setzten ihre Bedingungen durch. Die Friedensregelung von La Jaunaye bei Nantes, die vor allem mit Charette ausgehandelt und am 29. Pluviôse (17. Februar 1795) unterzeichnet wurde, brachte allen Rebellen die Amnestie, gab ihnen ihre Besitzungen zurück oder entschädigte sie dafür im Falle des zwischenzeitlichen Verkaufs, und zwar selbst dann, wenn sie als Emigranten eingestuft waren; alle Vendéer wurden vom Militärdienst befreit, wobei ihnen die Waffen belassen wurden; schließlich gestand man ihnen sogar einschließlich der Eidverweigernden die Freiheit der Religionsausübung zu. Das Friedensübereinkommen von La Prévalaye bei Rennes vom 1. Floréal (20. April 1795) sicherte den Chouans dieselben günstigen Bedingungen zu.

---

1 Royalistische, konterrevolutionäre Bewegung in Westfrankreich unter Jean Cottereau, der den Beinamen le Chouan führte.

Die Kapitulation der Thermidorianer blieb ohne Wirkung, und der ausgehandelte Friede war illusorisch. Die Vendéer und Chouans hatten alle Muße, sich auf die Fortsetzung des Kampfes vorzubereiten; die Chouanerie griff bald auf weitere Departements über. Die ohnmächtigen Thermidorianer konnten nichts dagegen unternehmen: das Wiederaufleben der infolge der Wirtschaftskrise verzweifelten Volksbewegung erforderte das gemeinsame Vorgehen der gesamten Reaktion.

## II. DIE WIRTSCHAFTSKRISE UND DIE GELDKATASTROPHE

Die Beendigung der Zwangswirtschaft gehörte zur politischen Konzeption der Thermidor-Reaktion. Der Konvent hatte dem Maximum lediglich unter dem Zwang des Druckes aus dem Volk zugestimmt; die Bourgeoisie aller Schattierungen hielt es für eine Schädigung ihrer Interessen. Die Auflösung der Revolutionsregierung und das Ende der Schreckensherrschaft bedingten notwendigerweise die Lockerung der wirtschaftslenkenden Maßnahmen und endlich deren Abschaffung, weil die *Zwangsgewalt* über die Unternehmer und Händler als Anhänger des unbeschränkten Profits und der freien Wirtschaft nicht mehr ausgeübt werden konnte. Doch konnte die Aufgabe der wirtschaftlichen Zwangsmaßnahmen nur den Zusammenbruch der Assignaten und den Aufschwung der Inflation herbeiführen, im Ergebnis also die Not des Volkes nur vergrößern. In einem weiteren Punkt wird damit der soziale Gehalt der Thermidor-Reaktion verdeutlicht.

*1. Die Rückkehr zur Wirtschaftsfreiheit*
  *(August–Dezember 1794)*

Das am 29. September 1793 verkündete allgemeine Maximum für die notwendigsten Lebensmittel war, soweit die zivile Versorgung betroffen war, ausschließlich bei Getreide streng durchgeführt worden. Im Hinblick auf die anderen Lebensmittel hatte der Wohlfahrtsausschuß auf die Durchsetzung des Maximums verzichtet, ohne allerdings seine allzu offensichtliche Überschreitung zu dulden; der Schwarzhandel stand in voller Blüte; solange aber die Schreckensherrschaft andauerte, stiegen die Preise nur langsam. Dann kam der 9. Thermidor. Am 21. Fructidor II (7. September 1794) verlängerte der Konvent das Maximum für Getreide und Mehl vom 11. und das allgemeine Maximum vom 29. September 1793 für die Dauer des Jahres III. Da der Unterdrückungsapparat jedoch abgebaut war, beschleunigte sich der Preisauftrieb, während der Schwarzmarkt weiter um sich griff und der Handel nach und nach freier gestaltet wurde. »Auf den Märkten hält man das Maximum nicht mehr ein; alles wird dort frei und nach Belieben verkauft«, stellt ein Polizeibericht bereits am 20. Vendémiaire III (11. Oktober 1794) fest.

Das von den Bezirken durchzuführende Requisitionsverfahren, das in der Verordnung vom 11. September 1793 für die Versorgung der Märkte mit Getreide vorgesehen war, geriet in Unordnung. Die Landwirte, die nun nicht mehr von der Angst, als Verdächtige behandelt zu werden, zurückgehalten wurden, lieferten ihr Getreide widerwillig ab und begannen, heimlich zu verkaufen. Nachdem die Bauern im Konvent einige Vertreter ihrer Interessen gefunden hatten, erlangten sie mit der Verordnung vom 19. Brumaire (9. November 1794) ein paar Zugeständnisse: vor allem sollte die Nichtablieferung der Requisitionen nur noch die Beschlagnahme der angeforderten Warenmenge nach sich ziehen. Der Widerstand der Bauern verstärkte sich in entsprechendem Maße, und die Versorgung der Städte wurde immer schwieriger. Nach der Beseitigung der Revolutionsregierung und der Schreckensherrschaft war es unmöglich, die Durchführung der Requisitionen und die Einhaltung der Höchstpreise durchzusetzen.

Die Nationalisierung eines bedeutenden Wirtschaftssektors (Kriegsproduktion, Inlandsverkehr und Außenhandel) verursachte ebenso große Schwierigkeiten: sie war lediglich im Rahmen des allgemeinen Maximums wirksam. Das System funktionierte über den Thermidor hinaus, es stand noch immer unter der obersten Leitung von Lindet, der am 15. Vendémiaire (6. Oktober 1794) aus dem Wohlfahrtsausschuß ausgeschieden war, aber gleich darauf zum Vorsitzenden des Ausschusses für Handel, Landwirtschaft und Künste ernannt wurde.

Die Nationalisierung der Kriegsproduktion rief zahlreiche und mächtige Proteste hervor. Handwerker und Industrielle duldeten nur widerwillig die Kontrolle des Staates, den Tarif des Maximums und darüberhinaus die Tatsache, daß ihnen die nationalen Fabriken Arbeit wegnahmen. Mit einem ersten Zugeständnis an ihre Adresse wandelte der Wohlfahrtsausschuß eine gewisse Anzahl Manufakturen in Privatunternehmen um: schon im Fructidor geschah dies zum Beispiel mit der Gießerei in Toulouse und im Frimaire mit derjenigen in Maubeuge. Vor allem baute er die große Waffenmanufaktur in Paris Schritt für Schritt ab, indem er sie zunächst nur noch mit Reparaturen beschäftigte und danach die Arbeiter, deren politische Opposition man fürchtete, auf die Werkstätten in den Departements verteilte; im Pluviôse arbeitete hier nur noch ein Rest von etwa 1000 Arbeitern im Stücklohn.

Die Nationalisierung des Außenhandels beeinträchtigte die Interessen der Reeder, Kaufleute und Finanziers, für die der überseeische Großhandel und die Spekulationen bei Wechselgeschäften eine entscheidende Profitquelle darstellten. In seinem Bericht über die Lage der Republik vom 4. Sansculottentag II (20. September 1794) gab Lindet zu, daß der Außenhandel unbedingt wieder belebt werden mußte. Die Ernte war schlecht; für das Frühjahr drohte eine Hungersnot; der Wohlfahrtsausschuß bemühte sich vordringlich um die Beschaffung von Getreide; dazu erlaubte er den Kaufleuten und den neutralen Mächten die freie Getreideeinfuhr.

Der Konvent schlug den Weg der Konzessionen ein: die Verordnung vom 26. Vendémiaire (17. Oktober) genehmigte den Fabrikanten die unbeschränkte Einfuhr von Produkten, die für die Werkstätten erforderlich waren; am 6. Frimaire (26. November) gab er den Import aller Waren frei, für die kein Einfuhr-Verbot bestand. Doch konnte die Importfreiheit nicht mit der Anwendung des Maximums vereinbart werden, zumal die Verordnung vom 25. Brumaire (15. November) den unbeschränkten Handel mit den Neutralen in den französischen Häfen gestattete.

Die Angriffe gegen Zwangswirtschaft und Maximum wurden Ende Herbst auf allen Ebenen geführt. Am 14. Brumaire III (4. November 1794) gab der Konvent ein Gutachten über »die Nachteile des Maximums« in Auftrag. Der Angriff richtete sich in erster Linie gegen die Abwicklung und die Fehler bei der Verwaltung der staatlichen Wirtschaftsbürokratie, der es in Ermangelung jeder statistischen Organisation nicht gelang, exakte Kenntnisse über die vorhandenen Mittel und den Bedarf zu erwerben. Die Kritik fiel um so heftiger aus, als in diesen Büros überwiegend Anhänger des Regimes des Jahres II arbeiteten.

Mit den Büros sollten allerdings das dahinterstehende Prinzip der Wirtschaftslenkung und vor allem die Kontrolle der Armeelieferungen getroffen werden: die Finanzwelt wollte zur alten Praxis zurückkehren und dem Staat neuerlich die Leistungen der Kriegslieferanten und Finanzgesellschaften aufdrängen; sie waren die Quelle eines einträglichen Handels und riesiger Vermögen. Die Kampagne der Befürworter der Wirtschaftsfreiheit erreichte schließlich ihr Ziel: ein Antrag an den Handelsausschuß, aus dem Lindet bald ausgeschlossen wurde, vom 19. Frimaire (9. Dezember) führte zur Abschaffung des Maximums.

Die Verordnung vom 4. Nivôse III (24. Dezember 1794) brachte die Beseitigung des Maximums und der Reglementierung; innerhalb der Republik war der Handelsverkehr mit Getreide vollkommen frei; die Kommission für Handel und Versorgung behielt – allerdings zu laufenden Preisen – ein Vorkaufsrecht zugunsten der Armeen. Die Aufhebung des Maximums löste eine verheerende Krise aus.

## 2. Der Zusammenbruch der Assignaten und seine Konsequenzen

Der vollständige Sturz der Assignaten war die unmittelbare Folge der Aufgabe des Maximums. Der Preisanstieg war schwindelerregend, die Spekulation mit den lebensnotwendigen Nahrungsmitteln entwickelte sich in ungeheuerlicher Weise; das Papiergeld verlor jeden Wert, der Wechselkurs brach zusammen. Die Assignate, die im Dezember 1793 wieder auf 50% ihres Nominalwertes gestiegen war, fiel erneut auf 31% im Thermidor II (Juli 1794); die Nichteinhaltung des Maximums ließ sie im Frimaire III (Dezember 1794) auf 20% absinken; im Germinal (April 1795) stand sie bei 8% und im Thermidor (Juli) bei 3%. Die Preissteigerungen stürzten den Staat in eine schwere Inflation, zumal außerdem die Steuereinnahmen gering waren oder in wertlosen Assignaten hereinkamen. Die Menge der Assignaten wuchs mit kontinuierlichen Neuausgaben: im Dezember 1794 erreichte sie zehn Milliarden, von denen sich acht im Umlauf befanden; vom Pluviôse bis zum Prairial (Januar–Mai 1795) wurden sieben weitere Milliarden ausgegeben, so daß der Umlauf die Elf-Milliarden-Grenze überstieg. Die Bauern und Kaufleute nahmen keine Assignaten mehr an, sondern akzeptierten nur noch Münzgeld. Die Weigerung, Assignaten anzunehmen, beschleunigte die Entwertung: während der Umlauf von November 1794 bis Mai 1795 lediglich um 42,5% stieg, verlor die Assignate 68% ihres Wertes; der 100-Livres-Schein sank von 24 auf 7,5 Livres in Hartgeld.

Der Preisanstieg für die notwendigsten Lebensmittel war in den einzelnen Departements unterschiedlich stark. Im allgemeinen war er jedoch von einem größeren Ausmaß, als es die Entwertung des Papiergeldes im Verhältnis zum Münzgeld hätte vermuten lassen. Im März–April 1795 bewegte sich der Index der Assignaten bei 581, während der allgemeine Preisindex auf 758 und derjenige für Nahrungsmittel allein schon auf 819 stieg; alle Zahlen im Verhältnis zu 1790.

Zusätzlich verschärfte die Hungersnot die katastrophalen Auswirkungen der Preissteigerung. Trotz der Verlängerung der Requisitionen bis zum 1. Messidor (19. Juni 1795) belieferten die Bauern die Märkte nicht mehr mit Nahrungsmitteln, weil sie befürchteten, in Assignaten bezahlt zu werden, und weil sie überdies die Genehmigung hatten, direkt an die Bevollmächtigten der Versorgungskommission für die Armeen oder auch an die Geschäftsleute zu verkaufen, die an die Reichen lieferten. Daraufhin griff man wieder auf Zwangsmaßnahmen zurück: die Bezirke setzten in den Dörfern bis zur Ablieferung des benötigten Getreides Nationalgarden ein. Aufgrund der unzureichenden Ernte aber erwiesen sich diese Schritte im Frühjahr als nutzlos. Die Regierung bemühte sich vergeblich um staatlich finanzierte Importe: die Leere in der Staatskasse zwang sie dazu, sich außer für die Versorgung von Paris und der Armeen der Hilfe privaten Kapitals zu bedienen, was die Vorherrschaft der Großhandelsbourgeoisie noch weiter festigte. Die ersten Lieferungen aus dem Ausland trafen erst im Mai 1795 ein: im Süden, der stets unter Mangel litt, war die Situation seit Beginn des Winters schrecklich; in Orléans schon seit Anfang Frühjahr, obgleich es dem Markt der Beauce angeschlossen war. Während die Zuteilungen geringer wurden, stiegen die Preise: in Verdun wurde die seit Sommer 1794 aus einem Pfund für Arbeiter und 3/4 Pfund für die übrige Bevölkerung bestehende Brotration Anfang Frühjahr 1795 auf die Hälfte herabgesetzt, wohingegen der Preis in dieser Zeit auf 20 Sous das Pfund anstieg. Viele Gemeinden kehrten zur Reglementierung zurück, indem sie Getreidesorten vermischten, die Verteilung rationierten und den Brotpreis unterhalb des Selbstkostenpreises festsetzten: es gelang ihnen kaum, die bittere Not der Volksklassen zu lindern, die um so schwerer zu ertragen war, als sie mit dem zur Schau gestellten Luxus der Neureichen in grellem Kontrast stand.

Die sozialen Folgen des Zusammenbruchs der Assignaten unterschieden sich auffällig je nach der gesellschaftlichen Kategorie. Während die Volksklassen in der Verzweiflung versanken (der Winter des Jahres III war außerordentlich hart und vergrößerte noch das Unglück der Armen) und die Bourgeoisie und die Gläubiger des Ancien Régime ruiniert waren, weil ihre Renten und Rückzahlungen in Assignaten ausgezahlt wurden, bereicherten sich Schuldner und Spekulanten in enormer Geschwindigkeit. Als wahre Abenteurer, die durch die Inflation, den Schacher mit den Nationalgütern und die Kriegslieferungen in führende gesellschaftliche Stellungen gehoben wurden, belebten sie die alte Bourgeoisie mit frischem Blut; aus ihren Reihen stammten viele Geschäftsleute, die in der Epoche des Direktoriums oder Napoleons den Anstoß zur kapitalistischen Produktion gaben. Die Inflation schloß die soziale Revolution ab.

In Paris überstürzte sich die Preisentwicklung für Eßwaren und Brennmaterial infolge des großen Lebensmittelmangels und des Mißtrauens gegenüber den Assignaten. Ein Pfund Rindfleisch, das am 6. Nivôse (26. Dezember 1794) in den Hallen noch bei 34 Sous gehandelt wurde, stieg bis zum 12. Germinal (1. April 1795) auf 7 Livres 10 Sous. Der Pariser Preisindex für Lebenshaltungskosten, gerechnet auf der Basis 100 für 1790, erhöhte sich von 580 im Januar 1795 auf 720 im März und 900 im April. Die Bewegung der Löhne und Einkünfte verlieh den sozialen Folgen der Preissteigerung ein unterschiedliches Gewicht. Kaum betroffen wurden die Großbourgeoisie aus Handel und Industrie sowie die mit der Inflation zu Geld gekommenen Neureichen, die sich auf dem freien Markt versorgten. Die große Masse der Pariser Bevölkerung aber sah mit jeder Verteuerung ihre Kaufkraft dahinschwinden: Lohnarbeiter und Angestellte, Handwerker, Krämer und Kleinrentner. Aufgrund des Rohstoffmangels und der Schließung von Waffenfabriken, deren Arbeiterzahl von 5400 auf 1146 gesenkt wurde, erreichte die Arbeitslosigkeit ein erhebliches Ausmaß. Die Volksschichten wurden von Verzweiflung ergriffen; die Todesfälle häuften sich. Die Kälte ließ die schrecklichen Folgen der Unterernährung noch bedrohlicher werden. Der Winter des Jahres III war einer der kältesten des 18. Jahrhunderts: –10° zum Jahresanfang 1795, –15° am 23. Januar. Die Sterblichkeit stieg an. Am Ende des Winters wurden die von der Zentralstelle für Lebensmittel ausgegebenen Brot- und Fleischrationen, die die Basis der Volksernährung darstellten, radikal gekürzt. Infolge der in unzureichender Höhe beschlagnahmten Warenmenge und der mangelnden Transportmittel waren die Getreidevorräte für die Ernährung von Paris nach und nach zusammengeschmolzen. Am 25. Ventôse (15. März) wurde die Brotration, »das einzige Nahrungsmittel der Armen«, auf ein Pfund herabgesetzt, außer für die körperlich Arbeitenden, die anderthalb Pfund erhielten. Außerdem konnten die Bäcker in vielen Sektionen, zum Beispiel in der des Jardin-des-Plantes, noch nicht einmal genügend Brot auf alle Brotkarten ausgeben; in der Sektion Gravilliers bestand eine Ration am 7. Germinal (27. März) aus einem halben Pfund, in der Sektion Fidélité gab es am 10. (30. März) ein viertel Pfund.

In diesen ersten Germinaltagen des Jahres III ging die Verzweiflung des Volkes in Zornausbrüche und dann in eine Revolte über. Am 29. Ventôse (10. März) schrieb der Wohlfahrtsausschuß: »Es kann uns leicht passieren, daß wir eines Tages kein Brot mehr haben, dann werden wir aber die weitere Entwicklung nicht mehr beherrschen.« Umsonst verstärkte er die Ausnahmemaßregeln: So ordnete er am 7. Germinal (27. März) an, für ein halbes Pfund Brot 6 Unzen Reis zu verteilen; viele Hausfrauen aber konnten den Reis nicht kochen, weil ihnen das Brennmaterial fehlte. Die vom Hunger gequälten Sansculotten setzten sich noch einmal in Bewegung. Ein Polizeibericht vom 8. Nivôse (28. Dezember 1794) vermerkte bereits den allmählichen Anstieg des Volkszorns: »Die bedürftige Klasse beunruhigt die ehrbaren Leute, die die Folgen dieser übermäßigen Teuerung fürchten«. Seit Ende Ventôse schien der Zusammenstoß unausweichlich. Die Ausschüsse bereiteten sich ihrerseits darauf vor, indem sie noch mehr Jakobiner und Sansculotten verhafteten, die *guten Bürger* bewaffneten und der Jeunesse dorée alle Freiheit ließen. Angesichts der von der Hungersnot wieder entfachten Volksbewegung schloß sich die gesamte bürgerliche Reaktion zusammen.

## III. DIE LETZTEN VOLKSERHEBUNGEN
## (GERMINAL UND PRAIRIAL JAHR III)

Im Verlauf des Winters des Jahres III, als die Assignate verfiel und die Volksmassen von der Wirtschaftskrise in die Verzweiflung getrieben wurden, trafen zwei Entwicklungen aufeinander: Fortschritt der Reaktion und Stärkung des Regimes der *ehrbaren Leute* einerseits, und andererseits die ersten Versuche, um dem sich ankündigenden Hungeraufstand eine bestimmte Richtung und politische Ziele zu geben.

### *1. Die wachsende Opposition des Volkes von Paris*
### *(Winter 1794/1795)*

Die Volksopposition stützte sich auf die Basisorganisationen, die der thermidorianischen Reaktion entgangen waren. Die Gesellschaft der Verteidiger der Menschenrechte wurde um die Jakobiner, die ihr nach der Schließung ihres eigenen Klubs beitraten, verstärkt; hier entstand das Zentrum einer starken Sansculotten-Opposition im Vorort Saint-Antoine und besonders in den Sektionen Montreuil und Quinze-Vingts. Die Gesellschaft der Freunde der Freiheit und Menschlichkeit, die nach der Aussage eines Gegners »fast ausschließlich aus Arbeitern und wenig gebildeten Menschen« bestand, sicherte in der Sektion Gravilliers der *patriotischen* Partei die Mehrheit in der Generalversammlung. Auch in den Sektionen Bondy, Lombards und Muséum behielten die Sansculotten noch die Macht.
Das Bündnis aller Gegner der Thermidor-Reaktion schloß sich nach und nach fester zusammen. Babeuf startete am 28. Frimaire (18. Dezember 1794) eine zweite Kampagne. Er bedauerte, als einer der ersten gegen »das System von Robespierre« geschossen zu haben, und stellte fest, daß es augenblicklich nur zwei Parteien gab, das *goldene Volk* und das *Volk der Sansculotten,* das er in der Ausgabe vom 9. Pluviôse (28. Januar 1795) seines *Tribun du peuple* zur Erhebung aufrief: dies führte zu seiner Verhaftung. Auch Lebois forderte im *Ami du peuple* zum sozialen Krieg gegen die *goldene Million* auf. Die früheren Jakobiner, die sich mit Babeuf ausgesöhnt hatten, seit er seinen Anti-Terrorismus widerrufen hatte, gingen mit ihm jetzt darin über-

ein, das Inkrafttreten der durch Änderungsvorhaben gefährdeten demokratischen Verfassung von 1793 zu verlangen.

Die Volkskämpfer flüchteten sich in die geheime Arbeit, als die beunruhigten Regierungsausschüsse im Pluviôse wieder zu Repressionen übergingen. Die Gesellschaft der Verteidiger der Menschenrechte wurde am 20. (8. Februar 1795) aufgelöst, eine gewisse Anzahl Oppositioneller, unter denen sich Babeuf befand, wurde verhaftet; währenddessen übernahmen die *ehrbaren Leute* die Führung der als volksfreundlich geltenden Sektionen, so vor allem in der Sektion Muséum. Die ehemaligen Kämpfer der Sektionen trafen sich jetzt heimlich. Im Ventôse mehrten sich die Denunziationen von geheimen Zusammenkünften. Ende dieses Monats waren die *Patrioten* aufgrund eines geheimgehaltenen Beitragssystems in der Lage, eine Kampagne mit Plakaten und anonymen Flugblättern zu starten, die aufständische Parolen verbreitete: am 22. Ventôse (12. März) wurde der Aufruf *Wach auf, Volk, es ist höchste Zeit* in großer Zahl in den Vorstädten angeschlagen, am 3. Germinal (23. März) erschien der *Nationale Aufruf zum Sturm*; und am 5. (25. März) folgte die *Denkschrift an den Konvent und an das Volk*. Die Verschärfung der Hungersnot trieb die Unruhe im Volk auf den Höhepunkt, zumal sie mit einer politischen Krise im Konvent zusammenfiel.

## 2. Die Germinal-Aufstände im Jahr III (April 1795)

In der politischen Krise Anfang Germinal bekämpften sich die thermidorianische Mehrheit des Konvents und die *Crête*, die Montagnards-Minderheit, die infolge der Fortschritte der Reaktion eine vorübergehende Verstärkung erfuhr. Die unnachgiebige Gegnerschaft konzentrierte sich auf zwei Punkte. Die Verfassung von 1793, die Fréron als »das Erzeugnis einiger Schurken« hinstellte und die die Thermidor-Mehrheit mit Hilfe von Grundgesetzen ergänzen wollte, wurde demgegenüber von der *Crête* als das »Heiligtum« des französischen Volkes angesehen. Zum anderen begann am 2. Germinal (22. März) die Debatte über die Anklageerhebung gegen die *Vier*: Barère, Billaud-Varenne, Collot d'Herbois und Vadier; es war eine stürmische Debatte, welche die Volksmeinung in Wallung brachte, während sich in der Bourgeoisie Ungeduld breitmachte. Der Konvent führte mit zwei Verordnungen die Entscheidung herbei: am 9. Germinal (29. März) beschloß er, die Verhöre der *Vier* wiederaufzunehmen, womit er jeden Gedanken an eine Amnestie verwarf; am 12. (1. April) wurde eine Kommission mit dem Auftrag eingesetzt, die Grundgesetze auszuarbeiten.

Zu diesem Zeitpunkt war die Mobilisierung der Volksmassen bereits im Gange. Die Ansammlungen vor den Türen der Bäckerläden hatten seit Ende Ventôse (Mitte März) zu mehreren Tumulten geführt. Am 27. Ventôse (17. März) bewegte sich eine empörte Menschenmenge aus den Vororten Saint-Marceau und Saint-Jaques zum Konvent: »Wir haben kein Brot und werden bald alle Opfer bereuen, die wir für die Revolution gebracht haben.« Am 1. Germinal (21. März) erschienen dann die drei Sektionen aus der Vorstadt Saint-Antoine vor dem Konvent und forderten die Inkraftsetzung der Verfassung von 1793 und Maßnahmen gegen den Hunger, wobei sie die Feinde des Volkes als »die Sklaven ihrer Reichtümer« anklagten. Die Schlägereien zwischen verzweifelten Sansculotten und Jeunesse-dorée-Gruppen nahmen zu. Die Regierung setzte unterdessen ihre Vorbereitungen fort, um sich gegen den erwarteten Aufstand zu wappnen. Sieyes ließ am 1. Germinal (21. März) ein umfassendes Polizeigesetz verabschieden: es führte die Todesstrafe für diejenigen ein, die sich im Rahmen von verabredeten Aktionen und mit aufsässigen Parolen vor dem Konvent versammelten. Am 2. (22. März) ließen die Ausschüsse Gewehre an die zuverlässigen Bürger verteilen, und zwar 100 an jede Sektion. Am 7. Germinal (27. März) verschärften sich die Unruhen in der Sektion Gravilliers, sie dauerten zwei Tage. Die Sektionsversammlungen nahmen am 10. (30. März) stürmische Formen an; in zehn Sektionen waren die Sansculotten siegreich. Am Tage darauf erschien die Sektion Quinze-Vingts erneut vor den Schranken des Konvents und legte ein wirkliches Volksprogramm vor. Sie brandmarkte die Folgeerscheinungen des 9. Thermidor und die Aufhebung des Maximums und forderte eine gewählte Pariser Stadtverwaltung, die Wiedereröffnung der Volksgesellschaften und die Inkraftsetzung der Verfassung. »Wir stehen bereit, um die Republik und die Freiheit zu beschützen.« Dies war das Signal für die Volkserhebung.

Der Aufstand vom 12. Germinal III (1. April 1795) enthüllte das Ausmaß an Desorganisation, zu der es in der Volksbewegung gekommen war, seit sie ihre Kader im Verlauf der Unterdrückung verloren hatte. Die ungeordnete Ansammlung einer waffenlosen Menge trug eher den Charakter einer Demonstration als den eines Aufstandes; nachdem sie in den Konvent eingedrungen war, begnügte sie sich mit der Formulierung ihrer Forderungen: die Verfassung von 1793 und Maßnahmen gegen den Hunger. Die Nationalgarde aus den reichen Stadtvierteln zerstreute die Manifestanten ohne Mühe. Die Journée war gescheitert, weil sowohl ein genauer Aktionsplan als auch geeignete Führer fehlten; die Stunden, in denen die Sansculotten den Konvent beherrschten, wurden im Tumult und mit nutzlosen Reden vertan. Die Unruhe hielt am folgenden 13. Germinal (2. April) noch an, vor allem in der Sektion Quinze-Vingts im Vorort Saint-Antoine. Nachdem der Konvent den Belagerungszustand verhängt hatte, wurde die Ordnung schnell wiederhergestellt.

Die politischen Folgen der Niederlage des Volkes ließen nicht auf sich warten. Die Rechte triumphierte: »Dieser Tag muß konsequent zuende geführt werden«, erklärte André Dumont, einer ihrer Führer. In der Nacht vom 12. zum 13. Germinal ordnete der Konvent ohne Gerichtsurteil die Deportation der *Vier* nach Guyana an. Die Linke wurde zusätzlich durch die Verhaftung von 8 Montagnards – unter ihnen Amar und Duhem – geschwächt, die sofort in die Festung von Ham verlegt wurden; einige Tage später folgte die Festnahme von 8 weiteren Abgeordneten einschließlich Cambons. Am 17. Floréal (6. Mai) wurde Fouquier-Tinville zusammen mit 15 Geschworenen des ehemaligen Revolutionstribunals zum Tode verurteilt. Nun kam jedoch die Verfassungsfrage auf die Tagesordnung. Die Verfassung von 1793 war bis dahin noch nicht in Frage gestellt worden: die Debatte hatte sich auf ihre Abänderung durch Grundgesetze erstreckt. Jetzt aber wurde sie insgesamt angegriffen, wie zum Beispiel von der Sektion République am 25. Floréal (14. Mai) als eine »Dezemvirat-Verfassung, die von der Angst diktiert und unter deren Herrschaft angenommen wurde.« Die Fortschritte der Reaktion in Verbindung mit der Steigerung des Hungers zur bitteren Hungersnot brachten die Volksbewegung noch einmal in Schwung.

### 3. Prairial Jahr III (Mai 1795)

Die Niederwerfung des Germinal-Aufstandes und die Verfolgung der Sektionskämpfer vermochten die Pariser Volksbewegung nicht endgültig zu zerschlagen, sondern trugen im Gegenteil dazu bei, den Gedanken an eine Revolte neu zu beleben. In der Verordnung vom 21. Germinal (10. April 1795) hatte der Konvent die Entwaffnung der Männer befohlen, »die in ihren Sektionen als Teilnehmer an den während der Tyrannei begangenen Greueltaten bekannt« waren: ein wahres Verdächtigen-Gesetz gegen alle diejenigen, die sich am System des Jahres II beteiligt hatten. Im Süden ermutigte die Entwaffnung der ehemaligen Terroristen die Mörder des Weißen Schreckens, die im Floréal und Prairial ihren Höhepunkt erreichte. Wenn die Zahl der Entwaffneten in Paris auch gering erscheinen mag (etwa 1600 in allen Sektionen), so bestrafte die Entwaffnung doch die Besten unter den Kämpfern des Jahres II. Sie bildete, wie sich einer von ihnen ausdrückte, »eine politische Brandmarkung, eine Art körperlichen Übels«: da das Tragen von Waffen in der Gleichheitsideologie des Volkes einen der wichtigsten Werte ausmachte, bedeutete die Entwaffnung zugleich den Ausschluß aus der Gemeinschaft der freien Menschen und den Verlust der Bürgerrechte. Dadurch wurde der Plan einer Revolte bei den Volkskämpfern im höchsten Maße aktualisiert.

Die Hungersnot im Floréal stürzte die Massen unterdessen in tiefe Verzweiflung. Mit Fortgang des Frühjahres wurde die Ernährungslage immer schlechter. In Paris waren die Vorräte erschöpft, so daß die Verteilung schließlich von den Tageseingängen abhing. Die Tagesration von einem Viertelpfund Brot, die vor dem Germinal noch die unterste Grenze war, wurde jetzt das Normalmaß; da die Austeilung schlecht organisiert war, warteten die Hausfrauen oft vergeblich vor den Bäckerläden. In ganz Frankreich breiteten sich die Unruhen aus; in der Normandie überfielen die hungernden Aufrührer die für die Hauptstadt bestimmten Warensendungen an den Seineufern. Die Preise stiegen unterdessen immer weiter, während das Ausbleiben der Lieferungen, vor allem von Brennmaterial, ein weiteres Ansteigen der Arbeitslosigkeit nach sich zog. Für eine seit langen Monaten unterernährte Bevölkerung, deren Mittel vollständig erschöpft waren, hatte die Hungersnot vom Floréal-Prairial III katastrophale Auswirkungen: diese soziale Hungersnot suchte hauptsächlich die Volksklassen heim, weil sich die Regierung weigerte, eine allgemeine Rationierung einzuführen, und weil die Reichen mit ihrem Geld alles für ihren Unterhalt über den freien Markt kaufen konnten. Auf den Straßen fielen Männer und Frauen vor Entkräftung nieder, die Sterblichkeit nahm zu, die Selbstmordfälle häuften sich: »Auf den Straßen sieht man nur bleiche und abgemagerte Gesichter«, schrieb der reaktionäre *Messager du soir* am 8. Floréal (27. April), »in denen sich Schmerz, Müdigkeit, Hunger und Not widerspiegeln.« In das Gefühl des Mitleids mischte sich in der Einstellung der Besitzenden die Angst, daß der Hunger Plünderungen hervorrufen und damit das Eigentum bedrohen könnte.

Nach und nach trat zur Verzweiflung des Volkes eine zunehmende Wut. Die Hungersnot brachte den Wert des Regimes im Jahr II wieder zum Bewußtsein: »Unter Robespierres Herrschaft floß Blut, und es fehlte nicht an Brot; heute fließt kein Blut mehr, und es fehlt an Brot, also müßte wieder Blut fließen, damit es Brot gibt«, lautete ein oftmals von der Polizei berichteter terroristischer Ausspruch. Die Verfassung von 1793 stellte sich stärker denn je als gelobtes Land dar: »An dieses Demokratie-Versprechen«, schreibt Levasseur de la Sarthe in seinen *Mémoires*, »klammerten sich alle Hoffnungen des Volkes.«

Im Floréal lebte die Unruhe in den Sektionen wieder auf. Am 10. (29. April) erklärte die Sektion Montreuil, daß sie in Permanenz tage, und forderte die anderen auf, dasselbe zu tun, um über die Lebensmittelversorgung zu beraten. Am 11. (30. April) kam es in der Sektion Bonnet-de-la-Liberté zum Aufruhr. Bald erschienen aufrührerische Flugblätter und Plakate. Die Regierung war beunruhigt und zog starke Truppen um Paris zusammen, hütete sich aber, sie in die Hauptstadt einmarschieren zu lassen, um sie nicht vom Volk »anstecken« zu lassen. In den Sektionsversammlungen vom 30. Floréal (19. Mai) stieg die Erregung auf den Höhepunkt. Das an diesem Abend verbreitete Flugblatt *Aufstand des Volkes zur Erkämpfung von Brot und Wiedereroberung seiner Rechte* gab das Zeichen zur Volkserhebung und legte die Kampflosung fest: *Brot und die Verfassung von 1793.*

Am 1. Prairial III (20. Mai 1795) läutete in den Vorstädten Saint-Antoine und Saint-Marceau bereits früh um 5 Uhr die Sturmglocke. Bald darauf ertönt in allen östlichen Stadtvierteln der Generalmarsch; die Frauen laufen durch die Straßen und Werkstätten, die Männer bewaffnen sich. Gegen 10 Uhr vormittags marschieren die ersten Frauenkolonnen unter Trommelschlagen zum Konvent. Die Mobilisierung der Nationalgarde dauerte etwas länger. Am frühen Nachmittag setzten sich die Bataillone aus Saint-Antoine in Bewegung; auf dem Marsch erhielten sie von Bataillonen weiterer Sektionen Verstärkung. Zur gleichen Zeit versuchte eine von einigen Männern unterstützte Frauenmenge, in den Konventssaal einzudringen. Als die Bataillone gegen 3 Uhr am Carrousel auftauchten, wurde der Druck auf den Konvent übermächtig: er wurde überrannt; der Abgeordnete Féraud wurde ermordet und sein Kopf auf eine Pikenspitze gesteckt. Ein langanhaltender Tumult brach los; dabei gelang es dem Kanonier Duval, das Programm der Erhebung, den *Aufstand des Volkes,* zu verlesen. Die Aufständischen unternahmen jedoch nichts, um sich der Regierungsausschüsse zu bemächtigen, die in aller Ruhe den Gegenangriff vorbereiten konnten und abwarteten, daß sich die Abgeordneten der Bergpartei bloßstellen ließen. Gegen 7 Uhr abends wurden die Beratungen im Konvent wieder aufgenommen: auf Antrag von Duroy und Romme wurde die Permanenz der Sektionssitzungen und die Befreiung der eingekerkerten Patrioten, und auf Antrag von Soubrany die Absetzung des Allgemeinen Sicherheitsausschusses und an seiner Stelle die Ernennung einer provisorischen Kommission beschlossen. Es war halb zwölf Uhr nachts. Die Nationalgarde der westlichen Stadtviertel wurde jetzt zum Konventssaal in Marsch gesetzt, sie drängte die Aufständischen zurück, die bald darauf die Flucht ergriffen. Gegen die 14 Abgeordneten, die sich kompromittiert hatten, wurde Haftbefehl erlassen.

Am 2. Prairial III (21. Mai 1795) begann der Aufstand im Vorort Saint-Antoine von neuem, während in den vom Volk beherrschten Sektionen illegale Versammlungen abgehalten wurden. Eine Gruppe besetzte das Stadthaus, und die Vorstadt-Bataillone marschierten gegen 3 Uhr nachmittags noch einmal vor den Konvent. Die Gendarmerie lief zu ihnen über. Wie schon am 2. Juni 1793 richteten die Kanoniere aus dem Volk um 7 Uhr abends ihre Geschütze mit brennender Lunte auf die Nationalversammlung. Die Kanoniere aus den gemäßigten Sektionen liefen nun ebenfalls über. Legendre forderte die Abgeordneten auf, den Tod auf ihren Bänken zu erwarten. Statt aber nun die thermidorianische Garde zu überwältigen, zögerten die Aufständischen, wohingegen die Regierungsausschüsse zehn Konventsmitglieder zu ihnen schickten, um Verhandlungen aufzunehmen: die Aufständischen ließen sich durch eine falsche »Verbrüderung« prellen. Es wurde zugestanden, daß eine Abordnung vor dem Konvent erschien: ihr Sprecher wiederholte in einer drohenden Ansprache die Forderungen der Sansculotten,

Brot und die Verfassung von 1793; der Präsident umarmte ihn. Die aufständischen Bataillone kehrten zu ihren Sektionen zurück und ließen sich so ihre letzte Chance entgehen. »Unser Vorstoß ist gescheitert«, soll ein Aufständischer gesagt haben, »man hat das Volk mit Reden betrogen.«

Die militärische Unterwerfung der Vorstadt Saint-Antoine wurde schon am 3. Prairial (22. Mai) eingeleitet. Dreitausend Kavalleristen zogen in Paris ein; am folgenden Tage wurden sie durch zahlreiche Abteilungen verstärkt. Zusammen mit den durch persönlichen Aufruf mobilgemachten »guten Bürgern« verfügte die Regierung über etwa 20 000 Mann; zum kommandierenden General wurde Menou ernannt. »Paris gleicht einem Heerlager«, schrieb das *Journal des Hommes libres.*

Das erschöpfte Saint-Antoine schlief, als es die Regierungstruppen in der Nacht umstellten. Am Morgen des 4. Prairial drangen die Jeunesse-dorée-Banden in die Vorstadt ein, mußten aber einen wenig ruhmvollen Rückzug antreten. Die Bataillone der drei Sektionen waren in Bereitschaft, die Kanonen waren auf die Stadt gerichtet; nach dem Bericht eines Polizeispitzels wurden die Männer von den »in allen Ecken versammelten« Frauen unterstützt; »der materielle Anlaß ihres Aufstandes ist das Brot, sein wahrer Grund aber ist die Verfassung von 1793; im allgemeinen machen sie einen jämmerlichen Eindruck«. Ohne Anführer und fast ohne Stammtruppen wurden die Aufständischen nur noch von der Verzweiflung aufrecht gehalten. Gegen 4 Uhr nachmittags erhielten die Truppen den Befehl zum Vormarsch. Nach der Aufforderung, die Waffen zu strecken, ergab sich die Vorstadt kampflos. Um 8 Uhr war alles vorüber.

Die sofort eingeleitete Unterdrückung entwickelte sich auf zwei Ebenen, mit Mitteln gerichtlicher Verfolgung und in den Sektionen selbst. Bereits am 4. Prairial verkündete der Allgemeine Sicherheitsausschuß, daß die Gefängnisse voll besetzt seien. Die gerichtliche Verfolgung lag in den Händen der am 4. Prairial vom Konvent geschaffenen Militärkommission. Sie urteilte über 149 Männer, von denen sie zwar 73 freisprach, aber 36 zum Tode, 18 zu Festungshaft, 12 zur Deportation und 7 zu Zwangsarbeit verurteilte. Zum Tode verurteilt wurden im einzelnen 18 der 23 zum Aufstand übergelaufenen Gendarmen, 5 Anführer der Aufständischen, unter denen sich Duval und der Kanonierhauptmann Delorme aus der Sektion Popincourt, zwei mutige und entschlossene Männer, befanden, und 6 von den Abgeordneten der Bergpartei, die sich am 1. Prairial mit dem Volk solidarisiert hatten. Die Letztgenannten erdolchten sich beim Verlassen der Gerichtsverhandlung: Duquesnoy, Goujon und Romme waren sofort tot; Bourbotte, Duroy und Soubrany starben schließlich unter der Guillotine. Sie sind die *Märtyrer des Prairial*.

Die Unterdrückung in den Sektionen war wegen ihrer langfristigen Folgen noch einschneidender. Am 4. Prairial befahl der Konvent den Pariser Sektionen, ihre *schlechten Bürger* zu entwaffnen und notfalls zu verhaften. Diese umfassende Säuberung der Sektionen fand zwischen dem 5. und 13. Prairial statt; dabei kam es zu etwa 1200 Verhaftungen und 1700 Entwaffnungen: im wesentlichen waren davon Prairial-Aufständische und Sansculottenkämpfer des Jahres II betroffen, selbst wenn diese sich an den Erhebungen im Jahre III nicht beteiligt hatten; aber auch ehemalige Terroristen und Jakobiner wurden nicht verschont. Die psychologische und soziale Wirkung war außerordentlich groß, zumal die langdauernde Einkerkerung der Männer für viele Familien bitterste Not bedeutete. Auf diese Weise wurden die beiden Kräfte zerstört, von denen sich das Thermidor-Regime eine Zeit lang bedroht gefühlt hatte.

Diese Tage brachten die Entscheidung. Die Volksbewegung war erschöpft, desorganisiert und ihrer Führer und Kader durch die Repression beraubt; gegen sie erhob sich mit Unterstützung der Armee der Block der Bourgeoisie, Republikaner und Anhänger des Ancien Régime. Als mit der Volksbewegung ihre innere Kraft zerschlagen worden war, war die Revolution beendet.

Das Scheitern der Volkserhebungen im Germinal und Prairial III bildet bei genauer Betrachtung den dramatischsten Abschnitt der Klassenauseinandersetzung innerhalb des ehemaligen Tiers État. Da die französische Bourgeoisie die Macht fest in ihren Händen hielt, war es ausgeschlossen, daß die Volksbewegung ihre eigenen Ziele erreichen konnte. Ebenso wie die Antagonismen zwischen Revolutionsregierung und Volksbewegung das Regime des Jahres II zum Untergang geführt hatten, bewirkte der grundlegende Gegensatz zwischen der bürgerlichen Revolution und der Volksbewegung den völligen Zerfall der letzteren, wobei dieser Zersetzungsprozeß durch innere Widersprüche noch beschleunigt wurde.

Die Sansculotterie war ebensowenig eine Klasse, wie die Volksbewegung eine Klassenpartei war. Handwerker und Kleinhändler, Gesellen und Tagelöhner bildeten zusammen mit einer bürgerlichen Minderheit eine Koalititon, die im Kampf gegen die Aristokratie eine unüberwindliche Kraft entfaltete. Doch im Innern dieser Koalition zeigte sich der Gegensatz zwischen denjenigen, die, wie die Handwerker und Ladenbesitzer, von dem Profit lebten, den ihnen das Eigentum an den Produktionsmitteln ermöglichte, und denjenigen, die, wie die Gesellen und Tagelöhner, ausschließlich über Lohneinkommen verfügten. Die Erfordernisse des revolutionären Kampfes hatten die Einheit der Sansculotterie zusammengeschweißt und die Interessenkonflikte, die ihre verschiedenen Teile gegeneinanderstellten, in den Hintergrund gedrängt: es war jedoch ausgeschlossen, daß diese Einheit die Gegensätze aufhob. Zusätzlich komplizierten die Eigenheiten der sozialen Einstellung das Spiel der Gegensätze. Die Widersprüche innerhalb der Sansculotterie entsprachen nicht genau denjenigen, die man zwischen Besitzenden und Produzenten einerseits und Lohnempfängern andererseits feststellt. Unter den Letzteren betrachteten sich Angestellte, Lehrer und Künstler aufgrund ihrer Lebensweise als Angehörige der Bourgeoisie, sie wollten sich nicht in das *niedere Volk* einreihen lassen, selbst wenn sie seine Sache vertraten.

Den Sansculotten unterschiedlichster sozialer Herkunft fehlte also das Klassenbewußtsein. Wenn sie auch grundsätzlich dem aufkommenden Kapitalismus feindlich gegenüberstanden, so geschah das doch nicht aus denselben Gründen. Der Handwerker fürchtete die Zurückstufung in die Reihen der Lohnempfänger; der Geselle haßte den Wucherer, der sein Leben verteuerte. Als Lohnabhängige besaßen die Gesellen allerdings kein eigenes gesellschaftliches Bewußtsein; ihre Grundhaltung wurde viel eher vom Handwerk geprägt, weil die kapitalistische Konzentration noch kein Gefühl der Klassensolidarität hatte aufkommen lassen. Trotzdem läßt sich nicht bestreiten, daß sich bei den lohnabhängigen Sansculotten ein gewisses Verständnis für ihre Zusammengehörigkeit regte, was nicht nur durch ihre körperliche Arbeit und ihre Stellung in der Produktion gefördert wurde, sondern auch in Kleidung und Lebensführung zum Ausdruck kam. Außerdem verursachte der Bildungsmangel in den Reihen des Volkes ein Gefühl der Unterlegenheit und manchmal der Ohnmacht: als die *führenden Talente* aus der mittleren Jakobinerbourgeoisie die Pariser Sansculotterie im Stich gelassen hatten, war diese verloren.

Eine disziplinierte Partei auf der Grundlage einer gemeinsamen

Klassenzugehörigkeit und einer strengen Auslese: dieses politische Kampfinstrument fehlte der Pariser Sansculotterie während der ganzen Zeit trotz einiger schüchterner Koordinationsversuche. Wenn sich auch eine ganze Anzahl Kämpfer darum bemühte, die Volksbewegung zu disziplinieren, so waren doch auch diejenigen zahlreich, die keinerlei Sinn für gesellschaftliche und politische Disziplin hatten. Was die Masse selbst angeht, so konnte sie abgesehen von ihrem Haß auf die Aristokratie kein sehr großes politisches Verständnis besitzen: dies entsprach den wirtschaftlichen und sozialen Bedingungen jener Zeit. Ohne konkrete Vorstellungen erwartete sie Vorteile von der Revolution. Sie forderte das Maximum, um ihren Lebensstandard zu halten. Sie trennte sich von der Revolutionsregierung, als diese dazu übergegangen war, die Zwangswirtschaft auf die Belange der nationalen Verteidigung zu beschränken, ohne zu erkennen, daß der Sturz der Revolutionsregierung den Untergang der Sansculotterie nach sich ziehen würde.

Schließlich führte der Lauf der Geschichte in der ihm eigenen Dialektik zum Verfall der Volksbewegung. Nach fünf Jahren ununterbrochener revolutionärer Kämpfe büßte diese ihre Schärfe und ihre Durchschlagskraft am Ende ein, während die immer wieder aufgeschobene *Große Hoffnung* nach und nach die Massen demobilisierte. »Das Volk wird müde«, hatte Robespierre geschrieben. Und die Sansculotten der Vorstädte Saint-Marceau und Saint-Jaques hatten am 27. Ventôse III (17. März 1795) festgestellt: »Wir sind bald soweit, alle Opfer, die wir für die Revolution gebracht haben, zu bedauern.« Die Kriegsanstrengungen hatten die Sansculotterie von Monat zu Monat mehr geschwächt; die ständige Einziehung von Soldaten hatte ihre Reihen gelichtet: so fehlten die jüngsten und kämpferischsten, sowie auch die bewußtesten und begeistertsten Männer, die in der Verteidigung des neuen Vaterlandes ihre erste revolutionäre Pflicht sahen. Seit dem Jahr II setzten sich die Bataillone der Pariser Sektionen zu einem großen Teil aus Männern zusammen, die über 50 und sogar über 60 Jahre alt waren. Diese Überalterung in der Volksbewegung hatte für den Kampfgeist der Massen nicht wieder gut zu machende Folgen.

Trotzdem wäre es unrichtig, eine ausschließlich negative Bilanz der Volksbewegung, die unter den Schlägen im Prairial III zerfiel, zu ziehen. Seit Juli 1789 und mehr noch seit dem 10. August 1792 hat sie durch ihre entscheidende Unterstützung der bürgerliche Revolution zum Fortschritt der Geschichte beigetragen. Von 1789 bis zum Jahr III hat die Pariser Sansculotterie die treibende Kraft des revolutionären Kampfes und der nationalen Verteidigung dargestellt. 1793 ermöglichte die Volksbewegung die Einsetzung der Revolutionsregierung und damit die Niederlagen der Konterrevolution innerhalb und der Koalition außerhalb Frankreichs. Auf ihren Triumph im Laufe des Sommers 1793 folgte die Errichtung der Schreckensherrschaft, unter deren furchtbaren Schlägen die Zerstörung der alten Gesellschaft vollendet wurde. Der Thermidor zog eine allgemeine Reaktion nach sich: zu diesem Zeitpunkt aber hatte die Schreckensherrschaft den Weg zur Schaffung neuer sozialer Verhältnisse bereits freigemacht.

Da die Niederlage vom Prairial des Jahres III das Volk für lange Zeit von der politischen Bühne verbannte und seine Hoffnungen auf eine soziale, egalitäre Demokratie zerstörte, konnte nun an Neunundachtzig und das Werk der Konstituante wieder angeknüpft werden: auf der Grundlage der unbeschränkten Wirtschaftsfreiheit und des wiederhergestellten Zensuswahlrechts begann die bürgerliche Herrschaft der Notabeln.

*Dritter Abschnitt*

*»Ein von den Besitzenden*
*regiertes Land«*
*Bürgerliche Republik und gesellschaftliche*
*Konsolidierung*
*(1795–1799)*

Fünfundneunzig weist zurück auf Neunundachtzig, das Jahr III der Republik auf das Jahr I der Freiheit.

Die Sansculotterie und die Volksbewegung, die entscheidenden Träger der politischen und sozialen Kämpfe seit 1789 und noch mehr seit dem 10. August 1792, sind jetzt von der Bühne verschwunden. Die Erfordernisse des Kampfes gegen die Aristokratie, gegen die Konterrevolution im Innern und die Koalition des Auslands hatten der Bergpartei für kurze Zeit das Bündnis mit den Sansculotten aufgezwungen, wobei sie ihrerseits Bestrebungen zu einer Volksdemokratie tolerieren mußte. Lange Zeit sollten sich die Besitzenden dieses Versuchs mit Schrecken erinnern: ihre Freiheit beschränkt, der Profit beschnitten und die kleinen Leute an den Hebeln der Macht. Verhärtet und mit gestärktem Klassenbewußtsein war die Bourgeoisie entschlossen, eine Wiederholung der Erfahrung des Jahres II um jeden Preis zu verhindern. Entschlossen befestigte sie ihre Macht. Die Herrschaft der *Notabeln* wurde wiederhergestellt, und die Nation definierte sich von neuem in dem engen Rahmen des besitzenden Bürgertums.

Deren Grundsätze wurden ganz deutlich von Boissy d'Anglas in seiner einleitenden Rede zum Verfassungsentwurf am 5. Messidor des Jahres III (23. Juni 1795) dargestellt:

»Ihr müßt endlich das Eigentum des Reichen garantieren ... Die Gleichheit vor dem Gesetz, das ist alles, was ein vernünftiger

Mensch verlangen kann ... Die absolute Gleichheit ist ein Hirngespinst; damit es sie geben kann, müßte es eine totale Gleichheit des Geistes, der Tugend, der körperlichen Kraft, der Erziehung, ja des Vermögens aller Menschen geben.«

Vergniaud hatte denselben Gedanken bereits am 13. März 1793 geäußert:

»Gleichheit kann für den gesellschaftlichen Menschen nur Gleichheit der Rechte heißen. Schon gar nicht kann es sich um Gleichheit des Vermögens, der Körpergröße, der Kräfte, des Geistes, der Aktivität, des Fleißes oder der Arbeit handeln.«

Sonderbare Kontinuität von der Gironde bis zu den Thermidorianern! Boissy d'Anglas fährt fort:

»Wir müssen von den Besten regiert werden: die Besten sind diejenigen, die am umfassendsten unterrichtet und am meisten an der Erhaltung der Gesetze interessiert sind; von ganz wenigen Ausnahmen abgesehen aber werdet ihr solche Menschen nur unter denjenigen finden, die Eigentum besitzen und an dem Staat, in dem es liegt, an den Gesetzen, die es beschützen, und an der Ruhe, die es erhält, hängen, – und die durch dieses Eigentum und den damit verbundenen Wohlstand die Erziehung genossen haben, die ihnen die Fähigkeit gegeben hat, mit Weisheit und Gerechtigkeit die Vor- und Nachteile der Gesetze abzuwägen, die das Schicksal ihres Vaterlandes bestimmen ... Ein von den Besitzenden regiertes Land befindet sich im gesellschaftlichen Zustand; dasjenige, in dem die Eigentumslosen herrschen, im Naturzustand.«

Die wirtschaftliche Freiheit ist notwendigerweise an das Eigentumsrecht gebunden:

»Wenn ihr Leuten ohne Eigentum uneingeschränkt die politischen Rechte zugesteht, und wenn diese irgendwann auf den Bänken der Gesetzgeber sitzen, dann werden sie Unruhe stiften oder tolerieren, ohne die Folgen befürchten zu müssen; sie werden Handel und Landwirtschaft mit verderblichen Steuern belasten oder dies tolerieren, weil sie deren furchtbare Auswirkungen weder erkannt, noch gefürchtet oder vorhergesehen haben, und schließlich werden sie uns mitten in jene gewaltigen Erschütterungen hineinstürzen, denen wir kaum entronnen sind.«

Das hieß die Erfahrung des Jahres II in Grund und Boden verdammen und den Volksklassen jede Hoffnung rauben. So konnten sich in der Tradition von Neunundachtzig durch das Einvernehmen der thermidorianischen Republikaner mit den Anhängern der konstitutionellen Monarchie die Umrisse einer Nation der *Notabeln*, d. h. der zumindest wohlhabenden Eigentümer abzeichnen:

»Der Mensch ohne Eigentum«, hatte Boissy d'Anglas definiert, »bedarf einer ständigen Anstrengung seiner Tugend, um sich für eine Gesellschaft zu interessieren, die ihm nichts schenkt.«

Dieses Recht auf Eigentum wollte die Bourgeoisie von nun an ausschließlich sich selbst vorbehalten. Der Erwerb von Grundbesitz, der vorübergehend durch die Gesetzgebung der Bergpartei erleichtert worden war, wurde im Namen der Erfordernisse der freien Wirtschaft den Besitzlosen, insbesondere den Kleinbauern, verweigert. Bereits am 22. Fructidor des Jahres II (8. September 1794) hatte Lozeau, Abgeordneter aus Charente-Inférieure, diese Erfordernisse betont, als er dem Konvent seinen Bericht »Über die materielle Unmöglichkeit, alle Franzosen zu Grundbesitzern zu machen, und über die verheerenden Folgen, die diese Veränderung obendrein nach sich zöge«, vorlegte: es sei eine Einbildung, über die Verteilung des Bodens die Armut abschaffen zu wollen; er fügte hinzu: selbst wenn man alle Bauern zu unabhängigen Landwirten machen könne, so hätte die Republik keine Freude daran: Wo sollen die großen Pächter, die Händler, die Industriellen die für ihre Unternehmen notwendigen Handarbeiter finden? Die Existenz eines Proletariats ist die notwendige Bedingung für die bürgerliche Sozial- und Wirtschaftsverfassung.

Unterdessen hatte die Aristokratie ihre Hoffnungen nicht begraben; nach einem kurzlebigen Friedensversuch begann von neuem der Krieg. Die lose Verklammerung zwischen bürgerlicher Nation und »Eigentümerrepublik«, deren liberale Ausformung die Abwehrkräfte schwächte, war erneut gefährdet. Die Gefahr des Vaterlandes zwang 1799 wie im Jahre II zu autoritären Maßnahmen. Aber nunmehr war ausgeschlossen, daß das soziale und politische Übergewicht der Bourgeoisie von den Volksmassen bedroht wurde: die revolutionäre Diktatur war abgeschlagen; also blieb die Lösung einer Militärdiktatur. Eben dies war der Inhalt des 18. Brumaire: die Nation stand auch im Jahre VIII innerhalb der engen Zensusschranken, in die sie die Notabeln der Republik im Jahre III verwiesen hatten.

## 1. Kapitel

# Das Ende des Konvents der Thermidorianer
## Die Verträge von 1795 und
## Die Verfassung des Jahres III

*Nachdem die Pariser Sansculotten bei den Prairialkämpfen im Jahre III aufgerieben waren, beschleunigte sich der Vormarsch der Reaktion. Aber die Exzesse des Weißen Terrors und besonders der Landungsversuch in Quiberon, der den Verrat der Emigranten bestätigte, wandten sich schließlich zum Vorteil der Revolution. In dieser Zeit nämlich ernteten die Thermidorianer die Früchte der Anstrengungen der Revolutionsregierung: die Koalition löste sich auf.*

*Dennoch hielten die Thermidorianer an ihrer Politik des Kompromisses und des Mittelweges fest. In der Außenpolitik kehrten sie zur traditionellen Diplomatie zurück und machten mit der Verlängerung des Krieges deutlich, daß sie einen Annexions- und Eroberungsfrieden anstrebten. Im Innern verständigten sie sich mit der Rechten, um ihr Werk zu vollenden: gemäßigte Republikaner und konstitutionelle Monarchisten legten mit der Verfassung des Jahres III den Grundstein für das Regime der Notabeln. Aber dieser neue Verfassungsversuch war durch die royalistische Opposition und die Fortdauer des Krieges schon gefährdet, bevor er richtig anlaufen konnte.*

## I. DIE BEDEUTUNG DES PRAIRIAL, DER WEISSE TERROR UND QUIBERON (MAI–JULI 1795)

Die Ereignisse des Prairial III vernichteten jegliche oppositionelle Regung im Volke und ermöglichten so den beschleunigten Aufschwung der Reaktion, der alle Bereiche des öffentlichen Lebens erfaßte.

Die erste Folge war die Wiederherstellung des religiösen Kultes. Am 11. Prairial (30. Mai 1795) wurden auf Vorschlag von Lanjuinais den Gläubigen die Kirchen zurückgegeben; Kundgebungen des Kultes nach außen blieben indes verboten. Dem Prinzip des *Simultaneum* folgend teilten sich Dekadenkult, verfassungstreuer Katholizismus und römischer Katholizismus die Nutzung der Kirchen; daraus entstanden endlose Streitigkeiten. Von allen Priestern wurde eine Erklärung verlangt, sich den Gesetzen der Republik zu beugen. Die Verfassungstreuen nutzten dies, um ihre Kirche unter Leitung von Grégoire wiederaufzubauen. Die römischen, ehemals eidverweigernden Priester spalteten sich wie beim *kleinen Eid* von 1792: die *Submittenten* folgten dem Beispiel des Abtes Émery, des ehemaligen Direktors des Seminars in Saint-Sulpice; die *Nicht-Submittenten* hielten weiterhin geheimen Gottesdienst ab. Die Streitereien um die Religion setzten sich fort.

Mit der Vernichtung der Sansculotten zerfiel die Assignate: die Thermidor-Bourgeoisie überließ sie ihrem Schicksal. Schließlich bestätigte der Konvent den Bankrott des Papiergeldes, indem er am 3. Messidor des Jahres III (21. Juni 1795) einen dem jeweiligen Ausgabedatum entsprechenden Abwertungsmaßstab festsetzte. Am 2. Thermidor (20. Juli) ordnete er an, daß die Hälfte der Grundsteuer in Getreide gezahlt werden mußte. Schließlich stimmte er einer flexiblen Gehaltsskala für die Staatsbeamten zu. Trotz leerer Staatskasse wurden die Anleihen weiterhin gleichmäßig in Höhe von ca. 4 Milliarden monatlich aufgelegt. Die Assignate fiel von 8% ihres Wertes im Germinal (April) auf 5% im Messidor und 3% im Thermidor (Juli 1795).

Der Weiße Terror erhielt durch die Niederlage des Volkes im Prairial entscheidenden Auftrieb.

Im Konvent wurden die Mitglieder der früheren Ausschüsse des Jahres II, mit Ausnahme von Carnot und Prieur de la Côte d'Or verhaftet. Einem Dutzend Abgeordneten der Bergpartei erging es ebenso. Ruhl und Maure wurden bedroht und nahmen sich das Leben. Am 12. Prairial (31. Mai 1795) löste der Konvent das Revolutionstribunal auf und erklärte die gegen den Föderalismus ergangenen Urteile für ungültig.

In den Departements entging keiner der früheren Terroristen dem Urteilsspruch. So wurden die Mitglieder der Orange-Kommission und Lebon in der Somme hingerichtet. Am 20. Floréal (9. Mai) hatte der Konvent die Verwaltungsbehörden, die jetzt mit ehemaligen Föderalisten oder ausgewählten Royalisten besetzt waren, ermächtigt, Terroristen von sich aus bei den Beamten der Kriminalpolizei zu denunzieren, was eine Prozeßlawine auslöste. Überall wurden die Männer des Jahres II gejagt; wenn sie nicht verurteilt wurden, schikanierte man sie auf tausenderlei Arten und machte ihnen so das Leben unmöglich. Die meisten Städte hatten jetzt ihre »goldene Jugend«, die zusammen mit den Stadtgewaltigen die Straße beherrschte. Mordbanden, die Jesus-, Jehu- oder Sonnenkompanien terrorisierten den Südwesten. In Lons-le-Saulnier und in Bourg wurden Gefangene massakriert; in Lyon drang man am 5. und 15. Floréal (24. April und 4. Mai) in die Gefängnisse ein und ermordete die Eingeschlossenen. Auch in Montbrison und in Saint-Étienne kam es zu Massakern. Die Sonnenkompanie aus Marseille ermordete am 22. Floréal (11. Mai) und erneut am 27. Thermidor (14. August) Gefangene in Aix. Die Sansculotten, die sich in Toulon, der letzten jakobinischen Festung, erhoben hatten, wurden am 4. Prairial (23. Mai) niedergemacht; der Weiße Terror griff weiter um sich. Am 17. Prairial (5. Juni) ermordete die Sonnenkompanie die politischen Gefangenen der Festung Saint-Jean in Marseille. In Tarascon wurden die Jakobiner von der Spitze des königlichen Schlosses René in die Rhône gestürzt – in Anwesenheit der Beifall spendenden örtlichen Aristokratie. Auch in Salon, in Nîmes und Pont-Saint-Esprit kam es zu Morden. »Allerorten metzelt man nieder«, schrieb ein Konventsabgeordneter am 13. Prairial (1. Juni 1795).

Mit dem Weißen Terror kam die royalistische Partei wieder zum Vorschein. Endlich schraken die republikanisch gebliebenen Thermidorianer auf, als sie erkannten, daß durch den Aufschwung des Royalismus alle Anhänger der Revolution ohne Ausnahme bedroht waren. Im allgemeinen war die Pariser Presse durchaus royalistenfreundlich:

»Die tollsten Erwartungen werden von allen Seiten laut«, schrieb der *Moniteur* am 17. Prairial (5. Juni 1795), »offenbar braucht der Konvent nur noch das Königtum auszurufen.«

In Paris agitierten die Eidverweigerer und zurückgekehrten Emigranten ganz offen und brachten englisches Geld in Umlauf. In den Departements wurden die Freiheitsbäume gefällt und die dreifarbige Kokarde mit Füßen getreten. Aber die Royalisten waren gespalten. Die Verfassungsanhänger wollten im Namen Ludwigs XVII., der immer noch im Temple gefangen war, regieren: Am 20. Prairial (8. Juni 1795) verstarb das Kind. Die Absolutisten, Anhänger des Ancien Régime, setzten sich durch. Am

24. Juni 1795 nannte sich der Graf de Provence Ludwig XVIII. und erließ von Verona aus ein Manifest, in dem er die Rückkehr der Stände und *parlements,* die Vorrangstellung der Kirche sowie die Bestrafung der Königsmörder versprach; in seiner Umgebung sprach man davon, die Mitglieder der Konstituante zu hängen und die Käufer der Nationalgüter zu erschießen. In Frankreich bereiteten sich die Royalisten dieser Richtung darauf vor, die Erhebung einzuleiten; erneut faßten sie ihre Kader in Franche-Comté, Ardèche, Haute-Loire und Lozère zusammmen; gleichzeitig entfalteten sie mit Hilfe der *königlichen Agentur* in Paris ihre zersetzende Tätigkeit: Im Mai und Juni 1795 versuchte man, Pichegru, den General der Rheinarmee, zu gewinnen. Seit Anfang Prairial hatten die Chouans ihre Waffen wieder aufgenommen. Angesichts der royalistischen Gefahr verständigten sich die Thermidorianer und stellten sich dem Kampf. Die Expedition von Quiberon, die das Zusammenspiel der Royalisten mit England offenbar machte, – soweit es dessen noch bedurfte –, ließ das republikanische Feuer wieder aufflackern. Mallet du Pan hatte am 21. Juni 1795 die Gefahr dieses Zusammenspiels für die royalistische Sache klar vorausgesehen: »Der Bürgerkrieg ist eine Einbildung«, schrieb er; »das Mittel des auswärtigen Krieges ist genauso verschlissen: nichts kommt der Verachtung gleich, die man in Frankreich gegenüber den Waffen und der Politik der Alliierten hegt, es sei denn der nicht minder allgemeine Haß, den sie hervorgerufen haben.«

Zugeständnisse des Konvents an die Aufständischen im Westen, die dem Prairial folgende Unterdrückung und die Schwäche der Regierung ermunterten indessen die Befürworter des bewaffneten Kampfes. Eine Landung wurde von Puisaye vorbereitet; die englische Regierung stellte das Geld zur Verfügung, ebenso eine Schwadron und die Uniformen, die die in zwei Divisionen unter dem Kommando von d'Hervilly und Sombreuil formierten Emigranten tragen sollten. Die Landung wurde am 9. Messidor (27. Juni 1795) auf der Halbinsel Quiberon an der Südküste der Bretagne durchgeführt. Zwar griffen einige Banden von Chouans unter Cadoudal zu den Waffen, doch die Mehrheit der Bevölkerung rührte sich nicht. Uneinigkeit untergrub die royalistische Befehlsgewalt; d'Hervilly zerstritt sich mit Puisaye. Die Regierung, die seit Anfang Prairial gewarnt war, hatte Zeit, um Truppen unter dem Befehl von Hoche zusammenzuziehen. Er drängte die Chouans auf die Halbinsel zurück und verbarrikadierte diese mit festen Schanzen. Am 19. Messidor (7. Juli) versuchten die Royalisten einen Ausbruch, der zu einer blutigen Niederlage führte. Am 28. Messidor erlitten sie erneut eine Niederlage. Die republikanischen Truppen gingen in der Nacht vom 2. auf den 3. Thermidor (20./21. Juli 1795) zum Angriff über. Die Emigranten wurden an die äußerste Spitze der Halbinsel zurückgedrängt. Puisaye konnte zur englischen Schwadron zurückgelangen, Sombreuil ergab sich. Im Vollzug der geltenden Verordnungen wurden 748 Emigranten, die mit der Waffe in der Hand in englischen Uniformen aufgegriffen wurden, als Hilfstruppen der Koalition und Vaterlandsverräter hingerichtet.

Die mißlungene Landung der Emigranten in Quiberon ließ den Haß auf England im ganzen Land noch größer werden. Sie festigte die Republik gerade in der Zeit, als die Koalition endgültig auseinanderfiel.

## II. DER EROBERUNGSFRIEDEN (1795)

Die Thermidorianer hatten das Werk der Revolutionsregierung zugrundegerichtet. Dennoch ernteten sie die Früchte der nationalen Verteidigungspolitik des Jahres II. Überdies gewannen sie aus der Auflösung der Koalition, deren unterschiedliche Interessen stärker hervortraten.

Der Sieg der republikanischen Armeen war bei Fleurus am 8. Messidor des Jahres II (26. Juni 1794) sichergestellt worden. Am 9. Thermidor war Belgien zurückerobert. Während des Sommers gingen die Operationen langsamer voran. Im September setzten sich die Armeen wieder in Bewegung. Die Sambre-Maas-Armee unter Jourdan erzwang am 11. Vendémiaire III (2. Oktober 1794) den Übergang über die Rur und warf die Österreicher unter Clerfayt über den Rhein zurück, während die Rhein-Mosel-Armeen die Pfalz besetzten. Die Nordarmee unter Pichegru bemächtigte sich unterdessen holländischer Festungen, insbesondere derjenigen in Maastricht; Ende Dezember überquerte sie die Maas und die Rheinarme, die zugefroren waren: Holland wurde besetzt, die in Texel eingeschlossene Flotte im Sturm von Husaren genommen. Im Januar 1795 wurde die Batavische Republik proklamiert. Die Alpenarmeen hielten sich in der Defensive, die Pyrenäenarmee fiel im Herbst in Katalonien ein; seit August 1794 war San Sebastian von Truppen unter Moncey besetzt.

Das nationale Territorium war befreit. Mehr noch: die Eroberung der Niederlande verschaffte der Republik gewaltige ökonomische Vorteile. Die Thermidorianer fanden sich in einer starken Position, als die Koalition sich spaltete.

## 1. Die Diplomatie der Thermidorianer und die Koalition

Auf diplomatischer Ebene waren die Thermidorianer wie auch auf anderen Gebieten Gefangene der Reaktion. Der Wohlfahrtsausschuß des Jahres III, jeder Autorität beraubt, hatte mit einer argwöhnischen Versammlung und mehr noch mit einer konterrevolutionären Opposition zu rechnen, die eine Kampagne für einen Frieden um jeden Preis und die Rückgabe der eroberten Gebiete führte. Tallien schlug am 14. Brumaire (4. November 1794) einen Frieden vor, der »Frankreich in seine alten Grenzen« zurückkehren ließ. Zehn Tage später klagte Barère die Anhänger eines Scheinfriedens an, worüber sich die früheren Montagnards entrüsteten. »Man will den Erfolg unserer Armeen zunichte machen«, rief Bourdon am 8. Nivôse (28. Dezember 1794), und am 11. Pluviôse (30. Januar 1795) sagte er: »Wir werden uns innerhalb der Grenzen einschließen, die die Natur uns auferlegt hat.« Die natürlichen Grenzen wurden zum politischen Streitpunkt der Parteien und zum Prüfstein für republikanische Gesinnung.

Andere Überlegungen kamen noch hinzu. Die Stimmung in der Armee ließ keinen Zweifel daran aufkommen, daß sie im Verlauf der Krise des Jahres III zu einer politischen Kraft geworden war, die nicht mehr zu übergehen war. Nicht geringer war ihre ökonomische Bedeutung: der Krieg begann nicht nur den Krieg zu ernähren, sondern auch die Nation zu versorgen. Die im Floréal des Jahres II gebildeten Evakuierungsbehörden, die die besetzten Länder ausplünderten, wurden zwar von der Thermidor-Regierung abgeschafft; aber die für Belgien in Brüssel und für das Rheinland in Aachen eingesetzten französischen Verwaltungen zwangen bei der Bezahlung ihrer Requisitionen die Assignate auf. Im Verlauf der Verhandlungen mit der Batavischen Republik bestand die französische Regierung auf Kriegsentschädigungen, mit deren Hilfe sie den nächsten Feldzug bestreiten konnte.

Die Annexionspolitik spaltete jedoch die Thermidorianer. Nizza und Savoyen waren unproblematisch; der Streit begann bei Belgien und erst recht beim linken Rheinufer. Carnot, der an die Politik des Ausschusses des Jahres II anknüpfte, hätte sich mit einer den strategischen Erfordernissen Rechnung tragenden Begradigung der alten Grenzen begnügt; das deckte sich mit der Auffassung der Gemäßigten und der konstitutionellen Royalisten. Die Republikaner verstanden sich zur Annexion Belgiens, zögerten aber mit derjenigen des Rheinlandes. Merlin de Douai und Merlin de Thionville waren entschieden dagegen, während die am 15. Ventôse (5. März 1795) dem Wohlfahrtsausschuß beigetretenen Reubell und Sieyes sich als fanatische Annexionisten herausstellten, der eine, um das Elsaß, seine Heimatprovinz, zu besetzen, der andere, um bei der abschließenden Friedensregelung über ein Pfand zu verfügen. Von der Politik des Ausschusses des Jahres II hatte man sich weit entfernt: Die Thermidorianer waren zu den Gepflogenheiten traditioneller Diplomatie zurückgekehrt.

Währenddessen zerfiel die Koalition, hin- und hergerissen von den unterschiedlichen Interessen. Preußen hatte ungern im Westen angegriffen, war bei Valmy geschlagen worden und hatte im Osten Ersatz gesucht: mit Rußland hatte es am 23. Januar 1793 die zweite polnische Teilung zustandegebracht. Als Kościuszko sein Land im März 1794 in den Aufstand geführt hatte, belagerten die Preußen Warschau, ohne es einnehmen zu können (6. September 1794). Die Stadt ergab sich am 6. November der russischen Armee unter Suworow, während die österreichische Regierung, mit Katharina II. wieder versöhnt, sich daran machte, Krakau zu besetzen: auf diese Weise kam es dann zur dritten Teilung. Um diesem Manöver zuvorzukommen, entschloß sich Preußen, seine Truppen nach Osten zu werfen, um die Teilnahme an den Verhandlungen zwischen Österreich und Rußland zu erzwingen. Wieder überquerten die preußischen Truppen den Rhein. Im November 1794 entschloß sich Friedrich Wilhelm II., Agenten auszuschicken, die in der Schweiz mit Barthélemy, dem dortigen Vertreter der Republik, Verhandlungen aufnehmen sollten. Die dritte Teilung Polens wurde am 3. Januar 1795 sanktioniert: Preußen war nicht zu den Beratungen hinzugezogen worden und hatte sich mit einem dürftigen Anteil zufrieden zu geben. Die polnische Krise hatte dazu beigetragen, die kontinentale Koalition aufzulösen.

## 2. Die Verträge von 1795

Die im November 1794 eingeleiteten Verhandlungen mit Preussen intensivierten sich, als Friedrich Wilhelm den Grafen von der Goltz nach Basel gesandt hatte, der Frankreich wohlgesonnen war. Barthélemy war angewiesen, gegen eine Entschädigung die Zustimmung Preußens zu einer eventuellen Annexion des linken Rheinufers zu erreichen. Goltz starb im Februar 1795, und sein Nachfolger Hardenberg zeigte weniger Entgegenkommen; er verlangte die Neutralisierung Norddeutschlands unter preußischer Garantie. Da es der König eilig hatte, seine Armee von Westfalen nach Polen zu verlegen, gab er in der Rheinfrage nach und ließ seinen Minister unterzeichnen. Barthélemy erklärte sich mit der Neutralität Norddeutschlands einverstanden, nahm die Verantwortung auf sich und unterzeichnete in der Nacht vom 15. auf den 16. Germinal im Jahre III (4./5. April 1795).

Der Vertrag von Basel mit Preußen gelobte »Frieden, Freundschaft und gutes Einvernehmen zwischen der französischen Republik und dem König von Preußen.« Die französischen Truppen sollten die preußischen Besitzungen des rechten Rheinufers räumen, aber diejenigen des linken Rheinufers bis zum allgemeinen Friedensvertrag weiterhin besetzt halten. In geheimen Artikeln verpflichteten sich die beiden Mächte zur Einhaltung strikter Neutralität. Artikel 2 setzte insbesondere fest, daß dann, »wenn bei dem allgemeinen Frieden zwischen dem deutschen Kaiserreich und Frankreich das linke Rheinufer an Frankreich fällt, S. M. der König von Preußen mit der französischen Republik über die Art der Abtretung der am linken Ufer dieses Flusses gelegenen preußischen Staaten gegen eine territoriale Entschädigung, über die man sich einigen wird, verhandeln wird«. Der Vertrag von Den Haag mit Holland wurde am 27. Floréal III (16. Mai 1795) von Reubell und Sieyes unterzeichnet: während Preußen verhandelt hatte, mußten die batavischen Repräsentanten als Freunde Frankreichs vor den thermidorianischen Forderungen kapitulieren. Frankreich erhielt das holländische Flandern, Maastricht und Venloo, das es nur unter der Voraussetzung der Annexion Belgiens behalten konnte. Das Statthalteramt wurde abgeschafft. Zwischen den beiden Republiken wurde bis zum Ende des Krieges ein Verteidigungs- und Angriffspakt geschlossen. Die Batavische Republik willigte ein, ein Besatzungskorps von 25 000 Mann zu unterhalten. Sie verpflichtete sich, eine Entschädigung von 100 Millionen Gulden zu zahlen, »Geld holländischer Währung, sei es in Münzen, sei es in gültigen Wechselbriefen auf das Ausland« (Artikel 20).

Der Vertrag von Basel mit Spanien wurde am 4. Thermidor III (22. Juli 1795) von Barthélemy und Yriarte, dem spanischen Abgesandten, unterzeichnet. Die Siege Monceys, der Bilbao und Vittoria besetzt und Miranda am Ebro erreicht hatte, beschleunigten die Verhandlungen. Frankreich räumte die eroberten Gebiete, erhielt aber den spanischen Teil Santo Domingos auf den Antillen. Dieser Vertrag sollte ein Jahr später durch einen Verteidigungs- und Angriffspakt vervollständigt werden, der am 2. Fructidor IV (18. August 1796) auf Santo Ildefonso unterzeichnet wurde.

Die Verhandlungen mit Österreich scheiterten. Auf die Nachricht vom Baseler Frieden hin wurde Österreichs Position gestärkt: England und dann auch Rußland bekräftigten feierlich ihre Allianz, und englische Subsidien für 200 000 Mann (20. Mai 1795) wurden bereitgestellt. Der Wohlfahrtsausschuß, in dem die Annexionisten seit dem Thermidor die Mehrheit bildeten, wollte Belgien behalten und Österreich als Ausgleich Bayern anbieten. Dieser Plan stieß auf den Widerstand Österreichs, das den Rhein nicht als Ostgrenze Frankreichs anerkennen wollte. Am 9. Vendémiaire IV (1. Oktober 1795) wurde Belgien annektiert. Zu diesem Zeitpunkt war der Bruch bereits vollzogen und der Krieg unter ungünstigen Bedingungen wieder aufgenommen.

### 3. Die Armee und der Krieg im Jahre III

Die Zerrüttung der nationalen Verteidigung hatte hauptsächlich darin ihre Ursache, daß die Revolutionsregierung beseitigt, die Lenkung der Wirtschaft preisgegeben und die Assignate ruiniert waren. Die Folgeerscheinungen waren verheerend, zu allererst für die Waffenherstellung und die Armeeausrüstung. Die Tätigkeit der nationalen Manufakturen wurde nach und nach zugunsten von Privatunternehmen eingeschränkt, denen ein Dekret vom 21. Frimaire III (11. Dezember 1794) »selbst auf dem Wege der Requisition« die notwendige Arbeit verschaffte. Die revolutionäre Salpeter-Ausbeute wurde am 17. Germinal (6. April 1795) dem privaten Sektor zurückgegeben. Am 25. Prairial (13. Juni) schließlich wurden die Werkstätten der Pariser

Sektionen, in denen die Bekleidung für die Truppen hergestellt wurde, zugunsten einzelner Privatunternehmer aufgelöst.

Die Versorgung der Armeen litt unter der Geldkrise und der Unfähigkeit der Regierung auf dem Gebiet der Finanzen. Den Soldaten fehlte Brot, die Requisitionen wurden nicht mehr streng durchgeführt. Da sie ihren Sold in Assignaten erhielten, unregelmäßig obendrein, konnten sie sich nichts kaufen. »Mit den 170 Livres, die mir die Regierung monatlich gibt«, schrieb ein Leutnant am 26. Messidor III (14. Juli 1795), »habe ich nicht genug, um mein Pferd beschlagen und meine Wäsche waschen zu lassen ... Ohne Hosen, Stiefel und Hemden kann ich aber nicht losziehen, und ich werde bald überhaupt nichts mehr haben.« Nachdem Waffenherstellung, Armeebelieferung und Militärtransporte nunmehr dem privaten Unternehmertum überlassen waren, bildeten sie eine wichtige Profitquelle der Finanzgesellschaften: so für die Compagnie Lanchère oder die Compagnie Michel und Roux, welche die Transporte für die Armeen in den Alpen und in Italien übernahmen.

Die mangelnde Versorgung der Truppe hatte Auswirkungen auf deren zahlenmäßigen Bestand. Da nicht mehr wie im Jahre II gegen die Dienstverweigerer und Deserteure Maßnahmen ergriffen wurden, schmolzen die Effektivbestände zusammen. Im März 1795 verfügte eine theoretisch aus 1 100 000 Mann bestehende Truppe tatsächlich nur noch über 454 000 Soldaten. Während des Frühjahrs vergrößerte sich das Defizit so sehr, daß die republikanischen Armeen am Rhein ihre zahlenmäßige Überlegenheit einbüßten. Die Unfähigkeit der Regierung verschlimmerte die Lage. Man hatte den Jahrestag des Massenaufgebots verstreichen lassen, ohne die 18-jährigen Junggesellen zu den Waffen zu rufen; nur die Aufgebotenen von 1793 dienten unbegrenzt weiter. Aus diesem Grunde hielten sich Bürgertugend und Disziplin. Die Feindschaft gegen die Adligen und Priester und der Haß gegen das Königtum waren noch lebendig; stärker als in der Bevölkerung lebte bei der Truppe noch der jakobinische Geist, in den eine entschiedene Verachtung für die Thermidor-Regierung einging, die der Reaktion nicht Herr werden konnte.

Unter diesen Bedingungen konnte der Feldzug von 1795 keinen entscheidenden Sieg bringen. Er wurde spät eröffnet. Den Winter über standen die Sambre- und Maas-Armee unter Jourdan und die Rheinarmee unter Pichegru Gewehr bei Fuß, bar jeder

Mittel. Erst am 20. Fructidor III (6. September 1795) überquerte Jourdan den Rhein und warf die österreichischen Truppen unter Clerfayt zurück. Pichegru, den die Agenten des Prinzen von Condé und englisches Geld bestochen hatten, unterstützte ihn nur wenig.

Anfang Oktober ging Clerfayt zum Gegenangriff über. Jourdan mußte wieder über den Rhein zurück. Im November drangen die Österreicher in der Pfalz ein. Der Feldzug wurde im Dezember 1795 durch einen Waffenstillstand beendet.

Die Hoffnung auf einen allgemeinen Frieden schwand dahin. Die Thermidorianer hatten ihn nicht mit den Waffen erzwingen können. Ihre Annexionspolitik hatte vielmehr die englisch-österreichische Koalition, der Rußland am 28. September beigetreten war, gefestigt. Während der Waffenstillstand den Feldzug im Dezember 1795 beendete, spaltete sich der Konvent: die Thermidorianer belasteten das Regime, das sie gerade erst mit der Verfassung des Jahres III gebildet hatten, mit der schweren Erbschaft des Krieges.

## III. DIE ORGANISATION DER BÜRGERLICHEN HERRSCHAFT

Das Bündnis des Zentrums mit der Rechten, der konservativen Republikaner mit den konstitutionellen Monarchisten bestimmte die Diskussion und die Abstimmung über die neue Verfassung durch den Konvent voraus. Einen Augenblick lang hätte man an eine Spaltung glauben können, da die Ausschreitungen des Weissen Terrors und die Landung in Quiberon die Bedeutung der royalistischen Gefahr augenscheinlich gemacht hatten: Aber im Verlauf des Sommers 1795 erwachte von neuem die revolutionäre Begeisterung. Am 26. Messidor III wurde der Jahrestag der Eroberung der Bastille mit großem Pomp gefeiert, von neuem erklang die *Marseillaise:* »Man kann die Wirkung nicht beschreiben«, stand im *Moniteur,* »die diese unerwarteten und seit langem vergessenen Klänge hervorbrachten.« Die Sansculotten erschienen wieder und verfolgten zusammen mit den Soldaten die *Jeunesse dorée:* es war der »Krieg der schwarzen Kragen«.

Die Regierung bewies eine gewisse Strenge gegenüber den Dienstverweigerern und Deserteuren und stellte mit Subventionen eine republikanische Presse wieder her. Am 6. Messidor (24. Juni 1795) brachte Louvet, ein ehemaliger Girondist und überzeugter Republikaner, *Die Schildwache* (La Sentinelle) heraus. Aber weitere Konzessionen gedachte die Ebene (la Plaine) der Linken nicht mehr zu machen: sie brauchte die Rechte, um die Verfassung verabschieden zu können. Diese Tatsache erklärt bedeutsame Kompromisse: Während der Gedächtnisfeiern für den 9. Thermidor und den 10. August wurde *Das Erwachen des Volkes* zusammen mit der *Marseillaise* gespielt. Am 21. und 22. Thermidor (8. und 9. August 1795) wurde die Verhaftung von sechs ehemaligen Bergparteilern, darunter Fouché, angeordnet. In diesem politischen Klima wurden die Debatten um die Verfassung des Jahres III fortgesetzt.

### 1. Die Verfassung des Jahres III

Die Debatte über den von Boissy d'Anglas dem Konvent vorgelegten Verfassungsentwurf dauerte zwei Monate, vom 5. Messidor bis zum 5. Fructidor (23. Juni – 22. August 1795). Der Entwurf war von einer Elferkommission ausgearbeitet worden, die am 29. Germinal (18. April 1795) ernannt war und der Republikaner wie Daunou, La Revellière, Louvet und Thibaudeau, aber auch Royalisten wie Boissy d'Anglas und Lanjuinais angehörten. Gemäßigte Republikaner und konstitutionelle Monarchisten waren sich einig, sowohl den Weg zur Demokratie wie auch den zur Diktatur zu verbauen und zu den Prinzipien von 1789 zurückzukehren – die jetzt freilich im Sinne bürgerlicher Interessen ausgelegt und zurechtgebogen wurden. Die politische und wirtschaftliche Leitung des Landes sollte den *Notabeln* zufallen, d. h. den wohlhabenden Eigentümern. Boissy d'Anglas hatte sich in seinem Bericht am 5. Messidor (23. Juni 1795) deutlich genug ausgedrückt: »Die absolute Gleichheit ist ein Hirngespinst.«

Die Erklärung der Rechte des Jahres III bedeutet einen klaren Rückschritt im Vergleich mit derjenigen von 1789. In der Debatte hob Mailhe am 26. Thermidor (13. August) die Gefahr hervor, die entsteht, wenn man »in diese Erklärung Prinzipien aufnimmt, die den in der Verfassung niedergelegten widersprechen«: »Wir haben mit dem Mißbrauch von Worten eine so grausame Erfahrung gemacht, daß wir keine unnützen Worte gebrauchen sollten.« Artikel 1 der Erklärung von 1789

(»Die Menschen sind frei und gleich an Rechten geboren und bleiben es«) wurde gestrichen. »Wenn ihr sagt, daß alle Menschen gleich an Rechten bleiben«, hatte Lanjuinais am 26. Thermidor erklärt, »werdet ihr den Aufstand derer gegen die Verfassung provozieren, denen ihr die Ausübung der Bürgerrechte zugunsten der Sicherheit aller verweigert oder entzogen habt.«

Die Thermidorianer erstrebten ebenso wie die Verfassunggeber von 1791, allerdings vorsichtiger als diese, allein die bürgerliche Gleichheit: »Die Gleichheit besteht darin, daß das Gesetz für alle dasselbe ist«, heißt es in Artikel 3. Von den durch die Erklärung von 1793 anerkannten sozialen Rechten war keine Rede mehr; auch nicht vom Recht auf bewaffnete Erhebung des Volkes. Das Eigentumsrecht hingegen, das die Erklärung von 1789 nicht präzise umrissen hatte, wird wie in der Erklärung von 1793 definiert:

»Das Eigentum ist das Recht, seine Güter, Einkünfte, die Früchte seiner Arbeit und seines Fleißes zu genießen und darüber zu verfügen« (Artikel 5).

Damit war die wirtschaftliche Freiheit in ihrem ganzen Ausmaß eingesegnet. Die Erklärung der Pflichten, die der Erklärung der Rechte nach Ansicht der Thermidorianer nützlicherweise angefügt wurde, präzisierte dies noch in Artikel 8:

»Die Bebauung der Felder, die gesamte Produktion, alle Produktionsmittel und die gesellschaftliche Ordnung überhaupt bauen auf der Erhaltung des Eigentums auf.«

Das Wahlrecht wurde beschränkt:

»Ein von den Besitzenden regiertes Land befindet sich im gesellschaftlichen Zustand«, hatte Boissy d'Anglas erklärt, »dort, wo die Besitzlosen regieren, herrscht Naturzustand.«

Die Vorschriften über den Wahlzensus wurden jedoch gegenüber 1791 erleichtert: jeder Franzose, der 21 Jahre alt ist, seit einem Jahr einen Wohnsitz nachweist und Steuern zahlt, ist *Aktivbürger*. Die Aktivbürger kommen in *Urwählerversammlungen* im Hauptort des Kreises zusammen und wählen dort ihre *Wahlmänner*, diese müssen Franzosen über 25 Jahre sein; in Gemeinden von mindestens 6000 Einwohnern müssen sie über ein Vermögen im Wert von 200 Arbeitstagen verfügen, woanders eine Wohnungsmiete im Wert von 150 Arbeitstagen zahlen oder ein Grundstück mit einem Pachtwert von 200 Arbeitstagen besitzen. Die Wahlmänner, ungefähr 30 000 im ganzen Land, vereinigen sich zu *Wahlmännerversammlungen* im Hauptort des

Departements und wählen ohne Rücksicht auf einen Zensus die gesetzgebende Körperschaft.

Die Organisation der öffentlichen Gewalt wurde streng nach dem Prinzip der Gewaltenteilung durchgeführt. Nach Artikel 22 der Erklärung der Rechte »kann die gesellschaftliche Garantie nicht bestehen, solange die Teilung der Gewalten nicht gegeben ist.« Damit sollte jede Gefahr einer Diktatur vermieden werden.

Die gesetzgebende Gewalt wurde zwei Kammern übertragen: dem Rat der Alten, der von 250 Mitgliedern, die älter als 40 Jahre und verheiratet oder Witwer waren, gebildet wurde, und dem Rat der Fünfhundert, dessen Mitglieder über 30 Jahre sein mußten; beide wurden jährlich zu einem Drittel erneuert. Dem Rat der Fünfhundert steht die Gesetzesinitiative zu, und er faßt *Beschlüsse* (résolutions), die die Alten prüfen und zu Gesetzen erheben können.

Die Exekutive wurde einem Direktorium von fünf Mitgliedern übertragen; sie werden von den Alten aus einer Liste ernannt, die von den Fünfhundert vorgelegt wird und für jeden zu Wählenden zehn Namen enthält. Jährlich wird ein Fünftel des Direktoriums neu gewählt. Es sorgt für die innere und äußere Sicherheit der Republik; es verfügt über die bewaffnete Macht, die jedoch nicht seinem Kommando untersteht; durch von ihm ernannte Kommissare überwacht und sichert es die Ausführung der Gesetze in Verwaltung und Gerichtsbarkeit. Die Exekutivausschüsse werden abgeschafft und durch sechs Minister ersetzt, die vom Direktorium ernannt und ihm verantwortlich sind; die Minister bilden kein Kabinett. Das Direktorium hat keine Gewalt über den Staatsschatz, der sechs gewählten Kommissaren anvertraut wird; es kann keine Gesetze vorschlagen; mit den Kammern kann es nur in der Form von *Botschaften* (messages) verkehren.

Die Verwaltungsorganisation wurde von neuem dezentralisiert und vereinfacht. Das Departement erhielt eine *zentrale Verwaltung*, die aus fünf von der Wahlmännerversammlung gewählten Mitgliedern bestand. Der Distrikt verschwand: er hatte im Jahre II den klassischen Revolutionsbezirk gebildet. Die kleinen Landgemeinden wurden der Verwaltung der Kreisstädte unterstellt, während die großen Städte, insbesondere Paris, mit ihrer Kommune und ihrem Bürgermeister zugleich auch ihre Selbständigkeit verloren; sie wurden in mehrere Stadtverwaltungen aufgeteilt. Diese Verwaltungsorganisation blieb wesentlich zentralistischer, als man behauptet hat. Die Verwaltungsbehörden standen in einer abgestuften Hierarchie: die städtischen Behörden unterstanden denjenigen des Departements, diese dem Minister. Vor allem war die Exekutive bei jeder departementalen und städtischen Verwaltung durch einen ernannten *Kommissar* vertreten. Die Kommissare des Direktoriums überwachten und verfolgten die Ausführung der Gesetze, wohnten den Beratungen der städtischen und departementalen Versammlungen bei und beaufsichtigten die Beamten; der Kommissar des Departements stand in direkter Verbindung mit dem Innenminister. Gegenüber den Verwaltungen, die jedes Jahr zu einem Teil neu besetzt werden mußten, garantierten die Kommissare eine gewisse Stabilität. Durch das Recht des Direktoriums zur unmittelbaren Intervention in den Verwaltungsbereich wurde die Zentralisation noch stärker: gemäß Artikel 196 kann das Direktorium Verwaltungsakte aufheben, Verwaltungsbeamte suspendieren oder absetzen und für deren Vertretung bis zur nächsten Wahl sorgen. Das war ohne Zweifel nicht mehr die jakobinische Zentralisation des Jahres II, aber man war auch weit von der umfassenden Dezentralisierung der Verfassung von 1791 entfernt.

Das Inkraftsetzen der Verfassung war gefährlich: noch war die Revolution nicht befestigt (die Ausnahmegesetze gegen die Emigranten und eidverweigernden Priester waren noch in Kraft), der Bankrott stand bevor und der Krieg dauerte an. Vor allem jedoch befürchteten die Thermidorianer eine erneute Machtübernahme der Sansculotten, die Diktatur einer Versammlung oder eines Mannes. Daher ihre vielfachen Vorsichtsmaßnahmen und Absicherungen, die schließlich die Machtgrundlagen schwächten und die Herrschaft gefährdeten (jedes Jahr mußte die Hälfte der Stadtbehörden, ein Drittel der Kammern, ein Fünftel der Departementsverwaltungen und des Direktoriums neu besetzt werden), ohne dabei eine Lösung der stets möglichen Konflikte zwischen Exekutivgewalt und Gesetzgebung ins Auge zu fassen. Die unmittelbare Lage, die andauernde Krise nämlich und die Furcht, die neue Ordnung ihren Feinden auszuliefern, veranlaßte die Thermidorianer, die liberale Verfassung, die sie ja verankern wollten, bereits von Anbeginn an auszuhöhlen.

## 2. Die ersten Schritte des neuen Regimes

Im Verlauf des Sommers des Jahres III verschärfte sich die Krise. Die Inflation wütete, die Preise stiegen von Tag zu Tag, die Spekulation trieb wilde Blüten und der Luxus einer skandalös zu Reichtum gekommenen Minderheit sprach deutlicher als je zuvor der elenden Lage des Volkes Hohn. Während der Aufhebung des Maximums waren 8 Milliarden Assignaten in Umlauf gewesen, am 1. Brumaire IV (23. Oktober 1795) waren es 20 Milliarden. Das wirtschaftliche Leben war schwer angeschlagen, die sozialen Beziehungen waren erschüttert, Schuldner, Pächter und Mieter zahlten in entwertetem Papiergeld. Die Löhne konnten mit den Preisen nicht Schritt halten (im Sommer stieg das Pfund Fleisch auf 8–20 Franken), und in zahlreichen Gegenden war die Ernte nur mittelmäßig; deshalb kehrte man zu den Zwangsmaßnahmen des Jahres II, die Preisregulierung ausgenommen, zurück: am 4. Thermidor (22. Juli 1795) wurden die Beschlagnahmen und die Verpflichtung zum Verkauf auf den Märkten wieder eingeführt; die Ausführungsbestimmungen wurden mit dem Gesetz über den Getreidehandel vom 7. Vendémiaire IV (29. September 1795), das bis 1797 in Kraft blieb, festgelegt. In Paris blieb der Brotpreis auf 3 Sous pro Pfund festgesetzt, während er zu Beginn des Sommers auf dem freien Markt 16 Franken betrug; in der Übergangsperiode wurde die Ration jedoch auf ein Viertelpfund herabgesetzt, um auf drei Viertel nach der Ernte zu steigen. Der Index der Lebenshaltungskosten in Paris soll dennoch (auf der Basis von 100 im Jahre 1790) auf 2180 im Juli, auf 3100 im September und auf 5340 im November 1795 angestiegen sein. Unter diesen Umständen ist es nicht verwunderlich, daß das Fest des 10. August, des Jahrestages des Sturzes der Monarchie, nach Polizeiberichten »mit Gleichgültigkeit« begangen wurde.

Das Dekret über die zwei Drittel sollte einem Sieg der royalistischen Opposition bei den Wahlen vorbeugen. Da die Thermidorianer wußten, daß sie vom Volke nicht besonders geschätzt wurden und daß die konstitutionellen Monarchisten ihre Ziele auf dem legalen Weg des Stimmzettels zu erreichen hofften, wollten sie ihre Herrschaft unbedingt absichern. »In welche Hände wird der heilige Schatz der Verfassung einmal fallen?« hatte ein Mitglied der Verfassungskommission gefragt. Die Verordnung vom 5. Fructidor III (22. August 1795) bestimmte, daß die Wahlmännerversammlungen zwei Drittel der neuen Abgeordneten (500 von 750) aus den amtierenden Konventsmitgliedern zu wählen haben; das Dekret vom 13. (30. August) präzisierte, daß die wiedergewählten Konventsmitglieder, wenn dieses Verhältnis nicht erreicht werden sollte, durch Kooptation sich vervollständigen sollten. So hatten sich die Thermidorianer ein sicheres Mittel verschafft, die früheren Bergparteiler und die konstitutionell-monarchistische Opposition zu eliminieren.

Ein Plebiszit bestätigte die Verfassung und die mit ihr verbundenen Dekrete. Obwohl ein Zensuswahlsystem eingerichtet wurde, wählte man nach den Grundsätzen des allgemeinen Wahlrechts; die Armee nahm an der Wahl teil. Seit dem 20. Fructidor (6. September 1795) bildeten sich die Urwählerversammlungen. Der Konvent hatte zahlreiche Maßnahmen gegen Emigranten und Eidverweigerer wieder in Kraft gesetzt: er entzog die Bürgerrechte all denen, die nicht ihre endgültige Streichung von der Liste der Emigranten erreicht hatten; er schloß ihre Verwandten von den öffentlichen Ämtern aus und gab den ehemals deportierten Priestern eine Frist von zwei Wochen, um das Land von neuem zu verlassen. Andererseits wurde den ehemals entwaffneten Terroristen das Wahlrecht zurückgegeben; die Volksgesellschaften allerdings waren endgültig am 6. Fructidor (23. August 1795) verboten worden. Am 1. Vendémiaire IV (23. September 1795) erklärte der Konvent die Verfassung für angenommen: nach den am 6. bekanntgegebenen Zahlen mit mehr als 1 Million Stimmen gegen weniger als 50 000 (d. h. die Zahl der Stimmenthaltungen). Aber das Dekret über die zwei Drittel, auf das sich das Plebiszit nicht ausdrücklich bezog, wurde nur von ungefähr 205 000 gegen 108 000 Stimmen gebilligt. Tatsächlich hatten, was die Verfassung betraf, mehr als 250 Urwählerversammlungen Vorbehalte angemeldet; 19 Departements, und in Paris alle Sektionen bis auf eine, hatten das Dekret über die zwei Drittel abgelehnt.

Den auf den 20. Vendémiaire festgesetzten Wahlen ging der royalistische Aufstand vom 13. Vendémiaire IV (5. Oktober 1795) voraus, der den Höhepunkt einer in den vorangegangenen Monaten in Paris angelaufenen Agitationsbewegung bildete. Am 20. Fructidor (6. September 1795) hatte die Pariser Sektion Lepeletier, im Stadtviertel von Börse und Spekulation gelegen, eine *Garantieakte* (acte de garantie) angenommen, und die Sektion Fontaine-de-Grenelle hatte sich für permanent erklärt. Die Urwählerversammlungen, in denen Royalisten den Ton angaben, hatten Sansculotten und frühere Terroristen ausgeschlossen. Nach der Verkündung des Abstimmungsergebnisses über das Plebiszit verstärkte sich der Unmut: 18 Pariser Sektionen fochten das Wahlergebnis an. Am 9. Vendémiaire (1. Oktober) erfuhr man von den royalistischen Revolten in Châteauneuf-en-Thimerais und in Dreux, die am 27. Fructidor (17. September) stattgefunden hatten, und von deren Niederschlagung: da rief die Sektion Lepeletier zur bewaffneten Erhebung auf. Am 11. Vendémiaire (3. Oktober) befanden sich mindestens sieben Sektionen im offenen Aufstand. Der Konvent erklärte sich für permanent, setzte einen außerordentlichen Ausschuß aus fünf Personen ein, darunter Barras, und rief die Sansculotten auf: am 12. Vendémiaire (4. Oktober) hob ein Dekret die Entwaffnung der früheren Terroristen auf, und drei Bataillone der *Patrioten von 89* wurden in Marsch gesetzt. In der Nacht vom 12. auf den 13. Vendémiaire breitete sich der Aufstand unter der Mitwirkung von General Menou, dem Kommandierenden der Streitkräfte, weiter aus; ein Zentralausschuß wurde gebildet; der größte Teil der Hauptstadt fiel den Aufständischen in die Hände, der Konvent wurde belagert. Barras, der am Morgen des 13. mit der Organisation des Widerstandes beauftragt wurde, versammelte einige Generale, darunter Bonaparte, um sich; Murat konnte die Kanonen des Lagers in Sablons erobern. Die Aufständischen, etwa 20 000 Mann, nunmehr ohne Artillerie, wurden schließlich zurückgedrängt und aufgerieben. Die Gegenmaßnahmen waren zahm. Der gescheiterte Aufstand vom 13. Vendémiaire hatte dennoch den Bruch zwischen Thermidorianern und Royalisten vollzogen. Ein weiteres Mal hatte die Beseitigung der Gefahr eine Art republikanischer Begeisterung wachgerufen: Fréron wurde zur Liquidierung des Weißen Terrors in den Süden geschickt, drei Abgeordnete der Rechten wurden inhaftiert. Schließlich erließ der Konvent am 4. Brumaire IV (26. Oktober 1795), bevor er sich auflöste, eine Generalamnestie für »allein im Interesse der Revolution begangene Vergehen«.

Die am 20. Vendémiaire (12. Oktober 1795) begonnenen Wahlen hatten jedoch die Berechnungen der Thermidorianer zunichte gemacht: nur 379 Konventsmitglieder, darunter 124 Stellvertreter, wurden wiedergewählt; zudem bestand die Mehrheit von ihnen aus Gemäßigten oder verkappten Royalisten wie Boissy d'Anglas und Lanjuinais. Das neue Drittel bestand vor allem aus Royalisten und Katholiken. Die für die Thermidor-Reaktion verantwortlichen übergelaufenen Bergparteiler waren geschlagen worden: so Fréron und Tallien. Letzterer wies auf die Gefahr hin:

»Wenn man die Royalisten nicht aus Verwaltung und Justiz entfernt, dann wird die Konterrevolution auf legalem Wege in spätestens drei Monaten gesiegt haben.« Die gemäßigten Republikaner weigerten sich aber, die Wahl für ungültig zu erklären. Unter diesen Vorzeichen wurde die neue Verfassung in Angriff genommen und das Direktorium gebildet.

Am 4. Brumaire IV (26. Oktober 1795) ging der Konvent mit den Rufen *Es lebe die Republik!* auseinander. Während seiner mehr als dreijährigen Tätigkeit hat er einen scheinbar wechselnden politischen Kurs verfolgt. Tatsächlich aber hat ihn von September 1792 bis Oktober 1795 ein einziger Gedanke beherrscht: die Aristokratie völlig zu vernichten und die Rückkehr zum Ancien Régime ein für allemal zu verhindern. Nach der demokratischen Episode des Jahres II nahm der thermidorianische Konvent die Politik der Konstituante wieder auf: die Sicherung der Herrschaft der Bourgeoisie, die dazu in seinen Augen wegen ihrer überragenden gesellschaftlichen Bedeutung und auf Grund ihrer intellektuellen Fähigkeiten legitimiert war. Weder Demokratie wie Dreiundneunzig noch Aristokratie wie vor Neunundachtzig; allein den *Notabeln*, einer dank der Gleichheit vor dem Gesetz offenen sozialen Schicht, kommt Regierung und Verwaltung zu.

Soziale Vorherrschaft und politische Autorität – beides wollten die Thermidorianer der Bourgeoisie sichern, aber im Rahmen einer liberalen Verfassung und in einem Land, in dem noch im Inneren wie an den Grenzen der Krieg wütete. Noch war die Vendée nicht unterworfen, die Koalition nicht geschlagen. Indem die Thermidorianer mit der Verfassung des Jahres III der neuen Ordnung die Garantie und Aufrechterhaltung der »konstitutionellen Grenzen« aufzwangen, die neuen Departements des annektierten Belgiens mit einbezogen und ihre Diplomatie nach der Konzeption der »natürlichen Grenzen« ausrichteten, bestimmten sie in erheblichem Umfang die Politik des Direktoriums. Der Feldzug sollte im Frühjahr 1796 beginnen: zur Kriegführung erbte das neue Regime eine entwertete Assignate und eine zerrüttete Armee. Die Durchsetzung der Verfassung des Jahres III, für die jährliche Wahlen charakteristisch und soziale Befriedung wie allgemeiner Friedenszustand Voraussetzungen waren, mußte unter diesen Schwierigkeiten leiden. Ein Appell an das Volk wie im Jahre II war ausgeschlossen; um sich gegen die ständig neuen Angriffe der Aristokratie zu behaupten, waren die zu Direktorialen gewandelten Thermidorianer daher gezwungen, in der Verfassungsfrage falsch zu spielen und sehr bald die Armee zur Hilfe zu rufen.

## 2. Kapitel

# Das erste Direktorium
# Das Scheitern der liberalen Ordnung
## (1795–1797)

*Beschränkt auf die engen Grenzen einer auf dem Zensus errichteten Republik, welche Volksklassen und Aristokratie ausschloß, blieb die bürgerliche Nation in ihrem Bestand bedroht; dies um so mehr, je erfolgloser die liberale Praxis sich erwies. Die Notabeln des Thermidor hatten aus Furcht vor dem Royalismus wie vor der Demokratie die Vorsichtsmaßnahmen gegen die Staatsallmacht vervielfacht: das ausgeklügelte verfassungsmäßige Gleichgewicht des Jahres III ließ keine andere Alternative als die zwischen staatlicher Ohnmacht und gewaltsamem Staatsstreich zu. Die Stabilisierungspolitik des Direktoriums, die durch den Ausschluß zweier sozialer Klassen aus der Regierung und damit einer zweifachen inneren Opposition stark bedroht war, hätte auf der Stelle eine Rückkehr zum Frieden erfordert: der Krieg aber dauerte an, und die Eroberungen wurden fortgesetzt. Nun bewahrheitete sich die Voraussage Robespierres in seiner Rede gegen den Krieg vom 2. Januar 1792 über die »zu Hoffnung und Idol der Nation« gewordenen Generale: »Wenn einer dieser Generale dazu bestimmt wird, erfolgreich zu sein . . ., welchen Einfluß muß das seiner Partei verleihen!«*

## I. DIE UNMÖGLICHKEIT DER INNEREN STABILISIERUNG (1795 – 1797)

Die soziale Basis, auf der die Direktorialen nach den Thermidorianern das Regime stabilisieren wollten, erwies sich als außerordentlich schmal.

Von den besitzenden Klassen war die Aristokratie, aber auch ein Teil der Bourgeoisie ausgeschlossen. Das Gesetz vom 3. Brumaire IV (25. Oktober 1795) untersagte den Verwandten der Emigranten die Ausübung öffentlicher Ämter; nachdem es von der royalistischen Mehrheit des Jahres V aufgehoben war, wurde es am 18. Fructidor wieder in Kraft gesetzt. Kurz darauf ließ Sieyes die Verbannung derjenigen Adligen, die im Ancien Régime Ämter ausgeübt oder Würden innegehabt hatten, sowie die Degradierung der übrigen Adligen zu Ausländern vorschlagen; das Gesetz vom 9. Frimaire VI (29. November 1797) beschränkte sich auf die zweite Maßnahme: auch wenn dieses Gesetz niemals angewandt wurde, war seine Intention doch deutlich genug. Die Exklusivität ging noch weiter: die den bürgerlichen Mittelschichten entstammende direktoriale Bourgeoisie mißtraute in gleicher Weise dem gesellschaftlich höherstehenden und mehr der Aristokratie verbundenen traditionellen Großbürgertum. Die konstitutionellen Monarchisten wurden wie die Anhänger der absoluten Monarchie zurückgewiesen. Die Direktorialen erstrebten eine bürgerliche und konservative Republik, wiesen aber die Unterstützung eines Teils der Bourgeoisie zurück, weil sie fürchteten, dadurch auf den Weg der Restauration gedrängt zu werden.

Auf Seiten der Volksklassen bestimmten die Erinnerung an das Jahr II und die soziale Angst während der ganzen Direktorialperiode ihr Handeln, das schließlich den 18. Brumaire legitimierte. Der bewußte Teil innerhalb der Volksklassen war nicht bereit, widerstandslos aus der Nation und dieser Republik, für die sie gekämpft hatten, abgeschoben zu werden: die Verschwörung der Gleichen bewies dies.

Aber während die revolutionäre Bewegung, wenn auch nicht ohne Zögern, neue Wege einschlug, war die bürgerliche Angst in den Händen der Regierung ein mächtiger Hebel gegen *Ausschließliche, Terroristen, Anarchisten, Räuber und Blutsäufer.* Die Notabeln, *die ehrbaren Leute,* fürchteten vor allem die Rückkehr zum System des Jahres II: wo der Reiche verdächtigt wurde, der Arme das Gesetz machte, die überlieferten gesellschaftlichen Werte auf den Kopf gestellt wurden und die politische Demokratie die soziale Gleichmacherei nach sich zog. Die Furcht vor dem *Ackergesetz,* vor der Teilung der Güter, war in vollem Umfang lebendig geblieben. Als der unbekannte Dauchy am 10. Frimaire IV (1. Dezember 1795) sich gegen die Einrichtung der Progressivsteuer wandte, erklärte er den Fünfhundert:

»Der Staat gedeiht nur, wenn er die Staatsbürger soweit wie möglich für den Wohlstand interessiert ... Die Progressivsteuer ist ein Ausnahmegesetz gegen die wohlhabenden Staatsbürger ...

Die völlige Zerstückelung des Eigentums wäre ihre notwendige Folge; dieses System hat man beim Verkauf der Nationalgüter schon allzu genau befolgt ... Die Progressivsteuer ist, mit einem Wort, der wahre Keim eines Ackergesetzes, den man schon in der Entstehung ersticken muß ... Es ist Aufgabe der gesetzgebenden Körperschaft, sich auf das entschiedenste gegen jedes Prinzip zur Wehr zu setzen, das die gesellschaftliche Harmonie zerstört, gegen ein Prinzip, das offensichtlich auf einen Raub des Eigentums hinausläuft. Nur wenn man ihm gegenüber religiöse Achtung empfindet, wird es möglich sein, alle Franzosen für die Freiheit und für die Republik zu gewinnen.«

Das aber hieß diejenigen aus der Republik hinausdrängen, die sie geschaffen hatten und die keine Eigentümer waren.

Auf der schmalen Basis des Besitzes, der Zensus-Bourgeoisie und der republikanischen Notabeln erwies sich schließlich die Festigung des direktorialen Regimes als unmöglich.

## 1. Direktoriale, Jakobiner und Royalisten

Das Ingangsetzen der von der Verfassung des Jahres III vorgesehenen Institutionen beanspruchte fürs erste das neue Regime; tatsächlich blieben vom thermidorianischen Konvent bis zum Direktorium die gleichen Männer im Amt. Die Kammern des Direktoriums waren infolge des Dekretes über die zwei Drittel von 511 Konventsmitgliedern zu besetzen. Am 6. Brumaire IV (28. Oktober 1795) waren 379 Konventsabgeordnete bestätigt, dazu kamen 15 weitere, die von departementalen Wählerversammlungen gewählt waren, sowie 19 Vertreter aus Korsika und den Kolonien, deren Mandat verlängert war; im ganzen waren es 413 Konventsmitglieder, alle gemäßigter oder reaktionärer Gesinnung. Lanjuinais war von 39 Departements gewählt worden, Boissy d'Anglas von 36. Die gewählten Konventsmitglieder traten zur »Wählerversammlung Frankreichs« zusammen und vervollständigten die vorgesehenen zwei Drittel, ja überschritten diese Zahl sogar noch. Das neue Drittel stärkte die Rechte: konstitutionelle Monarchisten wie Barbé-Marbois, Dupont de Nemours, Portalis oder erklärte Konterrevolutionäre wie Boissy d'Anglas, Henri Larivière oder Isnard. Die neue direktoriale Mehrheit reichte von ehemaligen Girondisten wie La Revellière oder Louvet über Männer der Ebene wie Letourneur und Sieyes bis zu ehemaligen Bergparteilern wie Barras und

Tallien. Man zählte 158 Königsmörder, von denen verschiedene freilich ihre Ansicht inzwischen· geändert hatten. Soweit man ihre politische Haltung einschätzen kann, umfaßten die Kammern 158 zumeist liberal denkende Royalisten, 305 Republikaner, zumeist Thermidorianer, und 226 Anhänger der Verfassung des Jahres III. Letztere waren bei der Wahl der Direktoren ausschlaggebend.

Das Direktorium wurde aus einem Listenvorschlag der Fünfhundert gewählt: die Alten bestimmten Barras, La Revellière, Letourneur, Reubell und Sieyes, allesamt Königsmörder. Sieyes lehnte ab und wurde durch Carnot ersetzt. La Revellière, Abgeordneter der Konstituante und des Konvents, ehemaliger Girondist, war fanatischer Antijakobiner, aber fester Republikaner und Feind der Kirche; im übrigen spielte er nur eine untergeordnete Rolle. Er schloß sich im allgemeinen Reubell an, einem Elsässer, der auch in der Konstituante und als Bergparteiler im Konvent gesessen hatte; er war eine starke Persönlichkeit und ein unbeirrbarer Anhänger der natürlichen Grenzen. Carnot zog Letourneur, ehemals technischer Offizier wie er selbst, mit sich; sein Ansehen als ehemaliges Mitglied des Wohlfahrtsausschusses hatte er gerettet; bald verblaßte es angesichts seiner deutlichen Entwicklung zum Konservativen. Zwischen diesen beiden ehrbaren und arbeitsamen Gruppen, die ein getreues Abbild des republikanischen Bürgertums darstellten, stand Barras, ein Handlanger des 9. Thermidor und des 13. Vendémiaire, ehemaliger Graf und Offizier, früherer Räuberhauptmann, der ohne Zweifel an der Revolution hing, aber bereit war, sich dem Meistbietenden zu verkaufen.

Die Direktoren ließen sich im Luxemburg-Palais nieder, das während der Schreckensherrschaft als Gefängnis gedient hatte, und schufen sich ein Sekretariat, das zum Staatssekretariat Bonapartes werden sollte. Für die sechs Ministerien wurden ernannt: Bénézech für Inneres, der Königsmörder Ramel-Nogaret für Finanzen, die er bis zum Jahre VII verwaltete, Merlin de Douai, der Verfasser des Gesetzes gegen die Verdächtigen, für Justiz, Delacroix, ein weiterer Königsmörder, für auswärtige Beziehungen, und zwei weniger bedeutende Militärs für Krieg und Marine. Ein siebtes Ministerium, das der allgemeinen Polizei, wurde neu geschaffen und bald Cochon übertragen. Am 14. Brumaire IV (5. November 1795) verkündete das Direktorium, »um seine Einsetzung bekanntzumachen«, eine Proklamation, die ein förmliches Regierungsprogramm darstellte. Auf politischem Gebiet versprach es, »dem Royalismus eine aktive Schlacht zu liefern, den Patriotismus wieder zu entfachen, mit starker Hand alle Fraktionskämpfe zu unterdrücken, jeden Parteigeist auszulöschen, jeden Wunsch nach Rache zunichte zu machen, die Eintracht herrschen zu lassen und den Frieden herbeizuführen.« Auf ökonomischem Gebiet ging es darum, »die Produktionsquellen neu zu erschließen, Industrie und Handel zu beleben, die Spekulation zu unterdrücken, Kunst und Wissenschaft neuen Antrieb zu geben, Reichtum und Staatskredit wiederherzustellen.« Kurz, »an Stelle des von Revolutionen nicht zu trennenden Chaos die gesellschaftliche Ordnung wiederherzustellen«. Ein Programm der Stabilisierung, des Gleichgewichts und der goldenen Mitte, jedoch mit einer leichten Rechtsneigung. Während die Jakobiner nicht erwähnt werden, warnt die Proklamation das Volk vor »den durchtriebenen Eingebungen der Royalisten, die ihre Komplotte neu schmieden, vor den Fanatikern, die es unentwegt aufhetzen«. Es war ja die Zeit unmittelbar nach dem Vendémiaire; zu Anfang hat das Direktorium an die Einheit aller Republikaner appelliert.

Auf politischem Gebiet stellte die Verfassung des Jahres III ein durchdachtes Gleichgewicht her; allerdings durfte zwischen den Gewalten keinerlei ernsthafte Streitfrage aufkommen. Die Direktoren herrschten zunächst im Einvernehmen mit der Mehrheit, die sie gewählt und die sie zu unterstützen ein Interesse hatte. Die lokalen Behörden und Gerichte wurden eingesetzt. Das Direktorium sorgte für die Ernennungen, da die Wahlversammlungen vor Beendigung ihrer Aufgabe sich hatten auflösen müssen, und übernahm selbst die Auswahl der Nachrücker: auf diese Weise erhielt es schon von Anfang an einen bedeutenden Machtzuwachs. Aber man befolgte seine Weisungen nicht auf der Stelle, zumal die Gehälter nicht pünktlich bezahlt wurden. Die Mehrheit der Kammern und das Direktorium sahen sich sehr bald denselben Gegnern gegenübergestellt wie der thermidorianische Konvent.

Die Royalisten, in Paris im Vendémiaire geschlagen, stifteten fortgesetzt im Westen Unruhe, in Languedoc und der Provence. England versorgte sie mit Waffen und gefälschten Assignaten. Im Jahre 1796 nahm Stofflet den Kampf von neuem auf. Hoche verzichtete zwar auf die strenge Anwendung der Gesetze gegen widerspenstige Priester, ließ aber seine Soldaten aufmarschieren, verstärkte die Postenketten und entwaffnete schließlich die Bauern. Stofflet und Charette wurden gefangen genommen und hingerichtet, der eine am 25. Februar 1796 in Angers, der andere in Nantes am 29. März. Nördlich der Loire kapitulierten bald Cadoudal in Morbihan, Frotté im Bocage der Normandie und Scépeaux in Maine. Das war das Ende: im Juni wurde die Westarmee aufgelöst. Hier und da tauchten allerdings noch Banden auf. Die Royalisten spalteten sich jetzt in der Frage des weiteren Vorgehens. Die Emigranten waren entmutigt, und die Anhänger der gewaltsamen Aktion wichen vor den Befürwortern der verfassungskonformen Mittel zurück: es ging darum, bei den nächsten Wahlen die Mehrheit zu gewinnen und so auf legalem Wege die republikanische Regierung zu stürzen. General Pichegru, der nicht zu handeln gewagt und sein Kommando niedergelegt hatte, schloß sich dieser Taktik an.

Die Jakobiner profitierten kurze Zeit vom guten Willen der Regierung. Das Direktorium besetzte zahlreiche Verwaltungen mit ihnen, tolerierte ihre Zeitungen und ging soweit, Duvals *Le Journal des Hommes Libres* zu subventionieren. Die Klubs erschienen wieder: der vom Panthéon wurde am 25. Brumaire IV (16. November 1795) eröffnet; bald zählte er etwa 1000 Mitglieder, darunter ehemalige Konventsabgeordnete wie Drouet. Gracchus Babeuf hatte am 15. Brumaire (6. November) die Herausgabe seines *Tribun du peuple* wieder aufgenommen: »Was ist eine politische Revolution im allgemeinen? Was ist die französische Revolution im besonderen? Ein erklärter Krieg zwischen Patriziern und Plebejern, zwischen Reichen und Armen.« Babeuf entlarvte den antidemokratischen Charakter der Verfassung des Jahres III:

»Alle Erklärungen der Rechte, ausgenommen die von 1795, hat man mit dieser grundlegenden, bedeutsamsten Maxime des ewigen Rechts feierlich eingeleitet: *Das Ziel der Gesellschaft ist das Glück aller.* Bis zu dieser Zeit hat man große Schritte und bedeutende und schnelle Fortschritte auf dieses Ziel hin gemacht; seitdem ist man in entgegengesetzter Richtung marschiert, gegen das Ziel der Gesellschaft, gegen das Ziel der Revolution, auf das *Unglück aller* hin, und hin zum *Glück* lediglich *eines kleinen Kreises*. Wir wagen zu behaupten, daß die Revolution trotz aller Hindernisse und aller Widerstände bis zum 9. Thermidor vorwärts, seitdem aber rückwärts geschritten ist.«

Die Offensive der Linken, die von einigen ehemaligen Konventsabgeordneten wie Amar und Robert Lindet unterstützt wurde,
verstärkte sich.

Das Direktorium begann sich zu beunruhigen. Am 14. Frimaire
(5. Dezember) wurde die Verhaftung Babeufs angeordnet, der
sich von nun an versteckt hielt. Am 1. Pluviôse (21. Januar
1796) kündigte Reubell anläßlich der Erinnerungsfeier der Hinrichtung Ludwigs XVI. die Wende an: zwar wütete er gegen den
Royalismus, beklagte aber auch »diese Zeit, in der Anarchie und
Terror die Gesetze bestimmen bis mitten in den Senat hinein ...
Wenn doch die guten Bürger sich zusammentäten!«

In der Tat hing die Festigung des Regimes von der Lösung der
von der Thermidorzeit übernommenen grundlegenden Probleme
ab; hauptsächlich der ökonomischen und der Finanzfrage. Das
Geld war entwertet, die Wirtschaft zugrundegerichtet. Eine fiskalische Krise verschärfte die Geldkrise, die Steuern gingen nicht
ein, die Staatskasse war leer. Vergebens forderte Reubell »selbst
die Gleichgültigen auf, ... sich der Republik anzuschließen und
sich mit jener großen Mehrheit von Republikanern zu vereinen,
vor der jede Parteiung verschwinden wird«.

Die Katastrophe mit dem Geld verschärfte noch die Misere des
Volkes: sie machte die eine Zeit lang programmierte Einigungs-
politik unmöglich. Aus Furcht, die linke Opposition könne dies
zu einem Aufstandsversuch nutzen, warf das Direktorium das
Steuer nach rechts.

## 2. Das Ende des revolutionären Papiergeldes (1796)

Während das Direktorium seine Arbeit aufnahm, erreichte die
Inflation ihren Höhepunkt. Die Assignate von 100 Livres war
nur noch 15 Sous wert. Das Staatsvermögen war aufgebraucht,
während die Assignatenpresse fortlaufend Geld druckte, deren
Wert bald unter dem Papierpreis lag: in weniger als vier Monaten hatte sich die Menge des Papiergeldes verdoppelt und am
30. Pluviôse IV (19. Februar 1796) 39 Milliarden erreicht. Vergeblich war am 19. Frimaire (10. Dezember 1795) eine progressive Zwangsanleihe, in Form einer regelrechten Kapitalertrags-
steuer, aufgelegt worden, die in Metallgeld, Korn oder Assignaten zu 1% ihres Nominalwertes zahlbar war: deren Kurs lag
zwischen 3- und 4mal niedriger. Die Anleihe brachte nur 27 Mil-

liarden Papiergeld und 12 Millionen Hartgeld ein; sie erregte heftige Unzufriedenheit in den bürgerlichen Schichten, der am stärksten beanspruchten Klasse der Steuerpflichtigen. Am 30. Pluviôse (19. Februar 1796) mußte man die Emissionen stoppen und die Assignaten aufgeben.

Ein neues Papiergeld, das *Territorialmandat,* ersetzte die Assignate. Die Rückkehr zum Metallgeld erschien ausgeschlossen: von den 2½ Milliarden am Ende des Ancien Régime waren nur noch ungefähr 300 Millionen im Umlauf. Die Idee einer staatlichen Notenbank wurde aufgegeben. Das Gesetz vom 28. Ventôse IV (18. März 1796) schuf die Territorialmandate, von denen 2 400 Millionen sofort ausgegeben wurden. Die Territorialmandate, deren Pfand die noch nicht verkauften Nationalgüter bildeten, (man kehrte dabei zu demselben Prinzip zurück, das der Schaffung der Assignate zugrundegelegen hatte) wurden im Verhältnis von 30 : 1 gegen die Assignaten getauscht, während die Assignate zur selben Zeit bei der Zeichnung der Zwangsanleihe nur im Verhältnis von 100 : 1 angenommen wurde. Die Mandate unterlagen einem festgesetzten Kurs und waren für den Erwerb von Nationalgütern gültig, und zwar zum geschätzten Preis (ohne Versteigerungen). Innerhalb von sechs Monaten durchlief das Territorialmandat den gleichen Weg, für den die Assignate fünf Jahre gebraucht hatte.

Die Geldkatastrophe war niederschmetternd. Das Mandat hatte auf Goldparität und auch auf dem dreißigfachen Wert der Assignate beruht; letztere war nur noch 0,25% wert: das Gesetz selbst verlieh einem 100 Franken-Mandat einen Metallwert von 7,50 Franken. Von den ersten Emissionen an verlor das Mandat bis zu 65 und 70% seines Wertes; am 15. Germinal (4. April 1796) betrug die Entwertung 80%, am 1. Floréal (20. April) 90%. Von nun an hatten die Waren drei Preise, was nicht dazu angetan war, die Schwierigkeiten des Tausches und der Versorgung zu verringern: am 27. Germinal (16. April 1796) setzte das Pariser Zentralbüro den Brotpreis auf 35 Livres-Assignaten, 1 Livre, 3 Sous und 4 Heller in Mandaten, was 3 Sous in Metallgeld entsprach, fest. Die Verschleuderung der Nationalgüter setzte ihre Bedeutung als Pfand herab und trug zum Ruin des Mandats noch bei. Das Gesetz von 6. Floréal IV (25. April 1796) ordnete die Wiederaufnahme der Verkäufe an und legte die Modalitäten fest, wobei das Mandat zum Nominalwert (ohne Versteigerungen) angenommen wurde: nun kam es zu einem Ansturm, einem wahrhaften Raubzug von seiten der Mandathorter, besonders der Staatslieferanten. Mancher Käufer eines Schlosses, das 20 000 gekostet hatte, erzielte allein durch den Verkauf der Gitter und Balustraden 8000. Im Prairial kostete das Pfund Brot 150 Assignate-Franken. Selbst die Bettler wiesen das Papiergeld ab, das man ihnen geben wollte.

Solch traurige Erfahrung führte zum Verschwinden des revolutionären Papiergeldes. Es war der gleiche Kreislauf wie der der Assignate, nur auf den Zeitraum von zwei Monaten zusammengezogen. Am 29. Messidor (17. Juli) wurde der Zwangskurs abgeschafft. Am 13. Thermidor (31. Juli) beschloß man die Bezahlung der Nationalgüter in Mandaten zum Kurswert in Metall: zu spät erging diese Maßnahme, um die Verschleuderung des nationalisierten Besitzes noch verhindern zu können. Das gleiche Prinzip wurde Schritt für Schritt bei den Gehältern, Renten, Steuern und Mieten angewandt. Ende des Jahres IV (Mitte September 1796) war es mit der Fiktion des Papiergeldes vorbei. Die Entwertung wurde allerdings erst einige Monate später vollständig durchgeführt. Das Metallgeld erschien von neuem; aber da der Staat nur Papiergeld erhielt, zog er daraus keinen Nutzen. Das Gesetz vom 16. Pluviôse V (4. Februar 1797) entwertete das Mandat und setzte es auf 1% seines Nominalwertes fest. Dieses Gesetz wurde praktisch nicht angewandt: es bedeutete nur die amtliche Bestätigung eines schon längst vollzogenen Bankrotts. Damit war die Geschichte des revolutionären Papiergeldes zu Ende. Daß das Direktorium zur Münze zurückkehren konnte, war möglich, weil die Siege des Jahres IV einträglich waren: am 5. Germinal V (25. März 1797) hatte es von der Sambre- und Maas-Armee zehn Millionen Münzgeld erhalten, von der Italien-Armee mehr als 51 Millionen. Der Krieg ernährte das Regime.

Die sozialen Folgen waren, wie immer, für die Beamten, Rentner und die Gesamtheit der Volksklassen katastrophal. Am 22. Messidor IV (10. Juli 1796) teilte die Verwaltung von Isère mit, daß es auf Grund der schlechten Gehälter dem Sträfling besser gehe als dem Bürochef:

»Es gibt keinen Sträfling – inhaftiert oder verurteilt –, der die Regierung nicht das Vierfache des Gehalts eines unserer Bürochefs kostet. Ihr Gehalt ist auf 6 Livres, 2 Sous und 8 Heller pro Tag herabgesetzt worden: die unumgängliche Notwendigkeit, für ihren Unterhalt zu sorgen, hat sie seit langem dazu gezwungen, ihre Möbel und die zum Leben eines Menschen allernotwendigsten Gegenstände zu veräußern; sie sind angewiesen auf das Brot für die Bedürftigen.«

Der Winter des Jahres IV war schrecklich für die Lohnempfänger; sie wurden von der schwindelerregenden Preissteigerung niedergeschlagen. Die Märkte blieben leer: die Ernte von 1795 war nicht gut, die Bauern nahmen nur Metallgeld, und Beschlagnahmungen wurden nicht mehr durchgeführt. Das Direktorium mußte im Ausland einkaufen und den Verbrauch streng regeln.

In Paris sank die tägliche Brotration auf 75 Gramm; sie wurde ergänzt durch Reis, den die Frauen wegen Holzmangel nicht kochen konnten. Durch den ganzen Winter ziehen sich mit ermüdender Eintönigkeit die Polizeiberichte vom Elend und der Unzufriedenheit des Volkes, die sich um so deutlicher von Luxus und Schamlosigkeit der Spekulanten abheben.

»Paris scheint ruhig, aber die Gemüter sind sehr erregt«, notiert der Bericht des Zentralbüros am 28. Pluviôse (17. Februar 1796). »Die extreme Teuerung aller Waren wird gleichbleibend als notwendige Folge des unerlaubten Handels jener verachtenswürdigen Kreaturen, bekannt unter dem Namen Spekulanten, angesehen. Dieses grausame Übel, das seit langem die öffentlichen und privaten Vermögen zugrunderichtet, lastet schwer auf der besitzlosen Klasse, deren Klagen, Murren und maßlose Reden überall gehört werden können.«

Die Unzufriedenheit im Volk wandte sich naturgemäß gegen das Direktorium und kam der jakobinischen Opposition zugute, die im Klub Panthéon die Wiedereinführung des Maximums erörterte. In den ersten Ventôse-Tagen betonen die Polizeiberichte die Fortschritte der Agitation in den Vierteln des Volkes und die erneute Forderung nach dem Preisstopp: »Die Arbeiter haben vor, Lohnerhöhungen zu fordern,« heißt es im Bericht vom 5. Ventôse (24. Februar), »aber sie sagen, daß sie darüber bei der nächsten Preisfestsetzung entscheiden werden;... unter dem Wort *Festsetzung* versteht das Volk Herabsetzung.«

Da das Direktorium fürchtete, die Unzufriedenheit des Volkes könne sich um die jakobinische Opposition kristallisieren, ordnete es am 7. Ventôse (26. Februar 1796) die Schließung des Panthéon-Klubs an; linke Journalisten wurden verfolgt und als Jakobiner angesehene Beamte abgesetzt.

Die Opposition der Linken nahm eine neue Form an, als Babeuf die *Verschwörung der Gleichen* organisierte.

Babeuf überwand als erster in der Französischen Revolution den Widerspruch, dem alle der Sache des Volkes verpflichteten politischen Akteure konfrontiert waren: den zwischen der Sicherung des Rechts auf Leben und der Aufrechterhaltung von Privateigentum und wirtschaftlicher Freiheit. Wie die Sansculotten und die Jakobiner forderte Babeuf, das Ziel der Gesellschaft müsse das *Glück aller* sein, die Revolution habe *den gleichen Genuß aller Güter* (l'égalité des jouissances) zu garantieren. Da das Privateigentum notwendigerweise die Ungleichheit zur Folge hat und das *Ackergesetz,* d. h. die gleichmäßige Aufteilung des Grundbesitzes, »nur einen Tag andauern kann« (»bereits am Tage nach der Aufteilung würde die Ungleichheit von neuem zutage treten«), besteht das einzige Mittel, um zur *tatsächlichen Gleichheit* zu gelangen, darin, »eine gemeinsame Verwaltung einzurichten, das Privateigentum abzuschaffen, jeden Menschen in seiner Begabung und seinem Fleiß tätig werden zu lassen; ihn zu veranlassen, deren Früchte in Naturalform in einem gemeinsamen Lager zu deponieren; und eine einfache Verwaltung für die Versorgung zu errichten, die ein Register von allen Individuen und allen Gütern unterhält und letztere mit peinlich genauer Gleichheit verteilen läßt.«

Dieses im »Manifest der Plebejer« aufgestellte Programm, im *Tribun du peuple* vom 9. Frimaire IV (30. November 1795) veröffentlicht, stellte gegenüber jakobinischen und sansculottischen Ideologien, die beide durch ihre Bindung an den in individueller Arbeit erworbenen Kleinbesitz gekennzeichnet sind, eine Neuerung oder genauer eine schroffe Änderung dar: die *Güter- und Arbeitsgemeinschaft* war der erste Ausdruck der revolutionären Theorie der aus der Revolution selbst geborenen neuen Gesellschaft. Durch den Babouvismus wurde der Kommunismus, bis dahin utopische Träumerei, zu einem theoretischen System erhoben; mit der Verschwörung der Gleichen betrat er den Boden der politischen Geschichte.

Notwendigerweise ist der Babouvismus vom Charakter seiner Zeit geprägt. Ohne Zweifel bildete sich bei dem Autodidakten Babeuf das kommunistische Ideal aus der Lektüre der Schriften Rousseaus, Mablys und Morellys *Codex der Natur* (Code de la nature), der bislang Diderot zugeschrieben wurde. Aber Babeuf ging weiter als bis zu utopischen Träumen: während des gesamten Revolutionsverlaufs hat er tatkräftig gehandelt. In enger Berührung mit der sozialen Wirklichkeit seiner heimischen Picardie und im Verlauf der revolutionären Kämpfe nahm das ideologische System Babeufs nach und nach Gestalt an.

Babeufs Erfahrungen mit den Bauern der Picardie bestimmten gewisse Ausformungen seines Agrarkommunismus. Er wurde 1760 in Saint-Quentin als Sohn eines Salzsteuerbeamten und einer einfachen Magd geboren und ließ sich in Roye in Santerre, einer fruchtbaren Ackergegend, nieder: die Bauerngemeinschaften mit ihren kollektiven Rechten und ihren der Gütergemeinschaft entsprungenen Bräuchen waren dort lebendig geblieben, sie kämpften verbissen gegen die Konzentration der Betriebe in den Händen großer kapitalistischer Pächter. Als Kommissar für das Zinsbuch zugleich Kenner des Grundbesitzrechtes, Spezialist des feudalen Rechts und (kurze Zeit) als Gemeindeschreiber gewann Babeuf unmittelbaren Einblick in die Lage der picardischen Bauern, ihre Probleme und ihre Kämpfe.

Zweifellos verdankte er es diesen Einsichten, daß er schon vor der Revolution zur Forderung nach realer Gleichheit und zum Kommunismus gedrängt wurde. In seinem *Ständigen Katasterbuch* (Cadastre perpetuel) von 1789 neigte er dem Ackergesetz zu, d. h. nach einer Formulierung von 1848 dem auf die *Verteilung* bezogenen Sozialismus. Aber in einer Denkschrift von 1785 über die großen Pachtgüter und in einem Brief vom Juni 1786 an Dubois de Fosseux, Sekretär der Akademie von Arras, hatte er die Organisation von »kollektiven Gütern« *(fermes collectives)*, wirklichen »Brudergemeinschaften« vorgesehen: »Wenn 50, 40, 30 oder 20 Individuen gemeinschaftlich auf diesem Gut leben, um das herum sie – vereinzelt wie sie zuvor wirtschafteten – mühsam im Elend vegetierten, so werden sie schnell zu Wohlstand gelangen.« Das hieß bereits: gemeinschaftliche Arbeit. Zehn Jahre vor der Verschwörung für die Gleichheit deutete Babeuf mithin nicht nur auf das Problem der realen Gleichheit der Rechte und damit auf das der Verteilung, sondern auch auf das der Produktion, indem er die Notwendigkeit kollektiven Wirtschaftens vorausahnte: »Wenn man den Boden in gleiche Parzellen unter den Individuen aufteilt, vernichtet man den größten Teil der Erträge, die kombinierte Arbeit erbringen würde.«

Für die Herausbildung seines Systems war Babeufs revolutionäre Erfahrung entscheidend. Die Erklärung von 1789 hatte die Gleichheit der Rechte verkündet: sehr bald trat zutage, daß dies nur ein Trugbild war: als nämlich im Verlauf der Revolution die Frage des Lebensunterhaltes und also des täglichen Brotes sich stellte. »Wer kann stehen bleiben bei einer Gleichheit nur dem Namen nach?« schrieb Babeuf am 20. August 1791 in seinem Brief an Coupé de l'Oise. Und in seinem Schreiben vom 10. September 1791 an den gleichen Coupé, der zum Abgeordneten der Gesetzgebenden Versammlung gewählt war:

»... Daraus entstehen Verpflichtung und Notwendigkeit, dieser ungeheuren Mehrheit des Volkes Unterhalt zu verschaffen, die bei ihrem ganzen guten Willen zur Arbeit keine mehr findet. *Ackergesetz und reale Gleichheit.*«

Es stimmt, daß Babeuf nach dem 9. Thermidor Antirobespierrist war. Aber die Verheerungen der Inflation und das furchtbare Elend des Volkes bewiesen ihm nachträglich den Wert des Maximums, der gelenkten Wirtschaft und sogar teilweise der Nationalisierung der Produktion sowie die Bedeutung der Erfahrung des Jahres II, vor allem deren Anwendung in den Armeen der Republik. »Was diese Regierungsweise betrifft« *(die gemeinsame Verwaltung),* schrieb Babeuf im *Manifest der Plebejer,* »so hat sie sich durch die Erfahrung als praktikabel erwiesen, jene Erfahrung, die auf zwölfhunderttausend Menschen unserer zwölf Armeen angewandt wurde (was im Kleinen möglich ist, ist es auch im Großen).«

Babeuf lehnte nunmehr das Ackergesetz, das nicht länger als einen Tag bestehen kann, ab und sprach sich ausdrücklich für die Abschaffung des privaten Grundeigentums aus. In seinem Brief an Germain vom 10. Thermidor III (28. Juli 1795) präzisierte er den Mechanismus seines Systems: Jeder Mensch wird an »die Fähigkeit und den Beruf, welche er beherrscht«, gebunden:

»Alle Produzenten und Fabrikanten arbeiten für das gemeinsame Vorratslager; jeder von ihnen bringt dorthin das Produkt, wie es ist, und Verteilungsbeauftragte, die nicht auf eigne Rechnung, sondern für die große Familie arbeiten, lassen jedem Bürger seinen gleichen Anteil zukommen, der von der gesamten Gütererzeugung der ganzen Assoziation abhängt.«

Im wesentlichen also Verteilungskommunismus, wie dies Georges Lefebvre betont hat. Allerdings hat Babeuf im Bereich der Landwirtschaft und aus der Kenntnis seiner Heimat, der Picardie, die Notwendigkeit einer kommunistischen Produktion und einer kollektiven Organisation der Landarbeit erahnt. Das große Neue aber, die Konzentration des Kapitals und der Aufschwung der industriellen Produktion, ist ihm entgangen. Seine Vorliebe für die althergebrachte Wirtschaftsweise, insbesondere die handwerkliche, sowie die Tatsache, daß in seinem Werk eine Beschreibung der auf dem Überfluß der Konsumgüter errichteten kommunistischen Gesellschaft nicht zu finden ist, erklären, warum man sein Programm als ökonomisch schwarzseherisch bezeichnen konnte. Die Umstände der Epoche, der geringe Grad kapitalistischer Konzentration und das Fehlen jeder Massenproduktion, Babeufs Persönlichkeit und seine gesellschaftliche Erfahrung machen deutlich, daß er mehr dazu neigte, Mangel und Stillstand der Produktivkräfte als deren Aufschwung und den Überfluß vorauszusehen. Mithin erhält der Babouvismus einen Platz zwischen der moralisierenden kommunistischen Utopie des 18. Jahrhunderts und dem industriellen Sozialismus eines Saint-Simon.

Die Verschwörung der Gleichen war der erste Versuch, den Kommunismus Wirklichkeit werden zu lassen. Im Winter des Jahres IV (1795–1796) gelangte Babeuf, den das Direktorium bald auf eine Tätigkeit im Untergrund eingeengt hatte, angesichts der Unfähigkeit der Regierung und der entsetzlichen Misere des Volkes zu der Auffassung, das gesellschaftliche Gebäude mit Gewalt niederzureißen. Um eine dem Kommunismus ergebene Minderheit gruppierten sich in der Verschwörung Panthéonisten, frühere Jakobiner, wie Amar, Drouet, Lindet, deren Ziele im wesentlichen politisch bestimmt blieben. Buonarroti hingegen, früher Kommissar des Wohlfahrtsausschusses auf Korsika, wo die Bauerngemeinden noch lebendig waren, und dann in Oneglia in Italien, selbst immer noch glühender Robespierrist, hatte beträchtlichen Anteil an der Ausarbeitung des kommunistischen Programms der Verschwörung und an ihrer politischen Organisation. Am 10. Germinal IV (30. März 1796) bildete man ein *Aufstandskomitee*, dem neben Babeuf Antonelle, Buonarroti, Darthé, Félix Lepeletier und Sylvain Maréchal beitraten. Die Propaganda griff um sich, gelenkt von jeweils einem Agenten in jedem der zwölf Pariser Arrondissements. Die Umstände waren günstig, immer noch wütete die Inflation.

Die politische Organisation der Verschwörung bedeutete einen Bruch mit den bislang im Rahmen der Volksbewegung angewandten Methoden. Im Mittelpunkt stand eine Führungsgruppe, die sich auf eine kleine Zahl erprobter Kämpfer stützte; dann der Kreis der Sympathisanten, Patrioten und Demokraten im Sinne des Jahres II, die nicht im Verborgenen arbeiteten und das neue revolutionäre Ideal offenbar nicht teilten; schließlich die Volksmassen selbst, die es mitzureißen galt. Eine meisterhaft organisierte Verschwörung, bei der aber das Problem der notwendigen Verbindung mit den Massen augenscheinlich unzureichend gelöst war. So bildete sich neben dem traditionellen Volksaufstand die Lehre von der revolutionären Diktatur heraus, die Marat vorausgeahnt hatte, ohne sie allerdings genau bestimmen zu können: Wenn der Aufstand zur Machtübernahme geführt hat, ist es naiv, sich in dieser Frage einer nach den Prinzipien der politischen Demokratie gewählten Versammlung zu unterwerfen, selbst wenn diese nach dem allgemeinen Wahlrecht gewählt wurde; es ist unverzichtbar, die Diktatur einer revolutionären Minderheit solange aufrechtzuerhalten, bis die Gesellschaft umgestaltet und die neuen Institutionen eingerichtet sind. Von Buonarroti ging diese Vorstellung über auf Blanqui, und wahrscheinlich knüpfte die leninistische Lehre und Praxis der Diktatur des Proletariats an den Blanquismus an.

Das Direktorium spaltete sich gegenüber der babouvistischen Propaganda. Barras suchte Ausflüchte und schonte die Gegner; Reubell zögerte, durch eine antijakobinische Unterdrückung dem Royalismus in die Hände zu spielen. Carnot, der wegen seiner autoritär-konservativen Haltung endgültig ins Lager der Reaktion eingeschwenkt war, zögerte nicht. Auf seine Initiative wurde das allgemeine Polizeiministerium Merlin de Douai genommen und Cochon übertragen; am 27. Germinal (16. April 1796) dekretierten die Kammern die Todesstrafe für alle, die für »die Wiederherstellung des Königtums oder der Verfassung des Jahres 1793 . . ., oder für die Plünderung und Aufteilung des privaten Eigentums unter dem Namen des Ackergesetzes« wirkten.

Babeuf setzte unterdessen seine Vorbereitungen fort. Er nahm Fühlung mit einem Komitee aus Konventsabgeordneten auf, das sich zu gleicher Zeit gebildet hatte, und verständigte sich mit ihnen am 18. Floréal (17. Mai); sie sollten Mitglieder der auf Vorschlag des Aufstandskomitees gewählten neuen Versammlung werden. Aber bereits am 11. Floréal (30. April) war die für den Aufstand gewonnene Polizeilegion aufgelöst worden. Obendrein hatte einer von Babeufs Militäragenten, Grisel, die Verschwörer bei Carnot denunziert. Babeuf und Buonarroti wurden am 21. Floréal IV (10. Mai 1796) festgenommen, und alle ihre Papiere wurden beschlagnahmt. Die Verhaftungen häuften sich, da die Staatslenker und die Bourgeoisie noch einmal von Angst ergriffen wurden.

Der Versuch, im Lager von Grenelle die Armee in den Aufstand zu führen, schlug in der Nacht vom 23. zum 24. Fructidor IV (9. zum 10. September 1796) fehl. Es war das Werk von Männern des Jahres II, von Jakobinern und Sansculotten, offensichtlich mehr Opfer der von Carnot und Cochon eingefädelten Polizeiprovokation als im eigentlichen Sinne Babouvisten: von den in dieser Sache inhaftierten 131 Personen zählte man lediglich sechs Abonnenten des *Tribun du peuple* von Babeuf. Eine im Temple sitzende Militärkommission ließ dreißig der Angeklagten erschießen, eine Maßnahme, die das Kassationsgericht später für ungesetzlich erklären sollte.

Der Prozeß von Vendôme fand erst im Jahre V statt. Barras hätte es vorgezogen, die Verfolgungen einzuschränken, desgleichen auch Leute wie Sieyes, die fürchteten, dem Royalismus in die Hände zu arbeiten. Carnot erwies sich als unversöhnlich und zog das Direktorium mit. In der Nacht vom 9. auf den 10. Fructidor (26.–27. August 1796) wurden die Verschwörer in vergitterten Käfigen nach Vendôme gebracht, ihre Frauen, darunter die von Babeuf und sein ältester Sohn, folgten dem Zug zu Fuß. Der Prozeß wurde erst Ende Februar 1797 vor dem Obersten Gericht eröffnet und dauerte drei Monate. Nach der Verkündung des Todesurteils am 7. Prairial V (26. Mai 1797) versuchten Babeuf und Darthé sich das Leben zu nehmen; blutend wurden sie am nächsten Morgen auf das Schafott geschleppt.

Die Bedeutung der Verschwörung der Gleichen kann nur aus der Entwicklung des 19. Jahrhunderts erfaßt werden: in der Geschichte des Direktoriums war sie nur eine Randerscheinung, wenn sie auch die politische Konstellation leicht veränderte. Aber zum ersten Male war die kommunistische Idee zu einer politischen Kraft geworden: darin liegt die Bedeutung von Babeuf und seinen Bestrebungen für die Geschichte des Sozialismus. In seinem Brief vom 26. Messidor IV (14. Juli 1796) empfahl Babeuf Félix Lepeletier, alle seine »Projekte, Notizen und Entwürfe demokratischer und revolutionärer Schriften« zusammenzutragen und »allen Schülern der Gleichheit« das mitzuteilen, »was die bestechlichen Leute meine Träume nennen«. Buonarroti entsprach diesem Wunsch und veröffentlichte 1828 in Brüssel die Geschichte der *Verschwörung für die Gleichheit, genannt die von*

*Babeuf* (Conspiration pour l'Égalité dite de Babeuf): ein Werk, das weitreichenden Einfluß auf die revolutionäre Theorie hatte, und dem es zu danken ist, daß der Babouvismus zu einem Glied in der Kette der kommunistischen Idee wurde.

## 4. Royalistischer Druck

Die antijakobinische Unterdrückung, die der Babeuf'schen Verschwörung folgte, warf das Direktorium nach rechts zurück und trug mit dazu bei, die royalistische Gefahr zu erhöhen. Die royalistische Aktion entfaltete sich seit Sommer 1796 auf mehreren Ebenen. Während die von Madame de Staël beratene Benjamin Constant die konstitutionellen Royalisten ermunterte, sich um ein Direktorium als feste Stütze der gesellschaftlichen Bewahrung zu scharen, setzte im Süden, wo der Royalist Willot zum Befehlshaber der Militärdivision Marseille ernannt war, der Weiße Terror von neuem ein. Unter dem Druck der Rechten beschlossen die Kammern, wenn sie auch an der Amnestie vom 4. Brumaire IV (26. Oktober 1795) zugunsten der ehemaligen Terroristen festhielten, daß die Amnestierten von allen Staatsämtern auszuschließen waren (14. Frimaire V – 4. Dezember 1796). Dieses Gesetz setzte außerdem denjenigen Artikel des Gesetzes vom 3. Brumaire IV (25. Oktober 1795) außer Kraft, der die Strafgesetze gegen die Priester beibehalten hatte. Diese wurden nicht mehr praktiziert, und in den meisten Gemeinden begann von neuem der religiöse Kult; der Einfluß der Priester konnte sich nur zugunsten der Reaktion auswirken, die ihrerseits den Ausschluß der Jakobiner aus den öffentlichen Ämtern begünstigte. Während Carnot sich zunehmend stärker nach rechts orientierte, näherte sich La Revellière über den Antiklerikalismus Reubell und Barras: die *Triumvirn* begannen sich über den Fortschritt der Royalisten zu beunruhigen.

Das anglo-royalistische Komplott bewies in der Tat zum gleichen Zeitpunkt, daß die Rechte sich nicht mit der Republik abfinden wollte, vielmehr weiterhin auf die gewaltsame Machtergreifung hinarbeitete. Der Prätendent Ludwig XVIII., der nach Blankenburg zum Herzog von Braunschweig geflüchtet war, widersetzte sich jedem Zugeständnis: so entfaltete sich die royalistische Aktion in zwei Richtungen, der konstitutionellen und der absolutistischen. In Paris selbst leitete deren führender Vertreter, der Abbé Brottier, eine Agentur, die über Verbündete bis hinein in die Leibwache des Direktoriums verfügte. Im Verlauf des Sommers 1796 gründete die Agentur eine Vereinigung der *Freunde der Ordnung* (Amis de l'ordre), die sich auf eine Gegnerschaft zur Regierung im Rahmen der Verfassung beschränkte, insgeheim aber von der Gruppe der »*Rechtmäßigen Söhne*« (Fils légitimes), Anhänger der gewaltsamen Wiederherstellung des Absolutismus, gesteuert wurde.

Mit Blick auf die bevorstehenden Wahlen verwandelte Dandré, ehemals Mitglied der Konstituante und Anhänger der legalen Aktion, die Vereinigung zu einem *Philanthropischen Institut* (Institut philanthropique). Das Institut besaß Unterabteilungen in zahlreichen Departements, in denen innerhalb der Organisation der gleiche Dualismus zwischen Konstitutionellen als Befürwortern der legalen Maßnahmen und Absolutisten als Anhängern des Gewaltstreichs hervortrat: etwa in Sarthe, wo das Institut von einem Chouan organisiert wurde, und auch in Bordeaux. Das Geld floß aus London über den Mittelsmann Wickham, einen englischen Diplomaten in der Schweiz; damit wurden die Zeitungen subventioniert und die Wahlpropaganda finanziert. Trotz der Verhaftung von Brottier am 11. Pluviôse V (30. Januar 1797) und dem Geständnis eines seiner Komplizen lief die royalistische Propaganda weiter.

In der Tat war das politische und soziale Klima dafür günstig. Emigranten und deportierte Priester kehrten massenweise zurück. Die religiöse Frage bildete seit je ein besonderes Feld für die Reaktion. Zahlreiche Republikaner wie auch Eidverweigerer bekräftigten die Unvereinbarkeit von römischem Katholizismus und Republik; die konstitutionelle Kirche sah ihren Einfluß schwinden, und die *Theophilanthropie*, eine neue Form des Dekadenkults, der zu Beginn 1797 mit Unterstützung La Revellière's gestiftet wurde, erreichte nur eine Minderheit aufgeklärter Bürger. Ganz besonders profitierte die reaktionäre Bewegung von der Finanzkrise und den daraus entstehenden Schwierigkeiten.

Die finanzielle Lage war infolge der Entwertung des Territorialmandats und der Rückkehr zum Metallgeld desolat. Auf die Inflation folgte die Deflation: das Münzgeld wurde knapp und die Preise fielen, insbesondere wegen der guten Ernte 1796. So kam es zumindest zu einer gewissen Besserung der elenden Lage des Volkes. Aber der Krieg dauerte an. Vergebens bemühte sich das Direktorium um einen ausgeglichenen Haushalt. Die Kammern widersetzten sich jedem Versuch, die Finanzen erfolgreich zu ordnen und verfolgten damit politische Nebenabsichten. Die Steuern waren zu spät verabschiedet worden: die Grundsteuer am 18. Prairial V (6. Juni 1797) für das laufende Jahr, die Mobiliarsteuer am 14. Thermidor (2. August). Man folgte nicht dem Vorschlag des Direktoriums, in jedem Departement eine Agentur, besetzt mit Staatsbeamten, für die direkten Steuern zu bilden. Das Direktorium schlug die Wiedereinführung von bestimmten indirekten Steuern, und zwar auf Pulver, Salpeter und Salz, vor: der Rat der Fünfhundert stimmte ihr zu, der Rat der Alten lehnte sie ab. Um einen größeren Gewinn aus dem Verkauf der Nationalgüter zu ziehen, ging man am 16. Brumaire V (6. November 1796) wieder zu den Versteigerungen über, der Erlös war unbedeutend.

Finanzielle Notlösungen setzten sich durch. Die Requisitionen wurden beibehalten, um die Armee mit Getreide, Futter und Pferden zu versorgen: sie waren in Bons zahlbar, die man bei der Steuerzahlung und beim Verkauf der Nationalgüter eingenommen hatte. Wie die Thermidorianer nach der Aufgabe der Wirtschaftslenkung, so war das Direktorium jetzt auf die Hilfe der Finanzleute, Bankiers und Heereslieferanten angewiesen – und war ihnen ausgeliefert. Nachdem es vielfache Ausflüchte gesucht hatte und als Unterpfand die Krondiamanten, darunter den *Régent*, weggegeben oder die *batavischen Staatsschuldscheine* (rescriptions batavies), d. h. die nach dem Vertrag von Den Haag von Holland geschuldeten Kriegsentschädigungen, abgetreten hatte, wurde das Direktorium durch das Gesetz vom 16. Brumaire V (6. November 1796) ermächtigt, die Nationalgüter als Zahlungsmittel zu gebrauchen: auf diese Weise erwarb einer dieser Lieferanten 600 Hektar im Departement Nord. Bald ging man dazu über, den Gläubigern eine bestimmte Art von Staatseinnahmen zu überlassen, was sozial bedeutete, daß man unter dem Namen *Delegationen* zu den Praktiken der *Antizipationen* des Ancien Régime zurückkehrte. Dazu zählten auch die Holzschläge in den Staatswaldungen oder der Steuerertrag eines bestimmten Departements oder der Ertrag aus dem Verkauf der bei Livorno beschlagnahmten englischen Waren zugunsten der Gesellschaft Flachat, die die Armee in Italien versorgte.

Die Korruption griff um sich, ermuntert von solchen Praktiken, von der Schwäche der Regierung, der Käuflichkeit einer Minderheit von Politikern, für die der Name Barras steht, in Verbindung mit dem Finanzier Ouvrard, mit Fouché und Talleyrand. So bereicherte sich der eine, indem er auf Salz spekulierte, der andere durch Spekulation auf die Nationalgüter. Dem entsprach der moralische Verfall, was den Beobachtern um so mehr auffiel, als dies mit dem spartanischen Verhalten der Republik im Jahre II kontrastierte. Freilich betraf es nur eine wohlhabende und untätige Minderheit, für die der hemmungslose Genuß aller Freuden Lebensgesetz war und die man mit einer übertriebenen Verallgemeinerung die »Gesellschaft des Direktoriums« genannt hat: etwas zynischer und mit weniger pompösem Dekor kündigten sich bereits die Sitten der kaiserlichen großen Gesellschaft an. In der Regierung gehörten zwei Männer zu dieser zerrütteten Gesellschaft: Barras, ein ehemaliger Graf, und Talleyrand, ehemals Bischof. Um sie gruppierten sich die Geschäftsleute, die »Dienstleistenden«, Bankiers, Lieferanten, Börsianer und Spekulanten, Nutznießer des Systems, aber allesamt bereit, es für ein anderes aufzugeben, wenn es ihnen ihr Vermögen garantierte.

In allen gesellschaftlichen Schichten brachte sich das Regime in Mißkredit. Die Beamten wurden, wenn überhaupt, nur sehr unregelmäßig besoldet. Die öffentlichen Behörden arbeiteten aus Mangel an finanziellen Mitteln kaum noch. Um den Staatshaushalt zu entlasten, hatte das Direktorium die Gerichte, die zentralen Schulen und die öffentliche Fürsorge den lokalen Behörden unterstellt: aber deren Finanzen waren ebenso zerrüttet wie die der Regierung. Die Renten wurden, wenn die Regierung die Mittel dazu besaß, zu einem Viertel in Münzgeld, zu drei Vierteln aber in Bons bezahlt, die nur Gültigkeit bei der Steuerentrichtung oder dem Kauf von Nationalgütern besaßen und von Spekulanten zu Spottpreisen aufgekauft wurden. Die Unfähigkeit des Direktoriums in der Finanzfrage verstärkte die Unzufriedenheit und arbeitete der royalistischen Opposition in die Hände, während die Wahlen des Jahres V vor der Tür standen.

## II. DER EROBERUNGSKRIEG (1796–1797)

Der neue Charakter des Krieges, der seit dem Sturz der revolutionären Regierung und dem Scheitern ihrer nationalen Verteidigungspolitik deutlich zutage trat, verfestigte sich unter dem ersten Direktorium. Die Kriegsanstrengungen wurden nicht mehr von einer gelenkten Wirtschaft gestützt – diese war dem freien Unternehmen und dem freien Profit übergeben –, und die materielle Ausstattung der Armeen verschlechterte sich, was auf lange Sicht nicht ohne Rückwirkungen auf ihren Kampfgeist blieb. Und dies um so mehr, als die Generale, auf denen nicht mehr das Gleichheitsprinzip der Revolutionsregierung und des Terrors lastete, das Joch der exekutiven Gewalt abwarfen und ihren Ambitionen freien Lauf ließen. Von hier aus betrachtet stellte die Italienpolitik Bonapartes eine schroffe Wende dar: die Erfordernisse der Nation wurden ersetzt durch abenteuerliche Ziele persönlichen Ehrgeizes. Eine um so gefährlichere Abweichung, als sie sich mit der Gloriole des erfolgreichen Siegers schmücken konnte.

### 1. Die Armee unter dem ersten Direktorium

Die Zerrüttung der Armee griff unter dem Direktorium, das auf diesem Gebiet wie auf anderen ganz einfach die thermidorianische Politik fortsetzte, weiter um sich. Die Entwertung des Papiergeldes, das Unvermögen der Regierung in Finanzfragen und die Veruntreuungen der Lieferanten beeinflußten die Haltung der Soldaten, deren Ernährung, Kleidung und Besoldung mangelhaft waren. Der klägliche Zustand der Truppe wirkte sich seinerseits auf den Bestand aus. Dienstverweigerung und Fahnenflucht höhlten von nun an die Armeen der Republik gefährlich aus. Während die Fünfhundert eine Kommission zur Ausarbeitung eines Strafgesetzes einsetzten, enthüllte der Rat Dupuis am 19. Brumaire IV (10. November 1795) die tieferliegenden Gründe der Misere: »Euren Feinden kommt die Raserei der Reaktionäre zugute, für die alle prinzipiell auf die Eindämmung des Übels abzielenden Zwangsmaßnahmen gleich Akte des Terrorismus sind; und allein dieser Begriff hat Europa mehr geholfen als seine gewaltigsten Waffen. Bei meinen Reisen durch mehrere Departements der Republik habe ich beobachtet, wie desertierende Truppen ebenso ungestört wie ich auf der Straße marschierten, ohne daß jemand sich verpflichtet gefühlt hätte, sie zu verhaften oder die Gesetze gegen die Fahnenflucht anzuwenden. Was sage ich! ich habe erfahren, daß oftmals die Eltern der Deserteure Bürgermeister oder städtische Beamte waren ... Vielleicht erschien ihnen auch eine entschiedene Mitwirkung am Gesetzesvollzug nicht ganz ungefährlich, weil sie fürchteten, Opfer jener schauderhaften Reaktion zu werden, die Frankreich mit so vielen Leichen bedeckt hat.« Damit waren die Wurzeln der Misere bloßgelegt. Erfüllt von zähem Haß gegen alle Erinnerungen des Jahres II und auf Schonung der Reaktion bedacht, um die Volksbewegung im Griff zu halten, war das Direktorium wie der thermidorianische Konvent unfähig, das Übel zu bannen.

Zur gleichen Zeit wandelte sich die moralische Verfassung der Armee. Gewiß blieben die Eindrücke des Jahres II in ihren Reihen lebendig, ebenso wie die Feindschaft gegen Cidevants oder Priester und der Haß gegen das Königtum. Aber die Flamme wurde nicht mehr geschürt, und die revolutionäre Begeisterung erlosch; die Truppe war für die großen Ideen der Männer des Jahres II durchaus empfänglich, konnte aber den Wendungen direktorialer Politik und deren Kompromissen ebensowenig folgen wie für die mittelmäßigen Konzeptionen der Notabeln sich begeistern. Die Kluft zwischen Armee und Regime vertiefte sich, eine Mißachtung des Zivillebens kam auf; aus dieser Zeit stammt der Begriff des *Spießbürgers* (pékin), der zu Beginn des Kaiserreiches in aller Munde war. Es lag allerdings in der Natur der militärischen Einrichtungen, daß der demokratische Gedanke sich noch behauptete: zwar waren die demokratischen Praktiken wie die Wahl der Offiziere und die Geschworenen der Militärgerichtsbarkeit abgeschafft; Bildung aber zählte immer noch wenig beim Aufstieg in höhere Ränge und wurde durch praktischen Verstand und noch mehr durch Tapferkeit ersetzt. Wenn der gemeine Soldat tapfer war, konnte er hoffen, schnell in die höchsten Ränge aufzusteigen. Dadurch wurden allerdings Ehrgeiz und Abenteurertum gefördert.

Der nationale Gedanke, der bislang die Armeen vorwärtsgetragen hatte, erhielt in der Tat einen neuen Klang. Da seit dem Massenaufgebot die Bestände nicht erneuert und die Armeen durch die Eroberungszüge von Frankreich weggetrieben waren, lösten sich allmählich die Soldaten vom übrigen Teil der Nation. Die Truppe, die auf fremdem Boden lagert und notwendig zur Berufsarmee geworden ist, orientiert sich jetzt an ihren Generalen. Die Hingebung an die Nation wurde langsam von der Ergebenheit gegenüber dem Anführer, von Abenteuergeist und bald von Plünderei abgelöst. Im Jahre II hatte man alles getan, um die Verbindung zwischen Armee und Volk aufrechtzuerhalten und zu verstärken. Saint-Just hatte in seiner Rede am 12. Februar 1793 erklärt, daß der Sieg nur »in dem Maße, wie der republikanische Geist in die Armee eindringt«, erwartet werden kann. Am Vortage seines Italienfeldzuges erklärte Bonaparte in seiner *Proklamation vom 26. März 1796:*

»Soldaten, ihr seid nackt und schlecht genährt. Ich will euch in die fruchtbarsten Ebenen der Welt führen. Reiche Provinzen und große Städte werden in euren Händen sein, ihr werdet dort Ehre, Ruhm und Reichtum finden.«

Der Patriotismus verlor seinen republikanischen und humanen Inhalt. Zum Vorschein kam der Nationalismus; auf die bürgerlichen Tugenden und die revolutionäre Begeisterung folgten schnell die Verachtung des Auslands, das Streben nach militärischem Ruhm und nationale Eitelkeit. Marie-Joseph Chénier besang bald »die *Große Nation* (Grande Nation), zu siegen gewohnt«; ein Ausdruck, der Stolz hervorrief, der am Ende des Direktoriums geläufig war und den das Kaiserreich einsegnete.

Das vom Wohlfahrtsausschuß im Jahre II geschmiedete Kriegsinstrumentarium wurde noch nicht wieder erreicht – im Vergleich mit den traditionellen Armeen der Koalition zu Beginn des Feldzuges von 1796. Um seine Autorität bei Generalen und Armeelieferanten von neuem zu bestärken, berief das Direktorium nach dem Vorbild der Konventskommissare (représentants en mission) *Armeekommissare.* Eine vergebliche Vorsichtsmaßregel. Denn weder die Kommissare noch das Direktorium verfügten gegenüber den Generalen über die *Zwangsgewalt.* Deren Rolle war entscheidend geworden, wobei die militärische Begabung Bonaparte an die Spitze trug. Wenn diese Begabung auch bei der Erarbeitung strategischer Prinzipien sowie der Aufstellung und dem Einsatz taktischer Verbände voll zutage trat, so blieb er doch im übrigen dem revolutionären Erbe treu: er erneuerte die Kunst der Kriegführung, bediente sich dabei aber der von der Revolution geschaffenen nationalen Armee.

## 2. Bonaparte in Italien (1796–1797)

Die Koalition war seit den Verträgen von 1795 im wesentlichen auf England und Österreich zusammengeschmolzen. Ohne Zweifel hätte Österreich, dessen militärische und finanzielle Lage nicht gerade glänzend war, das linke Rheinufer aufgegeben, wenn es sicher gewesen wäre, ähnliche Entschädigungen zu erhalten, wie sie Preußen im Vertrag von Basel zugesagt waren.

Was England betrifft, so war es von einer ökonomischen und finanziellen Krise mit möglicherweise schweren politischen und sozialen Rückwirkungen bedroht und zu einem militärischen Unternehmen auf dem Kontinent nicht in der Lage, obwohl es ihm seit alters her mißfiel, Frankreich in den Niederlanden zu sehen.

Die Außenpolitik des Direktoriums wurde allerdings von vorneherein durch die Vorstellung der als unantastbar angesehenen *verfassungsmäßigen Grenzen* (limites constitutionelles) eingeschränkt: der Artikel 332 der Verfassung des Jahres III untersagte jede »Veräußerung von Gebieten der Republik«, wobei die Einverleibung Belgiens, und mit größerem Recht diejenige Avignons und Savoyens, als durch die Volksabstimmung ratifiziert angesehen wurden. Blieb noch das linke Rheinufer. Carnot, ganz im Schlepptau der Rechten, plädierte für die allerdings abgeänderten *alten Grenzen* (anciennes limites); Reubell, der für Außenpolitik zuständig war, sprach sich für die *natürlichen Grenzen* (limites naturelles) aus, mithin für die Annexion; er wollte jenseits der natürlichen Grenzen Pfänder nehmen, um von einer Position der Stärke aus zu verhandeln; ihm schloß sich das Direktorium an. Allerdings kam es noch darauf an, sich nicht von den Gesetzen der Eroberung fortreißen zu lassen, wenn man diese Bedingungen Österreich und England auferlegen wollte.

Der von Carnot ausgearbeitete Feldzugsplan von 1796 maß den Operationen in Süddeutschland eine entscheidende Rolle zu: die Sambre-Maas-Armee unter Jourdan und die Rhein-Mosel-Armee unter Moreau sollten auf Wien marschieren, während die weniger wichtige Alpenarmee unter Kellermann und die Italienarmee unter Schérer Piémont und der Lombardei sich bemächtigen und diese als Unterpfand festhalten sollten. Eine aus Irland kommende Armee unter dem Kommando von Hoche, die in Brest zusammengezogen war, sollte England bedrohen. Im letzten Moment, am 12. Ventôse IV (2. März 1796), ersetzte das Direktorium Schérer durch Bonaparte: dadurch wurden dessen militärische und politische Pläne umgestürzt.

Napoléon Bonaparte wurde am 15. August 1769 in Ajaccio geboren; er entstammte einer kleinadligen Familie, die Frankreich verbunden war. 1779 war er Stipendiat am königlichen Kolleg in Autun, 1784 an dem in Brienne, das bis 1784 zur Pariser Militärschule gehörte, von 1784 bis 1785 Hofkadett an der Militärschule (École militaire), aus der er bei der Abschlußprüfung als 42. von 58 als Unterleutnant der Artillerie im September

1785 mit sechzehn Jahren ausschied. Von Valence bis Auxonne, dann wieder in Valence, führte er das Leben eines kleinen Garnisonsoffiziers, arm und ohne große Aussichten. 1789 war er Patriot, aber korsischer Patriot, und nahm während seiner häufigen Aufenthalte auf der Insel zwischen 1789 und 1793 aktiv an der dortigen politischen Bewegung unter Paoli teil. Als ein Bonaparte war er in den Augen Paolis verdächtig und mußte die Insel im Juni 1793 verlassen, als letzterer mit dem Konvent gebrochen und die Engländer um Hilfe gerufen hatte. Als Batteriechef in der Italien-Armee bewährte sich Bonaparte im Juli 1793, nach Avignon zur Organisierung der Pulvertransporte geschickt, als aufrechter Montagnard und Jakobiner. Er schrieb in der Form des Dialogs das *Souper von Beaucair*, das im August 1793 in Avignon auf Staatskosten gedruckt wurde: ein *Militär*, er selbst, unterhält sich mit einem Bürger von Nîmes, einem Fabrikanten aus Montpellier und einem Händler aus Marseille. Der girondistisch eingestellte Marseiller soll davon überzeugt werden, daß »die Sache der Bergpartei eine nationale«, daß der Konvent »Mittelpunkt der Einheit« ist und daß »die gerade entstehende Republik, umgeben von einer schaurigen Koalition, welche sie in der Wiege zu ersticken droht«, gerettet werden muß. Damit gab er seine Heimat Korsika und die Träume einer unabhängigen Insel auf; Bonaparte gliederte sich in die revolutionäre Nation ein. Sein Landsmann Salicetti, Konventskommissar, übertrug ihm das Artilleriekommando bei der Belagerung Toulons am 17. September 1793; in mehrfacher Hinsicht spielte er die entscheidende Rolle; am 19. Dezember wurde die Stadt zurückerobert, am 22. war Bonaparte Brigadegeneral; Augustin Robespierre, Konventskommissar bei der Italien-Armee, förderte ihn; er lobte »die ungewöhnliche Tapferkeit des Bürgers Bonaparte« in einem Brief an seinen Bruder Maximilien vom 16. Germinal II (5. April 1794).

Der Thermidor stellte alles in Frage. Am 18. (5. August 1794) gelangte die Nachricht von den Ereignissen nach Nizza: am nächsten Tag wurde Bonaparte von den Konventskommissaren seines Kommandos enthoben und als Robespierrist im Fort-Carré von Antibes gefangengesetzt. Nach seiner Befreiung am 3. Fructidor (20. August) wurde er wieder in seine Ämter eingesetzt. Seine Karriere wurde jedoch von dem zurückgekehrten Girondisten Aubry, einem militärischen Berichterstatter des Konvents, unterbrochen, der »seine verfrühte Beförderung und seinen hemmungslosen Ehrgeiz« kritisierte. Dennoch wurde Bonaparte im März 1795 der Artillerieoberbefehl der Westarmee angeboten: er lehnte ab. Auch die Ernennung zum Infanteriegeneral in dieser Armee im Juni nahm er nicht an.

Von nun an trat der Citoyen hinter dem Abenteurer, der seinen Weg suchte, zurück, als ob das Mißgeschick des Thermidor seine politische Geradlinigkeit gebrochen hätte: bald kannte Bonaparte nur noch das Gesetz seiner Karriere. Einige Monate lang ging es ihm sehr schlecht. Der Vendémiaire spülte ihn wieder nach oben. Seine Rolle bei den Ereignissen des 13. (5. Oktober 1795) trug ihm den Beinamen »General Vendémiaire« ein, und seine Beförderung war jetzt durch Barras gesichert: am 16. Oktober wurde er Divisionsgeneral, am 26. wurde er zum Armeechef im Inneren ernannt. In jener Zeit entstand die Beziehung Bonapartes zu Joséphine Tascher de La Pagerie, einer um sechs Jahre älteren Witwe des Grafen von Beauharnais, der 1794 guillotiniert worden war; nach Barras' in seinen *Memoiren* geäußerten Ansicht war sie schon etwas verblüht, aber immer noch verführerisch und sehr erfahren. Der erste Brief an die »sanfte, unvergleichliche Joséphine« datiert vom 28. Oktober 1795. Eine leidenschaftliche Liebe, über deren Charakter die während des Italienfeldzuges geschriebenen Briefe, die man zitieren müßte, keinen Zweifel lassen. »Es ist nicht anzunehmen«, schreibt Georges Lefebvre, »daß Bonaparte von ihrer [Joséphines] Beziehung mit Barras nichts wußte, und daß der Einfluß, den sie hatte, ihm nicht zustatten kam.«

Am 2. März 1796 wurde Bonaparte zum Oberbefehlshaber der Italien-Armee ernannt, womit er Schérers Platz einnahm; am 9. fand seine bürgerliche Hochzeit mit Joséphine de Beauharnais statt; zwei Tage später reiste er von Paris in sein Hauptquartier Savona, an der Riviera bei Genua, ab.

Der Italienfeldzug entschied über den Ausgang des Krieges mit Österreich. Die Pläne dafür waren bereits im Jahre II vom Wohlfahrtsausschuß entworfen worden: Piémont sollte matt gesetzt und die Lombardei gewonnen werden, um dann quer über die Alpen direkt auf Wien zu marschieren. Bonaparte unternahm die Operation mit 38 000 Mann, 48 000 Goldfranken und 100 000 Franken in Wechseln, die nicht alle angenommen wurden. Die Operationen wurden außergewöhnlich schnell abgewickelt.

In Piémont nach ungefähr zwölf Tagen angelangt, trennte Bonaparte in den Gefechten bei Montenotte (12. April 1796), Millesimo und Mondovi (21. April) die 35 000 Österreicher unter Beaulieu von den 12 000 Piemontesen unter Colli und zwang letztere, sich zur Verteidigung Turins zurückzuziehen. Am 28. April unterzeichnete der König von Sardinien den Waffenstillstand von Cherasco. Am 15. Mai 1796 trat er im Vertrag von Paris Savoyen und die Grafschaften Nizza, Tenda und Beuil an Frankreich ab. In der Lombardei wandte sich Bonaparte bei der Verfolgung Beaulieus, der sich in das Gebiet zwischen dem Po und dem Tessin zurückgezogen hatte, nach Süden, überquerte bei Piacenza den Po, vernichtete den Feind an der Brücke von Lodi über die Adda (10. Mai) und zog am 15. Mai 1796 in Mailand ein. Die Welt erfuhr, so sollte Stendhal in der *Kartause von Parma* (La Chartreuse de Parma) schreiben, »daß nach so vielen Jahrhunderten Caesar und Alexander einen Nachfolger hatten«. Am 30. Mai überquerte Bonaparte den Mincio und begann mit der Belagerung Mantuas. Die Herzöge von Parma und Modena hatten einen Waffenstillstand unterzeichnet, Bologna ergab sich den Franzosen, und der Papst willigte am 23. Juni in eine Vereinbarung ein. Den eroberten Ländern wurden drückende Kriegsentschädigungen auferlegt, was einen Teil der Bevölkerung gegen den Eroberer aufbrachte; als einzige stellten sich die italienischen Jakobiner als Anhänger einer Einheitsrepublik hinter Frankreich. Das Direktorium aber wollte sich nur des Unterpfandes bemächtigen, um aus einer starken Position heraus verhandeln zu können. Inzwischen sollten die besetzten Länder ausgeplündert werden. Bonaparte soll aus Italien etwa fünfzig Millionen herausgeholt haben, von denen das Direktorium zehn erhielt. Unterdessen hielten die Österreicher immer noch Mantua, das Tor zur Alpenstraße. Nach viermaliger Wiedereinnahme der Stadt versuchten die von den Alpen her eindringenden österreichischen Armeen, sie zu entsetzen. Aber die Armee unter Wurmser wurde am 5. August bei Castiglione und am 8. September bei Bassano geschlagen. Und die Armee unter Alvinczy wurde nach den schweren Kämpfen bei Arcole vom 14. bis 17. November zurückgeworfen und dann bei Rivoli am 14. Januar 1797 geschlagen. Mantua kapitulierte am 2. Februar. Der Weg nach Wien war frei.

Der Feldzug nach Deutschland hatte nicht die entscheidenden Erfolge gebracht, die das Direktorium erwartete. Die Armeen unter Jourdan und Moreau, denen die Hauptaufgabe zufiel, sollten durch das Donautal Wien erreichen. Am 31. Mai 1796 hatte Jourdan den Rhein überquert: doch Erzherzog Karl warf ihn zurück. Als aber Wurmser, der Moreau gegenüberstand, im Gefolge der Siege Bonapartes nach Italien zurückkehrte, nahmen die Franzosen die Offensive gegen den Erzherzog wieder auf. Moreau überquerte am 24. Juni den Rhein und erreichte München, während Jourdan Köln und dann Frankfurt besetzte und im August bis zur böhmischen Grenze vorstieß. Aber die französischen Armeen konnten sich nicht vereinigen. Erzherzog Karl nutzte dies aus, um sie einzeln anzugreifen, und zwang zunächst Jourdan, der zweimal im Maintal geschlagen wurde, Ende September 1796 über den Rhein zurück. Ohne Deckung mußte nun Moreau zurückweichen; als der Erzherzog versuchte, ihm den Rückweg abzuschneiden, zog er sich in die Schluchten des Schwarzwaldes zurück; am 26. Oktober 1796 überschritt er bei Hüningen den Rhein. Im Laufe des Winters gingen die Brückenköpfe Kehl und Hüningen verloren.

Die Expedition nach Irland unter dem Oberbefehl von Hoche scheiterte zum gleichen Zeitpunkt: die französische Flotte war im Dezember 1796 ausgelaufen und wurde bei einem Sturm schwer angeschlagen. Im Januar 1797 ordnete das Direktorium die Beschlagnahme der englischen Waren auf dem gesamten französischen Territorium an. Die ökonomische Lage Englands verschlimmerte sich, was die Verhandlungsbereitschaft förderte: von Oktober bis Dezember 1796 fanden bereits in Lille Gespräche statt, die auf englischer Seite von Malmesbury geführt wurden; an der belgischen Frage scheiterten sie dann.

Am Vorabend des Feldzuges von 1797 blieb also die Italien-Armee die stärkste Hoffnung des Direktoriums. Bonaparte hatte die Befriedung der eroberten Länder abgeschlossen. In völliger Mißachtung der Anweisungen des Direktoriums hatte er am 16. Oktober 1796 die Gebiete Modenas und die dem Papst entrissenen Legationen zur *Cispadanen Republik* erklärt. Am 19. Februar 1797 unterzeichnete er mit Pius VI. den Vertrag von Tolentino: während das Direktorium ihm aufgetragen hatte, die weltliche Macht des Papstes zu zerstören, begnügte sich Bonaparte neben einigen Millionen mit der Abtretung Avignons und der Grafschaft Venasque sowie dem Verzicht auf die Legationen. Seine Politik nahm zunehmend persönliche Züge an.

Am 20. März 1797 wurde die Offensive gegen die Österreicher, die jetzt unter dem Oberbefehl des Erzherzogs Karl standen und zahlenmäßig verstärkt waren, wieder aufgenommen. Bonaparte erzwang den Übergang bei Tagliamento und nahm dann den Tarvis-Paß; Massénas Vorhut stieß bis zum Semmering vor.

Zur gleichen Zeit, am 16. April 1797, überquerte in Süddeutschland die Sambre-Maas-Armee unter Hoche's Kommando den Rhein und siegte am 18. bei Neuwied, nahe bei Köln. Moreau rückte mit seinen Truppen vor. Aber an jenem 18. April 1797 hatte Bonaparte bei Leoben in der Steiermark mit Österreich sowohl einen Waffenstillstand wie auch einen Präliminarfrieden unterzeichnet: so sehr fürchtete der Sieger von Italien, auf Eroberungen bedacht, daß man ihm bei den Friedensverhandlungen zuvorkommen könnte.

Der Präliminarfrieden von Leoben besiegelte den Triumph der Italienpolitik Bonapartes, – die natürliche Grenze des Rheins aber war damit gesichert. Die innenpolitische Entwicklung zwang das Direktorium, sich diesem fait accompli zu beugen.


## III. FRUCTIDOR UND CAMPOFORMIO (1797)

Die innenpolitische Lage nach dem royalistischen Wahlsieg im Germinal V und die verstummte öffentliche Meinung lieferten das Direktorium auf Gedeih und Verderb den Generalen aus; von seiner Struktur her war ihm der Weg versperrt, das Volk zur Rettung der Republik aufzurufen. Die Orientierung der Außenpolitik hing notwendigerweise von der Lösung ab, mit der man die innere Krise beendete. Die Koalitionsmächte waren sich dieser Lage bewußt und zogen die Unterhandlungen in die Länge, die nach dem Waffenstillstand von Leoben in Udine angelaufen und vom englischen Abgesandten Malmesbury in Lille wieder aufgenommen waren: England und Österreich erhofften günstigere Bedingungen, wenn die royalistische Rechte sich durchsetzen sollte. Dadurch wurde die Solidarität des Direktoriums mit Bonaparte wieder gestärkt. Er konnte nicht damit rechnen, daß royalistische Räte seine Italienpolitik bestätigen würden: am 5. Messidor (23. Juni 1797) wurde er wegen der Affaire von Venedig heftig angegriffen. Wie aber konnte das Direktorium die Forderungen seines Retters abschlagen? In einem Spiel gegenseitiger Pressionen und Konzessionen sind der

Staatsstreich vom Fructidor und der Vertrag von Campoformio auf das engste miteinander verbunden. Der wesentliche Ertrag dieser Politik sollte jedoch Bonaparte zugutekommen.

## 1. Die Wahlen des Jahres V und die Reaktion

Die Wahlen vom Germinal V, die das erste aus den Kammern ausscheidende Drittel zu ersetzen hatten, von denen die Hälfte *ständige Mitglieder* (perpetuels) waren, standen unter royalistischen Vorzeichen – trotz der aufsehenerregenden italienischen Erfolge Bonapartes, von denen das Direktorium eine kurze Zeit lang zu profitieren gehofft hatte. Die Wahlen liefen ordnungsgemäß ab; außer in etwa zehn Departements wurden die Direktorialen vollkommen geschlagen; lediglich elf Konventsmitglieder wurden wiedergewählt, darunter noch mehrere Royalisten. Das neue Drittel verstärkte beträchtlich die monarchistische Rechte.

Sofort formierte sich die Reaktion; zur gleichen Zeit spaltete sich das Direktorium. Reubell, dem sich La Revellière anschloß, sah die Gefahr und wollte der Situation wieder Herr werden, notfalls durch Annullierung der Wahlen. Carnot unterwarf sich dem Votum der Wähler und lehnte dies ab. Barras hielt sich zunächst wie gewöhnlich zurück. Die Kammern konstituierten sich am 1. Prairial (20. Mai 1797) und wählten Barbé-Marbois zum Präsidenten der Alten, Pichegru, der im Jura gewählt war, zum Präsidenten der Fünfhundert. Als das Los auf Letourneur als ausscheidenden Direktor fiel, wurde er am selben Tag durch Barthélemy ersetzt, den Unterhändler der Basler Verträge, einen notorischen Monarchisten. Noch zögerte die Rechte. Sie traf sich im Klub Clichy, ohne zu einer klaren Politik sich durchzuringen. Die *weißen Jakobiner,* die eine sofortige Restauration anstrebten, bildeten nur eine Minderheit; die zahlreichen konstitutionellen Monarchisten lehnten eine gewaltsame Lösung ab; die *der Bauch* genannte Gruppe, ebenfalls royalistischer Richtung, strebte einzelne Reformen an und wollte abwarten. Pichegru, auf den die *weißen Jakobiner* bei einem Staatsstreich rechneten, sah sich außerstande, eine Entscheidung zu treffen.

Maßnahmen im Sinne der Reaktion kamen den Angehörigen der Emigranten, denen jetzt die Staatsämter durch die Aufhebung der Erlasse vom 3. Brumaire IV offen standen, und den Priestern zugute: das Gesetz vom 7. Fructidor (24. August 1797) hob die Strafvorschriften von 1792 und 1793 auf. Immerhin verlangte man weiterhin von den Mitgliedern des Klerus eine Erklärung, sich den Gesetzen zu unterwerfen: die wesentlichen Strafbestimmungen gegen Emigranten blieben in Kraft, und die Staatsämter standen von neuem amnestierten Terroristen offen. In den Departements artete die Reaktion oft in Exzesse aus. Die Abteilungen des Philanthropischen Instituts wurden zahlreicher, die Emigranten kehrten zurück, die geächteten Priester liefen frei herum, und die Käufer der Nationalgüter wurden angegriffen. In der Provence kam es nochmals zu Gewalttaten, und das Direktorium mußte Truppen entsenden. Als die Republikaner versuchten, sich durch Zusammenschluß in *verfassungstreuen Clubs* zur Wehr zu setzen, ließ das Direktorium aus Furcht, jakobinische Tendenzen zu begünstigen, diese von den Kammern am 5. Thermidor (23. Juli 1797) verbieten. Ermuntert von dieser Passivität hatte die Rechte versucht, das Direktorium zur Ohnmacht zu verdammen, indem es ihm seine ganze Finanzgewalt nehmen wollte: die Fünfhundert übertrugen diese am 30. Prairial (18. Juni 1797) dem Schatzamt, das seit langem als konterrevolutionär galt; die Alten verweigerten jedoch ihre Zustimmung.

Der Konflikt zwischen Direktorium und Räten erreichte seinen Höhepunkt, als Barras sich zum Handeln entschloß und Reubell und La Revellière gegen Carnot und Barthélemy unterstützte: seine Option trat klar zutage, als der von Carnot der Rechten zuliebe verlangte Ministerwechsel stattfand. Am 26. Messidor (14. Juli 1797) blieben die den Royalisten verhaßten Merlin und Ramel zwar in ihren Ämtern, aber Talleyrand, von Madame de Staël Barras empfohlen, wurde zum Außen- und Hoche zum Kriegsminister ernannt: eine entscheidende Wahl, denn die Truppen der von Hoche kommandierten Sambre-Maas-Armee marschierten bereits seit mehr als zehn Tagen auf Paris.

### 2. Der Staatsstreich vom 18. Fructidor V (4. September 1797)

Nachdem die Krise zwischen Direktorium und Räten durch die Wahlen im Germinal V aufgebrochen war, konnte sie, da jegliche verfassungsmäßige Prozedur fehlte, nur auf zwei Arten gelöst werden: entweder durch den Aufruf an das Volk wie im

Jahre II oder durch den Appell an die Armee wie am 13. Vendémiaire. Die Struktur dieses Notabelnregimes schloß die erste Lösung aus, der sich La Revellière von Anfang an heftig widersetzte. Blieb die Armee. Bei Bonaparte und Hoche sondierte man, und sie willigten ein. Bonaparte erbrachte im Messidor den Beweis für Pichegrus Verrat: ein unter den Papieren eines royalistischen Agenten aus Antraigues gefundenes Dokument. Hoche setzte am 13. Messidor (1. Juli 1797) seine Truppen auf Paris in Marsch. Das Direktorium sah sich auf Gnade und Ungnade den Generalen ausgeliefert, insbesondere Bonaparte, der die Regierung gegen die Kammern nur unterstützte, um ihr seinen Vorfrieden von Leoben und seine italienische Politik diktieren zu können. Die Kammern waren sich der ihnen drohenden Gefahr bewußt, als sie am 28. Messidor (16. Juli 1797) von der ministeriellen Umbesetzung und der Anwesenheit von Truppen in der für die Armee verbotenen »verfassungsmäßigen Bannmeile« Kenntnis erhielten. Die Anklageerhebung gegen die *Triumvirn*, Barras, La Revellière und Reubell, wurde ins Auge gefaßt; aber Carnot, den der Verrat Pichegrus gewarnt hatte, weigerte sich, an der Restauration mitzuwirken. Während die Kammern am 25. Thermidor (12. August 1797) der Bildung von Elitekompanien der Nationalgarde zum Schutz der Bourgeoisie in den reichen Stadtvierteln zustimmten, beschleunigte das Direktorium seine Vorbereitungen. Bonaparte hatte Augereau das Kommando anvertraut und ihn vorausgeschickt; unter den verschiedensten Vorwänden zogen Truppenteile in Paris ein. »Das Direktorium paktiert nicht mit den Feinden der Republik«, erklärte La Revellière den Gesandten der Cisalpinen am 10. Fructidor (27. August). Die Rechte schien zu Gewaltmaßnahmen entschlossen, während die *Triumvirn* ihre Vorkehrungen trafen.

Am frühen Morgen des 18. Fructidor V (4. September 1797) wurde Paris militärisch besetzt. Pichegru und ein dutzend Abgeordnete wurden inhaftiert und im Temple gefangengesetzt, desgleichen Barthélemy; Carnot konnte flüchten. Es gab überhaupt keinen Widerstand; ein Erlaß erklärte, daß diejenigen, die die Rückkehr zum Königtum oder zur Verfassung von 1793 betrieben, auf der Stelle erschossen werden. Die Räte wurden in der Nacht zusammengetrommelt, und sie verabschiedeten am 19. Fructidor (5. September) die von den *Triumvirn* vorgelegten Ausnahmebestimmungen. In 49 Departements wurden die Wahlen für ungültig erklärt, 177 Abgeordnete wurden ausgeschlossen (ohne Nachrücker), 65 Personen nach Guyana, der »trockenen Guillotine«, deportiert, darunter Carnot, Barthélemy und Pichegru. Verschiedene Abgeordnete, unter anderen Dupont de Nemours, legten ihr Mandat nieder. Die Mehrheitsverhältnisse in den Kammern hatten sich grundlegend verschoben.

Die Strafbestimmungen gegen Emigranten und Priester wurden wieder in Kraft gesetzt: binnen zwei Wochen mußten die Emigranten unter Androhung der Todesstrafe Frankreich verlassen; ihre Verwandten wurden erneut von den Staatsämtern ausgeschlossen und sogar des Wahlrechts beraubt; die deportierten und zurückgekehrten Priester wurden unter Androhung der Deportation nach Guyana ins Exil verwiesen; alle Gottesdienstveranstalter hatten den Haßschwur auf Königtum und Verfassung von 1793 abzulegen. Die oppositionelle Presse wurde hart getroffen, 42 Zeitungen wurden verboten. Auf der anderen Seite wurden die Klubs von neuem zugelassen. Die Machtbefugnisse des Direktoriums wurden erweitert: es erhielt das Recht, Verwaltungen und Gerichte zu säubern und nach Belieben den Belagerungszustand zu verhängen.

Der Staatsstreich vom 18. Fructidor versetzte dem mit der Verfassung des Jahres III errichteten System der liberalen Republik einen heftigen Stoß. Die rechte Opposition war dezimiert, aber die gedemütigte Legislative wartete erbittert auf eine Gelegenheit zur Rache. Die *Aktion* hatte nur mit Unterstützung der Generale und ihrer Truppen gelingen können. Das Direktorium neigte dazu, deren Macht weniger gefährlich einzuschätzen, denn zu dieser Zeit kam es zum kontinentalen Frieden. Allerdings war es nicht der Frieden der natürlichen Grenzen, sondern derjenige des Italiensiegers, dessen ohnehin forderndes Prestige dadurch noch weiter wuchs.

### 3. Der Vertrag von Campoformio (18. Oktober 1797)

Der am 18. April 1797 von Bonaparte geschlossene Vorfrieden von Leoben erwies sich als Rückkehr zu den diplomatischen Gepflogenheiten der alten Ordnung. Obwohl das Direktorium sich der Lombardei als Unterpfand bedienen wollte, um über den Erwerb des linken Rheinufers zu verhandeln, tauschte Bonaparte die Lombardei gegen das Gebiet der Republik Venedig.

Dadurch erhielt Österreich den Zugang zur Adria. Es trat auch Belgien ab – das Schicksal des linken Rheinufers aber war offen geblieben: darüber sollte auf einem Kongreß beraten werden, der für den endgültigen Friedensschluß mit dem Kaiserreich vorgesehen war. Damit wurde die Rheinpolitik des Direktoriums zum Scheitern gebracht. Allerdings ratifizierte es den Vorfrieden von Leoben: die Lage im Innern zwang dazu. Einzig Reubell stimmte gegen die Annahme, denn seine nationale Politik des linken Rheinufers war preisgegeben.

Die Italienpolitik Bonapartes nahm sogleich größere Ausmaße an. Er beherrschte Italien. Aus der um das Veltlin vergrößerten Lombardei, einem Teil des venezianischen Festlandes und der Cispadanischen Republik bildete er eine *Cisalpine Republik,* der er eine Verfassung gab. Die ehemalige Republik Genua wurde von den italienischen Jakobinern in eine *Ligurische Republik* umgewandelt. Am 2. Mai 1797 erklärte Bonaparte der Republik Venedig den Krieg, am 12. drangen die Franzosen ein. Die Verhandlungen über einen endgültigen Frieden wurden mit den Vertretern der österreichischen Regierung in Udine eröffnet.

Zur gleichen Zeit beschloß England, die Verhandlungen wieder aufzunehmen. Es hatte gerade eine schwere Bank- und Finanzkrise hinter sich gebracht; Irland erhob sich; im Frühjahr 1797 häuften sich die Meutereien in der Flotte. Im Juli entsandte Pitt Malmesbury, um die Verhandlungen von Lille fortzuführen.

Weder in Lille noch in Udine kamen die Verhandlungen zunächst zu einem Ergebnis. Solange die Krise im Innern noch nicht überwunden war, blieb alles in der Schwebe, da die Koalitionsmächte von einem Sieg der royalistischen Rechten vorteilhaftere Bedingungen erhofften. Der erfolgreiche Staatsstreich vom 18. Fructidor festigte hingegen die Außenpolitik des Direktoriums, die wieder von Reubell geleitet wurde. Die Konferenz von Lille (Juli bis September 1797) scheiterte. Das Direktorium verlangte die Rückgabe der Kolonien Frankreichs und seiner Verbündeten, ohne jedoch seine kontinentalen Eroberungen zurückzugeben; da England sich weigerte, die Holland entrissenen Kolonien Kap und Ceylon preiszugeben, bedeutete dies den Bruch. In Udine waren die Verhandlungen zwischen Bonaparte und Cobenzl, dem Abgesandten des österreichischen Kanzlers Thugut, wieder aufgenommen worden.

Der Vertrag von Campoformio wurde am 18. Oktober 1797 unterzeichnet, genaugenommen in Passariano, wo Bonaparte residierte. Entgegen den Anweisungen des Direktoriums, welche die Abtretung des linken Rheinufers und die Wiederherstellung der Republik Venedig forderten, trat Bonaparte Istrien, Dalmatien und die Mündung des Cattaro, Venedig und das Festland bis zur Etsch an Österreich ab. Von der ehemaligen Herrschaft Venedig behielt Frankreich die Ionischen Inseln (Korfu, Zante, Kephalonia . . .). Österreich erkannte die Cisalpinische Republik »als unabhängige Macht« an. Es verzichtete auf Belgien. Hinsichtlich des linken Rheinufers *stimmte* Österreich in Geheimartikeln seiner Annexion bis zum Zusammenfluß der Nette (Pfalz, ehemalige Kurfürstentümer Trier und Mainz) *zu*, das hieß mit Ausnahme des Kölner Gebietes; es verpflichtete sich, bei dem in Rastatt vorgesehenen Kongreß zwischen Frankreich und dem Kaiserreich »mit besten Kräften dafür zu sorgen, daß die Französische Republik diese Grenze erhält«. Trotz seiner Bestürzung ratifizierte das Direktorium den Vertrag: was blieb ihm anderes übrig? Bei der Bekanntgabe des Friedens brachen in dem erschöpften Land Freudenkundgebungen aus. Das Direktorium mußte dieser Stimmung Rechnung tragen.

Die revolutionäre Nation hatte ihre Grundsätze verleugnet und war dazu übergegangen, »mit Völkern Handel zu treiben«. Gegen ein unsicheres Einvernehmen mit Österreich hatte Frankreich das Bündnis mit Preußen aufgegeben: obgleich geschlagen, hatte Österreich weder in Deutschland noch in Italien Verluste, da es die Lombardei gegen venezianische Besitzungen tauschte. Das den Traditionen und Bedürfnissen der Nation nicht entsprechende »italienische System« Bonapartes setzte sich gegenüber dem »rheinischen System« des Direktoriums durch. Schon wandte Bonaparte sich neuen Plänen zu. Während der Verhandlungen in Campoformio erklärte er Cobenzl, dem österreichischen Bevollmächtigten: »Die Französische Republik betrachtet das Mittelmeer als ihr Meer und will es beherrschen«; zur gleichen Zeit drängte er das Direktorium, sich Maltas zu bemächtigen: »Diese kleine Insel ist für uns unersetzlich.«
Die Italienpolitik und die Mittelmeerpläne Bonapartes trugen den Keim des Krieges in sich. Der Rückgriff auf die Armee am 18. Fructidor hatte Bonapartes Bedeutung für die Republik noch vergrößert. So wurde die direktoriale Politik Schritt für Schritt zur Gefangenen der Unternehmungen von Generalen.

## 3. Kapitel

# Das zweite Direktorium
# Das Ende der bürgerlichen Republik
# (1797–1799)

*Nach Fructidor und Campoformio griff das Direktorium auf innenpolitischem Gebiet allgemein auf autoritäre Maßnahmen zurück. Dabei war es in gewisser Hinsicht erfolgreich und schuf einen beachtlichen Verwaltungsapparat, der denjenigen des Konsulats vorbereitete. Aber die politische Festigung des Systems erwies sich auf Grund der schmalen sozialen Basis der Thermidorianer als unmöglich. Solange der Friede auf dem Kontinent andauerte, konnte das System sich halten – um den Preis neuer Eingriffe in die liberale Praxis der Verfassung des Jahres III. Die Bildung der zweiten Koalition und die Wiederaufnahme des Krieges leiteten die letzte Krise ein. Der 18. Brumaire stellte die staatliche Autorität wieder her, ohne an der sozialen Vorherrschaft der Notabelnbourgeoisie zu rütteln. Da aber für diese Operation der Rückgriff auf die Armee notwendig war, verloren die Notabeln dabei die politische Macht.*

## I. UNTERDRÜCKUNG UND REFORMEN (1797–1798)

Die Regierungsform wurde zwar nach dem Fructidor geändert, blieb aber von der gleichen – personell wie institutionell bedingten – Unbeständigkeit gekennzeichnet.

Die Mitglieder der Regierung wurden zum Teil ersetzt. Im Direktorium wurden Carnot und Barthélemy von François de Neufchâteau, der lediglich ein guter Verwaltungsfachmann war, und von Merlin de Douai, einem Mann mit begrenztem politischen Horizont, abgelöst. Von den früheren Ministern blieb nur Ramel im Amt, die übrigen waren weniger bedeutend, ausgenommen der Belgier Lambrecht, der Merlin im Justizministerium nachfolgte.

Der Handlungsspielraum der Exekutive wurde tatsächlich überall von den liberalen Bestimmungen der Verfassung des Jahres III eingeschränkt: gegenüber den Kammern und dem Schatzministerium hatte sie keine gesetzliche Macht. Der Gedanke einer Stärkung der Exekutive setzte sich allmählich durch; aber das äußerst verwickelte Verfahren einer Verfassungsänderung nahm nach Artikel 338 neun Jahre in Anspruch. Das Problem blieb ungelöst; alles konnte durch die jährlichen Wahlen in Frage gestellt werden.

## 1. Die Politik der Ausnahmegesetze

Der nach dem Fructidor verhängte Ausnahmezustand bildete nur einen schwachen Abglanz desjenigen des Jahres II, obwohl man ihn als *direktorialen Terror* bezeichnet hat: eine Wirtschaftsdiktatur, wie sie der Wohlfahrtsausschuß praktiziert hatte, kam für die thermidorianische Bourgeoisie nicht in Frage, und die *Zwangsgewalt* der Revolutionsregierung fehlte dem Direktorium vollends. Gewiß war die Gefahr nicht so groß, auf dem Kontinent der Friede hergestellt und die Konterrevolution im Innern zum Banditentum herabgesunken. Militärkommissionen konnten mit den Bewegungen im Gefolge des 18. Fructidor fertig werden; so in Pont-Saint-Esprit, in Carpentras oder in Montauban. Das Gesetz vom 30. Nivôse VI (18. Januar 1798) sah für Anschläge, die von mehr als zwei Personen begangen wurden, die Todesstrafe vor. Die Unterdrückung trug eher polizeistaatliche als terroristische Züge: Hausdurchsuchungen, Verhaftungen, Verletzung des Briefgeheimnisses, Einschränkungen der Pressefreiheit – nicht durch Wiedereinführung der Zensur, sondern durch Verbot einer großen Anzahl von Zeitungen (allein 16 am 27. Frimaire VI – 17. Dezember 1797), Überwachung der Theater, Säuberung des Verwaltungsapparats. Zwei Gruppen waren besonders betroffen, weniger durch neue als durch die strenge Anwendung bestehender Gesetze: die Emigranten und die Priester.

Gegen die Emigranten reichte die Anwendung des gesetzmäßigen Instrumentariums, das mit dem Gesetz vom 19. Fructidor wieder in Kraft gesetzt war, vollkommen aus. Im Jahre VI ließen die Militärkommissionen 160 heimgekehrte Emigranten erschießen, von denen tatsächlich einige zu den Waffen gegriffen hatten, wie Surville in Ardèche.

Manche wollten noch weiter gehen. Sieyes, der das revolutionäre Bürgertum, das sich aus den Trümmern der Aristokratie einerseits und Demokratie andererseits erhebt, repräsentiert, schlug vor, alle Adligen zu verbannen. Dies geschah nicht, führte aber zu dem Gesetz vom 9. Frimaire VI (29. November 1797), das die Adligen gesetzlich zu Ausländern erklärte:

»Die ehemaligen Adligen und Geadelten dürfen weder in den Urwähler-, Gemeinde- und Wählerversammlungen die französischen Bürgerrechte ausüben, noch zu irgendeinem öffentlichen Amt ernannt werden, bevor sie die in der Verfassung in Artikel 10 für Ausländer vorgesehenen Bedingungen und Fristen erfüllt haben« [über die Einbürgerung].

Wenn auch die Ausführungsbestimmungen dieses Gesetzes nie erlassen wurden, so ist dessen Intention doch deutlich genug.

Gegen die Priester blieb die Gesetzgebung von 1792 und 1793 in Kraft, aber an die Stelle der Deportation nach Guayana, der »trockenen Guillotine«, trat stillschweigend für von der Deportation zurückgekehrte Priester die Todesstrafe. So wurden einige, die auf den Emigrantenlisten standen, erschossen. Außerdem konnte das Direktorium jeden Priester, selbst wenn er nicht gegen das Gesetz verstoßen hatte, durch individuellen Erlaß deportieren lassen, sofern er sich weigerte, den am 19. Fructidor (5. September 1797) beschlossenen Haßschwur gegen das Königtum abzulegen. 1700 bis 1800 Priester sind offenbar von dieser Maßnahme betroffen gewesen, 263 wurden nach Guayana deportiert, ungefähr tausend blieben auf der Insel Ré oder der Insel Oléron interniert.

Die Religionspolitik des Direktoriums war nach dem 18. Fructidor streng antiklerikal. Der Artikel 25 des Gesetzes vom 19. Fructidor sah die strenge Anwendung des Gesetzes vom 7. Vendémiaire IV (29. September 1795) hinsichtlich der Kultausübung und -ordnung vor: jegliche Zeremonie in der Öffentlichkeit, jedes nach außen dringende Zeichen des Kultes blieben verboten. Die Einhaltung der Dekade wurde durch das Gesetz vom 17. Thermidor VI (4. August 1798) vorgeschrieben; das vom 23. Fructidor (9. September 1798) ordnete den Gebrauch des republikanischen Kalenders, »dieser großen und schönen Erfindung des menschlichen Geistes«, jetzt *Jahrbuch der Republik* genannt, für alle Privatleute und Beamte an. Der Erlaß vom 17. Pluviôse VI (5. Februar 1798) hatte die vornehmlich katholischen Privatschulen der Aufsicht des städtischen Magistrats unterstellt, »um zu überprüfen, ob man die Dekade einhält, die republikanischen Feste begeht und sich mit dem Namen des Citoyen ehrt«; die Menschenrechte und die Verfassung sollten dort »die Grundlage des Anfangsunterrichts« darstellen. Die Dekadenfeste und die vom Konvent eingesetzten Nationalfeste wurden regelmäßig begangen. Manche wollten noch weiter gehen und die Republik mit einer wirklichen Bürgerreligion gegenüber dem Katholizismus ausstatten. Die direktoriale Mehrheit aber weigerte sich, einen neuen Versuch mit dem Kult des höchsten Wesens zu machen. Allein La Revellière förderte die *Theophilanthropie*, die der Buchhändler Chemin im Januar 1797 belebt hatte: den Kult der *Gottesbewunderer und Menschenfreunde*. Die Sekte lehrte »die Dogmen und die Moral aller Nationen der Erde«, sie wollte »alle Menschen durch die Religion an ihre häuslichen und gesellschaftlichen Pflichten binden«. Sie gewann zwar gewissen Einfluß innerhalb des republikanischen Bürgertums, erreichte aber niemals das Volk. La Revellière wurde von der Mehrheit im Direktorium beschuldigt, den Fanatismus zu entfachen.

Das Direktorium verunsicherte schließlich die Masse der Gläubigen. Es unterdrückte die religiöse Opposition, besonders die der Eidverweigerer, die die Ableistung des Haßschwurs gegen das Königtum abgelehnt hatten. Auf Grund der Ausnahmegesetze konnte das Direktorium eine gewisse Zeit die Konterrevolution im Zaum halten. Als die Jakobiner ihre Stunde nutzten, bereitete sich nun das Direktorium zum Schlag gegen sie vor.

### 2. *Der 22. Floréal VI (11. Mai 1798) und die antijakobinische Unterdrückung*

Die Vorbereitung der Wahlen des Jahres VI bildeten seit dem 18. Fructidor sehr bald eine der Hauptsorgen des Direktoriums. Da außer dem ausscheidenden Drittel noch Abgeordnete ausgeschlossen waren, mußten 473 Abgeordnete neu gewählt werden, darunter die zweite Hälfte der *ständigen Mitglieder* (les perpétuels): es ging um einen hohen Einsatz. Die Regierung schützte sich mit dem Gesetz vom 12. Pluviôse VI (31. Januar 1798), das den amtierenden Kammern die Mandatsüberprüfung der Neugewählten übertrug, m. a. W. deren Säuberung. Bald aber wurde deutlich, daß der Regierung weniger Gefahr von der durch die

Fructidor-Unterdrückung verschreckten und desorganisierten royalistischen Opposition als vielmehr von der Linken drohte.

In der Tat hatte sich nach dem 18. Fructidor die *neojakobinische* Agitation ausgedehnt, besonders getragen von den *Verfassungstreuen Zirkeln* (les cercles constitutionnels), mit denen zahlreiche neu ernannte Kommissare und Verwaltungsbeamte sympathisierten. Als das Direktorium die Gefahr ahnte, benutzte es die soziale Angst vor den Neojakobinern, die kurzerhand als Terroristen beschimpft wurden: ging es doch darum, jeden demokratischen Versuch im Keim zu ersticken. Am 9. Ventôse (27. Februar 1798) faßte Benjamin Constant im cercle constitutionnel Palais-Égalité, bekannt unter dem Namen Klub Salm, seine regierungsfreundliche Rede in vier Punkten zusammen: »Die Angst vor dem Terrorismus, die aus der Willkürherrschaft entspringenden Gefahren, die Verachtung, mit der man dem Royalismus begegnen muß, und schließlich die Notwendigkeit, die Wahlen vorzubereiten, die die Republik festigen können«, genauer: die Republik des Jahres III, gegründet auf das Privateigentum, das »zu erhalten, zu festigen und mit einer heiligen Schranke zu umgeben Aufgabe aller gesetzgeberischen Akte sein muß«.

In den an die Franzosen gerichteten Aufrufen anläßlich der Wahlen (28. Pluviôse – 16. Februar 1798), an die Urwählerversammlungen (9. Ventôse – 27. Februar) und an die Wahlmänner (4. Germinal – 24. März) argumentierte das Direktorium in gleicher Richtung, indem es auf eine zweifache Gefahr hinwies, »die beiden Zweige« der Opposition, und die Parole ausgab *Weder Terror noch Reaktion! Weder Königtum noch Diktatur!* Indem das Direktorium Jakobinismus und Ausschreitungen vorschob, suchte es sich der Opposition zu entledigen und seine Autorität neu zu stärken – obwohl Barras vor den katastrophalen Folgen einer Spaltung der Republikaner warnte.

Die Wahlen des Jahres VI, auf das sorgfältigste von der Regierung, die den staatlichen Druck verstärkt hatte, vorbereitet, waren durch zahlreiche von Merlin inszenierte Spaltungen der Wählerversammlungen gekennzeichnet, die es dem Direktorium gestatteten, für gültig zu erklären, was ihm paßte. Etwa in Paris: während im Oratorium eine mehrheitlich linke Wählerversammlung tagte, konstituierte sich im Institut eine regierungsfreundliche Versammlung, die aus 212 (von insgesamt 609) *spalterischen* (*scissionnaires*) Wahlmännern bestand. Die Neugewählten zeichneten sich durch nichts aus, was die Bourgeoisie hätte erschrecken können; aber das Direktorium wollte eine gefügige Mehrheit. Die Anhänger des Direktoriums in den Kammern unterstützten diejenigen, die in den Spalterversammlungen gewählt waren und forderten ihre Bestätigung. So erklärte Régnier den Alten am 8. Floréal (27. April 1798): »Um Frankreich vor der Furcht zu bewahren, die es angesichts des wiederauftauchenden revolutionären Schreckens im Lande ergriffen hat, müßt Ihr erklären, daß die Royalisten mit der roten Mütze, die nicht weniger gefährlich als die Royalisten mit der weißen Kokarde sind, nur über unsere Leichen hier Einlaß finden werden.«

Chénier sprach am 18. Floréal (7. Mai) vor den Fünfhundert von einer »royalistischen Fraktion und einer anarchistischen Fraktion«. Im Einvernehmen mit dem Direktorium nahm die Mehrheit der Fünfhundert die Liste der auszuschließenden Neugewählten an, trotz der Proteste des Generals Jourdan. Die Alten beugten sich ebenfalls.

Das Gesetz vom 22. Floréal VI (11. Mai 1798) sprach von einer »in zwei Flügel gespaltenen Verschwörung« und erklärte die Wahlen in acht Departements, in denen es nicht zu Spaltungen gekommen war, für ungültig; es bestätigte die in Spalterversammlungen Gewählten in neunzehn Departements; 60 gewählte Richter bzw. Verwaltungsbeamte wurden abgesetzt, im ganzen wurden 106 Abgeordnete *floréalisiert*. Demgegenüber traten 191 regierungstreue Kandidaten den Kammern bei: 85 Kommissare und Beamte auf Ernennung des Direktoriums, 106 Richter und Verwaltungsbeamte, theoretisch zwar gewählt, viele praktisch jedoch von der Regierung eingesetzt. Somit verfügte die direktoriale Partei über die Mehrheit in den Kammern; das Regime hatte sich aber aufgrund dieser scheinheiligen Machenschaften noch stärker diskreditiert. Das Ansehen der Regierung stieg auch nicht mit der Ernennung von Treilhard, der François de Neufchâteau anläßlich der Erneuerung des Direktoriums am 27. Floréal (16. Mai 1798) ersetzte: der neue Direktor war Advokat, Mitglied der Konstituante, Königsmörder im Konvent und insgesamt wenig bedeutend, zudem politisch ungeschickt.

Für eine gewisse Zeit stärkte sich allerdings die Exekutive. Sie konnte das nach dem Fructidor begonnene Reformwerk fortführen.

### 3. Das Reformwerk des zweiten Direktoriums

Ungefähr ein Jahr lang, vom Floréal VI bis zu den Wahlen des Germinal VII, vom Frühjahr 1798 bis zum Frühjahr 1799, fand das Direktorium zu einem ausgeglichenen Zustand und einer gewissen Stärke zurück, da die gesäuberten Kammern keinen Widerstand mehr entgegensetzten. In dieser politischen Atmosphäre wurde die wirtschaftliche und finanzielle Neuorganisation Frankreichs in Angriff genommen, für die sich besonders zwei Minister einsetzten: Ramel im Finanz- und François de Neufchâteau im Innenministerium. Dieses vor allem im Bereich der Verwaltung dauerhafte Werk bereitete die Reformen Bonapartes vor: die Gesetze der Jahre VI und VII legten die Fundamente der konsularischen Institutionen.

Mit der Neuordnung der Finanzen und der Steuerreform war sofort nach dem Fructidor begonnen worden.

Der *Bankrott der Zweidrittel* oder die *Liquidation Ramel* wurde mit dem Finanzgesetz vom 9. Vendémiaire VI (30. September 1797) für die im »Großen Buch« eingetragene Schuld, und mit dem Gesetz vom 24. Frimaire (14. Dezember 1797) für die offenen Staatsschulden vollzogen. Ein Drittel davon wurde durch Eintragung ins Große Buch *konsolidiert*, die Beträge wurden nicht in Münzgeld erstattet, sondern als Gutschrift an die Gläubiger, sogenannte *bons du tiers consolidé*, mit denen man nur entweder Steuern entrichten oder den Bargeldanteil des Kaufpreises der Nationalgüter bezahlen konnte; das konsolidierte Drittel war von jeder Steuerlast frei. Die *flüssig gemachten* Zweidrittel wurden vom nationalen Schatzamt an den Inhaber in Gutschriften ausgegeben, mit denen man den Rest jenes Kaufpreises begleichen konnte. Damit wurde das Budget um 160 Millionen, nämlich um die für die zurückerstatteten Zweidrittel zu leistenden Zinsen, erleichtert. Der Bankrott rettete die Situation zum Vorteil des Konsulats, das die Vergangenheit mit einem weiteren Bankrott liquidierte. Tatsächlich wurden im März 1801 die Gutschriften der Zweidrittel gegen Rentenanweisungen von 5% im Verhältnis von 0,25% des Kapitals, d. h. mit 95% Verlust auf den Nominalwert des Jahres VI, eingetauscht.

Die fiskalische Neuordnung sollte das Budget durch regelmäßigere und größere Geldeingänge ausgleichen.

Die Verwaltung der direkten Steuern wurde umgebildet, und

die auf diesem Gebiet seit 1789 gültigen Prinzipien wurden preisgegeben.

Die Konstituante hatte die Eintragung in die Steuerrolle und die Erhebung der direkten Steuern allein den gewählten Beamten übertragen. Das Gesetz vom 22. Brumaire VI (12. November 1797) richtete unter der Aufsicht des Finanzministers in jedem Departement eine *Agentur für direkte Steuern* ein, die mit Kommissaren des Direktoriums, d. h. mit Veranlagung und Erhebung der Steuern beauftragten Beamten besetzt wurde. Dieses Gesetz war ein Vorläufer der von Bonaparte im Jahre VIII geschaffenen Organisation.

Das System der Steuerabgaben wurde auf neue Grundlage gestellt. Das Gesetz vom 4. Frimaire VII (24. November 1798) führte eine neue direkte Steuer auf Türen und Fenster ein, eine Art allgemeine Steuer auf das Einkommen, auf das von der Wohnungsausstattung her geschlossen wurde. Im Herbst 1798 wurden einige bestehende Steuern neu geregelt: die Gewerbesteuer im Oktober, die Grundsteuer im November, die Mobiliarsteuer im Dezember. Zaghaft kehrte man dabei zu den indirekten Steuern zurück. Die von den Fünfhundert bereits genehmigte Salzsteuer wurde zwar von den Alten abgelehnt, aber die Steuer auf Importtabak leicht angehoben, eine Straßensteuer, das sogenannte *Passierrecht* (droit de passe) und eine 10%ige Steuer auf die Preise für öffentlich eingerichtete Droschken wurden eingeführt. Die Stempelabgabe wurde erhöht und auf Zeitungen und Anschläge ausgedehnt. In Paris wurde die Akzise durch Gesetz vom 27. Vendémiaire VII (18. Oktober 1798) wieder eingeführt, um die Finanzierung der öffentlichen Fürsorge zu sichern. Das Gesetz vom 22. Frimaire VII (12. Dezember 1798) ordnete die Registergebühren neu.

Dieses Werk erwies sich als einträglich; die wichtigsten dieser Steuergesetze sollten bis auf unsere Tage in Kraft bleiben.

Dennoch blieb das Defizit bestehen. Im Jahre VI wurde es auf 250 Millionen geschätzt, Ramel schätzte es auf 66 Millionen im Jahre VII. Man mußte wieder die bekannten Auswege einschlagen: Verkauf der Nationalgüter, Anleihen, sowie Ausbeutung der besetzten Länder (die ägyptische Expedition wurde teilweise aus dem Berner Staatsschatz finanziert). Das Direktorium blieb weiterhin der Finanzwelt, den Lieferanten und Spekulanten ausgeliefert, die unverschämter als je zuvor sich aufführten. Die Korruption griff weiter um sich, vor allem in den Kreisen des

Kriegsministeriums um den Minister Schérer. Das Übel saß tief – selbst das autoritäre Regime Bonapartes konnte damit nicht fertig werden.

Die wirtschaftlichen Schwierigkeiten machten die verdienstvollen Anstrengungen der Regierung teilweise zunichte. Die Deflation bewirkte Verteuerung des Kredits und Preisverfall, die ihrerseits den wirtschaftlichen Aufschwung bremsten. Das in Umlauf befindliche Münzgeld blieb rar, die Hortung verknappte es noch mehr. Im Jahre IX unter dem Konsulat war nur noch ungefähr eine Milliarde im Umlauf – gegenüber zweiundeinhalb 1789.

Der Kredit war teuer, der übliche Zinssatz lag mindestens bei 10%, bei kurzfristigen Geldern bei 7% im Monat. Das Bankwesen war unzureichend entwickelt, obwohl 1796 durch Perregaux und Récamier die *Caisse des comptes courants* und 1797 die *Caisse d'escompte du commerce* sowie einige Banken in den Departements, etwa in Rouen, gegründet waren; hauptsächlich diskontierten sie zum Vorteil ihrer Aktionäre.

Der von der Deflation verursachte Preisabfall wurde durch die reichen Ernten von 1796 bis 1798 noch beschleunigt: die landwirtschaftlichen Preise lagen allgemein um ein Viertel oder Drittel unter denjenigen von 1790, das auch ein gutes Erntejahr war. Das Problem des Lebensunterhalts verlor an Dringlichkeit, das Brot fiel auf 2 Sous pro Pfund, was den sozialen Frieden begünstigte. Aber die Unzufriedenheit wuchs unter den landwirtschaftlichen Erzeugern, den großen Grundbesitzern, Großpächtern, die im allgemeinen Wahlmänner waren: darunter litt die Popularität des Regimes.

Die Agrarkrise wirkte sich natürlich auf die Entwicklung der Industrie aus. Sie erholte sich nur langsam von den Folgen des Krieges und paßte sich mühsam der Ausdehnung der Grenzen an: im Jahre VI beklagten sich die Spinnereibesitzer in Lille, die von 360 Arbeitern im Jahre 1788 nur noch 60 beschäftigten, über die Konkurrenz der Tuche aus Limburg, Verviers und Aachen in den besetzten oder gerade eroberten Ländern. Die niedrigen landwirtschaftlichen Preise verminderten die Kaufkraft der ländlichen Massen und schränkten so den Markt ein; der Mangel an Krediten entmutigte den Unternehmungsgeist; der schlechte Straßenzustand und die Unsicherheit behinderten den Binnenhandel.

Der Außenhandel war gelähmt. 1797 war die Überseehandelsflotte auf den zehnten Teil ihres Schiffsbestandes von 1789 geschrumpft; der Handel mit England war eingefroren; mit der ägyptischen Expedition endete der Handel mit der Levante. Im Jahre VIII sank die Ausfuhr trotz der Eroberungen ungefähr auf die Hälfte gegenüber dem Stand von 1789. Während die englischen Waren Deutschland überschwemmten, standen die Industriellen, vor allem die Baumwollfabrikanten, der Bildung eines die angeschlossenen Länder mit einbeziehenden Marktes immer noch ablehnend gegenüber: sie blieben Anhänger des Protektionismus und hätten am liebsten gegenüber den Schwesterrepubliken das koloniale Monopolsystem angewandt. Der Zolltarif vom 9. Floréal VII (28. April 1799) knüpfte an die entsprechenden Bestimmungen von 1791 an und verschärfte sie: Einfuhrabgaben für Fabrikprodukte, Luxuswaren oder Erzeugnisse, die auch in Frankreich hergestellt wurden, Ausfuhrzölle für Rohstoffe. Dieser Tarif sollte zur Grundlage der Zollpolitik des Konsulats werden.

Die ökonomischen Leistungen des Direktoriums, für die besonders François de Neufchâteau kämpfte, konnten unter diesen Umständen nur in sehr engen Grenzen bleiben. Zwar verstärkte sich die Aktivität des Innenministers, aber er durfte nur anraten und nicht anordnen. Er war Anhänger einer Modernisierung der Landwirtschaft, mithin für die Beseitigung der Gemeindeweiden und für Zerstückelung und Aufteilung der Allmende und konnte doch nur mit Hilfe von Zirkularen die Produktion anstacheln. Um die industrielle Entwicklung voranzutreiben, veranstaltete er im Herbst 1798 auf dem Champ-de-Mars die erste nationale Ausstellung, die zu einem großen Erfolg wurde. Er veranlaßte eine systematische Volkszählung und eine statistische Erhebung des landwirtschaftlichen Bereiches, er schuf Zentralschulen und richtete die öffentliche Fürsorge neu ein, indem er jede Gemeinde mit einem *Wohlfahrtsbüro* ausstattete. Die Ergebnisse waren dürftig. Die industrielle Produktion lag unter derjenigen von 1789, und der technische Fortschritt setzte sich, besonders in der Textilindustrie, nur langsam durch. Die Konzentration des Kapitals blieb im wesentlichen auf den Handel beschränkt. Die großen Unternehmer wie Boyer-Fonfrède, Richard und Lenoir, Ternaux oder die älteren Chaptal und Oberkampf waren Kapitalisten alten Typs geblieben, da sie mehr zu Hause als in der Fabrik arbeiten ließen und neben der Produktion zahlreiche Funktionen in Handel und Bankwesen wahrnahmen.

Frankreich blieb Bauernland, die Hauptmasse der erzeugten Güter kam aus der Landwirtschaft. Trotz der Erklärung, daß die Felder umzäunt und frei bestellt werden konnten, hielten sich die überlieferten landwirtschaftlichen Strukturen, und neue Kulturen wie Kartoffeln, Feldrüben u. a. wurden nur langsam eingeführt.

Die wirtschaftliche Schwäche unter dem Direktorium erklärt sich in großem Maße aus seinen politischen Schwierigkeiten. Aber Lenkung der Wirtschaft und Beschränkung des Profits wie im Jahre II waren ausgeschlossen; so mußten Regime und Armee von den eroberten Ländern leben. Als die Niederlage sie im Jahre VII wieder auf nationalen Boden zurückwarf, mußte das Direktorium die Last, die auf den Steuerpflichtigen lag, erhöhen – was seine Unbeliebtheit steigerte. Das politische Problem rückte von neuem an die erste Stelle.

## II. DAS ZWEITE DIREKTORIUM UND EUROPA
### (1797–1798)

Nach Campoformio stand allein England noch im Kampf mit Frankreich. Die Sicherung des unter schwierigen Bedingungen wiederhergestellten kontinentalen Friedens schien unerläßlich, um den Kampf mit England durchstehen zu können. Das Direktorium ließ sich indes auf eine Expansionspolitik auf dem Kontinent ein, die sehr bald alle Hoffnungen auf eine außenpolitische Stabilisierung zerstörte. Noch mehr: es ließ sich zur ägyptischen Expedition hinreißen, die den Konflikt auf das Mittelmeer ausdehnte. Diese Abenteuerpolitik machte schließlich die Bemühungen um eine innenpolitische Reform zunichte.

### 1. Der Kampf gegen England

Am 5. Brumaire VI (26. Oktober 1797) beschloß das Direktorium die Bildung einer England-Armee unter dem Oberbefehl Bonapartes. Es sprach in seiner Proklamation vom 1. Frimaire (21. November) Frankreichs Anklage aus, indem es das Kabinett von Saint-James »die am meisten korrupte und verbrecherische Regierung Europas« nannte. Es unterstrich die auf dem Spiele stehenden ökonomischen Interessen, besonders auf den Meeren und in den Kolonien; »dieses Kabinett muß den Krieg wünschen, da der Krieg es reich macht«. Es erinnerte an den Raub der französischen Kolonien und derjenigen der Verbündeten. Gouadeloupe war 1794 von Victor Hugues zurückerobert worden; aber Martinique, Sainte-Lucie und Tobago waren verloren. Obwohl Toussaint-Louverture die Engländer von Santo Domingo vertrieben hatte, übte dort das Direktorium nur formal die Macht aus. Das spanische Trinidad und das holländische Guyana hatten die Engländer besetzt, die sich auch in Ceylon und auf dem Kap festgesetzt hatten. Der französische Kolonialhandel war ruiniert, die Handelsschiffahrt durch die britische Blockade auf den Nullpunkt gebracht und die Kriegsmarine ohnmächtig. Die Proklamation brandmarkte das perfide Albion, »das in seinen Schatzkammern die Tränen und das Blut der Völker anhäuft und sich von ihren Leichen mästet«. Die politische Anklage war nicht geringer; das Direktorium erinnerte an das britische Gold, mit dem die Koalition, Toulon, Quiberon und die Vendée finanziert waren ... »Die England-Armee soll den Frieden in London diktieren«. Ungefähr 50 000 Mann wurden in Brest zusammengezogen.

Der französisch-englische Kampf hatte jedoch im wesentlichen wirtschaftlichen Charakter. Die bis dahin mehr merkantilistisch, d. h. im Interesse der Fabrikanten betriebene Blockade wurde strenger. Die Notwendigkeit zu exportieren und der französischen Industrie Rohstoffe, besonders Baumwolle, zu beschaffen, hatte bei der Ausführung der Gesetze zu einer gewissen Großzügigkeit geführt, wiewohl am Einfuhrverbot für britische Waren, das am 1. März 1793 vom Konvent erlassen war, theoretisch festgehalten wurde. Nunmehr setzte sich eine eher kriegerische Auffassung der Blockade durch, in der ein Mittel gesehen wurde, England durch Behinderung seiner Exporte zum Bankrott und zur Kapitulation zu zwingen. Am 10. Brumaire V (31. Oktober 1796) ordnete ein Gesetz die Beschlagnahme jedes Schiffes an, das die jüngst verbotenen englischen Waren, besonders Textilprodukte und Eisenwaren, an Bord führte. Ein weiteres Mal hatte man dem Interesse der Fabrikanten und der Neutralen Rechnung zu tragen. Aber nach dem 18. Fructidor schien man jeden Opportunismus aufgegeben zu haben: das Gesetz vom 29. Nivôse VI (18. Januar 1798) erklärte alle neutralen Schiffe, die unter englischer Kontrolle standen oder englische Waren transportierten, zur rechtmäßigen Beute. Die Piraterie griff um sich; die Neutralen mieden französische Häfen, die Beziehungen mit den Vereinigten Staaten wurden gespannt, während die Industriellen, Anhänger des Einfuhrverbotes für Fabrikerzeugnisse, gegen den Mangel an Rohstoffen protestierten und wohlhabende Konsumenten das Verschwinden der Kolonialwaren beklagten.

Angesichts der französischen Drohung versteifte sich der englische Widerstand. Die Angst vor der Invasion belebte das Nationalgefühl. Die Regierung Pitt verschaffte sich die Mittel durch Erhöhung der Steuern, insbesondere durch Einführung der *Einkommensteuer* für 1799, die eine 10%ige Abgabe für Einkommen über 200 Pfund vorsah. Militärische Anstrengungen folgten; die Anwerbungen gingen mit Hilfe von Prämien gut voran; aber eine Expedition nach dem Kontinent war wegen der geringen Effektivbestände ausgeschlossen; allgemeine Wehrpflicht gab es nicht. Die Flotte blieb die Grundlage britischer Macht; sie sicherte die Herrschaft auf den Meeren und das Monopol im kolonialen Handel. Sie konnte jeden französischen Landungsversuch zum Scheitern bringen. Die holländische Flotte war geschlagen, ein spanisches Geschwader am 14. Februar 1797 beim Kap Saint-Vincent aufgerieben und der Hafen von Cadiz blockiert. Während Nelsons Geschwader ins Mittelmeer eindrang, konnte das französische Geschwader unter Brueys nicht mehr entkommen und Brest erreichen.

Auf den Bericht Bonapartes vom Ventôse (Ende Februar 1798) hin wurde das Vorhaben einer Landung in England aufgegeben. Er war ganz in seinem orientalischen Wahn befangen und rüstete sich zur ägyptischen Expedition, während das Direktorium nach und nach seine Machtpositionen in Westeuropa ausdehnte: Unternehmungen, welche die zweite Koalition gegen Frankreich ins Leben riefen.


## 2. *Grande Nation und Schwesterrepubliken*

Die Expansionspolitik des Direktoriums nach Campoformio mußte die Großmächte, besonders Österreich, beunruhigen. Eine Expansion, bei der vielfältige ideologische, politische und ökonomische Faktoren ursächlich zusammenwirkten. Das revolutionäre Feuer hatte sich nach dem 18. Fructidor neu entzündet; es gab der Propaganda neuen Auftrieb: ein weiteres Mal ging es darum, den vom Joch der Aristokratie und des Despotismus niedergedrückten Völkern die Freiheit zu bringen. Die *grande nation* umgab sich mit Schwesterrepubliken. Es waren politisch unterdrückte und ökonomisch ausgeblutete Satellitenstaaten. Auch der Kampf gegen England begünstigte die Expansionspolitik: man mußte ihm den kontinentalen Markt nehmen und den Schmuggel durch Beaufsichtigung der Häfen und wichtigen Grenzübergänge unterdrücken. 1798 wurde die freie Stadt Mühlhausen annektiert; Genf wurde Hauptstadt des lemanischen Departements.

Die batavische Republik wurde nach dem 18. Fructidor neu aufgebaut – im Gefolge eines Staatsstreichs des gleichen Typs, der am 22. Januar 1798 von Delacroix, dem französischen Repräsentanten in Den Haag, Daendels, dem Kommandierenden General der batavischen Armee, und Joubert, dem Befehlshaber der Besatzungstruppen, angezettelt war. Man bildete einen Einheitsstaat und forderte von den Beamten den Schwur »gegen die Statthalterschaft, den Föderalismus und die Anarchie«. Nach dem 22. Floréal jedoch wurden die für die Einheit kämpfenden Demokraten als Anarchisten verschrien, die Regierung gesäubert; die Notabeln übernahmen die Macht.

Die helvetische Republik ersetzte den alten Bund unabhängiger Kantone, in dem das bürgerliche Patriziat geherrscht hatte. Die Schweizer Patrioten, wie der Basler Ochs und der Waadtländer Laharpe, kämpften gleichzeitig für das Ende des oligarchischen Systems und die Bildung einer Einheitsrepublik. Im Gefolge von Intrigen, bei denen Bonaparte seine Hand im Spiele hatte (er hatte das Veltlin an die Lombardei angeschlossen und erstrebte die Sicherung der Verbindungswege zwischen Cisalpina und Frankreich über das Wallis), wurde die Waadt besetzt. In der Nacht vom 13. auf 14. Februar 1798 marschierten Brune's Soldaten auf Bern, dessen Staatsschatz beschlagnahmt wurde. Eine direktoriale Verfassung wurde von einer in Aarau zusammengetretenen Versammlung angenommen. Aber die aufständischen Bergkantone Schwyz, Uri und Unterwalden mußten unterdrückt werden. Um dem Widerstand ein Ende zu machen, führte der Kommissar des Direktoriums der Helvetischen Armee, Rapinat, in eigener Machtvollkommenheit am 16. Juni 1798 einen Staatsstreich durch. Ochs und Laharpe wurden ins helvetische Direktorium gewählt, was eine Stärkung der demokratischen Partei zur Folge hatte.

Der Cisalpinischen Republik wurde am 21. Februar 1798 ein Bündnisvertrag und ein Handelsabkommen aufgezwungen; sie blieb besetzt und mußte ein 25 000 Mann starkes Besatzungskorps unterhalten. Um die Ratifizierung zu erzielen, mußte das Direktorium intervenieren und die Cisalpinischen Räte säubern. Seine Weisungen an Trouvé, den im Juni 1798 nach Mailand entsandten bevollmächtigten Minister, sind ein Zeugnis der Unterwerfungspolitik, die das Direktorium den Schwesterrepubliken auferlegen wollte: die Cisalpina sollte sich darauf beschränken, »ausschließlich den Interessen der französischen Republik zu dienen und ihr dabei zu helfen, auf der gesamten Halbinsel zum Schiedsrichter über alle politischen Streitigkeiten zu werden; sie muß stark genug werden, um uns zu nützen, nicht aber so stark, um uns schaden zu können.« Das Direktorium war gegenüber den *Jakobinern,* den Kämpfern für die Freiheit Italiens und führenden Männern der Cisalpina besonders feindlich eingestellt: ein republikanisches Italien – gewiß –, aber zerstückelt entsprach es seiner Politik besser.

Die Römische Republik entstand im Gefolge eines Aufstandes, der am 28. Dezember 1797 von den italienischen Patrioten entfacht war, aber zugunsten ihrer Gegner umschlug: diese griffen die Franzosen an, in denen sie die Anstifter sahen, und ermordeten den General Duphot. Berthier, der Befehlshaber der Italien-Armee, marschierte auf Rom, wo die Revolutionäre die Republik ausriefen; der Papst wurde nach Siena gebracht. Eine Zivilkommission, der Daunou und Monge angehörten, verordnete eine direktoriale Verfassung. Masséna löste Berthier ab, und die Römische Republik wurde den Lieferanten und Generalen zur Plünderung freigegeben.

Piémont konnte seine Unabhängigkeit bewahren, trotz eines Revolutionsversuchs, der 1797 gewaltsam unterdrückt wurde, und trotz der Umtriebe der cisalpinischen Patrioten. Nach dem 18. Fructidor willigte der König von Sardinien in einen Handelsvertrag ein. Am 27. Juni 1798 konnte ihm der Abgesandte des Direktoriums, begünstigt durch die von den Revolutionären angestifteten Unruhen, ein Abkommen aufzwingen, das den französischen Truppen die Besetzung Turins gestattete.

Inzwischen war der Rastatter Kongreß, den man in Campoformio zur Klärung des künftigen Schicksals des linken Rheinufers vorgesehen hatte, am 16. November 1797 eröffnet worden. Die französische Herrschaft war im vormals österreichischen Belgien befestigt; ebenso in Lüttich und den annektierten holländischen Gebieten, die in neun Departements aufgeteilt waren und in denen die revolutionäre französische Gesetzgebung angewandt wurde. Im Rheinland hatte man die besetzten Gebiete bereits in vier Departements gegliedert. Der österreichische Kanzler Thugut ließ die französische Expansion zwar zu, erwartete aber Gegenleistungen. Der französische Gesandte Treilhard hatte das gesamte linke Rheinufer einschließlich des Kölner Gebietes gefordert, und der deutsche Reichstag hatte dies prinzipiell am 9. März 1798 zugestanden. Der österreichische Bevollmächtigte Cobenzl verlangte sofort eine Entschädigung; Treilhard lehnte ab. Im April griffen in Wien Aufständische die französische Botschaft an, auf der die Trikolore gehißt war. Man glaubte schon an den Abbruch.

Der 22. Floréal widerlegte diesen Eindruck: das Direktorium verfolgte jetzt die Linke und brach in den Schwesterrepubliken mit den *Jakobinern*, vor allem machte es sich in Italien Feinde und schadete damit den Interessen Frankreichs ein weiteres Mal. Die antijakobinische Reaktion allein aber reichte zur Versöhnung mit Österreich nicht aus. Das Direktorium verweigerte Österreich Gebietsentschädigungen in Italien und trieb es allmählich in die Arme Englands – gerade zu dem Zeitpunkt, als die ägyptische Expedition der Republik neue Feinde schuf.

### 3. Das ägyptische Abenteuer (1798)

Die Ursprünge der Expedition nach Ägypten liegen zunächst im »Orientalischen Traum« Bonapartes, der in seinem Bestreben zutage trat, in Campoformio Frankreich den Besitz der Ionischen Inseln zu sichern. Zweifellos kam es weiterhin dem Direktorium kurz vor den Wahlen des Jahres VI nicht ungelegen, sich eines Generals zu entledigen, dessen Pläne rätselhaft waren und dessen Ehrgeiz es fürchtete. Ägypten allerdings, das dem Sultan unterstand, war für Frankreich kein unbekanntes Land; Kaufleute aus Marseille unterhielten dort seit alters her Handelsbeziehungen. Bereits 1796 hatte Magallon, der französische Konsul in Kairo, zur Besetzung geraten und diese als leicht durchführbar hingestellt. Der Gedanke kam auf, den Verlust der Antillen durch die Eroberung Ägyptens zu kompensieren. Dieser Vorschlag wurde von Talleyrand am 15. Messidor V (3. Juli 1797) in seiner Rede im Institut näher ausgeführt: *Über die Vorteile, die man unter den gegenwärtigen Umständen aus den neu gewonnenen Kolonien ziehen kann.* Dadurch bleibt Talleyrands Rolle in dieser Affaire allerdings nicht weniger dunkel. Als Befürworter eines Einvernehmens mit England konnte ihm nicht entgangen sein, daß die Eroberung Ägyptens diese Großmacht um die Sicherheit der Verbindungswege nach Indien fürchten lassen und die Türkei gegen Frankreich aufbringen mußte. Wollte er seinem Freund Bonaparte eine erneute Gelegenheit verschaffen, seinen Ruhm zu vergrößern? Oder war es der Wille, »seinen englischen Freunden einen Dienst zu erweisen« – so ein Brief seiner Mätresse Madame Grant –, indem er die Bedrohung der englischen Armee auf einem weitentfernten Schauplatz andeutete? Schon am 9. Thermidor V (16. August 1797) sprach Bonaparte von der Nützlichkeit, Ägypten zu erobern: »Die Zeiten sind nicht mehr weit, wo wir begreifen werden, daß wir Ägypten erobern müssen, um England wirklich zu schlagen.« Am 5. Ventôse VI (23. Februar 1798) übergab Bonaparte sein Projekt an Barras, das am 15. (5. März) vom Direktorium gebilligt wurde.

Die Vorbereitungen des Feldzuges wurden in größter Eile und im geheimen getroffen. Binnen zweier Monate waren in Toulon ein Geschwader aus 55 Schiffen und eine Flotte aus 280 Frachtschiffen gebildet; das Expeditionskorps zählte 54 000 Mann, davon 38 000 Soldaten. Bonaparte führte einen umfangreichen Generalstab und eine aus 187 Gelehrten, Schriftstellern und Künstlern zusammengesetzte Kommission mit sich.

Die Expedition nach Ägypten ging am 30. Floréal VI (19. Mai 1798) in See. Am 6. Juni erreichte die Flotte Malta, das sich ohne Gegenwehr ergab. Sie entkam Nelson und erreichte Alexandria, das am 2. Juli im Sturm erobert wurde. Die Armee marschierte geradewegs auf Kairo; Ägypten unterstand theoretisch der Herrschaft der Beis, die ihrerseits den Soldaten der Mamelukken ausgeliefert waren; letztere plünderten das Land aus. Am 21. Juli wurde ihre Kavallerie am Fuße der Pyramiden von der zu einem Carrée zusammengeschlossenen französischen Infanterie abgeschlagen; da Bonaparte ohne berittene Truppen war, konnte er sie nicht verfolgen. Am 23. Juli zog er in Kairo ein. Aber am 1. August 1798 überraschte die englische Flotte unter Nelson die französische Flotte unter Brueys vor Anker bei

Abukir und vernichtete sie: nur zwei Schiffe entkamen. Mit einem einzigen Schlag war England Herr über das Mittelmeer und Bonaparte im eroberten Land Gefangener.

Das ägyptische Abenteuer bedeutete, wie auch die italienischen Unternehmungen Bonapartes, einen Wendepunkt in der Geschichte des revolutionären Frankreich. Diese Expedition, die die besten Truppen der Republik weit in die Ferne führte, während der Kampf gegen England andauerte und der kontinentale Friede nicht gesichert war, entsprach nicht den Interessen der Nation. Bis dahin hatte sich das revolutionäre Frankreich nicht mit orientalischen Angelegenheiten befaßt. England, das sich seit der Eroberung des Kaps 1796 als Herr über die indischen Seewege wähnte, entdeckte die große Bedeutung der Suezroute. Die Türkei und auch Rußland wurden unruhig. So kam die Allianz dieser drei Großmächte zustande, die den ersten Schritt zur Bildung einer Zweiten Koalition darstellte.

## 4. Die Zweite Koalition (1798–1799)

Die Bildung der Zweiten Koalition (April–Dezember 1798) war die Antwort Europas auf die Eroberungspolitik des Direktoriums. Mehrere Monate lang versuchte England, gegen Frankreich einen neuen kontinentalen Gegner zu finden, ohne den es nicht hoffen konnte, Frankreich entscheidend zu schlagen. Die orientalischen und die italienischen Unternehmen gaben ihm dazu Gelegenheit. Der ägyptische Feldzug ließ Rußland und die Türkei England näherrücken. Die Türkei hatte am 9. September 1798 Frankreich den Krieg erklärt. In Rußland war Paul I., ein Halbirrer, Katharina II. gefolgt. Aus entschiedenem Haß auf die Revolution nahm er den Prätendenten Ludwig XVIII. auf und wies ihm in Mitau eine Residenz zu. Auch setzte er die Expansionspolitik gegen das Mittelmeergebiet fort. Der Kampf gegen Frankreich ermöglichte ihm, sich mit der Türkei zu verständigen: mit dem Vertrag vom 23. Dezember 1798 öffnete diese ihm ihre Häfen und Meeresengen. Eine russische Flotte drang ins Mittelmeer ein und eroberte die Ionischen Inseln. Am 29. Dezember 1798 wurde ein Bündnis zwischen England, Neapel und Rußland geschlossen, in dem sich die Mächte zum Eingreifen in Italien verpflichteten.

Die römische Affaire hatte dem Krieg auf der Halbinsel neuen

Auftrieb gegeben. Von Nelson ermutigt, gingen die Herrscher über Neapel, Ferdinand IV. und noch stärker die unter englischem Einfluß stehende Marie-Karoline, gegen die Römische Republik vor. Am 26. November 1798 eroberten die vom österreichischen General Mack kommandierten neapolitanischen Truppen Rom. Das Direktorium konterte zunächst mit der Besetzung Piémonts, dessen König man verdächtigte, seine Hand mit im Spiele gehabt zu haben. Dann ging Championnet zum Angriff über, befreite Rom und unterwarf am 23. Januar 1799 Neapel. Der König und die Königin entkamen auf englischen Schiffen nach Sizilien. Das Land wurde geplündert. Entgegen den Anweisungen des Direktoriums, das für künftige Unterhandlungen ein Pfand behalten wollte, bildete Championnet die Parthenopäische Republik. Während Preußen sich hierbei an die Neutralität hielt, entschied sich Österreich nach einigem Zögern, als die Russen zur Intervention in Italien bereit waren: es gewährte ihnen den Durchzug durch sein Gebiet. Auf Grund dieses Vorfalles erklärte das Direktorium Österreich am 22. Ventôse VII (12. März 1799) den Krieg. Es ließ sofort die Toscana besetzen und Papst Pius VI. nach Valencia bringen.

Die Zweite Koalition wurde im Oktober 1799 durch den Beitritt Gustavs IV. von Schweden erweitert. Zwischen Österreich und England ist es jedoch zu keinem Vertrag gekommen. Beide Staaten waren darin einig, Frankreich in seine alten Grenzen zurückzudrängen – viel weiter reichte ihr Einvernehmen kaum: im Mittelmeer hatten England und Rußland gegensätzliche Interessen, in Italien Österreich und Rußland. Auch dieses Mal finanzierte England unter großen Opfern die Koalition; zur gleichen Zeit regte sich die Arbeiterbewegung (am 12. Juli 1799 untersagte die *Combination act* den Streik). Die Russen stellten 80 000 Mann auf, womit die Koalition zahlenmäßig überlegen war. Allmählich entwickelte sich im Frühjahr 1799 ein allgemeiner Krieg.

Das Attentat in Rastatt am 28. April 1799 unterstrich den unversöhnlichen Charakter des beginnenden Krieges: den zwischen dem aristokratischen Europa und der revolutionären Nation. In der Nacht, als die französischen Unterhändler den Kongreß verließen, wurden sie von österreichischen Husaren niedergesäbelt; zwei von ihnen kamen ums Leben. Sieyes zufolge erklang in den monarchistischen Hauptstädten die »Sturmglocke zur Ausrottung der Franzosen«. Das Direktorium hatte keine Schwierigkeit, die Empörung zu entfachen. »Nicht nur die Sache der Freiheit müssen wir verteidigen«, proklamierte es am 17. Floréal VII (6. Mai 1799), »sondern die der Menschheit selbst.« Der Krieg nahm von neuem revolutionären Charakter an.


## III. DIE LETZTE KRISE DER REVOLUTION
   (1799)

Der nach Campoformio eingetretene kontinentale Friede hatte dem gestärkten Direktorium eine gewisse Stabilität verschafft. Die Wiederaufnahme des Krieges und die Mißerfolge des Feldzuges vom Frühjahr 1799 bedrohten das Gleichgewicht des Systems: über die jakobinische Bewegung und die gemäßigte Reaktion kam es zum militärischen Gewaltstreich vom Brumaire des Jahres VIII.


### *1. Die Armee im Jahre VII und der Feldzug im Frühjahr 1799*

Die Armee im Jahre VII sah sich genauso großen Schwierigkeiten gegenüber wie diejenige von 1793, bevor der Wohlfahrtsausschuß seine Kriegsmaßnahmen ergriff. Von neuem gewann sie einen Teil jenes plebejischen Charakters zurück, den sie schon fast ganz eingebüßt hatte. Um das Problem der Effektivbestände zu bewältigen, mußte das Direktorium im Prinzip auf das Massenaufgebot zurückgreifen: mit dem Gesetz Jourdan vom 19. Fructidor VI (5. September 1798), das die Rekrutierung einführte, wurde für alle 20- bis 25jährigen der Wehrdienst obligatorisch und zur ständigen Einrichtung. Die Verpflichtung bedeutete jedoch nicht notwendig die Wehrdienstleistung: die gesetzgebende Körperschaft urteilte über die Lage und hatte das Recht, jeweils nur das zur Auffüllung bzw. zur Verstärkung der Effektivbestände notwendige Kontingent einzuberufen. Das Gesetz regelte die Beförderung auf demokratische Weise:
»Kein französischer Bürger kann zum Offizier ernannt werden, wenn er nicht zuvor drei Jahre als Soldat oder Unteroffizier gedient hat, ausgenommen im Ingenieurkorps und in der Artillerie; ausgenommen sind weiterhin ausgezeichnete Taten auf dem Schlachtfeld.«
Am 3. Vendémiaire VII (24. September 1798) wurden 200 000

Rekruten einberufen, nach und nach erfolgten Einberufungen bis zum Gesetz vom 10. Messidor (28. Juni 1799), das alle fünf Klassen vollständig aufrief. Die in dem Gesetz vom 28. Germinal VII (17. April 1799) vorgesehene Ersatzstellung wurde am darauffolgenden 14. Messidor (2. Juli) verboten.

Die Durchführung der Aushebung verlief nicht ohne Schwierigkeiten, besonders weil ein gut geführtes Zivilstandsregister fehlte und infolge der Desertionen. Die Abgänge waren ungeheuer. Von den am 3. Vendémiaire aufgerufenen 200 000 Mann waren nur 143 000 dienstfähig, 97 000 erschienen am Sammelplatz und 74 000 trafen endlich bei ihren Einheiten ein. Die Armee des Jahres VII hatte nicht wie diejenige des Jahres II die zahlenmäßige Überlegenheit dem Feind gegenüber. Auch konnte sie nicht angemessen ausgerüstet werden – trotz des Verkaufs von Nationalgütern im Wert von 125 Millionen: eine verspätete und unzureichende Maßnahme. Die Soldaten des Jahres VII, untergebracht in den seit langem ausgebeuteten Satellitenstaaten, waren ebenso schlecht dran wie die des Jahres III. Durch die Konskription aber verschmolzen die Rekruten mit den seit 1793 Eingezogenen, die schon fast Berufssoldaten geworden waren, zu einer einheitlichen Truppe; damit fand die Armee des Jahres VII teilweise wieder zu dem plebejischen Aufschwung zurück, den diejenige des Jahres II gekennzeichnet hatte.

Der Krieg von 1799 spielte sich im wesentlichen auf dem Kontinent ab. Die Engländer beherrschten seit Abukir die Meere; der Landungsversuch in Irland im August 1798 unter General Humbert war gescheitert. Auf dem Lande liefen die Operationen langsam an. Der Kampfplan für das Frühjahr 1799 sah zur Sicherung Hollands, des Rheins und Neapels drei zahlenmäßig reduzierte Armeen vor. Die Donau-Armee, 45 000 Mann unter Jourdan, sollte durch Süddeutschland auf Wien marschieren; die Italien-Armee, 45 000 Mann unter Schérer, mit gleichem Ziel durch Venetien und Kärnten. Die helvetische Armee unter Masséna sollte die Verbindung aufrechterhalten, Tirol bedrohen und als verfügbare Truppe bereitstehen. Die Österreicher hatten entsprechende Planungen getroffen: 75 000 Soldaten standen unter Erzherzog Karl in Bayern, 60 000 unter Kray in Venetien und 20 000 in Tirol. Von der Orient-Armee unter Bonaparte erwartete das Direktorium einen Ablenkungsangriff.

Der Feldzug in Deutschland nahm einen schlechten Anfang. Am 25. März 1799 wurde Jourdan vom Erzherzog bei Stockach geschlagen und zog sich zurück, wobei er die Rheinarmee Bernadottes, die seine linke Flanke decken sollte, mit sich zog.

In Italien suchte Schérer den Übergang über die Etsch zu erzwingen, scheiterte aber bei Verona und zog sich hinter die Adda zurück; er trat den Oberbefehl an Moreau ab. Nun griffen die Russen unter Suworow ins Kampfgeschehen ein. Sie erzwangen die Übergänge über die Adda, namentlich den bei Cassano am 27. April 1799, und nötigten Moreau, Mailand und die Lombardei zu entsetzen. Enttäuscht von der Politik des Direktoriums ergriffen die italienischen Patrioten, die für die einheitliche Republik kämpfenden *Jakobiner*, nun für die Verbündeten Partei und erhoben sich gegen die Franzosen. Die Truppen Moreaus, in Alexandria neu geordnet, zogen sich nach Genua zurück. Die Armee in Neapel, wo MacDonald Championnet abgelöst hatte, bewegte sich mühsam nach Norden. Suworow marschierte ihr entgegen und versperrte ihr den Weg: im Verlauf einer dreitägigen, blutigen Schlacht (17.–19. Juni 1799) wurde MacDonald an den Ufern der Trebbia geschlagen und machte kehrt nach Genua.

In der Schweiz hatte Masséna zunächst Graubünden besetzt und war in Vorarlberg eingedrungen. Aber er war an den Flanken durch den Verlust Deutschlands und Italiens entblößt und mußte seinerseits zurückweichen. Von Erzherzog Karl angegriffen, gewann er am 4. Juni 1799 die erste Schlacht bei Zürich, aber er gab die Stadt preis, um sich hinter der Limmat zu verschanzen, während General Lecourbe den St.-Gotthard-Paß und das Reußtal räumte.

Die Republik war an allen Fronten zurückgewichen, aber die natürlichen Grenzen blieben unversehrt. Unterdessen gönnten die verbündeten Divisionen dem Direktorium eine Atempause. Die österreichische Regierung sah die Russen ungern in Italien, der Kanzler Thugut wollte Suworow in die Schweiz schicken, um in Italien freie Hand zu haben. Vor allem diese Gefahren erweckten nationale Kräfte und brachten der Revolution einen letzten Aufschwung.

## 2. *Die Ereignisse vom 30. Prairial VII (18. Juni 1799)*

Die Wahlen des Jahres VII fanden vor dem Hintergrund der auswärtigen Niederlagen in einem für das Direktorium sehr ungünstigen Klima statt. Eine allgemeine Unzufriedenheit hatte sich breitgemacht – wegen des wirtschaftlichen Sumpfes, der erschwerten Steuerbelastungen und der Einführung der Konskription. Die belgischen Departements erhoben sich im November 1798, die Chouans-Unruhen begannen von neuem, obwohl die westlichen Departements von dem neuen Aufgebot ausgenommen waren. Ein Mal mehr beschwor das Direktorium in seinem Zirkular vom 23. Pluviôse (11. Februar 1799) die zweifache Gefahr des Royalismus und der Anarchie: »Über Europa, das gegen uns verschworen war, habt ihr gesiegt, Franzosen; bleibt nur noch, die Feinde im Innern zu besiegen.« François de Neufchâteau appellierte an die Besitzenden: »Wollt ihr ein neues Maximumgesetz?« Es ist zwar richtig, daß er in seinem Aufruf vom 14. Ventôse (4. März) die royalistische Gefahr darlegte: »Bürger, keinen Haß, keine Rache, vor allem keine Reaktion!« In erster Linie aber ging es ihm darum, in den bürgerlichen Schichten die Angst vor einer Rückkehr zu »dem schaurigen Regime von 1793« zu schüren: »Bürger aller Klassen, das gleiche Interesse eint euch, um gemeinsam auszurufen: *Schluß mit der Anarchie in Frankreich!*«

Das Direktorium nahm Zuflucht zu den üblichen Unterdrückungsmaßnahmen: Absetzung, Entsendung von Kommissaren, Organisation von Spalterversammlungen, wie etwa in der Sarthe. Immerhin war die Opposition stark genug, um 121 der 187 amtlichen Kandidaten zu schlagen. Dennoch änderte sich an den Mehrheitsverhältnissen nichts: die jakobinische Minderheit wurde zwar etwas gestärkt, die thermidorianische Bourgeoisie aber behielt die Oberhand. In der Krise im Gefolge der Niederlagen vom Frühjahr 1799 behielt sie schließlich das letzte Wort.

Der Sturz des zweiten Direktoriums fand in einer Atmosphäre völligen Zerfalls statt. Die Armeen zogen sich an allen Fronten zurück; ihnen fehlte das Nötigste; Italien war verloren. Die Royalisten griffen wieder zu den Waffen. Die Besitzenden waren über die Steuerlasten erbittert. Während die Regierung zusehends an Achtung verlor, kam ein Zufall der Opposition zu Hilfe: am 20. Floréal (9. Mai 1799) fiel das Los auf Reubell, womit der tatkräftigste Direktor ausscheiden mußte. Am 27. (16. Mai) wählten die Alten Sieyes zum Nachfolger, dessen Gegnerschaft zur Verfassung des Jahres III niemandem unbekannt war. Nachdem er sein Amt am 21. Prairial (9. Juni) angetreten hatte, leitete Sieyes, unterstützt von Barras, der etwas richtiges ahnte, die Offensive der Kammern gegen seine eigenen

Kollegen ein. Die Kammern beschlossen am 28. Prairial (16. Juni), in Permanenz zu tagen. Am selben Abend erklärten sie die Wahl von Treilhard für ungültig, da Art. 136 der Verfassung eine Frist von einem Jahr zwischen dem Ausscheiden aus der gesetzgebenden Körperschaft und der Wahl ins Direktorium vorschrieb. Am folgenden Tag wurde er von Gohier ersetzt, dem Justizminister des Jahres II, einem aufrechten Republikaner, aber von zweitrangiger Bedeutung.

Am 30. Prairial VII (18. Juni 1799) gingen die Kammern zum Angriff auf das Direktorium über. Bertrand aus Calvados, ehemals Konventsmitglied und Königsmörder, führte die Attacke: »Ihr habt die Bürgertugend zerstört, ihr habt die Freiheit geknebelt, die Republikaner verfolgt, die Zeitungen unterdrückt, die Wahrheit erstickt.« Die Kammern wollten sich für ihre im Floréal erlittene Demütigung rächen: »Das französische Volk hatte im Jahre VI Männer in öffentliche Ämter gewählt, die seines Vertrauens würdig waren; ihr habt zu sagen gewagt, daß die Wahlen das Ergebnis einer anarchistischen Verschwörung waren, ihr habt die Vertretung der Nation verstümmelt.« Boulay de la Meurthe fuhr fort: »Seit dem 18. Fructidor, als die Diktatur geschaffen wurde, hat man die gesetzgebende Körperschaft in ständiger Knechtschaft gehalten.« Er zeichnete Merlin als einen »Menschen mit geringem Überblick, wenig Leidenschaft, kleinlichen Bedenken und lächerlichen Erlassen«, und auch La Revellière, der von seinem *Fanatismus* dazu getrieben werde, »eine – ich weiß nicht wie – geartete Religion zu stiften, bei deren Einrichtung er alle allgemein gültigen Ideen opfert und alle Regeln des gesunden Menschenverstandes mit Füßen tritt.« Zum Rücktritt aufgefordert und von ihren Kollegen im Stich gelassen, legten Merlin und La Revellière schließlich ihre Ämter nieder. Am 1. und 2. Messidor (19. und 20. Juni) wurden Roger Ducos, ehemaliger Königsmörder im Konvent, und der unbekannte General Moulin, der gerade in Paris auf der Durchreise sich befand, zu Direktoren gewählt.

Der 30. Prairial VII, eher ein Tag des Parlaments als ein Staatsstreich, war die Rache der im Vorjahr *floréalisierten* Räte an der Exekutive: »Die gesetzgebende Körperschaft«, erklärte Lucien Bonaparte vor den Fünfhundert, »hat den ersten Rang, der ihr im Staate gebührt, wieder eingenommen.«

Die Regierung – und zwar nicht nur die Direktoren, sondern auch die Minister – wurde nach dem Willen der Kammern neu besetzt: das Kriegsministerium übernahm General Bernadotte, das Justizministerium Cambacérès, die Polizei Fouché und die Finanzen Robert Lindet, ein ehemaliges Mitglied des Wohlfahrtsausschusses. Das war eine bedeutsame Erneuerung: *entschiedene* Republikaner kehrten zur Macht zurück. Gerade zu diesem Zeitpunkt wurde die Republik von den Siegen der Koalition gefährdet.

### 3. Neojakobinische Bewegung und gemäßigte Reaktion

Wieder einmal verband sich die revolutionäre Bewegung mit den Erfordernissen der Nation. Einig gegen die Fructidorianer spalteten sich die Sieger des Prairial: zwei Monate lang beherrschten die Neojakobiner die thermidorianische Bougeoisie und setzten ihre Politik der öffentlichen Wohlfahrt durch. Als ehemalige Konventsabgeordnete, die bei den Wahlen des Jahres V von den Royalisten geschlagen und im Floréal VI von den Fructidorianern ausgeschlossen waren, fanden sie wie von selbst zu den Methoden des Jahres II zurück, die durch die Gefahr des Vaterlandes gerechtfertigt waren. Am 14. Thermidor (1. August 1799) wurde die Pressefreiheit wieder hergestellt, und jakobinische Blätter erschienen von neuem. Die Klubs öffneten sich und breiteten sich aus. Der bedeutsamste unter ihnen wurde die Gesellschaft der Freunde der Gleichheit und Freiheit, der sogenannte Manège-Klub, dessen Name von dem Saal in den Tuilerien stammt, in dem er tagte. Er begann mit seinen Sitzungen am 18. Messidor (6. Juli), sein erster *Leiter* (régulateur) war Drouet, ein Mann aus Varennes und Gefährte Babeufs; zahlreiche Abgeordnete nahmen an den Sitzungen teil. Die jakobinische Minderheit zog die Mehrheit der Räte widerstrebend mit: um die auswärtige Lage zu meistern, ertrug sie die Mobilisierung von Menschen und Gütern.

Die Konskription trat voll in Kraft, das Gesetz vom 10. Messidor VII (28. Juni 1799), von Jourdan eingebracht, setzte die fünf Klassen vollständig ein. Am 14. Messidor (2. Juli) wurde die Ersatzstellung untersagt: »Diejenigen, die einen Ersatz gestellt haben, haben selbst zu erscheinen, wenn ihre Ersatzleute desertieren, entlassen oder von der Konskription selbst erfaßt werden.«

Eine Zwangsanleihe in Höhe von 100 Millionen war am 10. Messidor grundsätzlich allen *wohlhabenden* Bürgern auferlegt worden, um die Kosten der Konskription zu decken. Deren Ausführungsbestimmungen wurden am 19. Thermidor (6. August 1799) festgelegt. Die Anleihe wurde nach einem progressiven Tarif von den Einkünften aller Bürger eingefordert, die mehr als 100 Franken Mobiliarsteuer oder mehr als 300 Franken Grundsteuer entrichteten; Einkommen oder Kapital, das von diesen Steuern nicht erfaßt wurde (Artikel 7 nennt besonders das durch »Unternehmen, Lieferungen und Spekulation« gewonnene Vermögen), sollte von einer Jury, die aus von der Anleihe nicht betroffenen Bürgern zusammenzusetzen war, geschätzt werden.

Das Geiselgesetz wurde am 24. Messidor (12. Juli) verabschiedet. Es sollte, so ein Abgeordneter der Fünfhundert, dazu dienen, »dem Fortschreiten der Räubereien und den Vorboten der Bauernaufstände, die in den Departements des Südens und Westens zutagetreten, Einhalt zu gebieten«. War ein Departement von der gesetzgebenden Körperschaft für »permanent im bürgerkriegsähnlichen Zustand befindlich« erklärt, dann hatte die Zentralregierung die Vollmacht, Geiseln zu nehmen unter den Angehörigen der Emigranten, der ehemaligen Adligen oder sonstigen Personen, »von denen notorisch bekannt ist, daß sie an Zusammenkünften oder Mörderbanden teilnehmen«, die ihrerseits als »persönlich und zivilrechtlich verantwortlich (angesehen werden müssen) für Morde und Bandentum, begangen im Innern aus Haß gegen die Republik«. Bei Ermordung eines Beamten, Militärs oder Käufers von Nationalgütern hatte das Direktorium die Deportation von vier Geiseln anzuordnen; für jeden Mord hatten die Geiseln gemeinsam eine Strafe von 5000 Franken, eine Entschädigung für die Witwe in Höhe von 6000 Franken und 3000 Franken für jedes Kind zu bezahlen. Das Geiselgesetz brachte all jene in Harnisch, die sich über die Revolution zu beklagen hatten. Diejenigen aber, denen es Schutz gewähren konnte, wurden im gleichen Moment von der Zwangsanleihe in die Arme der Opposition getrieben.

Die antijakobinische Reaktion ließ nicht auf sich warten. Am 26. Messidor, dem Jahrestag des 14. Juli, hatte Sieyes zur Mahnung an »jene unheilvollen Zeiten« erinnert, »in denen sämtliche Begriffe so auf den Kopf gestellt waren, daß alle diejenigen, die offiziell zu nichts beauftragt waren, penetrant alles entscheiden wollten.«

Eine erneute Verdammung fand am 23. Thermidor statt, dem

Jahrestag des 10. August, sie galt »diesem von allen Franzosen gerechterweise verabscheuten Terror«: »Nein, das sind keine Republikaner ... Leute, die im Rausch ihrer Provokationen die Quellen des öffentlichen Reichtums austrocknen, den Kredit ruinieren, den Handel vernichten und alle Arbeit lähmen.« Während die Konskription allgemeinen Unwillen erregte, verärgerte die Zwangsanleihe ganz besonders die gehobenen bürgerlichen Schichten, die den passiven Widerstand organisierten. Seit dem 13. Thermidor (31. Juli), sogar noch vor der Präzisierung der Ausführungsbestimmungen der Anleihe, »ist man heute bestrebt«, notierte Le Publiciste, »sein Vermögen zu verstecken, wie man früher dazu neigte, es vorzuzeigen und sogar übertrieben darzustellen. Daher gibt es keinen Luxus mehr. Das ist für zahlreiche Personen, besonders für die Grundbesitzer, eine Notwendigkeit. Andere versuchen, den enormen Steuern, die man fürchtet, zu entgehen. Wieder andere machen bankrott, um ihr Elend ganz überzeugend darzutun.«

Eine Pressekampagne setzte ein, um das Direktorium zu veranlassen, mit den Blutsäufern zu brechen. Die soziale Angst der Besitzenden breitete sich wieder aus, angestachelt von Reden im Manège-Klub; am Jahrestag des 14. Juli brachte General Jourdan einen Toast »auf die Wiederauferstehung der Piken!« aus. »Man sagt«, schrieb der Moniteur am 25. Messidor (13. Juli), »daß viele Leute, erschreckt von den Reden in dieser Versammlung, schrien: Nieder mit den Jakobinern! Man sollte Steine in den Saal werfen!«

Die Zusammenstöße häuften sich. Obwohl die Jakobiner auf die Unterstützung aller sansculottischen Kader, Angestellte, Handwerker und Boutiquiers, rechnen konnten, gelang ihnen die Mobilisierung der Volksmassen, die seit der Aufhebung der Sektionen desorganisiert und auf Grund der langen Unterdrückungsperiode geschwächt waren, nicht. Isoliert und ohne klares gesellschaftliches Programm waren die Jakobiner ohnmächtig – gegenüber der Verwaltung, der Polizei und der im Fructidor eingerichteten Garnison von 20 000 Soldaten.

Die Schließung des Klubs bedeutete den Bruch zwischen Jakobinern und Direktorium. Angeklagt im Rat der Alten am 8. Thermidor (26. Juli), der ihn verleumdete, »die Schreckensherrschaft wiederherzustellen und alle Proskriptionslisten auszugraben«, mußte der Klub den Manège-Saal räumen und in die Rue du Bac übersiedeln. Fouché wurde am 11. Thermidor zum Polizeiminister ernannt und lieferte den Kammern sofort einen Bericht »über die Notwendigkeit, die inneren Diskussionen politischer Versammlungen zu schützen, indem man sie mit der ganzen Kraft der Republik abschirmt.« Die Fünfhundert lehnten den Bericht ab. Am 26. Thermidor (13. August) ließ Fouché den Klub schließen. Eine Reaktion erfolgte nicht. Die royalistische Gefahr und die militärischen Niederlagen erlaubten allerdings den Jakobinern, noch am politischen Leben teilzunehmen.

Der royalistische Aufstand brach am 18. Thermidor in Haute-Garonne los. Toulouse war kurze Zeit bedroht, hielt aber stand: die Macht war in Händen einer jakobinischen Verwaltung. Am 26. Thermidor (13. August) traf die Nachricht davon in Paris ein: sofort genehmigten die Räte Hausdurchsuchungen für die Dauer eines Monats, »um die Emigranten, die Aufhetzer zur Fahnenflucht, die Halsabschneider und Räuber zu verhaften«. Am 3. Fructidor (20. August) wurden die Aufständischen bei Montréjeau geschlagen. Im Westen flammten im Verlauf des Sommers neue Unruhen auf.

Zu einer letzten jakobinischen Offensive kam es anläßlich der militärischen Niederlagen. In Italien wurde Joubert am 28. Thermidor (15. August 1799) geschlagen und fiel. In Holland ließen die Engländer in Helder am 10. Fructidor (27. August) ein 25 000 Mann starkes russisches Korps landen. Die Republik schien wie im Jahre 1793 an allen Fronten bedroht. Im Rat der Fünfhundert schlug General Jourdan am 27. Fructidor vor, das »Vaterland in Gefahr« zu erklären. Indem er das ganze Spektrum der Gefahren, von denen er das Land umgeben sah, aufzeigte, erklärte er:

»Italien ist unterjocht, die Barbaren aus dem Norden stehen vor Frankreichs Toren, Holland ist besetzt, die Flotten sind durch Verrat verloren gegangen, Helvetien ist verwüstet, in zahlreichen Departements begehen royalistische Banden alle nur erdenklichen Ausschreitungen, und die Republikaner werden unter Bezeichnungen wie *Terroristen* und *Jakobiner* verdächtigt. Noch ein Rückschlag und auf dem gesamten französischen Boden wird die Sturmglocke des Königtums läuten.«

Jourdans Empfehlung löste eine wildbewegte Debatte aus. Lucien Bonaparte bekämpfte den Vorschlag; es sei besser, meinte er, »die verfassungsmäßigen Befugnisse des Direktoriums zu erweitern, als sich von einer revolutionären Gewalt fortreißen zu lassen.«

Damit war genau das Problem getroffen: um der Gefahr stand-zuhalten, mußte man sich wie im Jahre II auf das Volk stützen oder die Exekutive stärken. Daunou sprach es deutlich aus: er befürchtete »die Wiederkehr des Regimes von 1793«. Am darauffolgenden Tag wurde die Empfehlung mit 245 gegen 171 Stimmen verworfen. Am 2. Vendémiaire VIII (24. September 1799) ließ Garrau (aus der Gironde) im Rat der Fünfhundert die Todesstrafe gegen jeden einführen, »der Friedensbedingungen vorschlägt oder billigt, die darauf hinauslaufen, die Unversehrtheit des gegenwärtigen Territoriums der Republik zu verletzen«. Das war der allerletzte jakobinische Erfolg: zu diesem Zeitpunkt wurde die außenpolitische Lage durch bedeutsame Siege wieder stabilisiert.

*4. Der Feldzug vom Sommer 1799*

Die Operationen liefen zunächst nicht gut an. Sehr schnell aber wandte sich das Blatt, begünstigt durch Gegensätze innerhalb der Koalitionsmächte.

In Italien war Joubert, ohne die Ankunft der durch Piémont heranrückenden Truppen Championnets abzuwarten, zur Offensive übergegangen. Am 15. August 1799 wurde er zu Beginn der Schlacht bei Novi getötet; seine Truppen wurden von den Russen unter Suworow geschlagen. Italien war verloren. Thugut, der österreichische Kanzler, wollte es behalten: er lavierte, um die Russen loszuwerden. Die Österreicher unter Erzherzog Karl und das russische Korps unter Korsakow, das Zürich und die Limmatlinie verteidigt hatte, standen in der Schweiz Masséna gegenüber. Die österreichische Regierung hatte sich über die englisch-russische Landung in Holland beunruhigt und erteilte Erzherzog Karl die Order, die Schweiz zu verlassen und gegen Mainz vorzurücken. Am 11. September machte sich Suworow auf den Weg, um ihn abzulösen. Ehe die beiden russischen Armeen jedoch sich vereinigen konnten, wurden sie getrennt von den Franzosen geschlagen. General Lecourbe eroberte den St.-Gotthard und das Reußtal. Während er Suworow festhielt, griff Masséna Korsakow an, der isoliert und eingekreist in Zürich stand, und drängte ihn über den Rhein zurück: das war der zweite Sieg von Zürich (25.–27. September 1799). Suworow überquerte inzwischen den St.-Gotthard und warf die Soldaten Lecourbe's zurück. Bald aber stieß er auf das von Masséna unterstützte Korps Mortiers. Er wandte sich gegen General Molitor, der das Linthtal verteidigte. Da er den Durchbruch nicht erzwingen konnte, zog er sich nach Vorarlberg zurück. Die Schweiz war erneut in der Hand der Franzosen. Paul I. war erbost und befahl am 22. Oktober den Rückzug seiner Truppen nach Rußland.

In Holland scheiterte der anglo-russische Landungsversuch am 27. August. Als der Herzog von York zur Offensive übergegangen war, wurde er von Brune's Armee am 19. September 1799 in Bergen und am 6. Oktober in Castricum geschlagen. Am 18. unterzeichnete er in Alkmaar den Räumungsvertrag.

Zu Herbstbeginn 1799 war also die Offensive der Koalition abgeschlagen, und die Grenzen waren unverletzt. Bonaparte und seine ägyptische Armee hatten zu diesen Erfolgen nichts beigetragen. Eher im Gegenteil: das Ablenkungsmanöver im Orient war mißlungen.

Der Mißerfolg der ägyptischen Expedition ergab sich aus der Niederlage bei Abukir. Die französischen Truppen waren in einer Sackgasse. Um dem türkischen Angriff zuvorzukommen, war Bonaparte im Februar 1799 auf Syrien marschiert. Nach einem Sieg beim Berg Thabor mißlang ihm die Einnahme Akkons, das die Engländer vom Meer her unterstützten. Am 20. Mai mußte er den beschwerlichen Rückzug nach Ägypten anordnen. Inzwischen landeten die Engländer bei Abukir eine in Rhodos aufgestellte türkische Armee; Bonaparte vernichtete sie bereits in Abukir am 25. Juli 1799. Er war Sieger und doch Gefangener bei seiner Eroberung – die Armee war durch das Klima und die Kämpfe geschwächt. Bonaparte hielt das Spiel für verloren, übergab Kléber das Kommando und verließ im August heimlich mit zwei Fregatten Ägypten. Er entging den englischen Kreuzern und landete am 17. Vendémiaire VIII (9. Oktober 1799) in Fréjus.

Als die äußere Gefahr gebannt war, setzte sich die gemäßigte Reaktion durch. Am 2. Brumaire (24. Oktober) verwarfen die Alten den Antrag von Garrau, der die Todesstrafe für diejenigen vorsah, die Empfehlungen billigten, welche die Unversehrtheit des französischen Territoriums verletzten. Noch bedeutsamer war, daß das Prinzip der Zwangsanleihe in Frage gestellt wurde; am 17. Brumaire verlangte ein unbekannter Abgeordneter im Rat der Fünfhundert die Vertagung dieser »progressiven und willkürlichen« Anleihe. Der Staatsstreich vom 18. Brumaire sollte die Besitzenden endgültig zufriedenstellen.

## IV. DER 18. BRUMAIRE DES JAHRES VIII
### (9. NOVEMBER 1799)

Bonaparte, der am 17. Vendémiaire (9. Oktober) in Fréjus gelandet war, traf am 24. (16. Oktober) in Paris ein. Die Nachricht wirkte sensationell. *Le Messager des relations extérieures* schrieb am 23. Vendémiaire: »Die Landung Bonapartes in Frankreich gehört zu den Ereignissen, die man mehrfach hört, ohne daran zu glauben.« Und *Le Moniteur* schrieb am gleichen Tag: »Alle Welt ist von Sinnen. Der Sieg, der Bonaparte sonst begleitet, war ihm diesmal vorausgeeilt, und er kommt, um der sterbenden Koalition den letzten Stoß zu geben.«
Die öffentliche Meinung sah in Bonaparte den Friedenstifter von Campoformio, der Europa erneut den Frieden bringen würde. In Wirklichkeit war die Invasionsgefahr durch die Siege in der Schweiz und in Holland gebannt: der Feldzug war beendet. Vor dem nächsten Frühjahr konnte Bonaparte kein bedeutendes Kommando erhalten. Da er dem Direktorium das Verdienst nicht zukommen lassen wollte, den Frieden allein, d. h. ohne seine Mithilfe wiederhergestellt zu haben, trat er mit den Anhängern des Staatsstreichs in Verbindung, deren Anführer Sieyes war.

### *1. Soziale Angst und Revisionismus*

In der Tat war das politische Problem mit seinen gesellschaftlichen Folgeerscheinungen an die erste Stelle gerückt. Die Bedrohung war abgeschlagen, sonst aber alles in der Schwebe geblieben. Der Krieg mit dem Ausland dauerte an, im Frühjahr sollte er wieder aufgenommen werden. Der Bürgerkrieg begann von neuem; am 22. Vendémiaire (14. Oktober) besetzten die Chouans Le Mans, darauf Nantes, von wo sie bald wieder vertrieben wurden; dennoch war der Schrecken groß. Im Frühjahr des Jahres VIII sollten wieder Wahlen stattfinden: bei einem royalistischen oder jakobinischen Erfolg konnte die Stabilität der Regierung erneut in Frage gestellt werden. Die Verfassung des Jahres III stand im Mittelpunkt der Debatten: nicht ihr Zensuscharakter, sondern ihr Liberalismus, ihr Gleichgewicht der Gewalten, besonders das jährlich neu zu wählende Drittel der Kammern. Nach dem Fructidor hatte das Direktorium das Problem durch Einrichtung einer kaschierten Diktatur gelöst. Da die jährlichen Wahlen alles in Frage stellten, durften sie nicht so häufig stattfinden: genau dies verlangte nach dem 22. Floréal Daunou, der zwar einer der Autoren der Verfassung des Jahres III, aber die Unsicherheit des Regimes leid war und Restauration wie Demokratisierung in gleicher Weise bekämpfte. Im Umkreis von Daunou gab es bei den *Ideologen,* deren Zeitung *La Décade philosophique* war, ähnliche Ansichten. Im Frühjahr des Jahres V (1797) hatte Benjamin Constant ein Werk veröffentlicht, *Des réactions politiques,* in dem er »Stärke und Festigkeit der Regierung« forderte, welche allein »den Bürgern die Sicherheit ihrer Person und die Unverletzlichkeit des Eigentums garantieren«. Madame de Staël teilte natürlich diese Auffassungen. Sieyes, der klassische konstitutionelle Denker, erwies sich am Ende als Revisionist. Das Prinzip der nationalen Souveränität blieb unangetastet: die thermidorianische Bourgeoisie konnte darauf nicht verzichten, ohne sich selbst zu verleugnen, ohne den Anhängern des Gottesgnadentums in die Hände zu arbeiten. Also ging es darum, dieses Prinzip mit den Erfordernissen einer festen und starken Exekutive zu versöhnen: Sieyes dachte daran, die Wahl durch Kooptation zu ersetzen, die die Verfassung des Jahres VIII charakterisierte. Thermidorianer und Direktoriale hatten scheinheilig dieses Verfahren bereits in dem Dekret über die Zweidrittel und mit den Säuberungen im Fructidor und Floréal praktiziert. Die Verfassung des Jahres VIII erschien in vielen Punkten als die Vollendung der konstitutionellen Praxis des Direktoriums.

Die sozialen Aspekte des Unternehmens im Brumaire erhellen aus der Leichtigkeit, mit der es gelang: wenn es nicht den Erfordernissen der herrschenden Kräfte der neuen Gesellschaft entsprochen hätte, wäre es nicht erfolgreich gewesen. Die Thermidorianer hatten die gesellschaftliche Herrschaft und politische Macht des konservativen Bürgertums eingesetzt. Das Direktorium hat sie bewahrt. Im Jahre VII aber schien der jakobinische Druck die Privilegien der Besitzenden zu bedrohen. Soziale Angst kam wieder auf: in dieser Atmosphäre gedieh der Revisionismus. Zwei von der Revolution geschaffene Klassen der neuen Gesellschaft sehnten sich ganz besonders nach Ruhe und sozialer Stabilität. Zunächst die besitzenden Bauern, die in Ruhe arbeiten wollten, ohne daß die Ordnung von den immer wieder neuen Raubzügen gestört wurde. Von restaurativen Bestrebungen wollten sie nichts wissen: diese bedrohten sie mit Wiedereinführung des Zehnten und der feudalen Rechte sowie durch Anfechtung des Kaufs der Nationalgüter bei der friedlichen Nutzung ihres Eigentums. In gleicher Weise aber fürchteten sie sich vor einer Volksbewegung, die nichts als *Anarchie* mit sich bringt und das *Ackergesetz* vorbereitet, mithin die Aufteilung der Güter! Einem Regime, das sie gegenüber diesen beiden Gefahren schützen konnte, waren sie bereit zu folgen.

Sodann sah das Unternehmertum (la bourgeoisie d'affaires) den Aufschwung seiner Geschäfte von der Unbeständigkeit der politischen Ordnung und der Verlängerung des Krieges beeinträchtigt; die fiskalische Gleichheit, die mit der Zwangsanleihe geschaffen werden sollte, erschien ihm als Ungeheuerlichkeit, als ein regelrechtes Ackergesetz. Es wünschte ein politisches System, das seine Interessen schützte, seine Rechte ein für allemal garantierte und ihm die verstärkten Bemühungen um die Erneuerung der Wirtschaft ermöglichte. Unternehmertum und besitzende Bauernschaft bildeten die soziale Grundlage des konsularischen später des imperialen Regimes. Aus diesen Klassen rekrutierte sich die Mehrheit der Notabeln.

Die Änderung der Verfassung des Jahres III war im XIII. Abschnitt vorgesehen: es handelte sich um ein äußerst kompliziertes Verfahren, das drei aufeinanderfolgende Abstimmungen in den Kammern und in der zusammengetretenen »verfassungsändernden Versammlung« vorsah und dessen Abwicklung sich auf neun Jahre erstreckte. Deshalb stand es nicht zur Debatte. Blieb der Staatsstreich. Sieyes war dazu entschlossen. Wie am 18. Fructidor mußte man auf die Armee zurückgreifen, um die Mehrheit in den Kammern niederzuzwingen – mit dem Unterschied allerdings, daß im Jahre V die Mehrheit royalistisch, im Jahre VIII hingegen republikanisch gesonnen war. Als Leiter der Operationen war General Joubert vorgesehen, und er hatte eingewilligt; er wurde am 15. August 1799 bei Novi getötet. Sieyes wandte sich an Moreau, der zögerte. Inzwischen war Bonaparte gelandet. »Das ist euer Mann«, soll Moreau zu Sieyes gesagt haben. In der Tat sprach alles für ihn: seine jakobinische Vergangenheit, die Illusionen verbreiten konnte, sein Ansehen, aber auch sein Ehrgeiz, seine Skrupellosigkeit und die zweifelhafte Lage, in die er sich begeben hatte, als er sein Kommando in Ägypten auf eigene Faust niederlegte.

Der Staatsstreich war schnell vorbereitet. Talleyrand vermittelte zwischen Bonaparte und Sieyes. Von den anderen Direktoren war Barras neutralisiert und einverstanden; Roger Ducos folgte Sieyes wie sein Schatten.

Der Präsident der Alten war gewonnen; im Rat der Fünfhundert wurde Lucien Bonaparte am 1. Brumaire (23. Oktober 1799) zum Präsidenten gewählt. Die Geldmittel hatte man sich vor allem von den Armeelieferanten beschafft, die durch das Gesetz vom 7. Brumaire (29. Oktober) beunruhigt waren: dies entzog ihnen das Recht, vorrangig an den Schaltern der Schatzkammer bezahlt zu werden. Die Verschwörer verknüpften die Idee des allgemeinen Friedens mühelos mit einer Änderung der Verfassung. Noch mehr: sie spielten mit der sozialen Angst, um die Räte mitzuziehen und sich der Bourgeoisie aufzuzwingen: das Gespenst des gleichmacherischen Terrorismus löste ein Mal mehr in ihren Kreisen Panik aus, so bezeugt es selbst Madame de Staël.

»Wir sind an einem Punkt angelangt«, schrieb der halbamtliche *Moniteur* am 19. Brumaire (10. November), »von dem aus es nicht mehr möglich war, irgendetwas wiederzuerlangen, weder die Freiheit, noch das Eigentum, noch die Verfassung, die beides garantiert.« Man erinnerte daran, »daß das räuberische Gesetz der Zwangsanleihe unsere Finanzen ruiniert und das Geiselgesetz uns den Bürgerkrieg gebracht hat, daß ein Teil der Einkünfte des Jahres VIII von den Beschlagnahmen verschlungen wurde und jeder Kredit dahin ist.«

Das Gespenst des Jahres II erfaßte die Bourgeoisie: sie wollte es ein für allemal auslöschen.

## 2. Der Staatsstreich

Am 18. Brumaire (9. November 1799) wurde der Rat der Alten um sieben Uhr morgens zusammengetrommelt. Unter dem Vorwand einer Parade hatte man Soldaten bei den Tuilerien zusammengezogen. Im Namen des Ausschusses der Saalinspektoren, deren Rolle hier entscheidend war, sprach ein unbekannter Abgeordneter von einem nicht näher zu bestimmenden Kom plott (»Die Verschwörer ... warten nur auf ein Zeichen, um ihre Dolche gegen die Mitglieder der nationalen Vertretung zu erheben«). Der *Moniteur* spielte am nächsten Tag auf jakobinische Projekte an, »die aus beiden Kammern einen Nationalkonvent bilden und aus diesem jene Leute entfernen wollen, die ihnen nicht gefallen, und nach denen die Regierungsgewalt einem Wohlfahrtsausschuß anvertraut werden soll.«

Die Alten stimmten für eine Verlegung der Kammern nach Saint-Cloud, wie dies in Artikel 102 der Verfassung des Jahres III vorgesehen war. General Bonaparte wurde »mit der Ausführung des gegenwärtigen Dekretes beauftragt«, und die in Paris befindlichen Truppen wurden seinem Befehl unterstellt: eine gesetzwidrige Maßnahme, zu der das Direktorium, nicht aber die Alten ermächtigt war. Das Direktorium war jeder Gewalt beraubt (sogar seine Garde war dem Befehl Bonapartes unterstellt worden) und konnte nur nachgeben. Barras legte sein Amt nieder und zog sich auf sein Gut bei Grosbois zurück; Moulin empörte sich vergebens; bis zur Amtsenthebung wurde er, wie auch Gohier, von Moreau festgehalten. Der Sinn dieses Großen Tages wurde vom *Moniteur* am 19. Brumaire genau erfaßt: »Es ist die Rede von der Aufhebung der Gesetze über die Zwangsanleihe und über die Geiseln sowie von der Schließung der Emigrantenliste.«

Am 19. Brumaire (10. November 1799) wurde die Sitzung der Kammern in Saint-Cloud gegen ein Uhr nachmittags eröffnet, Bonaparte hatte vier- bis fünftausend Soldaten um das Schloß zusammengezogen. Bei den Alten verlangten die am Vortag abwesenden Deputierten Erklärungen und bezweifelten ein Komplott. Im Rat der Fünfhundert, dem Lucien Bonaparte vorsaß, forderte die Linke gleich zu Beginn der Sitzung durch Namensaufruf die Erneuerung des Treueschwurs auf die Verfassung. Die Sache drohte sich hinzuziehen. Bonaparte griff ein.

Bei den Alten beteuerte er seine Hingabe an die Republik und verteidigte sich dagegen, »eine Militärregierung errichten zu wollen«, er beschuldigte den Rat der Fünfhundert, »in dem Leute sitzen, die uns den Konvent wiederbringen wollen, die revolutionären Ausschüsse und das Schafott«; er bedrohte mögliche Gegner mit dem Einschreiten seiner *tapferen* Waffengefährten (»deren Bajonette ich von hier aus sehen kann«). Was die »dreimal verletzte« Verfassung angeht, so hat sie zu bestehen aufgehört; »es gibt kein Direktorium mehr«. Schließlich versprach er: »Sobald diese Gefahren, derentwegen man mir die außerordentlichen Vollmachten anvertraut, vorüber sind, werde ich diese Vollmachten niederlegen.«

Bei den Fünfhundert erschien Bonaparte umgeben von seinen Grenadieren und Stabsoffizieren. Die Versammlung erhob sich geschlossen gegen ihn: unaufgefordert hatte er kein Recht einzudringen. Abgeordnete packten ihn am Kragen und nahmen ihn hart mit; Schreie ertönten: »Gesetzesbruch! Nieder mit dem Diktator!« Bonaparte wurde von seinen Grenadieren mit nach draußen gezogen. Die Diskussion setzte sich turbulent fort. Lucien bemühte sich vergeblich, seinen Bruder zu verteidigen, ein Trupp Grenadiere führte ihn auf Befehl Bonapartes hinweg. Die Truppen zögerten, besonders die Garde der Kammern. Lucien besteigt ein Pferd, kanzelt sie ab und behauptet, eine Minderheit von »Abgeordneten mit dem Dolch« habe versucht, ihren General zu ermorden und die Mehrheit zu terrorisieren. Dann führen die Überredungsversuche zum Erfolg. Die Soldaten setzen sich in Bewegung, ein von Murat und Leclerc angeführter Zug zieht unter Trommelschlag in die Orangerie ein und zerstreut die Abgeordneten, die den Saal mit dem Ruf *Es lebe die Republik!* verlassen.

Noch am selben Abend wurde von der Mehrheit der Alten und der Minderheit der Fünfhundert das vorläufige Konsulat errichtet. Sie ordneten an, daß es kein Direktorium mehr gibt und schloß 62 Abgeordnete aus der nationalen Vertretung aus, »weil sie ständig Ausschreitungen und Attentate begangen haben«. Man bildete einen *Exekutiven Konsularausschuß*, der aus Sieyès, Roger Ducos und Bonaparte, den *Konsuln der französischen Republik* bestand; sie wurden mit der ganzen Vollmacht der direktorialen Gewalt ausgestattet. Die Kammern wurden durch zwei je aus fünfundzwanzig Mitgliedern bestehende Kommissionen ersetzt, deren Aufgabe es war, über die von den Konsuln eingebrachten Gesetze abzustimmen und die Revision der Verfassung vorzubereiten. Diese sollte nach Artikel 12 das Ziel haben, »die Souveränität des französischen Volkes, die Einheit und Unteilbarkeit der Republik, das Repräsentativsystem, die Gewaltenteilung, die Freiheit, Gleichheit, Sicherheit und das Eigentum unverletzlich zu erhalten.«

Am Ende der Sitzung annullierten die Alten die Maßnahme, welche die Armeelieferanten beunruhigt hatte, nämlich die Aufhebung ihrer Vorrechte bei Zahlungen aus der Schatzkammer.

Die drei vorläufigen Konsuln legten den Eid ab und kehrten nach Paris zurück.

Ein in Paris angeschlagenes Plakat, auf das der *Moniteur* vom 24. Brumaire (14. November 1799) hinweist, verrät deutlich die Erwartungen der Bourgeoisie am Tag nach dem Staatsstreich: »Frankreich will etwas Großes und Dauerhaftes. Die Unbeständigkeit hat es zugrunde gerichtet, es verlangt nach Festigkeit. Es will kein Königtum, dieses ist geächtet worden; aber es will die Einheit der Aktion der gesetzesausübenden Gewalt. Es will eine unabhängige und freie gesetzgebende Körperschaft ... Es will, daß seine Vertreter als friedliche Bewahrer, nicht als wilde Neuerer handeln. Es will endlich die Früchte von zehn Opferjahren ernten.«
Es ging darum, die revolutionäre Ära endgültig abzuschließen. Auf die Erschütterungen sollte Festigkeit folgen, die soziale Herrschaft der Besitzenden endgültig gesichert werden. In dieser Hinsicht fügt sich der Brumaire ganz in die Linie des Thermidor und diejenige von Neunundachtzig. Wenn die Bourgeoisie auch versuchte, die Exekutive zu stärken und die Einheitlichkeit der Regierungsmaßnahmen wiederherzustellen, wollte sie auf den Genuß der Freiheit, soweit er ihr selbst zugutekam, nicht verzichten. Die Ereignisse machten diese Pläne zunichte. Das autoritäre Regime, das die Männer des Brumaire errichten wollten, wandte sich schnell zugunsten der persönlichen Macht Bonapartes. Die Republik der Notabeln wandelte sich zur Militärdiktatur.

# Schluß

## Die Revolution und Frankreich heute

Mit dem Brumaire war der Punkt der bis dahin vergebens angestrebten endgültigen Festigung erreicht. Die neue Wirklichkeit war in vielen Bereichen noch weit von den Vorstellungen entfernt, die die Bourgeoisie von Neunundachtzig herbeigesehnt hatte. Die Gesellschaft war noch im Fluß, die neue soziale Hierarchie noch ungenügend gefestigt, die Institutionen erwiesen sich trotz der Reformbemühungen des Direktoriums als nicht funktionsfähig, die Reorganisation der Verwaltung blieb in den Anfängen stecken, der andauernde Krieg konnte alles wieder gefährden. Das Entscheidende aber war erreicht: die auf dem Eigentum beruhende gesellschaftliche Vorrangstellung der Notabeln wurde nicht mehr in Frage gestellt, auch nicht in der allerletzten Krise im Sommer 1799. Gesellschaftlich gesehen war die Revolution bereits seit dem Frühjahr 1795 und der Liquidierung der Pariser Sansculotterie beendet. Unter diesem doppelten Aspekt, dem der gesellschaftlichen Kontinuität und der institutionellen Vollendung, bildet die Periode des Konsulats den notwendigen Epilog des revolutionären Dramas.

Obgleich das Revolutionswerk nicht abgeschlossen wurde, ist es unermeßlich und von einer für die Geschichte Frankreichs und der modernen Welt kaum abschätzbaren Bedeutung. Es besteht kein Zweifel: wenn die bürgerliche Gesellschaft sich in Europa und der Welt durchgesetzt hat, so verdankte sie dies im wesentlichen dem Siegeszug der kapitalistischen Wirtschaft. Wie dieser im einzelnen errungen wurde, hing von den besonderen nationalen Bedingungen ab. Schon vor 1789 hatten Revolutionen in England und in den Vereinigten Staaten die angelsächsische Bourgeoisie an die Macht getragen: Vorläufer, deren Einfluß nicht unterschätzt werden darf. Die Ausdehnung der Klassenkämpfe aber und der Versuch im Jahre II, die Gleichheit herzustellen, verliehen der Französischen Revolution eine ganz andere Bedeutung.

Durch die Zerstörung der feudalen Strukturen und die Verkündung der freien Wirtschaft hat sie dem Kapitalismus, dessen Entwicklung sie beschleunigte, den Boden bereitet. Der aristokratische Widerstand, der Bürgerkrieg und der Krieg mit dem Ausland zwangen die revolutionäre Bourgeoisie, das Vernichtungswerk der alten Gesellschaft bis zum Äußersten vorwärtszutreiben. Um die Volksklassen an sich zu binden, mußte sie den Grundsatz der Gleichheit der Rechte an erste Stelle setzen, auf den sie sich zunächst nur gegenüber der Aristokratie berufen hatte. Daher bietet die Französische Revolution in der Abfolge der Ereignisse widersprüchliche Aspekte, die ihren Glanz und ihre Bedeutung noch erhöhen. Am Ursprung der bürgerlichen Gesellschaft und des bürgerlichen Staates steht die Revolution: aber sie hat im Jahre II einen demokratischen Staat und eine egalitäre Gesellschaft entworfen. Sie bleibt die Revolution der bürgerlichen Gleichheit und der nationalen Einheit: aber die Regierung des Jahres II wollte die formale Gleichheit überwinden und der Einheit einen sozialen Inhalt geben, der tatsächlich die Volksklassen in die Nation mit eingeschlossen hätte. Ein grandioser Versuch, zum Scheitern verurteilt auf Grund seiner inneren Widersprüche, der die Welt erschüttern ließ und dessen Echo noch nicht verstummt ist.

## I. DIE NEUE GESELLSCHAFT

*Wenn man versucht, eine Bilanz der Französischen Revolution zu ziehen und dabei der den gesellschaftlichen Konflikten in der Periode 1789–1799 zugrundeliegenden Gemeinsamkeit wie auch den verwickelten Strukturen der alten Gesellschaft und dem Gewicht der revolutionären Strömungen im Volk Rechnung trägt, stellt man fest, daß jede schematische Betrachtungsweise der Wirklichkeit zuwiderläuft. Unter der Führung der Bourgeoisie*

*hat die Revolution die überlieferte Produktionsweise und die*
*daraus sich herleitenden sozialen Beziehungen zerstört; sie hat*
*die alte herrschende Klasse, die grundbesitzende Aristokratie*
*(was in gewisser Weise präzisiert werden müßte) zerschlagen.*
*Zur gleichen Zeit aber hat sie, besonders durch die Inflation, die*
*Fraktionierungen der Bourgeoisie aufgelöst, die ganz unter-*
*schiedlich in die überkommene Gesellschaft integriert waren.*
*Nachdem dank der wirtschaftlichen Freiheit der Siegeszug der*
*kapitalistischen Wirtschaft gesichert war, hat sie andererseits in*
*verschiedenen Schattierungen den Untergang der mit dem alten*
*Produktionssystem verbundenen sozialen Schichten beschleunigt,*
*ohne daß sich gleichzeitig der Kapitalismus in eindeutiger Weise*
*hat durchsetzen können; dies gilt besonders für den Bereich der*
*landwirtschaftlichen Produktion.*

## 1. Der Untergang der feudalen Aristokratie

Die Vernichtung der grundbesitzenden Aristokratie und ihrer
Privilegien ist von der revolutionären Bourgeoisie, unterstützt
von Bauernschaft und Sansculotterie, um so gründlicher in Angriff genommen worden, je hartnäckiger der Widerstand wurde.

Mit der Abschaffung der feudalen Rechte und des Zehnten und
dem Verkauf der Nationalgüter ist der Aristokratie die Grundlage entzogen worden.

Die Feudalrechte bildeten sehr unterschiedliche, keineswegs aber
gering zu schätzende Einkünfte, mit denen viele adlige Familien
ihren Lebensunterhalt überwiegend bestritten. Die persönlichen
(Feudal-)Rechte, aus denen die Abhängigkeit des Bauern ent-
sprang, wurden bereits in der Nacht des 4. August aufgehoben;
so etwa die Zehnten. Die (Feudal-)Rechte, die auf dem Boden
lasteten, wurden am 15. März 1790 für loskäuflich erklärt. Die
Gesetzgebende Versammlung beseitigte den Loskauf der Neben-
einkünfte am 18. Juni 1792 und sämtlicher Rechte nach dem
25. August – die Fälle, in denen die ursprüngliche Urkunde
nachgewiesen werden konnte, ausgenommen –. Der Konvent
schaffte sie schließlich am 17. Juni 1793 unwiderruflich ab und
ordnete an, die Feudalurkunden zu verbrennen.

Der Verkauf der Nationalgüter war für die Aristokratie ein
ebenso schwerer Schlag. Als erste wurden die Besitzungen des

Klerus zu Nationalgütern erklärt und seit dem 2. November 1789 der Nation zur Verfügung gestellt. Nach dem 10. August gab es keine Ausnahmen mehr; nacheinander wurden die Kirchenvermögen (19. August 1792), die Besitzungen des Malteserordens (19. September 1792), die der Kollegien (8. März 1793) und der Fürsorgeanstalten (23. Messidor II – 11. Juli 1794) beschlagnahmt. Dann wurden am 9. Februar 1792 die Güter der Emigranten der Nation übergeben, der Erlaß wurde am folgenden 30. März bestätigt; ihr Verkauf wurde am 17. Juli 1792 beschlossen.

Der erbliche Grundbesitz des Adels wurde weiterhin durch die Rückerstattung der Gemeindegüter, die die Grundherren und die jüngste Erbfolgegesetzgebung geraubt hatten, geschmälert. Am 15. März 1790 erklärte die Konstituante die seit dreißig Jahren auf die Gemeindegüter angewandten *triages* für ungültig; am 28. August 1792 erklärte die Gesetzgebende Versammlung die Gemeinden zu Eigentümern des Gemeindelandes. Hinsichtlich der Erbfolge sah das neue Recht die Zerstückelung der ererbten Ländereien vor. Das Dekret vom 15. März 1790 beseitigte »die Rechte des Erstgeborenen und des männlichen Kindes ... und die infolge der Eigenschaft der Personen ungleichen Teilungen«. Dasjenige vom 8. April 1791 schrieb die gleiche Aufteilung des Erbes *ab intestat* (ohne Testament) vor. Die Gesetze der Montagnards vom 5. Brumaire und 17. Nivôse II (26. Oktober 1793 und 6. Januar 1794) bestätigten die gleichmäßige Teilung; der Erblasser konnte nur über den zehnten Teil seines Besitzes verfügen, wenn keine Erben in direkter Linie nachfolgten, und nur über den sechsten Teil, wenn die Erben aus einer Nebenlinie stammten, – jeweils nur zugunsten der Nicht-Erben. Am 4. Juni 1793 erklärte der Konvent uneheliche Kinder bei der Aufteilung des Vermögens ihrer Eltern für erbberechtigt, das Gesetz vom 12. Brumaire II (2. November 1793) gewährte ihnen denselben Anteil wie den ehelichen Kindern. Diese Gesetze waren rückwirkend ab 14. Juli 1789 gültig; der thermidorianische Konvent hob allerdings die rückwirkende Geltung auf.

Wie die Vermögen wurden auch die Personen getroffen. Ohne hier von den Massakern des Volkes und den legalen Hinrichtungen zu sprechen, verschwanden Geistlichkeit und Adel als Stand. Die Teilung der Franzosen in drei Stände wurde in der Nacht vom 4. August aufgehoben und mit dem Dekret vom 7. November 1789 bestätigt. Zwischen Adligen und Nichtadligen gab es keine Unterschiede mehr; der Aristokrat hatte den Status eines einfachen Bürgers. Am 19. Juni 1790 schaffte die Konstituante den erblichen Adel, Titel und Wappen ab. Die Aufhebung der Feudalität, die Verwaltungsreform und ganz besonders die Justizreform nahmen dem Seigneur alle Rechte über die Bauern; juristisch gesehen war er auf die Ebene der allgemeinen Gesetze zurückgedrängt. Artikel 6 der Erklärung der Rechte von 1789 versprach, daß alle staatlichen Würden, Stellen und Ämter allen Staatsbürgern offenstehen; eben das löste das Gesetz vom 28. Februar 1790 für die militärischen Dienstgrade ein: die Geburt berechtigte zu keinen Privilegien mehr. Als die Krise sich verschärfte, wurden die Adligen nach und nach von den öffentlichen Ämtern ausgeschlossen; ausgenommen waren jene, die der Revolution bedeutsame Dienste geleistet hatten; der Wohlfahrtsausschuß erklärte sich jedoch trotz Drängen des Volkes nicht dazu bereit, sie durch eine allgemeine Anordnung ihrer Bürgerrechte zu berauben. Die antiaristokratische Gesetzgebung wurde von den Thermidorianern, später von den Direktorialen beibehalten: womit ein weiteres Mal unterstrichen wird, wie unverändert trotz des Thermidors das Bewußtsein des Klassenkampfes geblieben ist. Das Gesetz vom 3. Brumaire IV (25. Oktober 1795) untersagte den Angehörigen der Emigranten den Zugang zu den öffentlichen Ämtern; es wurde von der royalistischen Mehrheit des Jahres V aufgehoben und nach dem 18. Fructidor erneut in Kraft gesetzt. Auf Sieyes' Anregung ging man soweit, die Verbannung der Adligen, die unter dem Ancien Régime Ämter innegehabt hatten, ins Auge zu fassen und die anderen zu Ausländern zu erklären: das Gesetz vom 9. Frimaire VI (29. November 1797) hielt nur an der zweiten Maßnahme fest, wandte sie allerdings niemals an; und dennoch ist deren Intention deutlich genug.

Der Amtsadel wurde nicht nur durch die dem aristokratischen Besitz auferlegten Beschränkungen, sondern vielleicht mehr noch von der Abschaffung der Ämterkäuflichkeit und von ihrer Rückerstattung zum amtlichen Preis in entwerteten Assignaten ruiniert. Die Verwaltungsreform und die der Justiz basierten auf dem Prinzip der Wahl und entfernten dadurch die meisten Beamten, die fortan ohne Beschäftigung blieben.

Allerdings sollte man diese Entwicklungslinie nicht überzeichnen: die Aristokratie wurde nicht vollständig und nicht unwiderruflich um ihre Besitzungen gebracht. Alle Grundherren ver-

loren zwar bei der Aufhebung der Feudalität und der seigneurialen Rechte, aber allein die Emigranten sahen ihre Ländereien
konfisziert; viele Adlige überstanden die Revolution ohne große
Verluste und konnten ihren Grundbesitz retten: nunmehr – ganz
der Feudalität entkleidet – als Eigentümer bürgerlichen Typs.
Außerdem ermöglichten fingierte Scheidungen und Rückkäufe
durch Strohmänner den Emigranten, ihre Ländereien zu retten
oder zurückzubekommen. Daher konnte sich eine bestimmte
Fraktion der alten Aristokratie halten, die trotz des Verlustes
ihrer Titel teilweise ihr traditionelles Ansehen bewahren konnte
und im 19. Jahrhundert mit dem Großbürgertum verschmelzen
sollte.

### 2. Die wirtschaftliche Freiheit und das Schicksal der Volksklassen

Ebenso wie die revolutionäre Bourgeoisie auf den Sturz der Aristokratie hinarbeitete, verfolgte sie hartnäckig die Zerstörung
des überlieferten Produktions- und Tauschsystems, da es dem
Aufschwung ihrer kapitalistischen Unternehmen im Wege stand.
Gewiß hatte sie im Jahre II mit den Sansculotten zusammenzu-
arbeiten und sich von neuem der Preisfestsetzung und Reglementierung zu unterwerfen: es handelte sich dabei nur um ein Zwi-
schenspiel, das durch den Kampf gegen die Aristokratie gerechtfertigt war. Nach dem 9. Thermidor jedoch erhob sich auf den
Ruinen der Volksbewegung triumphierend die wirtschaftliche
Freiheit, deren Folgeerscheinungen für die traditionellen Volks-
klassen besonders drückend waren.
Bis zur Wiedereinführung der Akzise profitierten die städtischen
Volksklassen ganz gewiß von der Beseitigung der indirekten
Steuern, die ihren Lebensunterhalt immer wieder verteuert hatten. Aber die Inflation und die Preissteigerungen machten diesen
Vorteil weitgehend zunichte, zumindest bis zu den letzten Jahren des Direktoriums, in denen die Ernten gut waren und die
Preise fielen. Die Aufhebung der Zünfte durch das Gesetz Allarde vom 2. Februar 1791 erschien den Gesellen, die nun einen
Betrieb eröffnen konnten, demokratisch; eben darum schädigte
es die Interessen der Meister nicht unerheblich. Die Lebensbedingungen der Masse der Lohnempfänger verschlechterten sich
trotz eines sichtbaren Lohnanstiegs: die Arbeitslosigkeit dauerte
an, die Fürsorgeeinrichtungen waren aufgelöst, und die gesetz-

lich untergeordnete Stellung der Lohnarbeiter blieb insbesondere auf Grund des Zensussystems und des Gesetzes Le Chapelier bestehen.

Die wirtschaftliche Freiheit begünstigte den Aufschwung des Kapitalismus und beschleunigte die Konzentration der Unternehmen: so änderte sich die Struktur der traditionellen Volksklassen gleichzeitig mit der Transformation der materiellen Grundlagen des gesellschaftlichen Lebens. Gewiß darf man die Fortschritte der kapitalistischen Produktion während der Revolutionsperiode nicht übertreiben: sie wurden in weitem Maße durch die besonderen Ereignisse, vor allem durch den Krieg, gebremst und betrafen nur bestimmte Zweige, etwa die Baumwoll-Spinnereien. Dennoch waren die Bedingungen für eine mächtige Entwicklung der kapitalistischen Wirtschaft, die notwendigerweise die Masse der Sansculotten in Proletarier verwandeln mußte, gegeben. Die bürgerliche Revolution lieferte die städtischen Volksklassen ohne jeden Schutz den Herren der neuen Wirtschaftsweise aus: das Gesetz Le Chapelier vom 14. Juni 1791 verbot die »Koalition« und den Streik und bedeutete für den industriellen Kapitalismus eine bedeutsame Entwicklungshilfe.

Die Differenzierungen innerhalb der Sansculotterie ergaben sich aus der wirtschaftlichen Entwicklung, die die Revolution beschleunigt vorangetrieben hatte. Unter den kleinen und mittleren Händler-Produzenten, aus denen sich die Kader der Volksbewegung 1793–1794 rekrutiert hatten, stiegen einige zu industriellen Kapitalisten auf, andere blieben an Handwerk und Kleinhandel gebunden, die meisten aber wurden nach und nach ausgeschieden und vergrößerten die proletarischen Reihen. Von dem Schicksal, das ihnen bevorstand (wieviele scheiterten, bis einem Handwerker der Aufstieg zum Industriellen gelang!), hatten Meister und Gesellen eine Vorahnung: die einen wußten, daß die Maschine die Arbeitslosigkeit erhöht, die anderen, daß die Konzentration des Kapitals zur Schließung ihrer Betriebe führen und sie selbst zu Lohnarbeitern degradieren wird. Während des gesamten 19. Jahrhunderts klammerten sich Handwerker und Kleinhändler an die alten Verhältnisse. Von daher wäre es interessant, den Anteil an den politischen Ereignissen vom Juni 1848 bis zur Commune 1871 zu untersuchen, der dem Proletariat im eigentlichen Sinne und derjenige, welcher den traditionellen Volksklassen zukommt: daran könnte man ermessen, wieweit diese dem Siegeszug des industriellen Kapitalismus entsprechend abgesunken sind, und gleichzeitig könnte man eine der Ursachen und Schwächen der revolutionären Bestrebungen im 19. Jahrhundert erkennen.

### 3. Die Auflösung der Bauernschaft

Die Agrarreformen der Revolution brachten den verschiedenen sozialen Schichten auf dem Lande ungleiche Vorteile. Nachdem mit der Feudalität die wichtigste Voraussetzung für ihre Vereinigung verschwunden war, traten ihre unterschiedlichen Interessen deutlich hervor. Die Revolution begünstigte ganz besonders die besitzenden Bauern. Allerdings gingen die kleinen Parzellen- oder proletarisierten Bauern infolge ihres hartnäckigen Widerstands nicht ebenso entwaffnet aus der Revolution hervor wie die städtischen Volksklassen. Die Revolution hat zwar die Auflösung der Landgemeinden beschleunigt, diese aber nicht vollends zugrunderichten können.

Von der Aufhebung des Zehnten und der sachlichen Feudalabgaben profitierten allein die besitzenden Bauern. Die Pächter und Halbpächter, die landlosen Bauern gewannen lediglich aus der Abschaffung der Dienste und persönlichen Rechte. So wie der Verkauf der Nationalgüter geregelt war, stärkte er den bäuerlichen Besitz derjenigen, die bereits Eigentümer waren: die selbständigen Bauern, die landwirtschaftlichen Unternehmer oder die großen Landpächter. Selbst in der Zeit der montagnardischen Gesetze, die der Landbevölkerung noch am meisten boten, begünstigten die Versteigerungsverkäufe die besitzenden Bauern. Die im Gesetz vom 10. Juni 1793 vorgesehene Teilung der Allmende sollte dem armen Bauern den Zugang zum Privateigentum und also zur agrarischen Konzentration ermöglichen: tatsächlich aber hatte die Zuteilung an jeden ansässigen Einwohner jeden Alters und jeden Geschlechts die Zerstückelung des Eigentums zur Folge, weshalb die meisten Gemeinden dies ablehnten, denn die Anteile erschienen ihnen zu klein und ein gemeinsames Weideland günstiger. Um die Landnot der Kleinbauern zu beheben, hätte es andere Auswege gegeben, wie Georges Lefebvre bemerkt (zum Beispiel die Aufteilung des Großgrundbesitzes): »diese sind nicht beschritten worden«. Sie konnten von der bürgerlichen Revolution nicht beschritten werden. Die besitzenden

Klassen teilten sich selbst also den wesentlichen Teil der Nationalgüter zu. Im Departement Nord verschwand der Grundbesitz des Klerus (1789 betrug er 20% des gesamten Bodens), der Anteil des Adels fiel von 22% auf 12% im Jahre 1802: daran läßt sich der Niedergang der Aristokratie ermessen. Der bürgerliche Besitz stieg dagegen in diesem Departement im gleichen Zeitraum von 16% auf mehr als 28%, derjenige der Bauern von 30% auf mehr als 42%: diese Zahlen erscheinen aber erst dann im richtigen Licht, wenn man an die mächtige Bevölkerungszunahme in den nördlichen Gegenden zu dieser Zeit denkt.

Die Eigentumsauffassung, die sich durchgesetzt hat, war diejenige der besitzenden Bauernschaft: es war dieselbe wie die der Bourgeoisie. Die Masse der Landbevölkerung hatte prinzipiell nichts gegen das individuelle Eigentum einzuwenden, begriff es aber auf Grund ihrer überlieferten Auffassung in engen Grenzen: Kollektivrechte, Allmende, zweite Heuernte, Nachlese und Nutzungsrechte in den Wäldern und auf dem Gemeindeland entsprachen in den Augen der Kleinbauern einer Art von gemeinsamem Bodenbesitz. Die Konstituante verkündete die freie Feldwirtschaft und hob jede Reglementierung auf, woraus sich theoretisch das Verschwinden des *Flurzwangs* (contrainte des soles) und der Koppelwirtschaft ergab; auf künstlichen Wiesen, selbst wenn sie nicht umzäunt waren, bestand kein Weiderecht mehr. Damit stärkte die Revolution das große Eigentum und die Großbewirtschaftung, was wiederum (von der Episode des Maximums abgesehen) die Handelsfreiheit begünstigte. Gewiß billigten die Bauern die Revolution, weil sie die aristokratische Herrschaft aus ihren Dörfern vertrieben hatte. Die Auswirkungen der Agrarrevolution blieben trotz ihres Anscheins, wie Georges Lefebvre es genannt hat, »konservativ«. Von da an sollte eine starke Minderheit besitzender Bauern, die mit der neuen Ordnung verbunden waren, die konservativen Bestrebungen der Bourgeoisie unterstützen.

Die Lage der armen Bauern hat sich kaum verbessert, und im wesentlichen haben sie ihre alten Positionen gehalten. Die Masse hat nicht zu Besitz kommen können. Die Versammlungen der Revolutionszeit aber haben es nicht gewagt, das kollektive Eigentum und die kollektiven Nutzungsrechte aufzuheben und damit der Landgemeinde den Todesstoß zu versetzen. Die Einhegungen waren erlaubt, aber nicht vorgeschrieben. Diese Regelung blieb im ganzen 19. Jahrhundert gültig und ist noch nicht aufgehoben, da das noch bestehende Gesetz von 1892 die Abschaffung der Allmende vom Willen der Dorfgemeinschaft abhängig macht. Auf diesem Gebiet hat die Revolution also nur einen Kompromiß geschaffen, dessen Bedeutung man ermessen kann, wenn man die Entwicklung der englischen mit derjenigen der französischen Landwirtschaft vergleicht. Die Aufrechterhaltung der kollektiven Rechte, die dem Willen der Bauern überlassen blieb, die Aufsplitterung des Eigentums und der Bodennutzung hat die kapitalistische Umwandlung der Landwirtschaft beträchtlich verlangsamt; die Autonomie kleiner landwirtschaftlicher Erzeuger hat sich lange Zeit gehalten und der politischen Geschichte Frankreichs einige Sonderzüge verliehen. Wenn die Einhegungen und die Aufteilungen in ähnlich autoritärer Weise wie in England angeordnet worden wären, hätte der Kapitalismus im landwirtschaftlichen Sektor einen genauso vollständigen Sieg wie in der Industrie erringen können. Der hartnäckige Kampf der Feudalaristokratie gegen die Revolution verhinderte lange Zeit einen politischen Kompromiß mit der Bourgeoisie und zwang diese zur Schonung der Bauern, selbst der armen Bauernschaft, was deren potentiellen Widerstand noch gefährlicher machte.

Es ist allerdings notwendig, an dieser Stelle noch auf einige Tendenzen hinzuweisen, die bereits in der Sozialstruktur des Ancien Régime sichtbar waren. In den großen Anbaugebieten, wo die Pächter aktive Träger der kapitalistischen Umgestaltung der Landwirtschaft waren, löste sich die bäuerliche Gemeinde schnell auf, da sie ihren Sinn verlor: die bald proletarisierten armen Bauern lieferten der modernen Landwirtschaft und der großen Industrie die notwendigen Arbeitskräfte. In den geringer und nur langsam sich entwickelnden Gegenden wurde die Landgemeinde von dem Antagonismus zwischen besitzenden Bauern und armer Bauernschaft, die hartnäckig ihre Nutzungsrechte in Wald und Flur verteidigte, von innen her ausgehöhlt: so standen sich zwei Wirtschaftsformen gegenüber: die althergebrachte und die neue, die den Individualismus der kapitalistischen Produzenten verkörperte. Ein Kampf, der im verborgenen verbissen geführt wurde und von dem im Laufe des 19. Jahrhunderts die Agrarunruhen traditionellen Typs Zeugnis ablegen, deren letzte zwischen 1848 bis 1851 zu den gewaltsamsten und charakteristischen zählten.

## 4. Alte und neue Bourgeoisie

Die Bourgeoisie hat die Revolution vorbereitet und angeführt und, wenn auch unterschiedlich innerhalb ihrer Schichten, den größten Gewinn aus ihr gezogen. Sie erschien von Grund auf umgewandelt, da ihr inneres Gleichgewicht sich verändert hatte: an die Stelle des in ihren Reihen traditionell vorherrschenden erworbenen Reichtums trat der Profit der Geschäftsleute und Unternehmer, der führenden Personen in Produktion und Handel.

Die althergebrachte Bourgeoisie – wir meinen die in das überlieferte ökonomische und soziale System integrierte Bourgeoisie – teilte weitgehend das Schicksal der Aristokratie. Die bürgerlichen Besitzer einer Seigneurie, die *wie Adlige* von den verschiedenen Einkünften, die sie aus dem Boden zogen, lebten, sahen Bodenzins und Feudalrechte schwinden, während Mieten und Pachtgelder bis zum Gesetz vom 2. Thermidor III (20. Juli 1795), das die Zahlungen der Pachtgelder zur Hälfte in Getreide vorschrieb, in entwerteten Assignaten beglichen wurden. Die *Ämter*bourgeoisie wurde wie der Amtsadel durch die Abschaffung der Käuflichkeit ruiniert. Die Bourgeoisie der freien Berufe wurde durch die Abschaffung des Advokatenstandes und Schließung der Akademien und Universitäten am 8. August 1793 getroffen. Die Abschaffung einer Generalpacht der indirekten Steuern traf die große Geschäftsbourgeoisie; am 24. August 1793 verbot der Konvent sogar die Aktiengesellschaften; die Hochfinanz wurde durch die Schließung der Börse, das Verschwinden der Diskontokasse und besonders im Jahre II von der Preisfestsetzung und Reglementierung, m. a. W. von der Profitbeschränkung schwer erschüttert. Die revolutionären Steuern und die Zwangsanleihen griffen das erworbene Vermögen an. Um das Ausmaß der Schläge zu verstehen, die die Revolution bestimmten Teilen der Bourgeoisie zufügte, muß man schließlich an die katastrophalen Folgen der Inflation erinnern. Die traditionelle Bourgeoisie legte ihre Ersparnisse eher in hypothekarischen Darlehen und Staatsanleihen als in kommerziellen oder industriellen Unternehmen an. Im Jahre III wurden die Schuldner durch die Entwertung der Assignate dazu veranlaßt, ihre Hypotheken abzustoßen, indem sie das Kapital in billigem Papiergeld zurückerstatteten. Das Gesetz vom 23. Messidor III (10. Juli 1795) untersagte daher die Rückerstattung der vor dem

1. Januar 1792 aufgenommenen Schulden sowie die verfrühte Zurückzahlung späterer Schulden. Die Bestimmung der Schulden zu ewigen und lebenslänglichen durch Cambon unter dem Konvent, der Bankrott mit den Zweidritteln bzw. die Liquidation Ramel unter dem Direktorium waren erneut schwere Schläge. Aus all diesen Ereignissen wird verständlich, warum eine bedeutsame Fraktion der alten Bourgeoisie sich der Konterrevolution näherte, und wie sie deshalb das Los der Aristokratie teilte. In dem Maße allerdings, in dem das Vermögen vornehmlich aus Grundbesitz bestand – das bewegliche Vermögen spielte damals als Einnahmequelle nur eine untergeordnete Rolle –, konnte dieser Teil der Bourgeoisie, wenn er nicht emigriert war, im wesentlichen seinen Besitz retten; als der Sturm vorbei war, kam er wieder zu seinen Einkünften. Seine Vorherrschaft jedoch war trotz des gesellschaftlichen Ranges, den der Besitz von Grund und Boden gewährte, nicht mehr in gleicher Weise unbestritten.

Den ersten Platz nimmt eine neue Bourgeoisie ein: die leitenden Männer der Finanzen und der Wirtschaft. Die Spekulation, der Verkauf der Nationalgüter, die Ausstattung, Bewaffnung und Versorgung der Armeen sowie die Ausbeutung der eroberten Länder boten Geschäftsleuten neue Chancen zur Erweiterung ihrer Unternehmen; gleichzeitig vollzog sich der Prozeß kapitalistischer Konzentration. Gewiß setzte sich der kapitalistische Fortschritt langsam durch, blieben die Ausmaße der Unternehmen bescheiden, überwog der kommerzielle Kapitalismus. Einige große Unternehmen kamen auf, besonders in der Textilindustrie: Richard-Lenoir in Paris, Bauwens in Passy, Lachauvetière in Bordeaux, Jeannettes in Amiens. Périer, der sogenannte Milord der Dauphiné, und Boyer-Fonfrède in Toulouse erschienen als Großindustrielle. Mehr noch als die industrielle Produktion aber bildeten die Spekulation und die Armeelieferungen die Quelle dieser neuen unermeßlichen Reichtümer. Zahlreiche *Gesellschaften* (compagnies) nutzten die Schwäche der direktorialen Regierung, um den Staat zu plündern: so hatten sich die Compagnie Lanchère und die Compagnie Bodin auf die Verpflegung spezialisiert, die Compagnie Félice auf die Bekleidung und die Compagnie Monneron auf den Transport. So erneuerte sich die Bourgeoisie, indem sie diese »Neureichen«, von denen der Finanzier Ouvrard den klassischen Typ darstellt, aufnahm, die sehr oft in der »Gesellschaft« des Direktoriums den Ton angaben. Als rechte Abenteurer der neuen Gesellschaft belebten diese Gestalten mit ihrem Unternehmungsgeist und ihrem Wagemut die herrschende Klasse, sie waren vom Holze der Bourgeoisie; aus ihren Reihen kamen die Begründer des industriellen Kapitalismus, sobald sie die Spekulation aufgaben und ihre Gelder in der Produktion anlegten.

Auf einer tieferen Stufe der bürgerlichen Rangordnung ermöglichten es die Umstände zahlreichen Händlern und Handwerkern, in bescheidenem Umfang ihre Umsätze zu steigern oder ihre Betriebe zu vergrößern, ihr Vermögen zu vermehren und so aus den Volksklassen in die Reihen der Bourgeoisie aufzusteigen: auch hier ist offenbar die Spekulation die wesentliche Triebfeder sozialen Aufstiegs. Aus diesen mittleren Schichten sollte die herrschende Klasse bald ihre Beamten der staatlichen Verwaltung wie auch die Angehörigen der freien Berufe rekrutieren.

Nach zehn Jahren der Umwälzung sind die einzelnen Spuren der neuen Gesellschaft noch nicht fest eingegraben; sie zeichnen sich aber bereits deutlich genug ab. Der Ruf nach Ordnung, der von den Besitzenden ausgeht – ob sie damit geretteten Reichtum bewahren oder neu gewonnenes Vermögen ungestört genießen wollen – sollte die Stabilisierung unter dem Konsulat erleichtern. Die Strukturen der neuen Gesellschaft festigten sich während der napoleonischen Periode. Zur gleichen Zeit, in der die Institutionen, die ihre Herrschaft einsegnen sollten, Gestalt annahmen, begann der Verschmelzungsprozeß der neuen herrschenden Klasse: die verjüngte Bourgeoisie, die versöhnte Aristokratie und das besitzende Bauerntum waren sich darin einig, Nation und Eigentum gleichzusetzen. So wurde schließlich eines der Ziele erreicht, das die Männer von Neunundachtzig der Revolution gesetzt hatten.

## 5. Der ideologische Konflikt: Fortschritt und Tradition, Vernunft und Gefühl

Die Bewegung der Ideen spiegelt den sozialen und politischen Konflikt während der Revolutionsperiode wider. Die Auflösung der überlieferten gesellschaftlichen Struktur, die Unfähigkeit vieler, sich der neuen Ordnung anzupassen, das Hin- und Hergerissenwerden im Strudel der Ereignisse und die Verwirrung der Geister verliehen dem Irrationalen Kraft und Ansehen. Während die Revolution als Krönung des Jahrhunderts der Aufklärung erscheint, setzte die Konterrevolution dem Rationalismus Autorität und Tradition entgegen und beschwor gegen ihn die dunklen Kräfte des Gemütes und Instinkts. Die überragende Rolle der Vernunft wurde im Namen der Institution angezweifelt. Die antirationalistische Reaktion erstreckte sich bis in den Bereich der Dichtung und Kunst. Dank David blieben die klassische Ästhetik und der antike Geist weiterhin in der bildenden Kunst vorherrschend; die herkömmlichen literarischen Muster aber verloren jede Bedeutung. Die klassischen Disziplinen konnten dem Ansturm der Ereignisse, der Emanzipation des Individuums und der Übersteigerung der Leidenschaften nur schlecht widerstehen. Wie die Gesellschaft befand sich auch das geistige Leben im Umsturz.

Die wissenschaftliche Forschung blieb die klassische Domäne des Rationalismus. 1789 war der *Traité de chimie* von Lavoisier erschienen; 1796 veröffentlichte Laplace seine *Exposition du système du monde* und Monge 1799 seinen *Traité de géométrie descriptive:* drei große Daten in der Geschichte der Entwicklung und des Fortschritts des menschlichen Geistes. Lavoisier, der die Luft und das Wasser analysiert und allgemeine Gesetze wie dasjenige über das Beharrungsvermögen der Materie formuliert hatte, faßte alle in der Chemie gewonnenen Erkenntnisse zusammen. Laplace wollte die Entstehung der Welten mit der Hypothese der Nebelfelder erklären, deren fortschreitende Verdichtung die Bildung von Sternen und Planeten zur Folge gehabt hätte, Monge schuf einen neuen Zweig der Mathematik, die beschreibende Geometrie. Im *Muséum* lehrten die berühmtesten Naturforscher Cuvier, Geoffroy Saint-Hilaire und Lamarck. Cuvier veröffentlichte gegen Ende der Revolution, im Jahre VIII, seine *Leçons d'anatomie comparée*, eine wissenschaftliche Synthese von epochemachender Bedeutung, während Lamarck, bis dahin Anhänger der Lehre von der Unveränderbarkeit, zwischen 1794 und 1800 die bedeutsame Hypothese von der Entwicklung der Arten (seine *Philosophie zoologique*) konzipierte.

Die Wissenschaft vom Menschen bildete den klassischen Bereich für die Ideologen, die am Primat der Vernunft und der Erfahrung festhielten. Die Ideologen wurden nach 1795 in der zweiten Klasse des Instituts, derjenigen für moralische und politische Wissenschaften, und in den großen, vom Konvent geschaffenen höheren Schulen vereint, sie verfügten über die *Décade philosophique,* beeinflußten durch ihre Schüler die Zentralschulen und standen der religiösen Tradition und Restauration feindlich gegenüber. »Die Theologie«, schrieb Destutt de Tracy in einer Besprechung des Werkes von Dupuis, *L'origine des tous les cultes,* erschienen im Jahre III, »ist die Philosophie der Kindheit der Welt; es ist an der Zeit, daß sie in ihr Mannesalter tritt; sie ist ferner das Werk der Vorstellung . . ., während die andere Philosophie auf Beobachtung und Erfahrung gegründet ist.« Die *Ideologie* steht also zwischen der Philosophie des 18. Jahrhunderts und dem Positivismus. 1795 und 1796 las der Mediziner Cabanis aus den sechs ersten der insgesamt zwölf Schriften, welche als *Rapport du physique et du moral* (1802) zusammengefaßt wurden; damit begründete er die Psycho-physiologie. Daneben ist er bestrebt, die moralischen Wissenschaften, die den Naturwissenschaften an Sicherheit gleichkommen sollen, wiederherzustellen, indem er einer vom Dogma unabhängigen Moral feste Grundlagen verschaffen wollte. Pinel, Arzt an der Salpêtrière, begründete zur gleichen Zeit die Psychopathologie: er veröffentlichte 1798 seinen *Traité médico-philosophique sur l'aliénation mentale ou la manie.* Der Geist des 18. Jahrhunderts inspirierte noch zahlreiche kulturgeschichtliche und geistesgeschichtliche Werke. Voltaires *Essai sur les mœurs et l'esprit des nations* (1756) folgte 1791 Volneys großes Werk *Les Ruines ou Méditations sur les révolutions des empires;* darin faßt er die gesamte Argumentation seines Jahrhunderts gegen die Religionen zusammen; Volney gehörte zu dieser Zeit der Konstituante an und war durch seine *Voyage en Égypte et en Syrie* (1787) bekannt geworden. Madame de Staël bereicherte die Literaturkritik durch ihr Buch *La Littérature considérée dans ses rapports avec les institutions sociales* (1800): »Ich habe mir vorgenommen, den Einfluß der Religion, der Kultur und der Gesetze auf die Literatur zu untersuchen«; damit wurde die historisch-kritische Methode für das Studium literarischer Werke erschlossen.

Das philosophische Testament des Jahrhunderts schrieb jedoch Condorcet. Nachdem gegen ihn Haftbefehl ergangen und er gemeinsam mit den Girondisten geächtet war, verfaßte er 1794 seine *Esquisse d'un tableau historique des progrès de l'esprit humain,* die eine unerschütterliche Gewißheit des unendlichen Fortschritts und der Vervollkommnung der Menschheit bekundete. Ein unendlicher Fortschritt zunächst auf wissenschaftlichem Gebiet:

»In dem Maße, wie man bei einer größeren Zahl von Gegenständen vielfältigere Zusammenhänge erkennt, kann man diese in einfachere Verhältnisse wieder zusammenfassen, sie in Formen darstellen, die wiederum eine größere Anzahl von Zusammenhängen begreifen lassen.«

Der gleiche unbegrenzte Fortschritt zeigt sich bei der Technik, die von den Wissenschaften abhängt, und endlich bei der Morallehre, denn materielle und moralische Welt unterliegen gleichermaßen erkennbaren Gesetzen. Der Konvent erwies Descartes, dem Erneuerer des Denkens und der Methode, die höchste Ehre und veranlaßte am 2. Oktober 1793 seine Aufnahme ins Panthéon: »René Descartes verdient die Ehren, die man großen Menschen schuldig ist.«

Die antirationalistische Reaktion trat gemeinsam mit der Konterrevolution auf. Wer nur immer irgendwo unter der Revolution und der Auflösung der alten Gesellschaft gelitten hatte, machte die Ideologie des Jahrhunderts für sein Unglück verantwortlich. Diese Verleugnung der Aufklärung setzte sich seit 1794 unter den Emigranten durch, wovon das bedeutsame Werk des unbekannten Abbé Sabatier de Castres, *Pensées et observations morales et politiques pour servir à la connaissance des vrais principes du gouvernement* zeugt: »Je aufgeklärter die Völker, desto unglücklicher sind sie.« Autorität, Tradition, geoffenbarte Religion als Bollwerk oder Zufluchtsstätte erschienen wieder: der Aufklärung und der Revolution zugeschriebene Irrlehren entsprängen diesem falschen Glauben, daß nämlich die Prinzipien von Menschen geschaffen seien; tatsächlich aber entzögen sie sich der Analyse und überstiegen die Grenzen der Vernunft.

Während diese Bewegung in Frankreich selbst noch schwach blieb, griff sie bei den Emigranten schnell um sich. Manche begnügten sich mit einer irrationalen Auslegung der Ereignisse. Etwa der Abbé Barruel, der in seinen *Mémoires pour servir à l'histoire du Jacobinisme,* in Hamburg zwischen 1797 und 1799 erschienen, die Revolution schlicht auf ein freimaurerisches Komplott zurückführt: »In dieser französischen Revolution ist alles, bis hin zu den abscheulichsten Verbrechen, im voraus geplant, durchdacht, kalkuliert, entschieden und festgesetzt worden: alles war das Werk größter Ruchlosigkeit, denn alles ist vorbereitet und von Menschen veranlaßt worden, die allein die Fäden der Verschwörung in den Geheimgesellschaften in der Hand hatten, und die jeweils die Strömungen, die für das Komplott günstig waren, auswählen und beschleunigen konnten.«

Andere machten das Schicksal oder die *Gewalt der Ereignisse* für die Katastrophe verantwortlich. In seinem *Essai historique, politique et moral sur les révolutions,* erschienen 1797 in London, läßt Chateaubriand unentwegt »die Schicksalhaftigkeit der Ereignisse«, »das Schicksal, das die Staaten lenkt«, oder »diese Notwendigkeit, die man die Gewalt der Ereignisse nennt«, dazwischenfahren, um am Ende seine Unfähigkeit, zu begreifen und zu erklären, einzugestehen:

»Trotz tausenderlei Bemühungen, die Ursachen der Staatsumwälzungen zu erforschen, spürt man, daß die Sache sich einem entzieht; ein Ich-weiß-nicht-was, das weiß-ich-wo verborgen liegt; und dieses Ich-weiß-nicht-was scheint die wirkende Ursache aller Revolutionen zu sein.«

Selbst bei Mallet du Pan, einem in England eingebürgerten Genfer, finden sich irrationale Komponenten, wenn er die Ereignisse durch »den schicksalhaften Ablauf des Geschehens«, »durch die gebieterische Art der Dinge, d. h. jene von Menschen und Regierungen unabhängige Kraft« erklärt. Der Schritt von der »Gewalt der Ereignisse« bis zum »Fingerzeig der Vorsehung« wurde bald vollzogen.

Das erste lehrmäßige Fundament der Konterrevolution entstand, mit unterschiedlichen Nuancen, in zwei Schriften, die gleichzeitig im Jahre 1796 erschienen: die *Théorie du pouvoir politique et religieux dans la société civile* des Vicomte de Bonald und die *Considérations sur la France* von Joseph de Maistre. In den *Considérations* greift Joseph de Maistre ganz offen auf die Vorsehung zurück, die den Ereignissen zugrundeliegt:

»Wir alle sind an den Thron des höchsten Wesens mit einer dehnbaren Kette gefesselt, die uns festhält, ohne uns zu knechten ... In Revolutionszeiten wird die Kette, die den Menschen hält, plötzlich verkürzt, sein Spielraum verkleinert sich, er täuscht sich über seine Mittel ... Die französische Revolution führte die Menschen mehr, als daß diese die Revolution anführten ... Diejenigen, die die Republik errichtet haben, taten dies, ohne es zu wollen und ohne zu wissen, was sie taten: sie sind dabei von den Ereignissen gelenkt worden ... sie waren Instrumente einer Kraft, die mehr wußte als sie selbst.«

Die Vorsehung »straft, um zu erneuern«; nachdem Frankreich seine christliche Berufung verleugnet hatte, bedurfte es einer Erneuerung, die Blut verlangte; zu der von Gott vorgesehenen Stunde wird die Gegenrevolution stattfinden. Diese systematischen Darlegungen sind eine Vorstufe der *Soirées de Saint-Pé-*

*tersbourg,* insbesondere hinsichtlich des Krieges, der »in sich selbst göttlich ist, da er ein Gesetz der Welt verkörpert«. Die Legitimität hatte ihren Theoretiker gefunden; der Prätendent ließ Joseph de Maistre eine Belohnung von fünfzig Louisdor zukommen.

In der *Théorie du pouvoir politique et religieux* entwirft de Bonald eine Theorie des gesellschaftlichen Körpers, der über allen Ereignissen und jenseits aller Zufälle steht: »Genausowenig, wie der Mensch den Körpern Gewicht oder der Materie Ausdehnung geben kann, vermag er der religiösen und politischen Gesellschaft eine Verfassung aufzuerlegen.«

Das Königtum, der Urtyp der »verfaßten Gesellschaft«, ist charakterisiert durch die Einheit der Gewalten, gesellschaftliche Unterschiede und notwendige Hierarchien, und durch die Bindung an die christliche Religion. Die Erfolge und die Niederlagen der französischen Monarchie erklären sich stets aus der Treue gegenüber ihren eigenen verfassungsmäßigen Gesetzen. Für die *Théorie du pouvoir* ist ein wirkliches Bemühen um Abstraktion charakteristisch, und sie stellt den ersten bedeutsamen Versuch dar, in den Reihen der Emigranten eine theoretische Geschlossenheit zu bilden.

Diese im Ausland erschienenen Werke wurden in Frankreich, wo die Konterrevolution in besonderem Maße aus dem Fortbestehen irrationaler Strömungen Nutzen zog, zunächst kaum bemerkt. Die von Rousseau betonten dunklen Kräfte der Empfindung und der Eingebung bildeten eine Zuflucht vor dem Unglück der Zeit; desgleichen die aus dem Okkultismus und Illuminatentum hervorgegangenen esoterischen Theorien; und mehr noch die überlieferte Religion, trotz ihrer Spaltungen. Wenn auch die Regierung und das republikanische Bürgertum, die gesellschaftlich konservativ waren, dem Katholizismus gegenüber feindlich eingestellt blieben und wenn auch die Ausübung der Religion von den Volksmassen deutlich vernachlässigt wurde, so bedeutete die traditionelle Religion doch für viele Zuflucht und Schutz, für andere Schutzwall und Rettung: diese Einstellungen erleichterten Bonaparte die religiöse Restauration.

Innerhalb des literarischen Geschehens sind dieselben Gegensätze erkennbar. Der revolutionäre Schwung hatte neue literarische Formen geschaffen; die politische Leidenschaft allein war aber unfähig, das alte klassische Genre zu erneuern. Die Sprache erfuhr allerdings eine tiefgehende Wandlung, und die Worte er-

hielten eine neue Kraft von Gefühl und Erregung: Lieblings-
worte wie *Nation, Vaterland, Gesetz, Verfassung,* ... und ver-
haßte Worte wie *Tyrannei* oder *Aristokrat* wurden anscheinend
von einer inneren Kraft verwandelt.

Die überlieferten Genres, Theater und Poesie, – von einigen ak-
tualisierten Werken abgesehen – versanken in krankhafter Ehrfurcht vor Formen und Regeln und in abgestandener Imitation
antiker Vorbilder.

Unter den Dichtern finden sich nur Namen zweiten Ranges, der
Abbé Delille (1738–1813), Écouchard-Lebrun genannt Lebrun-
Pindare (1729–1807), dessen Ode an das Schlachtschiff »Le Ven-
geur« (1794) Beachtung fand. Das patriotische Gefühl und die
politische Leidenschaft aber inspirierten stärkere und lebendigere
Werke. Das Vaterland: die neue Gottheit, der die Verse des
*Kampflieds der Rheinarmee* (der *Marseillaise*) von Rouget de
Lisle (25. April 1792) oder auch das *Abschiedslied* von Marie-
Joseph Chénier gewidmet waren. Freiheit und Patriotismus reg-
ten André Chénier (1762–1794) an, und er schrieb 1791 *Le Ser-
ment du Jeu de Paume.* Bald wurde er von den revolutionären
Ereignissen fortgerissen, und am 17. Ventôse II (7. März 1794)
schrieb er *La jeune captive* und seine *Jamben,* Gedichte antiker
Form, die in der Stärke des persönlichen Empfindens die roman-
tische Lyrik vorahnen ließen.

Auch das Theater wurde in gewisser Weise von der bewegten
Zeit mitgerissen: seine Form blieb klassisch, der Inhalt national,
später republikanisch. Am 13. Januar 1791 hob die Konstituante
die königliche Zensur und alle Privilegien im Theaterbereich
auf; »jeder Bürger darf ein öffentliches Theater errichten und
dort Stücke aller Art spielen lassen.« Ungefähr fünfzig Thea-
terhäuser wurden in Paris eröffnet, die unter dem Ancien Régime als Parias angesehenen Künstler wurden jetzt bürgerliche
Komödianten (citoyen-comédiens) und spielten in der Revolutionsbewegung häufig eine wichtige Rolle. Im Jahre 1793 wurde
das Theater eine Schule der Bürgertugend. Am 2. August ordnete der Konvent an, in den von der Stadtbehörde bezeichneten
Bühnen dreimal wöchentlich »die Tragödien des *Brutus, Wilhelm Tell* und andere Stücke, die die ruhmvollen Ereignisse der
Revolution und die Tugenden der Verteidiger der Freiheit darstellen, aufführen zu lassen; eine dieser Vorstellungen soll
wöchentlich auf Kosten der Republik gegeben werden; Theater,
in denen Stücke gespielt werden, die dazu angetan sind, die

öffentliche Meinung zu mißachten oder den schändlichen Aberglauben an das Königtum zu erwecken, werden geschlossen.«

Am 20. Ventôse II (10. März 1794) wurde das Théâtre-Français in das *Theater des Volkes* (Théâtre du peuple) umgewandelt. Einige Stücke nahmen ihre Sujets unmittelbar aus der Gegenwart, etwa das *Jugement dernier des rois* von Sylvain Maréchal 1793, eine Prophezeiung in Prosa, ein Einakter, in dem sämtliche Monarchen auf eine Insel verbannt wurden. Am ergiebigsten erwies sich der Schriftsteller Marie-Joseph Chénier (1764–1811). Er entnahm seine Stoffe dem Altertum (*Caius Gracchus*, 1792; *Timoléon*, 1794) oder der nationalen Geschichte (*Charles IX*, 1789; *Jean Calas*, 1791), aktualisierte seine Tragödien aber mit revolutionärem Geist und zeitgenössischen Bezügen. Von diesen gehaltvollen Arbeiten, deren Form der Vergangenheit, deren Inhalt aber den Zeitumständen entlehnt war, ist keine bis auf den heutigen Tag erhalten geblieben.

Es entstanden neue, unmittelbar mit der politischen Bewegung verbundene Ausdrucksformen. Die Literatur stellte sich in den Dienst der Aktion: man findet sie in den Zeitungen oder auf der Tribüne der Versammlungen oder Klubs; noch finden diese neuen Gattungen eher das Interesse des Historikers als das der Literaturwissenschaftler.

Die politische Beredsamkeit ist nach einem Wort Chateaubriands eine »Frucht der Revolutionen; dort wächst sie spontan und ohne Pflege«. In der Tat stellt die Redekunst eine literarische Gattung der Revolution dar: eine Beredsamkeit, genährt durch die Philosophie der Aufklärung, zuweilen abstrakt und mit altertümlichen Wendungen angereichert, nicht selten schwülstig und deklamatorisch, immer aber heftig und leidenschaftlich. Bis zu seinem Tode am 2. April 1791 beherrschte Mirabeau die konstituierende Versammlung mit seiner mächtigen, aber jederzeit kontrollierten Beredsamkeit, zu der seine athletische Gestalt und ausdrucksvolle Häßlichkeit verstärkend hinzukamen. Seine Rede *Sur la contribution du quart* und gegen den Bankrott (24. September 1789) sowie seine Antwort an seine Ankläger (22. Mai 1790) sind mit Recht berühmt. Vergniauds Rede war eleganter und gefälliger; der girondistische Redner gefiel sich in ausschweifenden Gedankenreihen und in Allgemeinplätzen, er griff gern auf einfache rhetorische Mittel zurück wie Wiederholungen, Allegorien und griechisch-lateinische Sentenzen. Danton war vor allem ein Improvisator ohne großen künstlerischen oder kompositorischen Ehrgeiz. Seine Art erinnerte etwas an Mirabeau (man nannte ihn den *Mirabeau des Pöbels*). Robespierres Reden mangelte zwar oft Spontaneität (er bereitete seine Reden sehr sorgfältig vor), sie überzeugten aber durch ihre Logik, die Festigkeit der Grundsätze und durch die bewegte und zugleich beherrschte Leidenschaft, die den Redner antrieb. Saint-Justs Rede war hektischer, stilistisch häufig abrupt und mündete oft in besonders eindringliche Formeln (»Gießt die Freiheit in Bronze« – Bronzez la liberté). Unter der bürgerlichen Republik akademisierte sich die politische Redekunst und wurde glanzloser, um unter dem Despotismus des Konsulats zu verstummen.

Der politische Journalismus nahm seit 1789 einen beträchtlichen Aufschwung – dank der Pressefreiheit und trotz der faktischen Beschränkungen, die ihm seit 1792 auferlegt wurden. Auf die Periode vor allem literarischen Charakters des Ancien Régime (*La Gazette de France* erschien wöchentlich, *Le Mercure* monatlich) folgte eine politische Presse, die ganz zweifellos das eigentliche literarische Genre der Revolutionszeit verkörperte. Die royalistischen Blätter verschwanden bald: *Le Journal politique nationale,* an dem Rivarol mitarbeitete, 1790, *Les Actes des Apôtres* im Oktober 1791, *L'Ami du Roi* des Abbé Royou im Mai 1792. Seit 1789 dominierte in politischem und literarischem Sinne die patriotische Presse mit *Les Révolutions de Paris* von Élysée Loustalot, *Le Publiciste parisien* von Marat, der ab der sechsten Nummer als *Ami du peuple* erschien, und mit *Les Révolutions de France et de Brabant* von Camille Desmoulins. Man sollte noch erwähnen *Le Courrier de Provence* (1789–1791) von Mirabeau, *La Chronique de Paris* (1789–1793), in der Condorcet schrieb, *Le Patriote français* von Brissot (1789–1793), *Le Défenseur de la Constitution,* den Robespierre von Mai bis August 1792 herausgab. Im Frimaire II (Dezember 1793) publizierte Camille Desmoulins *Le Vieux Cordelier,* von dem sieben Nummern erschienen. In dieser politischen Presse erkennt man unschwer die Spuren der revolutionären Beredsamkeit: die Begeisterung für die Ideen, die polemische Hitze, einen gewissen Hang zur Rhetorik und die zahlreichen Referenzen gegenüber der antiken Geschichte: die 3. Nummer etwa des *Vieux Cordelier* liest sich wie eine Umschreibung taciteischer Schriften. Die Volkspresse wurde durch Marats Zeitung und noch stärker durch *Le Père Duchesne* vertreten, den Hébert, der ein begabter Journalist voller Schwung und Phantasie war, im November 1790 herausbrachte und in dem er sehr anschaulich die Bestrebungen des Volkes darstellte, zu dessen Wortführer er wurde. Nach dem Thermidor wurde die Presse insgesamt anti-jakobinisch und häufig royalistisch. Von dieser Schwemme politischer Blätter überlebten nur wenige, drei von diesen allerdings müssen wir nennen: *La Décade philosophique, littéraire et politique*, begründet im Floréal des Jahres II, *La Gazette nationale, ou le Moniteur universel* von Panckoucke, die seit dem 24. November 1789 erschien und ab 1803 zum amtlichen Organ wurde, und *Le Journal des Débats et des Décrets*, dessen erste Nummer am 29. August 1789 herauskam und der eine lange Zukunft haben sollte.

Wenn auch die Revolution auf dem Gebiet der literarischen Produktion unbestreitbar einen Niedergang erfuhr, so gelang es ihr auf künstlerischem Gebiet, Ausdrucksmöglichkeiten zu finden, die der Größe der Zeit und den Bedürfnissen eines erweiterten Publikums Rechnung trugen. In der Musik, der Malerei, dem Ablauf und Glanz ihrer nationalen Feste hat sie die höchsten Gipfel der Kunst erreicht, als sich nämlich nicht mehr die Begeisterung einer kleinen Zahl von Kennern, sondern die des ganzen einigen Volkes ausdrückte.

Die Anklage des Vandalismus ist oft gegen die Revolution erhoben worden. In der Tat ist viel zerstört worden; die revolutionären Versammlungen bemühten sich jedoch ständig, das künstlerische Erbe der Nation zu bewahren. Unter der Konstituante schickte die Denkmalskommission Abgesandte in alle Teile Frankreichs, um alles, was der Erhaltung wert war, zu ermitteln und zu klassifizieren; unter dem Konvent wurden die gleichen Aufgaben von dem Ausschuß für das öffentliche Unterrichtswesen und der zeitweise eingerichteten Kunstkommission wahrgenommen. Am 26. Mai 1791 hatte die Konstituante den Louvre dazu bestimmt, alle Denkmäler der Wissenschaften und Künste aufzunehmen; am 27. Nivôse II (16. Januar 1794) übertrug der Konvent die Aufsicht über dieses Museum einem *Konservatorium*, das aus vier Sektionen (Malerei, Skulptur, Architektur, Antike) bestand; Alexandre Lenoir hatte bereits im kleinen Augustinerkloster zahlreiche Kunstwerke zusammengetragen, vor allem die Statuen der Abtei von Saint-Denis, die aus Haß auf das Königtum zerstört werden sollten; dies bildete die Grundlage des am 15. Fructidor II (1. September 1794) vom Konvent gestifteten »Musée des monuments français«.

Zur gleichen Zeit nahm die Emanzipation der Künstler ihren Fortgang. Von David angeführt, protestierten sie seit 1790 heftig gegen die Monopolstellung der Akademie der »École de Rome« und des »Salons«, die beide 1791 für alle Künstler geöffnet werden mußten. Am 8. August 1793 wurde die Akademie für Malerei und Skulptur und mit ihr alle Akademien und Universitäten abgeschafft. Auch auf diesem Gebiet gab der revolutionäre Anstoß der schöpferischen Eingebung neue Impulse.

»Strengen Republikanern wird es vielleicht seltsam erscheinen,« kann man im »Livret« des Salons aus dem Jahr 1793 lesen, »daß wir uns mit Kunst abgeben, während das vereinte Europa das Territorium der Freiheit belagert ... Wir billigen das bekannte Wort *In armis silent artes* nicht, sondern erinnern lieber an Protagenes, der im belagerten Rhodos ein Meisterwerk schuf.« Diese wenigen Worte, auf dem Höhepunkt der Krise abgefaßt, bezeugen eine Geisteshaltung, die den meisten Künstlern im Verlauf der Revolutionsperiode gemeinsam war: die Kunst muß am allgemeinen Kampf um die Freiheit teilnehmen. Als David am 19. März 1793 sein Bild, das Michel Lepeletier (ermordet, weil er für die Hinrichtung des Königs gestimmt hatte) darstellte, dem Konvent als Ehrengeschenk überreichte, erklärte er: »Jeder von uns schuldet dem Vaterland die Talente, die er von der Natur empfangen hat; wenn deren Gestalt auch verschieden ist, ihre Bestimmung muß für alle die gleiche sein. Der wahre Patriot muß alle Möglichkeiten begierig wahrnehmen, um seine Mitbürger aufzuklären und ihren Augen ständig die erhabenen Züge des Heroismus und der Tugend darzustellen. Bürger, der Himmel, der seine Gaben unter seine Kinder austeilt, wollte, daß ich mein Denken und Fühlen mit Hilfe der Malerei ausdrücke.«

David (1748–1825) beherrschte als Maler wie auch als Veranstalter republikanischer Feste die revolutionäre Kunst. Er schloß sich der Lehre Winckelmanns an, dessen *Geschichte der Kunst des Altertums,* 1764 erschienen, zwischen 1766 und 1793 dreimal ins Französische übersetzt wurde, und nahm die Antike zum Vorbild: den Vorrang gab er der Zeichnung und festumrissenen Form vor der mehr das Gefühl ansprechenden Farbe. David brach mit der Tradition der französischen Kunst des 18. Jahrhunderts. Er verdankt seine Berühmtheit vor allem seiner antiken Serie: *Der Schwur der Horatier* (1784), erneut 1791 im Salon zusammen mit dem *Tod des Sokrates* (1787) und *Brutus*

(1789) ausgestellt, den *Sabinern* von 1799 und dem *Leonidas*, an dem er zwischen 1800 und 1804 arbeitete. Eine Zeit lang wandte David sich jedoch von den antiken Vorbildern ab und stellte seine Kunst unmittelbar in den Dienst der Revolution: er erarbeitete den Entwurf des *Schwurs im Jeu de Paume*, der 1791 im Salon ausgestellt wurde, er arrangierte den Ablauf der nationalen Feste und zeichnete *Lepeletier, den Märtyrer der Freiheit* oder die *Ermordung Marats*. Marat stirbt zurückgelehnt mit durchbohrter Brust in seiner mit einem Tuch bedeckten Badewanne, man sieht die nackte Brust und die blutende Wunde; der mit weißem Madras bedeckte Kopf fällt auf die Schultern und drückt eine Art schmerzvolles Lächeln aus; der herabhängende Arm berührt die Erde und hält noch die Feder, mit der er schrieb; am Boden liegt das Mordmesser ... Ein ergreifendes Bild, das im Konventssaal hing und die Bürgertugend betonend die Abgeordneten an die gefahrvollen Pflichten des öffentlichen Wohls mahnte. Was antike und revolutionäre Bilder Davids einte, war der Geist der Tugend und der heroischen Spannkraft.

Daneben bestand die Kunst des 18. Jahrhunderts weiter. Der klassische der »empfindsamen« Maler, Greuze (1725–1805), lebte noch; ebenso Fragonard (1732–1806), ein unvergleichlicher Maler mit eher leichter Hand; Hubert Robert (1733–1808) ist durch seine Vorliebe für Ruinenlandschaften schon ein Romantiker, verschiedene seiner Bilder lassen eine klare Erfassung des modernen Lebens erkennen; Prud'hon (1758–1823) hing wie David an antiken Modellen, läßt jedoch bestimmte vorromantische Stimmungen erkennen. Auf dem Gebiet der Bildhauerei schließlich ist Houdon (1741–1828) wegen seiner der Antike nachgebildeten Statuen und mehr noch seiner Porträts wegen berühmt.

Die gleiche Dualität zeigt sich in der Musik. Grétry (1741–1813) und Dalayrac (1753–1809) führen das 18. Jahrhundert fort. Zur gleichen Zeit aber beflügelt der revolutionäre Aufschwung die Eingebung und die Methoden. Gossec (1733–1829) und Méhul (1763–1817) und auch Grétry komponierten Hymnen, die bei den Nationalfesten von gewaltigen Massenchören gesungen wurden und das patriotische Bewußtsein wie die republikanische Bürgertugend anregten. *Le Chant du 14 juillet*, dessen Melodie von Gossec für den Text der *Hymne pour la fête de la Fédération* von Marie-Joseph Chénier geschrieben wurde, bleibt eines der schönsten Lieder. *Le Chant du départ* von Méhul mit den

Worten von Marie-Joseph Chénier bildete zusammen mit der *Marseillaise* die Hymne der Republikaner, die sie unter der Thermidorreaktion und dem Direktorium dem royalistischen *Réveil du peuple* entgegensetzten. Gossec regte als erster ein nationales Musikinstitut an, das vom Konvent am 18. Brumaire II (8. November 1793) gebildet und am 16. Thermidor III (3. August 1795) zu einem Konservatorium umgestaltet wurde, »um die Musik zu lehren und zu pflegen«; dessen Leitung wurde fünf Inspektoren anvertraut: Gossec, Grétry, Méhul, Lesueur und Cherubini. Überflüssig zu betonen, daß auf diesem Gebiet wie auf allen anderen die beiden Hauptrichtungen nebeneinander bestanden, die Kunst des 18. Jahrhunderts neben den neuen Ausdrucksformen.

Bruch und Kontinuität charakterisieren also das geistige und künstlerische Leben wie die Gesellschaft selbst. Rationalismus und Tradition, Vernunft und Gefühl standen sich gegenüber. Die klassischen Kunstformen waren vorherrschend geblieben; schon bald aber setzte sich die Romantik durch. Marie-Joseph Chénier übersetzte Ossian, Madame de Staël bekundete um 1800 ihre Vorliebe für die Literatur des Nordens: »Die nordischen Völker sind weniger von Freuden als von Schmerz geprägt; darum ist ihre Vorstellungskraft um vieles stärker.« Mitten im Unglück der Epoche erstrahlte der Mythos der *guten alten Zeit,* gefolgt von Rittern und Troubadouren, der bald durch die Ausbildung eines gefühlvollen Katholizismus, den Chateaubriand auszunutzen verstand, bestärkt wurde. In dieser Erneuerung des Denkens und Fühlens suchten Aristokratie und Emigration halbbewußt einen Weg, sich praktisch an die neue Ordnung anzuschließen. Der gleiche Wunsch nach Stabilität beherrschte die neue Bourgeoisie. Sie kümmerte sich wenig um Ideen, stand Grundsätzen gleichgültig gegenüber und träumte nur davon, zu genießen oder Karriere zu machen, wobei es ihr besonders um die Absicherung ihrer neuen Privilegien als dem wesentlichen Teil des Revolutionswerks ging. Das Bestreben nach gesellschaftlicher Bewahrung war stärker als der Antagonismus der Ideen. Besitzendes Bürgertum und einsichtige Aristokraten waren bereit, sich zu einer starken Macht zusammenzuschließen, die ihre zum Teil wiedererlangte oder neu erworbene Herrschaft sichern sollte.

## II. DER BÜRGERLICHE STAAT

*Anstelle des absolutistischen Staates der alten Ordnung, der in
der Theorie des Gottesgnadentums gründete und die Privilegien
der Aristokratie sicherte, schuf die Revolution einen liberalen
und weltlichen Staat, der auf den Prinzipien der nationalen Souveränität und der bürgerlichen Gleichheit fußte. Die »zensitäre«
Anwendung dieser Prinzipien versöhnte die neuen Institutionen
mit der aus der Revolution hervorgegangenen sozialen Struktur:
der neue Staat konnte nur ein bürgerlicher Staat sein, der die
Vorrechte der neuen herrschenden Klasse garantierte.*

### 1. Nationale Souveränität und zensitäre Organisation

Die Zerschlagung des Staates der alten Ordnung auf juristischer
Ebene vollzog sich in der Nacht des 4. August. So wie alle Bürger unbeschadet ihrer Herkunft als gleich erklärt wurden, schaffte man auch »die besonderen Privilegien der Provinzen, Fürstentümer, Länder, Kantone, Städte und Einwohnergemeinden«
unwiderruflich ab. Die Käuflichkeit der Ämter wurde aufgehoben, das Dekret vom 3. November 1789 beurlaubte die *parlements* und die obersten Räte auf unbestimmte Zeit. Alles verschwand, was die Macht des Staates einschränkte: die Privilegien, die intermediären Körperschaften, die Partikularismen, die
Relikte althergebrachter Autonomien. Der alte Staatsapparat
war zusammengebrochen, und der neue Staat schien bereits seine Struktur gefunden zu haben.
Die Umwandlung des Staates und die Schwäche seiner Gewalten entsprangen dem Prinzip der nationalen Souveränität. Der
Staat ist nicht mehr das persönliche Eigentum des Fürsten, sondern Ausdruck des souveränen Volkes. Wie nach naturrechtli-
cher Auffassung die Gesellschaft auf dem freien Vertrag ihrer
Mitglieder beruht, so wird auch der Staat künftig durch einen
Vertrag zwischen Regierung und Regierten begründet. Der Staat
wird also für den Dienst an den Bürgern geschaffen, denen er,
wie Artikel 2 der Erklärung der Rechte von 1789 versichert,
»den Schutz der natürlichen Rechte« des Menschen garantieren
muß. Die Verfassung von 1791 ordnete die Monarchie der Nation unter sowie die ausführende der gesetzgebenden Gewalt;
sie trennte streng die Gewalten; im Wahlakt legte sie den Staats-

apparat in die Hände der Bürger. So wurde durch die neue Organisation der öffentlichen Gewalten die Zentralgewalt geschwächt, während auf lokaler Ebene die Autonomie die Zentralisation verdrängte: das Gesetz vom 14. Dezember 1789 über die Bildung der Stadtverwaltungen sowie das vom 22. Dezember über die Bildung der Urwählerversammlungen und Verwaltungsgremien schufen eine sehr weitgehende Dezentralisation. Der Staat wurde entmachtet; das Recht auf Steuererhebung entglitt ihm ebenso wie das der Aufrechterhaltung der Ordnung, das den Städten übertragen wurde. Ein liberaler Staat also, aber ein bürgerlicher Staat: die Souveränität beschränkte sich auf die oberen Klassen, und da die Aktivbürger den Notabeln unterstanden, wurde der Staat zum Eigentum der Bourgeoisie. Diese neue Struktur wurde vom Widerstand der Aristokratie, vom Bürgerkrieg und dem Krieg mit dem Ausland auf die Probe gestellt. Sie überlebte den 10. August nicht.

Die Stärkung der Staatsgewalt ging mit der Bildung und Festigung der Revolutionsregierung einher. Die Abschaffung des Königtums nach dem 10. August 1792 ermöglichte die Organisation der Exekutive auf neuer Basis. Die uneingeschränkte Anwendung des Prinzips der nationalen Souveränität und die Einführung des allgemeinen Wahlrechts erweiterte den Staat auf die gesamte Nation, während der Terror die feindlichen Elemente beseitigte. Wenn der auf dieser neuen gesellschaftlichen Grundlage geschaffene Jakobinerstaat des Jahres II auch demokratisch war, so wurde er doch notwendigerweise wieder autoritär: das öffentliche Wohl erforderte dies. Sein autoritärer Charakter wird noch durch zwei Züge verstärkt, die das Werk der Männer von Neunundachtzig kennzeichneten, die aber in ihrer ganzen logischen Konsequenz erst Dreiundneunzig hervortreten: den Rationalismus und Individualismus. Im Namen des Rationalismus wurden die Institutionen in ein streng logisches Gedankensystem einbezogen; der Staat ist das Instrument der Vernunft, vor dessen Anforderungen persönliche und materielle Interessen zurückzutreten haben; seine Autorität wurde wieder gefestigt. Im Namen des Individualismus wurden die intermediären Körperschaften, die Gruppen und Gemeinden abgeschafft; der neue Staat kannte ausschließlich Individuen und hat über diese unmittelbare Gewalt. Gegenüber dem Staat, dessen Machtbefugnisse in keiner Weise beschränkt waren, sah sich der Bürger von dem Tage an ohnmächtig, als er die Garantie seiner Rechte einbüßte und als »der Despotismus der Freiheit« eingeführt wurde; Robespierre ging darauf in seinem Bericht *Über die Prinzipien der Revolutionsregierung* vom 5. Nivôse II (25. Dezember 1793) ein:

»Die konstitutionelle Regierung befaßt sich hauptsächlich mit der Freiheit des Bürgers; und die Revolutionsregierung mit der Freiheit des Staates. Unter dem konstitutionellen Regime genügt es, die Individuen vor den Mißbräuchen der Staatsgewalt zu schützen; unter dem revolutionären Regime ist die Staatsgewalt selbst gezwungen, sich gegen alle Parteien, die sie angreifen, zu verteidigen.«

In den Augen der Jakobiner waren es also die Verhältnisse, welche die Wiederherstellung der Staatsautorität und der Zentralisation rechtfertigten: während das Maximumgesetz vom 29. September 1793 dem Staat die Wirtschaftslenkung übertrug, unterstellte das Dekret vom 14. Frimaire II (4. Dezember 1793) alle Verfassungsorgane und öffentlichen Beamten der unmittelbaren Aufsicht des Wohlfahrtsausschusses und die allgemeine Polizei dem Allgemeinen Sicherheitsausschuß. Ein doppelter Widerspruch untergrub allerdings den autoritären Jakobinerstaat des Jahres II. Die Lenkung der Wirtschaft stieß einerseits bei den Eigentümern und Produzenten, zum anderen bei den Lohnempfängern und Konsumenten auf Widerstand. Die jakobinische Zentralisation verletzte darüberhinaus die natürlichen Bestrebungen innerhalb der Sansculotterie zur direkten Demokratie. Die Diktatur des Wohlfahrtsausschusses zwang die Kämpfer des Volkes zu strikter Disziplin und liquidierte diejenigen, die sich ihr widersetzten. Da der Jakobinerstaat des Jahres II nicht, wie der bürgerlich-liberale Staat von 1791, über eine soziale Basis verfügte, hing er im Leeren: nach dem 9. Thermidor brach das Gebäude zusammen.

Der liberale bürgerliche Staat wurde wiederhergestellt. Die Wirtschaft wurde von der staatlichen Lenkung befreit. Die Verfassung des Jahres II kehrte zum liberalen System der Verfassunggebenden Versammlung zurück, und das Zensuswahlsystem schloß die Massen von der Teilhabe an der Macht aus. Das Klassenbewußtsein der Notabeln aber ging gestärkt aus der demokratischen Erfahrung des Jahres II hervor. Die Verfassung des Jahres III führte zwar die Trennung der Gewalten wieder ein und nahm der Exekutive im Finanzbereich jeden Handlungspielraum, verstärkte aber doch die Staatsgewalt und behielt einen gewissen Grad an Zentralisation bei. Das Direktorium sorgt für die äußere und innere Sicherheit der Republik und verfügt über die bewaffnete Macht (Artikel 144); es kann Vorladungen und Haftbefehle erlassen (Artikel 145); es überwacht und sichert die Ausführung der Gesetze in der Verwaltung und bei den Gerichten durch von ihm ernannte Kommissare (Artikel 147). Die Verwaltung wurde nicht vollständig dezentralisiert, denn die Stadtbehörden blieben den Departementverwaltungen und diese den Ministern unterstellt. Die Kommissare des Direktoriums hatten weitreichende Vollmachten, standen in direkter Verbindung mit dem Innenminister und garantierten auf allen Ebenen die Präsenz und Autorität der Regierung. In der Praxis zeigte sich die Aufrechterhaltung der Staatsgewalt noch deutlicher: eine große Anzahl von Verwaltungsbeamten und Richtern, die eigentlich gewählt werden mußten, wurden ernannt; das Verordnungsrecht legte man extensiv aus, und der Polizeiapparat wurde mitsamt seinen Befugnissen erweitert. Da das Volk mit Hilfe des Zensuswahlrechts ausgeschlossen und die Aristokratie noch nicht versöhnt war, und ein Teil der Bourgeoisie weiterhin feindlich eingestellt blieb, verengte sich die soziale Basis des direktorialen Staates rasch. Daraus erklären sich bis zu einem gewissen Grad die Verfassungsverletzungen, die im Fructidor V und im Floréal VI annullierten Wahlen und die Unterordnung der Legislative unter die Exekutive. In den Schwesterrepubliken wurde die Exekutivgewalt gestärkt, so in Holland, in der Schweiz und in Rom. Zwar rettete die alljährlich stattfindende Wahl den liberalen Charakter des Systems, zog aber die Auflösung der Exekutive nach sich, die ja stets vom Umschwung der Mehrheit abhängig blieb. Im Jahre 1799 rechtfertigten der auswärtige Krieg und die jakobinische Bewegung die endgültige Stärkung der Exekutive: so kam es zum Staatsstreich vom Brumaire.

Die Verfassung des Jahres VIII ersetzte die Wahl durch Kooptation, nahm der Legislative endgültig die Macht und legte schließlich die Exekutivgewalt in die Hände des Ersten Konsuls. Der liberale Staat, von den Männern von Neunundachtzig erträumt, war dahin. Die Militärdiktatur nahm den Notabeln die politische Macht und rettete ihre gesellschaftliche Herrschaft. Der neue autoritäre Staat, der bald seine soziale Grundlage um die ausgesöhnte Aristokratie verbreiterte, blieb bürgerlich.

Die Revolution ersetzte das göttliche Recht des Staates und das Bündnis von Thron und Altar, der Logik der Ereignisse folgend, allmählich durch einen weltlichen Staat, der von der Kirche getrennt war. An die Stelle der Staatsreligion trat zunächst das Prinzip der staatlichen Privilegierung des Kultes. Die Verfassunggebende Versammlung beschränkte sich anfangs auf die bloße Tolerierung, wie sie in Artikel 10 der Erklärung der Rechte festgelegt war. Am 13. April 1790 war sie jedoch der Meinung, daß »sie nicht das Recht hat und es auch nicht haben kann, auf das Gewissen und die religiöse Überzeugung irgendeinen Druck auszuüben«, und lehnte es ab, den Katholizismus weiterhin als Staatsreligion anzusehen. Die am 12. Juli 1790 angenommene Zivilverfassung des Klerus gestand dennoch dem Katholizismus das Monopol einer staatlichen Religion zu. Personenstandsregister, Unterricht und Fürsorge blieben in den Händen der Kirche. Das der Zivilverfassung folgende Schisma erwies sich jedoch als ein mächtiger Entwicklungsfaktor: der Kampf gegen die Eidverweigerer und die zunehmende Feindschaft den verfassungstreuen Priestern gegenüber schädigten nach und nach die Kirche und dann auch die Religion selbst.

Die Verweltlichung des Staates machte nach dem 10. August 1792 entscheidende Fortschritte. Am 18. August löste die Gesetzgebende Versammlung die mit der Erziehung und Fürsorge betrauten religiösen Bruderschaften auf, weil sie davon ausging, »daß ein wahrhaft freier Staat keine Korporationen dulden kann«; das Vermögen der Krankenhäuser und Hospize, der Kollegien und Universitäten wurde zum Verkauf freigegeben; Unterricht und Fürsorge wurden verweltlicht. Dasselbe Dekret verbot das Tragen religiöser Kleidung, ausgenommen den Priestern in Wahrnehmung ihrer Pflichten. Am 26. August wurde den Eidverweigerern unter Androhung der Deportation nach Guayana auferlegt, das Königreich binnen 14 Tagen zu verlassen. Am 20. September 1792 endlich verweltlichte die Gesetzgebende Versammlung das Personenstandswesen und übertrug dessen Führung den Stadtbehörden. Am selben Tag führte die Gesetzgebende Versammlung die Scheidung ein, da »die Ehe lediglich ein bürgerlicher Vertrag ist« und »die Möglichkeit der Trennung ... aus der individuellen Freiheit sich herleitet, eine unlösbare Verbindung aber deren Untergang bedeuten würde.«

Die Trennung von Kirche und Staat ergab sich aus den wechsel-
vollen Ereignissen des Bürgerkrieges und der Lösung vom Chri-
stentum. In seinen Anfängen zeigte sich der Konvent der verfassungstreuen Kirche gegenüber versöhnlich und dementierte in
seiner Denkschrift vom 30. November 1792 die Absicht, die
Bürger »der Priester, welche die Zivilverfassung ihnen gegeben
hat«, berauben zu wollen; am 27. Juni 1793 erklärte er, daß die
Verschuldung des Staates zum Teil in den Gehaltszahlungen an
die Geistlichen ihre Ursache habe. Aber gegen die Eidverweigerer erwies er sich noch strenger als die Legislative: am 23. April
1793 ordnete er deren Deportation nach Guayana an. Bald darauf erfaßte das Mißtrauen die verfassungstreuen Priester, und
man verdächtigte sie des Royalismus oder des Moderantismus.
Schritt um Schritt verschärften sich die feindseligen Maßnahmen. Seit Juli 1793 wurde die Frage der Priesterehe diskutiert.
Am 12. August annullierte der Konvent »alle Amtsenthebun-
gen katholischer Priester, soweit sie auf Grund der Eheschlie-
ßung der betroffenen Personen angeordnet waren«; die verheirateten Priester konnten ihr Amt weiterhin oder erneut ausüben. Die Annahme des republikanischen Kalenders und die
Einführung der Dekade am 5. Oktober 1793 und später die Entchristianisierung bildeten die entscheidenden Etappen. Entgegen
der feierlichen Bekräftigung der freien Religionsausübung im
Dekret vom 16. Frimaire II (6. Dezember 1793) blieben die
Kirchen geschlossen. Dieser faktische Zustand wurde nach dem
9. Thermidor legalisiert: auf Cambons Vorschlag dekretierte der
Konvent am 2. Sansculottentag II (18. September 1794), daß
die Republik in Zukunft weder »Unterhaltskosten noch Gehälter an irgendeinen Kultus« zahlt. Damit war die Zivilverfassung im Grunde aufgehoben und die Kirche vom Staat getrennt.

Das Prinzip der Trennung von Kirche und Staat wurde mit
dem Dekret vom 3. Ventôse III (21. Februar 1795) streng geregelt: die Republik unterhält keinen Kult, das Gesetz kennt keinen Geistlichen, jede öffentliche Manifestation und alle äußeren
Zeichen sind verboten. Am darauffolgenden 11. Prairial
(30. Mai 1795) gestattete der Konvent jedoch den einzelnen Religionen die freie Benutzung religiöser Gebäude, soweit diese
nicht für andere Zwecke vorgesehen waren. Das Dekret vom
7. Vendémiaire IV (29. September 1795) kodifizierte alle diese
Maßnahmen und verlangte von den Priestern den Schwur »der

Unterordnung und des Gehorsams gegenüber den Gesetzen der Republik«. Gegenüber den eidverweigernden Priestern hielt der Konvent mit dem Dekret vom 3. Brumaire IV (25. Oktober 1795) an den Gesetzen von 1792 und 1793 fest; letztere bestätigte das Direktorium noch in den Artikeln 24 ff. und in den Ausführungsbestimmungen des Gesetzes vom 19. Fructidor V (5. September 1797). Zur gleichen Zeit kämpfte das Direktorium für die Weltlichkeit, indem es den republikanischen Kalender für das gesamte öffentliche Leben in seinem Dekret vom 14. Germinal VI (3. April 1798) anordnete, am 17. Thermidor (4. August 1798) Arbeitsruhe für die Dekade vorschrieb und deren Feier am 13. Fructidor (30. August 1798) im einzelnen bestimmte. Am Ausgang dieser Periode war nicht zu bezweifeln, daß Einfluß und Ansehen der katholischen Kirche gesunken waren; deutlich war dies erkennbar an der schlechten Lage und der Desorganisation des gespaltenen Klerus, am Nachlassen der Religionsausübung und an der fortgeschrittenen Ungläubigkeit innerhalb der Volksklassen. Kirche und Revolution waren theoretisch unvereinbar und blieben Feinde.

Die Erfordernisse der gesellschaftlichen Stabilisierung sowie die Bindung des größeren Teils der Nation an die überlieferte Religion erklären andererseits, wie schnell die religiöse Restauration unter dem Konsulat sich durchsetzen konnte. Bonaparte begriff die Religion als Mittel gesellschaftlicher Unterdrückung und die Kirche als Regierungsinstrument; daher anerkannte er den Katholizismus als die Religion der Mehrheit der Franzosen, verweigerte ihr jedoch den Rang einer Staatsreligion; durch die Grundgesetze (les Articles organiques) ordnete er die Kirche eng dem Staat unter. Die Trennung von Kirche und Staat verschwand für ein Jahrhundert, der Staat aber blieb weltlich.

### 3. Der Staatsapparat

Die Revolution bildete den Staatsapparat vollkommen um und paßte die neuen Institutionen in Verwaltung, Justiz und Finanzwesen den allgemeinen Prinzipien der bürgerlichen Gesellschaft und des liberalen Staates an.

Die lokalen Verwaltungskörperschaften waren von der Verfassunggebenden Versammlung nach einem rationalen Plan neu geschaffen worden; das Prinzip der nationalen Souveränität wurde auf sie übertragen: die Verwaltungsbeamten wurden gewählt. Daraus ergab sich Dezentralisation: die Zentralgewalt konnte nicht autoritär über die aus der Souveränität des Volkes hervorgegangenen lokalen Gewalten verfügen. Da die lokalen Autoritäten ein Kollegium bildeten und aus Wahlen hervorgingen, wurde der Verwaltungsapparat geschwächt. Die häufigen Wahlen führten weiterhin zu seiner Unbeständigkeit. Nach der Verfassung von 1791 sollten die Departements- und Bezirksverwaltungen alle zwei Jahre zur Hälfte, die städtischen Magistrate jedes Jahr erneuert werden. Nach der Verfassung des Jahres III war die jährliche Erneuerung eines Fünftels der Departementsverwaltungen und der Hälfte der Magistrate vorgeschrieben. Unter diesen Bedingungen gestaltete sich die Bildung eines fachkundigen Verwaltungspersonals äußerst schwierig, besonders auf der Ebene der städtischen und ländlichen Verwaltungen. Die Mitglieder der Departements- und Bezirksverwaltungen rekrutierten sich aus der Bourgeoisie, die der städtischen Verwaltungen überwiegend aus den mittleren Schichten des Handwerks, Kleinhandels und der freien Berufe. Im Jahre 1793 machte sich eine deutliche Tendenz zur Demokratisierung bemerkbar, und zwar auf der Ebene der Bezirke und noch stärker auf derjenigen der Stadtverwaltungen, da in beide die Sansculotterie eindrang. Auf dem Lande war die Bildung der Verwaltungen oft schwierig, da geschultes Personal fehlte: deshalb kam es zu den kantonalen Verwaltungen in der Verfassung des Jahres III, die sich aus einem Vertreter und einem Beigeordneten aus jeder Gemeinde zusammensetzten; sie scheiterten jedoch.

Die Tendenz zur Zentralisierung wurde im Keim allerdings mit der Vereinfachung der Institutionen beibehalten. Die Revolutionskrise von 1793 beschleunigte deren Entwicklung. Die Revolutionsregierung schuf die Permanenz der Verwaltungskörperschaften und ersetzte auf dem Umweg über die Säuberung faktisch die Wahl durch die Ernennung. Das Dekret vom 14. Frimaire II (4. Dezember 1793) setzte neben den Stadtbehörden und Bezirksverwaltungen *Nationalagenten* ein, die alle zehn Tage den beiden Regierungsausschüssen Bericht erstatten mußten. Der bürokratische Apparat wurde verstärkt und demokratisiert.

Die Verfassung des Jahres III gab der Notabeln-Bourgeoisie durch die Rückkehr zum Zensuswahlsystem das Verwaltungsmonopol zurück. Sie tendierte aber dahin, die administrative Ausstattung des Staates durch die Ernennung von Exekutiv-Kommissaren, die den städtischen und departementalen Verwaltungen beigeordnet wurden, zu verstärken. Das Direktorium verfolgte andererseits die Reorganisation der Verwaltung auf allen Ebenen, wie man z. B. an dem oft erwähnten Reformwerk von François de Neufchâteau im Innenministerium ablesen kann. Auf der Grundlage dieser institutionellen Neuordnung entstand dann teilweise die Militärdiktatur Bonapartes. Da aber das Wahlprinzip beibehalten wurde, blieb die Unbeständigkeit und manchmal auch die Inkompetenz bestehen. Mit dem Gesetz vom 28. Pluviôse VIII (7. Februar 1800) hob Bonaparte die Wahlen auf und schuf einen Funktionärskader, dessen Autorität in der Ernennung durch ihn selbst lag; so stabilisierte er den Verwaltungsapparat und verstärkte dessen Kompetenz, die im Dienst des autoritären Staates stand.

Die Justiz war von der Verfassunggebenden Versammlung nach den gleichen Grundsätzen wie die Verwaltung neu aufgebaut worden. Aber die Wahl verursachte hier keine vergleichbaren Schwierigkeiten. Nach dem Dekret vom 16. August 1790 waren die Richter auf sechs Jahre gewählt und wiederwählbar; es durfte keiner gewählt werden, »der nicht fünf Jahre lang Richter oder Rechtsgelehrter gewesen war und sein Amt öffentlich bei einem Gericht ausgeübt hatte.«

Die Verfassung des Jahres III setzte die Dauer des Mandats auf fünf Jahre herab. Diese Maßnahmen hatten dennoch den Zweck, Beständigkeit und Kompetenz der Kollegien zu sichern. Im Bereich der Strafverfahren zeigte sich die Verfassunggebende Versammlung von großer Liberalität. Kein Organ hatte den Auftrag, Verbrechen zu verfolgen; der Staatsanwalt war abgeschafft. Bis auf die einleitenden Untersuchungen war das Verfahren öffentlich. Die Bildung zweier Jurys, für Anklage und für Urteil getrennt, stellte für den Angeklagten eine Rechtsgarantie dar. Die Gerichtsorganisation hatte natürlich die Nachwirkungen der allgemeinen Entwicklung zu spüren; sie entwickelte sich in gleicher Richtung wie die Verfassung des Staates. Der Konvent hob die besonderen Befähigungsnachweise für die Wählbarkeit auf; es genügte, 25 Jahre alt zu sein; unter diesen Bedingungen begann das Verfahren sich zu vereinfachen. Zur gleichen Zeit wurde das Gerichtswesen der Exekutive unterstellt: die Teilung der Gewalten verschwand faktisch mit der Revolutionsregierung, die die Konzentration und Einheit der Gewalten verwirklichte. Die Terrorgerichtsbarkeit ist durch die Bildung von Ausnahmegerichten mit Schnellverfahren und durch die gleichzeitige Beseitigung der allgemeinen Rechtsgarantien gekennzeichnet. Noch unter dem Direktorium merkte man dem Gerichtswesen diese Vergangenheit an. Das Direktorium erhielt von der Verfassung das Recht, Vorladungen und Haftbefehle zu erlassen; Ausnahmeurteile lebten in der Praxis der Militärkommissionen fort, um die politischen Gegner, ob Chouans oder Jakobiner, zu verurteilen.

Im Bereich der Rechtskodifizierung schließlich blieb das Revolutionswerk unvollendet. Sie zerstörte das feudale und das kanonische Recht und wandte sich gegen das römische Recht, indem sie versuchte, ein einheitliches nationales Recht zu schaffen. Im August 1790 dekretierte die Verfassunggebende Versammlung, daß »ein allgemeiner Codex einfacher, klarer und verfassungsmäßiger Gesetze« erstellt werden müsse. Am 25. September 1791 verabschiedete sie ein Strafgesetzbuch, am 28. eine Landrechtsordnung. Im August 1793, auf dem Höhepunkt der Krise, erörterte der Konvent den Entwurf eines Zivilgesetzbuches, den Cambacérès im Namen des Gesetzgebungsausschusses eingebracht hatte. Wenn die Versammlungen der Revolutionsjahre auch nicht zum Ziel kamen, so wurde doch beträchtliche Arbeit geleistet, und die Fundamente wurden mit den Grundgesetzen über die wichtigsten Fragen gelegt: Ehe und Scheidung, Erbfolge und Nachlaßrecht, Landbesitz und Hypotheken. Auch auf diesem Gebiet ist die thermidorianische und direktoriale Periode durch einen unbestreitbaren Abstieg gekennzeichnet – im Vergleich mit der montagnardischen Gesetzgebung, deren rückwirkende Kraft im Bereich der Erbgesetze aufgehoben wurde.

So kündigte sich die Stabilisierung des Rechts in der konsularischen Epoche an, die die Zeit der gesellschaftlichen Stabilisierung war, während die Rückkehr zur Ernennung der Richter und die allmähliche Wiedereinführung des Staatsanwalts die staatliche Gewalt verstärken sollte.

Die von der Verfassunggebenden Versammlung geschaffene Finanzordnung ist insbesondere durch die fiskalische Gleichheit und die Einführung dreier großer direkter Steuern (Grund-, Mobiliar- und Gewerbesteuer) gekennzeichnet. Die Staatsmacht war hier zum einen durch die Aufhebung der indirekten Steuer, die sie wichtiger und regelmäßiger Einkünfte beraubte, zum anderen durch das Verschwinden der gesamten Finanzverwaltung, die den Städten überlassen war, geschwächt. Auch hier führte die Entwicklung zur Stärkung der vorübergehend geschwächten Staatsautorität.

Das fiskale System der Verfassunggebenden Versammlung wurde vom Konvent umgestaltet, der am 12. März 1793 die Gewerbesteuer aufhob und entschied, daß Einkünfte aus Industrie und Handel künftig bei der Mobiliarsteuer mit in Betracht gezogen werden sollten. Als die Steuereinkünfte sich 1793 im Gefolge des Bürgerkrieges verringerten, nahm der montagnardische Konvent Zuflucht zu revolutionären Steuern und zur Zwangsanleihe: diese wurde am 20. Mai 1793 beschlossen und seit dem 3. September ausgegeben; sie war auf eine Milliarde festgesetzt und betraf nach einem progressiven Tarif alle Bürger, deren Einkommen über 1500 Franken (1000 Franken für Junggesellen) lag. Die Thermidorianer kehrten zum System der Verfassunggeber zurück und führten am 6. Fructidor IV (23. August 1796) die Gewerbesteuer wieder ein. Um gegen die Entwertung vorzugehen, ordnete das Gesetz vom 2. Thermidor III (20. Juli 1795) die Zahlung der Grundsteuer zur Hälfte in Assignaten zum Nominalwert und zur Hälfte in Korn zum Wert von 1790 an. Im Jahre VII wurde das gesamte Steuersystem von den direktorialen Kammern umgewandelt: die Grundsteuer durch das Gesetz vom 3. Frimaire (23. November 1798), das die obligatorische Geldzahlung wiederherstellte; die Mobiliarsteuer durch das vom 3. Nivôse (23. Dezember 1798), das den Tarif stark erhöhte; die Gewerbesteuer durch dasjenige vom 1. Brumaire (22. Oktober 1798), das die Grundlagen der Veranlagung umgestaltete; eine vierte direkte Steuer – auf Türen und Fenster – wurde mit dem Gesetz vom 4. Frimaire (24. November 1798) geschaffen. Im gleichen Zeitraum wurden die Verkehrssteuer (Gesetz vom 22. Frimaire – 12. Dezember 1798) und die Stempelsteuer (Gesetz vom 13. Brumaire – 3. November 1798) neu geregelt. Damit war eine grundlegende Gesetzgebung geschaffen, die im wesentlichen ein Jahrhundert lang in Kraft bleiben sollte. Trotzdem wurden zur Freude der Besitzenden die Einkünfte des Staates geringer. Die Kammern aber weigerten sich, die indirekten Steuern wieder einzuführen und begnügten sich mit der Besteuerung des Tabaks, der Straße, dem sogenannten Wegerecht, und der Plätze in öffentlichen Verkehrsmitteln.

Das von der Konstituante eingerichtete System der Steuererhebung war zum großen Teil an dem schlechten Steuereingang schuld, denn den mit der Erhebung betrauten Behörden waren alle Zwangsmaßnahmen untersagt. Das Gesetz vom 22. Brumaire VI (12. November 1797) führte zur Bildung einer Agentur für direkte Steuern in jedem Departement, die aus Kommissaren bestand, deren Aufgabe es war, den städtischen Behörden bei »allen die Veranlagung, Erhebung und Anfechtung der direkten Steuern betreffenden Arbeiten« zur Seite zu stehen. Es handelte sich noch nicht um eine fachkundige Verwaltung, sondern schlicht um eine Kontrolle. Die Zuständigkeit des Staates auf dem Gebiet des Finanzwesens war also unter dem Direktorium beträchtlich erweitert worden. Bonaparte begnügte sich in vielen Punkten damit, die von seinen Vorgängern geschaffenen Instrumente beizubehalten. Da er jedoch den liberalen Staat durch einen autoritären ersetzt hatte, vervollkommnete er das direktoriale Werk durch die Bildung einer wirksamen Finanzverwaltung, die allein von der Zentralregierung abhängig war, und bald auch durch die Schaffung eines Katasters, der einzig rationalen Berechnungsgrundlage der Grundsteuer. Nachdem er die Besitzenden endgültig zufrieden gestellt hatte, konnte er den Staatskredit wiederherstellen. Die Wiedereinführung indirekter Steuern, einschließlich der Salzsteuer, verdeutlichte unter dem Empire das Ende der revolutionären Entwicklung und betonte die Macht des autoritären Staates.

## III. NATIONALE EINHEIT UND GLEICHHEIT DER RECHTE

*Die ganze Lebendigkeit der Französischen Revolution hat in bestimmten Worten ihren Ausdruck gefunden.* Nation *ist eines von ihnen. Als das feindliche Kanonenfeuer in Valmy die französischen Reihen zu erschüttern drohte, rief Kellermann vor den erstaunten Preußen aus: Es lebe die Nation! Die Losung wurde weitergegeben und wirkte von einer Reihe zur anderen mächtiger unter den Freiwilligen; der Feind zögerte. »Heute und hier beginnt eine neue Epoche der Weltgeschichte« (Goethe).*
*Seit 1789 hatte das Wort* Nation *einen neuen Wert erhalten, erfahren in dem begeisterten Jubel und den spontanen gemeinsamen Bewegungen, die den Glauben und die Hoffnung belebten. Die Nation: das war die Gesamtheit, die Masse der Bürger in einem einzigen Block zusammengeschlossen; dort gab es keine Stände und keine Klassen mehr; alles, was französisch war, gehörte zur Nation. Das Schlüsselwort hatte in den Tiefen kollek-*

*tiven Bewußtseins wiedergeklungen und verborgene Kräfte frei-*
*gesetzt; es hob die Menschen über sich selbst hinaus. Sehr bald*
*aber kam unter dem Deckmantel dieses Wortes die Realität der*
*neuen Ordnung zum Vorschein.* Nation: *eines dieser illusori-*
*schen Worte, von denen Ferdinand Brunot in seiner* Histoire de
la langue française *redet. Der soziale Inhalt der Nation ent-*
*faltete sich in Wirklichkeit erst in der Revolutionsbewegung*
*selbst. Wenn auch die nationale Einheit im Verlauf dieser Perio-*
*de unbestreitbare Fortschritte machte, so brachte die Ungleich-*
*heit der Rechte einen fundamentalen Widerspruch in die neue*
*Nation: sie war auf der Grundlage des Eigentums und in den*
*engen Schranken des Zensussystems errichtet und schloß damit*
*faktisch die Volksmassen aus.*

## 1. Die Fortschritte der Einigung

Im Verlauf der Revolution tat die französische Nation einen
entscheidenden Schritt vorwärts auf dem Wege zur Einigung.
Die neuen Institutionen bildeten den Rahmen eines verwal-
tungsmäßig und wirtschaftlich geeinten Staates; zur gleichen Zeit
stärkte sich das Nationalbewußtsein in den revolutionären
Kämpfen gegen die Aristokratie und die Koalition.
Die Vereinfachung der Institutionen durch die Verfassunggebende Versammlung, die Rückkehr der Revolutionsregierung zur
Zentralisation und die administrativen Bestrebungen des Direktoriums vollendeten das Werk der traditionellen Monarchie, indem Autonomie und Partikularismus abgebaut wurden und an
ihre Stelle die institutionelle Festigung des Einheitsstaates trat.
Zur gleichen Zeit erwachte und formte sich auf Grund der bürgerlichen Gleichheit, der Föderationsbewegungen von 1790, der
Ausbreitung der den Jakobinern angeschlossenen Gesellschaften
und des Anti-Föderalismus sowie der Kongresse oder *Zentralen
Versammlungen* der Volksgesellschaften im Jahre 1793 das Bewußtsein einer *einigen und unteilbaren* Nation.
Neue wirtschaftliche Beziehungen verstärkten die nationale Einheit. Die Aufhebung der feudalen Zerstückelung, die Abschaffung der Wegegelder und Binnenzölle, die »Rückführung der
Zollschranken« an die politische Grenze führten zur tendenziel-
len Vereinheitlichung des nationalen Marktes, der zudem durch
einen Schutzzoll vor der ausländischen Konkurrenz gesichert
war.

Die freie Zirkulation im Innern ließ einen wirtschaftlichen Zusammenhalt zwischen den einzelnen Regionen entstehen und sich festigen, soweit die Entwicklung der Verbindungswege dies zuließ. Die wirtschaftliche Vereinigung setzte ein einheitliches Maß- und Gewichtssystem voraus. Im Mai 1790 berief die Verfassunggebende Versammlung die Kommission für Maße und Gewichte. Am 26. März 1791 nahm sie die Grundlagen des neuen Systems an: es sollte »auf das Meridianmaß der Erde und die Dezimalteilung« gegründet werden. Delambre und Méchain maßen 1792 die Länge des Meridians zwischen Dünkirchen und Barcelona; Haüy und Lavoisier bestimmten das Gewicht eines bei o Grad destillierten und im luftleeren Raum gewogenen Wasserteilchens. Am 11. Juli 1792 bestimmte die Kommission die Benennung der Gewichte und Maße nach zwei grundlegenden Prinzipien: dem Meter und dem Gramm. Die entsprechenden Dekrete wurden am 1. August 1793 und am 18. Germinal III (7. April 1795) erlassen: Artikel 5 dieses letzten Dekretes definierte den *Meter*:
»die Länge, die dem zehnmillionsten Teil des Erdmeridians zwischen Nordpol und Äquator entspricht«, und das *Gramm:*
»das absolute Gewicht eines Volumens reinen Wassers, das dem Würfel auf der Basis des hundertsten Teils des Meters bei der Temperatur schmelzenden Eises entspricht.«
Blieb noch die Umsetzung des *metrischen Systems* in die Praxis: die Revolution schob diese Aufgabe erfolglos immer wieder auf; das Konsulat ordnete die Anwendung des neuen Systems mit Wirkung vom 1. Vendémiaire X (23. September 1801) an. In der Praxis verdrängten die neuen Einheitsmaße nur langsam die überlieferten Maße.
Die nationale Armee bildete, soweit sie das Nationalbewußtsein stärkte, einen mächtigen Einigungsfaktor. Hier war die Verfassunggebende Versammlung vorsichtig: sie begnügte sich damit, die Miliz und am 28. Februar 1790 die Käuflichkeit der Dienstgrade aufzuheben, die von nun an allen zugänglich waren; das Dekret vom 9. März 1791 über die Linienarmee behielt die Rekrutierung durch freiwillige Dienstverpflichtung bei. Zur gleichen Zeit jedoch legalisierte die Konstituante eine Schöpfung der Revolution, die *Nationalgarde*, die allerdings allein den Aktivbürgern offenstand: das Gesetz vom 6. Dezember 1790 stellte die allgemeinen Richtlinien auf, die im Gesetz vom 19. September 1791 beibehalten und präzisiert wurden. Der Zerfall der

Linienarmee und die Kriegsgefahr anläßlich der Flucht des Königs veranlaßten die Verfassunggebende Versammlung, die Nationalgarde mit einem Aufgebot von 100 000 Freiwilligen zu verstärken, die in Bataillone aufgeteilt wurden (21. Juni 1791). Zu diesen Freiwilligen von 1791 kamen noch die von der Legislative angeordneten Aufgebote. Der Sturz des Throns, die nationale Gefahr und das Auftreten der Sansculotterie auf der politischen Bühne gaben den entscheidenden Anstoß zur Bildung einer Einheitsarmee. Seit Juli 1792 traten Passivbürger in die Bataillone der Garde ein, die dadurch erst wirklich zu einer nationalen wurde. Am 24. Februar 1793 beschloß der Konvent ein Aufgebot von 300 000 Mann; schon am 21. hatte er die *Amalgamierung* der Regimenter der alten Linienarmee mit den Freiwilligenbataillonen angeordnet. In Wirklichkeit machte die Einigung langsame Fortschritte; die Einteilung in Brigaden wurde erst durch ein Dekret vom 19. Nivôse II (8. Januar 1794) geregelt. Auf der anderen Seite wurden trotz des am 23. August 1793 angeordneten Massenaufgebots nicht alle Franzosen zum Kriegsdienst herangezogen: obwohl die Rekrutierung allgemein war, wurden nur Junggesellen und kinderlose Witwer zwischen 18 und 25 Jahren eingezogen; noch bedeutsamer ist, daß der Thermidorkonvent im folgenden Jahr überhaupt keine Einberufungen vornahm. Die Dienstverpflichtung blieb also die Ausnahme. Das am 19. Fructidor VI (5. September 1798) angenommene Gesetz Jourdan über die Erfassung macht sie zur Regel: »Jeder Franzose ist Soldat« (Artikel 1).

»Die militärische Erfassung erstreckt sich auf alle Franzosen vom vollendeten 20. bis zum erreichten 25. Lebensjahr« (Artikel 15). Die gesetzgebende Körperschaft legte jedoch in einem besonderen Gesetz das aufzurufende Kontingent fest: nicht alle, die erfaßt waren, mußten dienen. So führte das Gesetz vom 28. Germinal VII (17. April 1799) das Prinzip der Ersatzstellung ein, es wurde am folgenden 14. Messidor (2. Juli 1799) aufgehoben, zur Zufriedenheit der Notabeln aber von Bonaparte wieder eingeführt. Trotz dieser Beschränkungen wurde durch die *Amalgamierung* und das jährliche Massenaufgebot, zu dem die Erfassung führte, wenn *alle* Klassen einberufen wurden (wie im Jahre VII und wie unter dem Empire), die Armee wirklich geeint und nationalisiert. Nach dem Thermidor hat die Reaktion zweifelsohne die Bürgertugend (esprit civique) in der Armee vorsichtig abgeschwächt. Ihr Prinzip aber, das der bewaffneten

Nation, wurde nicht angetastet. Der allein von der Tapferkeit abhängende schnelle Aufstieg symbolisierte für das Volk die Gleichheit. In dieser Hinsicht blieb das unvergleichliche Kriegsinstrument, das Bonaparte übernahm, einer der wichtigsten Faktoren der nationalen Einheit.

Die Fortschritte der französischen Sprache wiesen in die gleiche Richtung. 1789 sprach die Mehrheit der Franzosen nur die jeweilige Landessprache oder Mundart, wodurch sie weitgehend von den großen Strömungen des geistigen und politischen Lebens abgeschnitten war. Die Verfassunggebende Versammlung war um die lokale Autonomie besorgt und rettete den sprachlichen Partikularismus: am 14. Januar 1790 ordnete sie die Übersetzung aller Dekrete in sämtliche im Lande üblichen Sprachen an. Dagegen bemühte sich der Konvent, der den Krieg nationalisiert hatte, um die Bildung einer französischen Nationalsprache: eine einheitliche Sprache sollte das Prinzip der nationalen Einigung vorantreiben helfen. In den Klubs und in den Volksgesellschaften wurden in diesem Sinne große Anstrengungen unternommen: indem man französisch sprach, stellte man seinen Patriotismus unter Beweis. In der Zeit des Terrors sah man in den Dialekten Komplizen der Konterrevolution und der Koalition, und sie verschwanden; im Elsaß zum Beispiel hat man umgekehrt von *sprachlichem Terror* reden können, an dem besonders Saint-Just anläßlich seiner bekannten Reise beteiligt war. Am 8. Pluviôse II (27. Januar 1794) verurteilte Barère im Namen des Wohlfahrtsausschusses »die altüberlieferte Redeweise«:

»Der Föderalismus und der Aberglaube sprechen niederbretonisch, die Emigration und der Haß auf die Republik sprechen deutsch ... Die Monarchie hatte Gründe dafür, daß sie dem babylonischen Turm so ähnlich war; wenn man in der Demokratie die Staatsbürger ohne Kenntnis der Nationalsprache, also unfähig zur Kontrolle der Staatsgewalt läßt, heißt dies das Vaterland verraten ... Das Französische, dem die Ehre zufiel, der Erklärung der Menschenrechte zu dienen, muß zur Sprache aller Franzosen werden. Wir schulden den Staatsbürgern das Instrument des allgemeinen Denkens, den sichersten Träger der Revolution: die gleiche Sprache.«

Folglich erklärte der Konvent das Französische zur Amtssprache und bestimmte, daß in den Departements, deren Bewohner bretonisch, baskisch, italienisch und deutsch sprachen, innerhalb von 10 Tagen für jede Gemeinde ein Lehrer zu ernennen war. Nach dem Thermidor fand man zur Toleranz zurück und bald zur Übersetzung der öffentlichen Schriftstücke in die örtlichen Landessprachen. Die gleiche Wendung zeigte sich auch im Sprachunterricht. Während das Gesetz vom 27. Brumaire III (17. November 1794) in den Primarschulen den »Anfangsunterricht in der französischen Sprache« vorsah, war in dem vom 3. Brumaire IV (24. Oktober 1795) weder der Französischunterricht, noch die Unterrichtssprache Französisch vorgesehen. Die Nationalsprache entthronte das Latein und setzte sich endgültig nur in den Zentralschulen und in den Hochschulen durch: die nationale Einheit wies auch auf diesem Gebiet eine soziale Diskriminierung auf.

Die Ausbildung der Bürger sollte letztlich der Festigung des Nationalbewußtseins dienen. Deshalb schenkten die Revolutionsversammlungen dem Erziehungswesen besondere Aufmerksamkeit: es ging um die Heranbildung von Citoyens. Unter der Konstituante verlasen die Pfarrer die Dekrete und Proklamationen der Versammlung von den Kanzeln. In den Plänen für den öffentlichen Unterricht finden sich immer Text und Erläuterungen der Erklärung der Rechte und der Verfassung. Das Gesetz vom 29. Frimaire II (19. November 1793) erhebt »die Erklärung der Rechte, die Verfassung und die Schilderung der heroischen und tugendhaften Taten« zu den ersten Lektionen in den Elementarbüchern. Die thermidorianischen Gesetze über die Primarschulen halten an diesen Bildungsinhalten (die Erklärung und Verfassung des Jahres III natürlich) fest und schreiben den Unterricht in den »Grundlagen der republikanischen Moral« vor.

Diesem Zweck dienten auch die großen Nationalfeste. Das erste war die Föderation – am 14. Juli 1790; ihr folgte zu Ehren der Überführung der Asche Voltaires ins Panthéon am 11. Juli 1791 das erste Fest der Philosophen, das von David im Stile eines antiken Trauerzuges arrangiert wurde. Seitdem wurden sie bei jedem großen Ereignis mit viel Prachtentfaltung abgehalten, und der Maler David, der Dichter Marie-Joseph Chénier und die Musiker Gossec oder Méhul trugen mit ihrer Kunst dazu bei: so am Freiheitsfest vom 25. April 1792, am Fest der einen und unteilbaren Republik vom 10. August 1793 und am Fest des Höchsten Wesens am 20. Prairial II (8. Juni 1794). Das Dekret vom 18. Floréal II (7. Mai 1794), das den Kult des Höchsten Wesens einführte, richtete die Dekadenfeiern und die großen Nationalfeste ein, um die ruhmreichen Ereignisse der Revolution oder »die den Menschen wertvollsten und ihnen nützlichsten

Tugenden« zu feiern. Das Dekret vom 3. Brumaire III (24. Oktober 1795) über die Organisation des öffentlichen Unterrichts schrieb sieben große Nationalfesttage vor. Die Verfassung des Jahres III bestimmte grundsätzlich, daß es Aufgabe der nationalen Feiern ist, »die Brüderlichkeit unter den Staatsbürgern zu erhalten und sie an die Verfassung, das Vaterland und die Gesetze zu binden«. Unter dem Direktorium waren die besonders herausragenden Feiern die zu Ehren des Friedens von Campoformio, zu Ehren Hoches und Jean-Jacques Rousseaus; am 27. Juli 1798 wurden die Freiheit und die Künste in einem großartigen Umzug gefeiert.

Die Entwicklung der großen Bürgerfeste läßt jedoch erkennen, inwieweit die Fortschritte des Nationalbewußtseins gesellschaftlich beschränkt blieben.

Ihr Höhepunkt ist das Jahr II: da haben sie unmittelbar nationale Bedeutung. Das Volk wohnt nicht bei, sondern ist Akteur und wesentlicher Teil des Festes, das seine Bedeutung für die Nation hervorhebt. David, der Schöpfer dieser neuen Kunst, bedient sich der bildenden Kunst, Malerei und Skulptur als Hilfsmittel; in der Anwesenheit mächtiger Chöre und Orchester findet die erstrangige Rolle der Musik ihren Ausdruck; Kostümkunst und Bühnenbildnerei kommen hinzu; bei der Ausgestaltung des Festzuges werden all diese Kunstformen in Szene gesetzt. Das Nationalfest erhebt die Begeisterung eines ganzen Volkes, das sich im selben patriotischen Glauben und in derselben Hingabe an die Republik vereint, auf ihren Höhepunkt.

Mit der Reaktion verloren die großen Feste ihren politischen und sozialen Gehalt: das Volk, ehemals Akteur, wird nach und nach auf die Rolle des Komparsen, dann des Zuschauers beschränkt – diese Darstellungen haben ihren eigentlich nationalen Charakter verloren. Bald treten militärische Paraden und *von Staats wegen veranstaltete* Belustigungen an die Stelle der *nationalen* Feiern. Da das Volk vom politischen Leben ausgeschlossen war, bedeutete die Einheit nur noch eine Fiktion, die die Ungleichheit der Rechte verschleierte.

## 2. *Gleichheit der Rechte und gesellschaftliche Wirklichkeit*

Die Gleichheit der Rechte, verkündet in Artikel 1 der Erklärung von 1789, bildete theoretisch einen bedeutsamen Faktor für die nationale Einigung; das gleiche gilt von der Volkssouveränität, die in Artikel 3 festgehalten ist. Die abstrakte Ausrufung der Gleichheit, die Aufhebung der Privilegien von Individuen und *Körperschaften*, auf denen sich die überkommene gesellschaftliche Hierarchie erhob, und das individualistische Verständnis der gesellschaftlichen Beziehungen, welches das Werk der Verfassunggebenden Versammlung bestimmte, waren dazu angetan, die Fundamente einer egalitären Gesellschaft und geeinten Nation zu legen. Indem man aber das Eigentum in den Rang der natürlichen Rechte erhob und die wirtschaftliche Freiheit zum Grundpfeiler der neuen gesellschaftlichen Organisation machte, schuf die Bourgeoisie der Konstituante im Herzen der neuen Gesellschaft einen Widerspruch, den sie nicht auflösen konnte. Ebenso widersprüchlich in ihrem politischen Werk waren das Prinzip der Volkssouveränität und das Zensuswahlsystem. Ganz ohne Zweifel wurde das Prinzip der Rechtsgleichheit von der Bourgeoisie allein deshalb in den Vordergrund gestellt, um das aristokratische Privileg niederzukämpfen; für das Volk handelte es sich lediglich um abstrakte Gleichheit vor dem Gesetz. Von sozialer Demokratie war keine Rede; bereits die politische Demokratie wurde abgewiesen. Die gesetzmäßige Nation wurde ganz eng in den Grenzen der Zensusbourgeoisie umschrieben.

Die Volksmassen besaßen allerdings von der Gleichheit der Rechte eine ganz und gar konkrete Vorstellung und nahmen beim Wort, was für die Bourgeoisie nur abstraktes Postulat blieb: es ging darum, der *großen Hoffnung* von 1789 einen realen Inhalt zu geben. Von der Gleichheit der Rechte schlossen die Kämpfer des Volkes auf das Recht auf Leben: dessen Anerkennung und Regelung sollte den Volksklassen ermöglichen, sich als gleichberechtigter Teil der Nation einzugliedern. Die Frage des Lebensunterhalts stellte einen wichtigen Faktor für die Bewußtseinsbildung dar: die Freiheit der Wirtschaft und des Profits als Konsequenz des totalen Eigentumsrechts widersprach augenscheinlich dem Prinzip der Rechtsgleichheit wie auch der Bildung einer geeinten Nation. Die Verhältnisse schoben dies Problem an die erste Stelle und erzwangen von der Bourgeoisie Zugeständnisse.

Die Revolution des 10. August 1792 gliederte das Volk durch das allgemeine Wahlrecht und die Bewaffnung der Passivbürger in die Nation ein und bedeutete den Beginn der politischen Demokratie. Zur gleichen Zeit ließen die Erfordernisse des Kampfes gegen Koalition und Konterrevolution den gesellschaftlichen

Charakter der neuen nationalen Wirklichkeit deutlich werden. Die Erklärung der Rechte vom 24. Juni 1793 nimmt zwar die bürgerliche Definition des Eigentumsrechts (Artikel 16) auf, betont aber in Artikel 1: »Das Ziel der Gesellschaft ist das Glück aller. Die Regierung ist eingerichtet, um dem Menschen den Genuß seiner natürlichen und unverjährbaren Rechte zu garantieren.«

Das Recht auf Fürsorge und Unterstützung wurde anerkannt (Artikel 21 und 22). Im Verlauf der politischen und sozialen Kämpfe des Sommers 1793 gingen die Anführer der Volksbewegung noch weiter: sie ordneten das Recht auf Eigentum dem Recht auf Leben unter und legten damit theoretisch den Grundstein einer um die Volksklassen erweiterten geeinten Nation. Bald darauf schlossen sie vom Recht auf Leben ganz folgerichtig auf den *gleichen Genuß aller Güter*.

»Es genügt nicht, daß die Französische Republik auf die Gleichheit gegründet ist«, erklärte Félix Lepeletier am 20. August 1793 im Namen der Kommissare der Urwählerversammlungen im Konvent; »man braucht Gesetze und Sitten, die im abgestimmten Zusammenspiel dazu beitragen, daß die Ungleichheit des Genusses verschwindet.« Aus dieser Vorstellung entsprangen die Forderungen und Drohungen des Volkes im Jahre II im Sinne der Einschränkung des Eigentumsrechts, der Durchsetzung des Rechtes auf Arbeit, auf Fürsorge und auf Bildung.

Der Versuch einer sozialen Demokratie, der die egalitäre Republik des Jahres II kennzeichnet, war nicht lebensfähig. Auf dem Boden des Privateigentums, dessen Grundlage nie in Frage gestellt wurde, suchte das System der gelenkten Wirtschaft, das besonders in der Beschränkung des Profits seinen Ausdruck fand, die Interessen der Besitzenden und der Besitzlosen, der Produzenten und Konsumenten, der Unternehmer und Lohnarbeiter miteinander zu versöhnen. Der Gegensatz trat nicht nur zwischen Anhängern der freien Wirtschaft und solchen der Reglementierung auf. Innerhalb der Sansculotterie widerstritt das Prinzip des Privateigentums, an dem die Handwerker und Kleinhändler festhielten und das die Gesellen anstrebten, nicht nur der Reglementierung und Preisfestsetzung, die sie forderten, sondern noch mehr ihrer Konzeption eines beschränkten Eigentums, das auf persönlicher Arbeit gegründet ist. Diese vielfältigen Widersprüche führten unausweichlich zum Niedergang des gesellschaftlichen Systems des Jahres II und der Revolutionsregierung. Die politische und soziale Demokratie war abgewiesen und die Nation, kurze Zeit für die Volksmassen geöffnet, zog sich von neuem auf die Besitzenden zurück, auf den engen Rahmen einer zensitären, bürgerlichen Republik.

Der Widerspruch zwischen der Gleichheit der Rechte und der wirtschaftlichen Freiheit, der jeden Versuch einer sozialen Demokratie und den von den Sansculotten vergebens geforderten *gleichen Genuß aller Güter* illusorisch machte, war bei den Theoretikern der Verschwörung der Gleichen, bei Babeuf und Buonarroti aufgehoben. Indem sie ihre Kritik auf die private Aneignung der Produktionsmittel erstreckten, taten sie den entscheidenden Schritt: das *Manifest der Plebejer* vom 9. Frimaire IV (30. November 1795) lehnt das Ackergesetz als nur vorübergehend wirksam ab, verbietet die Erbschaft und verlangt ausdrücklich die Abschaffung des Grundbesitzes. Die *Güter- und Arbeitsgemeinschaft* ermöglicht den gleichen Genuß und stellt geradezu die Grundbedingung der realen Gleichheit der Rechte sowie einer geeinten Nation, die nicht formal bestimmt bleibt, dar. Eine weitreichende Gedankenführung, an der die Überlegungen der sozialistischen Theoretiker sich orientieren sollten.

Die thermidorianische Bourgeoisie hatte allerdings nicht nur jeden Gedanken an eine soziale Demokratie, sondern auch jede Spur der politischen Gleichheit mit Abscheu von sich gewiesen. Die Verfassung des Jahres III kehrte zum Zensussystem zurück; die Erklärung der Rechte wies ausdrücklich darauf hin, daß »die Gleichheit darin besteht, daß das Gesetz, ob es beschützt oder bestraft, für alle das gleiche ist« (Artikel 3); es handelte sich nur um die bürgerliche Gleichheit. Damit war man zur Tradition von Neunundachtzig zurückgekehrt, und der Rahmen einer Nation der *Notabeln,* d. h. der zumindest wohlhabenden Besitzer, nahm Gestalt an. Im Juni–Juli 1799 stellte die nationale Gefahr das schwankende Gleichgewicht der bürgerlichen Nation in Frage. Aber es bestand nicht mehr die Gefahr, daß die soziale und politische Vorherrschaft der Bourgeoisie von den Volksmassen erschüttert werden konnte. Die Reaktion kam schnell zum Zuge, und das ist auch der Sinn des 18. Brumaire: die Nation behielt die Beschränkungen bei, die ihr die Notabeln im Jahre III zugewiesen hatten; die Gleichheit blieb formal, und die Einheit erstreckte sich im wesentlichen auf den institutionellen Rahmen, nicht auf den sozialen Inhalt der Revolution.

### 3. Die sozialen Rechte: Fürsorge und Erziehung

In den Augen der Sansculotten sollte die Gleichheit der Rechte
dazu beitragen, die Ungleichheit der Lebensbedingungen aufzuheben. Das Fürsorgerecht war nur eine Seite dieser allgemeinen
Forderung: es ging darum, jedem Citoyen den Lebensunterhalt
zu garantieren. Allerdings verbanden die Sansculotten mit der
Forderung nach Recht auf Bildung die Erwartung, mit den *be-
gabten Naturen* gleichzuziehen und ihr Schicksal zu meistern.
Diese doppelte Hoffnung wurde durch die bürgerliche Revolution betrogen.

Das Fürsorgewesen wurde verweltlicht und von der Verfassunggebenden Versammlung zur öffentlichen Aufgabe erklärt, nachdem die Güter des Klerus, der im Ancien Régime mit der Fürsorge betraut war, eingezogen waren. 1790 schuf sie einen Ausschuß für das Bettelwesen, der die Auffassung vertrat: die Gesellschaft ist verpflichtet, ihren in Not geratenen Mitgliedern zu
helfen; der Staat trägt dafür die Verantwortung. Der erste Abschnitt der Verfassung von 1791 (von der Verfassung garantierte
grundlegende Bestimmungen) sah die Einrichtung »einer allgemeinen Anstalt für öffentliche Hilfeleistung vor, um verlassene
Kinder zu erziehen, armen Kranken beizustehen, und armen
Gesunden, die sich selbst keine Arbeit haben beschaffen können,
diese zu vermitteln.«

In Wirklichkeit aber erwies sich die Verfassunggebende Versammlung als unfähig, auf diesem Gebiet eine grundlegende Reform ins Werk zu setzen; sie ließ die Dinge, wie sie waren und
nahm die barmherzigen Stiftungen vom Verkauf der Nationalgüter aus. Da deren Mittel jedoch durch die Abschaffung der
Zehnten und der feudalen Rechte dahinschmolzen, bemühte
sich die Versammlung, die Verluste durch Regierungssubventionen auszugleichen. Die beiden einzigen von ihr getroffenen
grundsätzlichen Maßnahmen waren die Dekrete vom 30. Mai
und 31. August 1790 über die Einrichtung von Armenhäusern.
Die Gesetzgebende Versammlung, deren Ausschuß für öffentliche Hilfeleistungen den Ausschuß für das Bettelwesen ersetzt
hatte, verschlimmerte die Situation dadurch beträchtlich, daß sie
am 19. August 1792 die religiösen Orden, die sich der Fürsorge
widmeten, auflöste. Praktisch war damit das alte Unterstüt-
zungswesen beseitigt, aber an dessen Stelle nichts Neues getreten.

Der Konvent gab der Fürsorgegesetzgebung neue Impulse, ohne diese jedoch in die Wirklichkeit umsetzen zu können. Am 19. März 1793 versicherte das Dekret über die Grundlagen der allgemeinen Hilfsorganisation:

»1. daß jeder Mensch das Recht auf Lebensunterhalt durch Arbeit hat, wenn er gesund ist, und auf kostenlose Hilfe, wenn er nicht arbeiten kann;

2. daß der Beitrag zum Lebensunterhalt des Armen eine nationale Schuld ist.«

Die Erklärung der Rechte vom 24. Juni 1793 übernahm die gleichen Grundsätze in ihrem Artikel 21: »Die öffentlichen Hilfeleistungen sind eine heilige Schuld. Die Gesellschaft ist den unglücklichen Citoyens den Lebensunterhalt schuldig, sei es, daß sie ihnen Arbeit verschafft, sei es, daß sie den Arbeitsunfähigen die Lebensmittel gewährt.« Das Gesetz vom 28. Juni/8. Juli 1793 beschloß Hilfsmaßnahmen für arme oder verlassene Kinder, für Greise und Notleidende. Das Gesetz vom 15. Oktober 1793 »zur Beseitigung des Bettelwesens« sah »Arbeiten als Hilfsmaßnahmen«, aber auch »Arbeitsstrafhäuser« für die Landstreicher vor: damit kehrte man zu den barmherzigen Methoden des Ancien Régime, zur »Einschließung der Armen« und zu den Arbeitshäusern, zurück. Die finanziellen Schwierigkeiten bremsten allerdings die Bemühungen der Regierung und der Städte beträchtlich. So ziehen sich durch den ganzen Winter des Jahres II die nicht nachlassenden Forderungen der Volksorganisationen. Das Dekret vom 22. Floréal II (11. Mai 1794) beschloß die Eröffnung eines *Buchs der nationalen Wohltätigkeit* und entwarf schließlich das System der sozialen Sicherheit, das die Sansculotten unbewußt anstrebten, beschränkte dies aber auf das Land: in jedem Departement sollte an eine beschränkte Anzahl von arbeitsunfähigen oder über sechzigjährigen Bauern und Handwerkern, an Mütter und Witwen mit Kindern eine Unterstützung ausgegeben werden. Nach der Abschaffung der Ministerien wurde eine Fürsorgekommission, ein regelrechtes Fürsorgeministerium gebildet, das Militärhilfen und Almosen verteilen sollte. Das Gesetz vom 23. Messidor II (10. Juli 1794) erklärte die Nationalisierung »der Aktiva und Passiva der Krankenhäuser und der anderen Wohlfahrtseinrichtungen«: damit war das Fürsorgewesen nationalisiert. Dann kam der Thermidor, und von dieser montagnardischen Gesetzgebung blieb nichts übrig – außer einer betrogenen großen Hoffnung des Volkes.

Die thermidorianische und direktoriale Bourgeoisie war realistischer oder egoistischer und hütete sich vor den theoretischen Erklärungen der Konstituante, ebenso wie vor den weitreichenden Plänen des Konvents: sie beschränkte sich auf praktische Maßnahmen. Die Thermidorianer gaben die noch nicht verkauften Hospitäler und Hospize zurück. Das Direktorium hielt die Nationalisierung des Fürsorgewesens für undurchführbar und legte es in die Hände der Städte. Das Gesetz vom 16. Vendémiaire V (7. Oktober 1796) übertrug den Stadtbehörden die unmittelbare Aufsicht über Hospitäler und Hospize; ihre finanzielle Verwaltung lag in den Händen einer von den Stadtbehörden eingesetzten und kontrollierten *Verwaltungskommission*, die berechtigt war, die beschlagnahmten Besitzungen der Hospitäler zurückzuverlangen. Trotz der beträchtlichen Arbeit dieser Verwaltungskommissionen blieb die finanzielle Lage der Wohlfahrtseinrichtungen weiterhin katastrophal. Das Gesetz vom 7. Frimaire V (27. November 1796) ordnete die Einrichtung von *Fürsorgeämtern* an und übertrug den Stadtbehörden noch die Organisation von Hilfeleistungen an die Bedürftigen, deren Finanzierung durch die *Armenabgabe* (zwei Sous pro Franken) bei den Theateraufführungen sichergestellt wurde; die Bettler hingegen sollten eingeschlossen werden. Durch die Gesetze vom 27. Frimaire und 30. Ventôse V (17. Dezember 1796–20. März 1797) wurden die verlassenen Kinder den Hospitälern und Hospizen auf Staatskosten übergeben, die für sie Pflegestellen auf dem Lande suchen sollten – unter der Aufsicht der Verwaltungskommissionen.

Das Fürsorgewesen ging also verweltlicht aus der Revolution hervor. Im Vergleich mit den Ansprüchen der Verfassunggebenden Versammlung und den großen Gesetzen des montagnardischen Konvents bedeutet das Werk des Direktoriums grundsätzlich betrachtet einen klaren Rückschritt. Es zeigt aber zweifellos echtes Bestreben nach Ordnung und pragmatischer Haltung gegenüber den finanziellen Möglichkeiten: innerhalb dieser Schranken erwies es sich als erfolgreich und dauerhaft. Da diese bürgerliche Gesetzgebung von der traditionellen Auffassung von Barmherzigkeit ausging und sich mit der direktorialen Neuorganisation der Institutionen begnügte, war sie weit davon entfernt, die Wünsche der Volksmassen zu erfüllen: diese wollten die *Ungleichheit des Genusses* aufheben, was ihnen ermöglicht hätte, sich gesellschaftlich in die Nation einzugliedern.

Mit dem Bildungswesen befaßten sich die Revolutionsversammlungen beharrlich: trotzdem führte seine Neugestaltung zu Enttäuschungen bei den Volksmassen.

Die Konstituante verkündete schon bald ihre Absicht, dem Land ein neues Ausbildungssystem zu geben, und sie zählte unter die »grundlegenden von der Verfassung garantierten Bestimmungen« das Prinzip »eines für alle Citoyens gemeinsamen *öffentlichen Unterrichts*, der hinsichtlich der für alle Menschen unerläßlichen Bildungsinhalte kostenlos erteilt wird«. Tatsächlich aber begnügte sie sich damit, den Fortgang der bestehenden Bildungseinrichtungen sicherzustellen, indem sie den Verkauf der diesen gehörenden Güter (d. h. Bildungseinrichtungen) am 28. Oktober 1790 vertagte und die Kollegien subventionierte. Erst am 10. September 1791 hörte sie Talleyrand's Bericht, ohne weiter darüber zu diskutieren. Die Gesetzgebende Versammlung wandte in dieser Hinsicht mehr Mühe auf und setzte einen Ausschuß für das öffentliche Unterrichtswesen ein: seine bedeutende Leistung war die Ausarbeitung eines Entwurfs über die *allgemeine Organisation des öffentlichen Unterrichts*, den Condorcet auf der Tribüne der Versammlung am 20. und 21. April 1792 verlas. Dieser Plan ist der weitestgehende von allen, die den Revolutionsversammlungen vorgelegt wurden, und ist in seiner Weitsicht und seinem tiefen Optimismus ganz seinem Jahrhundert entsprungen. Durch Erziehung sollen alle Fähigkeiten und Begabungen entwickelt »und dadurch eine wirkliche Gleichheit zwischen den Citoyens geschaffen« werden, die die Ungleichheit des Zensus überwindet; somit würde die Revolution beitragen »zu dieser allgemeinen und stufenweisen Vollendung der menschlichen Gattung, dem höchsten Ziel, auf das hin jede gesellschaftliche Institution geführt werden muß«.

Die Gesetzgebende Versammlung hatte nicht die Zeit, um die Diskussion des Condorcet'schen Entwurfes aufzunehmen.

Der montagnardische Konvent zählte den Unterricht zu den Menschenrechten:

»Der Unterricht ist das Bedürfnis aller Menschen«, heißt es in Artikel 22 der Erklärung vom 24. Juni 1793. »Die Gesellschaft muß mit aller Kraft den Fortschritt der allgemeinen Vernunft vorantreiben und die Bildung allen Citoyens zugänglich machen.«

Am 13. Juli 1793 verlas Robespierre im Konvent den *Nationalerziehungsplan* von Lepeletier de Saint-Fargeau, der stark von

Rousseau beeinflußt war und das Monopol des Staates einführte. Die Kämpfer des Volkes verlangten allerdings, insbesondere in ihren Denkschriften für die Annahme der Verfassung im Juli 1793, ein Bildungssystem, das den Kindern staatsbürgerliche Erziehung und technischen Unterricht zugleich vermittelt. Sie mußten bis zum Dekret vom 29. Frimaire II (19. Dezember 1793) über die *Anfangsschulen* warten: es führte ein kostenloses, obligatorisches, freies, aber durch den Staat beaufsichtigtes Schulsystem ein, das den Vorstellungen des Volkes entgegenkam. Es mußte nur noch angewandt werden: die Revolutionsregierung war ganz mit der Fortführung des Krieges beschäftigt und vernachlässigte diese Aufgabe. Die Enttäuschung der Sansculotten war um so größer, als sie auf die Schulbildung, in der sie ein Mittel zur Konsolidierung des Systems und zur Verwirklichung der Rechtsgleichheit sahen, die größten Hoffnungen gesetzt hatten.

Die thermidorianische Bourgeoisie ließ das montagnardische Werk zunächst bestehen; nach und nach aber veränderte sie ihre Politik gemäß ihrem Klasseninteresse und gab Schulgeldfreiheit und Schulpflicht auf. Am 9. Brumaire III (30. Oktober 1794) beschloß der Konvent die Eröffnung der École Normale (Lehrerbildungsanstalt), an der innerhalb von vier Monaten 1300 von den Distrikten ihrer Bürgertugend wegen ausgewählte junge Leute ausgebildet werden sollten, die dann ihrerseits Lehrer auszubilden hatten. Das Dekret vom 27. Brumaire III (17. November 1794) führte die *Primarschulen* ein, und zwar eine auf je tausend Einwohner, hielt aber an der Schulpflicht nicht mehr fest; der Unterricht baute auf der republikanischen Moral auf und war frei von jeder geoffenbarten Religion; die Lehrer wurden von einer Jury ausgewählt, die von der Bezirksverwaltung ernannt war; der Staat bezahlte sie. Allerdings stand jedem Citoyen das Recht zu, »besondere und freie Schulen unter der Aufsicht der bestehenden Behörden zu eröffnen«.

Das Sekundarschulwesen war der thermidorianischen Bourgeoisie viel wichtiger, denn dort sollten die Kader der neuen Gesellschaft und des neuen Staates herangebildet werden. Auf Vorschlag von Lakanal schuf das Dekret vom 7. Ventôse III (25. Februar 1795) »für den Unterricht in Wissenschaft, Literatur und Kunst« in jedem Departement eine *Zentralschule*. Die Schüler durchliefen dort drei Studienzyklen: vom 12. bis 14. Lebensjahr alte und moderne Sprachen, Naturgeschichte und Zeichnen; vom

14. bis zum 16. Jahr Mathematik, Physik und Chemie; vom 16.
bis 18. Jahr allgemeine Grammatik, Literatur, Geschichte und
Gesetzgebung. Der Unterricht wurde dadurch modernisiert, daß
der Schwerpunkt auf den Wissenschaften und der französischen
Sprache und Literatur lag; in ganz besonderer Weise waren Wissenschaft und ihre Anwendung mit dem Unterricht verbunden.
Die von einem Schulausschuß berufenen Professoren wurden von
der Departementsverwaltung ernannt. Die Inhalte und Methoden an den Zentralschulen entsprachen zwar der theoretischen
Bewegung des Aufklärungsjahrhunderts; die Aufhebung der
Schulgeldfreiheit, in gewisser Weise durch die Stipendienertei-
lung an »Schüler des Vaterlandes« abgeschwächt, zeigte jedoch
deutlich die konservative Wendung.

Dem Hochschulwesen wandten die Thermidorianer die gleiche
Aufmerksamkeit zu. Die alten Universitäten wurden, ebenso
wie die Akademien, aufgelöst. Bereits am 14. Juni 1793 hatte
die Bergpartei den königlichen Garten umgewandelt und als Bo-
tanischen Garten eingerichtet: er sollte »den öffentlichen Unterricht in Naturgeschichte in allen seinen Zweigen und besonders
im Hinblick auf den Fortschritt in Landwirtschaft, Handel und
Kunst fördern«. Am 7. Vendémiaire III (28. September 1794)
richtete der Konvent die Zentralschule für öffentliche Arbeiten
ein, aus der ein Jahr später die Polytechnische Schule hervorging.
Am 19. Vendémiaire (10. Oktober 1794) wurde das Konservatorium für Kunst und Handwerk auf Antrag von Grégoire der
angewandten Wissenschaft gewidmet: es verwahrte Maschinen
und Modelle und war zugleich Schule »für die Anwendung der
Maschinen und anderer den Künsten und dem Handwerk nützlicher Instrumente«. Das Dekret vom 14. Frimaire III (4. Dezember 1794) schuf drei *Medizinschulen:* in Paris, Montpellier
und Straßburg. Zu erwähnen ist noch die Schule für orientalische
Sprachen und das Amt für Längenmessung, die am 10. Germinal
(30. März) und 7. Messidor III (25. Juni 1795) eingerichtet wurden. Als Krönung dieses Gebäudes gründete der Konvent am
3. Brumaire IV (25. Oktober 1795) das »Institut national des
sciences et des arts«. Es gliederte sich in drei Klassen (physikali-
sche und mathematische Wissenschaften, moralische und politische Wissenschaften, Literatur und schöne Künste) und war dazu
ausersehen, »durch ununterbrochene Forschung, Veröffentlichung
der Ergebnisse und Korrespondenz mit den gelehrten Gesellschaften auch des Auslandes Wissenschaft und Kunst zu vervoll-

kommnen«. Das Institut sollte die Einheit und den Zusammenhalt der Wissenschaften darstellen und berühmt machen. »Man vermag die glückbringenden Ergebnisse eines Systems nicht abzuschätzen«, hatte der Berichterstatter des Gesetzes, Daunou, erklärt, »in dem Wissenschaft und Künste ständig aufeinander bezogen und somit zu einer Praxis gezwungen sind, die gewöhnlich für beide fortschrittlich und nützlich ist.«

Das bekannte Gesetz vom 3. Brumaire IV (25. Oktober 1795) über die Organisation des öffentlichen Unterrichts faßte diese verschiedenen Schöpfungen, die Primarschulen, Zentralschulen, Spezialschulen und das Institut national zu einer großen Einheit zusammen. Aber die Reaktion war stärker: nach der Schulpflicht verschwand die Schulgeldfreiheit; der Staat beschränkte sich darauf, dem Lehrer die Wohnung zu stellen, sein Einkommen brachten seine Schüler auf. Das Direktorium übernahm dieses Gesetzeswerk. Es bemühte sich um die Förderung der Zentralschulen, die zwischen 1796 und 1802, bevor Bonaparte sie aufhob, einen wirklichen Aufschwung erfuhren. Hingegen fehlte es an Geld, um überall Primarschulen zu gründen und die notwendigen Lehrer auszubilden, so daß das konfessionelle Privatschulwesen unter der städtischen Aufsicht sich ausbreiten konnte: dem Erlaß des Direktoriums vom 17. Pluviôse VI (5. Februar 1798) zufolge »wird diese Kontrolle um so notwendiger, als einem weiteren Fortschreiten der verderblichen Grundsätze, die viele Privatschullehrer ihren Schülern vermitteln wollen, Einhalt geboten werden muß.«

Das Unterrichtswerk der Revolution erscheint am Ausgang dieser Periode bedeutend und blieb doch unvollkommen. Das kirchliche Monopol war abgeschafft. Das Bildungswesen war verweltlicht und modernisiert: gesellschaftlich gesehen blieb es das Privileg einer Minderheit. Im Ventôse II hatte die Pariser Sektion Sansculottes die sofortige Eröffnung der Grundschulen verlangt, »damit jedes Individuum die Fähigkeiten und Tugenden erlangt, die zum vollen Genuß seiner natürlichen Rechte notwendig sind«. Damit hatte man den großen Gedanken Condorcet's aufgegriffen: mit Hilfe der Bildung die *wirkliche Gleichheit* durchzusetzen und somit »die vom Gesetz anerkannte politische Gleichheit tatsächlich herzustellen«. Nach zehn Revolutionsjahren war man davon weit entfernt.

## 4. Die Versöhnung der Aristokratie mit der Nation der Eigentümer

Die soziale Grundlage der Nation begann sich etwa im Brumaire zu festigen, da sämtliche Besitzenden, ob bürgerlich oder ehemals aristokratisch, innerhalb der Zensusschranken miteinander verschmolzen. Bürgerkrieg und Terror hatten kurze Zeit die bedeutende Minderheit der Emigranten und Eidverweigerer von der nationalen Einheit abtrennen können. Seit dem Ende der direktorialen Periode bahnte sich ihre Wiedereingliederung an.

Die Versöhnung der Aristokratie mit der neuen Nation begünstigte den Sinneswandel in den Reihen der Emigranten. Sie hatten Frankreich aus Verbundenheit mit den überlieferten Werten, aus Ehrgefühl oder Klassenegoismus verlassen und lange Zeit mit Verachtung die Worte *Nation* und *Vaterland* ausgesprochen – nun begannen die Emigranten mitten in den Härten des Exils, Frankreich neu kennenzulernen und sich an ein neues Vaterland zu binden, das nicht mehr »meine Religion und mein König«, sondern schon »das Land und die Toten« war. Je länger das Exil andauerte, desto stärker wandten sich Erinnerungen und Trauer der heimatlichen Erde zu. Als die Emigranten ihren Grundbesitz durch Konfiskation verloren hatten, entdeckte jetzt ihr Gefühl dessen Wert. Die Ehre und Hingabe an die Person des Königs wichen vor der Sehnsucht und den zarten Erinnerungen der Kindheit. Die Emigranten als Anhänger des Kosmopolitismus entdeckten, was es tatsächlich heißt: ohne Vaterland zu leben. Dieses neue Thema war Gegenstand zahlreicher *Tristes* und *Regrets*, die in der Emigration verstärkt auftraten und das Vorspiel zur »wehmütigen Erinnerung« Chateaubriands abgaben: »Um diese trostlose Stimmung zu beschreiben, die man außerhalb des Vaterlandes empfindet«, sollte der Autor 1802 vom *Geist des Christentums* schreiben, »sagt das Volk: der Mensch hat Heimweh. Es ist tatsächlich eine Krankheit, die nur durch die Rückkehr geheilt werden kann.«

Die politische Aussöhnung lief zur gleichen Zeit, vermittelt über den Grundbesitz, an. Für den ehemaligen Verfassunggeber Mounier sollte das Eigentum die Hauptstütze der neuen Ordnung darstellen. Bereits 1795 beobachtete er, daß »die meisten Franzosen jetzt Ordnung, Ruhe, persönliche Sicherheit und Achtung vor dem Eigentum herbeisehnen«. In einem Brief vom 4. März 1798 schrieb er: »Ich sehe nur einen Weg, der uns zu retten vermag; wir müssen Hilfe beim Eigentum suchen«: als die Grundlage des Eigentums sich gewandelt hat, erkennt Mounier darin eine neue Stabilität, der es sich anzupassen gilt. Mallet du Pan nannte im *Mercure Britannique* vom 25. Januar 1799 die wesentliche Bedingung dieser Anpassung: »eine Staatsform anzunehmen, die individuelle Freiheit und das Eigentum schützt.« Aristokratische Emigranten und besitzendes Bürgertum vereinigten sich also wieder nach zehn Revolutionsjahren. Trotz allem, was sie entzweit hatte, fanden sie jetzt auf den geheimen Pfaden der heimatlichen Erde und des Grundbesitzes zusammen, um Frankreichs Boden und das französische Vaterland zu verkörpern, ohne sich weiter um diejenigen zu scheren, die ihren Patriotismus nicht im Grundbesitz materialisieren konnten, weil sie keine Eigentümer waren. Durch die Umwandlung des Grundbesitzes hat die Revolution, vom Ergebnis her gesehen, die Besitzenden noch enger mit dem Boden verbunden. Die Aufhebung der feudalen Rechte und der kirchlichen Zehnten sowie der Erwerb der Nationalgüter haben den ländlichen Eigentümern jeden revolutionären Impetus genommen, die Kluft zwischen ihnen und der nichtbesitzenden Landbevölkerung vertieft und ihr konservatives Einvernehmen mit der städtischen Bourgeoisie erneut verstärkt. Das Vaterland, 1789 ein abstrakter Begriff, reicher an Hoffnung als an Realität, ist dank des neuen oder bestätigten Bodenbesitzes für die Bourgeoisie und die besitzende Bauernschaft zur konkreten Vorstellung, zur greifbaren Form geworden: es ist der Grund und Boden, von dem nun umfassend Besitz ergriffen wurde. Der Patriotismus, seines politischen und sozialen Inhalts von Neunundachtzig beraubt, hat sich im Grundbesitz materialisiert. Auf ganz anderem Weg, über die Rückkehr nämlich zu den Werten des Instinkts und Gefühls, die sich den überlieferten Vorurteilen gegenüber als überlegen erwiesen, konkretisierte auch die Emigration die Idee des Vaterlandes und verband diese mit dem Boden, womit sie ihre Annäherung an die besitzende Nation vorbereitete.

Das Werk Bonapartes auf diesem Gebiet entsprach den Wünschen beider Teile. Er festigte die Gesellschaft auf der Grundlage des Grundbesitzes, gliederte die zurückgekehrten Emigranten der neuen gesellschaftlichen Hierarchie ein und fügte sie, wobei er autoritäre Prinzipien verstärkt durchsetzte, der neuen Ordnung, die ursprünglich gegen sie errichtet war, ein. Mit dem Senatsbeschluß vom 6. Floréal X (26. April 1802) öffnete Bonaparte den Emigranten die Grenzen weit und erklärte, »den Frieden im Innern mit allem, was die Franzosen miteinander versöhnen und die Familien beruhigen kann, festigen« zu wollen. Nichts war mehr geeignet als das Eigentum, um die Familien zu beruhigen und das bürgerliche Frankreich mit dem aristokratischen Frankreich zu versöhnen.

So begann, durch die Eingliederung der ausgesöhnten Aristokratie in die bürgerliche Nation, die Verschmelzung der Elemente der neuen herrschenden Klasse, und es wurde eines der Ziele erreicht, welche die Männer von Neunundachtzig der Revolution gesetzt hatten.

## DAS ERBE DER REVOLUTION

Der soziale Inhalt des 18. Brumaire und das, was diesem Tag seine große Bedeutung verleiht, ist in folgendem zu sehen: Es begann die Herrschaft der Notabeln, die lange Zeit hindurch nicht mehr bestritten wurde. Nation und Vaterland, diese Begriffe hatten zu Beginn von Neunundachtzig vor allem deshalb einen revolutionären Klang, weil sie alle Möglichkeiten offen ließen. Sie sind begrenzt und geschwächt worden; nunmehr sind sie in die Schranken des Eigentums zurückverwiesen. Zugleich mit der Umwandlung der Struktur der Gesellschaft ist auch diejenige des Staates verändert worden. Bonaparte knüpfte an das Werk des Direktoriums an, verbesserte die Institutionen und verstärkte die Staatsautorität. Dessen Wesen änderte er nicht: die Notabeln sahen im Staat, der gebildet war, um ihren Gesetzen Anerkennung zu verschaffen und ihre Ordnung aufrechtzuerhalten, das Bollwerk für ihre Vorrechte. In diesem Sinne verschaffte der 18. Brumaire ihnen endgültig Sicherheit: begonnen hatte diese Entwicklung schon seit dem 9. Thermidor und den Prairialereignissen.

Mit der Liquidierung der Freiheiten, selbst der bürgerlichen, und der Aufrichtung seines persönlichen Regimes hat Bonaparte ganz sicherlich die Pläne der Brumairiens durchkreuzt. Man darf diese Seite jedoch nicht überschätzen. Denn trotz der Macht der Person Bonaparte wurde auch auf diesem Gebiet die Kontinuität nur scheinbar durchbrochen: die Entwicklung hatte bereits mit der Kriegserklärung der Revolution begonnen. Seit Januar 1792 hatte Robespierre sie vorausgesehen. Da der auswärtige und der innere Krieg sich hinzogen und die Bourgeoisie aus

Furcht vor der sozialen Demokratie die Unterstützung des Volkes abwies, wurde die Republik der Eigentümer mit unwiderstehlicher Notwendigkeit Schritt für Schritt dazu gedrängt, die Exekutivgewalt hinter ihrer liberalen Fassade zu verstärken. Das Direktorium widmete sich verbissen dieser Aufgabe, verletzte skrupellos die Verfassung, griff scheinheilig zu gewaltsamen Maßnahmen, führte ganz unverhüllt die Kooptation ein, um die Wahlergebnisse zu korrigieren und unternahm zur gleichen Zeit einen ernsthaften Versuch zur Reform und Herstellung der Ordnung. Der herrschsüchtige Bonaparte faßte die Staatsgewalt zusammen, um ihr die erwünschte Wirksamkeit zu geben: er konnte einen Entwicklungsprozeß beschleunigen – ihn anzuhalten hätte nicht in seiner Macht gestanden. Der legendäre Ruf des Konsulats kann die Bedeutung des direktorialen Werks ebensowenig verdecken wie die Tatsache, daß beide Perioden ganz eng miteinander zusammenhängen.

Die Revolution ist beendet, bekräftigte Bonaparte bald, um sich das Verdienst der Stabilisierung zuzuschreiben; tatsächlich war sie seit dem Frühjahr 1795 und den bewegten Prairialereignissen abgeschlossen. Seitdem kämpfte die Bourgeoisie in unterschiedlichen Erscheinungsformen, im Kern aber unverändert, für den Stillstand der Revolution. Ob als Thermidorianer, Direktoriale oder Brumairiens – immer ging es ihr darum, die sozialen und politischen Errungenschaften endgültig abzusichern. Indem Bonaparte diese vor einer Wiederherstellung des Ancien Régime und zugleich vor einer Rückkehr zum demokratischen System des Jahres II bewahrte, erfüllte er die Erwartungen der Notabeln. Er versöhnte Aristokratie und bürgerliche Ordnung, Kirche und neuen Staat und löste somit die Versprechen von Neunundachtzig ein.

Zehn Jahre revolutionärer Ereignisse hatten allerdings die Lage in Frankreich im wesentlichen in Übereinstimmung mit den Wünschen der Bourgeoisie und Besitzenden grundlegend verändert. Die alte Aristokratie war samt ihren Privilegien und ihrer führenden gesellschaftlichen Bedeutung zerschlagen, und die letzten Spuren der Feudalität waren beseitigt. Mit der radikalen Zerstörung der gesamten feudalen Hinterlassenschaft, der Befreiung der Bauern von den Herrenrechten, den kirchlichen Zehnten und – eingeschränkt – auch von den kollektiven Zwängen (contraintes communautaires), mit der Aufhebung der Zunftmonopole und der Herstellung des nationalen Marktes beschleunigte die Französische Revolution die Entwicklung des Übergangs vom »Feudalismus« zum Kapitalismus und bildete zugleich eine ihrer entscheidenden Etappen. Indem sie andererseits die provinziellen Besonderheiten und die lokalen Vorrechte aufhob und die Staatsgewalt des Ancien Régime zerbrach, schuf sie vom Direktorium bis zum Empire die Voraussetzungen eines modernen Staates, der den wirtschaftlichen und sozialen Interessen der Bourgeoisie entsprach.

Als großartigste bürgerliche Revolution, die durch den bewegten Charakter ihrer Klassenkämpfe alle vorangegangenen Revolutionen in den Schatten stellt, ist die Französische Revolution, um einen Ausdruck von Jaurès in seiner *Histoire socialiste* aufzugreifen, »im weitesten Sinne bürgerlich und demokratisch«, während die amerikanische und englische Revolution »borniert bürgerlich und konservativ« blieben. Sie verdankt dies dem Widerstand der Aristokratie, die jeden politischen Kompromiß angelsächsischer Provenienz unmöglich machte und die Bourgeoisie zwang, nicht minder hartnäckig die totale Zerstörung der alten Ordnung zu betreiben: dies aber konnte sie allein mit Unterstützung des Volkes durchführen. Marx hat von den »furchtbaren Hammerschlägen« des Terrors und dem »gigantischen Besen« der Französischen Revolution gesprochen. Deren soziales und politisches Instrument stellte die jakobinische Diktatur der kleinen und mittleren Bourgeoisie dar, die von den städtischen und ländlichen Volksmassen gestützt wurde: soziale Schichten, deren Ideal eine Demokratie kleiner selbständiger Erzeuger, Bauern und Handwerker war, die selbständig produzierten und frei austauschten.

Der Versuch des Jahres II hat trotz seines endgültigen Scheiterns beispielhaften Wert. Die Männer von Dreiundneunzig, besonders die Robespierristen, versuchten, den grundlegenden Widerspruch zwischen den Erfordernissen der grundsätzlich verkündeten Rechtsgleichheit und der wirtschaftlichen Freiheit zu überwinden, um im Rahmen einer demokratischen und sozialen Republik den *gleichen Genuß aller Güter* zu ermöglichen. Ein grandioser Versuch, dramatisch selbst in seiner Ohnmacht, der den unversöhnlichen Gegensatz zwischen den Erwartungen einer sozialen Gruppe und dem objektiven Stand der historischen Notwendigkeiten erahnen läßt. Wie kann man in der Tat den unverjährbaren Charakter des Eigentumrechts, die Anforderungen privater Interessen und des freien Profitstrebens anerkennen und zur gleichen Zeit die Auswirkungen dieser Rechte für bestimmte Gruppen annulieren, um eine egalitäre Gesellschaft zu bilden? »Zeiten der Antizipation«, wie Ernest Labrousse diese »Konventsrevolution« genannt hat? ... Ganz gewiß. Der Versuch des Jahres II hat die Gesellschaftstheorie des 19. Jahrhunderts geprägt, und die Erinnerung daran hat seine politischen Kämpfe gewaltig vorwärts getrieben. Die montagnardischen Entwürfe haben nach und nach konkrete Gestalt angenommen; zu allererst die allen zugängliche Volksbildung, die von den Sansculotten als eine der notwendigen Voraussetzungen der sozialen Demokratie vergebens gefordert worden war. Zur gleichen Zeit aber vertieften wirtschaftliche Freiheit und kapitalistische Konzentration die sozialen Gegensätze und verschärften die Widersprüche, so daß der *gleiche Genuß aller Güter* mehr und mehr außer Reichweite geriet. Handwerker und Kleinhändler klammerten sich als Nachkommen der Sansculotten von Dreiundneunzig an ihren Stand und hingen an dem auf persönliche Arbeit gegründeten kleinen Eigentum; sie schwankten zwischen Utopie und Revolte. Der gleiche Widerspruch und die gleiche Ohnmacht bestimmten auch die Bestrebungen nach sozialer Demokratie, wovon die Tragödie im Juni 1848 Zeugnis ablegt. Das Jahr II (»Es darf weder Reiche noch Arme geben«, schrieb Saint-Just im vierten Fragment der *Institutions républicaines;* Saint-Just, der andererseits in seinem Tagebuch notierte: »Die Aufteilung des Grundbesitzes kann nicht zugelassen werden«), die Chimäre des Jahres II, gehört sie nicht in das Reich der Utopien? ... Die Gleichheitsrepublik blieb im Bereich der Antizipationen, des niemals erreichten, aber stets erstrebten Ikariens.

Bereits zur Revolutionszeit hatte Babeuf allerdings den Widerspruch gelöst, indem er die *Arbeits- und Gütergemeinschaft* als einzig mögliche Voraussetzung des *gleichen Genusses aller Güter* und der Verwirklichung des *allgemeinen Glücks* bezeichnete: die Beseitigung des Privateigentums und die Vergesellschaftung der Produktionsmittel schienen dem Volkstribun, wenn auch noch unklar, die unerläßlichen Voraussetzungen einer wirklichen sozialen Demokratie. Babeufs Theorie stellt eine Veränderung gegenüber der des Jahres II dar: sie war der erste Entwurf einer revolutionären Theorie der neuen Gesellschaft, geboren in der Revolution selbst. Buonarroti übermittelte ihn der Generation von 1830; er steht am Beginn sozialistischen Denkens und Handelns. So entstehen aus der Französischen Revolution heraus

Ideen, die nach einem Ausdruck von Marx »über die Ideen des ganzen alten Weltzustandes« hinausweisen: die einer neuen Gesellschaftsverfassung, die nicht mehr die bürgerliche Ordnung sein wird.

Die Französische Revolution steht damit im Zentrum der modernen Weltgeschichte, am Kreuzweg verschiedener gesellschaftlicher und politischer Strömungen, welche die Nationen entzweit haben und noch weiterhin entzweien werden. Ihr Enthusiasmus begeistert die Menschen, die sich an die Kämpfe für Freiheit und Unabhängigkeit und an ihren Traum von der brüderlichen Gleichheit erinnern – oder löst Haßgefühle aus. Ihr aufgeklärter Geist lenkt die Angriffe gegen Privileg und Tradition oder reißt die Vernunft durch ihre großen Bemühungen mit fort, um die Gesellschaft auf rationale Grundlagen zu stellen. Ob bewundert oder gefürchtet – die Revolution lebt im Bewußtsein der Menschen weiter.

# Editorische Notiz

Die *histoire de la revolution française* Albert Sobouls erschien erstmalig 1962 bei den Éditions sociales in Paris. 1965 wurde sie in einer ungekürzten zweibändigen Taschenbuchausgabe bei Gallimard, Paris, herausgegeben.

Soboul, Direktor des Instituts für die Geschichte der Französischen Revolution an der Sorbonne, veröffentlichte u. a.: *Die Französische Revolution, 1789–1799*, Paris 1948; *1789. Das Jahr I der Freiheit, Texte und Kommentare*, Paris 1950; *Saint-Just. Reden und Aufsätze*, Paris 1957; *Die Pariser Sansculotten des Jahres II. Volksbewegung und Revolutionsregierung. 2. Juni 1793–9. Thermidor III*, Paris 1958 (deutsche Teilausgabe: *Die Sektionen von Paris im Jahre II*, Berlin 1962 [Rütten & Loening]); *Die Soldaten des Jahres II*, Paris 1959; zusammen mit Walter Markov in deutsch und französisch: *Die Sansculotten von Paris*, Berlin 1957 (Akademie-Verlag).

Die vorliegende Übersetzung, an der sich *Hedwig Cambreleng* beteiligte, wurde nach der Taschenbuchausgabe von 1965 besorgt. Dabei stand das Bemühen im Vordergrund, die sachgerechte und verständliche Darstellung Sobouls im Deutschen zu erhalten; freie Übertragung und schmückendes Beiwerk wurden vermieden. Die auf ein Minimum beschränkten Fußnoten sollen die flüssige Lektüre erleichtern; sie sind durchgehend Anmerkungen der Übersetzer.

Anhang, Register und Literaturhinweise wurden von uns für diese Ausgabe zusammengestellt.

*Die Herausgeber*

# Personenregister

# Sachregister

587

# Ausgewählte Literatur

## 1. Bibliographien und Literaturberichte

P. *Caron*, Manuel pratique pour l'étude de la Révolution française. Paris 1947.

A. *Gérard*, La Révolution française, mythes et interprétations (1789-1970). Paris 1970.

J. *Godechot*, Les révolutions (1770-1799). Paris 1970.

W. *Markov*, Jacques Roux oder vom Elend der Biographie. Berlin 1966.

J. R. *Suratteau*, La Révolution française. Certitudes et controverses (Dossier Clio). Presses Universitaires de France. Paris 1973.

## 2. Quellen, Dokumente und Textsammlungen

*Archives Parlementaires* de 1787 à 1860, Recueil complet des debats legislatifs et politiques des chambres françaises, hrsg. von M. Madival und E. Laurent, später vom Institut d'histoire de la Révolution française de la Faculté des Lettres et de Sciences humaine (Sorbonne). Paris 1879ff Bd. 1-88 erschienen.

A. *Aulard*, Recueil des actes du Comité du salut public. Paris 1889-1933.

A. *Aulard*, Paris pendant la réaction thermidorienne et sous le Directoire. Recueil des documents pour l'histoire de l'esprit public à Paris. Paris 1898-1902.

A. *Aulard*, La Société des Jacobins. Recueil des documents pour l'histoire du Club des Jacobins de Paris. Paris 1889-1897.

Ph. J. *Buchez* / P. C. *Roux-Lavergne*, Histoire parlementaire de la Révolution française ou Journal des assemblées nationales. Paris 1834-1838.

P. *Fischer* (Hg.), Reden der Französischen Revolution. München 1974.

W. *Grab*, Die Französische Revolution. Eine Dokumentation. 68 Quellentexte und eine Zeittafel. München 1973.

W. *Markov* / A. *Soboul* (Hg.), Die Sansculotten von Paris. Dokumente zur Geschichte der Volksbewegung 1793-1794. Berlin 1957.

A. *Martin* / G. *Walter*, Catalogue de l'histoire de la Révolution française. Paris 1936-1939.

A. *Monglond*, La France révolutionnaire et impériale. Paris 1930-1949.

*Robespierre*, Ausgewählte Texte, mit einer Einleitung von Carlo Schmid. Hamburg 1971.

E. J. *Sieyes*, Politische Schriften 1788-1790. Übersetzt und herausgegeben von Eberhard Schmitt und Rolf Reichardt. Darmstadt 1975.

*1789*. Les Français ont la parole. Cahiers des États Généraux, hrsg. von P. Goubert und Michel Denis. Paris 1964.

## 3. Gesamtdarstellungen

A. *Aulard*, Politische Geschichte der französischen Revolution. Übers. von F. v.

591

Oppeln-Bronikowski. Mit einer Einleitung von Hedwig Hintze. München-Leipzig 1924 (zuerst Paris 1901).

*J. Jaurès*, Histoire socialiste de la Révolution française, 4 Bde., Paris 1901-1904. Neu hrsg. v. A. Soboul in 7 Bdn., Paris 1968-1973.

*F. Furet / D. Richet*, Die Französische Revolution. Aus dem Franz. übersetzt von U. F. Müller. Frankfurt 1968 (zuerst: 1965 und 1966).

*K. Griewank*, Die Französische Revolution. Köln-Wien ⁵1972.

*H. Koplenig*, Geburt der Freiheit. Gestalten und Ereignisse. Frankreich 1789-1794. Berlin 1964.

*G. Lefebvre*, La Révolution française. Paris 1951.

*W. Markov / A. Soboul*, Die Große Revolution der Franzosen. Berlin 1973.

*A. Mathiez*, La Révolution française, 3 Bde., Paris 1922-1927 (dt. Ausgabe: Hamburg 1950).

*H. Taine*, Les origines de la France contemporaine, 6 Bde., Paris 1876-1895 (mehrere dt. Übersetzungen).

*A. Thiers*, Histoire de la Révolution française, 10 Bde., Paris 1823-1827.

*A. de Tocqueville*, Der alte Staat und die Revolution. Übersetzt von R. Vollhard. Hamburg 1969.


### 4. Zu einzelnen Problemen

#### Agrarfrage und Bauernschaft
*G. Lefebvre*, La grande peur de 1789. Paris 1932. (Neuausgabe 1970).

*G. Lefebvre*, Les paysans du Nord pendant la Révolution française. Lille 1924, Bari ²1959.

#### Sansculottenbewegung
*A. Soboul*, Les sans-culottes parisiens en l'an II. Histoire politique et sociale de sections de Paris, 2 Juin 1793 – 9 thermidor an II. Paris 1958, ²1962. Der Mittelteil dieser bahnbrechenden Arbeit erschien in deutscher Übersetzung u. d. T.: Die Sektionen von Paris im Jahre II, hrsg. von Walter Markov. Berlin 1962.

*K. D. Tønnesson*, La défaite des sansculottes. Mouvement populaire et réaction bourgeoise en l'an III. Oslo-Paris 1959.

*G. F. Rudé*, Die Massen in der französischen Revolution. München-Wien 1961 (zuerst engl. London 1959, ²1967).

#### Enragés
*W. Markov, Die Freiheiten des Priesters Roux. Berlin 1967.*

*W. Markov*, Exkurse zu Jacques Roux. Berlin 1970.

*W. Markov*, Jacques Roux: Scripta et acta. Berlin 1969.

#### Jakobinismus in Deutschland
*H. Scheel*, Süddeutsche Jakobiner. Klassenkämpfe und republikanische Bestrebungen im deutschen Süden Ende des 18. Jahrhunderts. Berlin 1962, ²1971.

*Jakobinische Flugschriften* aus dem deutschen Süden Ende des 18. Jahrhunderts, hrsg. von Walter Scheel. Berlin 1965.

*W. Grab*, Norddeutsche Jakobiner. Demokratische Bestrebungen zur Zeit der Französischen Revolution. Hamburg 1967.

*W. Grab* (Hg.), Deutsche revolutionäre Demokraten. Eine Dokumentation in vier Bänden. Stuttgart 1971ff. (Ausführliches Literaturverzeichnis zum deutschen Jakobinismus in Band V: W. Grab, Leben und Werke norddeutscher Jakobiner. Stuttgart 1973.)


#### Einzelfragen
*M. Cerati*, Le club des citoyennes républicaines révolutionnaires. Paris 1966.

W. *Markov*, Grenzen des Jakobinerstaates, in: Grundpositionen der französischen Aufklärung, Bd. I (1955).

H. *Cunow*, Die Parteien der großen französischen Revolution und ihre Presse. Berlin 1912.

A. *de Lamartine*, Geschichte der Girondisten, 8 Bde., Stuttgart 1850/1851 (zuerst: Paris 1847).

G. *Lefebvre*, Les Thermidoriens, Paris ³1951.

W. *Markov* (Hg.), Jakobiner und Sansculotten, Beiträge zur Geschichte der französischen Revolutionsregierung 1793-1794. Berlin 1956.

A. *Mathiez*, La vie chère et le mouvement social sous la terreur. Paris 1927.

H. *Sée*, La vie économique et les classes sociales en France au XVIIIe siècle. Paris 1924, ⁷1965.

A. *Soboul*, La crise de l'Ancien régime. Paris 1970.

E. *Tarlé*, Germinal und Prairial. Berlin 1953.

K. *Scheinfuß* (Hg.), Von Brutus zu Marat. Kunst im Nationalkonvent 1789-1795. Dresden 1973.


4. *Biographische Literatur*


F. N. *Babeuf*, Ausgewählte Schriften, hrsg. von G. und C. Willard. Berlin 1956.

V. M. Dalin, *Babeuf*-Studien, hrsg. von W. Markov. Berlin 1961.

K. H. Bergmann, *Babeuf*. Gleich und Ungleich. Köln-Opladen 1965.

*Danton* (Redner der Revolution, Bd. 8), hrsg. von P. Fröhlich. Berlin 1926.

L. Jacob, *Hébert* le Père Duchesne, chef des sans-culottes. Paris 1958.

J. P. *Marat*. Ausgewählte Schriften, hrsg. von C. Mossé. Berlin 1954.

J. Massin, *Marat*. Paris 1960.

E. V. Tarle, *Napoleon*. Berlin 1959 (zuerst russisch 1936).

J. Massin, *Robespierre*. Paris 1956 (dt. Übersetzung Berlin ²1972).

M. *Robespierre*, Habt Ihr eine Revolution ohne Revolution gewollt? Reden, hrsg. von K. Schnelle. Leipzig o. J.

M. *Robespierre*. 1758-1794. Hrsg. von W. Markov. Berlin 1961.

A. Soboul, *Saint-Just*. Discours et rapports. Paris ²1972.

# Der Revolutionskalender[1]

| Vendémiaire Sept.–Okt. | | Brumaire Okt.–Nov. | | Frimaire Nov.–Dez. | | Nivôse Dez.–Jän. | | Pluviôse Jän.–Febr. | | Ventôse Febr.–März | |
|---|---|---|---|---|---|---|---|---|---|---|---|
| 1 | 22 | 1 | 22 | 1 | 21 | 1 | 21 | 1 | 20 | 1 | 19 |
| 2 | 23 | 2 | 23 | 2 | 22 | 2 | 22 | 2 | 21 | 2 | 20 |
| 3 | 24 | 3 | 24 | 3 | 23 | 3 | 23 | 3 | 22 | 3 | 21 |
| 4 | 25 | 4 | 25 | 4 | 24 | 4 | 24 | 4 | 23 | 4 | 22 |
| 5 | 26 | 5 | 26 | 5 | 25 | 5 | 25 | 5 | 24 | 5 | 23 |
| 6 | 27 | 6 | 27 | 6 | 26 | 6 | 26 | 6 | 25 | 6 | 24 |
| 7 | 28 | 7 | 28 | 7 | 27 | 7 | 27 | 7 | 26 | 7 | 25 |
| 8 | 29 | 8 | 29 | 8 | 28 | 8 | 28 | 8 | 27 | 8 | 26 |
| 9 | 30 | 9 | 30 | 9 | 29 | 9 | 29 | 9 | 28 | 9 | 27 |
| 10 | 1 | 10 | 31 | 10 | 30 | 10 | 30 | 10 | 29 | 10 | 28 |
| 11 | 2 | 11 | 1 | 11 | 1 | 11 | 31 | 11 | 30 | 11 | 1 |
| 12 | 3 | 12 | 2 | 12 | 2 | 12 | 1 | 12 | 31 | 12 | 2 |
| 13 | 4 | 13 | 3 | 13 | 3 | 13 | 2 | 13 | 1 | 13 | 3 |
| 14 | 5 | 14 | 4 | 14 | 4 | 14 | 3 | 14 | 2 | 14 | 4 |
| 15 | 6 | 15 | 5 | 15 | 5 | 15 | 4 | 15 | 3 | 15 | 5 |
| 16 | 7 | 16 | 6 | 16 | 6 | 16 | 5 | 16 | 4 | 16 | 6 |
| 17 | 8 | 17 | 7 | 17 | 7 | 17 | 6 | 17 | 5 | 17 | 7 |
| 18 | 9 | 18 | 8 | 18 | 8 | 18 | 7 | 18 | 6 | 18 | 8 |
| 19 | 10 | 19 | 9 | 19 | 9 | 19 | 8 | 19 | 7 | 19 | 9 |
| 20 | 11 | 20 | 10 | 20 | 10 | 20 | 9 | 20 | 8 | 20 | 10 |
| 21 | 12 | 21 | 11 | 21 | 11 | 21 | 10 | 21 | 9 | 21 | 11 |
| 22 | 13 | 22 | 12 | 22 | 12 | 22 | 11 | 22 | 10 | 22 | 12 |
| 23 | 14 | 23 | 13 | 23 | 13 | 23 | 12 | 23 | 11 | 23 | 13 |
| 24 | 15 | 24 | 14 | 24 | 14 | 24 | 13 | 24 | 12 | 24 | 14 |
| 25 | 16 | 25 | 15 | 25 | 15 | 25 | 14 | 25 | 13 | 25 | 15 |
| 26 | 17 | 26 | 16 | 26 | 16 | 26 | 15 | 26 | 14 | 26 | 16 |
| 27 | 18 | 27 | 17 | 27 | 17 | 27 | 16 | 27 | 15 | 27 | 17 |
| 28 | 19 | 28 | 18 | 28 | 18 | 28 | 17 | 28 | 16 | 28 | 18 |
| 29 | 20 | 29 | 19 | 29 | 19 | 29 | 18 | 29 | 17 | 29 | 19 |
| 30 | 21 | 30 | 20 | 30 | 20 | 30 | 19 | 30 | 18 | 30 | 20 |

1 Der Republikanische Kalender bzw. Revolutionskalender war vom 22. September 1793 (1. Vendémiaire des Jahres II) bis zum Ende des Jahres 1805 (11. Ventôse des Jahres XIV) offiziell in Gebrauch. Das republikanische Jahr begann jeweils am 22. September (gregorianischer Zeitrechnung) und endete nach Ablauf von zwölf Monaten zu je 30 Tagen am 16. September des darauffolgenden (gregorianischen) Jahres. Die ver-

| Germinal März–April | | Floréal April–Mai | | Prairial Mai–Juni | | Messidor Juni–Juli | | Thermidor Juli–Aug. | | Fructidor Aug.–Sept. | | Jours sansculottides September | |
|---|---|---|---|---|---|---|---|---|---|---|---|---|---|
| 1 | 21 | 1 | 20 | 1 | 20 | 1 | 19 | 1 | 19 | 1 | 18 | 1 | 17 |
| 2 | 22 | 2 | 21 | 2 | 21 | 2 | 20 | 2 | 20 | 2 | 19 | 2 | 18 |
| 3 | 23 | 3 | 22 | 3 | 22 | 3 | 21 | 3 | 21 | 3 | 20 | 3 | 19 |
| 4 | 24 | 4 | 23 | 4 | 23 | 4 | 22 | 4 | 22 | 4 | 21 | 4 | 20 |
| 5 | 25 | 5 | 24 | 5 | 24 | 5 | 23 | 5 | 23 | 5 | 22 | 5 | 21 |
| 6 | 26 | 6 | 25 | 6 | 25 | 6 | 24 | 6 | 24 | 6 | 23 | | |
| 7 | 27 | 7 | 26 | 7 | 26 | 7 | 25 | 7 | 25 | 7 | 24 | | |
| 8 | 28 | 8 | 27 | 8 | 27 | 8 | 26 | 8 | 26 | 8 | 25 | | |
| 9 | 29 | 9 | 28 | 9 | 28 | 9 | 27 | 9 | 27 | 9 | 26 | | |
| 10 | 30 | 10 | 29 | 10 | 29 | 10 | 28 | 10 | 28 | 10 | 27 | | |
| 11 | 31 | 11 | 30 | 11 | 30 | 11 | 29 | 11 | 29 | 11 | 28 | | |
| 12 | 1 | 12 | 1 | 12 | 31 | 12 | 30 | 12 | 30 | 12 | 29 | | |
| 13 | 2 | 13 | 2 | 13 | 1 | 13 | 1 | 13 | 31 | 13 | 30 | | |
| 14 | 3 | 14 | 3 | 14 | 2 | 14 | 2 | 14 | 1 | 14 | 31 | | |
| 15 | 4 | 15 | 4 | 15 | 3 | 14 | 3 | 14 | 2 | 14 | 1 | | |
| 16 | 5 | 16 | 5 | 16 | 4 | 16 | 4 | 16 | 3 | 16 | 2 | | |
| 17 | 6 | 17 | 6 | 17 | 5 | 17 | 5 | 17 | 4 | 17 | 3 | | |
| 18 | 7 | 18 | 7 | 18 | 6 | 18 | 6 | 18 | 5 | 18 | 4 | | |
| 19 | 8 | 19 | 8 | 19 | 7 | 19 | 7 | 19 | 6 | 19 | 5 | | |
| 20 | 9 | 20 | 9 | 20 | 8 | 20 | 8 | 20 | 7 | 20 | 6 | | |
| 21 | 10 | 21 | 10 | 21 | 9 | 21 | 9 | 21 | 8 | 21 | 7 | | |
| 22 | 11 | 22 | 11 | 22 | 10 | 22 | 10 | 22 | 9 | 22 | 8 | | |
| 23 | 12 | 23 | 12 | 23 | 11 | 23 | 11 | 23 | 10 | 23 | 9 | | |
| 24 | 13 | 24 | 13 | 24 | 12 | 24 | 12 | 24 | 11 | 24 | 10 | | |
| 25 | 14 | 25 | 14 | 25 | 13 | 25 | 13 | 25 | 12 | 25 | 11 | | |
| 26 | 15 | 26 | 15 | 26 | 14 | 26 | 14 | 26 | 13 | 26 | 12 | | |
| 27 | 16 | 27 | 16 | 27 | 15 | 27 | 15 | 27 | 14 | 27 | 13 | | |
| 28 | 17 | 28 | 17 | 28 | 16 | 28 | 16 | 28 | 15 | 28 | 14 | | |
| 29 | 18 | 29 | 18 | 29 | 17 | 29 | 17 | 29 | 16 | 29 | 15 | | |
| 30 | 19 | 30 | 19 | 30 | 18 | 30 | 18 | 30 | 17 | 30 | 16 | | |

bleibenden fünf Tage (vom 17.–21. September) wurden als *Sansculottentage* angefügt.

In Schaltjahren (1796, 1800, 1804) wurde ein weiterer Sansculottentag, der *jour complémentaire*, angehängt.

Zum Revolutionskalender siehe auch S. 311 f.

# Die Pariser Sektionen von 1790–1795

(Die Namen von 1790/91 stehen an erster Stelle, spätere Namen in Klammern)

1. Tuileries
2. Champs Élysées
3. Roule (République)
4. Palais Royal (Butte des Moulins, Montagne)
5. Place Vendôme (Piques)
6. Bibliothèque (1792. Lepeletier)
7. Grange Batelière (Mirabeau, Mont Blanc)
8. Louvre (Muséum)
9. Oratoire (Gardes Françaises)
10. Halle au Blé
11. Postes (Contrat Social)
12. Place Louis XIV (Mail. Guillaume Tell)
13. Fontaine Montmorency (Molèire et la Fontaine. Brutus)
14. Bonne Nouvelle
15. Ponceau (Amis de la Patrie)
16. Mauconseil (Bon Conseil)
17. Marchés des Innocents (Halles. Marchés)
18. Lombards
19. Arcis
20. Faubourg Montmartre (Fbg. Mont-Marat)
21. Poissonnière
22. Bondy
23. Temple
24. Popincourt
25. Montreuil
26. Quinze Vingts
27. Gravilliers
28. Faubourg Saint-Denis (Fbg. du Nord)
29. Beaubourg (Réunion)
30. Enfants Rouges (Marais, Homme Armé)
31. Roi de Sicile (Droits de l'Homme)
32. Hôtel de Ville (Maison Commune. Fidélité)
33. Place Royale (Fédérés. Indivisibilité)
34. Arsenal
35. Île Saint-Louis (Fraternité)
36. Notre Dame (Cité. Raison)
37. Henri IV (Pont Neuf. Révolutionnaire)
38. Invalides
39. Fontaine de Grenelle
40. Quatre Nations (Unité)
41. Théâtre Français (Marseille. Marat)
42. Croix Rouge (Bonnet Rouge. Bonnet de la Liberté. Ouest)
43. Luxembourg (Mutius Scaevola)
44. Thermes de Julien (Beaurepaire. Chalier. Régénérée. Thermes)
45. Sainte-Geneviève (Panthéon Français)
46. Observatoire
47. Jardin des Plantes
48. Gobelins (Lazowski. Finistère)

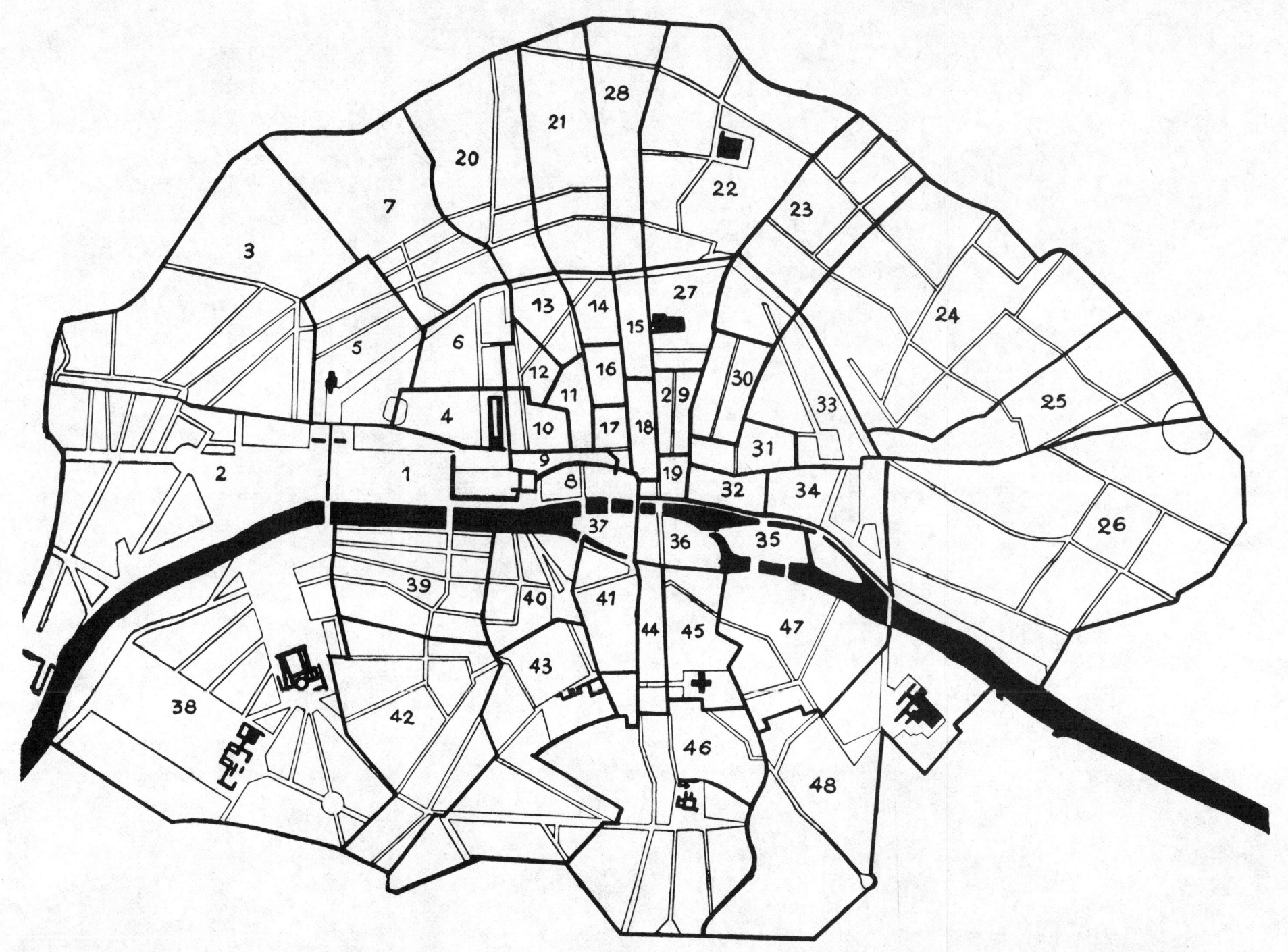

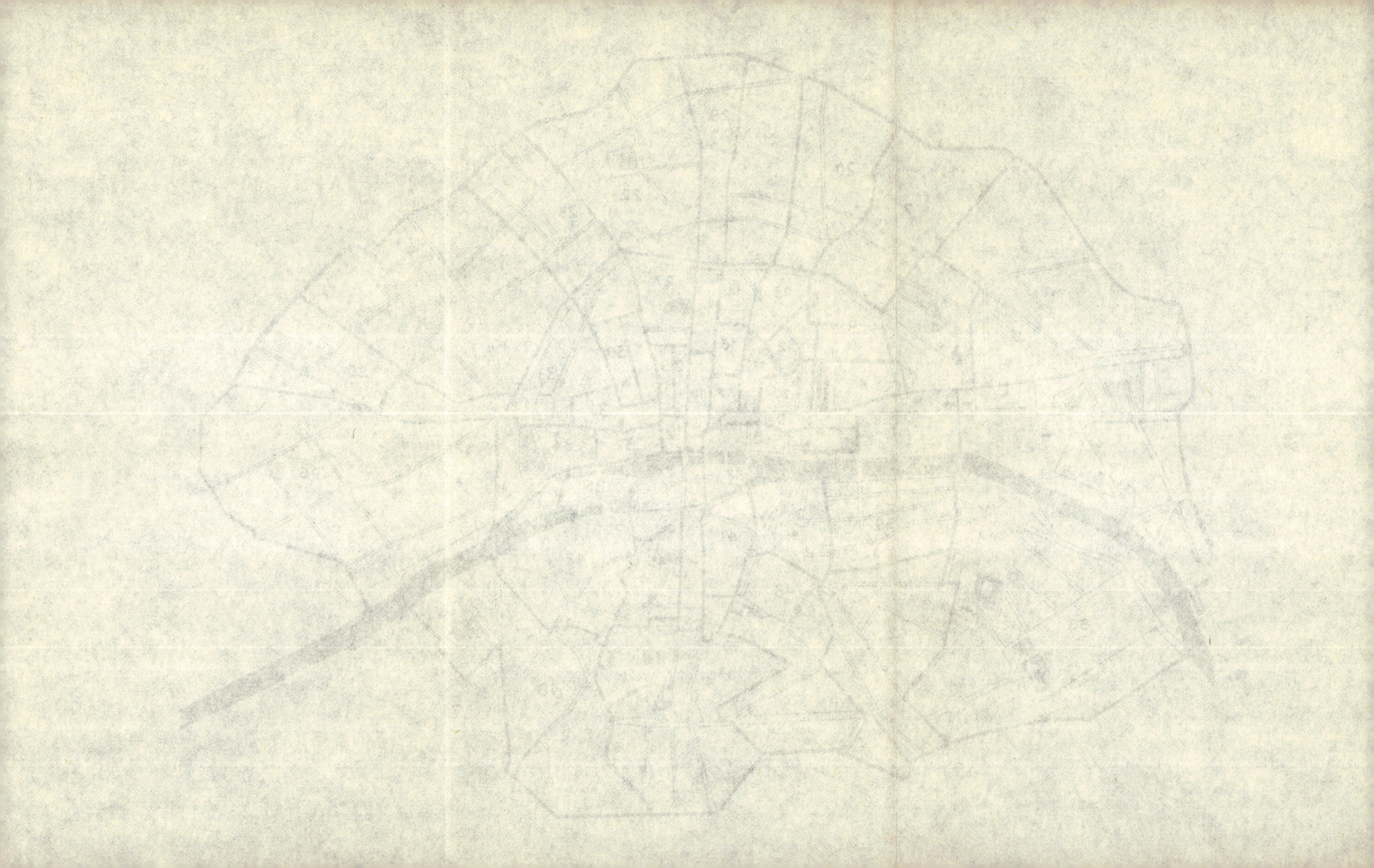

## Frankreich am Vorabend der Revolution

OCÉAN ATLANTIQUE

MER MÉDITERRANÉE

FLANDRE ET HAINAUT
Lille
ARTOIS
Douai
Arras
Valenciennes
Amiens
PICARDIE
Rouen
Soissons
ILE DE FRANCE
Caen
Châlons
Verdun
Metz
NORMANDIE
LORRAINE
PARIS
Alençon
CHAMPAGNE ET BRIE
Strasbourg
Nancy
BRETAGNE
MAINE
Colmar
Rennes
ALSACE
Orléans
BOURGOGNE
ORLÉANAIS
ANJOU
Tours
Dijon
Besançon
SALMUR
TOURAINE
NIVERNAIS
FRANCHE COMTÉ
POITOU
Bourges
BERRY
Poitiers
Moulins
BOURBONNAIS
La Rochelle
AUNIS
SAINTONGE ET MARCHE
Lyon
Limoges
Riom
LYONNAIS
ANGOUMOIS
LIMOUSIN
AUVERGNE
Bordeaux
Grenoble
DAUPHINÉ
BÉARN
GUYENNE ET GASCOGNE
COMT VENAISSIN
Auch
Montauban
LANGUEDOC
Avignon
PROVENCE
Dax
Toulouse
Montpellier
Aix
BÉARN
Perpignan

### LEGENDE

- ⊢—⊣ Grenzen Frankreichs
- —— Grenzlinie zwischen den Ländern mit geschriebenem Recht (im Süden) und denen mit Gewohnheitsrecht (im Norden)
- ---- Grenzen der Militärbezirke
- ○ Verwaltungssitz einer Généralité
- + Sitz eines Parlaments
- • Sitz eines souveränen Rats
- Länder mit Ständeverfassung
- Länder mit Wahlverfassung

## Frankreich im Jahre 1797

OCÉAN ATLANTIQUE

MER MÉDITERRANÉE

ESCAUT
DEUX NÈTHES
MEUSE INFÉRIEURE
Cologne
LYS
Gand
Bruxelles
OURTHE
ROER
RHIN ET MOSELLE
PAS-DE-CALAIS
Lille
JEMAPPES
Namur
SAMBRE ET MEUSE
FORÊTS
Luxembourg
SARRE
Arras
NORD
SOMME
Amiens
AISNE
Mézières
ARDENNES
Mayence
MONT-TONNERRE
MANCHE
SEINE-INFÉRIEURE
Rouen
Beauvais
OISE
Laon
MARNE
MEUSE
Bar-le-Duc
MOSELLE
St Lo
Caen
EURE
Évreux
Versailles
PARIS
Châlons-s-Marne
BAS-RHIN
CALVADOS
SEINE-ET-OISE
SEINE-ET-MARNE
MEURTHE
FINISTÈRE
ORNE
Alençon
Chartres
Melun
AUBE
Épinal
Quimper
CÔTES-DU-NORD
St Brieuc
ILLE-ET-VILAINE
MAYENNE
EURE-ET-LOIR
Troyes
Chaumont
VOSGES
HT-RHIN
MORBIHAN
Rennes
Laval
Le Mans
SARTHE
LOIRET
Orléans
YONNE
Hte. MARNE
Hte. SAÔNE
Vannes
Angers
Blois
Auxerre
Vesoul
Besançon
LOIRE-INFRE.
MAINE-ET-LOIRE
Tours
LOIR-ET-CHER
CHER
NIÈVRE
CÔTE-D'OR
Dijon
Nantes
INDRE-ET-LOIRE
Châteauroux
Bourges
Nevers
SAÔNE-ET-LOIRE
DOUBS
La Roche-s-Yon
DEUX-SÈVRES
Poitiers
VIENNE
INDRE
Moulins
ALLIER
Mâcon
Lons-le-Saunier
VENDÉE
Niort
Guéret
JURA
Hte. VIENNE
CREUSE
Bourg
Hte. SAVOIE
Annecy
CHARENTE-MARITIME
Angoulême
Limoges
Clermont-Ferrand
RHÔNE
AIN
La Rochelle
CHARENTE
CORRÈZE
PUY-DE-DÔME
Lyon
St Étienne
ISÈRE
Chambéry
SAVOIE
DORDOGNE
Tulle
LOIRE
Hte. LOIRE
Le Puy
Grenoble
Périgueux
CANTAL
Aurillac
Privas
Valence
Htes.-ALPES
Gap
Bordeaux
GIRONDE
LOT
Cahors
LOZÈRE
Mende
ARDÈCHE
DRÔME
Digne
LOT-ET-GARONNE
Agen
Rodez
AVEYRON
GARD
Nîmes
VAUCLUSE
ALPES-MARITIMES
Mont-de-Marsan
TARN-ET-GARONNE
Albi
TARN
Montpellier
Avignon
Nice
LANDES
GERS
Auch
Toulouse
HÉRAULT
Bses. ALPES
BOUCHES-DU-RHÔNE
Draguignan
Pau
Tarbes
HTE.-GARONNE
Carcassonne
Marseille
VAR
Bses. PYRÉNÉES
Htes. PYRÉNÉES
Foix
ARIÈGE
AUDE
Perpignan
PYRÉNÉES-OR.les

### LEGENDE

- ⊢—⊣ Grenzen Frankreichs im Jahre 1797
- ---- Grenzen der Departements
- • Hauptstadt eines Departements